Empresa, empresariedad y comunicación mercantil

CIENCIAS SOCIALES EN ABIERTO

Editada por

DAVID CALDEVILLA DOMÍNGUEZ
ALMUDENA BARRIENTOS-BÁEZ

Vol. 3

PETER LANG

Berlin - Bruxelles - Chennai - Lausanne - New York - Oxford

Carmen Paradinas Márquez /
Juan Andrés Rodríguez Lora /
Daniel Becerra Fernández (eds.)

Empresa, empresariedad y comunicación mercantil

PETER LANG

Berlin - Bruxelles - Chennai - Lausanne - New York - Oxford

Información bibliográfica publicada por la Deutsche Nationalbibliothek
La Deutsche Nationalbibliothek recoge esta publicación en la
Deutsche Nationalbibliografie; los datos bibliográficos detallados
están disponibles en Internet en http://dnb.d-nb.d.

Catalogación en publicación de la Biblioteca del Congreso
Para este libro ha sido solicitado un registro en el catálogo
CIP de la Biblioteca del Congreso.

ISSN 2944-4276
ISBN 978-3-631-91589-9 (Print)
E-ISBN 978-3-631-93120-2 (E-PDF)
E-ISBN 978-3-631-93247-6 (EPUB)
DOI 10.3726/b22631

Publicado por Peter Lang GmbH, Berlín, Alemania
info@peterlang.com - www.peterlang.com

PREFACIO

El presente libro, *Empresa, empresariedad y comunicación mercantil*, incluido en la colección '*Ciencias sociales en abierto*' de la editorial PETER LANG reúne textos que sirven de puente entre el ayer y el hoy y lanzan sus redes al mañana.

Todos los capítulos que conforman las presentes páginas suponen una apuesta comprometida con la Academia, la ciencia y sus investigadores por parte de unos autores que quieren exponer sus experiencias profesionales en las aulas y en los laboratorios, transmitiendo y compartiendo sus logros. Los campos del saber en los que se centra la colección '*Ciencias sociales en abierto*' compendian lo que damos en llamar Ciencias Sociales, Docencia y Humanismo pues en ellas encontramos el verdadero centro del universo: el hombre, ya que sin él nada tendría sentido.

La Academia halla su esencia y motivo de ser en esfuerzos como el que aquí se presenta, fruto de años, si no de carreras docentes completas, llenos de labores concienzudas, vocacionales y reiteradas, las más de las veces calladas, pero con gran predicamento social pues la imagen de la Ciencia y los científicos es socialmente siempre muy valorada, aunque sea más citada que comprendida por el gran público.

Los autores de los capítulos conformantes de este volumen son profesores investigadores con años de desempeño en Universidades de muchos países, en especial los de la Lengua y los de los países hermanos lusófonos, a los que se unen algunos europeos que trabajan en idioma italiano, francés e inglés.

Su valía, su profesionalidad y su buen hacer revierten en la sociedad el esfuerzo que ésta realiza para que los centros de investigación y docencia mejoren y la hagan avanzar; es un camino de doble sentido que busca una simbiosis perfecta. Acompasar necesidades y aportaciones de una y de otra, Academia y sociedad, deben ser el motor de esta relación nuclear para el desarrollo del hombre.

El compromiso de calidad, exigido y exigible en todo producto científico se halla respaldado por la inestimable, y pocas veces valorada en su justa medida, labor del conspicuo Comité Editorial conformado por más de 200 doctores de más de 40 universidades internacionales, y cuyas filiaciones encabezan cada libro. Así podemos asegurar que los resultados aquí expuestos responden a los cánones de excelencia científica irrenunciable en el trabajo académico; es decir, todos los capítulos han superado la llamada revisión por doble par ciego (*peer review*). Este método, apriorístico y secular en la Universidad avala que la evaluación es llevada a cabo por académicos de igual categoría (pares), que desconocen la autoría de los textos arbitrados (ciegos) y al menos en número de dos (doble).

Deontológica e inconcusamente, todos los firmantes se han comprometido a salvaguardar las exigencias propias de la ética investigadora: renunciar al plagio, veracidad en la obtención de datos, presentación de conclusiones pertinentes y desinteresadas, planteamiento de resultados que supongan un avance académico-científico, eludir la autoalabanza y la colusión académica, las autocitas o las de favor a terceros, evitar la parcialidad en la selección de las fuentes epistemológicas y teóricas, remitirse a todos los datos procedentes, adecuados, relevantes y actuales y no omitir informaciones que puedan colisionar con los postulados o pretensiones del texto o directamente los refuten.

Por ello, está garantizado el total cumplimiento de todos los requisitos imprescindibles y la observancia rigurosa de lo anteriormente descrito. Todo ello supone la marca identitaria de la colección '*Ciencias sociales en abierto*' y que este título cumple plenamente. Por ello, la editorial, los coordinadores y los autores coinciden al manifestar:

- El consentimiento en la publicación de su trabajo y, de existir, de sus entidades financiadoras (tácita o explícitamente).
- La originalidad del texto como fruto de un trabajo, análisis y/o reflexión personales.
- Las citas empleadas no obedecen a criterios de favor.
- La bibliografía es actualizada y pertinente.
- Trabajo de revisión a cargo de revisores externos a la editorial PETER LANG y pertenecientes a la Comunidad Universitaria Internacional.
- Coherencia y calidad de los resultados, aportaciones, objetivos y conclusiones.

Por ello, supone un honor poder afirmar que, gracias a su esfuerzo editorial y a sus autores, en ideal simbiosis, la colección '*Ciencias sociales en abierto*' se posiciona a la altura de las mejores y más grandes recopilatorios de literatura científica mundial, logrando que PETER LANG sea una de las editoriales más señeras, según el índice referencial SPI (2022).

Rogamos al lector marque estas iniciales páginas como si de un *albo lapillo notare diem* se tratase ya que podrá dumir dulces frutos del árbol de la ciencia.

David Caldevilla-Domínguez
I. P. Grupo Complutense de Investigación en Comunicación ***Concilium*** (nº 931.791)
Universidad Complutense de Madrid (España)
Coordinador adjunto en la colección 'Ciencias sociales en abierto'

COMITÉ EDITORIAL

María Belén Cobacho Tornel

Universidad Politécnica de Cartagena (España)

Rubén Comas Forgas

Universitat de les Illes Balears (España)

Juan Manuel Corbacho Valencia

Universidade de Vigo (España)

José Luis Corona Lisboa

Universidad Nacional Experimental Francisco de Miranda y Universidad Centro Panamericano de Estudios Superiores (México)

Almudena Cotán Fernández

Universidad de Huelva (España)

Carmen Cristófol Rodríguez

Universidad de Málaga (España)

Francisco Javier Cristófol Rodríguez

Universidad Loyola (España)

Purificación Cruz Cruz

Universidad de Castilla-La Mancha (España)

Jorge Enrique Chaparro Medina

Fundación Universitaria del Área Andina (Colombia)

Ricardo Curto Rodríguez

Universidad de Oviedo (España)

Alberto Dafonte Gómez

Universidade de Vigo (España)

Virginia Dasí Fernández

Universitat de València (España)

Pedro De La Paz Elez

Universidad de Castilla-La Mancha (España)

Senén Del Canto García

Universidad Internacional de La Rioja (España)

Carlos Felimer del Valle Rojas

Universidad de La Frontera en Temuco (Chile)

Yorlis Delgado López

Colegio Universitario San Gerónimo de La Habana (Cuba)

Francisco Javier Jiménez Ríos

Universidad de Granada (España)

Abigail López Alcarria

Universidad de Granada (España)

Enric López C.

CETT - Universitat de Barcelona (España)

Lorena López Oterino

Universidad de Castilla-La Mancha (España)

Sidoní López Pérez

Universidad Internacional de La Rioja (España)

Manuel José López Ruiz

Universidad de Granada (España)

Paloma López Villafranca

Universidad de Málaga (España)

Arantza Lorenzo De Reizábal

Universidad Pública de Navarra (España)

Manuel Osvaldo Machado Rivero

Universidad Central "Marta Abreu" de Las Villas (Cuba)

Cristina Manchado Nieto

Universidad de Extremadura (España)

Rafael Marcos Sánchez

Universidad Internacional de La Rioja (España)

Pedro Pablo Marín Dueñas

Universidad de Cádiz (España)

Sara Mariscal Vega

Universidad de Cádiz (España)

María José Márquez Ballesteros

Universidad de Málaga (España)

Davinia Martín Critikián

Universidad CEU San Pablo (España)

Marta Martín Gilete

Universidad de Extremadura (España)

Nazaret Martínez Heredia

Universidad de Granada (España)

Soledad María Martínez María-Dolores

Universidad Politécnica de Cartagena (España)

Alba María Martínez Sala

Universidad de Alicante (España)

Xabier Martínez Rolán

Universidade de Vigo (España)

Sendy Meléndez Chávez

Universidad Veracruzana (México)

María Isabel Míguez González

Universidade de Vigo (España)

Olga Moreno Fernández

Universidad de Sevilla (España)

Louisa Mortimore

Universidad Internacional de La Rioja (España)

Daniel Muñoz Sastre

Universidad de Valladolid (España)

Sara Navarro Lalanda

Universidad Internacional de La Rioja (España)

Daniel Navas Carrillo

Universidad de Málaga (España)

Marta Oria De Rueda

Universidad Isabel I (España)

Inmaculada Concepción Orozco Almario

Universitat Jaume I de Castellón (España)

Delfín Ortega Sánchez

Universidad de Burgos (España)

Enrique Ortiz Aguirre

Universidad Complutense de Madrid (España)

Graciela Padilla Castillo

Universidad Complutense de Madrid (España)

Isabel Rodrigo Martín

Universidad de Valladolid (España)

Alfredo Rodríguez Gómez

Universidad Internacional de La Rioja (España)

Sonia María Rodríguez Huerta

Universidad de Oviedo (España)

Nuria Rodríguez López

Universidade de Vigo (España)

Juan Andrés Rodríguez Lora

Universidad de Sevilla (España)

Javier Rodriguez Torres

Universidad de Castilla-La Mancha (España)

Aurora María Ruiz Bejarano

Universidad de Cádiz (España)

Encarnación Ruiz Callejón

Universidad de Granada (España)

Ignacio Sacaluga Rodríguez

Universidad Europea de Madrid (España)

Virginia Sánchez Rodríguez

Universidad de Castilla-La Mancha (España)

Andrés Sánchez Suricalday

Centro Universitario Cardenal Cisneros (España)

Alexandra María Sandulescu Budea

Universidad Rey Juan Carlos (España)

María Santamarina Sancho

Universidad de Granada (España)

Clara Janneth Santos Martínez

Universidad Rey Juan Carlos (España)

Begoña Serrano Arnáez

Universidad de Granada (España)

Marta Talavera Ortega

Universitat de València (España)

ÍNDICE

PRÓLOGO

Esta obra coral presenta el trabajo de investigadores especializados en diversas áreas del conocimiento, unidos por un mismo objetivo: el estudio del ecosistema empresarial. Gracias a la interdisciplinariedad de los autores se han podido representar en este libro –titulado: *Empresa, empresariedad y comunicación mercantil*– los distintos puntos de vista desde los que abordar estos conceptos.

Este compendio holístico del entramado empresarial permite al lector tener una completa visión de aquellos aspectos de mayor relevancia en esta materia, en la que las organizaciones suponen un pilar fundamental en la economía global.

Se recogen trabajos relativos a la cultura organizacional o la responsabilidad social corporativa desde el punto de vista de la comunicación mercantil, concepto que engloba tanto la publicidad y el *marketing*, como la gestión de la reputación corporativa y que suponen un factor determinante en el éxito o el fracaso de cualquier empresa.

Vivimos en un entorno hiperconectado en el que las noticias viajan a alta velocidad y en el que la capacidad de comunicarse de manera efectiva con todas las partes interesadas del mercado supone un activo imprescindible. En este sentido, a la importancia manifiesta en cuanto a la presencia empresarial en el ámbito audiovisual tradicional, se le suma la incorporación al espacio de las Tecnologías de la Información y de la Comunicación (conocidas como TIC) de sectores productivos hasta el momento más ajenos al ecosistema virtual, siendo especialmente característico el caso de las pymes. En consecuencia, se evidencian los pasos que se siguen dando en la actualidad hacia la convergencia en la citada hiperconectividad, además de tender hacia una mayor visibilidad en el escaparate digital.

A través de las páginas de este libro se descubren interesantes reflexiones sobre rentabilidad empresarial, la importancia del establecimiento de sinergias entre pymes, la relevancia del emprendimiento y la innovación, así como el peso del capital humano en el entramado empresarial y sus actores.

Igualmente, cabe destacar las diversas investigaciones que, centradas en acciones locales, muestran un planteamiento con vocación de ser aplicadas en otras latitudes; las cuales se entremezclan con otras que buscan dar respuesta a problemáticas comunes de ámbito global. De este modo, se pone de manifiesto la complejidad inherente a las dinámicas de la sociedad actual debido, entre otras cuestiones, a la heterogeneidad territorial existente, al mismo tiempo que forman parte de un mundo global.

Se abordan, también, cuestiones como el impacto que la informalidad supone en el tejido empresarial y el menoscabo de servicios estatales en aquellos entornos en los que se viene desarrollando este tipo de actividad; así como, las nuevas fórmulas que se plantean a modo de innovación en la formación del personal encargado de tomar el testigo en el ámbito empresarial o de iniciarse en el mismo.

No se puede pasar por alto la importancia de las aportaciones de la Academia a un mundo empresarial cada vez más competitivo en el que las organizaciones centran sus esfuerzos por destacar, aumentar sus beneficios, ser sostenibles, atractivos empleadores y un innumerable elenco de metas que, en ocasiones, hacen que se dejen de lado áreas de investigación que pueden aportar una mayor ventaja competitiva. De ahí la importancia de establecer sinergias entre la Universidad y la Empresa, que permiten desarrollar habilidades relevantes, acceder a recursos y financiación para importantes estudios, desarrollar talento, solucionar problemas reales, fomentar la innovación, crear empleo, fortalecer la economía y consolidar relaciones a largo plazo que permitan la transferencia de conocimiento.

El empresariado, por su parte, es el motor de muchas economías; desde emprendedores hasta líderes de las compañías más consolidadas desempeñan un papel crítico en su éxito o su fracaso. En este libro se abordan las características, habilidades y desafíos a los que se enfrenta el empresariado y cómo puede impulsar la innovación, promover la sostenibilidad y forjar relaciones sólidas con sus clientes, tanto internos como externos.

Esta obra de compendio podrá servir de referente para los investigadores centrados en el mundo empresarial y en la relación de este con la Comunicación Social, gracias a las innovadoras metodologías presentadas y a la diversidad de enfoques planteados en los distintos trabajos de investigación recogidos. La obra cuenta con la garantía de calidad gracias a la revisión por *pares* ciegos y se publica en una de las mayores editoriales académicas a nivel mundial, Peter Lang, que aparece en los principales puestos de los ránquines y que cuenta con un amplio número de volúmenes especializados en Humanidades y Ciencias Sociales.

Una vez realizado este sucinto recorrido por algunas de las temáticas que caracterizan el presente libro –compuesto por 37 capítulos– le invitamos, sin más dilación, a sumergirse en las páginas del mismo. A través de su lectura detenida, podrá acceder a información detallada sobre aspectos relativos con el mundo de la Empresa, desde la policromía de enfoques, que permiten dar respuestas a las cuestiones planteadas y a las problemáticas científicas recogidas en la monografía. Un acercamiento desde la contemporaneidad que, sumado al carácter internacional de las investigaciones, tienden a dibujar el actual ecosistema empresarial en un escenario de escala global.

Carmen Paradinas Márquez
Juan Andrés Rodríguez Lora
Daniel Becerra Fernández

ESIC University (España)
Universidad de Sevilla (España)
Universidad de Málaga (España)

NEGOCIOS TV Y LA VIABILIDAD DE LA INFORMACIÓN ECONÓMICA EN ESPAÑOL EN FORMATO AUDIOVISUAL

Javier Ablitas Cía[1], Javier Sedano Rodríguez[2]

1. INTRODUCCIÓN

"Seguimos vivos". Esa es la respuesta que da José Antonio Vizner, consejero delegado y fundador de Negocios TV, a la pregunta de cuál es el principal hito del canal desde el inicio de sus emisiones el 3 de noviembre de 2020. Negocios TV recoge, más de ocho años después, el testigo de Business TV, la última televisión española de información económica, cuya andadura pública comenzó el 11 de enero de 2010 y concluyó 30 meses después, en el verano de 2012. Su cierre puso punto final a 14 años consecutivos con iniciativas en este campo en España, desde que en octubre de 1998 se lanzara Expansión Financiera, o 15 si tomamos como referencia el inicio de la programación de Bloomberg en español desde Londres, en mayo de 1997. Desde entonces no había existido en España -cuna de la segunda lengua por número de hablantes nativos- ningún canal que ofreciera este tipo de contenido especializado como eje de su programación mientras se mantienen tres diarios impresos -*Expansión, Cinco Días* y *El Economista*- y dos emisoras de radio -Intereconomía y Capital Radio-, además de numerosos medios digitales que confirman la mala salud de hierro de la información económica (Marzal *et al.*, 2015) pese a que España se incorpora más tarde que otros países al desarrollo del sector (Coca y Diezhandino, 1991). Hasta la década de los 80 no es significativo en el contexto mediático, de manera que se puede hablar de una historia breve, comparada con la de los países anglosajones, y de un periodismo "inmaduro" (Arrese, 2014, p. 92).

En el inicio de su libro sobre el periodismo de negocios y su papel en el mundo, Roush (2012) afirma que ningún otro ha tenido tanto impacto en el pasado o lo tendrá en el futuro dando forma a la sociedad por el efecto directo que la economía tiene en la gente. Sin embargo, "las noticias económicas han pasado a definirse en términos excesivamente restrictivos, elitistas y financierizados" (Davis, 2018, p. 35). Los temas que aborda afectan a todo el mundo -empleo, negocios, gasto público...- pero se vinculan con una visión "aburrida" de la materia y su conocimiento, transmitida por los propios medios de comunicación o por académicos. Como describen Arrese y Vara-Miguel, este tipo de

1. Universidad Nebrija (España)
2. Universidad Complutense de Madrid y Universidad Isabel I (España)

periodismo "se enfrenta a la paradoja del interés: las noticias económicas no interesan especialmente, pero son fundamentales para nuestras vidas". (2016, p. 76)

Esta dicotomía la refleja mensualmente el barómetro que elabora el Centro de Investigaciones Sociológicas (CIS) en la respuesta a la pregunta: "¿Cuál es, a su juicio, el principal problema que existe actualmente en España? ¿Y el segundo? ¿Y el tercero?". Sistemáticamente ha venido mostrando en primer lugar asuntos de índole económica. Frente a ello, los datos de audiencia de los medios especializados en este tipo de información han mostrado que, aparentemente, no han sabido, no han podido o no han querido abordar estos asuntos desde una perspectiva atractiva para el gran público.

Una televisión cuya definición ha ido variando (Missika, 2006; Scolari, 2008; Katz, 2009; Álvarez-Monzoncillo, 2011; Lotz, 2014; Katsirea, 2016; Ala-Fossi, 2017) pero que en su modelo tradicional -lineal en abierto- sigue siendo una referencia en términos económicos, al constituir uno de los principales destinos de la inversión publicitaria en España -concentra un 30% en los medios convencionales, según InfoAdex 2023- pese a la fragmentación de audiencias fruto del nuevo entorno digital. El público que ve este modelo de emisión marcó en 2022 el dato más bajo desde que hay registros. En abril de 2023 la media en España fue de 180 minutos por persona y día, 17 minutos menos que un año antes y el dato histórico más bajo ese mes, según datos de Kantar recogidos por Barlovento. En 2004, tres canales de ámbito nacional superaban el 20% de cuota de pantalla media mensual. En la actualidad, solo dos están por encima del 10%. Sin embargo, los dos grandes grupos -Atresmedia y Mediaset- son los receptores del 85% de dicha inversión.

Audiencias fragmentadas y digitalización para un momento en el que las nuevas generaciones de adultos, *millenials* y generación Z, incorporan hábitos diferentes y priorizan las redes sociales y las plataformas de contenido en *streaming* para el consumo audiovisual (Cortés *et al.*, 2023). Los datos oficiales de Kantar muestran que el consumo entre menores de 45 años en España está ya liderado por YouTube.

Una revolución que transforma rápidamente la industria en términos de producción, distribución y consumo. La televisión se fusiona con internet hacia un modelo "transmedia, interactivo, siempre conectado, personalizable y de oferta amplia" (Guerrero, 2018, p. 1244). Las nuevas oportunidades de mercado atraen a competidores externos y las empresas existentes deben evolucionar para seguir siendo competitivas y sobrevivir en un nuevo mundo digital (Schaurte *et al.*, 2021) con tendencias, además, aceleradas por los cambios de hábitos de vida y entretenimiento, así como en el consumo de medios fruto de la pandemia (Silva-Torres *et al.*, 2022). Marshall apunta, por ejemplo, a cómo las noticias de televisión se han "reconstituido para su distribución en internet, donde no mantienen la estructura de un informativo" (2009, p. 42), lo que deriva también en que las diferencias entre los sitios web de una cadena de televisión, un periódico o una radio vayan siendo menores. Internet abre la puerta a nuevos formatos multiplataforma (Doyle, 2016) con menores necesidades financieras. En el caso de los proveedores de contenidos existen costes de distribución inferiores y menos limitaciones de capacidad, menores costes también de copiar y compartir y unas más eficientes interactividad, publicidad, empaquetado y fijación de precios (Chan Olmsted y Kang, 2003, p. 9).

La tecnología estaba casi a comienzos de siglo -YouTube nace en 2005- pero la generalización de la banda ancha ha permitido su acceso a la gran mayoría de la población. Internet se consolida como el medio de mayor penetración en España, después de superar a la televisión por primera vez en julio de 2021 según el Estudio General de Medios (EGM) que elabora la Asociación para la Investigación de Medios de Comunicación (AIMC). La primera ola de 2023 del EGM le atribuye un alcance del 87,6%, mientras que la televisión se sitúa en el 81,1%. Un consumo de contenidos audiovisuales *online* reforzado por el peso del teléfono móvil. Datos de la Comisión Nacional de Mercados y Competencia sitúan en más de 50 millones el número de líneas móviles con banda ancha en febrero de 2023.

Este escenario abre también la cuestión del papel de los medios como "guardianes del poder" al ser estas plataformas digitales las que contralan el acceso del y al público, especialmente al joven, como señala Díaz-Noci (2019) citando a Nielsen y Selva (2019).

El "flujo que no tiene final" acuñado por Williams (1974, 2003) continúa. Dónde lo veamos es otra historia. El *Digital News Report 2022*, que elabora el Reuters Institute, señala: "las diversas crisis . . . han acelerado aún más los cambios estructurales hacia un entorno mediático más digital, móvil y dominado por las plataformas, con nuevas consecuencias para los modelos de negocio y los formatos del periodismo" (p. 10).

2. OBJETIVOS

Los sucesivos cierres de canales de información económica en español plantean la duda de si "no hay mercado para este producto, tanto por el lado de la audiencia como de los anunciantes, o si no se han desarrollado, hasta el momento, proyectos adecuados a nivel operativo o corporativo" (Ablitas, 2018, p. 14). Es decir, si la especialización, entendida como un modelo de negocio dirigido a un nicho concreto de mercado, en línea con lo planteado por Anderson y su *Long Tail* (2006), es suficiente por sí misma para generar un proyecto sostenible. Negocios TV ha superado los dos años de emisión. En este tiempo, otros proyectos audiovisuales iniciados en España con modelos de emisión *broadcast* han tenido que cerrar por su falta de viabilidad financiera. 7NN, canal generalista cuyas emisiones comenzaron en octubre de 2021, anunció su cierre en marzo de 2023 por "la complicada situación económica" tras consumir "más de cinco millones y medio de euros sin conseguir un mínimo de garantía de ingresos futuros" (7NN Noticias, 2023).

Con el presente estudio, analizamos las claves de un proyecto audiovisual especializado en Negocios TV y las comparamos con Business TV, al tiempo que estudiamos su viabilidad y la capacidad de mantener su modelo de negocio en el actual escenario audiovisual.

3. METODOLOGÍA

Analizamos, a nivel cuantitativo, el recorrido de los proyectos de información económica en español en televisión y, en el caso de Negocios TV, las distintas etapas de la vida del canal -antecedentes, nacimiento y expansión- a través de la recopilación y análisis documental, tanto de fuentes propias del grupo, incluido el visionado de su programación durante el mes de abril de 2023, como de información publicada en otras investigaciones o en medios de comunicación. Revisamos la relación de Negocios TV con los cinco factores clave de éxito de un proyecto audiovisual -músculo financiero, una marca reconocible, talento, contenidos de calidad y distribución para llegar al público (Ablitas, 2018)- y analizamos las perspectivas de continuidad de su modelo de negocio y, por extensión, de un canal en abierto de información económica en español.

A nivel cualitativo, se ha realizado una entrevista semiestructurada en profundidad por videoconferencia el 26 de abril de 2023 con el consejero delegado y fundador de Negocios TV, José Antonio Vizner, para conocer los detalles del proyecto. Con este material, además de contrastar los datos recopilados con las herramientas antes mencionadas, se accede a información de la que no consta soporte documental y que permite entender mejor el devenir del proyecto.

4. DESARROLLO DE LA INVESTIGACIÓN

Díaz Arias (2006) afirma que la televisión se enfrenta a tres procesos simultáneos: fragmentación de audiencias, crisis del modelo generalista y dualización entre ofertas gratuitas y de pago, con el añadido de que la evolución tecnológica y el cambio de hábitos tiende a hacerla ubicua (*placeshifting*) y discontinua (*timeshifting*). En este escenario los impulsores de Negocios TV, empresarios y directivos vinculados tanto al ámbito periodístico general como al de la información económica en particular, ponen en marcha el proyecto en el otoño de 2020, en plena pandemia de covid-19, según la declaración de la Organización Mundial de la Salud. Respecto a los tres procesos mencionados, siguen una línea de especialización con una emisión en plataformas de pago y gratuita en *streaming*, que permite un alcance global, y que combina el formato lineal con la posibilidad de acceder a la mayoría de los contenidos segmentados en vídeo tanto en la propia web como en su perfil de YouTube -al que suben más de 100 vídeos diarios- que incluye también un modelo de suscripción. Este modelo de distribución de un producto en el que prima la inmediatez frente a la calidad formal, unido a un estricto control de costes, según su consejero delegado, José Antonio Vizner, constituyen las señas de identidad del, de momento, último canal español de información económica en español.

El grupo Recoletos, editor, entre otros, del diario económico de referencia en España, *Expansión*, es quien pone en marcha en la península el primer canal de información económica a finales del siglo XX. Comenzó a emitir el 1 de octubre de 1998 (Ballarín, 2006) con el nombre de Expansión Financiera. Nace fruto del acuerdo con la mexicana Televisa, que pretendía contar con una oferta más cercana al público español de Conexión Financiera, el canal económico que había lanzado en abril de 1997 y que, con emisión desde México, estaba incluido en la plataforma Vía Digital (Tucho, 2004). El proyecto conjunto se mantiene unos meses y, tras finalizar, cambia de nombre a Expansión TV.

En mayo de 2005 Recoletos anuncia el cierre del canal por motivos estratégicos y poco después se anuncia su venta a otro grupo español, Grupo Intereconomía, cuyo principal activo era una emisora de radio especializada también en información económica.

Tras la compra, a finales de junio comienzan las emisiones con la nueva denominación: Intereconomía TV. Cuenta con una programación basada en la información financiera -aperturas y cierres de las bolsas europeas y estadounidenses- y de negocios y en boletines horarios, pero que, poco a poco, va incorporando otro tipo de espacios con un perfil más político. Separar ambos contenidos -ideología y economía- será el motivo de la creación de Intereconomía Business, que la temporada siguiente cambia su nombre a Business TV. Este lanzamiento se realizó apenas unos meses después de que Bloomberg TV hubiera tomado la decisión de finalizar sus emisiones en español, que habían comenzado en 1997. Junto a CNBC, el pionero, y, desde 2007, Fox Business, conforman la tripleta de canales de información económica estadounidenses que, con su alcance global, constituyen la referencia general para el resto en la manera de contar este tipo de información económica. Un estilo que Starkman (2012, 2014) resumen en la expresión "CNBCization" de la información económica, que se sintetiza en una creciente estrechez de su mirada hacia las preocupaciones del inversor. Featherstone (2008) define su *target* demográfico como "gente rica que trabaja duro para ser más rica" o, dicho de otra manera, "hablar a la gente que cuenta, antes que contar a la gente a la que se dirigen" (Chalaby, 2008, p. 18). No importa tanto cuánta gente lo ve como quién. Ellos consolidan la manera de presentar, de hacer televisable la poco visual, a priori, información económica -*infotainment* financiero (Heresco, 2014)-, como un referente en los mercados. Comienzan a crear el modelo que luego será copiado por otros con entrevistas y charlas, así como la cobertura en directo de los mercados, como principales ingredientes. Formatos de bajo coste comparados con los reportajes emitidos en los inicios del canal.

Una manera de contar las cosas que nuevos competidores intentan actualizar para llegar a las audiencias jóvenes de la mano de las nuevas formas de distribución. Así nace en 2016, también en EE. UU. Cheddar TV, "la CNBC para *millenials*" según su propia definición. Un proyecto de emisión en directo por *streaming* que, tres años después, compra el gigante de las telecomunicaciones Altice USA por más de 200 millones de euros. Ese, junto a Bloomberg, es el espejo en el que se miran para su proyecto los impulsores de Negocios TV. En cambio, prestan menos atención por su visión de negocio más local, a las escasas iniciativas europeas en este ámbito: BFM Business TV -con muchas similitudes por año de inicio de emisiones y modelo de negocio con Business TV-, un canal francés propiedad del grupo de medios NextRadio TV, parte, a su vez, de Altice Europe y la alemana n-tv, del grupo RTL, las dos más destacadas.

Negocios TV sigue la línea estética de sus antecesores y de los canales especializados en economía: incorpora, como un elemento fijo, un *ticker* compuesto por una banda inferior para cotizaciones. Esto, unido a los gráficos que aparecen en pantalla, constituye lo que Calvo (2011) define como un "lenguaje propio" de la televisión económica. Supone un ejemplo de carácter multimedia al margen de los llamados cibermedios, dado que combina tres códigos lingüísticos: textual, sonoro y visual (Salaverría, 2009). Un modelo que autores como Clark *et al.* (2004) definen como "cacofonía de gente, ruido e imágenes con una retórica propia. Técnicas que parecen deber más a MTV que al serio y sobrio periodismo financiero de FT o WSJ" (p. 297). Es la estadounidense CNBC quien lo populariza y los principales canales de información económica lo copian.

Se trata de un modelo especializado, dirigido a un público minoritario, del que, además, se alejan las nuevas generaciones en su visionado tradicional. Un formato que se enfrenta a los sistemas actuales de medición, que priman lo cuantitativo frente a lo cualitativo, audiencia que argumentan tener las televisiones temáticas, dado que no reflejan todavía las nuevas formas de consumo -internet o bajo demanda- de una manera adecuada (Aswin *et al.*, 2016), aunque el sector avanza en esa transición: Atresmedia, por ejemplo, ha comenzado a comercializar su publicidad desde abril de 2023 en CPM en lugar de en GRP, el formato de la televisión lineal (Atresmedia Publicidad, 2023).

A partir de aquí, revisamos la relación de Negocios TV con los mencionados cinco factores clave de éxito de un proyecto audiovisual -músculo financiero, una marca reconocible, talento, contenidos de calidad y distribución para llegar al público- para analizar la viabilidad de su modelo de negocio.

4.1. Músculo financiero

La información en televisión es cara, como recuerda Hayes (2014), y se necesitan "bolsillos profundos" (Utley, 1997, p. 7). En el modelo tradicional, las barreras de entrada, vía concesión administrativa en el caso de las emisiones en abierto en España, y su difícil monetización debido a los elevados costes estructurales -equipos técnicos, transmisión de señal, etc.- dificultan la entrada de nuevos competidores. La evolución tecnológica, acelerada por la pandemia, en la que herramientas hasta entonces minoritarias en el ámbito profesional como las aplicaciones de videoconferencia se generalizan, rebaja esos costes y la distribución *online* elimina la barrera de entrada de las concesiones. Esta misma pandemia provoca que en el año 2020 la economía española se contraiga un 11,3%, según los datos del Instituto Nacional de Estadística (INE). Con este escenario, José Antonio Vizner, que había ocupado puestos directivos tanto a nivel operativo como comercial en Business TV y en Capital Radio, una emisora especializada puesta en marcha tras el cierre del canal de televisión por su equipo directivo y de redacción, busca los apoyos para poner en marcha Negocios TV. "La evolución del proceso de digitalización hacía viable lanzar el proyecto", afirma Vizner, quien registra la sociedad en septiembre de 2020 y consigue el apoyo económico de otros tres grupos vinculados a inversores y periodistas españoles para hacerlo. Todos continúan en abril de 2023. "Partimos", afirma Vizner, "de una estructura de costes muy afinada, en la que, por ejemplo, no contamos con activos inmobiliarios propios -estudios- sino que los alquilamos. También, en seguida renunciamos a emitir en TDT porque no veíamos la relación coste/beneficio. Además, eso ha venido acompañado de una labor comercial que desde el inicio se centra en que cada euro que gastamos tenga retorno para ser viables financieramente y autónomos. Esto nos ha permitido cerrar con beneficio ya en el segundo año de emisión". En este periodo la plantilla fija se ha duplicado -de 17 a 35 personas- mientras que la audiencia *online* se ha multiplicado. El canal superó a comienzos de abril los 500 millones de visualizaciones -Bloomberg, que abrió su perfil en YouTube en mayo de 2017, tenía en ese momento, con sus emisiones en inglés, 640 millones-, lo que le permite, según su consejero delegado, monetizar esa vía de distribución y que un tercio de los ingresos ya tengan su origen en YouTube. El resto viene de la comercialización publicitaria tradicional y de la incorporación de un doble modelo de suscripción: acceso al avance de programas, por 1,99 euros al mes, y acceso exclusivo a formación de la Academia Negocios TV, por 9,99 euros al mes. Entre ambos, según el canal, superan los 1.500 abonados.

Frente a este modelo, Business TV nace en el seno de un grupo de medios que en ese momento cuenta con una plantilla de más de 800 personas, en plena crisis financiera en España -el PIB, según los datos del Instituto Nacional de Estadística, apenas crece dos décimas, después de haber caído un 3,8% en 2009- y confía en, por una parte, aprovechar la estructura de costes de dicho grupo y, por otro, la capacidad global de generar recursos económicos. Se trata de un contexto de incertidumbre (Franklin, 2014) y de lo que Tay y Turner han acuñado como "optimismo digital y pesimismo *broadcast*" (2010, p. 32), en vísperas del llamado apagón analógico a nivel nacional. La televisión, "el medio de comunicación de masas dominante" (Castells, 2009, p. 95) vive en ese momento el año de mayor oferta en abierto en España: 1.180 canales con sede en el país (entre cadenas nacionales, autonómicas y locales), según los datos del Observatorio Audiovisual Europeo. La crisis financiera mundial eleva los temas económicos a asuntos de portada diaria no sólo en los medios especializados. También hace que el mercado publicitario, única fuente de ingresos directos de Business TV, pase en cuatro años de superar los 5.500 millones de euros en ingresos a rozar los 3.800, un 30 % menos. El director de Business TV, Luis Vicente Muñoz, afirma que para la puesta en marcha del canal "no hubo un estudio de mercado ni plan de negocio propio" (Ablitas, 2018, p. 25). Tampoco se contempla la opción del pago por contenidos por la madurez del entorno digital en aquel momento. Según las cuentas anuales depositadas en el Registro Mercantil, el proyecto no consigue ganar dinero en ningún ejercicio. Es un gigante con pies de barro que se ve arrastrado por la caída del Grupo Intereconomía. Un Grupo y sus unidades de negocio que, como apunta Sedano (2019), quedaron condenados por la situación económica, la gestión interna, el nuevo panorama mediático y los devaneos ideológicos.

4.2. Una marca reconocible

En el siglo XX se ha asistido a una historia de éxito empresarial en el periodismo económico, con nombres como *Dow Jones*, *Financial Times* o *Reuters* convertidos en paradigmas internacionales muchos años después de su fundación. *The Economist*, 1843 -más cercana en sus orígenes al ámbito académico que a lo que ahora entendemos por periodismo-, *Financial Times*, 1888, o *Wall Street Journal*, 1889, son más que centenarias y *Forbes*, por ejemplo, ya ha celebrado su 105 cumpleaños. En el ámbito audiovisual, los grandes nombres globales vinculados a la información económica tienen varias décadas o han nacido asociados a proyectos corporativos consolidados -Fox Business y el grupo Fox, por ejemplo- y quien constituye en la actualidad la referencia de consumo audiovisual, YouTube, celebra ya la mayoría de edad -nació a comienzos de 2005 - y cuenta con el respaldo de Alphabet, matriz de Google, grupo que lo compró año y medio después.

Construir una marca es algo difícil pero factible y puede no resultar tan complicado como mantener su momento táctico y gestionarla estratégicamente (Aaker, 2012). En el caso de Negocios TV, partiendo de un genérico - "negocios"-, se crea una marca nueva, sin relación con proyectos existentes. "Negocios", además, es una de las traducciones de "business", el nombre de su antecesora, con lo que en un entorno en el que el inglés es la *lingua franca* (Fernández Vítores, 2009) se significa el uso español. Una búsqueda en Google Trends de los últimos 12 meses a nivel global muestra un interés creciente por "Negocios TV" en España y Latinoamérica. Compite en volumen de interés con "Cheddar TV", aunque aún se encuentra a mucha distancia de marcas como CNBC o Bloomberg TV.

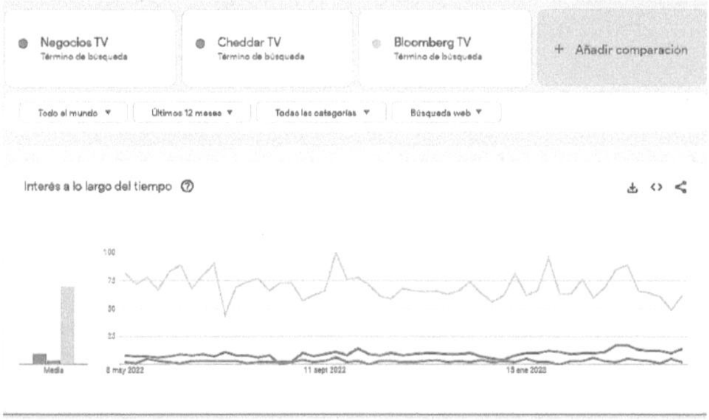

Figura 1. Búsquedas globales últimos 12 meses de "Negocios TV", "Cheddar TV" y "Bloomberg TV" (02/05/2023). Fuente: Captura de Google Trends. 2023.

Business TV, por su parte, recorre, en sus solo dos años y medio de vida, un camino que va desde recoger la marca de su matriz, Intereconomía, reconocible en su origen por su especialización en el nicho de la información financiera pero evolucionada en la última etapa hacia el nicho ideológico, con el añadido de "Business" para resaltar su foco en los negocios, hasta el abandono del nombre de Intereconomía en el intento de crear una marca sin connotaciones y que pueda tener alcance global.

4.3. Talento

El proceso de digitalización en el que estamos inmersos afecta también al ámbito periodístico a nivel laboral. Las organizaciones demandan nuevos perfiles vinculados a las nuevas herramientas y formas de comunicar -periodismo de datos, redes sociales, editores web, *mobile journalism*, inteligencia artificial, etc.- lo que genera un desajuste entre oferta y demanda mientras la formación se adapta a los nuevos requerimientos del mercado (Heravi, 2019). En el caso del periodismo especializado, a ese hecho se le une la necesidad de un conocimiento profundo de la materia que se aborda.

Tanto el fundador y consejero delegado como parte del equipo de Negocios TV cuenta con experiencia previa en otros medios de información económica, incluido Business TV. La evolución tecnológica de los últimos años les ha permitido, también, conocer de manera directa y práctica las nuevas herramientas y formatos. Pese a ello, José Antonio Vizner reconoce la dificultad de contar con los perfiles adecuados para un proyecto de este tipo. "El talento es fundamental en un proyecto como el nuestro y gracias a la digitalización hemos reducido la estructura técnica y hemos simplificado procesos", afirma. Esto se plasma en equipos técnicos en realización de solo tres personas, con el consiguiente ahorro de costes y de necesidad de búsqueda de talento. El canal mantiene una emisión de 24/7 y programas en directo de lunes a viernes, de 7 a 22.30 horas, un horario parecido al de Business TV. Sin embargo, lo hace con una plantilla muy inferior en número. Frente a las mencionados 35 personas de Negocios TV, en Business TV la plantilla asignada directamente al proyecto alcanza a lo largo del primer año "las 60 personas de manera directa" (Calvo, 2011, p. 13) y supera el centenar un año después, cuando incorpora también a su organización de manera operativa, aunque no estructural, el equipo de la web de información económica Negocios.com.

4.4. Contenidos de calidad

Los medios audiovisuales de información económica, en mayor medida que la prensa, se ocupan en exceso del corto plazo, "convirtiendo la actualidad en una sucesión de indicadores, cifras o análisis de coyuntura empresarial" (Arrese, 2006, p. 45) en los que estos, ante el nuevo mantra del suministro de información "en tiempo real" -definido como "hiperbólico" por Chakravartty y Schiller (2010, p. 671)-, sustituyen al interés público por una narrativa comprensible por el inversor como referente. "No se trata tanto de una cobertura del sistema financiero como de una extensión del mismo" (Starkman, 2012, p. 28), lo que condiciona tanto la estructura operativa como el modelo de negocio de los especializados, pero que se ha ido extendiendo, en cuanto al enfoque de la información, a los medios generalistas, quienes en su limitada cobertura de la información económica también tienden a prestar atención sobre todo a la evolución cortoplacista de los mercados y a los datos macroeconómicos coyunturales.

Los mercados bursátiles también se constituyen como eje informativo de Negocios TV. Su programación, dado que la emisión lineal mantiene este formato estructurado de contenidos, es de producción propia en su totalidad. Se organiza alrededor de grandes espacios que abarcan los horarios de apertura y cierre de las bolsas europeas y americanas -*Business Connection* para la apertura europea, *Conexión Vilar* para la apertura estadounidense, *Rolling Stocks* para el cierre europeo y *Cierre de Wall Street* para el final de la jornada en EE.UU.-, con emisión en directo desde las 7 hasta las 22.30 de lunes a viernes. El resto del tiempo se redifunden contenidos o se emiten nuevos programas grabados en las propias instalaciones del canal con su equipo técnico sobre motor -*Ruta 2025*-, viajes -*Miradas viajeras*- o marketing y publicidad -*Tech Talks*-. "Analizando Cheddar y Bloomberg nos fijamos en qué temas abordan para llegar a nuevos públicos: tecnología, cultura transversal y economía sin entrar en la política, pero sí con un posicionamiento ideológico", explica José Antonio Vizner. Eso se plasma también en espacios dedicados a criptonegocios, blockchain, geopolítica... supeditados siempre a la actualidad, que es "lo que el público hemos visto que quiere". Todo ello con una mirada global "porque vemos que el 40% del tráfico en redes nos llega con público de fuera de España, sobre todo de México y Estados Unidos". A su vez, todos estos contenidos se fragmentan e incorporan al perfil de YouTube del canal. A diario se suben más de 100 vídeos organizados por fecha y temática, para un consumo más rápido y no condicionado a horario/ubicación.

La estructura de programación es similar a la que tenía Business TV. Lo que varía es que en Business la utilización de contenidos para su difusión posterior en otros canales era minoritaria, tanto por el volumen de información fragmentada como por la audiencia que accedía a ellos. El canal también emitía 24 horas, siete días a la semana. De lunes a viernes, comenzaba su programación en directo a las 7:30 con *Capital, la bolsa y la vida*, y concluía a las 22:00, con el *Cierre de la Bolsa de Wall Street*. Catorce horas y media en la que tan sólo las franjas de 12:00 a 13:15 y de 20:10 a 20:30 no se realizan en directo. Una programación basada en dos espacios de emisión simultánea en radio: *Capital* y *Cierre de Mercados*. Se completaba con *El Balance*, un programa de bolsa, los boletines horarios y los informativos *Crónica* de las 14:00 y 20:30, que se emitían conjuntamente en los dos canales de televisión y en la radio. El resto se completaba con redifusiones o programas grabados en los propios estudios del canal. Una programación o, mejor dicho, una manera de construir esa programación, que constituía uno de los elementos diferenciales de Intereconomía que se traslada a Business TV y que Negocios TV hereda, dado que su cadena de valor difería de la del resto de televisiones de difusión nacional, al integrar verticalmente todos los procesos, desde la creación de manera íntegra, a la agregación y distribución, incluida su emisión a través de su web corporativa de estos mismos contenidos, segmentados. Esta dependencia de la capacidad propia de producción limita las posibilidades de ofrecer géneros variados más allá del informativo.

4.5 Distribución para llegar al público

Internet cambia el modelo de distribución audiovisual y, por lo tanto, su modelo de negocio. Con una estructura de ingresos -monetización- todavía no consolidada, hay quien habla de la "Spotifycación" de la televisión, al verse como una aplicación más de internet (Wolk, 2015). La mencionada caída de audiencias e ingresos de la televisión lineal en abierto unida a sus costes de emisión en TDT hacen que los creadores de Negocios TV apuesten para la difusión lineal por la principal plataforma de pago en España por número de abonados, Movistar +, y por YouTube para completar esa emisión lineal y apuntalar el consumo bajo demanda. "Vemos que la TDT no nos aporta lo que buscamos y enfocamos todo el contenido a un solo punto. No multiplicamos canales en otras plataformas de pago o redes como LinkedIn, Twitch o Twitter porque tiene un coste económico y de personal y facilita la medición. No queremos disgregar la audiencia", describe Vizner, quien sí avanza que están negociando su incorporación a TV Plus, el sistema de entretenimiento de Samsung, para aumentar su alcance.

En el caso Movistar+, Negocios TV cifra su audiencia mensual en 100.000 espectadores. En el caso de YouTube, los datos públicos de la propia red a cierre de abril de 2023 sitúan el número de suscriptores del canal en 630.000. Fox Business, por ejemplo, cuenta en ese mismo momento con 2,15 millones, CNBC, con 2,39 millones y Cheddar TV, con

948.000. El acumulado mensual de usuarios de Negocios TV se sitúa en 8 millones, con un consumo de 50 millones de visualizaciones, hasta los 550 millones totales -frente a los 2.400 millones de Fox Business, los 1.600 de CNBC o los 223 millones de Cheddar TV-, con vídeos que llegan a picos superiores a las 300.000 visualizaciones. Unas cifras que, según José Antonio Vizner, les permiten alcanzar a segmentos jóvenes de población a los que de otra manera no llegarían. Estos números conllevan "mucha pedagogía para que los clientes -ejecutivos e inversores- sean conscientes de que su público también está en internet, que YouTube es un soporte fundamental para distribuir también información seria, no solo contenidos ligeros". Un contenido de alcance global sin restricciones que encuentra un público dispuesto a consumirlo y que remite a un análisis más profundo del tipo de información que demanda la audiencia. Un debate, el de hacia dónde va el periodismo, penalizado, según Deuze, porque "se restringe a una discusión sobre plataformas, en lugar de sobre qué y cómo se ofrece a las audiencias algo que les enganche" (2017, p. 10).

Business TV, por su parte, emitía a través de licencias de TDT local -Madrid, Zaragoza, Baleares, Valencia, Barcelona-, cuyas audiencias nunca fueron significativas según los datos de Kantar, y plataformas de pago. Eran los principales canales de difusión y, también, las principales fuentes de gastos por los costes de transmisión de señal. Internet, usada para emitir en directo en *streaming* a través de su propia web nunca fue un canal prioritario para la compañía. En ese momento, 2010-2012, pese al crecimiento del consumo audiovisual *online*, la televisión "estándar" todavía es la dominante en el mercado (Waterman, Sherman y Ji, 2013). La distribución a través de banda ancha se ha mostrado a posteriori como un modelo de negocio viable, por ejemplo, con la propia YouTube o Netflix, y ha sido más tarde cuando hemos asistido al rediseño de cómo se distribuye y consume el contenido audiovisual en esta era de post-televisión. (Strangelove, 2015).

5. CONCLUSIONES

El fenómeno de la "CNBCización" de la información económica, que enfatiza la velocidad sobre la profundidad y la inmediatez sobre el contexto, facilita que internet sustituya a la televisión lineal como canal de distribución de esta información dada las posibilidades de acceso que permite, frente a los condicionantes de la televisión (dispositivo requerido, espacio físico, linealidad). Los responsables de Negocios TV, con experiencia en este tipo de información, adaptan el proyecto a esta nueva realidad con el consiguiente acceso a un público más amplio -alcance global al no restringirse a licencias locales- y una reducción sustancial de costes al eliminar gastos de emisión de señal y almacenamiento de contenidos. Todo ello en un contexto de digitalización progresiva tanto a nivel corporativo como particular -penetración de internet- y de un consumo audiovisual de las nuevas generaciones canalizado a través de nuevas plataformas sociales. Con esta base y un criterio de partida de análisis riguroso de la cuenta de pérdidas y ganancias empujado también por el contexto de crisis económica provocada por la pandemia y sin condicionantes previos al tratarse de una sociedad de nueva creación independiente de los grupos editoriales existentes, Negocios TV se consolida en su nicho como un proyecto cuyas cifras muestran que ha crecido desde su nacimiento tanto en plantilla como en alcance. Su vocación internacional avala el acceso a un mercado más relevante, aunque el reto de la monetización de los nuevos canales sigue abierto. Sus ingresos dependen en 2/3 del modelo publicitario tradicional. La transición hacia una menor dependencia en este campo constituye una de las claves para su continuidad en un entorno en el que, además, la desaparición de las barreras de entrada tradicionales del sector audiovisual abre las puertas a nuevos competidores, tanto locales como internacionales.

Además, Negocios TV debe hacer frente a dos problemas recurrentes del periodismo económico para ejercer su tarea: la opacidad de las fuentes y la reticencia de una parte importante de los protagonistas -especialmente en la esfera privada- a tener presencia mediática y a otros crecientes, como la dependencia de los gabinetes de comunicación, ya sean externos o internos. Está en juego su credibilidad como fuente de información para llegar tanto a los protagonistas del entorno económico como a una audiencia más significativa.

6. REFERENCIAS

7NN Noticias (28 de marzo de 2023). *Comunicado oficial: 7NN anuncia su cierre* [Momento]. Twitter. https://twitter.com/7nn_Tv/status/1640706512313286663

Aaker, D. A. (2012). *Building strong brands.* Simon & Schuster Ltd.

Ablitas Cía, J. (2017). *La televisión de nicho en España. Los problemas de la información económica en abierto. El caso de Business TV.* [Tesis doctoral]. Universidad Rey Juan Carlos de Madrid.

Ablitas, J. (2018). *Business TV, la última televisión. Cuando la economía no es rentable.* Libros.com

Asociación para la Investigación de Medios de Comunicación –AIMC- (2023). *Estudio General de Medios* (1ª ola 2023).

Ala-Fossi, M. (2017). Defining «TV-Like» *Content in a Multimedia Era.* En VV.AA. *Oxford Research Encyclopedia of Communication.* https://doi.org/10.1093/acrefore/9780190228613.013.191

Álvarez Monzoncillo, J. M. (2011). *La televisión etiquetada: nuevas audiencias, nuevos negocios* (Vol. 24). Fundación Telefónica.

Anderson, C. (2006). *The long tail: Why the future of business is selling less of more.* Hachette Books.

Arrese, Á. (2006). Periodismo económico. Entre la simplificación y el rigor. *Cuadernos de Información,* 19, 42-49. https://doi.org/10.7764/cdi.19.122

Arrese, Á. y Vara-Miguel, A. (2016). Periodismo y Economía. En M. Sobrados León (Ed.), *Estudios de Periodismo Político y Económico* (pp. 47-80). Fragua.

Aswin, T. S., Mittal, K. y Vasudevan, S. K. (2016). Efficient Television ratings system with Commercial Feedback Applications. En VV.AA. *Intelligent Systems Technologies and Applications 2016* (pp. 433-447). Springer International Publishing. https://doi.org/10.1007/978-3-319-47952-1_34

Atresmedia Publicidad (28 de febrero de 2023). *Atresmedia Publicidad pone a disposición del mercado un asistente virtual para facilitar la transición de la venta a Coste GRP a CPM* [Nota de prensa]. Atresmedia. https://lc.cx/DjE2xU

Ballarín, L. (2006). *La informació econòmica a la televisió, un espectacle que costa de veure.* Edicions i Publicacions de la Universitat de Lleida.

Barlovento Comunicación (2023). *Análisis Televisivo marzo 2023.* Barloventocomunicacion.es. https://lc.cx/gWfd-h

Calvo, E. (2011). Nuevos discursos televisivos de la información económica. En I. Bort Gual, S. García Catalán y M. Martín Núñez (Eds.). *Nuevas tendencias e hibridaciones de los discursos audiovisuales en la cultura digital contemporánea.* [Actas IV Congreso Internacional sobre Análisis Fílmico]. Ediciones de las Ciencias Sociales de Madrid.

Castells, M. (2009). *Comunicación y poder.* Alianza Editorial.

Centro de Investigaciones Sociológicas –CIS- (2023). *Barómetro de marzo.*

Clark, G., Thrift, N. y Tickell, A. (2004). Performing finance: the industry, the media and its image. *Review of International Political Economy, 11*(2), 289-310. https://doi.org/10.1080/0969229042000167281 3

Coca, C. y Diezhandino, M. P. (1991). *Periodismo económico.* Thomson-Paraninfo.

Cortés Quesada, J. A., Barceló Ugarte, T. y Fuentes Cortina, G. (2023). El consumo audiovisual de los Millennials y la Generación Z: preferencia por los contenidos snackables. *Doxa Comunicación*, 36, 303-320. https://doi.org/10.31921/doxacom.n36a1687

Chakravartty, P. y Schiller, D. (2010). Global Financial Crisis| Neoliberal Newspeak and Digital Capitalism in Crisis. *International Journal of Communication*, 4, 670-692.

Chalaby, J. K. (2008). Advertising in the global age: Transnational campaigns and pan-European television channels. *Global Media and Communication, 4*(2), 139-156. https://doi.org/10.1177/1742766508091517

Chan-Olmsted, S. M. y Kang, J. W. (2003). Theorizing the strategic architecture of a broadband television industry. *The Journal of Media Economics, 16*(1), 3-21. https://doi.org/10.1207/S15327736ME1601_2

Davis, A. (2018). Whose economy, whose news? En L. Basu, S. Schifferes y S. Knowles (Eds.), *The Media and Austerity: Comparative perspectives.* Routledge.

Deuze, M. (2017). Considerando el futuro del periodismo digital. *Revista Mediterránea de Comunicación, 8*(1), 9-18. https://doi.org/10.14198/MEDCOM2017.8.1.1

Díaz Arias, R. (2006) *Evolución de la comunicación audiovisual: de la televisión clásica al videoblog.* En J. M. Flores y M. Cebrián (Coords.), *Congreso internacional de blogs y periodismo en la red* (pp. 487-504). Fragua.

Díaz-Noci, J. (2020). Cómo los medios afrontan la crisis: retos, fracasos y oportunidades de la fractura digital. *Profesional de la información, 28*(6). https://doi.org/10.3145/epi.2019.nov.25

Featherstone, L. (3 de marzo de 2008). Happy all the time. *Columbia Journalism Review.* https://archives.cjr.org/feature/happy_all_the_time.php

Fernández Vítores, D. (2009). El inglés en Europa: origen y consolidación de una lengua franca. *Revista de estudios ingleses Odisea*, 10, 57-69. https://doi.org/10.25115/odisea.v0i10.194

Franklin, B. (2014). The Future of Journalism: In an age of digital media and economic uncertainty. *Journalism Studies, 15*(5), 481-499. https://doi.org/10.1080/1461670X.2014.930254

Guerrero Pérez, E. (2018). La fuga de los millennials de la televisión lineal. *Revista Latina de Comunicación Social*, 73, 1231-1246. https://doi.org/10.4185/RLCS-2018-1304

Hayes, K. (2014). *Business Journalism. How to Report on Business and Economics.* Apress.

Heravi, B. R. (2019). 3WS of Data Journalism Education: What, where and who?. *Journalism Practice, 13*(3), 349-366. https://doi.org/10.1080/17512786.2018.1463167

Heresco, A. (2014). *Shaping the Market: CNBC and the Discourses of Financialization* [Doctoral dissertation]. The Pennsylvania State University, EE. UU.

Infoadex (2023). *Estudio de la inversión publicitaria en España 2022.* INFOADEX.

Katsirea, I. (2016). Electronic press: Turning a new leaf for convergent media content regulation? En S. Simpson, M. Puppis y H. Van den Bulck (Eds.), *European media policy for the twenty-first century* (pp. 40-58). Routledge.

Katz, E. y Scannell, P. (2009). *The end of television?: Its impact on the world (so far).* The Annals of American Academy of Political and Social Science Series, Vol. 625. Sage Publications.

Lotz, A. D. (2014). *The television will be revolutionized.* NYU Press.

Marshall, P. D. (2009). Screens: television's dispersed "broadcast". En G. Turner y J. Tay (Eds.), *Television studies after TV: Understanding television in the post-broadcast era* (pp. 42-50). Routledge.
Marzal, J., Izquierdo, J. y Casero, A. (Eds.) (2015). *La crisis de la televisión pública. El caso de RTVV y los retos de una nueva gobernanza.* Universidad Autónoma de Barcelona, Universidad Jaume I y Universidad Pompeu Fabra.
Missika, J.-L. (2006). La Fin de la Télévision. *Questions de communication*, 11. https://doi.org/10.4000/questionsdecommunication.7410
Newman, N., Fletcher, R., Robertson, C. T., Eddy, K. y Nielsen, R. K. (2022). Reuters Institute. Digital News Report 2022. *Reuters Institute for the study of Journalism.* https://n9.cl/zok4i
Roush, C. (2011). *Profits and losses: Business journalism and its role in society.* Marion Street Press.
Salaverría, R. (2009). Los medios de comunicación ante la convergencia digital. En VV.AA. *Actas del I Congreso Internacional de Ciberperiodismo y Web 2.0* (pp. 11-13). Universidad del País Vasco.
Scolari, C. (2008a). This is the end. Las interminables discusiones sobre el fin de la televisión. *La Trama de la Comunicación,* 13, 13-25. https://doi.org/10.35305/lt.v13i0.69
Scolari, C. (2008b). Hacia la hipertelevisión: los primeros síntomas de una nueva configuración del dispositivo televisivo. *Diálogos de la Comunicación, 77*(7).
Sedano, J. (2019). *La Gaceta (2009-2013): análisis de una empresa informativa en el periodo de transición entre Zapatero y Rajoy* [Tesis doctoral]. Universidad Complutense de Madrid.
Silva-Torres, J. J., Martínez, L. y Cuesta, U. (2022). Impacto en el consumo de TV en España debido a las restricciones de movilidad por covid-19 en 2020. *Palabra Clave, 25*(1), e2515. https://doi.org/10.5294/pacla.2022.25.1.5
Starkman, D. (9 de enero de 2012). A narrowed gaze: How the business press forgot the rest of us. *Columbia Journalism Review.* https://n9.cl/swngm
Starkman, D. (2014). *The Watchdog That Didn't Bark: The Financial Crisis and the Disappearance of Investigative Journalism.* Columbia University Press. https://doi.org/10.7312/star15818
Strangelove, M. (2015). *Post-TV: Piracy, Cord-Cutting, and the Future of Television.* University of Toronto Press.
Tay, J. y Turner, G. (2010). Not the apocalypse: television futures in the digital age. *International Journal of Digital Television, 1*(1), 31-50. https://doi.org/ 10.1386/jdtv.1.1.31/1
Tucho, F. (2004). La información en la nueva televisión: retos y oportunidades para profesionales y públicos. En A. García y T. Lara (Eds.). *Convergencia multimedia y alfabetización digital.* Actas del Seminario Complutense Nuevos Retos de la Convergencia y la Mundialización de los Contenidos Informativos (pp. 83-98). Universidad Complutense de Madrid.
Turner, G. y Tay, J. (Eds.). (2009). *Television studies after TV: Understanding television in the post-broadcast era.* Routledge.
Utley, G. (1997). The shrinking of foreign news: From broadcast to narrowcast. *Foreign Affairs, 76*(2), 2-10. https://doi.org/10.2307/20047932
Waterman, D., Sherman, R. y Ji, S. W. (2013). The economics of online television: Industry development, aggregation, and "TV Everywhere". *Telecommunications Policy, 37*(9), 725-736. https://doi.org/10.1016/j.telpol.2013.07.005

Williams, R. (2003). *Television: Technology and cultural form*. Routledge.
Wolk, A. (2015). *Over the Top: How the Internet is (Slowly but Surely) Changing the Television Industry*. CreateSpace.

ANÁLISIS COMPARATIVO SOBRE RELACIÓN RENTABILIDAD - RIESGO EN LA INDUSTRIA ENERGÉTICA DE LATINOAMÉRICA

David Ricardo Africano Franco[1], Alfredo Guzmán Rincón[1]

El presente texto nace en el marco del proyecto de investigación conjunta de la Corporación Universitaria de Asturias que procura aportar elementos de análisis de estudios sectoriales contemplando la incidencia de los mercados bursátiles en la era globalizada y la interdependencia de los inversionistas a través de estos, resaltando los avances de la región de Latinoamérica y las empresas de los países que la componen, otorgando opciones adicionales de alcance internacional.

1. INTRODUCCIÓN

No se puede negar que el sector energético tiene un impacto tanto directo como indirecto en el desarrollo de las naciones y en la economía a nivel mundial (Bhattarai et al., 2022; Adedoyin et al., 2020; Saidi y Hammami, 2015). Ha habido un aumento en la demanda de energía (Bhattarai et al., 2022), lo que ha llevado a la búsqueda de fuentes de energía alternativas al petróleo y el carbón, que tengan un menor impacto ambiental y no sean escasas. Esto ha dado lugar al surgimiento de las energías renovables (Amjath et al., 2019). El sector de las energías renovables está creciendo constantemente y ya representa una cuarta parte del consumo global de energía (Bhattarai et al., 2022). Sin embargo, existe una brecha en el acceso y uso de las energías renovables entre los países desarrollados y subdesarrollados, así como entre la población rica y pobre (Lin y Omoju, 2017).

Tanto los Estados como los inversores están abordando las inversiones en energías renovables desde dos perspectivas, que no son mutuamente excluyentes. La primera perspectiva se relaciona con la crisis ambiental, donde se busca utilizar estas energías para reducir las emisiones de CO_2, con el fin de prevenir y mitigar los impactos del cambio climático y la degradación ambiental (Bhattarai et al., 2022; Adedoyin et al., 2020; Gasser, 2020; Devkota et al., 2020; Hvelplund y Djørup, 2019; Solaun y Cerdá, 2019; Johnstone et al., 2020; Devkota et al., 2017). La segunda perspectiva se centra en las ganancias generadas por las energías renovables, lo que hace que este mercado sea atractivo para los inversores (Dominguez et al., 2021; Zhao y You, 2020; Khan y Shaheen, 2020; Boute y Zhikharev, 2019; Best, 2017).

Teniendo en cuenta lo anterior, este capítulo se enfoca en la segunda perspectiva, ya que las investigaciones sobre la rentabilidad de las energías renovables aún se encuentran en una etapa inicial, como se evidencia en los artículos de revisión de Bhattarai et al. (2022) y

1. Corporación Universitaria de Asturias (España)

Hafner y Tagliapietra (2020). Los estudios anteriores se han centrado en Estados Unidos, Europa y Kenia (Bhattarai et al., 2022) y han buscado determinar la rentabilidad de la implementación de las energías renovables en comunidades (Dominguez et al., 2021), la viabilidad financiera de la transición energética neutra (Zhao y You, 2020) y el impacto de las inversiones en la capacidad de lograr la transición energética mediante energías renovables (Best, 2017).

El objetivo de este capítulo de libro fue comparar la rentabilidad y riesgo en las carteras de inversión de empresas del sector energético en Latinoamérica, considerando tanto fuentes de energía renovable como no renovable, utilizando como herramienta la Frontera de Eficiencia de Markowitz. Con este fin, el artículo se divide en cuatro secciones. La primera sección aborda el marco teórico, la segunda describe la metodología, la tercera muestra los principales resultados y, por último, la cuarta presenta las conclusiones.

2. FRONTERA DE EFICIENCIA DE MARKOWITZ.

La eficiencia de frontera es un concepto clave para la toma de decisiones de los inversores (Gonçalves et al., 2022), ya que se refiere a la capacidad de construir una cartera de inversión que maximice los rendimientos dados un nivel de riesgo determinado (Gonçalves et al., 2022; Fang et al., 2008). La eficiencia de frontera busca alcanzar un equilibrio óptimo entre el riesgo y la rentabilidad de una cartera (Kraus y Litzenberger, 1976). Por lo tanto, la Frontera de Eficiencia se basa en la Teoría Moderna de Portafolios de Harry Markowitz.

La Teoría Moderna de Portafolio de Harry Markowitz parte de la premisa de que los inversores son racionales y buscan maximizar su riqueza mientras minimizan el riesgo. Para lograrlo, construyen carteras de inversión diversificadas que incluyen diferentes activos como acciones, bonos, fondos mutuos, bienes raíces y otros instrumentos financieros. La diversificación reduce el riesgo de la cartera, ya que, si un activo tiene un mal desempeño, los otros activos pueden compensar las pérdidas.

El modelo de frontera de eficiencia se basa en el cálculo del rendimiento esperado de la cartera, que es la suma ponderada de los rendimientos esperados de cada activo que la compone. Esto se puede expresar de la siguiente manera: $E(Rp) = \sum wi \times ERi$. El rendimiento esperado del portafolio E(Rp) se calcula como la suma ponderada de los rendimientos esperados de cada activo en el portafolio, donde cada peso wi representa el porcentaje del activo i en la cartera y ERi es el rendimiento promedio del activo i. Es importante destacar que la suma de los pesos $\sum wi$ debe ser igual a 1.

Por otra parte, es necesario calcular la varianza del portafolio. La varianza se obtiene mediante la suma ponderada de las varianzas de cada activo, sumada al doble del producto de las covarianzas entre cada par de activos $Var(p) = \sum\sum wi\ wj \times COV(Ri,Rj)$. En este caso, la Var(p) representa la varianza del portafolio, mientras que wi wj son los pesos o porcentajes de los activos i y j en la cartera, respectivamente COV(Ri,Rj) se refiere a la covarianza entre los rendimientos del activo i y del activo j. Finalmente, la Frontera de Eficiencia de Markowitz se obtiene al resolver el siguiente problema de optimización Max E(Rp) sujeto a $Var(p) = \sigma$^2 .

La resolución de este problema de optimización genera una serie de carteras de inversión eficientes que se ajustan al nivel de riesgo deseado. La Frontera de Eficiencia de Markowitz puede representarse gráficamente como una curva que muestra todas las combinaciones de inversión eficientes, donde un inversor puede alcanzar un cierto nivel de rendimiento dado un nivel de riesgo asumido.

3. METODOLOGÍA

Con el fin de cumplir con el objetivo de este artículo, se decidió llevar a cabo un estudio longitudinal y descriptivo en el que se analizó información bursátil de 11 empresas del sector de energías no renovables (Tabla 1) y 6 empresas del sector de energías renovables (Tabla 2).

País	Empresa
Colombia	Ecopetrol
Brasil	Petrobras
	3R Petroleum Óleo e Gás S,A,
	Refinaria de Petróleos de Manguinhos S,A,
	Vibra Energia S,A,
	Cosan S,A,
Argentina	YPF Sociedad Anónima
México	Vista Energy, S,A,B, de C,V,
Chile	Empresas Copec S,A,
	Empresas Lipigas S,A,
	AntarChile S,A,

Tabla 1. Portafolio de empresas de energías no renovables.
Fuente: Elaboración propia.

País	Empresa
Colombia	Interconexión Eléctrica SA
	Grupo Energía Bogotá
	Celsia
Brasil	EDP - Energias do Brasil S,A
Argentina	Central Puerto S,A,
Chile	Colbún S,A,

Tabla 2. Portafolio de empresas de energías renovables.
Fuente: Elaboración propia.

La información relacionada con las acciones fue obtenida del sitio web Yahoo Finance, una plataforma en línea que ofrece datos financieros y noticias sobre acciones, índices, divisas, materias primas (commodities), bonos y otros instrumentos financieros. Yahoo Finance es reconocida a nivel mundial como una popular fuente de información financiera, con un gran número de usuarios que la utilizan para realizar inversiones y monitorear el rendimiento de los mercados financieros.

Se recopiló información de cada una de las acciones durante un período de 405 días calendario, comenzando desde el 22 de abril de 2022 hasta el 01 de junio de 2023. Para implementar el modelo, se empleó el lenguaje de programación Python debido a su capacidad para manejar volúmenes extensos de datos y su facilidad para automatizar procesos y tareas. El procedimiento se llevó a cabo de la siguiente manera para cada uno de los portafolios:

1. Importación de librerías.
2. Creación y visualización de los datos de los portafolios.
3. Visualización y normalización de los datos.
4. Cálculo de los retornos para cada uno de los activos del portafolio.
5. Cálculo de la covarianza del portafolio.
6. Cálculo de las correlaciones del portafolio.
7. Creación de la Frontera de Eficiencia de Markowitz a partir de 5000 simulaciones.
8. Creación de la visualización de Frontera de Eficiencia de Markowitz.
9. Determinación de portafolio con menor volatilidad.
10. Determinación del portafolio optimo mediante el método de Sharpe
11. Creación de visualización de Frontera de Eficiencia de Markowitz con puntos de portafolio con menor volatilidad y portafolio optimo mediante el método de Sharpe.

Por último, los resultados fueron analizados desde una perspectiva descriptiva inductiva, lo que implica examinar los datos de manera minuciosa en busca de patrones y tendencias emergentes, sin basarse en teorías o supuestos previos. La perspectiva inductiva se utiliza para descubrir nuevos conocimientos o relaciones en los datos que pueden no haber sido anticipados inicialmente. Además, el enfoque descriptivo permite presentar de manera objetiva los resultados obtenidos.

4. RESULTADOS

Los resultados obtenidos serán presentados a continuación desde dos posturas; en primera instancia se presenta la Frontera de Eficiencia de Markowitz y la rentabilidad y riesgo implícita para los portafolios de empresas de energía no renovable y, en segundo lugar, se presentan los resultados citados previamente para las empresas de energía renovable.

4.1. Energías no renovables.

Al revisar la evolución de los precios de los activos seleccionados para el análisis, se evidencia que la acción que experimentó la mayor pérdida durante el período analizado fue Ecopetrol, con un precio inicial de USD 14.89 y un precio final de USD 9.43, lo cual refleja una disminución del 36.67%. En segunda instancia, se encuentra en terreno negativo Refinaria de Petróleos de Manguinhos S.A., cuyo precio inicial fue de BRL 2.81 y su precio al cabo de un año fue de BRL 1.92, lo que representa una variación de 31.67%. En tercer lugar, con una reducción del 29.18%, se sitúa 3R Petroleum Óleo e Gás S.A. Los resultados intermedios, al igual que los mencionados anteriormente, se pueden corroborar en la Tabla 3 que se presenta a continuación.

Empresa	Precio		Var. Abs. ($)	Var. Rel. %
	22/04/2022	1/06/2023		
Ecopetrol	14,89	9,43	- 5,46	-36,67%
Refinaria de Petróleos de Manguinhos S,A,	2,81	1,92	- 0,89	-31,67%
3R Petroleum Óleo e Gás S,A,	43,46	30,78	- 12,68	-29,18%
Cosan S,A,	20,07	15,32	- 4,75	-23,66%
Vibra Energia S,A,	21,09	16,93	- 4,16	-19,73%
Empresas Copec S,A,	6.499,24	5.850,00	- 649,24	-9,99%
AntarChile S,A,	6.406,70	6.980,00	573,30	8,95%
Petrobras	7,92	11,33	3,41	43,06%
Empresas Lipigas S,A,	1.699,62	2.747,60	1.047,98	61,66%
Vista Energy, S,A,B, de C,V,	190,00	380,05	190,05	100,03%
YPF Sociedad Anónima	962,55	5.609,30	4.646,75	482,75%

Tabla 3. Evolución precio año analizado empresas energía no renovable
Fuente: Elaboración propia.

En el terreno positivo sobre la variación de precio de los activos al cabo del año de estudio; en primer lugar, se encuentra YPF Sociedad Anónima con un precio inicial de ARS 962.55 y un precio final de ARS 5,609.30 reflejando una valorización de 482.75%, seguida por Vista Energy, S.A.B. de C.V. con una variación positiva en su precio de 100.03% al comparar los precios de abril de 2022 por niveles de MXN 190 y MXN 380.05 en junio del 2023, finalmente en la tercera posición de crecimiento Empresas Lipigas S.A. que inició en el periodo de análisis con un precio de CLP 1,699.62 y cierra este con un valor por acción de CLP 2,747.60, presentando una rentabilidad implícita de 61.66%.

La tasa de retorno promedio para los días de operación (250) de los activos analizados presentó el siguiente comportamiento. En el terreno negativo se encuentran Refinaria de Petróleos de Manguinhos S.A. con una tasa de retorno de -27.76%, Ecopetrol con -18.52%, y Cosan S.A. con -7.95%. Por otro lado, en terreno positivo se encuentran Empresas Copec S.A. con un retorno del 0.48%, Vibra Energía S.A. con 6.19%, 3R Petroleum Óleo e Gás S.A. con 10.19%, AntarChile S.A. con 18.67%, Empresas Lipigas S.A. con 47.21%, y Petrobras con 66.97%. Las dos empresas con mayor retorno son Vista Energy, S.A.B. de C.V. con un 82.30% y YPF Sociedad Anónima con un 180.83%.

Empresa	R%
RPMG3,SA	-27,76%
EC	-18,52%
CSAN3,SA	-7,95%
COPEC,SN	0,48%
VBBR3,SA	6,19%
RRRP3,SA	10,19%
ANTARCHILE,SN	18,67%

LIPIGAS,SN	47,21%
PBR	66,97%
VISTAA,MX	82,30%
YPFD,BA	180,83%

Tabla 4. La Tasa de retorno promedio para los días de operación (250)
Fuente: Elaboración propia.

Sobre el riesgo presentado en el portafolio se evidencia que, durante el periodo analizado, los activos presentan niveles de 4,23% para AntarChile S.A., 6,81% para Empresas Copec S.A, 13,31% Cosan S.A., 22,45% Ecopetrol, 3,68% Empresas Lipigas S.A, 22,08% en el caso de Petrobras, y Refinaria de Petróleos de Manguinhos S.A. 15,01%.

Respecto de los resultados de la Frontera de Eficiencia de Markowitz (Figura 1), genera una rentabilidad promedio de los activos del orden de 26,56% con nivel de riesgo promedio asumido de 4,79% y una volatilidad implícita del orden de 21,89%. Al cabo de las 5000 simulaciones aleatorias realizadas, el escenario aleatorio que presenta mayor rentabilidad del orden del 73,22%, con una volatilidad implícita de 27,67%. En segunda instancia, la mayor rentabilidad encontrada fue 72% asumiendo un riesgo del 29,24%.

Por otro lado, en el caso del portafolio con menor exposición a la volatilidad, el retorno esperado de la simulación fue de 18,10% para una volatilidad del 16,20%, resultados generados en el año de análisis con un portafolio compuesto de la siguiente manera, Ecopetrol 18,84%, 3R Petroleum Óleo e Gás S,A 18,39%, Vibra Energía S,A 17,31%, Petrobras 16,82%, YPF Sociedad Anónima 11,56%, AntarChile S,A 5,31%, Empresas Copec S,A 4,90%, Refinaria de Petróleos de Manguinhos S,A 3,82%, Cosan S,A 1,17%, %, Empresas Lipigas S,A 1,16% y finalmente Vista Energy, S,A,B, de C,V con un 0,73%.

Finalmente, en el portafolio óptimo para las empresas del sector de energía no renovable los resultados obtenidos en la simulación fueron rentabilidad del 71,26% con volatilidad implícita de 23,95% para un portafolio constituido con las siguientes ponderaciones Vibra Energía S,A, 24,89%, AntarChile S,A, 22,34%, Empresas Lipigas S,A, 14,35%, Cosan S,A, 10,72%, 3R Petroleum Óleo e Gás S,A, 8,01%, Empresas Copec S,A 7,27%, Petrobras 6,79%, Ecopetrol 3,42%, Refinaria de Petróleos de Manguinhos S,A, 1,11%, YPF Sociedad Anónima 0,71%, y cierra el portafolio Vista Energy, S,A,B, de C,V con un 0,41%.

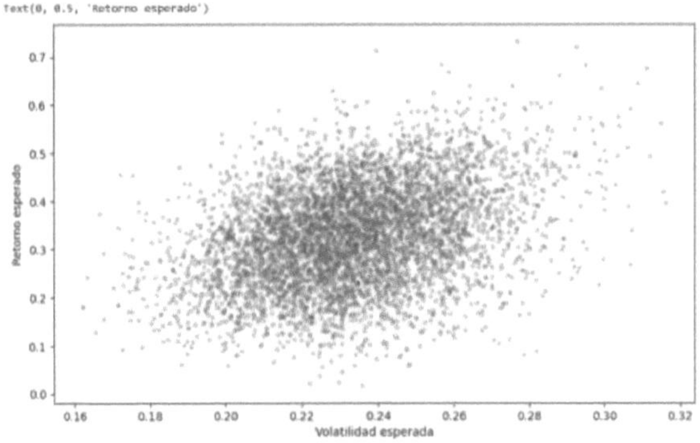

Figura 1. Frontera de Eficiencia de Markowitz Energías no renovables.
Fuente: Elaboración propia.

4.2. Energías renovables.

En el caso de energías renovables, para el periodo analizado el comportamiento de los precios de los activos analizados en el periodo se encuentra que la mitad de estos tuvo una reducción encabezada por Celsia con un -34,67%, seguida por Grupo Energía Bogotá -22,69% e Interconexión Eléctrica SA con un -21,54% respecto de los precios comparados en el periodo 22 de abril de 2022 al 01 de junio de 2023. En el mismo periodo las otras tres empresas presentaron aumento en sus cotizaciones así, EDP - Energias do Brasil S, A con un aumento del 17,01%, Colbún S, A, incrementó el 93,52% y con el mejor resultado dentro de la canasta Central Puerto S, A, con una variación positiva del 353,78%. Estas variaciones pueden ser corroboradas con los precios presentados en la tabla a continuación.

Empresa	Precio		Var. Abs. ($)	Var. Rel. %
	22/04/2022	1/06/2023		
Celsia	4.117,64	2.690,00	- 1.427,64	-34,67%
Grupo Energía Bogotá	2.367,14	1.830,00	- 537,14	-22,69%
Interconexión Eléctrica SA	22.430,57	17.600,00	- 4.830,57	-21,54%
EDP - Energias do Brasil S,A	19,89	23,27	3,38	17,01%
Colbún S,A,	61,49	119,00	57,51	93,52%
Central Puerto S,A,	75,96	344,70	268,74	353,78%

Tabla 5. Evolución precio año analizado empresas energía renovable
Fuente: Elaboración propia.

La Tasa de retorno promedio para los días de operación (250) de los activos analizados tuvo el siguiente comportamiento, en el terreno negativo se encuentran Celsia -30,61%, Interconexión Eléctrica SA con un -13,20%, seguida por Grupo Energía Bogotá -11,68%. En el mismo periodo las otras tres empresas presentaron rentabilidad positiva, EDP - Energias do Brasil S.A. 26,60%, Colbún S.A. 66,89% y el mayor resultado dentro de la canasta Central Puerto S.A. 152,31%.

Empresa	R%
Celsia	-30,61%
Interconexión Eléctrica SA	-13,20%
Grupo Energía Bogotá	-11,68%
EDP - Energias do Brasil S,A	26,60%
Colbún S,A,	66,89%
Central Puerto S,A,	152,31%

Tabla 6. La Tasa de retorno promedio para los días de operación (250) renovables
Fuente: Elaboración propia.

Sobre el riesgo presentado en el portafolio se evidencia que, durante el periodo analizado, los activos presentan niveles de 6,09% EDP - Energias do Brasil S.A., 11,19% para Celsia,

Colbún S.A 11,43% Grupo Energía Bogotá 17,22%, Interconexión Eléctrica SA 20,37% y para cerrar, Central Puerto S.A. 24,85%.

Sobre los resultados de la Frontera de Eficiencia de Markowitz (Figura 2), genera una rentabilidad promedio de los activos del orden de -0,1443% con nivel de riesgo promedio asumido de 8,83% y una volatilidad implícita del orden de 29,72%. Al cabo de las 5000 simulaciones aleatorias realizadas, el escenario aleatorio que presenta mayor rentabilidad del orden del 92,30%, con una volatilidad implícita de 28,40%, con una composición de Grupo Energía Bogotá 46,08%, Celsia 37,34%, Interconexión Eléctrica SA 6,87%, Colbún S, A., 5,46%, Central Puerto S, A., 3,05% y finalmente EDP - Energias do Brasil S, A 1,19%.

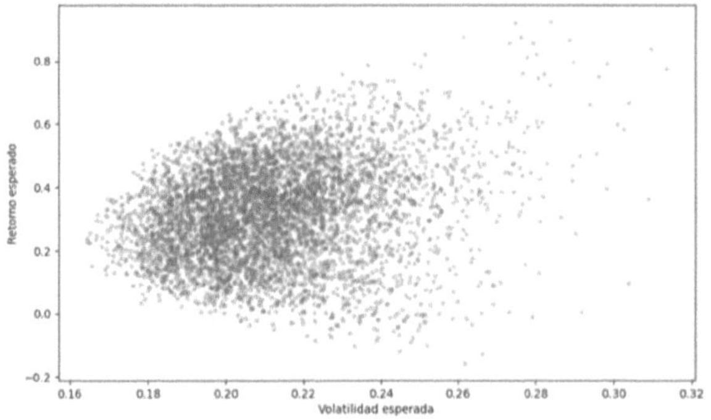

Figura 2. Frontera de Eficiencia de Markowitz Energías renovables.
Fuente: Elaboración propia.

En segunda instancia, la mayor rentabilidad encontrada fue 91,90% asumiendo un riesgo del 27,46% con una composición de Grupo Energía Bogotá 43,44%, Celsia 39,23%, EDP - Energias do Brasil S, A 5,82%, %, Central Puerto S, A. 5,12%, Interconexión Eléctrica SA 3,47%, y finalmente Colbún S, A. con un 2,92%. Por otro lado, en el caso del portafolio con menor exposición a la volatilidad presenta una rentabilidad del 23,09% y un nivel de riesgo asumido de 16,45%.

Finalmente, en el portafolio óptimo para las empresas del sector de energía renovable los resultados obtenidos en la simulación fueron rentabilidad del 91,90% asumiendo un riesgo del 27,46% con una composición de Grupo Energía Bogotá 43,44%, Celsia 39,23%, EDP - Energias do Brasil S, A 5,82%, %, Central Puerto S, A. 5,12%, Interconexión Eléctrica SA 3,47%, y finalmente Colbún S, A. con un 2,92%, como se puede evidenciar coincide con el segundo mejor portafolio en el ranking de rentabilidad.

5. CONCLUSIONES

Este capítulo buscó generar un aporte sobre el estudio de las rentabilidades de diversos portafolios en la región latinoamericana en particular para empresas de energías renovables que están ganando terreno y posicionándose como opciones para portafolios, teniendo un enfoque desde la perspectiva del inversionista de activos bursátiles que se fija en la relación rentabilidad vs. riesgo procurando los mejores resultados y contemplando una exposición baja a pérdidas.

Se presentan escenarios de portafolios de activos de energía no renovable que cuentan con un historial amplio y una consolidación de décadas en carteras tradicionales de inversión y del otro lado, portafolios de empresas de energías renovables que se han vinculado desde un periodo de tiempo reciente pero que generan opciones adicionales con un objeto social más consciente.

Al cabo de los resultados obtenidos, en promedio las rentabilidades de los portafolios consolidados con activos no renovables suelen ser mayores a aquellos compuestos por empresas renovables; sin embargo, no en todos los casos se mantiene esa situación e inclusive en algunos escenarios la rentabilidad puede ser mayor asumiendo niveles de riesgo similares, estableciendo opciones de inversión pertinentes manteniendo una relación riesgo vs rentabilidad favorable.

De este modo, se concluye que la inversión en empresas de energía renovable puede ser rentable si se integran elementos de diversificación, ponderando de manera adecuada el riesgo, y el aporte a la generación de fuentes de energía adicionales que además de contribuir con el medio ambiente; generen resultados favorables para inversionistas que proporcionan recursos adicionales para un crecimiento sostenido.

Cabe resaltar además que los resultados obtenidos se basan en un estudio con limitaciones tales como, información de datos históricos, no se consideran factores macroeconómicos, políticos o de otra índole de los países en donde están constituidas las empresas o elementos externos o exógenos al comportamiento del precio durante el periodo analizado, finalmente existe un número limitado de empresas en el sector particularmente para empresas de energía renovable, que al ser iniciativas más recientes suelen encontrarse en manos del sector privado y no están listadas en las bolsas de valores limitando el alcance de la información.

6. REFERENCIAS

Adedoyin, F. F., Bekun, F. V. y Alola, A. A. (2020). Growth impact of transition from non-renewable to renewable energy in the EU: The role of research and development expenditure. *Renewable Energy, 159*, 1139–1145. https://doi.org/10.1016/j.renene.2020.06.015

Al-Afeef, M. A. (2017). Capital Asset Pricing Model, Theory and Practice: Evidence from USA (2009-2016). *International Journal of Business and Management, 12*(8), 182. https://doi.org/10.5539/ijbm.v12n8p182

Amjath-Babu, T. S., Sharma, B., Brouwer, R., Rasul, G., Wahid, S. M., Neupane, N., Bhattarai, U. y Sieber, S. (2019). Integrated modelling of the impacts of hydropower projects on the water-food-energy nexus in a transboundary Himalayan river basin. *Applied Energy, 239*, 494–503. https://doi.org/10.1016/j.apenergy.2019.01.147

Best, R. (2017). Switching towards coal or renewable energy? The effects of financial capital on energy transitions. *Energy Economics, 63*, 75–83. https://doi.org/10.1016/j.eneco.2017.01.019

Bhattarai, U., Maraseni, T. y Apan, A. (2022). Assay of renewable energy transition: A systematic literature review. *Science of The Total Environment, 833*, 155159. https://doi.org/10.1016/j.scitotenv.2022.155159

Boute, A. y Zhikharev, A. (2019). Vested interests as driver of the clean energy transition: Evidence from Russia's solar energy policy. *Energy Policy, 133*, 110910. https://doi.org/10.1016/j.enpol.2019.110910

Devkota, R. P., Pandey, V. P., Bhattarai, U., Shrestha, H., Adhikari, S. y Dulal, K. N. (2017). Climate change and adaptation strategies in Budhi Gandaki River Basin,

Nepal: a perception-based analysis. *Climatic Change, 140*(2), 195–208. https://doi.org/10.1007/s10584-016-1836-5

Devkota, R., Bhattarai, U., Devkota, L. y Maraseni, T. N. (2020). Assessing the past and adapting to future floods: a hydro-social analysis. *Climatic Change, 163*(2), 1065–1082. https://doi.org/10.1007/s10584-020-02909-w

Dominguez, C., Orehounig, K. y Carmeliet, J. (2021). Understanding the path towards a clean energy transition and post-electrification patterns of rural households. *Energy for Sustainable Development, 61*, 46–64. https://doi.org/10.1016/j.esd.2021.01.002

Fang, Y., Lai, K. K. y Wang, S. (2008). *Fuzzy Portfolio Optimization*. Springer Berlin.

Gasser, P. (2020). A review on energy security indices to compare country performances. *Energy Policy, 139*, 111339. https://doi.org/10.1016/j.enpol.2020.111339

Gonçalves, G., Wanke, P. y Tan, Y. (2022). A higher order portfolio optimization model incorporating information entropy. *Intelligent Systems with Applications* 15, 200101. https://doi.org/10.1016/j.iswa.2022.200101

Hafner, M. y Tagliapietra, S. (2020). The Global Energy Transition: A Review of the Existing Literature. In M. Hafner & S. Tagliapietra (Eds.), *The Geopolitics of the Global Energy Transition* (Vol. 73, pp. 1–24). Springer International Publishing. https://doi.org/10.1007/978-3-030-39066-2_1

Hvelplund, F. y Djørup, S. (2019). Consumer ownership, natural monopolies and transition to 100% renewable energy systems. *Energy, 181*, 440–449. https://doi.org/10.1016/j.energy.2019.05.058

Johnstone, P., Rogge, K. S., Kivimaa, P., Fratini, C. F., Primmer, E. y Stirling, A. (2020). Waves of disruption in clean energy transitions: Sociotechnical dimensions of system disruption in Germany and the United Kingdom. *Energy Research & Social Science, 59*, 101287. https://doi.org/10.1016/j.erss.2019.101287

Khan, S. y Shaheen, R. (2020). Transition to renewable energy technologies and future prospects for oil-exporting countries. *OPEC Energy Review, 44*(4), 429–450. https://doi.org/10.1111/opec.12189

Kraus, A. y Litzenberger, R. H. (1976). Skewness Preference and the Valuation of Risk Assets. *The Journal of Finance* 31, 1085. https://doi.org/10.2307/2326275

Lin, B. y Omoju, O. E. (2017). Focusing on the right targets: Economic factors driving non-hydro renewable energy transition. *Renewable Energy, 113*, 52–63. https://doi.org/10.1016/j.renene.2017.05.067

Saidi, K. y Hammami, S. (2015). The impact of CO2 emissions and economic growth on energy consumption in 58 countries. *Energy Reports, 1*, 62–70. https://doi.org/10.1016/j.egyr.2015.01.003

Solaun, K. y Cerdá, E. (2019). Climate change impacts on renewable energy generation. A review of quantitative projections. *Renewable and Sustainable Energy Reviews, 116*, 109415. https://doi.org/10.1016/j.rser.2019.109415

Zhao, N. y You, F. (2020). Can renewable generation, energy storage and energy efficient technologies enable carbon neutral energy transition? *Applied Energy, 279*, 115889. https://doi.org/10.1016/j.apenergy.2020.115889

DESALACIÓN: ADQUISICIÓN DE CONOCIMIENTOS Y COMPETENCIAS A TRAVÉS DE LA RELACIÓN UNIVERSIDAD-EMPRESA

Natalia Alegría Gutiérrez[1], Igor Peñalva Bengoa[1], Charles Pinto[1]

1. INTRODUCCIÓN

La oferta formativa de la Escuela de Ingeniería de Bilbao (EIB/BIE) [Escuela de Ingeniería de Bilbao - Escuela de Ingeniería de Bilbao - UPV/EHU] de la Universidad del País Vasco (UPV/EHU) [Inicio - UPV/EHU] incluye el Máster Universitario en Ingeniería Industrial [Universidad del País Vasco [Máster Universitario en Ingeniería Industrial - Escuela de Ingeniería de Bilbao - UPV/EHU] donde se puede cursar la Especialidad de Ingeniería Hidráulica con 30 créditos ECTS [Programa - master - UPV/EHU]. El área de los fluidos implica muchas disciplinas. Las posibles aplicaciones en la Ingeniería Hidráulica se resumen en la Figura 1.

Figura 1. Aplicaciones de la Ingeniería Hidráulica. Fuente: Elaboración propia.

Dicha especialidad fue desarrollada para el Máster Universitario de Ingeniería Industrial con el fin de trabajar los temas más relevantes del sector del agua (Gestión, Operación,

1. Universidad del País Vasco (España)

Redes de Conductos y Centrales Hidroeléctricas), junto con algunas otras disciplinas relacionadas con la operación como la Dinámica de Fluidos Computacional (CFD), la Hidráulica de Potencia o la Neumática. Esta especialidad es única a nivel nacional entre todos los Másteres que se ofertan en Ingeniería Industrial.

Una de las asignaturas de la especialidad es "Gestión de Recursos Hidráulicos y Centrales Hidroeléctricas" (6 ECTS) [Materia - master - UPV/EHU] y en su guía docente se aborda el estudio de la desalación, al que se le dedican cuatro horas presenciales para introducir los fundamentos básicos relativos a ese tipo de instalaciones.

En el norte de la Península Ibérica, debido a su climatología, hasta la actualidad no ha sido necesario construir plantas desaladoras para obtener agua dulce como recurso hídrico. Sin embargo, en el entorno de la EIB/BIE hay muchas empresas del sector (Ferrovial-Cadagua [Cadagua: Líder en instalaciones de tratamiento de aguas residuales (ferrovial.com)], Acciona [Tratamiento y Gestión del Agua | ACCIONA | Business as unusual], Suez [SUEZ Air & Climate en España], Idom [AGUA: En IDOM, contribuimos a hacer realidad este derecho universal], etc.) que diseñan y desarrollan proyectos de plantas desaladoras tanto a nivel nacional como internacional. Todo ello justifica aún más el interés de la asignatura indicada, así como el de la especialidad.

2. OBJETIVOS

Se puede completar el objetivo de hacer esas prácticas y TFM en las empresas con un fin, una mejora y unos resultados que también completen las conclusiones. Necesidades detectadas y posibles soluciones, incluso distinguir entre un objetivo principal y otros secundarios.

En la especialidad de Ingeniería Hidráulica se planteó como objetivo que algunos estudiantes realizasen prácticas y su Trabajo Fin de Máster (TFM) en algunas de las empresas del sector sitas en la zona en el ámbito de la desalación para que pudiesen adquirir más conocimientos y aplicar los mismos sobre ese tema. De esta manera, en vista de las necesidades del mercado laboral de profesionales de ese campo, los futuros egresados se especializarán en esta área, pudiéndose considerar uno de los objetivos cubrir la demanda actual en de egresados formados en desalación.

3. MÉTODOS

La metodología descrita en este apartado se centra en describir el plan de estudios de la asignatura, evaluación y calificación del TFM.

Se ha desarrollado una metodología para adquirir los conocimientos en el campo de la desalación, como mejora de innovación educativa, que consiste en los siguientes pasos:

- Cursar la asignatura de Gestión de Recursos Hidráulicos y Centrales Hidroeléctricas
- A partir del Programa de Cooperación Educativa, realizar prácticas en alguna de las empresas del sector
- Convalidar la asignatura de Prácticas Externas
- Realizar el TFM sobre desalación.

Como beneficios de esta metodología se pueden destacar que el estudiante desarrolla los conocimientos básicos explicados en la asignatura combinándolo con materias básicas, como pueden considerarse la química o la mecánica de fluidos, con asignaturas más específicas para aplicarlos en los procesos, como por ejemplo en ósmosis inversa, bombeo, etc. En la actualidad existen grados y másteres que tienen prácticas curriculares en los cuales se adquieren las competencias en las prácticas, siendo un punto de mejora para las diferentes titulaciones (LUNA ABAD, *et al.*, 2011)

Debido a que las prácticas tienen seguimiento por parte de un tutor de la EIB/BIE, que normalmente suele ser el director del TFM, se pueden ir valorando los conocimientos adquiridos e ir evaluando los resultados obtenidos durante el proceso.

La asignatura de Gestión de Recursos Hidráulicos y Centrales Hidroeléctricas trata entre los recursos la desalación y la reutilización de aguas grises y negras, siendo el temario el siguiente:

> **Tema 1.** *El agua y la hidrología. Antecedentes de la planificacion hidráulica. Gestión del agua en el mundo. El balance entre los usos y los recursos., dotaciones necesarias de uso. La gestión de la demanda. Ciclo del agua. Precipitación. Aguas superficiales. Cuencas hidrográficas. Análisis estocástico de la información hidrológica.*
>
> **Tema 2.** *Principios físicos de un aprovechamiento hidroeléctrico.*
>
> **Tema 3.** *Obras hidráulicas para aprovechamiento de recursos. Regulación y acumulación energética. Descripción de las obras para aprovechamiento los diferentes recursos.*
>
> **Tema 4.** *Centrales hidroeléctricas. Tipos de instalaciones. Tipos de centrales hidroeléctricas. Instalaciones. Mantenimiento y control. El proceso de auditar este tipo de instalaciones.*
>
> **Tema 5.** *Hidroeconomía y plan director para el diseño de un aprovechamiento. El coste de una central hidroeléctrica.*

Aunque las prácticas en empresas no sean obligatorias, sino extracurriculares, estas son muy solicitadas por el alumnado [Relaciones con la Empresa - Escuela de Ingeniería de Bilbao - UPV/EHU]. Así, se consideran muy adecuadas para que los estudiantes tengan un primer contacto con el mundo laboral, además de realizar su TFM [Trabajo Fin de Máster - Escuela de Ingeniería de Bilbao - UPV/EHU], durante esas prácticas.

Para finalizar sus estudios del Máster Universitario en Ingeniería Industrial, antes de defender el TFM, los estudiantes deben haber superado todas las asignaturas y entres ellas se encuentra la asignatura denominada « Prácticas Externas » [Asignatura Prácticas Externas - Escuela de Ingeniería de Bilbao - UPV/EHU] correspondiente a 9 créditos ECTS durante el 2º curso académico del máster que puede superarse realizando prácticas en empresa a través del Programa de Cooperación Educativa.

Al acogerse al Programa de Cooperación Educativa de la EIB/BIE el estudiante dispone de un instructor en la empresa y de un tutor en la EIB/BIE que velan por la correcta ejecución de las prácticas [Información general - Escuela de Ingeniería de Bilbao - UPV/EHU]. Tras realizar 225 horas en Cooperación Educativa, la asignatura de prácticas externas se califica a partir de la evaluación del instructor o instructora de la Empresa/Departamento, aplicando los criterios derivados de la encuesta de valoración de la práctica llevada a cabo por el estudiantado.

En el Máster Universitario en Ingeniería Industrial, el TFM debe realizarse dedicando al menos 600 horas de trabajo personal, lo que corresponde a 24 ECTS durante el 2º curso académico del máster.

Para superar el TFM debe de entregarse una memoria escrita y realizar una defensa oral de 15 minutos. La memoria escrita debe contar con una serie de apartados que aparecen recogidos en la normativa [Trabajo Fin de Máster - Escuela de Ingeniería de Bilbao - UPV/EHU.

El día de la defensa, el tribunal deberá evaluar tanto la memoria escrita como la exposición oral, siguiendo la rúbrica que se muestra en la Figura 2.

El tribunal que evaluará el TFM, valorará la Memoria Escrita (75% del 75% de la nota final) en la que valorarán los aspectos formales, la redacción, los gráficos, esquemas y plano y la estructura y el contenido. Es en esta memoria donde debe verse reflejados de forma escrita los conocimientos adquiridos en la materia de las 600 horas de trabajo personal.

La Presentación oral de 15 minutos (25% del 75% de la nota) permite evaluar el material del apoyo, la exposición oral y las respuestas al tribunal.

El resto de la calificación (25% de la nota final) recaerá en el director/a del TFM quién evaluará aspectos generales, como son: cumplimiento de objetivos, complejidad técnica, interés del estudiante y la calidad de los resultados.

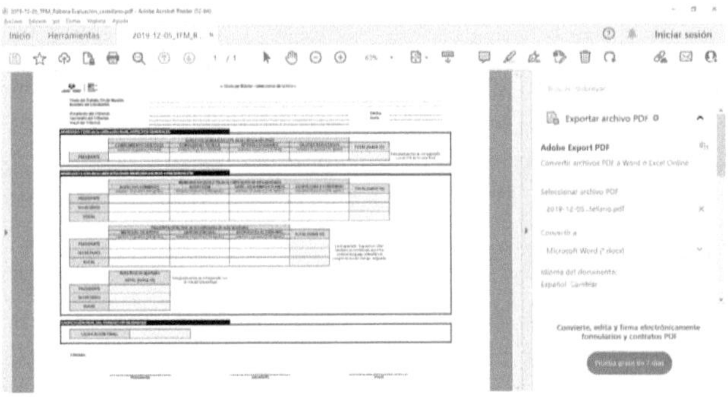

Figura 2. Rúbrica defensa TFM. Fuente: Trabajo Fin de Máster - Escuela de Ingeniería de Bilbao - UPV/EHU.

4. RESULTADOS

Durante el desarrollo de sus prácticas y su TFM, se anima a los estudiantes a analizar las necesidades hídricas de la zona de estudio. También suelen verificarse los recursos hídricos disponibles en la región (salina y/o salobre) antes de estudiar los tipos de plantas desaladoras que se pueden implementar. Suelen centrarse en plantas basadas en ósmosis inversa siempre que estén más extendidas y se analicen todas las etapas del proceso. En general, el paso crítico en términos de consumo de energía, que en consecuencia encarece el proceso, es el bombeo a alta presión. Esta fase suele estudiarse en detalle, tratando de encontrar alternativas más económicas pero igualmente eficaces con el objetivo de mejorar el sistema de recuperación de energía de acuerdo con los últimos desarrollos existentes en el mercado. En el pasado, la solución a ese problema era elegir uno de los varios tipos de turbinas (Pelton, Francis, etc.), pero en este momento se están implementando los nuevos diseños de recuperadores de energía, como ERI. También se están considerando nuevas membranas para ósmosis inversa.

Básicamente, los TFM sobre desalación pueden clasificarse en 3 tipos: Diseño (D), Implementación (I) e incorporación de Energías Renovables a las plantas (ER).

En los últimos cursos académicos, se han realizado los siguientes TFMs:

En el curso 2010/2011 se realizó el TFM titulado "Desalación por ósmosis inversa con energía solar térmica", (tipo ER). El objetivo de este TFM fue realizar un análisis y diseño de un sistema de desalinización por ósmosis inversa de agua de mar en el que el principal consumo energético del proceso de ósmosis inversa lo proporciona un sistema solar térmico. Se pretendía poder desalar 15000 m^3 de agua de mar para abastecer a una población de 50000 habitantes. Se realizó el estudio de 3 posibles ubicaciones en la costa desértica sur del Perú (Arequipa, Moquegua y Tacna) para obtener 300 l/d. A diferencia de lo que ocurría con la energía solar fotovoltaica y la energía eólica, las experiencias prácticas sobre el acoplamiento entre sistemas de desalinización por ósmosis inversa y tecnologías termosolares son muy escasas. Y no había ejemplos de plantas de generación comercial de generación directa de vapor (DSG). En el caso de las tecnologías solares para GDS, mediante colectores parabólicos, es destacable que, a pesar de ser una tecnología avanzada, hasta el momento no cumplía con las expectativas debido a sus altos costes y bajos rendimientos. Sin embargo, con el desarrollo de nuevos materiales esta situación podría cambiar.

En el curso 2012/2013 se llevó a cabo el TFM titulado "Planta desaladora de ósmosis inversa" (tipo D), en el que el objetivo fue diseñar una planta en la isla de Ibiza para poder aumentar la cantidad de agua potable producida y así abastecer la demanda, especialmente en poblaciones donde en aquel momento no había una cobertura total. La desaladora diseñada pretendía aportar unos 5500 m^3/d por lo que la cantidad de agua potable obtenida por este sistema se incremento de los 44500 m^3/d a 50000 m^3/d. Como novedad, se aplicó un sistema de recuperación de energía basado en dispositivos PX (Pressure Exchanger). Estos dispositivos consistían en una bomba rotatoria de desplazamiento positivo que recupera la energía del chorro de rechazo, con una eficiencia del 98% y casi sin mantenimiento.

En el curso 2013/2014 se llevó a cabo el TFM titulado "Aplicación de energía eólica a una planta desalinizadora" (tipo ER) en el que el objetivo fue implementar el concepto de desarrollo sostenible introducido como "el desarrollo que satisface las necesidades presentes, sin comprometer la habilidad de las generaciones futuras para satisfacer sus propias necesidades". Se desarrolló una aplicación práctica, a efectos de mostrar una de las posibles medidas de incorporar energías renovables para poder generar el consumo eléctrico total o parcialmente en instalaciones de producción y distribución de agua, reduciendo el problema de la dependencia directa con el exterior de los recursos fósiles para generar energía. El emplazamiento elegido para desarrollar la aplicación, consistente en una desaladora autoabastecida por un parque eólico era Canarias. Hubo que tener en cuenta las singularidades del sistema eléctrico canario. Dicho sistema cuenta con seis subsistemas eléctricamente aislados y de pequeño tamaño. Esta circunstancia hacía que la calidad de servicio y la estabilidad de estos resultaba más complicada que en los grandes sistemas interconectados. Por eso, la importancia de autoabastecer en la medida de lo posible cada una de las islas. Es por ello por lo que, las energías renovables se plantearon como una de las claves de la política energética regional, dirigida a la reducción de la dependencia energética y reducción de las emisiones.

En el curso 2014/2015 se realizó el TFM titulado "Mejora de la eficiencia energética de la EDAM de Adeje-Arona", (tipo I). El objetivo principal de este proyecto fue el de mejorar la eficiencia energética de los procesos que se llevan a cabo en la planta desaladora, ya sea en la zona de ósmosis, o en la zona de bombeo de agua producto. Así, se trató de reducir el consumo de energía por metro cúbico de agua desalada. También, se redujo el gasto de mantenimiento de los equipos, al instalar unos nuevos, y también se mejorará la seguridad. El objetivo de ahorro energético que se estableció en 0,3 kWh/m^3, ya que, a partir de esa cifra, la mejora se hace rentable. Dentro de la planta, los esfuerzos de mejora se focalizaron en la zona de membranas, y en la zona de bombeo del producto.

En el curso 2017/2018 se llevaron a cabo 2 TFMs: "Aprovechamiento el rechazo de la planta de agua salada de Son Tugores" (tipo I) y "Análisis de los diferentes métodos de valorización energética del rechazo de una planta desaladora" (tipo D).

En el TFM titulado "Aprovechamiento el rechazo de la planta de agua salada de Son Tugores" se estudió la recuperación de las aguas de rechazo de esta, las cuales, eran desagüadas al mar sin obtener ningún beneficio. Se utilizó el rechazo para producir más cantidad de agua desalada sin aumentar el caudal de entrada a la planta y, mediante un sistema de recuperación de energía, se redujo el consumo específico, es decir, coste por metro cúbico de agua producido.

En el TFM titulado "Análisis de los diferentes métodos de valorización energética del rechazo de una planta desaladora" el objetivo era el análisis de los distintos métodos de recuperación de energía del rechazo de una Instalación Desaladora de Agua de Mar (IDAM) por ósmosis inversa ubicada en Adeje (Canarias) y, analizar la viabilidad tanto económica como técnica de sustitución del método actual por otro más adecuado. La planta desaladora tenía una capacidad de 30000 m^3/día permitiendo abastecer a la comarca Adeje-Arona. Comenzó su servicio en el año 1998, de modo que tanto las instalaciones como los equipos de los que consta se encuentran en niveles de rendimiento inferiores a los ofrecidos hoy en día por equipos actuales. Por tanto, es de gran interés la sustitución de estos por otros más eficientes que permitan una optimización del proceso de desalación.

En el curso 2019/2020 se efectuó el TFM titulado "Revalorización Energética de la Planta de Agua Salada El Atabal" (tipo I). Este TFM trataba del estudio realizado en la citada planta sobre la valorización energética de las aguas de rechazo, que, en su momento se plantean como un obsoleto sistema de valorización energética basado en una turbobomba que no aprovechaba la capacidad energética que tenía ese caudal. Se pretendía, por un lado, proponer una mejora que permitiera aumentar la producción de la planta, y, por otro lado, desarrollar una alternativa al actual recuperador de energía que permitiese obtener un consumo energético específico menor, es decir, reducir el costo por metro cúbico de agua producida.

Durante este curso, 2022/2023 se están realizando 2 TFMs: "Simulación computacional mediante el programa AFT Impulse de los estados estacionario y transitorio de un colector de alta presión de la planta de desalinización MIRFA 2" (tipo I) y "Cálculo y optimización del "intake y outfall pit" en plantas desaladoras" tipo (I).

En el TFM titulado "Simulación computacional mediante el programa AFT Impulse de los estados estacionario y transitorio de un colector de alta presión de la planta de desalinización MIRFA 2" se ha tratado de simular un colector de alta presión que abastecía los bastidores de ósmosis inversa de la planta desaladora. Se modelizó dicho tramo de alta presión siguiendo los estándares de la industria y adoptando simplificaciones ampliamente empleadas. El objetivo era obtener una simulación que arrojase resultados extrapolables a la realidad del estado estacionario nominal y del estado transitorio provocado por el paro súbito de las bombas.

En el TFM titulado "Cálculo y optimización del "intake y outfall pit" en plantas desaladoras", que está en curso y se está intentando obtener el cálculo del transitorio hidráulico necesario para dimensionar la cántara. Es un cálculo algo más complejo que calcula la ola generada por el paro de las bombas del intake, y que tiene una repercusión directa sobre los costes civiles. Como has estado mirando temas de pigging también, se puede añadir en esta sección como un subapartado para garantizar el correcto mantenimiento de las tuberías de succión a largo plazo y el dimensionamiento del outfall pit. Optimización de la profundidad y área óptimas que debe tener este pit para asegurar un flujo positivo hacia el mar y una correcta dispersión de la salmuera al mar sin repercusión medioambiental.

Cabe destacar que de los 9 estudiantes que realizaron estos TFMs 6 de ellos siguen trabajando en empresas del sector.

5. CONCLUSIONES

Se debe mejorar las conclusiones, con redefinición de los objetivos, la metodología usada y el seguimiento de los años descritos con la entrega de los distintos TFM, su evolución. Apartado importante que se puede completar.

Se puede concluir que los resultados de aprendizaje del campo de la desalación a partir de los fundamentos básicos adquiridos en la asignatura de Gestión de Recursos Hidráulicos y Centrales Hidroeléctricas, de las Prácticas de Cooperación Educativa realizadas en empresas del sector en las que se ha realizado los TFMs han sido muy satisfactorias como reflejan las encuestas de opinión de los estudiantes tanto en la asignatura de «Prácticas Extenas» como en su TFM. El objetivo principal de la aplicación de esta metodología en el campo de la desalación se ha logrado al incorporar al mercado laboral profesionales expertos en este tema. Aplicar los conocimientos básicos de la asignatura de Gestión de Recursos Hidráulicos y Centrales Hidroeléctricas combinados con los de otras materias en la realización de prácticas y desarrollando simultáneamente el TFM es una metodología adecuada para esta materia que no requiere de mayores conocimientos teóricos, sino más prácticos.

Por todo ello, se está preparando la implementación de una metodología similar aplicada a otras instalaciones hidráulicas que están en desarrollo, como son los tanques de tormentas, los sifones y depuradoras.

6. REFERENCIAS

Acciona (s.f.). Inicio. www.acciona.com/es/soluciones/agua/?_adin=02021864894s

Ferrovial. (s.f.). Cadagua. www.ferrovial.com/es-es/cadagua/

Flowserve (s.f.). Tecnología isobárica – DWEER. https://n9.cl/ctoqv

IDOM. (s.f.) AGUA. www.idom.com/sector/ciclo-del-agua/

Luna Abad, J. P., Ferrer Ayala, M. A., Manzanares López, P., Alonso Cáceres, D., Muñóz GEA, J. P., Malgosa Sahanuja, J. y Dóménéch Asensi, G. (2011) Procedimiento para la evaluación de la competencia “capacidad de aplicar los conocimientos en la práctica” en los Grados de Ingeniería. [Presentación de Póster] Congreso Internacional de Innovación Docente, Cartagena, Colombia.

SUEZ. (s.f.). Air & Climate en España www.suez.com/es/aire-espana

Universidad del País Vasco. (s.f.). Evaluación de la asignatura “Prácticas Externas”. *https://n9.cl/fjlhok*

Universidad del País Vasco. (s.f.). Escuela de ingeniería de Bilbao. www.ehu.eus/es/web/bilboko-ingeniaritza-eskola/

Universidad del País Vasco. (s.f.). Inicio. https://www.ehu.eus/es/home

Universidad del País Vasco. (s.f.). Escuela de Ingeniería de Bilbao – Información General. https://n9.cl/765to

Universidad del País Vasco. (s.f.). Materia - Gestión de Recursos Hidráulicos y Centrales Hidroeléctricas. https://n9.cl/vvid5

Universidad del País Vasco. (s.f.). Máster Universitario en Ingeniería Industrial. https://n9.cl/0z2xx

Universidad del País Vasco. (s.f.). Máster en ingeniería industrial. www.ehu.eus/es/web/master/master-ingenieria-industrial/programa

Universidad del País Vasco. (s.f.). Relaciones con la empresa. www.ehu.eus/es/web/bilboko-ingeniaritza-eskola/relaciones_con_la_empresa

Universidad del País Vasco. (s.f.). *Rúbrica para la evaluación de los TFM.* [Archivo PDF]. https://n9.cl/3wdib

Universidad del País Vasco. (s.f.). Trabajo Fin de Máster. www.ehu.eus/es/web/bilboko-ingeniaritza-eskola/postgrados/trabajo_fin_de_master

LA COLABORACIÓN ENTRE LA UNIVERSIDAD Y LA EMPRESA COMO FÓRMULA DE CAPTACIÓN DE TALENTO Y GENERACIÓN DE EMPLEO

María Henar Alonso-Mosquera[1]

1. INTRODUCCIÓN

El entorno actual en el que se desenvuelve la actividad universitaria después de sucesivos procesos de cambio ha dado lugar a un modelo en el que no sólo es necesario mantener la actividad docente y de investigación, sino que se requiere de las universidades un incremento de su orientación externa, una mayor ligazón con los potenciales usuarios del conocimiento para ayudar a su difusión y generar crecimiento económico (Perkmann *et al.*, 2013).

Del mismo modo, la propia actividad docente debe dirigirse a fomentar y mejorar la empleabilidad de los estudiantes capacitándolos para un mercado laboral cambiante. Como señala Alvarado (2009) dado el papel clave del conocimiento y la información para el desarrollo, toda Universidad debería orientarse a la formación de profesionales con los conocimientos y las competencias que la sociedad requiere, para su incorporación al mercado laboral.

Este modelo de aprendizaje orientado a la empresa se hace realidad en las Aulas CEU-Empresa. A través de los diversos socios implicados, todas las facultades están participando de este proyecto en el que los estudiantes reciben una formación complementaria. Se trata de conectar a los estudiantes con el mundo empresarial, dotándoles de conocimientos, contactos y habilidades requeridas en su trabajo, y al mismo tiempo, apoyar a las organizaciones en su labor de captación de profesionales capaces de afrontar los retos actuales y futuros.

En el caso del grado en Publicidad y RRPP, durante el curso 2022-2023 se desarrolló la actividad en las aulas conveniadas con las agencias Marco de Comunicación y You First. A la finalización del curso se realizó un análisis de la actividad de ambas para obtener conclusiones relevantes que permitieran introducir mejoras para el siguiente curso, tal y como se describe en el presente capítulo.

2. OBJETIVOS

El desarrollo de las Aulas CEU-Empresa es una apuesta clara por la empleabilidad de los estudiantes, con el objeto de crear una forma mucho más cercana de que las empresas

1. Universidad San Pablo-CEU (España)

puedan acceder a nuestros estudiantes, y de que estos se relacionen con compañías de primer nivel. La puesta en práctica de este proyecto supone un impulso tanto en la formación como en el acceso al mercado laboral. con un triple objetivo: formar a los estudiantes en los conocimientos que van a requerir en el mundo laboral, de una forma práctica y complementaria a las clases; trabajar con ellos el desarrollo de competencias blandas, claves para su futuro profesional y, por último, crear un espacio de contacto entre estudiantes y de estos con los profesionales de las empresas, con el fin de fomentar las conexiones y establecer procesos de *networking* entre todos ellos.

Dado lo ambicioso del objetivo, finalizado el primer año de aplicación del modelo, se procedió a evaluarlo para conocer cuáles habían sido las mejores prácticas de las aulas, qué aspectos podían mejorarse, y qué objetivos de los inicialmente planteados eran percibidos como cumplidos por parte de estudiantes y profesionales.

3. MARCO TEÓRICO

La puesta en marcha del Espacio Europeo de Enseñanza Superior (EEES) en 2008 y su consiguiente propuesta de renovación metodológica, en la que destaca la evaluación por competencias como elemento clave del proceso, implica un cambio por el que fundamentalmente los planes de estudios universitarios deben preparar a los estudiantes para el acceso del ejercicio profesional, con el objetivo de mejorar la empleabilidad de los titulados. Este cambio ha propiciado el desarrollo de nuevos modelos metodológicos, apoyados en la idea de que en la clase los estudiantes puedan aplicar sus conocimientos, analizar información o crear contenidos en torno a un tema determinado, dejando las tareas de memorizar y comprender para el espacio privado del aprendizaje autónomo del alumno (Abad-Segura y González-Zamar, 2019).

En este sentido, la preparación profesional es un resultado crucial de la educación universitaria. La tendencia indica que el modelo de aprendizaje tradicional apoyado en sesiones magistrales de carácter teórico por parte de los docentes genera una brecha entre lo que se enseña en el aula y lo que las empresas esperan de los titulados que reciben. Como resultado, se buscan fórmulas de innovación que favorezcan el aprendizaje experiencial dentro y fuera del aula. Así, los proyectos basados en el cliente (estudio de casos o Customer Based Proyects, CBP en su acrónimo anglosajón), las prácticas en organizaciones o las competiciones auspiciadas por empresas han sido reconocidos por su valor como un dispositivo de aprendizaje experiencial y como una forma de fomentar el pensamiento crítico y desarrollar las habilidades para resolver problemas aplicando conocimientos (Beaupre, Simpson, Wallace y Walters, 2022).

Se trata por tanto de mejorar la forma de crear el conocimiento en los estudiantes, favorecer el desarrollo de competencias y, en definitiva, generar una innovación beneficiosa para los agentes implicados, alumnos, empresas y universidades, así como para la sociedad en su conjunto. Así, la cultura de innovación abarca "el conjunto de conocimientos, prácticas y valores que determinan posturas individuales y colectivas que promueven la generación de nuevos conocimientos, con base en la creatividad, el trabajo en equipo, la cooperación, la autonomía, la tolerancia al riesgo, el aprendizaje continuo, la iniciativa emprendedora, la suficiencia de recursos, la orientación estratégica hacia el cliente, el compromiso, la toma de decisiones, la participación de los trabajadores y la flexibilidad" (Granados, Morales y Briceño, 2020, p. 47). Un reciente estudio de NACE (2021) basado en entrevistas con servicios de carreras profesionales de las universidades, reclutadores de las empresas y profesionales de los recursos humanos determinó que entre las competencias más determinantes para desarrollar una carrera exitosa se encuentran la capacidad de comunicación, el pensamiento crítico, la habilidad para la equidad e inclusión, el liderazgo, la profesionalidad, el trabajo en equipo y las habilidades tecnológicas. Las diez competencias más solicitadas, de acuerdo con un estudio de Udemy (Hourani, 2020) son la capacidad de aprendizaje, creatividad, capacidad de concentración, habilidades de comunicación, innovación, capacidad para crear contenidos, reconocimiento de la diversidad cultural, pensamiento crítico, liderazgo e inteligencia emocional. Aquellos con una titulación universitaria son más competentes en estas habilidades fundamentales y por tanto tienen más probabilidades de estar empleados, con ingresos más altos y mayor satisfacción laboral (McKinsey, 2021).

La cooperación universidad-empresa mejora el desempeño innovador debido a que el conocimiento generado en la universidad contribuye al proceso de innovación de las empresas (Vélez, Afcha y Bustamante, 2019). Pero la interacción universidad-empresa también se produce mediante el acceso a personal cualificado (Ponce y Güemes, 2016) de forma bidireccional. Es por ello por lo que se ha tratado de buscar una metodología de trabajo que fuera más allá de los casos prácticos puntuales o los concursos, y que implicara de forma continua y progresiva a los estudiantes en la actividad de la empresa, permitiéndoles adquirir nuevos conocimientos y competencias, pero también dando la opción a los profesionales de conocer de manera directa al talento más joven y por tanto ofreciendo una oportunidad exclusiva para captarles antes de su salida de la Universidad.

4. METODOLOGÍA

De acuerdo con el objetivo del presente estudio, se procede a describir el funcionamiento de las aulas y la metodología empleada para analizar su eficacia. En el caso de las aulas CEU-Empresa analizadas, se realizó un proceso selectivo en colaboración con los socios para determinar qué alumnos participarían en las mismas. los estudiantes presentaron su currículum y fueron entrevistados tanto por el departamento de carreras profesionales de la Universidad como por profesionales de las empresas. De este modo, se seleccionaron diez estudiantes para cada una de las aulas. Los estudiantes seleccionados provenían del grado en Publicidad y RRPP, así como de las distintas simultaneidades de este con Periodismo, Comunicación audiovisual, Comunicación digital, o Marketing y gestión comercial.

Los alumnos elegidos acudieron cada semana a una sesión con profesionales del sector de las empresas participantes. En cada sesión se aplicaron tanto aspectos teóricos como casos prácticos, cubriendo diferentes temáticas como creatividad, estrategia digital, marketing de influencia, eventos, diseño, gestión de crisis, relaciones con los medios, patrocinio, gestión de marcas, creación de contenidos o gestión de talento, entre otros. También tuvieron oportunidad de visitar las sedes de las empresas participantes y conocer de manera directa el funcionamiento integrado de todas las unidades de negocio.

El nivel de satisfacción expresado de forma espontánea por estudiantes y profesionales era muy elevado, y las entidades participantes mostraron su interés en continuar con esta iniciativa en el próximo curso. por ello, se procedió a realizar un estudio que permitiera conocer los puntos fuertes de las sesiones realizadas e identificar las posibles áreas de mejora para dar con un modelo eficaz de formación para los estudiantes que además pudiera ser de utilidad para las empresas participantes con vistas a la captación de talento. Para ello, se procedió a conocer la opinión de ambos agentes implicados, empresas y estudiantes.

En el caso de las empresas, se realizaron entrevistas en profundidad a los profesionales que habían trabajado como responsables del aula desde su planificación hasta la valoración final de la misma, por ser no sólo conocedores de las necesidades de las empresas y los perfiles que demandan, sino especialmente quienes habían acudido a cada sesión para valorar la interacción de los estudiantes con los ponentes, el resultado del trabajo propuesto, y la evolución de los alumnos a lo largo de las sesiones. El formato de entrevista ha permitido conocer de forma más cercana y directa sus impresiones, teniendo en cuenta que eran los mismos profesionales que habían definido el programa de cada una de las aulas y por tanto tenían en mente los objetivos que esperaban ver logrados.

En el caso de los estudiantes, considerando la cifra de participantes, y entendiendo que era más práctico reunirles a todos para valorar sus impresiones, pues la información aportada por unos podía servir de referente a otros para aportar más datos, se optó por realizar dos grupos de enfoque, buscando la conveniencia del número de participantes (que tuvieran un tamaño asumible para que todos participaran y opinaran), la facilidad por horario para acudir a uno u otro, y la posibilidad de que se mezclaran los participantes de las distintas aulas, para obtener también valoraciones comparadas. A partir de un cuestionario semiestructurado y con preguntas abiertas, los grupos de enfoque sirvieron para obtener numerosas impresiones de forma espontánea respecto de la organización de las aulas, las tareas realizadas, los participantes, etc.

Una vez obtenida la información de los grupos, en los que participaron la mitad de los estudiantes implicados en las aulas, se elaboró un cuestionario basado en las valoraciones recabadas, y dicha encuesta se remitió por email a todos los participantes, asistentes o no al grupo de enfoque. Las respuestas al cuestionario permitían profundizar en los aspectos tratados en las reuniones previas y valorarlos de forma cuantitativa, obteniendo además una respuesta más fiable de los estudiantes, pues los datos se recogían de forma confidencial.

5. RESULTADOS

Tal y como ya se ha explicado, se realizaron entrevistas en profundidad a los profesionales de las empresas participantes para conocer su valoración respecto a la actividad realizada en el curso finalizado. En ambos casos se contó con la opinión de un profesional de la comunicación, que había sido responsable por parte de la empresa de la organización de las sesiones y había acudido a todas ellas, como el profesional más cualificado para evaluar la evolución del aula y de los estudiantes asistentes. De dichas entrevistas se obtuvieron resultados relevantes. A la hora de evaluar la situación de partida de los participantes, coincidieron en destacar las ganas de conocer más sobre el sector de la comunicación al que van a incorporarse, conocimiento extenso de las estrategias de comunicación, creatividad, amplio conocimiento de la actualidad, y dominio de los canales digitales de comunicación. Finalizada la participación en las aulas, las empresas valoraban además la adquisición de conocimientos sobre el sector y la aplicación de conocimientos y competencias para resolver problemas de comunicación.

Respecto de los estudiantes participantes, el primer dato que conviene indicar es que el nivel de global de satisfacción de los alumnos que acudieron a las aulas es muy elevado, el 93% de ellos dieron una nota global por encima de ocho puntos sobre diez.

El 60% de los estudiantes seleccionados estaban realizando su segundo año de carrera, el 15% estaba en tercero y los demás estaban en su último año. este dato es relevante porque en las entrevistas realizadas se constató que los estudiantes de tercero y cuarto sentían que los contenidos de las aulas complementaban ampliaban y reforzaban lo visto en las clases y en el caso de los estudiantes de segundo en ocasiones se daba la situación de qué implicaba adquirir conocimientos nuevos que todavía no habían visto en el grado. Lejos de verse esto como una limitación, los propios alumnos explicaban que esto les obligaba a ponerse al día y adquirir nuevos conceptos. si bien da una pista de que en convocatorias futuras quizás sea preferible aumentar la participación de los estudiantes en su tercer año.

Entre las aportaciones del aula a su formación que surgieron de forma espontánea en los grupos de enfoque, los alumnos mencionaron la generación de contactos profesionales y la posibilidad de hacer *networking* gracias a la participación en las aulas. En este sentido, el 86% de los estudiantes encuestados manifestó que la participación en las aulas le había permitido realizar contactos profesionales de valor tanto dentro como fuera de la Universidad. el 14% restante consideró que había realizado contactos profesionales relevantes fuera de la Universidad.

Respecto a los conocimientos y competencias adquiridos o incrementados gracias a las participación y las aulas, el resultado fue unánime: el 90% de los estudiantes consideró que en las aulas habían desarrollado la que es la competencia específica CE15 del grado, "aplicar los conocimientos y competencias adquiridos en las aulas pensando en mi futura incorporación al mercado laboral" y en la misma proporción, una habilidad blanda fundamental para su futuro como es "la capacidad para comunicarme mejor, ser más empático y claro en mis mensajes, y escuchar y entender las posturas de otros". A escasa distancia (86%), los participantes situaron otra competencia blanda, "la capacidad para gestionar adecuadamente el tiempo, saber priorizar y organizar, y ser flexible y respetuoso/a con el tiempo de los demás", y dos competencias específicas del grado, "conocer la organización empresarial y el sector de la comunicación" y "conocer los distintos agentes y funciones del sector publicitario y de la comunicación". Destacaron también (83%) otras tres competencias blandas: "desarrollar mis habilidades para comunicarme, entender y colaborar con los demás", "utilizar la creatividad para solucionar problemas y buscar ideas innovadoras" y "mantener niveles altos de motivación, concentración y compromiso con mis compañeros".

En cuanto a las cuestiones en las que tenían que valorar su acuerdo o desacuerdo y que nos permiten valorar la satisfacción de los estudiantes, cabe destacar que la mayoría de ellos ha considerado que "los profesionales se han mostrado siempre disponibles y cercanos con nosotros" (98%), "el ambiente de trabajo en el aula ha sido bueno con los profesionales y con los compañeros" (96%), "gracias a mi participación en el aula tengo más claro que es lo que me gusta y dónde me gustaría trabajar en el futuro" (96%), "me ha resultado útil conocer a otros estudiantes de mi facultad que están en otros cursos y grados" (91%), "participar en el aula me ha ayudado a marcar una diferencia frente a otros compañeros que no han participado" (91%) y "las sesiones del aula me han ayudado a entender mejor los conocimientos que adquiría en mis clases del grado" (89%). En cuanto a las posibles áreas de mejora, la mayoría incidió en que hubiera querido tener mayor carga práctica de trabajos (95%), si bien el 48% de ellos admitió que compatibilizar la asistencia y participación en las sesiones con las clases y otras obligaciones había supuesto un reto para ellos. Un tema en el que no hubo acuerdo fue el referido a la frecuencia de las sesiones, con un empate técnico entre los que consideraban que una sesión semanal era excesiva (48%) y hubieran preferido distanciarlas más en el tiempo a lo largo de todo el curso, frente a los que consideraron (52%) que era preferible un modelo intensivo, para no olvidar los conocimientos adquiridos de una semana a otra, y así implicarse más en el aula durante un período más corto de tiempo, que no les comprometiera en los momentos más complejos del curso (exámenes, entrega de trabajos finales, etc.)

6. DISCUSIÓN

Una vez obtenidos los resultados de la evaluación realizada por los estudiantes y profesionales participantes en las aulas, se puede considerar que los objetivos planteados para las Aulas CEU-empresa se han cumplido de forma altamente satisfactoria.

Respecto a los conocimientos adquiridos, los estudiantes destacaron la adquisición de aquellos más relacionados con el entorno de trabajo que iban a encontrar, referidos a la estructura y organización de las empresas del mundo de la comunicación, así como el trabajo que desempeña cada uno de los departamentos y profesionales de dichas compañías, permitiéndoles tener una visión más clara de los puestos que les gustaría ocupar en el futuro, de forma complementaria al aprendizaje de las tareas de dichos profesionales que adquieren en las clases. Los profesionales también destacaron la adquisición de conocimientos referidos a la estructura del sector.

Respecto a las competencias adquiridas, los estudiantes destacaron en mayor medida la adquisición de competencias blandas, frente a otras competencias específicas o básicas de su grado. Este dato es muy satisfactorio, pues refuerza la idea de complementariedad entre lo aprendido en las aulas en sus clases habituales y lo adquirido en las Aulas CEU-empresa. Entre dichas competencias, las más señaladas fueron la capacidad de comunicación y entendimiento con los demás, la gestión del tiempo, la aplicación de la creatividad y la capacidad de concentración y motivación. En el caso de los profesionales, destacaron también el papel de la creatividad, pero incorporaron una nueva competencia, el dominio de los canales digitales de comunicación.

Por último, respecto a la utilidad de las Aulas CEU-Empresa como medio para la relación con profesionales y compañeros del sector, el nivel de satisfacción de los estudiantes ha sido muy elevado, han destacado mayoritariamente la utilidad de las aulas como elemento para establecer contactos profesionales provechosos. Desde el punto de vista de las empresas, la mejor demostración de esta utilidad radica en la contratación del 25% de los estudiantes participantes para trabajar con ellos en la entidad, y la propuesta no sólo del mantenimiento del Aula para el curso 23-24 sino la petición de ampliación de dicha colaboración.

7. CONCLUSIONES

En un entorno cambiante y global, en el que la información es el motor clave de la economía y la sociedad, las empresas necesitan profesionales preparados en los conocimientos y competencias que el mercado requiere. Asimismo, para los estudiantes que desean incorporarse al mercado laboral en condiciones ventajosas, la universidad es el medio de acceso no sólo por la formación recibida en las clases, sino también por toda una experiencia de vida universitaria que contribuye a su formación integral y les pone en contacto con las organizaciones. Por ello, la universidad se ha convertido en el lugar de preparación de los futuros profesionales, y debe adaptar su modelo docente a los nuevos requerimientos. Más allá de experiencias ya probadas con éxito, como la participación en concursos o el desarrollo de casos prácticos, el establecimiento de las aulas CEU-Empresa se convierte en un paso más para el trabajo conjunto en beneficio de estudiantes, universidad y empresa.

Tras su paso por las Aulas, estudiantes y profesionales han valorado positivamente la adquisición de conocimientos respecto del sector en el que van a desempeñar su labor profesional, y de competencias diversas, como la capacidad de comunicación y entendimiento con los demás, la gestión del tiempo, la aplicación de la creatividad, la capacidad de concentración y motivación y el dominio de los canales digitales de comunicación. Adicionalmente, la contratación de talento joven y la continuidad de los proyectos son sin duda indicadores del éxito de la iniciativa.

8. REFERENCIAS

Abad-Segura, E., y González-Zamar, M. D. (2019). Análisis de las competencias en la educación superior a través de flipped classroom. *Revista Iberoamericana de Educación/ Revista iberoamericana de Educação, 80*(2), 29–45. https://doi.org/10.35362/rie8023407

Alvarado, A. (2009). Vinculación universidad – empresa y su contribución al desarrollo regional. *Ra Ximhai Revista de Sociedad, Cultura y Desarrollo Sustentable*, 5(3), 407–414. www.redalyc.org/pdf/461/46111817013.pdf

Beaupre, J., Simpson, S., Wallace, A., y Walters, H. (2022). The future of experiential learning: the role of client-based projects in developing career-ready competencies. *Marketing Management Association, Spring Conference Proceedings,* Saint Louis.

Cohen Granados, J., Linares Morales, J., y Briceño Ariza, L. (2020). Caracterización de la cultura innovativa en la cooperación universidad-empresa. *Revista Científica Multidisciplinaria Ipsa Scientia, 5*(1), 46–53. https://doi.org/10.25214/27114406.963

Hourani, Jean (2020). Top 10 soft skills in 2020 for the workplace. https://blog.udemy.com/top-10-soft-skills-in-2020-for-the-workplace/

McKinsey (2021). Defining the skills citizens will need in the future world of work. https://n9.cl/ckjo8

NACE (2021). Job Outlook 2021. www.naceweb.org/job-outlook/2021-full-report.pdf

Ponce Jaramillo, I. E., y Güemes Castorena, D. (2016). Identificación de factores clave de la academia en el proceso de vinculación del modelo de la triple hélice de la innovación en México. *Nova Scientia, 8*(16), 246–277. www.scielo.org.mx/pdf/ns/v8n16/2007-0705-ns-8-16-00246.pdf

Servimedia (2022). El Aula Marco de la CEU San Pablo conecta alumnos con el mundo profesional. La Vanguardia. https://n9.cl/emf7z

Vélez, C., Afcha, S., y Bustamante, M. A. (2019). Cooperación universidad-empresa y su efecto sobre el desempeño innovador empresarial. *Información Tecnológica, 30*(1), 159–168. http://dx.doi.org/10.4067/S0718-07642019000100159

LAS MYPES DE GAMARRA Y SU ESTRATEGIA COMERCIAL POST COVID 19

Pedro Barrientos-Felipa[1]

1. INTRODUCCIÓN

La COVID-19 es una pandemia que afectó la economía de los países, originando una crisis sin precedentes, tal como informa el Banco Mundial (2022). Alteró el comportamiento de las familias, proveedores, fabricantes, importadores, exportadores y comerciantes, lo que se relaciona directamente al empleo, la producción y los negocios internacionales. En tal sentido, los gremios empresariales y los organismos públicos, al concluir la fase crítica de la pandemia, tienen que adecuar sus estrategias para adaptarse a un ambiente de reactivación social y económica, y comenzar a revertir los resultados desfavorables

En mayo de 2023, la Organización Mundial de la Salud-OMS (2023) recomendó que se declarará el fin de la emergencia sanitaria pública, considerando que la COVID-19 ha concluido como amenaza para la salud en el mundo y que ahora es parte de nuestra convivencia. En el mismo mes, Perú, también oficializó el fin de la emergencia sanitaria. Se espera que las condiciones postpandemia muestren una recuperación en la demanda, local e internacional, influyendo en el nivel de producción, de empleo y disminución de la informalidad comercial, tal como exponen Barrutia et al (2021). Vera (2021) añade que también ocurre en los negocios internacionales.

Los planes de comercialización que se diseñaron en el año 2019, para abordar el 2020, fueron sorprendidos. Su efecto fue a nivel global, tal como menciona CEPAL (2020). Zelicovich y Romero (2020) exponen que la pandemia fue un freno a las relaciones comerciales, poniendo en relieve la debilidad para enfrentar este tipo de situaciones. Bonomelli (2020) considera que éste es un punto de inflexión y que se debe evaluar los modelos comerciales para enfrentar un mundo diferente. El comercio seguirá llevándose a cabo con nuevas tecnologías, mayores exigencias de diseño y seguridad de productos.

En Perú, MYPES, también fueron afectadas por la pandemia. Éstas, representan, de acuerdo al Informe de COMEX (2021), el 95.8 % del total de empresas nacionales. Informan que las ventas del año llegaron a S/. 107,945 millones (US$ 29,827 millones, aproximadamente), 78.5 % más que lo reportado al 2020. Malpartida et al (2021), mencionan, que ellas son parte importante de la economía pero que tienen un alto índice de informalidad, lo que las afecta e influye en el desarrollo de estrategias del gobierno.

1. Universidad Nacional Mayor de San Marcos

Dentro de las MYPES peruanas, un sector que muestra una actividad dinámica, que también fue afectada por la pandemia, es lo que se conoce como el EMPORIO COMERCIAL de GAMARRA (INEI, 2018), que es un conjunto de fabricantes y comercializadores que confeccionan ropa para diversos segmentos de mercado y realiza ventas mayoristas y minoristas de sus productos. Infante (2017) considera que Gamarra, es el centro comercial más grande que hay en Perú. Rojas (2014), manifiesta que en este lugar se produce el 70 % de la ropa nacional, y ocupa geográficamente alrededor de 9 hectáreas (90 manzanas), sin considerar su crecimiento hacia arriba (edificios).

Vera (2021), tiene una visión crítica de GAMARRA, exponiendo una diversidad de razones que no le permiten convertirse en un centro de confecciones importante en la región mencionando: limitación en los servicios de seguridad y limpieza, ausencia o control de lugares de entretenimiento, lugares recomendables de alimentación y falta de servicios bancarios. Añade, falta del desarrollo de marcas o confecciones que se distingan o diferencien, también un mejor diseño de canales de comercialización, falta capacidad de gestión empresarial, así como la presencia de la informalidad en los negocios, terminando con ausencia de canales que les permitan una mejor relación con el Estado.

Lo anterior, expone la posibilidad de desarrollo de GAMARRA, el cual, en gran parte, depende de ella misma. Su comportamiento en un mundo diferente, con un consumidor que tiene limitaciones económicas o menor capacidad de compra y el ingreso a un mundo comercial en el que el uso de la tecnología, como menciona Softtek (2020), es la ganadora de la era postcovid. Ante este nuevo ambiente, es importante conocer el comportamiento que tienen los empresarios de este sector, el apoyo del sector público hacia ellos, así como el diseño de estrategias para enfrentar el presente y futuro de su actividad.

2. OBJETIVOS

En tal sentido, procederemos a realizar una investigación acerca de este comportamiento, desde el punto de los propietarios de las MYPES en GAMARRA. Para tal caso, establecemos como objetivos del estudio: primero, conocer su comportamiento comercial durante la etapa covid-19 o pandemia; segundo, conocer el papel de las instituciones públicas para apoyarlos durante y en el nuevo contexto; y, tercero, las actividades que realizan los empresarios para relacionarse con el futuro.

3. DESARROLLO DE LA INVESTIGACIÓN

3.1. Contexto de la pandemia

La pandemia afectó a casi todos los países de Latinoamérica en su sistema sanitario y en sus cuentas económicas, tal como manifiestan Jaramillo y Ñopo (2020) En este contexto, los países establecieron medidas de aislamiento para que la interacción social sea la menor posible y así evitar contagios. La economía paralizó súbitamente, afectando de manera negativa el comportamiento de la demanda. Para Ebabu (2022) la COVID-19 estremeció al mundo y redireccionó los sistemas sociales y económicos.

En opinión de Barrutia et al. (2020) puso a prueba la capacidad de la salud pública, el papel de la industria y el comportamiento de la sociedad. Para el Programa de las Naciones Unidas para el Desarrollo – PNUD (2021), la pandemia representó un retroceso y un desafío. Se presentó en un momento de preocupación por el cambio climático y de lucha por disminuir la brecha de las desigualdades. Como informa la Comisión Económica para

Latinoamérica y el Caribe – CEPAL (2020a) la pandemia afectó la forma de hacer las cosas y los recursos tuvieron que ser reencausados, de modo que la respuesta permita superar la conmoción y evitar el colapso económico.

Bartik et al (2020) expresan su preocupación por el desarrollo de las pequeñas empresas, en relación a los efectos de la COVID-19, en cuanto a que emplean a un número significativo de trabajadores y su relación con las familias que dependen de ellos. Tienen que enfrentar el acceso al financiamiento, considerando que es la clave para las pequeñas empresas. Por tanto, se debe considerar la propuesta de Belitsky et al (2020) quienes opinan que las pequeñas empresas deben ser apoyadas en el período postpandemia, considerando la importancia que tienen en la economía.

Como citan Adan et al (2022) la recuperación de la economía será un proceso lento, pues los hábitos de consumo, las formas de trabajar y los métodos de fabricación han sido modificados. Este es el momento en que las pequeñas empresas muestran si tienen cualidades competitivas para lograr un liderazgo consistente en el largo plazo. Menciona Porter (2009), si el país considera conveniente ser competitivo la innovación empresarial es la guía, asumiendo la propuesta de Stiglitz (2020), se tienen que reescribir las reglas de la economía.

3.2. El Gobierno y perspectivas de la economía

El Banco Central de Reserva del Perú - BCRP (2022) expresa que en 2022 los efectos negativos de la COVID-19 comienzan a ser superados lo que influye en el mejor comportamiento del mercado laboral como consecuencia del impulso en las actividades económicas. Durante el período de la pandemia, en el año 2020 el P.B.I. decreció en -11.0 %, las exportaciones tradicionales (principalmente minerales) mantuvieron el mismo comportamiento adverso (-11.8 %) y las exportaciones no tradicionales disminuyeron en 8.0 %. Hasell (2020) menciona que en estas ocasiones las respuestas a la pandemia buscan un equilibrio entre proteger la salud de los individuos y proteger la salud económica del país.

La crisis sanitaria, como una preocupación del Estado, se expone en la política económica que estableció el Ministerio de Economía y Finanzas – MEF (2020) quien a través del Marco Macroeconómico Multianual 2021 -2024 acerca del efecto de la pandemia, explica (p. 18) es "el mayor desafío que las sociedades han enfrentado desde la Gran Depresión, debido a sus efectos sanitarios, sociales y económicos". Mencionan que se destinó alrededor del 20 0 % del PBI para mitigar los efectos socioeconómicos de la pandemia. Sin embargo, Ponce de León (2021) opina que Perú respondió deficientemente al desafío que implicaba la pandemia, considerando que desde antes los recursos asignados al sector salud ya estaban limitados.

Es importante considerar lo que expresa Softtek (2020) en cuanto a que la pandemia pone en claro que tan rápido se debe adoptar la innovación, en donde el uso de la tecnología es clave. Como menciona Salazar-Xirinachs (2021) la pandemia acelera la aplicación de las tecnologías, creando oportunidades, toda vez que provee de nuevas herramientas que permiten el sistema educativo, innovaciones en la realización de los negocios y la comercialización, mejoras en el sistema sanitario. Si los países latinoamericanos no lo aprovechan la brecha de diferencias con los países desarrollados se ampliará.

Diaz-Cassou et al. (2020) proponen determinadas recomendaciones, en el campo empresarial, que el gobierno debe optar en un horizonte de mediano plazo, sin que esto implique dejar de fortalecer el sistema sanitario. Entre sus propuestas destacan fortalecer los mecanismos de coordinación entre el sector público y privado para consolidar el proceso de reapertura económica. Posibilitar el acceso al crédito, incluyendo a las pequeñas empresas, de modo que se impidan insolvencias. También incluye medidas para promover la formalización de las MYPES, la innovación y el uso de tecnología actualizada, lo que debe considerarse prioritario. Además, integrar a los proveedores locales a la cadena de valor generando incentivos para su integración.

3.3. Efecto en la empresa y los patrones de consumo

Los resultados recientes son los que Savona (2020) denomina "nueva normalidad", periodo poscovid-19 en el que ocurre transformaciones estructurales en la producción y el consumo, con una participación creciente de la tecnología digital. En este contexto, Vargas (2020) considera que es complicado que los inversionistas privados se animen a potenciar sus nuevos proyectos, actuarán conservadoramente a la espera de medidas y comportamientos económicos de mediano plazo. Aunque si se mantendrán dinámicos las actividades de exportación no tradicional.

En esta situación, las debilidades de las pequeñas empresas deben ser superadas, tal como manifiestan Arbache (2021) y Deza y Beverinotti (2020), pues es una expresión de confianza percibida por los grandes compradores y el sistema financiero. En opinión de Oliva (2020) por lo menos en cuatro años se recupera el nivel de producción que se tenía ante de la crisis sanitaria. Habrá una serie de elementos que coadyuven a la recuperación, pero los que sobresalen son el gasto público y las exportaciones que actúan como agentes multiplicadores para influir en la demanda interna.

Vergara (2022) menciona que de esta crisis hay que aprovechar las oportunidades, pues la misma genera cambios a la que los emprendedores deben adaptarse y obtener provecho. La recuperación de la demanda será un proceso de lenta recuperación, primero, porque la gente que está laborando tiene menores ingresos corrientes y otro grupo, tiene que recuperar su empleo formal. Fernández (2020, p.2) resume de la manera siguiente que "una vez termine la crisis inmediata, las empresas de retail y consumo deberán adaptarse a las expectativas de los nuevos clientes y las nuevas formas de trabajar".

4. METODOLOGÍA

El enfoque metodológico es cuantitativo. Se aplicó cuestionarios estructurados con preguntas de opción múltiple a 494 empresarios que realizan sus actividades comerciales en este centro comercial. El alcance de la investigación es de tipo descriptivo y explicativo.

El trabajo de campo se realizó en el período comprendido entre el 24 de abril y 17 de junio 2023. Para el mismo, se contó con el apoyo de los alumnos del curso de investigación de Mercados de la Facultad de Ciencias Económicas - UNMSM, a quienes se les agradece por su colaboración. Se ingresaron los datos a un procesador (Cuestionarios de Google) para luego realizar el análisis.

5. RESULTADOS Y DISCUSIÓN

5.1. Identificación del contexto en que se desarrollan las empresas de Gamarra

Cuando se declara la pandemia para los negocios de GAMARRA, desde el punto de vista de los empresarios ahí instalados, consideran que sus ventas fueron desfavorables para ellas, un 76.7 % es de esa opinión. Lo crítico de este comportamiento, por la disminución de la demanda, es que las decisiones influyen en sus posibilidades de financiamiento y provisión de insumos, así como de generar o mantener empleo toda vez que, al no haber ingresos, hay poca posibilidad de acceder a crédito bancario y generar plazas laborales.

Me fue muy bien. Mejor de lo que esperaba.	4.2 %
Me fue bien. No me quejo.	9.6 %
Se mantuvieron igual.	9.6 %
Bajaron. Daban ganas de cerrar.	51.1 %
Fueron pésimas. No se lo deseo a nadie.	25.6 %

Tabla 1.1 Las ventas durante la pandemia. Fuente: Elaboración propia

Respecto a la limitación de sus ingresos por ventas, tenían que buscar fuentes de financiamiento para la continuidad del negocio. Los encuestados, en un 29.6 %, manifestaron que su familia fue una importante fuente de recursos. El 25.8 % expresó que recibieron apoyo de las instituciones financieras formales. El 14.0 % informa que acudieron a instituciones financieras informales.

Mis proveedores de insumos	7.6 %
Las instituciones financieras formales	25.8 %
Las instituciones financieras informales	14.0 %
Mi familia	29.6 %
Las amistades	8.4 %
Las organizaciones públicas	5.1%
Otros	9.5%

Tabla 1.2 Fuente de quién brindó mayor apoyo financiero (crédito) durante la pandemia? Fuente: Elaboración propia

Respecto a los consumidores, los empresarios manifestaron que sus clientes dejaron de comprar (24.2 %), disminuyeron sus compras (42.2 %) o compraban algo. (22.2 %). La suma de los tres conceptos (88.6 %) explican las expectativas de los empresarios en relación a las ventas durante la pandemia.

Dejaron de comprar.	24.2 %
Disminuyeron sus compras	42.2 %
Compraban algo.	22.2 %
Mantuvieron su nivel de compras.	7.6 %
Sorprendentemente, aumentaron sus compras.	3.8 %

Tabla 1.3 Comportamiento de sus clientes habituales durante la pandemia. Fuente: Elaboración propia

Ante los resultados adversos, las empresas MYPES, consideraron disminuir los niveles de producción o comercialización (34.7 %). Otro grupo, considero oportuno solicitar un mayor plazo del crédito a sus proveedores (16.9 %). Un tercer grupo, disminuyó los precios a sus compradores y consumidores (16.7 %).

Disminuir los precios al comprador/consumidor.	16.7 %
Disminuir los niveles de producción o comercialización.	34.7 %
Mantener los niveles de producción o comercialización.	11.6 %
Solicitar mayor plazo de pago a proveedores.	16.9 %
Disminuir la solicitud de crédito a los proveedores.	6.4 %
Estar evaluando el accionar de los competidores.	4.2 %
Asociarse con otros MYPES en nuevos negocios.	4.0 %
Ninguna acción. Esperamos que concluya.	5.6 %

Tabla 1.4 Acciones que tomó durante la pandemia. Fuente: Elaboración propia

Acerca de la experiencia que se obtuvo por la pandemia es que la misma sirvió para considerar que es importante estar preparado económicamente (financiamiento) para los imprevistos tal como opina el 38.7 % de los encuestados. El 28.9 % que también es importante estar capacitados para estar en posibilidad de adaptarse a situaciones como las del COVID-19. Un grupo de entrevistados considera que debe tenerse otro negocio (12.2 %) que sirva como respaldo para los momentos desfavorables.

Los competidores aprovecharan la oportunidad que les das.	4.4 %
Capacitarse para afrontar y adaptarse en situaciones similares.	28.9 %
Tener otro negocio como un respaldo para momentos malos.	12.2 %
Estar preparado económicamente para los imprevistos.	38.7 %
No hay que depender de la ayuda de las organizaciones públicas	9.8 %
Estar en capacidad de asumir riesgo crediticio y de proveedores.	5.1 %
Otros	0.9 %

Tabla 1.5 La mejor enseñanza de la pandemia para la empresa. Fuente: Elaboración propia

5.2. Apoyo del sector público a los negocios de GAMARRA

Al ser consultados acerca del apoyo que recibieron de alguna institución pública, el 73.1 % expresaron que no lo recibieron a alguna institución pública. De todas las respuestas que se recibieron de los encuestados, esta es la más contundente.

La municipalidad: postergaron el pago de puestos y arbitrios municipales.	5.8 %
De una dependencia del Ministerio de Industria.	2.4 %
Del gobierno regional.	3.8 %
De una dependencia del Ministerio de Producción.	6.2 %
SUNAT: permitieron dejar de pagar impuestos o se postergó el pago.	8.7 %
De ninguna institución pública.	73.1 %

Tabla 2.1 Institución pública que brindó apoyo durante la pandemia. Fuente: Elaboración propia

Si las organizaciones públicas se hubieran interesado en las empresas MYPES, lo mejor que pudieron haber hecho es el de haberles otorgado facilidades para continuar (21.8 %). También hubiera sido importante acercarse a ellos para dialogar y que les hagan conocer sus necesidades (20.4 %). La importancia de la capacitación como herramienta de apoyo para una recuperación pronta (13.6 %) es otra de las preocupaciones. Al igual el tema del financiamiento a través del Banco de la Nación (12.2 %), que es una institución financiera del Estado.

Capacitarnos para obtener resultados favorables lo más antes posible.	13.6 %
Dialogar con nosotros para que conozcan nuestras necesidades.	20.4 %
Darnos capacitación acerca de qué hacer luego de la pandemia.	11.8 %
Financiar nuestra actividad a través del Banco de la Nación.	12.2 %
Promoción para que las organizaciones públicas nos compren.	7.6 %
Financiar nuestra actividad coordinando con la banca privada.	11.1 %
Brindarnos facilidades para mejorar el comercio.	21.8 %
No era necesario.	1.3 %
Otras.	0.2 %

Tabla 2.2 Acciones que debió realizar el sector público. Fuente: Elaboración propia

Una tarea específica del sector público, respecto a las MYPES, es que debería haber una política que permita su desarrollo (28.2 %). El 23.8 % considera que deben darles facilidades para pagar sus impuestos. También expresan su malestar contra la informalidad y que deben tomarse medidas para sancionarla (12.7 %), pero que se les otorgue la posibilidad de formalizarse (12.7 %).

Se concentren en sancionar a los negocios informales.	12.7 %
Mayor facilidad para pagar los impuestos.	23.8 %
Como la zona es muy concurrida, mantener el control sanitario.	8.0 %
Que nos den preferencia como sus proveedores.	8.9 %
Una política que permita el desarrollo de las MYPES.	28.2 %
Medidas adecuadas para la formalización de los negocios informales.	12.7 %
Otras:	5.7 %

Tabla 2.3 Identificación de la mayor solicitud a las organizaciones públicas concluida la pandemia. Fuente: Elaboración propia

Si el sector púbico estuviera en capacidad de brindar apoyo a las MYPES las medidas que mejor pueden desarrollarse son: el de posponer temporalmente el pago de impuestos (38.9 %), asumir temporalmente la deuda de las MYPES a los bancos (26.4 %) y asumir por seis meses el costo de alquiler de establecimiento (21.1 %).

Asumir el costo de alquiler de los establecimientos (seis meses).	21.1 %
Asumir los costos de servicios (agua, gas, energía).	8.4 %
Posponer temporalmente el pago de impuestos	38.9 %
No es necesario acción alguna del Estado.	5.1 %
Asumir temporalmente la deuda de las MYPES a los bancos.	26.4 %

Tabla 2.4 Iniciativa más importante del sector público para apoyar a las MYPES afectadas por la pandemia. Fuente: Elaboración propia

5.3. Estrategias de los empresarios MYPES GAMARRA en post pandemia

Los empresarios MYPES están llevando a cabo una diversidad de acciones durante el período post pandemia, siendo la más resaltante es el uso de la tecnología (ventas virtuales) como una alternativa importante (24.2 %). Otra acción inmediata se relaciona a solicitar a sus proveedores que ajusten sus costos y sus precios (17.8 %). También consideran importante renegociar con los proveedores en relación a nuevas líneas de negocio (14.4%). Sin embargo, también opinan que deben ser cautelosos en esta etapa (14.2 %), solicitar a los bancos que disminuyan su tasa de interés crediticia (12.7 %) así como liquidar las existencias del período cOVID-19 (12.4 %).

Estoy cauteloso: veo poco movimiento de compra	14.2
Liquidar mis existencias del periodo COVID-19: precios bajos.	12.4
Renegociar con mis proveedores para nuevas líneas.	14.4
Solicitar a los proveedores que ajusten sus costos y precios.	17.8
Solicitar a los bancos que disminuyan la tasa de interés crediticia.	12.7
Estamos abriendo nuevas tiendas en otros distritos y abrir tiendas.	4.2
Los negocios virtuales (ventas) es nuestra pronta alternativa.	24.2

Tabla 3.1 Acciones inmediatas para adecuarse a las nuevas circunstancias. Fuente: Elaboración propia

Respecto a su consumidor y las expectativas que tienen acerca de ellos consideran que todavía está cauteloso en sus compras (30.9 %). Otra opinión es la que expone que el comprador está acudiendo a GAMARRA buscando productos de precios bajos y menor calidad. En cuanto a la virtualidad de los negocios futuros se expresa cuando opinan que los compradores estas transitando hacia la virtualidad (21.3 %). Hay un 21.1 % que considera que están comprando más que antes.

Mis compradores habituales no tienen trabajo, ni ingresos para comprar.	2.7 %
Todavía está cauteloso para comprar. Compra poco.	30.9 %
Está comprando más que antes (en unidades).	21.1 %
Se está yendo por productos de menor calidad (menores precios).	22.2 %
Está transitando hacia las compras virtuales.	21.3 %
Esta orientándose a comprar al crédito y hay que seguirlo.	1.8 %

Tabla 3.2 Apreciación de su apreciación del consumidor en la actualidad. Fuente: Elaboración propia

En relación a sus competidores, el primer argumento son los precios como elemento de buscar la preferencia de los compradores (49.3 %). También consideran que los competidores están abriendo tiendas en otros distritos o mercado o también se cautelosos. En ambos caos son de la opinión el 14.0 %.

Estamos compitiendo con ellos a través de los precios.	49.3 %
Están abriendo nuevas tiendas en otros distritos o mercados.	14.0 %
Están tranquilos, esperan nuestros movimientos	14.0 %
Están por cerrar. La situación económica está complicada.	10.4 %
Están conformes con su actual negocio. No consideran ampliarlo.	12.2 %

Tabla 3.3 Concepto que tiene acerca de sus competidores. Fuente: Elaboración propia

Respecto a los proveedores habituales el 32.7 % consideran que sus precios han aumentado porque sus costos van en el mismo sentido. También tener relación en que son una oportunidad para tener precios menores para sus insumos, considerando que están dispuestos a cambiar por esta razón (21.1. %)

Me están ofreciendo productos a mejores precios.	8.9 %
Sus precios han aumentado, es por el incremento de sus costos.	32.7 %
Han aparecido nuevos proveedores.	26.0 %
He cambiado de proveedores habituales, por menores precios.	21.1 %
Está aprovechando la mayor demanda de los productores.	4.7 %
Me siguen cobrando lo mismo.	6.7 %

Tabla 3.4 Concepto que tiene acerca de sus proveedores habituales. Fuente: Elaboración propia

La manera en cómo están administrando los costos no financieros el 45.8 % considera que debe trabajar con el mínimo de personal. Un grupo de comerciantes (15.3 %) mantiene sus costos similares a los de la prepandemia y otro grupo importante está reduciendo sus actividades promocionales (12.2 %). El 16.9 % considera que está haciendo de todo un poco.

Estamos trabajando con el mínimo de personal.	45.8 %
Reducimos todo lo que se relaciona a promociones y publicidad.	12.2 %
Reducimos gastos de alquiler por metro cuadrado.	4.7 %
Disminuimos el gasto en servicios (energía, agua).	5.1 %
Todos los anteriores.	16.9 %
Mantenemos costos similares a pre pandemia.	15.3 %

Tabla3.5 Administración de los costos no financieros. Fuente: Elaboración Propia

En lo que corresponde a la salud de los trabajadores dos son las principales acciones que están aplicando: proveerlos de equipos de protección personal (25.6 %) y tomar medidas de distanciamiento social en el lugar de trabajo (25.1 %). El 21.6 % todavía no ha tomado acción alguna.

Implementamos medidas de distanciamiento social en el lugar de trabajo.	25.1
Lo proveemos de equipos de protección personal (mascarillas).	25.6
El gremio de Gamarra ha implementado un programa de salud de evaluación.	6.9
Solicitamos evaluaciones periódicas al MINSA.	9.8
Por el momento no hemos implementado programa alguno.	21.6
Son trabajadores nuevos. Se les solicita certificados de salud.	11.1

Tabla 3.6 Respecto a la salud de sus trabajadores. Fuente: Elaboración propia

6. CONCLUSIONES

La investigación ha permitido conocer la opinión directa de los responsables de las MYPES de GAMARRA. También, a tomar conocimiento de la importancia del conglomerado en cuanto a la producción, compras y fuente de trabajo, del que dependen muchas familias. Las conclusiones siguientes:

- La pandemia COVID-19 afecto de manera significativa a las PYMES. Puso al descubierto las debilidades del conglomerado comercial, lo que afectó de manera significativa las ventas, las que al tener un comportamiento adverso llevó a las instituciones financieras a ser cautelosos con el crédito. Además, debe sumarse el comportamiento de la demanda.
- Las MYPES consideran que recibieron poco apoyo a los organismos públicos para actuar durante la pandemia. Sus necesidades se relacionan al financiamiento, capacitación y planeamiento de sus negocios. Las acciones aplicadas por el gobierno, al parecer, no llegaron lo suficiente a los pequeños empresarios, en opinión de ellos mismo y los investigadores acerca del tema.
- Las pequeñas empresas consideran que la demanda se recuperará de manera lenta, lo cual implica un riesgo para muchos de ellos. Aquellos que consideran el futuro asumen que la actividad comercial actual debe sumar el ingreso a los negocios virtuales. El tránsito hacia los negocios virtuales tendrá un gran impulso en la comercialización, la promoción y los precios. Pero, también implica que las empresas tendrán que insistir en el mercado internacional y en donde la competencia es intensa.

Como cita Tejero (2021) una consecuencia de la pandemia es que impulsa cambios en las preferencias de los compradores. Propone que ha surgido un nuevo tipo de consumidor que las industrias deben considerar para recuperar su confianza. Es un individuo que su capacidad adquisitiva ha disminuido. Entonces, será más selectivo y buscará mayor información acerca de los mismo. Pero, ahora se suma la posibilidad de las compras digitalizadas. Pérez-Álvarez et al (2023) también llega a las mismas conclusiones, añadiendo que en adelante el consumidor tomará en cuenta las condiciones al momento de comprar el producto. En el caso de Perú, específicamente en la ciudad de Lima, Papanicolau et al (2022), son de la misma opinión en cuanto a la modificación de las preferencias del consumidor. Por tanto, los ofertantes tienen que reformular sus estrategias, incluso adoptando nuevos sistemas de ventas.

8. REFERENCIAS

Adan, J., Munar, L., Romero, G. A. y Gordillo, A. (2022) Nuevos desafío de las pequeñas y medianas empresas en tiempos de pandemia. *Revista Tecnura 26* (72) 185-208 http://www.scielo.org.co/pdf/tecn/v26n72/0123-921X-tecn-26-72-185.pdf

Arbache, J. (2021). *La recuperación pasa por las pequeñas y medianas empresas*. Corporación Andina de Fomento. https://onx.la/e79fb

Banco Central de Reserva del Perú (2023). *Memoria Institucional 2022*. Banco Central de Reserva del Perú. https://n9.cl/54owb

Banco Mundial (2022). *Informe sobre el desarrollo mundial 2022: Finanzas al servicio de la recuperación equitativa*. Banco Mundial. https://www.bancomundial.org/es/publication/wdr2022

Barrutia, I.; Silva, H. y Sánchez, R. (2021). Consecuencias económicas y sociales de la inamovilidad humana bajo COVID-19: caso de estudio Perú. *Lecturas de Economía 94, 286 - 303*. https://onx.la/e8c9b

Bartik, A., Bertrand, M., Cullen, Z., Glaeser, E., Luca, M. y Stanton, Ch. (2020). The impact of COVID-19 on small business outcomes and expectations. *PNAS, 117,* (30), 17656 - 17666. https://www.pnas.org/doi/10.1073/pnas.2006991117

Belitski, M., Guenther, C., Kritikos, A. & Thurik, R. (2021). Economic effects of the COVID-19 pandemic on entrepreneurship and small businesses. *SPRINGER, 693 – 609*. https://link.springer.com/article/10.1007/s11187-021-00544-y

Bonomelli, G. (2020). La pandemia del coronavirus y su impacto en el comercio internacional: una mirada sobre el mundo y Argentina. *Revista Integración y Cooperación Internacional* 30, 5 -12. https://onx.la/6bb33

Centro Nacional de Planeamiento Estratégico (2017). *PERÚ 2030: Tendencias globales y regionales.* CEPLAN. https://www.ceplan.gob.pe

ComexPeru (2022). *Las micro y pequeñas empresas en el Perú: resultados en 2021.* ComexPeru. https://n9.cl/iy56b

Comisión Económica para América Latina y el Caribe (2020a). *Informe económico en América Latina y el Caribe de la enfermedad por coronavirus (COVID-19).* CEPAL https://repositorio.cepal.org/bitstream/handle/11362/45602/1/S2000313_es.pdf

Comisión Económica para América Latina y el Caribe (2021). *Recuperación económica tras la pandemia COVID-19: empoderar a América Latina y el Caribe para un mejor aprovechamiento del comercio electrónico y digital.* CEPAL https://repositorio.cepal.org/bitstream/handle/11362/47308/1/S2100678_es.pdf

Deza, M. y BeverinottiJ. (2020) *Una radiografía de la resilencia de las empresas de la región andina para enfrentar la COVID-19.* Banco Interamericano de Desarrollo. http://dx.doi.org/10.18235/0002444

Diaz-Cassou, J., Deza, M. y Moreno. K. (2020). Perú: desafíos del desarrollo en el post COVID-19. *Banco Interamericano de Desarrollo.* https://publications.iadb.org/es/peru-desafios-del-desarrollo-en-el-post-covid-19

Ebabu, A. (2022). Small businesses and their challenges during COVID-19 pandemic in developing countries: in the case of Ethiopia. *SPRINGER Open, 1 – 14.* https://onx.la/d22c5

Fernández, R. (2020). COVID-19 ¿Cuál es el impacto en la industria del retail y consumo? *Pricewaterhouse Coopers Asesores de negocios.* https://www.pwc.es/es/covid/assets/impacto-industria-retail-consumo.pdf

Hasell, J. (2020). Which countries have protected both health and the economy in the pandemic?. *Our World in data, Oxford Martin School* https://ourworldindata.org/covid-health-economy

Infante, J. (2017). Gamarra, el Perú de los peruanos. *Gamarra.* https://www.desco.org.pe/recursos/sites/indice/94/425.pdf

Instituto Nacional de Estadística e Informática (2018). Características de las empresas del Emporio Comercial de Gamarra, 2017. *INEI.* https://onx.la/e846d

Jaramillo, M. y Ñopo, H. (2020) COVID-19 y schock externo: impactos económicos y opciones de política en el Perú. *Documentos de investigación: empleo, productividad e innovación.* https://www.grade.org.pe/wp-content/uploads/GRADEdi107-1.pdf

Main, A., Arnason, B., Stephan, A., y Sedivy, P. (2020). *COVID-19 Maintaining customer loyalty and trust during tiemes of uncertainty.* Deloitte Canada. https://onx.la/91ba5

Malpartida, J.; Tarmeño, L. y Olmos, D. (2021). Estrategias y acciones gerenciales de las MYPES peruanas frente al impacto del Covid-19. *Revista de investigación científica y tecnológica Llamkasun 2* (2), 98- 109 http://llamkasun.unat.edu.pe/index.php/revista/article/view/44/50

Ministerio de Economía y Finanzas (2020). Plan Económico del Perú frente al COVID-19. *MEF.* https://www.mef.gob.pe/planeconomicocovid19/

Ministerio de Economía y Finanzas (2020). Marco Macroeconómico Multianual 2021-2024. *MEF.* https://www.mef.gob.pe/pol_econ/marco_macro/MMM_2021_2024.pdf

Ministerio de Salud (2023). Gobierno oficializa fin de estado de emergencia por la COVID-19. *Gobierno de Perú*. https://onx.la/a17c4

Oliva, N. (2020). *Latinoamérica: crisis y recuperación aun incierta. Centro estratégico latinoamericano de geopolítica.* CELAG. https://www.celag.org/latinoamerica-crisis-y-recuperacion-aun-incierta/

Organización Mundial de la Salud (2023). *Se acaba la emergencia por la pandemia, pero el COVID-19 continúa*. OMS. https://onx.la/72b56

Papanicolau, J., Jordán, S., Ross, A. y La Torre, A. (2022) Las preferencias del consumidor y su importancia en la adquisición de productos en el período de pandemia en Lima Metropolitana 2021. *Revista Industrial Data 25* (2) 187-202. http://www.scielo.org.pe/pdf/idata/v25n2/1810-9993-idata-25-02-187.pdf

Pérez-Álvarez, G., Mora-Tordecillas, J. y Salcido-Vega, F. (2023). El COVID-19 y su efecto en el comportamiento del consumidor en las Pymes refresqueras de la población de Ahone. *Revista Económica 11*(1).42-50. https://revistas.unl.edu.ec/index.php/economica/article/view/1648

Ponce de León, Z. (2021). *Sistema de Salud en el Perú y el COVID-19.* Políticas y debates públicos. https://repositorio.pucp.edu.pe/index/handle/123456789/176598

Porter, M. (2009). *Ser competitivo. Sexta edición.* Ediciones Deusto

Programa de las Naciones Unidas para el Desarrollo (2021). Informe anual 2020. *PNUD* https://onx.la/350b4

Rojas, M. (2014). Vivir la ciudad desde el trabajo de Gamarra. En: M. Rojas (Ed.) *Gamarra invisible. El principal emporio del país visto desde sus trabajadores.* Universidad Nacional Mayor de San Marcos. https://onx.la/89ddd

Salazar-Xirinachs, J. (2021). *Transformación digital, reactivación económica y empleo en América Latina y el Caribe Post Covid-19.* XI Foro de competitividad de las Américas. https://n9.cl/9734h

Savona, M. (2020). ¿La "nueva normalidad" como "nueva esencialidad"? COVID-19, las transformaciones digitales y estructuras laborales. *Revista CEPAL 132, Edición Especial.* https://repositorio.cepal.org/bitstream/handle/11362/46831/1/RVE132_Savona.pdf

Schultz, C., Desphandé, R., Cornwell, T., Ekici, A., Kothandaraman, P., Peterson, M., Shapiro, S., Talukdar, D. y Veek, A. (2012). Marketing and public policy: transformative research in developing markets. *Journal of public policy & marketing 31*(2) 178-184 https://n9.cl/qmwrs

Softtek (2020). Tecnología, la verdadera ganadora de la era Post-Covid. *Softek.com.* https://blog.softtek.com/es/tecnologia-la-verdadera-ganadora-de-la-era-post-covid

Stiglitz, J. (2020). Conquering the great divide: The pandemic has laid bare Deep divisions, but it's not too late to change course. *Finance and Development – September 2020. 17-19.* https://n9.cl/87jwe

Tejero, E. (2021). El consumidor en la nueva realidad: hábitos de compra en el sector alimentación tras el impacto de la COVID_19. *Revista Comillas, Universidad Pontificia Madrid,* Abril. https://n9.cl/p29zy

Vargas, L. (2020). COVID-19 y "apertura" de la economía: no nos hagamos ilusiones. *Revista Rupturas,* 10, *111-114.* https://revistas.uned.ac.cr/index.php/rupturas/article/view/3035

Vergara, M. (2022). El comportamiento del consumidor post covid-2019: Oportunidad o desafío para los emprendedores. *Revista Colegiada de Ciencia. Universidad de Panamá. 3*(2), 102-111. http://portal.amelica.org/ameli/journal/334/3342999012/3342999012.pdf

Vera, N. (2021). *Gamarra: un emporio pasado de moda e n el Perú.* América Economía. https://n9.cl/6btw2

Zelicovich, J. y Romero, C. (2020) El Impacto del COVID 19 en las relaciones comerciales internacionales. *Relaciones internacionales en tiempo de pandemia. 41- 49.* https://n9.cl/vajco

PROTOCOLO SINTERGIAL: UNA NUEVA VISIÓN A TRAVÉS DEL RETCAMBIO

María Nella Bonato Contreras[1]

El presente texto nace en el marco de la investigación y desarrollo de nuevas temáticas y tendencias en los programas de actualización: Diplomado en Fundamentos del Protocolo y el Ceremonial y Diplomado en Gestión de Eventos Especiales, ambos certificados y avalados por la Dirección de Extensión Universitaria (DEU) de la Universidad Central de Venezuela (UCV).

1. INTRODUCCIÓN

La labor de los protocolistas y ceremonialistas en el sector de los eventos implica el desarrollo de una serie de competencias blandas que va más allá de la formación académica tradicional, ofrecida por cualquiera de las profesiones que suelen alimentar el talento humano en este campo de los servicios. En la constante búsqueda de espacios, metodologías e iniciativas que tengan por finalidad potenciar las aptitudes de gerentes y colaboradores del protocolo, el ceremonial y los eventos para hacerlos más competitivos en un mundo VUCA-BANI, exigente, hiperconectado y en permanente evolución, se propone la aplicación del retcambio como técnica para abordar las prácticas tradicionales en la producción y organización de eventos especiales, desde una perspectiva enfocada en los siguientes pilares: retar a la realidad de manera continua, afianzar el pensamiento crítico a través del *coaching* sintergial y generar ciclos de acción resolutiva, para lograr un desempeño óptimo, obtener resultados extraordinarios y consolidar la visión cliente-céntrica por medio del logro de los objetivos planteados en cada evento planificado.

En este mapa sistémico, hay un amplio territorio abierto a nuevas miradas que aboguen por la excelencia y calidad de servicio, que permitan a los individuos y a las organizaciones disolver las obvias realidades y convertirlas en escenarios de utilidad que fomenten la gestión del aprendizaje transformacional en todos los niveles de relación (*stakeholders* involucrados), para traducirlas en mejores prácticas, sistemas, métodos, procedimientos, procesos y actitudes que sustenten una plataforma de planificación, estrategia y acción, cuyo funcionamiento se fundamente en la flexibilidad, la resiliencia, la creatividad y el compromiso como competencias transversales y específicas que catalicen el éxito en nuestro campo de trabajo.

---

1. Universidad Central de Venezuela, Universidad Nacional Experimental de la Gran Caracas e Instituto Universitario Tecnológico Américo Vespucio (Venezuela).

Con base en lo anterior, ha sido una experiencia interesante vincular los temas de protocolo y la organización de eventos con el *coaching*, la sintergia y el retcambio para proponer una nueva visión que será desarrollada a través de los siguientes puntos a partir de la introducción de nuestra contribución. 2) Objetivos; 3) Metodología; 4) Desarrollo; 4.1) Conociendo los aspectos fundamentales; 4.2) La oferta del retcambio; 4.3) Propuesta de una nueva visión; 5) Conclusiones y 6) Referencias.

En este camino, transitaremos en modo aprendiz para definir, de manera enunciativa, cuáles consideramos que son las principales habilidades y competencias comunicativas, relacionales, resolutivas y cooperativas de un equipo de protocolo y eventos para una nueva visión de éxito personal, profesional y organizacional en el sector referido.

2. OBJETIVOS

Los objetivos de la propuesta nacen del desarrollo y fortalecimiento de habilidades y competencias comunicativas y relacionales entre los líderes, colaboradores de equipos de protocolo y eventos y demás *stakeholders*, con una visión colaborativa y cooperativa hacia el cliente y una mejora continua a través de la gestión flexible, empoderada y resolutiva de los cambios e imprevistos que se presentan en el proceso de organización, producción y ejecución del evento. En el presente trabajo nos centramos en el desempeño de los participantes de los programas de actualización referidos supra, quienes laboran tanto en el sector público como en el sector privado.

3. METODOLOGÍA

En cuanto a la metodología, se ha realizado una investigación bibliográfica para identificar trabajos sobre retcambio y *coaching* sintergial que permitan ofrecer a los líderes, gerentes, supervisores y colaboradores de los equipos de protocolo y eventos recursos innovadores de gestión de los cambios e imprevistos que surgen durante la organización, producción y ejecución de los actos y eventos.

4. DESARROLLO DE LA INVESTIGACIÓN

Parafraseando a varios autores y colegas, una de las premisas cardinales que siempre debemos tener presente en la gerencia postmoderna es que lo único constante en nuestra vida es el cambio. Si partimos de este precedente y lo incluimos en cada uno de los ámbitos donde vivimos, nos movemos e interactuamos, podríamos concluir que requerimos desarrollar, además de una estructura planificada y prospectiva, un mosaico de habilidades, competencias y destrezas para navegar en las aguas versátiles de lo impredecible, sorteando circunstancias que pueden ser tormentosas o serenas, insistentes en demostrar que nada es inmutable dentro de los paradigmas VUCA-BANI[2], que la realidad es como la percibimos y nuestro accionar depende de cómo la procesamos

2. Mundo VUCA: teoría propuesta por Warren Bennis y Burt Nanus en 1987 en "Teorías de liderazgo" impartidas en la Escuela del Ejército de EE.UU. Posteriormente, en 2017, ampliada y rebautizada por Bill George (Harvard Business School) Liderazgo Vuca 2.0. Mundo BANI: teoría propuesta en el año 2020 como evolución del Mundo VUCA por Jamais Cascio (*Top 100 Global Thinkers Revista Foreign Policy*).

y la enfrentamos a través del cristal de nuestras actitudes, emociones, mapa mental y lenguaje.

En este orden de ideas, hablar de protocolo y eventos implica, sin duda alguna, referirnos a un complejo mundo de dirección, planificación, organización, control, procura, ejecución y evaluación, con base en las teorías administrativas; sin embargo, nuestro interés matricial tiene su enfoque en las personas que hacen posible todos esos procesos, así como en sus relaciones intra e interpersonales y la forma en que interactúan y conversan en los diferentes ámbitos y niveles para lograr los objetivos que se han propuesto o ha definido la organización.

Trabajar como protocolista, ceremonialista u organizador/productor de eventos es una experiencia vigorizante que se consolida cuando la labor se desempeña desde la excelencia, la calidad de servicio, la visión cliente-céntrica y fomentando la pasión que nos mueve para satisfacer con éxito las necesidades de nuestros públicos. Para ello, es importante fortalecer y afianzar la formación (profesionalización), capacitación y permanente actualización del talento humano que se desenvuelve en este sector de los servicios.

En la época post-COVID, la manera en que los gerentes, líderes y supervisores administran y dirigen los equipos de trabajo de protocolo y eventos, debe avanzar en una travesía para marcar la diferencia a través de una gestión abierta al aprendizaje, porque esas aguas versátiles de lo impredecible requieren individuos formados, capaces, ágiles, flexibles, competentes y conscientes de sus talentos, que hagan frente a las novedades y circunstancias sin perder el foco y la concentración en la consecución de los resultados.

En pocas palabras, se necesita un talento humano que abrace los cambios y se adapte a ellos en el marco de consonancia que demandan las organizaciones, los *stakeholders* y la sociedad global.

4.1. Conociendo los aspectos fundamentales

Es imprescindible conocer la ruta que indicará la pauta en los párrafos siguientes, lo que haremos al embarcarnos en estos apasionantes temas. Para tal fin, los términos: sintergia, *coaching*, retcambio y protocolo, constituyen el punto de partida de la propuesta de una nueva visión para gestionar el talento humano en el sector de protocolo y eventos como activos intangibles y capital intelectual dentro de las organizaciones.

Aun cuando hemos leído y estudiado sobre la sinergia en los equipos de trabajo, el autor salvadoreño José Alberto Santos nos conduce por un camino de descubrimiento, que traspasa ese elemento gerencial al condensar en sus diferentes propuestas la Teoría Sintergial de Jacobo Grinberg-Zylberbaum (1991) y sus estudios y proposiciones sobre *coaching* sintergial y retcambio para una mejor gestión del talento humano en las organizaciones; una transformación estructural de la gerencia tradicional y un tenaz desarrollo organizacional que permitan a las empresas del siglo XXI ser más competitivas en un mundo globalizado e hiperconectado.

> *De acuerdo con la Teoría Sintergial (Grinberg-Zylberbaum 1991), se dice que el instrumento que codifica el orden implicado y da lugar a un orden desplegado es el cerebro. Este orden se percibe como constituido por objetos, formas, texturas y el resto de los elementos que forman la realidad, una resultante de la descodificación del orden implicado. De esta manera el cerebro interactúa con la estructura preespacial y da lugar a la percepción tanto del espacio como de los objetos. El término Sintergia es un neologismo derivado de las palabras síntesis, sinergia y energía. Busca como*

resultado obtener coherencia, convergencia e interconectividad. Para el Retcambio, esta propiedad, que es característica del cerebro, representa la expresión más alta de unidad en la acción. Los componentes de la sintergia son: Síntesis: propiedad para abstraer los elementos de un todo, simplificándolos, facilitando su función. Sinergia: asociación de varias partes en forma interdependiente para producir cooperación altamente efectiva. Energía: facultad que posee un cuerpo de producir trabajo (Santos, 2007, p. 7).

Desde esta definición, es necesario conocer a qué nos referimos cuando decimos "retcambio". También es un neologismo que nace de la frase "reto al cambio" y que el Profesor Santos define de la siguiente manera:

El Retcambio es un modelo de posibilidades basado en mapas para la acción, de 360º, implicando e involucrando individuos, grupos y organizaciones urgidos por alcanzar resultados dramáticos en un escenario tapizado por quiebres (bloqueos a los resultados). Hacer Retcambio es transformar el comportamiento tradicional mediante un sistema renovado de creencias, estados de ánimo y prácticas capaces de generar nuevos disclosive spaces (espacios de descubrimiento) en el escenario de competitividad. Hablamos de una ruptura con las prácticas tradicionales del sentido común, para obtener el menos común de los resultados: un milagro (Santos, 2007, p. 1).

Por otra parte, al hablar de *coaching*, señalamos un modelo de gestión del talento que busca, desde una visión holística, potenciar el talento de los individuos a través de un proceso de acompañamiento no directivo, por tiempo determinado, basado en la mayéutica socrática, con visión de presente a futuro, previa definición por parte del cliente de un objetivo a alcanzar, reconociendo y aceptando su situación actual y declarando su consciencia, voluntad y compromiso para lograr ese estado deseado (objetivo o meta) tanto en su vida personal como profesional. Sobre esta base, parafraseando a la *International Coaching Federation (ICF)*[3], el *coaching* fomenta la conciencia en quien quiere Ser, permite el cambio, desbloquea el potencial para maximizar su rendimiento y colabora con los clientes en un proceso creativo y estimulante que les sirva de inspiración para maximizar su potencial personal y profesional.

En consecuencia, el *coaching* sintergial propuesto por Santos (2008) a mediados de la década de 1990, con base en la Teoría Sintergial de Grinberg-Zylberbaum, busca retar y desafiar las obvias realidades a través de planes de acción que nos permitan avanzar de una condición (situación presente) a otra (estado deseado), haciendo un ejercicio de influencia de adentro hacia afuera con la finalidad de desbloquear nuestro poder, creando consciencia con una conducta y actitud receptiva de aprendiz por medio de la cual logremos adentrarnos en la dinámica de transformación a través del aprendizaje, con apertura al entorno, gestionando el cambio con el rediseño y construcción de nuevas prácticas para ser más competitivos, permanecer en el tiempo y alcanzar resultados de excelencia.

Ahora, es esencial adentrarnos en el mundo del protocolo y los eventos para, finalmente, poder engranar estas disciplinas y que confluyan en una mentalidad nueva para SER. ESTAR, HACER y TENER, desde la adaptabilidad y aceptación de los cambios que surgen en el devenir personal y laboral diario.

3. La ICF (1995) y la IAC (2003) fueron fundadas por Thomas J. Leonard (1955-2003) y, en la actualidad, ambas representan las instituciones de mayor prestigio y estándar global en la práctica del *coaching*.

El protocolo es un conjunto de normas aceptadas, sobre la base de la igualdad, por todas las partes involucradas en el proceso (individuos, organizaciones, estados), las cuales regulan sus relaciones en los diferentes entornos de interacción, fundamenta su visión en el respeto por la cultura y la identidad propias y ajenas, para convertirse en el arte trascendental de atender y servir a los otros de acuerdo con su dignidad y méritos intrínsecos y extrínsecos, a través de una planificación previamente diseñada para el logro de resultados extraordinarios (Bonato, 2017).

Los eventos son acontecimientos planificados con objetivos previamente diseñados para atender necesidades de audiencias específicas, organizados tanto en el sector público como privado y con finalidades de diversa índole (oficial, académica, social, deportiva, cultural, entre otras); y que, parafraseando a Toffler (1980), asistimos a ellos por tres razones básicas: obtener información formal de sus protagonistas, encontrarse con colegas, intercambiar opiniones y establecer nuevas relaciones; y, finalmente, por recreación (Bonato, 2018 y 2021).

Antes de finalizar con la terminología, concebimos la gerencia como un proceso dinámico que funciona sobre una estructura organizada y cuyo desarrollo lógico está diseñado para conjugar de manera estratégica todos los recursos disponibles (talento humano, relacionales, financieros, materiales, tecnológicos) para la consecución de los objetivos planteados y la obtención de los resultados deseados, desde un punto de vista específico; así como, el logro de la misión y la visión de la organización con base en sus propios valores, desde un punto de vista general (Bonato, 2010).

Al aproximarnos a estas definiciones, podemos resaltar una serie de elementos que son estructurales en los referidos ámbitos, capaces de alinearse y apuntar a un espacio de rendimientos y logros magníficos y, como diría Santos, "milagrosos".

Ahora, nos preguntamos, ¿qué hacemos? ¿cómo lo hacemos? ¿cómo puede diseñarse esta alineación? Para responder a estas interrogantes, revisaremos a continuación la oferta que nos hace el retcambio para construir una nueva visión denominada "Protocolo Sintergial".

La base de la transformación de la gerencia tradicional hacia una gerencia post-moderna, como la llamaría Peter Drucker, radica en un cambio de mentalidad y esto implica un cambio de observador. En este sentido, ese cambio de mirada se consolida a través de la toma de consciencia de que somos parte de un sistema vivo, que tenemos limitaciones por nuestras creencias y nuestras interpretaciones de los hechos y los fenómenos y, sin embargo, somos capaces de crear nuevos hábitos, pensamientos, conductas y nuevas creencias potenciadoras para mantenernos en un constante aprendizaje, iniciando el proceso de adentro hacia afuera; primero nosotros, como individuos, y luego, los otros y el entorno.

Esa metamorfosis del observador, esa nueva perspectiva emerge a través del proceso de aprendizaje que nos identifica como seres humanos, que bien explica el Modelo OSAR[4] (Echeverría, 2008, p. 91) y se asienta en la depuración de nuestras formas de SER, ESTAR, TENER y HACER para enfrentar los retos de la vorágine globalizadora, traducida en mundos VUCA-BANI.

4. Modelo OSAR: Observador, Sistema, Acción y Resultados.

4.2. La oferta del Retcambio

Vivimos en un mundo VUCA-BANI (acrónimos por sus iniciales en inglés: volátil, incierto, complejo, ambiguo; frágil, ansioso, no lineal e incomprensible) que nos empuja a cambiar nuestra forma tradicional y cotidiana de ver y entender las cosas, las personas, las relaciones, las circunstancias, los hechos y todo aquello que ocurre dentro y fuera de nosotros (Agirregabiria, 2020).

En este contexto, las organizaciones también son empujadas a reinventarse, crear nuevas ofertas, nuevos negocios, flexibilizarse en su conexión con el colectivo de los colaboradores en todos los niveles de autoridad y jerarquía para hacer frente a un mercado agitado, clientes cada vez más exigentes, donde la competitividad empresarial se enraíza en la adaptabilidad vertiginosa a los cambios del entorno, mientras se sortean vicisitudes y se generan nuevas soluciones que resulten más útiles y beneficiosas que adversas.

Así, la consideración de diversas variables para mantenernos vigentes y actualizados y seguir siendo una opción competitiva en el mundo globalizado, independientemente del sector donde hagamos vida, requiere un talento humano capacitado, con enfoque, dispuesto a desarrollar nuevas competencias y a diseñar una ruta para alcanzar resultados extraordinarios y milagrosos, visualizada de manera estratégica y con pensamiento crítico en ambientes colaborativos, flexibles y resilientes.

Para lograr las transformaciones a que aspiramos, es condición *sine qua non* iniciar por nosotros como individuos y, en una segunda fase, seguir con la organización. Partiendo de aquí, el Retcambio de José A. Santos nos plantea lo siguiente:

> *El proceso de transformación de las obvias realidades en resultados dramáticos compromete a un conjunto de fuerzas y estándares, constantes y variables. Todo ciclo de Retcambio parte de las tres fuerzas de nuestra personalidad: el carácter, la inteligencia y las competencias las que se asocian con tres estándares, la consistencia, congruencia y diferenciación (Santos, 2007, p. 6).*

A continuación, conoceremos a qué se refiere cada una de esas fuerzas, estándares, constantes y variables. Hablamos de cuatro conjuntos, a saber: 1. Las fuerzas: el carácter, la inteligencia y las competencias. 2. Los estándares: la consistencia, la congruencia y la diferenciación. 3. Las constantes: el potencial, la oposición, los principios y el cambio. 4. Las variables: las posibilidades, las exigencias, las prácticas y el aprendizaje.

En primer lugar, las FUERZAS:

El carácter: como decía un Embajador con el que trabajé muchos años, "carácter es destino"; es aquello que nos define, nos identifica y diferencia de otros; y tiene que ver con lo que somos, cómo interactuamos y cómo reaccionamos en el día a día. Santos (2007, p. 6) dice que "nuestro carácter está reflejado en la fuerza, el equilibrio emocional y la movilidad que emerge en las acciones diarias, en los estados de ánimo que nos caracterizan, en nuestras conversaciones recurrentes y en las tradiciones que nos amarran'".

La inteligencia: para Santos (2007, p. 6), "(...) es la capacidad de discriminar entre un conjunto de opciones, elegir y actuar, respondiendo con eficacia y efectividad ante las demandas de la vida". En otras palabras, es lo que nos permite analizar, distinguir, escoger, decidir y accionar en nuestro día a día, de acuerdo con la complejidad o sencillez de las circunstancias, sin olvidar que somos inteligentes en diversos espectros, acorde con la Teoría de las Inteligencias Múltiples del Dr. Howard Gardner.

Las competencias: para generarse requieren apertura y, desde allí, para consolidarse, necesitan ser abonadas, afinadas y mejoradas, tanto si son duras, como blandas. Santos (2007) las define como:

> *(...) comportamientos, hábitos, actitudes, valores y acciones directamente relacionadas con resultados útiles y tienen tres finalidades. La primera es la de orientar el desempeño por medio de la definición de los comportamientos requeridos para obtener determinados resultados. La segunda es la de minimizar incertidumbres, ya que los objetivos pueden ser bloqueados en el corto plazo, mediante comportamientos inapropiados, perjudicando de ese modo el desempeño; la tercera finalidad es la de anticipar comportamientos disfuncionales de una persona o grupo (p. 7).*

En segundo lugar, los ESTÁNDARES:

La consistencia "opera a nivel personal y se relaciona con nuestra identidad y la eficacia del sistema de creencias que la soportan" (Santos, 2007, p. 8). Está directamente vinculada con quiénes somos como individuos, la manera en cómo vemos el mundo, la forma de relacionarnos, interactuar y cómo actuamos en consecuencia, porque nos guía nuestro carácter y hacerlo consistente es una de las tareas más importantes para el retcambio.

La congruencia "demanda un alineamiento entre nuestro escenario personal y público, en el que hacemos lo que decimos, actuando con un mismo estándar en ambos escenarios (...) alinear el ser con el hacer (...)" (Santos, 2007, p. 6). Con respecto a este estándar surgen muchas interrogantes relativas a nuestros comportamientos y actitudes dentro del tejido relacional y conversacional en la telaraña social y organizacional, por ejemplo: de qué forma conversamos y coordinamos acciones con otros, cuán empáticos podemos ser con nuestro equipo de trabajo, cómo gestionamos nuestras relaciones interpersonales, cómo administramos nuestros compromisos, entre otras.

La diferenciación "(...) opera en el nivel de los resultados que obtenemos a través de las prácticas que llevamos a la acción, (...) es posicionarse por medio de la eficacia, la eficiencia, la efectividad y el liderazgo en el mercado en que se opera" (Santos, 2007, p. 9). Al referirse a liderazgo, Santos apunta hacia el "protagonismo" del individuo, es decir, su capacidad para generar resultados extraordinarios y ser hábil en desarrollar "una competencia social, a la que llamaremos influencia". Cada individuo tiene diferentes posibilidades de influir en su entorno, dependiendo de cómo sea capaz de autogestionarse.

En tercer lugar, las CONSTANTES:

El potencial, como una constante de vida, en consonancia con el carácter, la inteligencia y las competencias se ve reforzado y genera autoconfianza y autoreconocimiento en los individuos en un nivel nuclear, permitiendo su expansión en los diversos ambientes donde se desarrolla. También se relaciona con el poder y la capacidad que tenemos de acompañar y ayudar a otros a evolucionar, ser una mejor versión de sí mismos y esto cataliza nuestra influencia. Sobre el potencial

> *El Retcambio plantea tres propósitos básicos en el desarrollo del individuo: aprender, transformar y trascender. Aprender es adquirir nuevas prácticas para la acción, capaces de disolver los quiebres que la vida nos presenta. Aprender a ser, hacer, tener y estar bien. Transformar es un proceso que va de nuestras obvias realidades hacia resultados útiles, con los potenciales de utilidad disponibles. Trascender es superar nuestra condición mortal a través de una huella que perdure más allá de nuestra existencia física (Santos, 2007, p. 10).*

La oposición se refiere a esas circunstancias, situaciones, retos y desafíos que se nos presentan, esas aguas tormentosas que hemos de surcar en la travesía de nuestra vida personal y profesional; y que para cada individuo son diferentes, ya que serán atendidas según nuestra percepción, nuestro mapa mental y el juicio que hagamos de ellas. Sólo nosotros seremos capaces de hacerles frente con nuestros recursos, decidiendo el camino generador de posibilidades o el sendero que construye muros.

Santos (2007) se refiere a la oposición como "(...) una constante del desarrollo que inicialmente identificaríamos como una fuerza restrictiva que siempre ha estado presente en la dinámica de acceder al potencial (...) dependiendo de la forma en que actuamos frente a esta" (p. 10).

Los principios se vinculan con los resultados y habla de varios niveles. Según Santos, esta relación es bastante cercana, ya que, si se quiere obtener un determinado resultado, debemos actuar en función del mismo. Esto abarca tanto la esfera personal, como la profesional y organizacional. Hemos de desarrollar procesos enfocados en el logro de los objetivos. La cercanía entre los resultados y la forma en cómo los producimos se afianza en cómo asumimos nuestros compromisos ante nosotros mismos, ante los demás y ante la organización para conseguir lo propuesto.

> *El Retcambio plantea una escalera de los rendimientos que se inicia con el nivel de ceder resultados, que caracteriza a la persona ineficaz. El segundo nivel es de la eficacia, la capacidad de obtener resultados propuestos. El tercer nivel es la eficiencia, la capacidad de obtener resultados al menor costo posible. El cuarto nivel es la efectividad, como la capacidad de producir impacto en un cliente al cumplir y superar sus expectativas. El quinto nivel es el protagonismo, como la capacidad de alcanzar liderazgo y posicionamiento con las mejores prácticas en el dominio en que operamos. La eficacia se asocia con el logro, la eficiencia con la optimización, la efectividad con el impacto y el protagonismo con liderazgo (Santos, 2007, p. 11).*

El cambio implica un proceso de transformación, hemos de transitar etapas de diferentes complejidades para atender aquello que nos permita evolucionar, ser mejores de lo que somos y ser mejores en lo que hacemos. Inicia por el reconocimiento, la aceptación, la toma de consciencia del momento presente o estado actual, la voluntad y disposición de diseñar y ejecutar acciones inteligentes para convertirnos en una posibilidad de futuro con resultados extraordinarios.

> *Cambio es la modificación de un estado o condición. Un descubrimiento impresionante consiste paradójicamente en el hecho de que, cambiando internamente podemos cambiar nuestro medio. La posibilidad de cambiar está ligada a la necesidad y al poder. La necesidad como energizadora y el poder proveyendo la capacidad para creer, crear, construir y multiplicar resultados (Santos, 2007, p. 11).*

Y llegamos, en cuarto lugar, a las VARIABLES, las cuales son las operadoras de las cuatro constantes ya mencionadas (potencial, oposición, principios y cambio):

Las posibilidades: "El potencial se expresa a través de las posibilidades que diseñamos y articulamos en la red de interacciones diarias que transitamos" (Santos, 2007, p. 12). La capacidad que tenemos de declarar nuestra realidad y trabajar en su construcción, está estrechamente relacionada con el poder y el accionar; ya que no basta tomar decisiones, es necesario ejecutar para avanzar y transitar por las diversas circunstancias que se pueden presentar en el camino.

Las exigencias: "La oposición se expresa por medio de los estándares o exigencias que aparecen en el momento que se establece un propósito" (Santos, 2007, p. 12). La capacidad de direccionar nuestras acciones hacia la consecución de logros previamente planificados fortalece la visión y el enfoque y permite gestionar todos los recursos necesarios, agregando valor y eliminando desperdicios en el camino.

Las prácticas: "Los principios se expresan mediante nuestras prácticas diarias, las que validan o desacreditan nuestros juicios y declaraciones. Esas prácticas operan por medio de sistemas, hábitos, actitudes, métodos, procedimientos y procesos" (Santos, 2007, p. 13). La perseverancia, la constancia, la disciplina y la flexibilidad son factores sustanciales para afinar el HACER cada vez con mayor maestría, en la búsqueda de la excelencia.

El aprendizaje: "El cambio se expresa a través del aprendizaje, aquellas adquisiciones para la acción, en los dominios en que operamos" (Santos, 2007, p. 13). La declaración de ignorancia y vivir en un estado de aprendiz permanente es requisito fundamental para las transformaciones personales, profesionales y organizacionales.

Sobre estos cuatro conjuntos del retcambio, hemos trabajado para una nueva visión del trabajo en el sector de servicios protocolo y eventos que desarrollamos a continuación.

4.3. Propuesta de una nueva visión

Iniciamos estos párrafos, parafraseando al autor Humberto Maturana cuando manifiesta la importancia de la conservación ante el proceso de transformación; la primera es necesaria para preservar nuestra esencia y, la segunda, se asienta en los atributos conservados para evidenciar todo aquello que se ha transformado. Y no son contradictorias, sino más bien se complementan. Insiste Maturana, citado por Echeverría (2009, p. 67) en que "Nadie puede cambiarlo todo de manera que el tránsito a una fase diferente no mantenga rasgos de nuestro estado anterior. Esta es una suerte de ley general de la transformación".

El hecho de ofrecer una nueva propuesta no implica, necesariamente, hacer reingeniería o "caída y mesa limpia"; más bien, implica hacer un trabajo de cambio de enfoque del pasado hacia el futuro, apalancando la importancia de ese tránsito en el presente para potenciar la mejora continua que buscamos a través del infinito proceso de aprendizaje para el logro de resultados extraordinarios, dramáticos y milagrosos.

La planificación, producción y ejecución de un evento es un proceso gerencial que consta de diversas macro etapas, ampliamente conocidas como Pre-evento, Evento y Post-Evento. Como dijimos en líneas previas, los procesos administrativos básicos se desarrollan en cada una de ellos. Se trabaja con los clientes internos y externos (*stakeholders*) y el equipo de trabajo, como colectivo del talento humano que lo compone, es el responsable de que ese proceso gerencial se ejecute y obtenga los resultados esperados.

Históricamente, la labor de los equipos de protocolo y eventos se accidenta en el camino debido a una cantidad de factores que atentan contra la gestión exitosa de los eventos, sin que esto represente la anulación o minimización de la importancia del trabajo que se realiza; por el contrario, he sido protagonista y testigo de que esos factores representan posibilidades de aprendizaje y motivación para mejorar y adaptarse con mayor fluidez a las situaciones que se presentan. En esta tónica, es bien sabido que

> *(...)en el sector, las formas de comunicación y de relación entre los equipos de trabajos, las organizaciones, los clientes y stakeholders también se adaptaron a las nuevas condiciones buscando ser más competitivos y poder mantenerse en el*

> *mercado. Parafraseando a Charles Darwin (1859), "en la evolución no sobrevive el más fuerte, sino el que mejor se adapta a los cambios" (Bonato, 2023, p. 61).*

Aclarado lo anterior, con base en la oferta del retcambio y reiterando lo expresado en la introducción de este texto, nuestra visión se enmarca en desafiar a las obvias realidades de manera continua, afianzar el pensamiento crítico a través del *coaching* sintergial y generar ciclos de acción resolutiva, para lograr un desempeño óptimo, obtener resultados extraordinarios y consolidar la visión cliente-céntrica por medio del logro de los objetivos planteados en cada evento planificado.

Los gerentes, líderes y supervisores de equipos de protocolo y eventos están en la obligación de generar espacios de crecimiento y desarrollo para sí mismos y para los miembros del equipo. Deben transformar las redes relacionales y conversacionales, ya que el talento humano, como activo intangible de la organización, debe ser capaz de conectar con los clientes más allá de la productividad y del rendimiento, es imperativo que desarrollen y apliquen técnicas y recursos con los clientes y demás *stakeholders* que le permitan ofrecer un servicio de calidad y excelencia.

El desarrollo de esta nueva visión se fundamenta en cuatro modelos, cuyos acrónimos son los siguientes, los cuales funcionan de manera complementaria y no excluyente:

1. DITCODE (distinguir, tomar consciencia y declarar).
2. PLINCE (planificar, involucrar, comprometer y ejecutar).
3. ANADYA (analizar, adaptar y ajustar).
4. MILAGRO (motivar, innovar, liderar, autoestima, grandeza, resiliencia, objetivos).

El modelo DITCODE se despliega cuando, utilizando nuestro potencial y nuestra capacidad de discernir, somos competentes para declarar nuestro estado de ignorancia ante las circunstancias, lo que nos impulsa a ser conscientes de lo que enfrentamos y cómo vamos a hacerlo para generar futuro con resultados útiles.

El modelo PLINCE se revela cuando, desde la estrategia, se genera una planificación que incorpora todos los recursos a su disposición, involucra el talento humano capaz, competente, calificado y apto para construir equipos de alto rendimiento donde el compromiso y la coordinación de acciones permitan ejecutar el plan diseñado con la finalidad de obtener un rendimiento eficaz, con el menor costo posible, creando impacto en nuestros clientes y empoderando a los colaboradores para efectuar nuevas y mejores prácticas en nuestras labores.

El modelo ANADYA se expande de forma proporcional al modelo PLINCE, ya que el uso de las metodologías ágiles permite pensar de manera crítica y con criterio, considerando las ideas y aportes de todos los involucrados en el proceso del evento; analizar los avances en la planificación; mejorar, integrar, eliminar, evitar y/o adaptar lo necesario dentro de un marco de flexibilidad y simplificación.

Por último, pero no menos importante, el modelo MILAGRO que consiste primero, en desarrollar una mirada sistémica con consciencia y, desde allí, crear sus elementos:

MOTIVACIÓN: fomentar todo aquello que potencie el alto rendimiento. Un equipo seguro de sí mismo, consciente de sus capacidades y competencias, promueve espacios de transformación y crecimiento e influye positivamente en las relaciones con el entorno.

INNOVACIÓN: generación de escenarios posibles, sin restricciones.

LIDERAZGO: gestión de la autoridad, las relaciones de poder, las jerarquías, las alianzas y los conflictos dentro de parámetros claros, respetando la toma de decisiones y los diferentes tipos de liderazgo que surgen durante el evento.

AUTOESTIMA: ser conscientes de quiénes somos y de lo que somos capaces de hacer, es decir, tonificar y alimentar el amor propio y el amor colectivo del equipo, respetando la "otredad" como un elemento esencial de cada individuo y de cada equipo.

GRANDEZA: visualización de logros, crecimiento y mejora continua individual y colectiva.

RESILIENCIA: tener mentalidad abierta, proactiva y optimista para hacer frente a la adversidad y a las obvias realidades, forjando individuos creadores y con visión de futuro.

OBJETIVOS: cada evento es diferente y la definición previa de los objetivos a alcanzar para satisfacer las necesidades y especificaciones de todos los *stakeholders* involucrados en el proceso de planificación, producción y ejecución del evento que se trate, garantiza claridad en los planes de acción y de mejora, el enfoque y rendimiento del equipo.

5. CONCLUSIONES

Para hacer frente a la gerencia tradicional necesitamos transmutar sus estructuras rígidas en formas flexibles. Eso podemos lograrlo a través de un cambio de observador y de mentalidad, transitando las etapas del proceso de aprendizaje hasta alcanzar la Metanoia:

> *(...) quiere decir literalmente más allá de la mente, esto es, más allá de las categorías mentales que hasta el momento nos han gobernado. Es una palabra clave, a la que se ha dado también la traducción de conversión, aquel acto o proceso que nos conduce a llegar a convertirnos en un ser diferente, de aquel que habíamos sido. (...) En este proceso profundo, (...) sucede que se vislumbra como posible aceptar lo que antes parecía inaceptable, no como si se tratara de una derrota, sino como una disposición activa y victoriosa respecto de la manera habitual de reaccionar que nos conducía y que nos mantenía en un estado de insatisfacción. (...) Este fenómeno es lo que hemos llamado aprendizaje transformacional (Echeverría, 2009, p. 47).*

El aprendizaje no es pérdida; es ganancia e inversión a futuro, sustentado en la versatilidad humana de evolucionar y desarrollarse para mejor desde un cambio de mentalidad y cambio de visión porque cambia su poder de observación, el cual se afina y se depura logrando hacer distinciones cada vez más profundas, al mantenernos en un estado de aprendiz permanente.

Este proceso refuerza la oferta del retcambio, en sus distintos ángulos y, a través de ella, la misión de los gerentes, líderes y supervisores de los equipos de trabajo de protocolo y eventos es demostrar, como prestadores de servicios de calidad y excelencia, su competencia para agrupar, de manera extraordinaria, los componentes de la Sintergia, a saber: Síntesis, Sinergia y Energía; porque a mayor sintergia, mayor coherencia, convergencia e interconectividad.

Volviendo al inicio de este texto, aun cuando el cambio es constante, sabemos, como dice Echeverría (2009, p. 53), "que incluso el cambio está cambiando. Que la forma que asumen las transformaciones se modifica con fuerza equivalente a los contenidos que ellas conllevan".

El equipo de trabajo de protocolo y eventos como un equipo de alto rendimiento debe desempeñar sus funciones con la sutileza, fortaleza y precisión de un motor de F1. Para ello debe trabajar en dos niveles:

1. Los espacios intra e interrelacionales (autoestima, motivación, liderazgo, autoridad, poder comunicación, programación neurolinguística, gestión emocional, inteligencias múltiples, negociación y resolución de conflictos).
2. El entorno organizacional (visión y objetivos compartidos; liderazgo aceptado, desarrollo del talento humano, roles claros, relaciones sanas y sólidas, procesos efectivos, comunicación eficiente, compromisos declarados, confianza, oportunidad para crear e innovar; y alcanzar los logros establecidos, traducidos en resultados extraordinarios).

Siempre debemos tener esto presente, y como gerentes, líderes, supervisores del siglo XXI, hemos de mantener la visión de la trascendencia en todo lo que hagamos (seres holísticos con influencia que dejan huella sobre roca en su camino de vida), sobre todo, cuando nos desenvolvemos en el sector de los servicios, donde nuestro enfoque cliente-céntrico es la palanca de nuestro HACER, ratificando mi mantra en protocolo y eventos:

- NUESTRO FIN ÚLTIMO: La prestación de un servicio de calidad y excelencia en mejora continua a través del Ciclo PDCA (Plan-Do-Check-Act = Planifica-Ejecuta-Valida/Monitorea-Mejora).
- NUESTRO PRINCIPAL OBJETIVO: El evento exitoso, sostenible y socialmente responsable y clientes/*stakeholders* satisfechos y felices.
- NUESTRO PRINCIPAL TALENTO: Las personas (el equipo de trabajo), su forma de pensar, conversar, relacionarse, comportarse, actuar, accionar y gestionar durante todo el evento
- NUESTRA METODOLOGÍA - LA AGILIDAD: sustentada en la frase de Brené Brown "puedes elegir valentía o puedes elegir comodidad, no puedes tener ambas", entendiendo la valentía como enfrentar con resiliencia los riesgos y desafíos y salir de la zona de confort para lograr resultados diferentes y extraordinarios (Bonato, 2023, p. 68).

Los modelos DITCODE, PLINCE, ANADYA, MILAGRO y mi MANTRA representan las cinco columnas de lo que hemos denominado Protocolo Sintergial, es decir, *Quorum vos unum* (que todos seamos uno).

Para finalizar, quiero regalar a los lectores una maravillosa frase de Thomas Jefferson (1743-1826), quien fuera el 3er. Presidente de los Estados Unidos de América, que concuerda con nuestra visión: "Quien recibe una idea de mí, recibe instrucción sin disminuir la mía; igual que quien enciende su vela con la mía, recibe luz sin que yo quede a oscuras".

6. REFERENCIAS

Agirregabiria, M. (26 de mayo de 2020). Organizaciones en un mundo VUCA actuando con un paradigma RUPT. https://acortar.link/jFObzf

Bonato Contreras, M. N. (2010, 5 de diciembre). Protocolo y Gerencia: una relación estratégica para la organización [Conferencia]. I Congreso de Alta Gerencia en el Caribe. Caribbean International University, Willemstad, Curazao.

Bonato Contreras, M. N. (2017, 15 de octubre al 15 de noviembre). Protocolo Diplomático e Internacional [Conferencias]. VII Diplomado Fundamentos y Aplicación del Protocolo, el Ceremonial y la Etiqueta, Universidad Central de Venezuela.

Bonato Contreras, M. N. (2018, 18 de noviembre). Coaching aplicado a la Organización de Eventos [Conferencia]. XVII Congreso Internacional de Protocolo, Ceremonial, Comunicación Corporativa, Imagen Personal y Organización de Eventos, Santo Domingo, República Dominicana.

Bonato Contreras, M. N. (2021, 15 de julio). Coaching & Eventos: Binomio catalizador [Conferencia]. 46º Conversatorio de Protocolo, Ceremonial y Eventos (CPCE), Lima, Perú.

Bonato Contreras, M. N. (2023). El Equipo de Protocolo y Eventos exitoso: gestionando las competencias comunicacionales y ágiles. En J. J. Trujillo Vargas, B. Cantalapiedra Nieto y D. Becerra Fernández (Eds.). *Fórmulas para una Comunicación Organizacional Efectiva* (pp. 59-69). Colección Ediciones Universitarias. Tecnos.

Echeverría, R. (2008). *El Observador y su Mundo.* Vol. 1. Granica.

Echeverría, R. (2009). *Escritos sobre Aprendizaje: Recopilación.* J. C. Sáez Editor.

International Coaching Federation (ICF). https://coachingfederation.org/

Santos, J. A. (2007). Comportamiento Estratégico de 360º. *Revista Psicología Científica.* http://gerenciaestrategica.pbworks.com/w/file/fetch/58461942/

Santos, J. A. (2008). El coaching sintergial y el Retcambio. *Revista Psicología Científica.* https://es.slideshare.net/DavidJosAtencioBoscn/coaching-82515954

Toffler, A. (1980). *La tercera ola.* Plaza & Janés.

Villasmil, M. A. y Rivas, F. E. (2021). Sintergia organizacional. Un resultante del cambio a la esfera gnoseológica. *Actualidad Contable Faces, 24*(43), 190-205. https://acortar.link/OKGLvc

RESIGNIFICANDO LOS ECOSISTEMAS DE EMPRENDIMIENTO RURAL DESDE UNA EXPERIENCIA EN CUNDINAMARCA, COLOMBIA

Leonardo Cardona Gómez[1], Ana María Torres Hernández[2] y José Crisanto Vacca[3]

La presente comunicación hace parte de los resultados del proyecto de investigación "Co-creación de estrategias para la construcción de un ecosistema de emprendimiento rural en el municipio de Pacho, Cundinamarca, Colombia" y de la estrategia denominada "agendas regionales" de la Corporación Universitaria Minuto de Dios.

1. INTRODUCCIÓN

Contexto de la investigación

Los últimos 40 años han sido cruciales para la configuración de la política pública sobre desarrollo rural en Colombia. Problemas estructurales como la migración del campo a la ciudad, el conflicto armado, el narcotráfico, la minería ilegal, la frágil presencia del Estado y recientemente los efectos de la pandemia se encuentran entre las principales causas de la precarización de las condiciones de vida de las comunidades rurales.

Esta investigación responde a la necesidad de conocer cómo pueden gestarse alternativas de desarrollo local para estas comunidades rurales como parte de una estrategia de fortalecimiento de la academia en las regiones donde hace presencia la Corporación Universitaria Minuto de Dios en Colombia.

Problemática

Históricamente, Colombia ha orientado su desarrollo hacia la industrialización y la urbanización como motores del crecimiento económico. En este proceso se han implementado políticas que destinan el grueso de los recursos en diferentes sectores al desarrollo de los centros urbanos dejando rezagado al sector rural y generando una brecha significativa entre estos dos contextos en términos de infraestructura, acceso a servicios básicos, educación, salud y oportunidades económicas para sus habitantes. Entre otras consecuencias, "se han incrementado las brechas de desigualdad para el bienestar de las familias de consumidores urbanos incluso semirrurales, acentuando las diferencias entre clases socioeconómicas que por un lado desperdician alimentos en los hogares y por el otro, encontraron un modo de supervivencia humana, consumiendo los artículos alimenticios de orígenes transgénicos industriales" (Vacca, Torres, y Tena, 2022, p. 581).

Otro de los factores críticos es la falta de claridad por parte de las entidades del Estado, en la categorización de las zonas rurales para efectos de asignación de recursos. De 1132 municipios existentes en el país, 85% aproximadamente pertenecen a las categorías 5ª y 6ª, es decir, de más precario desarrollo siendo, paradójicamente, territorios de gran potencial agrícola y riqueza ecológica. Sumado a ello, la ineficiente toma de decisiones para la ejecución de las políticas públicas agrarias incide negativamente en el aprovechamiento de esos recursos y el apoyo efectivo al emprendimiento.

Un problema endémico de la institucionalidad estatal son los recursos limitados para financiamiento del sector en infraestructura, tecnología e innovación. A nivel municipal la disponibilidad de recursos es crítica; el presupuesto es limitado para programas de apoyo al emprendimiento de comunidades rurales.

Aunque las políticas de fomento al emprendimiento cada vez tienen mayor alcance, no cierran las brechas entre sector rural y urbano respecto a la identificación de oportunidades de negocio, fortalecimiento empresarial y sostenibilidad (Giraldo, 2017), (Rosas-Baños, 2013). Persiste la creencia de que el emprendimiento rural es exclusivamente la generación de un empresariado agrícola que se apalanca en la tecnificación del campo y la inserción en mercados globales. Además, persiste la ausencia de enfoques diferenciales para la promoción del emprendimiento rural; por ejemplo, los jóvenes rurales se enfrentan a escasa oferta educativa de calidad y que sea pertinente a sus contextos. Los mercados locales no garantizan flujos de ingresos estables para sus proyectos y las alternativas de financiamiento son pocas. Para el caso de la mujer rural, las brechas de género, de empleabilidad y el tiempo dedicado a labores de cuidado siguen sin considerarse al momento de definir y acompañar políticas de emprendimiento en el campo (Departamento Administrativo Nacional DANE, 2020).

2. OBJETIVOS

El presente estudio indaga por los factores que son relevantes en el desarrollo del emprendimiento rural en el municipio de Pacho de la región central de Colombia y por qué la perspectiva ecosistémica puede integrar variables que se tornan clave en los contextos rurales.

Por lo anterior se busca: describir el entorno general para la actividad de este municipio; reconocer los factores que determinarían un ecosistema de emprendimiento rural inclusivo y sostenible y, por último, diagnosticar las capacidades de diferentes actores, para potenciar el emprendimiento rural en dicha localidad.

3. MARCO TEÓRICO

Desarrollo - Emprendimiento rural en Colombia

El desarrollo rural hace referencia a esfuerzos y estrategias sistémicas por parte de diferentes actores como gobierno, academia, sociedad, empresas y demás organizaciones para mejorar la calidad de vida de comunidades rurales. Esto implica promover el crecimiento económico sostenible, la equidad social, la protección ambiental, mejora de servicios básicos en áreas rurales mejoramiento de infraestructura vial y fortalecimiento de las capacidades comunitarias a través de la educación para la toma de decisiones y la participación en políticas locales para su propio desarrollo. Por tanto, "la educación es esencial para el desarrollo humano y la superación de la pobreza, ya que fortalece las capacidades de las personas y les brinda mayores oportunidades" (Sen, 2000).

A pesar de los amplios estudios sobre desarrollo rural, este sigue confundiéndose con desarrollo agrícola. El desarrollo rural va más allá de la agricultura y se refiere al mejoramiento general de las áreas rurales en su conjunto. Implica promover un desarrollo integral y sostenible que incluya lo económico, social, ambiental e institucional. Además del sector agrícola, el desarrollo rural considera otros sectores económicos como el turismo, la artesanía, la agroindustria o las energías renovables. También se preocupa por mejorar los servicios básicos (agua potable, energía, educación, salud), la infraestructura, la gobernanza local, la participación comunitaria, la igualdad de género y la conservación del medio ambiente.

Por su parte, el desarrollo agrícola se centra específicamente en la mejora de la productividad, eficiencia y sostenibilidad de la agricultura. Esto implica la adopción de prácticas agrícolas modernas, uso de tecnología, mejora de la infraestructura productiva en el campo, acceso a insumos, créditos y mercados. Son dos ideas que están interconectadas y se influyen mutuamente; el desarrollo agrícola puede impulsar el crecimiento económico y generar oportunidades en las áreas rurales, mientras que el desarrollo rural proporciona el entorno propicio para la sostenibilidad del sector agrícola y otras actividades económicas. Por tanto, "asegurar un desarrollo rural inclusivo y sostenible es fundamental para erradicar el hambre, reducir la pobreza y lograr la seguridad alimentaria a nivel mundial." (Organización de las Naciones Unidas para la Alimentación y la Agricultura - FAO, 2014).

En consecuencia, "el desarrollo rural debe proyectarse desde el interior de las comunidades rurales, las cuales deben ser capacitadas sobre el uso óptimo de los recursos necesarios y la incorporación de nuevas tecnologías a sus procesos productivos, generando competitividad" (Fonseca, *et al.*, 2018, p. 145). En Colombia, el desarrollo rural es una responsabilidad compartida entre diferentes entidades gubernamentales y actores clave. El Ministerio de Agricultura y Desarrollo Rural (MADR) es la entidad encargada de formular y ejecutar las políticas, planes y programas relacionados con el desarrollo agropecuario, rural y pesquero en Colombia. El MADR es responsable de promover la productividad, la competitividad y la sostenibilidad en el sector agropecuario.

La Agencia de Desarrollo Rural (ADR), entidad adscrita al MADR, se encarga de coordinar, financiar y ejecutar proyectos y programas que contribuyan al mejoramiento de la calidad de vida de las comunidades rurales, fomentando la inversión en el campo, la asociatividad y la comercialización de productos agropecuarios. También, la Unidad de Planificación Rural Agropecuaria (UPRA), otra entidad adscrita al MADR, formula, coordina y hace seguimiento a la política de desarrollo rural en Colombia. La UPRA promueve la planificación y gestión del territorio desde un enfoque integral e inclusivo.

Además de estas entidades, existen organizaciones y actores clave como las asociaciones gremiales, de productores, ONG, entidades financieras, cooperativas y las comunidades rurales organizadas. Estos actores desempeñan un papel importante en la implementación de proyectos y programas para impulsar el desarrollo rural en el país.

Perspectiva ecosistémica del emprendimiento

El anterior contexto permite reconocer un entramado institucional y civil que favorece el emprendimiento rural sin dejar de lado el acento diferenciado entre los enfoques de desarrollo rural y agrícola. La capacidad de estos diferentes actores para generar de forma sostenible riqueza en el campo y cierre de brechas en su desarrollo se reconoce por varios autores (Spigel, 2017) (Isenberg, 2010) como un ecosistema de emprendimiento. Esta idea se relaciona con perspectivas teóricas que reconocen en los sistemas y redes de innovación, los modelos de aglomeración, el capital social o el desarrollo local la capacidad de contribuir al desarrollo económico focalizado en regiones o ámbitos territoriales específicos (Sarabia y Rivera, 2019).

La Unidad de Gestión de Crecimiento Empresarial del Gobierno, iNNpulsa Colombia, define un ecosistema regional de emprendimiento como acciones institucionales articuladas para la actividad emprendedora. Así, se interrelacionan plataformas regionales de emprendimiento, academia, entidades de financiamiento, clústeres productivos y organizaciones de apoyo (iNNpulsa, 2016). Sin embargo, trasladar modelos de ecosistemas de emprendimiento al contexto rural plantea investigar las condiciones propias de estos entornos y cómo el enfoque ecosistémico resignifica el rol de la institucionalidad y el desarrollo emprendedor como generador de riqueza. Así es que es necesario integrar el tejido social, reparación y reincorporación a la vida civil y los saberes y capacidades propios de las comunidades como parte de ese entramado productivo y social en el campo (Bedoya, Castro y Hoyos, 2020).

Desde lo rural existen, entonces, dimensiones determinantes para analizar un ecosistema de emprendimiento como el rol de la institucionalidad, en especial su capacidad de adaptación de las políticas a los factores diferenciales del campo; los rasgos socioculturales y el capital social de las comunidades en especial en relación a sus ideas y saberes propios sobre bienestar y desarrollo; las capacidades de asociatividad y autogestión permeados por los niveles de confianza y, las redes de comercialización que están determinadas por la infraestructura, el territorio y las dinámicas de los mercados locales (Muñoz, 2017).

Desarrollo territorial

Por último, es preciso considerar la idea de territorio como parte del análisis de lo rural en términos de desarrollo. El rol determinante de los recursos naturales y del espacio comprendido no solo como el activo físico sino como construcción social resignifica el emprendimiento como proceso que explora las posibilidades de desarrollo de las comunidades en sus territorios y optimiza las oportunidades asociadas a él ya que vincula la dimensión humana y su riqueza cultural. Permite comprender las formas de colaboración entre diferentes actores locales desde sus experiencias y saberes propios.

4. METODOLOGÍA

La investigación es de carácter cualitativo e integra el enfoque de los medios de vida sostenibles que valora el rol de las comunidades rurales en su propio desarrollo y el enfoque de capacidades para actores institucionales con incidencia en el emprendimiento. La investigación se desarrolló en tres momentos: análisis del estado actual del emprendimiento rural en el municipio de Pacho; diagnósticos participativos sobre logros y retos comunitarios en sus proyectos emprendedores y; evaluación de la oferta y capacidades institucionales entorno al emprendimiento en dicho contexto.

Los medios de vida sostenibles se asumen como una serie de estrategias que las familias y comunidades rurales han integrado de forma progresiva como respuesta a los cambios en las vocaciones productivas de sus territorios y a las transformaciones en sus modos de producción, consecuencia de un mercado globalizado para los bienes agrícolas (Chambers & Conway, 1991). El estudio buscó con una comunidad integrada por 6 familias de una cooperativa agrícola, reconstruir la memoria sobre sus emprendimientos y a través de dinámicas participativas en torno a sus saberes propios sobre las ideas de trabajo, bienestar y desarrollo e identificar los recursos y capacidades con los que cuentan para el desarrollo de nuevos proyectos.

A la par del trabajo con la comunidad se analizó desde la experiencia institucional la situación del emprendimiento rural en el municipio a partir de la oferta de programas y actividades y la visión de actores clave de la ejecución de programas y actividades en dicho sentido.

El proyecto conllevó la adopción de una perspectiva territorial y sistémica sobre la base de generación de confianza entre la comunidad académica, grupos poblacionales e institucionalidad local. Esto permite establecer necesidades, oportunidades y potencialidades desde la comunidad y para la comunidad que habita el territorio comprendiéndolo como una construcción social (Schejtman & Berdegué, 2003).

5. RESULTADOS

Situación del emprendimiento rural

Las políticas de emprendimiento rural aún equiparan el desarrollo rural con desarrollo agrícola y de allí el alto grado de desarticulación entre instituciones y ausencia de un enfoque diferencial en sus programas. En el municipio se evidencia cómo las instituciones tienen capacidades limitadas de decisión en cuanto a recursos, alcance del apoyo al emprendimiento y formación para comprender las singularidades de las comunidades rurales.

En este sentido se evaluó el impacto de la acción institucional en las comunidades rurales del territorio objeto de estudio. Debido a la menor densidad poblacional y ser una zona de difícil acceso, hay una provisión deficitaria de servicios básicos como transporte y salud, lo cual incide en el enfoque que tienen algunos programas de emprendimiento que parten del supuesto que los emprendedores o familias productoras tienen acceso a recursos básicos que son indispensables en cualquier proyecto productivo.

Las actividades productivas de las familias son básicamente de subsistencia (actividades agrícolas y pan coger) factor que conlleva a que las iniciativas emprendedoras sean por necesidad, lo cual dificulta su sostenibilidad y escalabilidad. Los programas de las entidades no integran este factor como variable en el diseño de estrategias que aborden esas necesidades básicas, además del impacto que tienen en la percepción de bienestar de la comunidad.

Falta de consenso y articulación en la toma de decisiones sobre emprendimiento rural. Este aspecto es un proceso que exige que las entidades estatales articulen a diferentes actores con intereses diferentes e incluso opuestos. El sector privado, en especial el empresario que comercializa y distribuye producción agrícola se guía por cuotas de mercado y márgenes de beneficio que dejan en desventaja al pequeño productor. Coordinar y alinear intereses y recursos de estos actores limita la capacidad de las entidades para tomar decisiones efectivas y ágiles.

Por otra parte, los saberes propios de las comunidades y su comprensión del territorio son aspectos subvalorados en las políticas de emprendimiento ya que no son variables consideradas en la asignación de recursos y, por parte de las comunidades, la crisis de su tejido social conlleva a débil capacidad de autogestión y asociatividad, relevante para el crecimiento de sus iniciativas productivas.

Resignificación de la idea de ecosistema de emprendimiento rural

De acuerdo con las variables clave definidas para un ecosistema de emprendimiento rural, se encuentra lo siguiente:

Necesidades comunes. Existen necesidades compartidas entre las familias de la cooperativa y la comunidad de la vereda, en especial por la precariedad de la infraestructura vial, la no provisión de algunos servicios básicos (en especial energía eléctrica), escaza oferta educativa y deforestación de zonas cercanas a nacimientos de agua.

Integración y participación comunitaria. Las familias pertenecientes a la cooperativa y otras familias vecinas se escindieron de la asociación comunal originaria. Son esporádicas las actividades de integración y de relacionamiento salvo en situaciones de arreglos de las vías comunales. El hecho de estar en una zona de difícil acceso incide en la baja participación con otras comunidades del territorio.

Capacidades y saberes propios. La comunidad ha intentado diferentes acciones asociativas y productivas y persiste en ellas a pesar de que no han logrado consolidarlas. La Cooperativa representa el esfuerzo más significativo para proyectarse como familias y organización; sin embargo, el nivel de apropiación, pero sobre todo en la comprensión de la importancia del lazo social y de otros objetivos más allá de los económicos es necesaria para consolidar el proyecto asociativo.

Asociatividad y autogestión. Las familias tienen una experiencia de relacionamiento con la comunidad y otras entidades que los ha llevado a un proceso de asentamiento y recomienzo de su vida; sin embargo, no hay lazos establecidos con fuerza y permanencia con otras instituciones y con el Estado se han limitado a la relación como grupo vulnerable. Hay líderes naturales que han recibido capacitación en desarrollo de proyectos productivos lo que permite que se planteen iniciativas con potencial de ejecución.

6. CONCLUSIONES

Para comprender el desarrollo rural en términos de un ecosistema de emprendimiento adaptado a las necesidades de dichos contextos, se requiere abordar las limitaciones propias de las entidades del estado, en especial en recursos, capacidades y articulación programática e institucional. Además, consolidar una política pública de emprendimiento rural con enfoque diferencial que considere las necesidades y demandas de los distintos grupos vulnerables que habitan los territorios rurales.

En términos de asociatividad e integración social, las organizaciones comunitarias deben buscar asociarse entre sí y con y actores relevantes en la región, adoptando modelos de asociatividad solidaria o de articulación con entidades del tercer sector. Estos modelos de empresa coadyuvan en el relacionamiento con entidades municipales para combinar recursos y conocimientos y dar respuesta de manera más efectiva a las necesidades de las comunidades rurales.

Es necesario el rol de la academia y de entidades de investigación y desarrollo que generen un conocimiento participativo sobre los retos que tiene el sector rural en el contexto de un mercado global y de una crisis climática. El conocimiento debe ser transversal e interdisciplinario que permita conocer las particularidades de territorios precarizados y con brechas muy grandes de desarrollo inclusivo

Las instituciones y organizaciones en general deben adaptarse de manera flexible a las necesidades cambiantes de las comunidades rurales. Esto puede implicar la revisión y actualización periódica de programas, políticas y proyectos, así como la retroalimentación y comentarios de los beneficiarios y actores locales. Las instituciones deben estar dispuestas a ajustar sus enfoques y estrategias según sea necesario para lograr resultados significativos en el apoyo al emprendimiento y la formación en comunidades rurales, que den respuesta a los planes de gobierno y de desarrollo.

Existe una crisis del tejido social, expresada claramente en la cohesión comunitaria y generada por situaciones de orden público en las regiones; esto dificulta la capacidad para gestionar el conflicto lo que a su vez impide el desarrollo efectivo de los procesos organizativos y productivos.

De igual forma, en términos de emprendimiento rural "es importante la intervención de los pequeños agricultores como motor de crecimiento económico del país, teniendo en cuenta la carencia en términos de recursos y asistencia técnica de la población rural, así como las tácticas de encadenamiento productivo para mejorar los procesos de transformación y comercialización de los productos agropecuarios" (Fonseca, *et al.*, 2018, p.128). En esta misma línea se requiere es necesario fomentar la diversificación de actividades económicas para generar fuentes de ingresos complementarias en zonas rurales. Esto puede incluir el desarrollo de sectores no agropecuarios, como el turismo rural, la agroindustria, la artesanía local, el fomento de las tradiciones culturales y conocimiento ancestral, así se reduce la dependencia de una sola actividad y ayuda a crear empleo y oportunidades económicas y sociales más amplias en las áreas rurales.

De igual manera, el emprendimiento de los jóvenes en el medio rural aporta al desarrollo local y territorial al generar empleo, diversificar la economía, impulsar la innovación dado que suelen estar más familiarizados con las nuevas tecnologías y tienen una mentalidad innovadora. Su emprendimiento en el medio rural puede traer consigo la adopción y el desarrollo de tecnologías agrícolas y rurales más eficientes y sostenibles, también permite revitalizar la comunidad y preservar la identidad cultural. Apoyar y fomentar el espíritu emprendedor de los jóvenes es esencial para aprovechar su potencial y lograr un desarrollo sostenible. Por tanto, el emprendimiento en jóvenes no solo es una oportunidad para su desarrollo personal y profesional, sino también una vía para la revitalización económica y social de las comunidades rurales.

En la ruralidad encontramos múltiples actores, uno de ellos el trabajo de la mujer. Ellas están involucradas en actividades agrícolas, desde la siembra y la cosecha hasta el procesamiento de alimentos y la comercialización. Su conocimiento y habilidades en agricultura contribuyen directamente a garantizar la disponibilidad de alimentos para sus familias y comunidades. Muchas de ellas emprenden actividades económicas no agrícolas, como artesanías, turismo rural, producción de alimentos procesados y servicios comunitarios. Su participación en la diversificación económica contribuye a generar empleo, aumentar los ingresos y fomentar el desarrollo económico local. Reconocer y apoyar su papel activo de la mujer rural en la agricultura, la economía, la educación, la salud y la gobernanza fortalecerá las comunidades rurales y contribuirá al logro de los objetivos de desarrollo en estas áreas. Entre otras razones, porque "el eje de asociatividad y producción sostenible se fundamenta en el reconocimiento de la importancia específica que tienen las comunidades campesinas en la seguridad y soberanía alimentarias, la mayoría de ellas sostenidas por el trabajo de las mujeres" (Garza *et al.*, 2022, p. 308).

7. REFERENCIAS

Bedoya-Dorado, C., Castro-Peña, M. y Hoyos-Bravo, A. (2020). El emprendimiento rural en la construcción de paz: análisis de la (des)articulación en el Valle del Cauca, Colombia. *Opera,* 27, 91-117. https://doi.org/10.18601/16578651.n27.05

Chambers, R. y Conway, G. (1991). Sustainable rural livelihoods: Practical concepts for the 21st century (Medios de vida rurales sostenibles: conceptos prácticos para el siglo XXI). Documento de debate sobre el IDS 296. Brighton: IDS. Ids Discussion Paper, 296(Brighton: Institute of Development Studies, University of Sussex), 29. https://www.ids.ac.uk/download.php?file=files/Dp296.pdf

Colombia, I. (2016). Mapeo e Infografía Ecosistemas Regionales del Emprendimiento en Colombia. iNNpulsa. https://n9.cl/68mdm

Departamento Administrativo Nacional de Estadística, (2020). Mujeres rurales en Colombia. *DANE.* https://n9.cl/av6k7l

Fonseca, V., Contreras, L., Porras, L. y Vargas Prieto, A. (2018). Estado del arte sobre el desarrollo rural durante el periodo comprendido entre 2004- 2014 en Colombia. *Revista CIFE: Lecturas de Economía Social, 19*(30), 121-148. https://doi.org/10.15332/22484914/3892

Garza, J. P., Cardona, L., Vacca, J. C. y Sánchez, R. R. (2022). Mujer rural: liderazgo y producción sostenible para el desarrollo en el municipio de Pacho–Cundinamarca. En Castañeda & Díaz (Ed.) *Innovaciones y retos emergentes para el cuidado del planeta.* Grupo Compas - Uniminuto. Obtenido de https://dialnet.unirioja.es/servlet/articulo?codigo=8494205

Isenberg, D. J. (2010). Cómo iniciar una revolución empresarial. *Harvard Business Review, 88*(6), 40-50. https://n9.cl/dgea7

Muñoz, P. (2017) *Ecosistemas Rurales de Emprendimiento: Base Conceptual para Observación y Análisis.* Observatorio de Emprendimiento Regional. Universidad del Desarrollo, Chile.

Organización de las Naciones Unidas para la Alimentación y la Agricultura (FAO). (2014). El estado mundial de la agricultura y la alimentación. Roma: Organización de las Naciones Unidas para la Alimentación y la Agricultura (FAO).

Rosas-Baños, M. (2013). Nueva Ruralidad desde dos visiones de progreso rural y sustentabilidad: Economía Ambiental y Economía Ecológica. *Polis. Revista Latinoamericana,* 34. https://journals.openedition.org/polis/8846

Sarabia Huerta, A. I. y Delhumeau Rivera, S. (2019). Aproximación al concepto de ecosistema de emprendimiento. *Revista Ciencia Administrativa,* 2.

Schejtman, A. y Berdegué, J. (2003). Desarrollo Territorial Rural. *Debates y Temas Rurales,* 1, 54.

Sen, A. (2000). Development as Freedom. Nueva York: Anchor Books.

Spigel, B. (2017). The relational organization of entrepreneurial ecosystems. *Entrepreneurship theory and practice, 41*(1), 49-72.

Vacca, J. C., Torres, G. A. y Tena, J. L. (2022). Correlaciones de la cadena de abastecimiento de productos lácteos con los comportamientos de consumidores de tiendas de barrio. *Revista Universidad y Sociedad, 14*(S2), 577-588. https://rus.ucf.edu.cu/index.php/rus/article/view/2829

TECNOLOGÍAS DE LA INFORMACIÓN Y LA COMUNICACIÓN (TIC) COMO FACTOR DE PRODUCCIÓN Y GENERADOR DE CONOCIMIENTO EN RED DE EMPRESAS DEL SECTOR PESQUERO CAMARONERO, EN SINALOA, MÉXICO

Liberato Cervantes Martínez, María Teresa de Jesús De La Paz Rosales, Andrés Ultreras Rodríguez[1], *Gabriel Arturo Farías Rojas*[2]

El presente texto nace en el marco de una investigación conjunta entre académicos de la Universidad Autónoma de Sinaloa - Mazatlán (Sinaloa, México) y el investigador Doctoral del programa de Estudios Americanos de la Universidad Adolfo Ibáñez (Chile).

1. INTRODUCCIÓN

En los últimos años las economías del mundo se han integrado debido a la globalización e integración de una mayor producción, distribución y comercialización de mercancías, servicios, productos financieros y generación de conocimientos. Las teorías sobre desarrollo económico especifican que generar y transferir conocimientos en las empresas determinan la calidad de producción de sus productos y servicios, así como la eficiencia de sus procesos (Sánchez *et al.*, 2020).

Las TIC empleadas en las organizaciones son consideradas un elemento de competitividad y desarrollo. Los recursos humanos juegan un papel preponderante en referencia a este apartado ya que son quienes aplican estas herramientas (Buenrostro y Hernández, 2018).

Las organizaciones se coordinan muchas veces vinculándose entre distintos sectores, el sector académico y la investigación; en una nueva revolución del conocimiento este último (el conocimiento) se refleja como generador de desarrollo e impacto en los mercados, como un nuevo recurso invaluable permitiendo crear con ello nuevos procesos, nuevas formas de trabajo, desarrollo del capital de trabajo y potenciando su competitividad. Es de mencionar que las TIC tienen un impacto en la optimización de los recursos de las organizaciones buscando volverlas más eficientes y por ende competitivas.

En la actualidad, el uso de las nuevas tecnologías así como el desarrollo del ciberespacio abren nuevas ventanas de posibilidades de difusión al público del conocimiento. Con referencia a ello, se puede determinar que se cuenta con recursos que permiten un acceso universal e igualitario al conocimiento, aunado la oportunidad para innovar (Cervantes, 2020).

1. Universidad Autónoma de Sinaloa (México)
2. Universidad Adolfo Ibáñez (Chile)

La importancia de la pesca en el Estado de Sinaloa radica en su capacidad para generar empleos y atraer divisas, lo que lo coloca en el segundo lugar en términos de volumen y en el primer lugar en cuanto a su valor a nivel nacional. Por lo tanto, su desarrollo es crucial para la economía de la región (CONAPESCA & SAGARPA, 2013).

Es de precisar que el uso de las TIC y la generación del conocimiento en empresas camaroneras en el estado de Sinaloa, hace referencia al estudio de factores relacionados con la forma de trabajar de las empresas camaroneras, instituciones gubernamentales, instituciones académicas y de investigación que, en red (relacionadas por el subsector e interesados que participan dentro);, empleando distintos procesos de esta naturaleza, remarcando la aparición de dichos aspectos relacionados con dicha actividad. Por lo que, este estudio, pretende descubrir si la generación de conocimiento esta implícita con la aplicación de las TIC en los distintos procesos.

2. OBJETIVOS

El principal objetivo de nuestro estudio se sustenta en obtener información que permita determinar la importancia del uso y aplicación de las TIC como generador de conocimiento en el que se desarrolla un estudio de campo mediante encuestas y análisis de la información destacando esta variable como determinante del proceso productivo y generación de redes de conocimiento. De esta manera, se mide la variable tecnológica en función de la generación de conocimiento.

3. METODOLOGÍA

Este estudio se llevó a cabo mediante un diseño correlacional que muestra diversos procesos que se llevan a cabo entre los diversos entes del sector camaronero de la población estudiada, en referencia a la generación de conocimiento en consideración al uso de las TIC (Kerlinger, 2002). Es conceptualizada como mixta considerando que las variables a mesurar se caracterizan por requerir de una interpretación de cómo se comportan. Así mismo, es transversal ya que, en un tiempo determinado, se enfoca en el estado de dimensiones de un fenómeno y la relación con las variables (Gómez, 2006). En ese sentido, es un estudio correlacional enfocado en determinar las relaciones entre variables en un momento específico del tiempo (Hernández, 2018).

En lo que se refiere al instrumento de medición se emplean encuestas, conformadas a partir de otras herramientas e instrumentos comprobados, para poder medir las diferentes dimensiones del conocimiento que evalúan aspectos como: capacitación, evaluación de proceso, etc. para efectos de medir y determinar dichos factores (Lay *et al.*, 2005).

El instrumento de medición utilizado(encuesta) se extrae del estudio antes mencionado (Cervantes, 2017), el cual fue validado mediante juicio de expertos, que consiste en la revisión de un grupo de personas involucradas y expertos encargados de revisar y contribuir en la elaboración de dicha encuesta. Además de un muestreo piloto previo sometido a revisión de Statistical Package for Social Sciences (SPSS), Paquete Estadístico para las Ciencias Sociales para discriminar ítems de baja fiabilidad.

El formato del instrumento es de ítems con escala de Likert: 5 posibles respuestas de menor a mayor, siendo 1 de menor peso (que nunca se lleva a cabo dicha actividad) y 5 el de mayor peso (que siempre se utiliza o lleva a cabo dicho criterio). Se llevó a cabo una evaluación mediante la escala de Likert con el fin de obtener información sobre la situación actual de los procesos dentro de la empresa, es decir, con la finalidad de generar conocimiento en la organización (Arévalo *et al.*, 2017).

A pesar de que la población en este estudio tiene características diferentes, comparten un objetivo común de desarrollar: el subsector pesquero-camaronero. El estudio se enfoca en la generación de conocimientos y su relación con el uso de las TIC, específicamente en el grupo de directivos medios y altos, jefaturas, supervisores, direcciones y gerencias, quienes son responsables de tomar decisiones en la generación de conocimiento y en el uso de las TIC. Esta población se considera representativa de entidades privadas, públicas y científico-académicas en el sector mencionado.

Se efectuó una muestra con estadística de probabilidad que, al carecer de un listado oficial del sector, se dividió por subsectores: acuacultura (736 unidades productivas), pesca de altura (104 unidades productivas) y 140 empresas cooperativas ribereñas.

Se llevó a cabo un proceso de muestreo aleatorio estratificado de 980 unidades de producción del sector camaronero, en el cual se tuvo en cuenta el porcentaje de representatividad de cada subsector, que se representan en la siguiente tabla:

Subsector	Porciento de representación*	Número Aplicado (encuestados)**
Acuacultura	75.10%	79.02
Pesca de altura	10.62%	10.18
Pesca ribereña	14.28%	14.28
Total	100%	08.55 = 96

Tabla 1. Numero de muestreos efectuados representado en porcentaje por actividad. Fuente: Elaboración propia.

Así mismo, se empleó el muestreo a empresas e instituciones públicas, las cuales participan directamente en la producción de camarón, el caso de: a) Secretaría de Agricultura, Ganadería, Desarrollo Rural, Pesca y Alimentación (SAGARPA); b) Comisión Nacional de Acuacultura y Pesca (CONAPESCA) y, c) Secretaría de Medio Ambiente y Recursos Naturales (SEMARNAT).

La muestra de la población tomada del sector académico y la investigación, en la zona geográfica de estudio, cuenta las siguientes unidades que las representan: 1) Centro de Investigación en Alimentación y Desarrollo (CIAD); 2) Centro de Estudios Técnicos del Mar (CETMAR); 3) Facultad de Ciencias del Mar (FACIMAR-UAS); 4) Instituto de Ciencias del Mar y Limnología (ICMYL-UNAM), y 5) Instituto Tecnológico del Mar (ITM), con apoyos de CONACYT.

Desde esa perspectiva, se consideraron 96 unidades productivas tomadas del listado del Registro Nacional de Pesca y Acuacultura, sumando un total de 104 unidades que se identificaron y las cuales se emplearon como muestra en este estudio.

Subsector	Número Cantidad/aplicadas
Producción	96
Gobierno	3
Académico/investigación	5
Total	104

Tabla 2. Aplicación del instrumento por sector productivo. Fuente: Elaboración propia

Los resultados se procesaron en un software de Microsoft Office Excel aplicando la función Random (aleatorio), generando así la totalidad de las organizaciones del sector privado que se encuestarían, los diferentes entes de gobierno y las organizaciones académicas científicas que representen dicho estudio; así como el empleo del programa SPSS para su análisis e interpretación.

Para este estudio se empleó una muestra estratificada (donde se divide el número de poblaciones de muestras aleatorias simples), tomando en cuenta solo la población del subsector de supervisores, jefaturas de algunas áreas, direcciones, gerencias y presidencias, por medio de un muestreo aleatorio simple para esta investigación.

4. DESARROLLO DE LA INVESTIGACIÓN

El desarrollo de esta investigación contempla tres ejes. Por una parte, se hace una revisión teórica de los conceptos que alimentan esta investigación. Por otro lado, se da cuenta de los resultados de la investigación. Finalmente, una discusión de dichos resultados, a la luz de la teoría utilizada toma lugar para analizar y reflexionar en torno a los datos obtenidos.

4.1. Revisión teórica

Este estudio da seguimiento a otra investigación en el sector camaronero, considerando el factor o dimensión del uso de las TIC en la generación del conocimiento del sector (Cervantes, 2017).

Las Tecnologías de la Información y la Comunicación (TIC) son los recursos y herramientas informáticas, técnicas y procesos que están relacionados con la información y los avances que se producen en este ámbito. Las TIC son utilizadas en diversas organizaciones e instituciones como una parte importante de sus recursos de gestión y trabajo (López y Carmona, 2017).

Por otro lado, la generación de nuevo conocimiento puede entenderse a partir de la existencia de un problema tecnológico desde una perspectiva económica, la consideración de las distintas causas del cambio en la generación de conocimiento es necesaria para crear entornos más fructíferos con los mismos recursos disponibles. Aunado que fortalece el entendimiento de características intangibles presentes en la interacción de los factores causales del nuevo conocimiento, ya que este nuevo recurso es otro elemento requerido intangible pero es parte de las tendencias de desarrollo de muchas industrias (Prieto y Tejedor, 2020).

La pesca de esta especie se considera una actividad preponderante en el sector pesquero en diversos países ya que se relaciona con la producción de alimentos. Este sector se divide en tres subsectores: la pesca ribereña, la pesca en alta mar y la acuacultura. En el Estado de Sinaloa, México, esta actividad se encuentra en constante desarrollo y crecimiento, por lo que se proyecta como actividad en constante desarrollo (Cervantes, 2020).

Según el Plan Estatal de Desarrollo del estado de Sinaloa (2022-2027), la pesca y acuacultura son actividades primarias en las actividades estratégicas que tienen que ver con la alimentación, generación de empleos y crecimiento económico de dicho estado (Sinaloa), contribuyendo a la autosuficiencia alimentaria del país (México), al proporcionar productos sanos, inocuos y de calidad que garantizan su comercialización en el mercado nacional y extranjero.

Según Castells (2006), el desarrollo social no se alcanza por un medio solamente ya que el capitalismo y el libre mercado de los países crean conflictos y desequilibrios, "estas vías muestran diferencias entre lo especifico y generalizado; entre lo cerrado y abierto, entre una economía globalizada y otra propia de una comunidad, elementos propias y distintivos de la sociedad red" (p. 35); esto quiere decir que según el autor es necesaria la colectividad dentro de las economías, que todos los involucrados están interrelacionados unos con otros de alguna manera y que el conocimiento es consecuencia de esa relación y de los factores que la acompañan. Los sectores requieren de ciertas condiciones favorables (recursos humanos capacitados, uso adecuado de TIC, infraestructura optima, vinculación entre los miembros del sector, etc.) para garantizar dicho desarrollo. En ese contexto, se considera entonces que el uso de las TIC, dentro de las organizaciones, determina las condiciones para su productividad y desarrollo.

Existen algunas investigaciones similares al presente artículo que fueron realizadas en México, específicamente en Baja California (Nordeste de México), así como en otros países tales como Brasil, Uruguay y España. Una investigación es la realizada por Amestoy *et al.*, (2007) en Uruguay, que analiza las políticas pesqueras e institucionales aplicadas desde la promulgación de una ley. Expone los antecedentes y un diagnóstico del estado de la situación, acemás analiza el enfoque innovador de modelo de gestión basado en el concepto de Sistemas de Innovación para el Sector Pesquero, los instrumentos desarrollados, también se detallan objetivos y fundamentos teóricos del modelo y por último las acciones emprendidas y los resultados esperados. Concluyen que todo proyecto incluye cambios radicales en los modelos de gestión, incorporación de innovación y apuesta a la inversión en ciencia y tecnología para mejorar la productividad y competitividad del sector.

En Brasil, Fortinele *et al.*, (2014) en su investigación "Trayectoria tecnológica e innovación en la industria del cultivo de camarón en el nordeste de este", realizan el análisis a partir de un estudio empleando información disponible y encuestas, observando que la tecnología limita ciertos aspectos y analiza la oportunidad de innovar de manera más sostenible. Se concluye que la industria del cultivo de camarón en la región Nordeste es catalogada como el segmento más organizado del sector pesquero nacional, su trayectoria de desarrollo depende de un acuerdo en el que se pueden definir sus elementos con claridad.

Souto, (2014) en su investigación "La Innovación en el Sector Pesquero: del Éxito a la Quiebra" señala cómo la innovación es determinante para Pescanova en el tiempo y cómo la inapropiada dirección de la compañía ha originado la quiebra de esta organización. Los resultados obtenidos del análisis de Pescanova concluyen que las finanzas son elementos cruciales para el crecimiento de esta industria.

Por su parte, Celaya (2017) en su estudio de campo titulado "Las redes de conocimiento en la biotecnología azul y las actividades acuícolas en Ensenada, Baja California", la autora se enfoca en analizar las redes de flujo de conocimiento en la región con la finalidad de encontrar particularidades que permitan impulsar procesos de innovación colaborativos entre los productores acuícolas y su entorno. Resalta un resultado que indica que, a pesar de la presencia de respaldo proveniente de institutos de investigación, los estímulos no se ajustan a las demandas contemporáneas, lo que impide que se logre una unión efectiva entre investigación científica y progreso productivo.

Se puede apreciar que, en el tema de investigación abordado en este artículo, existen numerosos recursos bibliográficos disponibles que contienen nociones como redes de conocimiento, tecnología e innovación en el sector pesquero y acuícola. Los distintos autores han explorado estos temas desde diversos ángulos, como la investigación de la evolución tecnológica e innovación en la producción de camarones, información disponible y conocimiento en la acuacultura, las redes de conocimiento y la gestión de la industria pesquera, así como el tema de innovar en las industrias, serán algunos puntos a destacar en este estudio.

4.2. Resultados

Según la forma en que se seleccionó la muestra, se pudieron realizar 72 encuestas en el ámbito de acuacultura, 10 en la pesca en alta mar, 14 en la pesca de río, 2 en áreas de gobierno y 5 en investigación/academia, contabilizando 104 aplicaciones planeadas. Se aplicaron 103 encuestas, pero una se desechó, por lo que se desechó y elimino de la muestra.

Muestra por subsector		Cantidad aplicada
División Subsector	Acuacultura	72
	Pesca de altamar	10
	Pesca rivereña	14
Sector gobierno		2
Sector investigación/academico		5
Total		103

Tabla 3. Conformación de la estructura de la muestra. Fuente: Elaboración propia.

Es posible rescatar que, en la industria camaronera en el lugar del estudio, predominan los trabajadores masculinos, ya que sólo el 19.4% de los encuestados son mujeres y el 80.6% son hombres. La edad de los encuestados varía desde los 23 hasta los 72 años, siendo 33, 38, 39 y 43 años las edades más frecuentes. Las edades sobrepasaban los 60 años no fueron relevantes. El 73.8% de las personas que se les aplico el instrumento son casados, mientras que el 14.6% son solteros, además otro porcentaje son divorciados o viven en unión libre.

En cuanto a la educación, el 36.9% de los trabajadores encuestados tienen estudios universitarios, el 25.2% cuentan con nivel medio superior, el 22.3% tiene educación secundaria y el 7.8% tiene una maestría. Los niveles más bajos de educación incluyen el doctorado, que es del 4.9%, y la primaria, que es del 2.9%. Esto sugiere que los empleados de los niveles superiores del sector camaronero del estado -como gerentes, directores y jefes de departamento- cuentan con un alto nivel de capacitación.

En términos de antigüedad en la empresa, el 70% de los trabajadores encuestados tienen trabajando hasta en algunos casos 5 años, lo mostrando experiencia considerada como suficiente. Las antigüedades más frecuentes son de 3 años (20.4%) y 4 años (18.4%), mientras que las menos residuales varían entre 14 y más de 40 años de trabajo en la empresa.

Rasgos		
Tipo de Empresa	Acuacultura	69.90%
	Altamar	9.70%
	Rivereña	13.60%
	Productivo	93.20%
	Gobierno	1.90%
	Academia	4.90%
Género	Masculino	80.60%
	Femenino	19.40%
Edad	Mínima	23 años
	Máxima	72 años
	Promedio	33.38 años
Nivel de Estudios	Primaria	2.90%
	Secundaria	22.30%
	Preparatoria	25.20%
	Licenciatura	36.90%
	Maestría	7.80%
	Doctorado	4.90%
Antigüedad	2 Años	14.60%
	3 Años	20.40%
	4 Años	18.40%
	5 Años	13.60%

Tabla 4. Aspectos sociodemográficos. Fuente: Elaboración propia.

El análisis y cualificación de la variable o factor de impacto del uso de las TIC en empresas camaroneras del Estado estudiado se visualiza en la siguiente tabla:

Conocimiento implicado a la productividad **Tecnologías de la información y la comunicación**	
Definición conceptual	Proceso que permite la comunicación entre miembros mediante información codificada y que se aplica a diversos procesos.
Definición operacional	Información y comunicación que se traslada a la organización entre los involucrados en los diferentes procesos.
Tipo de variable	Cuantitativa discreta.
Nivel de medición	Escala l de Likert con respuestas variadas de menor a mayor escala
Número de ítems	9 ítems.
Impacto esperado	Esta tiene que ver con el uso e impacto de los diferentes procesos administrativos

Tabla 5. Uso de las TIC como factor de producción y generación del conocimiento. Fuente: Cervantes (2017).

Factor: análisis del factor TIC.

En el estudio y análisis del Factor Tecnologías de la información y la Comunicación, se midieron aspectos como: moda, mediana, así como percentiles que señale el nivel de uso de las TIC dentro del sector de análisis.

Subfactor Tecnologías de la Información y la Comunicación					
Ítem	Moda	Mediana	Percentiles		
			25	50	75
FP10.3	3.00	3.0000	2.0000	3.0000	4.0000
FP10.4	3.00	3.0000	3.0000	3.0000	4.0000
FP10.5	3.00	3.0000	3.0000	3.0000	5.0000
FP10.7	4.00	4.0000	3.0000	4.0000	5.0000
FP10.8	3.00	3.0000	3.0000	3.0000	4.0000
FP10.9	3.00	3.0000	3.0000	3.0000	5.0000
Promedio total	3.3333	3.3333	2.8333	3.3333	4.3333

Tabla 6. Subfactor TIC. Fuente: Elaboración propia.

En el instrumento utilizado en escala de Likert la gran mayoría de los encuestados no emplean la mayor parte del tiempo en el uso de las TIC. La mayoría de las respuestas señalan que algunas veces y casi siempre se realizan; en la presente tabla confirma que, en la mayoría de los casos, las TIC se utilizan a veces y casi la gran mayor parte del tiempo en las empresas. El promedio de los datos muestra que más de una ocasión se emplea algún tipo de TIC. La mediana presenta una tendencia de respuesta de más que algunas veces. Los percentiles muestran que el porcentaje mayor de la población responde que casi siempre se maneja algún tipo de tecnología; lo que determina que la frecuencia es que, en la gran mayoría de las empresas se emplea algún tipo de tecnología y casi siempre se cuenta con algún tipo de TIC para llevar a cabo sus actividades (ver tabla 6).

4.3. Discusión

Al examinar varios recursos documentales en el proceso de investigación, se puede concluir que, aunque la generación de conocimiento ha sido un tema muy estudiado y se han realizado bastantes estudios académicos, científicos y modelos de medibles, solo algunos de ellos se han implementado en las empresas para mejorar el desarrollo económico. Uno de los principales motivos es que la mayoría de estos estudios se enfocan en problemas específicos y no abordan el contexto empresarial en México. En este trabajo de investigación se estudia el sector del camarón en el estado antes citado, analizando factores como el conocimiento implícito en la productividad, el capital humano, la estructura organizacional y las relaciones intersectoriales. El objetivo es ampliar el conocimiento del subsector y conceptualizar el papel del conocimiento en las organizaciones, abordando un área que particularmente aún no está del todo analizada.

El análisis de la actividad económica requiere a los estudiosos incluir más elementos en sus análisis, incorporando nuevas perspectivas de análisis en su investigación y ampliando su horizonte de conocimiento a través de la inclusión de diversos campos de estudio relacionados con su objeto de investigación. Es necesario evitar una perspectiva limitada o aislada en su investigación, y en su lugar, buscar la relación entre en conocimiento, la productividad y el sector en cuestión.

Dado el alcance y la estructura del presente estudio, hay ciertos ámbitos de conocimiento tales como la innovación tecnológica, las plataformas virtuales u otros temas similares que, debido a limitaciones logísticas, de tiempo o de recursos, no han sido incluidos como variables en esta investigación. A pesar de ello, el análisis de estos temas quedará pendiente para ser abordado en otras investigaciones.

5. CONCLUSIONES

La industria del camarón en Sinaloa tiene que adaptarse a los desafíos actuales relacionados con tecnología, medio ambiente, relaciones laborales y cambios en la organización y sociedad de la era del conocimiento para seguir siendo relevante. Este sector necesita enfocar sus actividades en la investigación para mejorar su progreso, considerando tanto los beneficios de las compañías como el bienestar de la comunidad.

En ocasiones, disponen de una red de conocimiento empresarial e inteligente en la que se verifica el uso de las tecnologías de la información, como el internet, la intranet información organizacional. En cuanto a la interacción, la mayoría de los encuestados tienen acceso a una base de datos de las organizaciones, lo que hace posible la interrelación entre aquellos que se involucran en esta actividad.

De igual forma en algunos casos, según los resultados, el uso de las TIC como herramientas, maquinaria, procesos y tecnología relacionada se emplea para la realización de algunas actividades del sector, pero sin embargo no se emplea en todas las organizaciones e instituciones y ni de manera estandarizada.

La eficiencia, innovación y competitividad en la productividad del sector, hace necesario centrar los esfuerzos en la necesidad de inversión en las TIC, así como la formación y capacitación de capital intelectual en estos medios.

Se puede apreciar, en el análisis las oportunidades que existen en este tipo de empresas, sus deficiencias y lo que se espera de éstas en cuanto a la generación de conocimiento y vinculación entre factores y sectores, limitando ciertos recursos. No obstante, se abren opciones para construir nuevas relaciones mediante relaciones más sistemáticas de vinculación, la participación y compromiso por parte de los sectores, y la delimitación de las fronteras de responsabilidad y acción. Algunos de los factores en ello incluyen el conocimiento como elemento productivo, capital humano que participa, elementos de gestión organizativa y administrativa, la economía en desarrollo y la interrelación intersectorial.

De igual manera, se requiere de una mayor vinculación entre los sectores privados, gubernamentales y académicos e investigación; ya que en México y en el Estado estudiado de este sector, aun se carecen de herramientas tecnológicas; la unión de los anteriores actores podría generar nuevos conocimientos, compartiendo experiencias, desarrollando formas más eficientes de trabajo, uso de mejores equipos tecnológicos y el desarrollo de nuevos procesos en beneficios del sector.

Las Tecnologías de la Información y Comunicación (TIC) resultan muy beneficiosas para las empresas del sector pesquero camaronero, ya que ayudan a disminuir los costos, fomentan la innovación y mejoran el desempeño del personal, produciendo así un impacto económico a nivel general. Es especialmente relevante tener en cuenta que establecer redes de conocimiento es fundamental para reunir, crear, preservar y mejorar el conocimiento necesario para innovar. En este sentido, sería conveniente que las instituciones gubernamentales se interesen más en estudiar los intercambios de datos en estas empresas para posteriormente analizar posibles investigaciones que contribuyan a su desarrollo.

La pesca y acuacultura son consideradas fundamentales dentro de sectores estratégicos en el mundo; aunado a que la alimentación como actividad de un sector es relevante, por lo que, los actores participantes deben de tener acceso en generar conocimiento mediante el uso de tics, sean éstas organizaciones chicas, medianas y grandes; es decir a todas las empresas y no exclusivo de las medianas y grandes, toda vez que investigaciones refieren que los avances tecnológicos se notan principalmente en ellas.

6. REFERENCIAS

Amestoy, F., Montiel, D. y Gilardoni, D. (2007). Innovación en la gestión del sector pesquero uruguayo: adaptándose a los nuevos paradigmas científico-tecnológicos del Siglo XXI. *Anuario OPYPA*, 289-303. http://hdl.handle.net/1834/14680

Arévalo, A., Bayona, R. y Rico, D. (2017). Las prácticas innovadoras de la gestión humana: una necesidad estratégica de las microempresas. *Revista Ciencias estrategicas, 25*(37), 15-24. http://hdl.handle.net/20.500.11912/7992.

Buenrostro Mercado, E. y Hernández Eguiarte, M. (2019). La incorporación de las TIC en las empresas. Factores de la brecha digital en las Mipymes de Aguascalientes. Economía: teoría y práctica 50, 101-124. https://doi.org/10.24275/etypuam/ne/502019/buenrostro

Casas, R., Dettmer, J., Celis, L. y Hernández, C. (2007). Redes y flujos de conocimiento en la acuacultura mexicana. *Redes de Revistas Científicas de América Latina, el Caribe, España y Portugal*, *13*(26), 111-144. http://www.redalyc.org/articulo.oa?id=90702608

Castells, M. (2006). *La sociedad en Red una visión global.* Alianza Editorial.

Celaya, M. (2017). Las redes de conocimiento en el desarrollo de la biotecnología azul: un análisis desde las actividades acuícolas en ensenada, baja California [Tesis de doctorado] Colegio de la frontera Norte. https://n9.cl/tjah2

Cervantes Martínez, L. (2017). *Gestión de redes de conocimiento en el sector pesquero camaronero en Sinaloa, México, 2011-2013* [Tesis de doctorado] Universidad Nacional Autonoma de Mexico. https://n9.cl/n2u64c

Cervantes Martínez, L. (2020). La generación de redes de conocimiento y sus implicaciones en sectores estratégicos: caso el sector pesquero camaronero en Sinaloa, México.

Revista Caribeña de Ciencias Sociales, 9(1), 1-16. https://ojs.southfloridapublishing.com/ojs/index.php/rccs/article/view/2242

Cervantes Martínez, L. (2020). Variables en la generación de Redes de Conocimiento en organizaciones y sectores estratégicos: caso del sector pesquero camaronero en Sinaloa, México. *Ciencia y Universidad Revista de Economia*, (40), 85-106.

CONAPESCA y SAGARPA (2013). Base de datos del Registro Nacional de Pesca y Acuacultura (RNPA). https://n9.cl/13w2b

Fortinele Tahim, E., Nunes Damaceno, M. y Fernandes de Araújo Junior, I. (2014). Trayectoria tecnológica e innovación en la industria del cultivo del camarón en el noroeste de Brasil. *Revista Galeana de Economía, 23*(3), 9-32. http://www.redalyc.org/articulo.oa?id=39138004001

Gómez, I. (2006). Gestión del conocimiento, innovación y competencia. *Revista Escuela de Administración de Negocios,* 58, 107-134. https://www.redalyc.org/pdf/206/20605808.pdf

Hernández, R. (2018). *Metodología de la investigación.* Mc Graw Hill Education.

Kerlinger, F. (2002). *Investigación del comportamiento.* Mc Graw Hill Latinoamericana.

Lay, M., Suarez, J. y Zamora, M. (2005). Modelo para gestionar la capacitación de directivos y reservas en la empresa ganadera cubana. *Pastos y forrajes, 28*(3), 253-263. http://www.redalyc.org/articulo.oa?id=269121675009

López, H. y Carmona, H. (2017). El uso de las TIC y sus implicaciones en el rendimiento de los alumnos de bachillerato. Un primer acercamiento. *Education in the Knowledge Society, 18*(1), 21-38. https://doi.org/10.14201/eks20171812138

Pinzón Q., C y Castellanos D., O. (2009). *Análisis de los procesos de gestión del conocimiento en Centros de Desarrollo Tecnológico Agrícola Colombiano y propuesta para su fortalecimiento.* Universidad Nacional de Colombia. Facultad de Ciencias Económicas. Escuela de Administración y Contaduría. Maestría en Administración.

Prieto, W. y Tejedor, J. (2020). La generación de nuevo conocimiento en economía: un modelo de crecimiento endógeno. *Finanzas y politica Economica, 12*(2), 553-588. https://doi.org/10.14718/revfinanzpolitecon.vl2.n2.2020.3729

Sanchez, G., Basurto, S. y Galvan, S. (2020). El rol del conocimiento en el crecimiento económico: un análisis espacial para México. *Problemas del desarrollo, 51*(202), 117-143. https://doi.org/10.22201/iiec.20078951e.2020.202.69483

Souto, J. (2014). La innovación en el sector pesquero del éxito a la quiebra. *Cuadernos de Estudios Empresariales,* 24, 107-129. http://dx.doi.org/10.5209/rev_CESE.2014.v24.48613

EL RETO DE LA INNOVACIÓN EMPRESARIAL, EL EMPRENDIMIENTO Y LA GOBERNANZA DEMOCRÁTICA DE LAS POLÍTICAS TERRITORIALES DE EMPLEO

José Manuel Corrales Aznar[1]

1. INTRODUCCIÓN

Las políticas territoriales y la promoción empresarial son elementos esenciales para el desarrollo local y la innovación en los territorios. Sin embargo, la globalización ha generado tensiones en los modelos de regulación social, los modos de producción y la organización del trabajo, afectando las políticas públicas y la localización industrial.

Las políticas públicas de promoción del empleo y el emprendimiento han carecido en España de un enfoque coherente y han sido repetitivas, sin contar con herramientas adecuadas para analizar la realidad territorial. En la economía y el mercado laboral español, se observan altos niveles de desempleo, brechas de género y digital, envejecimiento de la población y deficiencias en formación y productividad empresarial. Estos desafíos evidencian la necesidad de desarrollar políticas más efectivas que impulsen el emprendimiento, aborden las brechas existentes y promuevan el desarrollo local sostenible en el contexto económico y social actual (Conde y Lahera, 2021).

En las políticas públicas de empleo se han identificado que los proyectos emprendedores enfrentan barreras en el acceso al capital y deben mejorar sus procesos de gestión organizacional. Además, los cambios en la legislación sociolaboral no han priorizado el emprendimiento local, y las políticas públicas se han enfocado principalmente en la flexibilidad laboral, sin abordar los desequilibrios entre oferta y demanda de trabajo.

La creación y maximización del valor social representa el objetivo más destacado de cualquier emprendimiento. Para lograr el efecto social esperado, los proyectos emprendedores deben trabajar para superar las barreras de acceso al capital y mejorar sus procesos de gestión organizacional. Así se deben implementar y diseñar nuevas metodologías e instrumentos que permitan la creación y fortalecimiento de las capacidades organizacionales para la generación de valor en los grupos de interés (Murillo Pérez, 2022).

La gobernanza democrática contribuye a la rendición de cuentas y la transparencia en la implementación de las políticas de empleo. Los mecanismos de supervisión y evaluación permiten verificar el cumplimiento de los objetivos y la eficacia de las medidas adoptadas, asegurando la utilización eficiente de los recursos públicos y el logro de resultados concretos en términos de generación de empleo y mejora de las condiciones laborales.

1. Universidad Europea de Madrid.

Así la gobernanza democrática de las políticas de empleo es fundamental para garantizar un enfoque participativo, inclusivo y transparente en la toma de decisiones, y para asegurar que las políticas respondan a las necesidades y realidades de los territorios. Esto contribuye a promover un desarrollo local sostenible y equitativo, impulsando el emprendimiento y la creación de empleo de calidad.

2. OBJETIVOS, METODOLOGÍA E HIPÓTESIS DE TRABAJO

El objetivo de esta investigación fue analizar el impacto de las políticas de empleo en el desarrollo socioeconómico y humano sostenible de un territorio específico. Se examinaron las políticas públicas de emprendimiento como herramientas para valorizar los recursos locales y su influencia en la calidad de vida y cohesión social y territorial. Se utilizó una metodología que combinó revisión bibliográfica, análisis estadístico y entrevistas a expertos en políticas económicas locales (Corrales, 2022c).

En el marco de esta investigación, se llevaron a cabo 84 entrevistas en profundidad durante el periodo comprendido entre 2016 y 2023 para analizar la evolución de las políticas de promoción económica y laboral. Los entrevistados incluyeron responsables, expertos y técnicos provenientes de diversas instituciones, administraciones públicas y entidades, así como personas involucradas en la investigación y gestión de estas políticas. La muestra podría ser más amplia y por tanto presenta limitaciones en términos de representatividad, pero los resultados obtenidos ofrecen información valiosa para el desarrollo de la investigación. Los participantes fueron seleccionados siguiendo criterios de representatividad e incluyeron gestores públicos, investigadores, profesores universitarios, representantes de agentes sociales, entidades asociativas y privadas, así como técnicos especializados en empleo y agencias de empleo y desarrollo local de municipios españoles[2] (Corrales, 2017, p. 578; Corrales, 2022c).

La hipótesis central que informa todo el estudio plantea que las reformas laborales en España desde 1980 hasta 2021 han priorizado esencialmente la flexibilidad laboral en lugar de promover la competitividad y mejorar la calidad del capital humano en las empresas, con el objetivo de fomentar la creación de empleo (Gutiérrez Vegara, 2017, p. 30).

Las hipótesis de trabajo (Corrales Aznar, 2022a) de las que partimos en este estudio plantean que los cambios en la legislación laboral no han tenido un enfoque centrado en la mejora del capital humano y la productividad empresarial, lo que ha limitado su impacto en la economía. Estas modificaciones normativas se han enfocado principalmente en la flexibilidad del mercado de trabajo y las relaciones laborales en un contexto de desequilibrios significativos entre la oferta y demanda de trabajo y altos niveles de desempleo. Además, se ha observado que estos cambios legislativos han carecido de un proyecto coherente, no han sido adecuadamente evaluados, se caracterizan por su continuidad y repetición, y no han utilizado herramientas adecuadas para analizar la realidad social y territorial.

2. Héctor Gómez, Patricia Hernández, Rafael Yanes, José Manuel Bermúdez, José Alberto Díaz, Augusto Hidalgo, José Manuel Molina, Stanislav Ranguelov, Efraín Medina, Dirk Godenau, José Luis Rivero Ceballos, Juan León Santana, Lucía Gorjón, Lara Carrascosa, Eduardo Rojo, Florentino Felgueroso, Mónica Melle, José Carlos Diez, Juan Torres López, Eulalia García Silva, Romen García Arteaga, Gustavo Santana, Carmelo Jorge, Airam Rodríguez, Pedro Anatael Meneses, Ignacio Cestau, Ricard Calvo, Alicia Barber Alberto González Yanes, José Miguel González, Patricia Trujillo y 53 Técnicos de Empleo de Servicios Públicos de Empleo y de Agencias de Empleo y Desarrollo Local.

Estas hipótesis señalan la necesidad de un enfoque más integral y coherente en las políticas laborales, que tenga en cuenta tanto la mejora del capital humano como la productividad empresarial, y que considere las particularidades de cada contexto social y territorial. Asimismo, se destaca la importancia de evaluar de manera adecuada los efectos de las reformas laborales y contar con herramientas de análisis que permitan una comprensión más completa de la realidad laboral. Estos hallazgos sugieren la necesidad de una mayor reflexión y planificación en el diseño de políticas laborales que impulsen el desarrollo socioeconómico sostenible.

3. DESARROLLO DE LA INVESTIGACIÓN

El desarrollo local, la promoción empresarial y las políticas territoriales de empleo, están fuertemente condicionando por un entorno económico e institucional cada vez más complejo, en el que la globalización, las nuevas tecnologías y la descentralización productiva modifican los factores tradicionales de localización productiva e industrial. La globalización económica ha generado importantes cambios en el capitalismo desregulado, siendo la recesión de 2008 y las políticas de austeridad aplicadas a nivel territorial sus consecuencias más devastadoras.

3.1. Globalización y desarrollo local

La globalización y el avance tecnológico tienen un impacto determinante en el empleo, modificando el contenido del trabajo y generando deslocalización productiva y desempleo. Sin embargo, estos procesos también abren oportunidades para el crecimiento local, que pueden ser aprovechadas a través de respuestas territoriales de calidad y el fortalecimiento de la investigación y desarrollo en el ámbito local.

La glocalización es una idea que intenta explicar la aparente revitalización de lo local en un mundo globalizado. En la era actual del capitalismo global, se observan diversos fenómenos complejos en la economía y la sociedad. Aunque la visión liberal ha dominado, se ha debilitado el papel del Estado en la economía y las relaciones laborales, lo que ha resultado en transformaciones profundas del trabajo, como la expansión del empleo asalariado, la tercerización, la precarización y el desempleo estructural, además de la crisis financiera (Alburquerque, 2012).

La globalización ha generado cambios significativos en el mundo laboral, en su forma de inserción en la estructura productiva, en la representación sindical y política, en las relaciones sociales y culturales, y en el uso de tecnologías de la información y comunicación. Estos cambios han provocado procesos de deslocalización en las economías desarrolladas, no solo en sectores de baja cualificación, sino también en empleos de nivel medio y alto, lo que ha modificado las características distintivas del trabajo (Corrales, 2017).

3.2. Formación, innovación territorial y emprendimiento

Miedes, Sánchez y Moreno (2014) señalan cómo las tecnologías de la información y comunicación (TIC) han transformado las empresas, creando un mercado en constante crecimiento y generando empleos tanto cualificados como de baja cualificación, lo que refuerza la dualidad laboral global. El conocimiento se ha convertido en un factor empoderador, pero el control de las TIC a menudo recae en las grandes corporaciones tecnológicas. Para abordar las tensiones socioecológicas, es necesario poner este potencial bajo el control de la ciudadanía a través de reformas estructurales que fomenten un contexto de conocimiento libre y abierto.

La educación, la formación y el empleo están interconectados y desempeñan un papel crucial en la sociedad. Las políticas educativas se centran en elevar los niveles de cualificación y promover la formación continua para adaptarse a los cambios tecnológicos. Sin embargo, existen desigualdades territoriales en la cualificación de la fuerza laboral y desajustes entre el sistema educativo y el mercado laboral, lo que dificulta la inserción laboral de los jóvenes y afecta la productividad económica.

El sistema educativo desempeña un papel destacado en aspectos económicos, como la eficiencia productiva, el crecimiento económico y la distribución de la renta. Sin embargo, se ha descuidado el potencial de la educación como mecanismo para reducir las desigualdades. Esto se debe a factores como la alta oferta de empleo no cualificado, la falta de implicación de las familias y la sociedad en el proceso educativo, la escasez de recursos invertidos en educación y la ineficacia del sistema educativo. Para superar esta situación, es necesario adecuar y actualizar los contenidos curriculares y las certificaciones a los perfiles laborales emergentes y a la realidad del empleo actual (Corrales, 2022b).

3.3. Situación actual de las políticas territoriales de empleo en España

La distribución de competencias en política de empleo puede variar según el país y su sistema de gobierno. Sin embargo, a nivel general, podemos identificar tres niveles principales de competencias en este ámbito (Ruesga *et al.*, 2014):

1. A nivel central o nacional, el gobierno tiene competencias en la formulación de políticas de empleo y en la creación de marcos regulatorios. Esto implica la elaboración de leyes laborales, la promoción de programas de empleo y la gestión de sistemas de seguridad social, así como la coordinación de políticas activas de empleo a nivel nacional.
2. A nivel regional o autonómico, las divisiones administrativas con autonomía política pueden tener competencias en la implementación y gestión de políticas de empleo a nivel regional. Adaptan estas políticas a las particularidades y necesidades de su territorio, buscando soluciones específicas para fomentar el empleo y mejorar las condiciones laborales.
3. A nivel local, los gobiernos locales, como municipios o ayuntamientos, desempeñan un papel importante en la política de empleo. Aunque sus competencias son más limitadas que las de los niveles central y regional, pueden desarrollar programas específicos de empleo local, promover la formación y el emprendimiento, y colaborar con empresas y organizaciones para fomentar la creación de empleo en su comunidad. Estas acciones contribuyen al desarrollo económico y social a nivel local.

La distribución institucional de competencias de las políticas públicas de empleo en España tiene la configuración competencial en materia de empleo y emprendimiento que se muestra en la tabla 1.

Administración	Competencia	Sustento legal
Estado	Competencia normativa en exclusiva	Legislación laboral (art.149.1.7 CE)
		Legislación básica y régimen económico de la seguridad Social (art.149.1.17 CE)
Comunidades Autónomas	Competencia Normativa	Fomento del desarrollo económico en el territorio autonómico (art.148.1.13 CE)
	Competencia Ejecutiva	Legislación laboral (art.149.1.7 CE)
		Legislación básica y régimen económico de la Seguridad social (art. 149.1.17 CE)
Corporaciones Locales	Cláusula Abierta	Art.25 Ley 7/1985 LBRL: "El municipio... puede promover toda clase de actividades y prestar cuantos servicios públicos contribuyan a satisfacer las necesidades y aspiraciones de la comunidad vecinal".
		Actuación en materia laboral y de empleo (cláusula amplia)

Tabla 1. Distribución de las competencias en políticas de empleo en España. Fuente: Análisis de las políticas de empleo en el Área Metropolitana de Tenerife (Corrales, 2017; p. 191).

Es importante destacar que estas competencias pueden variar significativamente entre países y sistemas de gobierno. Algunos países pueden tener un enfoque más centralizado, mientras que otros pueden optar por un enfoque más descentralizado, delegando mayores competencias en los niveles regionales y locales. En la investigación realizada se ha analizado, desde una perspectiva multidisciplinar, el papel de las políticas públicas de empleo en España como respuesta al fenómeno del desempleo. De esta forma, se han podido extraer una serie de conclusiones y recomendaciones a partir de los resultados de este análisis y de las 84 entrevistas realizadas. A continuación, se realiza una relación de las principales cuestiones abordadas en estas entrevistas, relativas a las políticas de empleo en general (activas y pasivas) y, a su gobernanza democrática en el ámbito territorial (Corrales Aznar, 2017, pp. 549-575; Miguélez *et al.*, 2015; Corrales, 2022c):

1. La negociación colectiva desempeña un papel fundamental en la gobernanza de las políticas de empleo al permitir que trabajadores y empleadores participen activamente en la toma de decisiones relacionadas con las condiciones laborales y el empleo en general. A través de este mecanismo se busca encontrar un equilibrio entre las necesidades y demandas de ambas partes, promoviendo así relaciones laborales más justas y sostenibles.

2. En España, las políticas de empleo han sido poco activas y su impacto económico ha sido limitado. Las principales estrategias empleadas se centran en la formación de los trabajadores, los incentivos al sector privado y los programas de orientación laboral. Sin embargo, se ha observado que estas políticas no han logrado abordar de manera efectiva los desafíos del mercado laboral y la alta tasa de desempleo en el país.

3. La descentralización de los servicios de empleo ha generado problemas de descoordinación y solapamientos en la implementación de las políticas a nivel local. Esto dificulta la eficacia de las medidas adoptadas y puede generar confusiones y obstáculos para los trabajadores y empleadores que buscan acceder a los servicios y beneficios ofrecidos.

4. Existe un déficit significativo en la evaluación de las políticas de empleo en España, siendo preciso contar con mecanismos de seguimiento y evaluación que permitan medir

el impacto y la efectividad de las medidas implementadas, así como identificar áreas de mejora y ajuste.

5. Las políticas de empleo están estrechamente relacionadas con conceptos como la ocupabilidad, la inserción laboral y la búsqueda de empleo. Se busca no solo generar oportunidades de trabajo, sino también dotar a los trabajadores de las habilidades y competencias necesarias para acceder y mantener empleos de calidad.

6. Los mercados locales de trabajo desempeñan un papel crucial en el desarrollo socioeconómico de los territorios. La disponibilidad de empleo local, la existencia de empresas y emprendimientos dinámicos, y la calidad de las relaciones laborales son factores determinantes para el bienestar de las comunidades y el crecimiento sostenible.

7. El Estado de Bienestar tiene un impacto positivo en la gobernanza de las políticas de empleo, al brindar protección social y promover la inclusión de los trabajadores en riesgo de exclusión. El acceso a servicios de calidad, como la atención sanitaria, la vivienda y la educación, contribuye a mejorar las oportunidades laborales y reducir las desigualdades sociales.

8. España destina un bajo gasto a las políticas de empleo en comparación con otros países de la Unión Europea. Esta limitación presupuestaria puede dificultar la implementación de medidas efectivas y el fortalecimiento de los servicios públicos de empleo, que desempeñan un papel clave en la intermediación y la inserción laborales de los trabajadores.

9. Las mujeres sufren una mayor desigualdad en el empleo en comparación con los hombres, enfrentando brechas salariales, discriminación en la promoción laboral y dificultades para conciliar la vida laboral y familiar. A pesar de los esfuerzos por implementar políticas de igualdad de género, los resultados han sido limitados. Se requiere una mayor sensibilización y acciones concretas para abordar estas desigualdades y promover la igualdad de oportunidades en el ámbito laboral.

10. Las políticas pasivas de empleo se centran en brindar protección a las personas desempleadas, a través de prestaciones por desempleo y subsidios. Estas políticas representan la mayor parte del gasto en políticas de empleo. Si bien son importantes para brindar apoyo económico a quienes están sin trabajo, es necesario equilibrarlas con políticas activas que promuevan la empleabilidad y la inserción laboral.

11. Las subvenciones y bonificaciones son recursos limitados, aunque en determinadas circunstancias también pueden resultar acciones altamente positivas para la gestión de las políticas activas de empleo. Estas medidas incentivan a las empresas a contratar a personas desempleadas o en riesgo de exclusión, ofreciendo beneficios económicos y fiscales.

12. Para garantizar el éxito de las políticas de empleo, se requiere una gobernanza territorial efectiva y un marco de diálogo social en el ámbito local. La colaboración entre los diferentes actores, como gobiernos locales, empresas, sindicatos y organizaciones de la sociedad civil, es esencial para diseñar e implementar políticas adecuadas a las necesidades locales. Este enfoque participativo y coordinado permite abordar de manera más efectiva los desafíos y oportunidades del mercado laboral en cada territorio.

13. Los servicios públicos de empleo juegan un papel fundamental en el fomento del emprendimiento y la generación de empleo. Sin embargo, a menudo se enfrentan a la falta de recursos humanos, lo que dificulta su capacidad para brindar servicios de calidad. Es importante dotar a estos servicios de los recursos necesarios, incluyendo personal capacitado y suficiente, para que puedan desempeñar su función de manera efectiva y brindar apoyo a los buscadores de empleo y emprendedores.

14. Actualmente, existe una escasa territorialización y descentralización de las políticas de empleo hacia los municipios. Muchas decisiones y recursos se concentran a nivel regional o nacional, lo que limita la capacidad de los gobiernos locales para adaptar las políticas a las necesidades y particularidades de su territorio. Una mayor descentralización permitiría una gestión más cercana a la realidad local y una mejor respuesta a los desafíos y oportunidades del mercado laboral en cada municipio.

15. La economía digital y la formación desempeñan un papel crucial en la mejora del empleo en la sociedad actual. La creciente digitalización de las industrias y los avances tecnológicos han generado nuevas oportunidades laborales, especialmente en áreas como el comercio electrónico, el desarrollo de software y la analítica de datos. Sin embargo, existen muchas carencias en términos de habilidades digitales y conocimientos técnicos en la fuerza laboral actual. Es esencial invertir en programas de formación que permitan a los trabajadores adquirir las competencias necesarias para aprovechar estas oportunidades y adaptarse a los cambios constantes del mercado laboral.

16. El desempleo juvenil es una preocupación significativa en muchos países, incluyendo España. Para abordar este problema, es necesario reorientar los Programas de Garantía Juvenil, que se centran en brindar oportunidades de empleo y formación a los jóvenes desempleados. Estos programas deben ser más efectivos al vincular la formación con la contratación, proporcionando a los jóvenes las habilidades y experiencias necesarias para ingresar al mercado laboral y asegurando que las empresas estén dispuestas a contratarlos.

17. Existen opiniones polarizadas en cuanto a la capacidad de gestión de las Agencias de Empleo y Desarrollo Local y la gobernanza territorial de las políticas de empleo. Algunos argumentan que estas agencias desempeñan un papel fundamental al proporcionar servicios de empleo y promover el desarrollo local, mientras que otros cuestionan su eficacia y su capacidad para adaptarse a las necesidades cambiantes del mercado laboral. Es necesario un análisis y evaluación constante de estas instituciones para mejorar su funcionamiento y su contribución a la generación de empleo y desarrollo económico.

18. En las corporaciones locales en España, generalmente existe una partida presupuestaria específica destinada a las políticas de empleo. Sin embargo, es importante destacar que esta asignación presupuestaria no está presente en todos los municipios. La disponibilidad de recursos financieros es fundamental para implementar medidas eficaces y sostenibles en el ámbito local y garantizar la atención a las necesidades de empleo de la comunidad.

19. A pesar de la importancia del empleo a nivel local, las políticas de empleo no siempre han sido consideradas una prioridad en las administraciones locales en España. A menudo, otros temas como la infraestructura, el urbanismo o la educación reciben mayor atención y recursos. Sin embargo, es necesario reconocer la importancia de las políticas de empleo para el bienestar económico y social de las comunidades locales, y trabajar en su fortalecimiento y promoción como una de las principales áreas de intervención de las administraciones locales.

20. Para lograr un impacto social deseado, los emprendimientos deben superar la barrera del acceso al capital y mejorar sus procesos de gestión organizacional. Muchas veces, los emprendedores se enfrentan a dificultades para acceder a financiamiento y recursos necesarios para iniciar y expandir sus negocios. Además, es fundamental desarrollar habilidades de gestión empresarial y promover buenas prácticas en áreas como la planificación estratégica, la gestión financiera y el desarrollo del talento humano. Esto permitirá que los emprendimientos sean más sostenibles y generen un mayor impacto.

21. El emprendimiento social se distingue por abordar necesidades sociales insatisfechas que no son atendidas por el Estado u otras instituciones. Estas iniciativas buscan generar un impacto positivo en la sociedad, ya sea a través de la resolución de problemas sociales, la mejora del bienestar comunitario o la promoción de la inclusión y la igualdad.

22. El impacto del emprendimiento en el desarrollo regional depende de la naturaleza de los emprendedores y su motivación. La colaboración y el intercambio de conocimientos en espacios de coworking, incubadoras y aceleradoras han impulsado el crecimiento de nuevas empresas.

23. El impulso a la nueva economía y al emprendimiento social es una respuesta innovadora a los desafíos sociales y económicos, promoviendo soluciones sostenibles y centradas en el bienestar colectivo.

24. La responsabilidad social corporativa ha evolucionado, reconociendo la importancia de involucrar a los grupos de interés para mejorar la capacidad competitiva a largo plazo. Los principios clave implican que las empresas actúen de manera responsable y ética, mejorando así las condiciones económicas y sociales en las comunidades donde operan, generando un impacto positivo en el entorno empresarial y social

25. La responsabilidad social corporativa no solo se trata de cumplir con las normas legales y los estándares éticos, sino que implica un enfoque más amplio que busca generar beneficios tanto para la empresa como para la sociedad en su conjunto. Al adoptar prácticas de responsabilidad social corporativa, las empresas pueden fortalecer su reputación, atraer y retener talento, mejorar la relación con los clientes y generar valor compartido. Además, al mejorar las condiciones económicas y sociales en las comunidades en las que operan, las empresas contribuyen a construir un entorno más próspero y sostenible para todos.

3.4. El emprendimiento, la promoción empresarial y la gobernanza de las políticas económicas locales

Las actividades innovadoras están estrechamente vinculadas al territorio y se considera que la capacidad de generar conocimiento nuevo y la capacidad de innovación son factores clave para el dinamismo económico de un territorio. Se ha identificado que existen sistemas locales de trabajo especializados con características similares a los distritos industriales (García Rodríguez *et al.*, 2007; Corrales, 2017).

Las empresas desempeñan un papel crucial en la recuperación económica a través de la fabricación de nuevos productos, la introducción de métodos de producción innovadores y la transformación de la organización. La promoción de la cultura emprendedora debe dirigirse tanto a la creación de nuevas empresas como al apoyo a las ya existentes, y debe basarse en el conocimiento local, el aprovechamiento de las tecnologías de la información y la comunicación, y un enfoque multisectorial (Alburquerque, 2012).

Los recursos de formación, tanto personales como del entorno, contribuyen al espíritu emprendedor, la creación de empresas y el crecimiento económico. El capital intelectual es un activo importante para un territorio, y su medición plantea desafíos y preguntas (Corrales, 2022b).

La negociación colectiva implica que los trabajadores, a través de sus sindicatos u organizaciones representativas, se reúnan con los empleadores para discutir y acordar los términos y condiciones de empleo, como salarios, horarios de trabajo, beneficios y condiciones laborales. Este proceso permite que las partes interesadas lleguen a acuerdos mutuamente beneficiosos que tienen en cuenta tanto los intereses de los empleadores como los derechos y demandas de los trabajadores.

La negociación colectiva en las políticas de empleo es importante debido a varios aspectos. Primero, representa a los trabajadores y les permite tener una voz en las decisiones laborales. Segundo, protege sus derechos laborales y establece estándares mínimos. Tercero, promueve la estabilidad laboral y la productividad al resolver conflictos. Cuarto, se adapta a las necesidades cambiantes de los trabajadores y las empresas. Y quinto, fomenta la participación en la gobernanza, generando soluciones equitativas. En resumen, la negociación colectiva equilibra el poder en las relaciones laborales, protege los derechos, mejora la estabilidad y promueve una gobernanza participativa y sostenible (Ruesga *et al.*, 2014).

La gobernanza local implica la gestión de la interdependencia entre actores públicos y privados para impulsar el desarrollo de un territorio. Se requiere cooperación y superar intereses contradictorios, así como voluntad política y una institucionalidad local que fomente la colaboración público-privada.

La gobernanza económica de la UE ha priorizado la evolución económica y financiera, descuidando la coordinación con las políticas sociales que son importantes para la gobernanza territorial. Los agentes locales evalúan las posibilidades de los territorios y establecen estrategias basadas en fortalezas y debilidades. Las políticas de desarrollo deben considerar diversos factores de cada territorio (García Rodríguez *et al.*, 2007).

A pesar de la falta de "competencia normativa", las corporaciones locales tienen capacidad de influencia en la economía, las condiciones de trabajo y las relaciones laborales. Pueden llevar a cabo distintas medidas y actuaciones en materia de empleo, como el desarrollo de infraestructuras, el apoyo a la creación de empresas, la formación de los trabajadores y la colaboración con la Administración Laboral.

Los ayuntamientos son agentes clave para impulsar el empleo, pero su capacidad estratégica se ve afectada por la falta de continuidad, dependencia y objetivos claros. La intermitencia de los convenios y contratos, junto con la falta de preparación y experiencia, limita su eficacia y aleja su funcionamiento óptimo.

La gobernanza local se refiere a un sistema de gestión que involucra a actores privados y públicos en acciones colectivas para fomentar el desarrollo de un territorio. La cooperación entre estos actores, a pesar de los posibles conflictos de intereses, es fundamental para alcanzar objetivos comunes. La gobernanza económica de la Unión Europea aún subordina el empleo y la cohesión social a la evolución económica y financiera, lo que provoca avances asimétricos. La capacidad emprendedora y la creatividad son elementos esenciales para impulsar las políticas de empleo, el desarrollo local sostenible y el cambio económico y social en un territorio, debiendo tener en cuenta una variedad de factores económicos, sociales, ambientales, institucionales, políticos y culturales específicos de cada localidad y territorio (Ruesga *et al.*, 2014).

Las corporaciones locales tienen influencia en la economía, las condiciones de trabajo y las relaciones laborales, a pesar de no tener competencias normativas. Sin embargo, la promoción económica local y las políticas territoriales de empleo se ven condicionadas por un entorno económico e institucional complejo, con dependencia de los fondos estructurales de la Unión Europea. Las corporaciones locales suelen buscar ayudas y subvenciones para cubrir necesidades e inversiones, pero la falta de capacidad técnica puede llevar a la pérdida de estas oportunidades. Las políticas de empleo y desarrollo local han tenido dificultades debido a la falta de compromiso y recursos por parte de las administraciones implicadas (García Rodríguez *et al.*, 2007)

La dificultad de acceso a la financiación tradicional ha llevado a buscar nuevas vías, como los microcréditos, para apoyar iniciativas con lógicas alternativas. Estos microcréditos no solo incrementan los ingresos y el ahorro de las familias, sino que también aumentan su autoestima y confianza. Son una forma de financiamiento del desarrollo que busca la viabilidad financiera a largo plazo y reduce la dependencia de las subvenciones externas.

Estas nuevas vías de financiación presentan excelentes oportunidades de ampliar mercados, reducir la pobreza y promover cambios sociales, pero también tienen serias limitaciones y distorsiones, como pueden ser las falsas expectativas generadas y las deficiencias en la gestión de operadores privados y públicos. Los microcréditos no han cambiado el modelo, sino que ha mejorado las condiciones de acceso al sistema bancario a millones de excluidos y pobres, conservando las reglas de devolución del capital e interés (Corrales, 2017).

4. CONCLUSIONES

El desafío de la innovación empresarial y la gobernanza democrática de las políticas territoriales de empleo es fundamental en la actualidad. La innovación empresarial es clave para impulsar el desarrollo económico y crear empleo de calidad. Para lograrlo, es necesario fomentar la creación de un entorno propicio para la innovación, que promueva la colaboración entre empresas, instituciones y actores locales. El reto consiste en impulsar la innovación empresarial como motor de crecimiento económico y empleo, al mismo tiempo que se promueve una gobernanza democrática que garantice la participación ciudadana y la equidad en la implementación de políticas territoriales de empleo (Vázquez Barquero, 2013).

La gobernanza democrática de las políticas territoriales de empleo implica la participación de los ciudadanos en la toma de decisiones y la implementación de medidas para fomentar el empleo. Esto implica garantizar la transparencia, la rendición de cuentas y la inclusión de diversos actores en el diseño y la implementación de políticas laborales.

En esta investigación se ha abordado el papel de las políticas públicas de empleo como respuesta al problema del desempleo desde una perspectiva multidisciplinar. A partir de los resultados obtenidos, se han extraído una serie de conclusiones y recomendaciones, aunque es importante tener en cuenta las limitaciones del estudio. A continuación, se resumen las principales conclusiones y recomendaciones de la investigación realizada, relacionadas con las políticas de emprendimiento y empleo, y su gobernanza territorial (Corrales, 2022a):

1. Las políticas públicas no han priorizado el emprendimiento y el desarrollo local y se han centrado en la impulsar diferentes fórmulas de flexibilidad laboral, lo que ha llevado a importantes desajustes en el mercado de trabajo, que han sido corregidos en gran medida por la reforma laboral impulsada por el Real Decreto-ley 32/2021, de 28 de diciembre que ha fomentado la estabilidad en el empleo y ha reducido la temporalidad laboral (Sempere, 2022).

2. Las políticas de promoción del emprendimiento y desarrollo local han carecido de coherencia y herramientas adecuadas de análisis territorial. Esto ha dificultado la identificación de las necesidades y potencialidades de cada región y ha limitado el impacto efectivo de estas políticas.

3. La economía y el mercado laboral español presentan deficiencias en la promoción del emprendimiento, altas tasas de desempleo y brechas de género y digital. Estas deficiencias

afectan la inclusión económica y social y requieren una atención prioritaria en las políticas públicas de empleo (Miguélez *et al.*, 2015).

4. Es necesario fortalecer la gobernanza democrática de las políticas de empleo, involucrando a los agentes sociales y fomentando la negociación colectiva. Esto garantizará una mayor participación y representación de los trabajadores y empleadores en la toma de decisiones relacionadas con el empleo.

5. Se requiere un mayor control de la Inspección de Trabajo para garantizar el cumplimiento de las normas laborales y combatir el fraude y la economía sumergida. Este control es crucial para salvaguardar los derechos laborales y asegurar un entorno laboral justo y equitativo.

6. Es importante vincular las políticas activas de empleo con las prestaciones por desempleo y el sistema educativo para lograr un buen funcionamiento del mercado laboral. Esta conexión permitirá una transición más efectiva de los desempleados a empleos adecuados y mejorará la empleabilidad a través de la formación y la adquisición de habilidades.

7. El Estado debe aumentar el gasto en formación, controlar su contenido y eficacia, e incentivar a las empresas para mejorar la innovación y la productividad. Esto garantizará la mejora de las competencias de los trabajadores y la adaptación a las demandas del mercado laboral en constante evolución.

8. Se deben implementar políticas específicas de empleo para las mujeres, enfocadas en lograr la paridad salarial y profesional a través de la negociación colectiva. Estas acciones son fundamentales para abordar las brechas de género en el empleo y promover la igualdad de oportunidades.

9. Se necesita una mayor territorialización y descentralización de las políticas de empleo, brindando más recursos a los ayuntamientos y aprovechando la experiencia de las agencias de empleo local. Esto permitirá una adaptación más efectiva de las políticas a las necesidades y características de cada región, promoviendo el desarrollo local y la creación de empleo.

10. Si se tuviera plena capacidad de asignar recursos humanos y económicos en las administraciones públicas, se priorizarían los programas de orientación y formación para aumentar las tasas de inserción laboral. Estas políticas de apoyo son esenciales para brindar a los desempleados las herramientas necesarias para encontrar empleo de calidad y promover su inclusión en el mercado laboral.

Estas conclusiones resumen las principales reflexiones abordadas sobre el emprendimiento y el empleo, destacando la necesidad de mejorar las políticas públicas, promover la gobernanza participativa y abordar las necesidades específicas de distintos grupos de desempleados.

5. REFERENCIAS

Alburquerque, F. (2012). *Crisis y desarrollo local: aspectos clave para avanzar.* Jornadas sobre Retos de futuro de los Gobiernos Locales. Vitoria.

Conde Ruiz, J. I. y Lahera Forteza, J. (2021). *Contra la Dualidad Laboral.* FEDEA, Policy Papers, nº 2021-07, Madrid.

Corrales Aznar, J. M. (2017). *Análisis de las políticas de empleo en el Área Metropolitana de Tenerife.* [Tesis doctoral. Universidad de la Laguna].

Corrales Aznar, J. M. (2022a). El mercado de trabajo y las políticas de regulación laboral en España. Una aproximación crítica a los cambios normativos en las relaciones laborales en el periodo 1977-2022. En B. Garrido Ramos y J. A. Méndez Martínez (Coords.), *Actas de CIHUM 2022, primer Macrocongreso Internacional de Ciencias y Humanidades Horizonte 2030* (pp. 1069-1096). Madrid: Dykinson, S.L.

Corrales Aznar, J. M. (2022b). Corrales Aznar, J.M (2022). La formación del capital humano en el mercado de trabajo español. Análisis y propuestas para mejorar la productividad en las empresas y dar respuesta a la digitalización de la economía. Capítulo XVI del libro *Educación, Ciencia y Tecnología del Siglo XXI. Proyectos, reflexiones y metodologías.* Editorial Dykinson S.L. Madrid.

Corrales Aznar, J.M. (2022c). Las Políticas Públicas de Empleo y la Gobernanza Local Postcrisis en Canarias. Criticæ. *Revista Científica para el Fomento del Pensamiento Crítico, 1*(1), 65-78

García Rodríguez, J.L. y Rodríguez Martín, J.A. (Eds.), VV.AA. (2007): *Teoría y práctica del desarrollo local en Canarias. Manual para agentes de desarrollo local y rural.* ADER-La Palma. Federación Canaria de Desarrollo Rural.

Gutiérrez Vegara, A. (2017). *Reformas laborales, competitividad y empleo en España (1977-2012).* [Tesis doctoral. Universidad Rey Juan Carlos].

Miedes, B., Sánchez, C. y Moreno, A. (2014). "Escenarios alternativos para las TICs y el conocimiento territorial en el marco de las transiciones socioecológicas: Smart Cities e inteligencia territorial ¿Hacia una sociedad del buen conocer?". *Conference II Congreso Internacional de Estudios del Desarrollo. Perspectivas alternativas del desarrollo,* Junio 2014. REEDES. Universidad de Huelva.

Miguélez, F., Alós, R., Carresquer, P., Lope, A., Molina, O., Pastor, A., Recio, A., Rodríguez-Soler, J., Verd, J. M. y Godino, A. (2015). *Diagnóstico socioeconómico sobre las políticas de empleo en España,* 2012-2014. Barcelona: Universitat Autònoma de Barcelona. http://ddd.uab.cat/record/142865

Murillo Pérez, L.M. (2022). *El emprendimiento social como motor de desarrollo sostenible: propuesta de un modelo para fortalecer la gestión del impacto social en los grupos de interés.* [Tesis doctoral. Universitat Politècnica de València].

Ruesga, S. M. (Dir.), Lasierra, J. M., Pérez Ortiz, L. y Da Silva, J. (2014). *Economía del Trabajo y Política Laboral.* Madrid: Ed. Pirámide.

Sempere Navarro, A.V. (2022). *Las reformas laborales de diciembre de 2021.* Madrid: Editorial Lefebvre.

Vázquez Barquero, A. (2013): "La dinámica del entorno de la actividad empresarial". *Temas para el debate.* Nº 222 (mayo de 2013). Ejemplar dedicado a La empresa del siglo XXI, páginas. 24-26.

EL CENTRO INTERNACIONAL ANSUR TEILFE: CÓMO Y POR QUÉ EMPRENDER CREANDO UNA EBC EN HUMANIDADES

Antonella d'Angelis[1]

El presente texto nace del proyecto del Business Model Canvas para la creación y el desarrollo de la EBC de la Universidad de Sevilla, cuyo nombre es Centro Internacional Ansur TEILFE, e incorpora ya las distintas versiones por las que pasó hasta llegar a la versión final para la presentación del proyecto en el Concurso de Ideas de negocio de la Universidad de Sevilla de hace unos años.

1. INTRODUCCIÓN

El presente trabajo presenta toda la información, el desarrollo del proyecto y la aplicación del *Business Model Canvas* a nuestra EBC (Empresa Basada en el Conocimiento) de Humanidades: el Centro Internacional Ansur TEILFE y describe los distintos agentes implicados en la creación de la *Spin Off*, definiendo todas las aportaciones que proponemos y que pretendemos aportar al panorama internacional respaldadas por la investigación y los conocimientos que derivan de nuestro grupo de investigación HUM 889, LEC: TELL (Lenguas en Contacto: Traducción, Enseñanza, Lingüística y Literatura).

Considerando que el Centro Internacional Ansur TEILFE pretende ser eje de conexión entre los conocimientos específicos y los transversales gracias a la interactuación entre la investigación, la transferencia de elementos lingüísticos y culturales ofrecidos por la traducción y la transmisión de conocimiento a través de la enseñanza-aprendizaje de las lenguas para fines específicos, sin olvidar la enseñanza del español como L2 en la oferta de turismos lingüístico y/o cultural que ofreceremos.

El Centro Internacional Ansur TEILFE proporciona servicios lingüísticos innovadores para todo tipo de clientes, ofreciendo servicios de TRADUCCIÓN, ENSEÑANZA E INVESTIGACIÓN DE LENGUAS PARA FINES ESPECÍFICOS y nace con la intención de fomentar la interacción entre el sistema empresarial y la Universidad, en cuanto comunidad científica que crea y transfiere conocimiento.

Respecto a la investigación que dimana de nuestro grupo de investigación y que está en la base de cualquier EBC, no nos limitamos a basarnos en nuestro trabajo sino más bien buscamos crear cooperación y colaboración entre diversos grupos de investigación, formados por expertos investigadores con relaciones internacionales en todas ramas de humanidades y las otras de conocimiento trasversal, para poder crear investigación simultánea en lenguas para fines específicos a nivel nacional e internacional.

1. Universidad de Sevilla, (España)

Toda nuestra propuesta de negocio descansa sobre la investigación e innovación en la transferencia del conocimiento del uso de lenguas en entornos comunicativos especializados y específicos.

Cabré (1993) escribía en unos de sus trabajos, hace ya bastante tiempo, las nuevas necesidades lingüísticas sobre las que aún no ha habido actuaciones relevantes, y que serían:

1. Desarrollo de la ciencia y la técnica provoca la aparición de conceptos nuevos que requieren nuevas denominaciones.
2. Las relaciones internacionales -políticas, culturales y económicas crecen de forma considerable y se hace necesario facilitar la comunicación entre países.
3. La transferencia de conocimientos y productos provoca la aparición de nuevos mercados de intercambio científico, técnico, cultural y comercial. Problema del multilingüismo.
4. Desarrollo de la información, con lo que surge la necesidad de crear bases de datos de actualización continuada y de fácil acceso.
5. Desarrollo de los medios de comunicación de masas, permite una difusión generalizada de la terminología, con lo que se produce la interacción frecuente entre el léxico general y el léxico especializado.
6. Intervención de los gobiernos en materia lingüística provoca la inclusión de la terminología en los planes de normalización de las lenguas y la creación de organismos oficiales para gestionarla.

Este texto podría haber sido escrito hoy en día, porque al margen de que se ha avanzado en muchos ámbitos de las lenguas especiales, en realidad mucho queda por hacer. Esta fue una de las razones principales por la que decidimos orientar nuestra EBC hacia las lenguas con fines específicos, para intentar ofrecer soluciones a cuantos las necesiten.

Con el aspiración de seguir completando una oferta más específica en sectores en los que, a menudo, todos ofrecen servicios parecidos, decidimos que El Centro Internacional Ansur TEILFE debería ofrecer, también, servicios globales centralizados de turismo lingüístico y/o cultural que incluyen alojamiento, adaptados a las necesidades de los demandantes, clases de español para extranjeros, visitas guiadas a los monumentos y eventos culturales, todo ello enmarcado en un concepto más moderno, cuya finalidad es proporcionar una verdadera experiencia de inmersión lingüística y cultural.

Finalmente, para dar respuesta a las necesidades surgidas tras la crisis sanitaria mundial, hemos considerado necesario implementar servicios de mediación lingüística para promover la intermediación comercial a nivel nacional e internacional, proporcionando servicios incluso no presenciales, a las empresas y a los particulares para favorecer cualquier intercambio empresarial nacional e internacional.

Los idiomas ofertados son, hasta el momento: alemán, árabe, búlgaro, chino, croata, español, francés, griego moderno, japonés, inglés, italiano, noruego, polaco, portugués, rumano, ruso, sueco, y seguramente irán aumentando.

Nuestro equipo está formado por profesionales nativos comprometidos y cualificados, que se unen para proporcionar los mejores servicios lingüísticos tanto por tiempos de entrega como por calidad.

2. OBJETIVOS

Este trabajo pretende dar a conocer todo el trabajo realizado previamente a la creación de nuestra EBC, que se produjo hace un año, y que, como muchas otras empresas, está basado en la creación de un *Buisness Model Canvas* o cualquier otro plan de negocio.

El objetivo es demostrar que, aunque normalmente no nacen Empresas Basadas en el Conocimiento en Humanidades (EBC) y menos en el ámbito de la traducción, enseñanza e investigación de lenguas para fines específicos, emprender no es solo una cuestión que ataña a las ramas técnicas y científicas, ya que se puede innovar en Humanidades incluso creando una *Spin Off*.

Nuestra idea nació, algunos años atrás, al haber detectado unas necesidades, en nuestro trabajo en la universidad, que no se estaban cubriendo, y a las que intentamos dar contestación con nuestra propuesta de valor. Lamentablemente, muy a menudo, en la actualidad, las Humanidades parecen ser consideradas disciplinas de segunda, de las que es fácil prescindir, aunque esta manera de pensar está muy lejos de la realidad, ya que para el mundo en el que vivimos la internacionalización es fundamental, de la misma manera que lo son todos los servicios que ofrecemos.

Entre otras cosas, cuando tuve la idea de crear una EBC, pensé que si nosotros, que estamos dentro del sistema educativo de enseñanza superior, no hacemos nada para ayudar a los jóvenes egresados a encontrar trabajo o especializarse, nadie lo hará para ellos. En nuestro sistema universitario no todos están capacitados para carreras larguísimas dedicadas al sistema de investigación, pero sí pueden estar capacitados para dar clases de idiomas o de español como Lengua Extranjera o traducir.

La creación del Centro Internacional Ansur TEILFE nos permitirá ofrecer a nuestros alumnos egresados (y con nuestros me refiero a todos los alumnos egresados de las universidades españolas o extranjeras, en resumen, a los jóvenes talentos) proporcionar trabajo a jóvenes egresados de grados, másteres o doctorado, ya que muy a menudo no pueden trabajar en el ámbito en el que se han formado, que sin duda es una perspectiva de futuro más esperanzadora de la que con frecuencia se les ofrece, cuando terminan de teleoperadores o cajeros (con todo el respeto hacia esos trabajos), teniendo un máster en traducción o en alguna otra especialidad a la que ha dedicado varios años de estudio.

3. METODOLOGÍA

La metodología usada en la presentación de los datos se basa en la aplicación del *Business Model Canvas* a nuestra propuesta mediante el desarrollo de todos los agentes implicados, tales como: 1) Propuesta de valor; 2) Segmento de clientes; 3) Relaciones con los clientes; 4) Canales; 5) Actividades clave; 6) Socios clave; 7) Recursos clave; 8) Costes.

4. DESARROLLO DEL BUSINESS MODEL CANVAS PARA EL CENTRO INTERNACIONAL ANSUR TEILFE

A continuación, detallaremos todos los agentes que intervinieron en el diseño de nuestro *Business Model Canvas*, modelo de negocio de los más usados, que aplicándose a la idea de negocio que se quiere permite visualizar de manera clara y concisa cómo podría funcionar un modelo de negocio, cómo se crean y capturan los valores, y cómo se relacionan los diferentes componentes. También facilita la identificación de áreas de mejora y la exploración de nuevas oportunidades de negocio. Es una herramienta flexible que se puede adaptar y modificar a medida que evoluciona el modelo de negocio y gracias a la cual se puede conseguir una visión de conjunto de todo los factores y agentes a tener en cuenta en la creación de una empresa.

No me ocuparé de explicar lo que es el *Business Model Canvas*, dado que no es el objeto de este trabajo y no me corresponde a mí, ya que mi objetivo es presentar nuestro proyecto basado en esta metodología. Lo que sí me gustaría subrayar es que para mí y mi equipo, fue muy útil utilizarla, puesto que nos ha permitido reflexionar y modificar nuestros planteamientos iniciales, conforme íbamos avanzando en el diseño del modelo de negocio. Es una herramienta, en mi opinión, indispensable para quien como yo viene de otro mundo y no se ha ocupado nunca de este tipo de metodologías.

A) Nuestra propuesta de valor, núcleo del modelo de negocio, se adapta de forma sectorial a las diferentes demandas y necesidades de nuestro mercado objetivo. Las actividades principales son:

- Promover y facilitar la internacionalización y la transferencia de resultados por medio de TLFE (Traducción de Lenguas para Fines Específicos). Las empresas europeas, y sobre todo las españolas, se encuentran en un momento de expansión internacional en el que necesitan presentar sus productos e ideas en otros idiomas y para otras culturas. Igualmente, la investigación que desarrollan los profesores y el alumnado de las Universidades internacionales y en concreto los de la Universidad de Sevilla, también está sometida a criterios de calidad, uno de los cuales es la internacionalización y la transferencia de los resultados de las investigaciones al resto de la comunidad científica.
- Servicio de Asistencia lingüística (Aplicaciones móviles, VoIP, MEET, ZOOM, WhatsApp, etc.). El desarrollo de un software de última generación que aproveche todas las posibilidades de las telecomunicaciones para la solución de problemas comunicativos mediante interpretación a distancia para situaciones de conflictos o incomprensión lingüística (servicios sanitarios a inmigrantes, comisarías, juzgados, etc.) es una innovación que supondrá comodidad, ahorro de tiempo y de dinero para el usuario puesto que se realizará de manera no presencial y a distancia. También se prevén mejoras en la comunicación lingüística a través de la creación de aplicaciones móviles inteligentes capaces de adaptarse a las necesidades de los propios usuarios para proporcionar, así, servicios personalizados.
- Servicios centralizados de Traducción, Enseñanza e Investigación de Lenguas para fines específicos. Mediante los servicios centralizados de Traducción, Enseñanza e Investigación de Lenguas para Fines Específicos el Centro ANSUR-TEILFE pretende facilitar a los clientes la localización de los servicios arriba mencionados ya que en la actualidad se encuentran dispersos en ofertas de distintas instituciones y empresas. Esta centralización representa una significativa simplificación de los trámites de localización de servicios además de un gran ahorro de tiempo y de dinero.
- Acceso a recursos multilingües mediante creación de bases de datos terminológicas sectoriales y multilingües. Uno de los proyectos más ambiciosos que se propone el Centro Internacional ANSUR-TEILFE es la creación de bases de datos terminológicas multilingües sectoriales que serán una innovación en el ámbito de la investigación en terminología y lexicología y contribuirá a mejorar la investigación en el ámbito de la traducción específica multilingüe, favoreciendo la internacionalización mediante traducciones multilingües a

través del perfeccionamiento y actualización de conocimiento en lenguas para fines específicos.

- Servicios globales de turismo lingüístico y/o cultural. El servicio integral de turismo cultural se ocupará de proporcionar cursos de español para extranjeros diseñados específicamente para cada sector. Además, ofrecerá servicios de alojamiento céntrico y de transporte y visitas guiadas o asistencia en eventos de carácter cultural concertados. La accesibilidad a este tipo de servicios a través de ANSUR de manera centralizada y la personalización de los servicios de atención al cliente supondrán mejoras cualitativas importantes con el consiguiente ahorro de tiempo y de coste para la búsqueda y localización de recursos de turismo cultural por parte del cliente extranjero. Nuestro objetivo principal es que los clientes vivan una verdadera experiencia de inmersión lingüística y cultural, que les permita entender mejor la cultura de la lengua a la que se están acercando con el estudio, es decir, la lengua española.
- Servicios globales de intermediación comercial internacional. A través de los servicios globales de intermediación comercial internacional pretendemos ofrecer a empresas y particulares la posibilidad de tener a su alcance, aunque a veces solo de forma virtual, un mediador lingüístico en sus transacciones comerciales internacionales, sin la necesidad de tener que hacer frente a los costes para pagar un intérprete que acuda de forma presencial a reuniones, congreso, eventos o cualquier otro tipo de actividad. Gracias a nuestra experiencia previa, somos conscientes de cómo pueden influir de manera positiva estos servicios de intermediación en las transacciones comerciales sobre todo entre culturas muy distintas y alejadas; de hecho, muy a menudo las tratativas comerciales se ven frustradas por el desconocimiento de las culturas implicadas, con este servicio pretendemos evitar este tipo de acontecimientos.

B) Segmentos de clientes. Una vez establecida la propuesta de valor de nuestra empresa, hemos pasado a definir nuestro mercado objetivo que está representado por todos aquellos clientes que se encuentran ante la necesidad de internacionalizarse tanto a nivel de investigación, como es el caso de profesores, alumnos o grupos de investigación, como también en el caso de empresas o instituciones públicas o privadas que quieren expandirse y darse a conocer en el extranjero o de los clientes particulares, que por algún interés específico necesiten nuestros servicios. Por todo esto, nuestro modelo de negocio está orientado a diferentes segmentos de clientes potenciales según sus necesidades y características, que hemos podido detectar a lo largo de las entrevistas realizadas y gracias a nuestra experiencia en este ámbito.

- Cámaras de comercio nacionales e internacionales.
- Colegios profesionales nacionales e internacionales.
- Empleados de empresas públicas o privadas.
- Fundaciones/Asociaciones públicas y privadas.
- Grupos de Investigación.
- Instituciones y empresas privadas.
- Instituciones y empresas públicas.
- Organismos nacionales e internacionales.
- Profesores o alumnos.

- Particulares.
- Turistas lingüísticos y/o culturales.

C) Relaciones con los clientes. A continuación, hemos definido la modalidad de relación para cada segmento de clientes y sus correspondientes canales. Las relaciones con los clientes se basarán en el contacto directo con cada segmento de mercado buscando la confianza y fidelización a través de la profesionalidad y de un exhaustivo control de calidad de nuestros servicios que está garantizada por un equipo de profesionales seleccionados que velarán por el perfecto funcionamiento de todas y cada una de las secciones de la empresa.

D) Los canales que emplearemos para relacionarnos con nuestros clientes serán:

- RSS y comunidades: el uso de las redes sociales (Facebook, Twitter, Instagram, LinkedIn, Academia.edu, correo electrónico, etc.) hará llegar las últimas novedades e información relevante en tiempo real a nuestros clientes potenciales.
- Plataforma virtual: la plataforma virtual canalizará la documentación y las estrategias de enseñanza y aprendizaje, por lo que será una herramienta imprescindible para el buen desarrollo y los óptimos resultados de la docencia a cualquier nivel.
- Jornadas/ Sesiones informativas periódicas: las presentaciones presenciales en los centros de trabajo y estudio de los clientes permitirán hacer llegar la oferta del Centro Internacional ANSUR, así como para recibir feed-back de los clientes tanto actuales como potenciales.
- Entrega directa o vía e-mail: la entrega de documentación (traducciones o de cualquier otro tipo) se podrá realizar bien de forma directa o vía correo electrónico, según las preferencias del cliente.
- Web e-mail o intranet: compatible con los canales de entrega directa o vía correo electrónico, la página web ofrecerá recepción y entrega de trabajos y documentación de todo tipo, tanto la relacionada con los encargos de traducción como con cualquier otro tipo de actividad realizada por el Centro Internacional Ansur TEILFE. La intranet será de uso exclusivo del personal adscrito a la empresa, para garantizar la intimidad, privacidad y control de la propiedad intelectual de los trabajos que se presenten al Centro.

E) Actividades clave. El siguiente paso de nuestro *Business Model Canvas* ha sido establecer los componentes claves para un exitoso desarrollo de nuestra empresa tales como actividades, socios y recursos. Las actividades clave necesarias para crear nuestra propuesta de valor y para mantener la relación con los clientes son las siguientes:

- Contratación de personal especializado: nuestra propuesta de valor se basa en la creación de puestos de trabajo por medio de la contratación de profesionales para la impartición de los cursos y la realización de las traducciones, además del personal técnico necesario para la creación y el mantenimiento de una página web dinámica, bases de datos multi-terminológicas y multilingües, la plataforma, etc.
- Cursos especializados en Lenguas para Fines Específicos: los cursos de LFE serán impartidos por profesionales nativos cualificados y especializados en

cada una de las ramas ofertadas (jurídico-económico; bio-sanitario; técnico; gastronómico; audiovisual, etc.). Otra actividad clave será la impartición de cursos de español como idioma extranjero para comunitarios y no comunitarios.

- Investigación en Lenguas para Fines Específicos: esta actividad comprende la creación de bases de datos terminológicas multilingües sectoriales, la investigación específica sobre LFE, la publicación en varios idiomas de los resultados de las investigaciones, etc.
- Traducción: las traducciones directas/inversas en varios idiomas distintos se llevarán a cabo por profesionales de la traducción y pasarán por procesos de revisión y edición realizados por los coordinadores de cada idioma y en el respeto de la norma ISO correspondiente.
- Servicios integrales de turismo lingüístico y/o culturales: establecer conexión y relaciones con tour operadores nacionales e internacionales para crear nuestra oferta.
- Intermediación comercial: actividades de mediación lingüística para transacciones comerciales internacionales.

F) Socios clave. Para la puesta en marcha de nuestras actividades y para garantizar su éxito hemos previsto establecer como Socios Clave algunos de los segmentos de cliente de nuestro modelo de negocio tales como Cámaras de comercio nacionales e internacionales, Colegios profesionales, Empresas públicas y privadas, Fundaciones públicas y privadas e Instituciones de educación superior nacionales y extranjeras para que no solo soliciten nuestros servicios sino que además los promocionen a nivel nacional e internacional.

G) Recursos clave. Finalmente hemos estudiado los diferentes recursos clave para nuestra empresa diferenciándolos entre recursos materiales, intangibles, financieros y humanos. Por la naturaleza de nuestro negocio, más que en los recursos materiales y financieros como equipos de oficina, plataforma virtual y *e-commerce*, hemos preferido hacer mayor hincapié en los recursos humanos ya que ANSUR-TEILFE es una empresa de servicios lingüísticos. Nuestros principales recursos serán entonces el profesorado, los alumnos egresados de la Universidad, los traductores profesionales y el personal técnico.

H) Costes. Para terminar nuestro estudio sobre la viabilidad del plan de negocio, nos hemos centrado en el análisis de costes e ingresos que derivan de las actividades y propuestas anteriormente explicadas. En este caso, puesto que no es la finalidad de este trabajo, presentar números, nos limitaremos a exponer de forma genérica los costes a los que la empresa deberá hacer frente. Los principales costes derivados del mantenimiento de la empresa se refieren a los gastos relacionados con:

- Recursos humanos: el salario del personal y de los colaboradores.
- Publicaciones editoriales.
- Herramientas informáticas (diseño y gestión de las bases de datos y página web).
- Servicios exteriores de asesoría fiscal
- Material de oficina.
- Seguros.

- Publicidad y marketing.

Los gastos fijos como arrendamiento y suministros se han eliminado del plan de negocio para hacerlo aún más viable, puesto que nuestra actividad no precisa de presencialidad en su gestión.

I) Fuentes de ingresos. Para poder garantizar, al menos los primeros cuatro años de vida de la empresa, el último segmento de nuestro plan de negocio que consideramos es el de las fuentes de ingresos.

El Centro Internacional ANSUR-TEILFE, gracias a las actividades claves y los servicios ofrecidos por nuestros profesionales, generará ingresos mediante los servicios de traducción, la gestión de publicaciones, el acceso a las bases de datos multilingüe, los paquetes de viajes culturales y/o lingüísticos, las matrículas de los cursos LFE y los servicios de intermediación comercial y lingüística internacional.

Hay que tener en cuenta que en el momento en el que se diseñó este plan de negocio la empresa aún no se había creado, ahora sí, y que, por tanto, en los próximos meses será cuando, ya podremos empezar con la difusión y la comercialización de los servicios, que no se estaban ofreciendo hasta ahora, será entonces cuando se podrá empezar a ver los resultados de las ventas.

5. CONCLUSIONES

Llegados a este punto solo nos queda explicar por qué en nuestra opinión es una buena idea crear una EBC en Humanidades.

No puedo negar que el proceso ha sido largo y muy lento, todo ello debido al conservadurismo de las universidades públicas y al rechazo de muchos a la innovación.

He tenido que enfrentarme, en numerosas ocasiones a situaciones desagradables en las que se nos acusaba de querer privatizar la universidad o de pensar solo en el dinero, la realidad es que ni una cosa ni la otra son ciertas. Por crear una EBC no vas a privatizar la universidad, puesto que solo estás creando una empresa y por supuesto que hasta el momento el dinero no es la razón por la que creamos esta empresa.

Creo firmemente que debemos aprender todo lo que podemos en esta vida, y cuando en la universidad de Sevilla se empezó a hablar de emprendimiento desde el primer momento me fascinó. Así decidí que quería aprender más sobre ello y empecé a formarme en los cursos ofrecidos por la Otri. Gracias a ellos he conocido a muchos profesionales de calidad y muchos emprendedores con experiencias de vida interesantes, por medio de la buenas y malas experiencias de otros en el mundo empresarial, muy a menudo, se nos proporcionan las claves adecuadas para intentar evitar cometer errores que otros antes que tú cometieron y que te proporcione ciertas pautas, es, en mi modesta opinión, una gran lección de vida.

Confieso, que cuando yo empecé con este proyecto casi no había iniciativas de Humanidades, ahora ya eso ha cambiado, sin embargo, siguen siendo muchas más las iniciativas empresariales de ámbito científico-técnico, lo cual no implica que no se puedan crear sinergias interesantes por el camino.

Tengo formación clásica, soy lingüista, llevo casi 27 años en la Universidad y he procurado a lo largo de los años, enfocar mi enseñanza e investigación hacia ámbito de innovación, por que a veces innovar es más útil en el aprendizaje/enseñanza de idiomas o en lingüística o traducción.

La respuesta a ¿por qué crear una EBC en Humanidades? es simple: porque hace falta que nazcan empresas, como la nuestra, que proporcionen servicios lingüísticos innovadores que la sociedad necesita y porque para ello, también, se necesita gente emprendedora que no le tema al ostracismo y a los conservadores. Porque gracias a esta iniciativa, ya es oficial, desde hace unos días, conseguimos una subvención que nos permitirá contratar a personal joven menor de treinta años, jóvenes egresados de nuestra universidad e incluso de otras universidades extranjeras, y para mí eso no tiene precio y ha merecido todos los esfuerzos realizados hasta ahora. Un equipo joven que hará posible que nuestra empresa pueda, por fin, despegar sus alas hacia un futuro lleno de oportunidades y posibilidades.

6. REFERENCIAS

Blank, S. (2020). *The Four Steps to the Epiphany: Successful Strategies for Products That Win.* John Wiley and Sons Ltd.

Cabré Castellví, M. T. (1993). *La terminología, teoría, metodología, aplicaciones.* Empúries.

Macias Rodríguez, M. (2017). *El camino para innovar: como pasar de la idea al modelo de negocio creando valor para tus clientes.* Editorial Deusto.

Moore, G. A. (1998). *Crossing the Chasm: Marketing and Selling Technology Products to Mainstream Customers.* John Wiley and Sons Ltd.

Moore, G. A. (2006). *Dealing with Darwin: How Great Companies Innovate at Every Phase of Their Evolution.* John Wiley and Sons Ltd.

Osterwalder A. y Pigneurr Y. (2010). *Business model generation: a handbook for visionaries, game changers, and challengers.* John Wiley and Sons Ltd.

Ries, E. (2011). *The Lean Startup: How Today's Entrepreneurs Use Continuous Innovation to Create Radically Successful Businesses.* International Edition.

RELEVANCIA DE LAS IES PÚBLICAS EN EL PROCESO DE TRANSFERENCIA DE CONOCIMIENTO AL TEJIDO PRODUCTIVO REGIONAL

Helí Hassán Díaz González[1], Sergio Armando Quiñonez Linss[1], Arturo César López García[2]

1. INTRODUCCIÓN

En los últimos años, el papel de las instituciones de educación superior públicas se ha reestructurado, la idea de formar parte de las regiones como un actor que contribuye en el desarrollo de profesionales para posteriormente incorporarse a las empresas, se ha ampliado, transformando su rol de colaboración a niveles mucho más profundos en las regiones. En esta faceta, las IES aparecen como agente de vinculación entre la investigación, la educación formal y la industria (Kirby et al., 2011). Bajo esta nueva perspectiva, las universidades se trasforman en generadores de conocimiento, que no solamente se ve plasmado en los profesionistas egresados, sino en la creación de empresas derivadas de proyectos universitarios que, por una parte, se insertan en las redes de proveeduría local y transfieren el conocimiento generado por investigaciones formales en las universidades para formar parte del tejido productivo regional (Van Looy et al., 2011).

Las empresas que se derivan del conocimiento adquirido en las universidades son catalogadas como spin-off académicas, las cuales, tienden a concentrar niveles intensivos de conocimiento. Para Alarcón & Bajo (2015), una parte importante del proceso de generación de valor de las micro, pequeñas y medianas empresas (mipymes) de base tecnológica (hasta 250 empleados), en algunos casos, se origina en la capacidad de generar conocimiento, y cómo es utilizado para crear productos que atiendan necesidades emergentes o le permitan formar parte de una red de proveeduría, ya sea generando vínculos hacía adelante o hacia atrás.

La presente investigación busca describir la influencia de las instituciones de educación pública en la transferencia de conocimiento, y cómo se incorpora en el tejido productivo regional del estado de Chihuahua, México. A través de los profesionistas que forman parte de las empresas de la región o por medio de la creación de spin-off académicas.

2. OBJETIVOS

El objetivo principal del presente trabajo es describir la influencia en el desarrollo económico de las spin-off académicas a través de la trasferencia de conocimiento

1. Tecnológico Nacional de México (Méjico)
2. Universidad de la Sierra Sur (Méjico)

intensivo en el estado de Chihuahua, México. Enfatizando dos puntos fundamentales: 1) la contribución de las IES públicas en el desarrollo de profesionistas y spin-off académicas 2) el proceso de transmisión del conocimiento a la industria regional.

Para complementar lo anterior, se presentan los objetivos específicos:

- Revisión documental sobre trabajos previos relacionados con el desarrollo de spin-off académicas, expuestos en libros y artículos de divulgación.
- Construcción de un marco teórico que sostenga y brinde validez al proyecto de investigación, basado principalmente en artículos de divulgación científica revisados en el punto anterior.
- Contextualización de la región, utilizando bases de datos de carácter cuantitativo proporcionadas por los sistemas oficiales de información censal.
- Descripción de la correlación entre la transferencia de conocimiento intensivo de las IES y el crecimiento de las necesidades de la industria regional.

3. METODOLOGÍA

Este trabajo de investigación se aborda bajo un enfoque mixto, utilizando material teórico para el sustento cualitativo, con apoyo de fuentes de información secundarias de carácter cuantitativo para la contextualización del estado de Chihuahua. La primera parte, fue desarrollada por medio de la construcción teórica de artículos científicos, donde se aborda la perspectiva de las IES públicas como agentes de trasferencia de conocimiento al sistema productivo de las regiones y, cómo se construye el proceso de trasferencia de este conocimiento en las regiones. La segunda parte consta de la contextualización de la región estudiada, por medio de bases de datos de carácter cuantitativo proporcionadas por los sistemas oficiales de información censal.

4. DESARROLLO DE LA INVESTIGACIÓN

En un mercado global en el que las exigencias escalan a niveles sumamente altos, las empresas se ven en la necesidad de innovar en productos y servicios que ofrezcan un valor que los distinga del resto. Respecto a esto, surge una oportunidad de mercado que puede ser aprovechada por las empresas surgidas de proyectos académicos; como se menciona en el apartado anterior, las spin-off académicas tienden a enfocar sus actividades en la generación de productos innovadores, provenientes de investigaciones desarrolladas en universidades o centros de investigación (Van Looy et al., 2011). En la actualidad, existe un amplio número de investigaciones referentes a estas empresas de origen académico, sobre los cuales se desarrolla este apartado.

Es evidente el crecimiento en investigaciones relacionadas con spin-off académicas en los últimos veinte años, sin embargo, es un tema que aún puede ser catalogado como subdesarrollado, sobre todo por sus potencialidades en el desarrollo de innovación tecnológica (Etzkowitz, 1998). Comúnmente, el proceso que se sigue para materializar una investigación en productos innovadores inicia como un proyecto con expectativas meramente académicas, que, en algunos casos, presentan potencial de crear una unidad económica con base en el conocimiento intensivo generado en las investigaciones. En otras palabras, generar una spin-off académica, que, en estos casos, puede ser denominado como spin-off de base tecnológica (Vohora et al., 2004). Cabe resaltar que para Vohora et al. (2004), estas empresas no pueden ser abordadas como casos especiales cuando se analizan desde el punto de vista del desarrollo convencional de una empresa, ya que se enfrentan a cuestiones de transición, barreras de crecimiento y entrada a mercado, al igual que una empresa originada fuera de las universidades.

Cuando un grupo de investigadores colaboran en proyectos originados en IES, pueden desarrollar un producto o servicio que, de cumplir con algunas características, podría ser catalogado como innovador. Para Bhave, se presenta una fase que ha denominado como oportunidad de reconocimiento, en la cual, se reconoce una franja de oportunidad para formar parte de un mercado y escalar de un trabajo que ha sido desarrollado con fines académicos a la estructura formal de una organización empresarial (1994). Esta fase, se caracteriza por los esfuerzos referentes a la generación de ideas acerca de la formación de un sistema que sea potencialmente comercial (O´Connor & Rice, 2001). Podría decirse, que además de reconocer una oportunidad comercial, el proyecto de investigación comienza una transición hacia la creación de un negocio. Es importante aclarar que el reconocimiento de estas oportunidades comerciales no siempre es posible, ya que son necesarias una serie de habilidades administrativas, como la planificación empresarial, los procesos de comercialización, la administración del personal, entre otros (Venkataraman, 1997). Esta situación ha llevado a los investigadores a determinar que estos proyectos presentan un amplio conocimiento técnico del *Know-How*, pero en muchas ocasiones carecen de habilidades inherentes a la constitución de una empresa comercial que genere ganancias.

Para algunos autores, la fase anterior, denominada como reconocimiento, es complementada por la importante visión de emprendimiento empresarial, posterior a esto, comienza una fase conocida como pre-organización empresarial, se caracteriza por sus inicios en la creación de un valor agregado en el que emerge una empresa (Erikson, 2002); el reto principal, como se menciona anteriormente, es la adquisición de una visión empresarial, que dista mucho de la académica ; en ocasiones, estas spin-off académicas incorporan a personas especializadas en el desarrollo empresarial, para complementar las necesidades de adaptación de una empresa emergente en un mercado, normalmente nombrados gerentes comerciales. Llegado a este punto, las investigaciones resaltan que las spin-off académicas que han tenido éxito, han sabido transitar de manera propia o con ayuda de nuevos miembros en el equipo de trabajo, hacia la determinación de un sistema comercial que pueda formar parte del mercado potencial.

Por último, las investigaciones sugieren que estas empresas, tienden a tener problemas para delegar actividades administrativas, sobre todo en la fase de comercialización, donde su área de experiencia está fuera. Las universidades enfocan sus esfuerzos en el desarrollo de investigaciones desde el punto de vista académico, pero en muchas ocasiones, imposibilita que las personas que forman parte de los proyectos puedan relacionar una oportunidad comercial con los productos desarrollados (Vohora et al., 2004). Las entrevistas que se han realizado, sugieren una necesidad de enseñanza y aprendizaje de habilidades empresariales que terminan siendo determinantes en la consecución de un proyecto comercial, aún con un mercado potencial.

Para abordar este trabajo es necesario presentar una definición de spin-off, esto conlleva un cierto grado de consenso entre los distintos autores que han trabajado acerca de este tema. Una spin-off puede ser catalogada como una empresa que es creada a partir de una unidad económica ya existente. La Secretaría de Ciencia, Tecnología, Conocimiento e Innovación en Chile (2022), define una spin-off académica como una empresa que surge de un proceso de investigación científica desarrollado en universidades, que puede traducirse en inventos, conocimientos o descubrimientos, los cuales son administrados por los miembros de proyectos universitarios. La Organización para la Cooperación y el Desarrollo Económico (2019), define las spin-off académicas como las nuevas empresas que basan sus actividades en explotar patentes o derechos de propiedad intelectual derivados de investigaciones en universidades, desarrollados por estudiantes o empleados de los institutos universitarios.

En los últimos años, el rol de las universidades en el desarrollo económico ha sido foco de investigación, donde se ha observado que las spin-off académicas tienen la capacidad de competir en mercados en donde la creatividad puede jugar un rol fundamental, además de propiciar estrechos vínculos entre la educación, la investigación y la industria (Kirby et al., 2011). Si bien la concepción del papel que las universidades juegan en el emprendimiento tiende a limitarse en la trasferencia de conocimientos, la realidad es que, las universidades contribuyen a la formación de líderes con pensamiento empresarial, transformando radicalmente a las universidades en entes que proveen herramientas para la innovación, trasferencia de conocimiento y capacidades necesarias para emprender (Guerrero, 2014).

Para Porter (2007), el nuevo papel que juegan las universidades se ve directamente relacionado con las necesidades y condiciones en las que se encuentra la región, donde la presencia de ciertas empresas que forman parte de un clúster determinan las necesidades del mercado laboral y las redes de proveeduría necesarias en la región; estas necesidades deben ser atendidas a través de la generación de profesionistas provenientes de las IES públicas y las spin-off académicas, que busquen formar parte de ese clúster regional como trabajadores con conocimiento intensivo o insertarse en las cadenas de proveeduría local, siempre partiendo de la identificación de las necesidades que presentan las empresas que conforman la región.

Uno de los principales retos en la administración de las universidades es la visión y comprensión de la responsabilidad de las IES públicas, como agentes fundamentales que contribuyen en el desarrollo económico de las regiones, los equipos administrativos al frente de las universidades tienen la responsabilidad de analizar las prioridades y necesidades tanto regionales como las demandas externas del mercado; para Guerrero (2014), es clara la evidencia que cada inversión en las universidades tiene un impacto económico en la región. Resulta como uno de los principales retos entender estas necesidades y encontrar cómo solventarlas por medio de spin-off que transfieran el conocimiento generado en las universidades de la región.

En este punto, se han analizado las spin-off académicas provenientes de las IES como resultado del esfuerzo de universidades para incubar el desarrollo de patentes, invenciones, entre otros, además de entender la nueva misión de las universidades como actores que transfieren el conocimiento de la academia a la industria (Van Looy et al., 2011). Sin embargo, existe una capacidad tecnológica que no debe ser minimizada; el desarrollo de vínculos con empresas e instituciones emerge como un aspecto fundamental a desarrollar en las spin-off académicas, ya que no sólo hace referencia a clientes, empresas y universidades (Díaz, 2018), sino a los encadenamientos de proveeduría que forman vínculos hacia atrás con los proveedores de la región (CEPAL, 2018). Adicional a lo anterior, se deben reconocer las barreras que presentan a las spin-off académicas al formar parte de un mercado.

Para van Geenhuizen & Soetanto (2009), existen algunos aspectos que pueden influir en mayor medida en el desarrollo de las spin-off académicas en comparación a spin-off tradicionales, estos aspectos son 1) el mercado, donde se engloba el conocimiento de mercadotecnia, habilidades referentes a las ventas y un base consolidada de clientes; 2) financieros, flujo de capital e inversión a capital; 3) habilidades administrativas, como capacidades gerenciales y 4) aspectos físicos, como infraestructura y alojamiento del negocio (2009). Resalta la importancia de integrar un sistema de trabajo estructurado, en lugares donde la cultura de emprender tiende a ser construida por esfuerzos aislados, lo que presenta dificultades al transmitir el conocimiento de nuevas investigaciones que sean útiles en la industria (Hossinger et al., 2019).

Otra de las barreras que dificultan el éxito de las spin-off académicas es la obtención de subsidios estatales, normalmente, las empresas emprendidas por investigadores o miembros de las universidades necesitan soporte financiero para el desarrollo de los proyectos, ya que la mayoría de estas empresas son de base tecnológica y se ven en la necesidad de tener grandes inversiones en capital tecnológico. Sin embargo, para acceder a estos subsidios es necesario estructurar con claridad la organización, su estructura pública y capital, es decir, procesos propios para la construcción formal de una unidad económica, que conllevan tiempo y esfuerzo, y que, como se ha mencionado anteriormente, son capacidades que no siempre se presentan en los colaboradores de las spin-off académicas (Hossinger et al., 2019).

Las condiciones necesarias para que un spin-off académico pueda desarrollarse de manera satisfactoria son multifactoriales, y en ocasiones sumamente complejas de determinar. Vohora et al. (2004), en su artículo "Critical junctures in the development of university high-tech spinout companies", proponen cinco fases por las que las spin-off académicas puedan crecer adecuadamente, con base en estudios realizados en nueve universidades en el Reino Unido; 1) etapa de investigación, 2) etapa de oportunidad de encuadre, 3) etapa de pre-organización, 4) etapa de re-orientación y 5) etapa de retornos sostenibles.

- Etapa de investigación

Es fundamental aclarar que cada spin-off académica tiene sus orígenes en años de investigación por miembros de las universidades; las entrevistas realizadas por Vohora et al (2004) al dictaminar que, en los casos estudiados, los emprendedores académicos estaban enfocados en la investigación para la publicación de los resultados en la comunidad científica, antes de considerar la oportunidad comercial, lo anterior, en muchas ocasiones delimita las oportunidades de aplicación del conocimiento, ya sea materializado en nuevas tecnologías o procedimientos sobre determinada área de estudio, que normalmente está dirigida por el investigador de mayor prestigio en la universidad.

- Etapa de oportunidad de encuadre

En esta fase, se presenta la transición entre una investigación científica y el reconocimiento de una oportunidad de comercialización, en donde se comienza a vislumbrar la posibilidad de la creación de una spin-off académica, con la ayuda de la oficina de transferencia tecnológica o el departamento encargado del desarrollo del proyecto. En este proceso, se evalúa la capacidad de la tecnología desarrollada para su aplicación fuera de los laboratorios, en esta parte, Vohora et al. (2004), denominan como el marco, en donde se ha evaluado la capacidad de comercializar la tecnología desarrollada y se identifican las capacidades de entrada al mercado óptimo.

- Etapa de pre-organización

Cuando la fase anterior ha sido bien definida y se ha decidido explotar comercialmente la tecnología desarrollada, es momento de trabajar en planes estratégicos referentes a la configuración de la empresa; se deben tomar decisiones acerca de las capacidades que son necesarias desarrollar para la construcción de la spin-off, además de considerar los recursos reales disponibles, y cuáles son necesarios adquirir. Vohora et al. (2004), exponen que en general, en los estudios realizados, las decisiones en esta fase tuvieron un impacto fundamental en el futuro de la empresa, ya que determinó el camino y las estrategias a realizar, además de los posibles panoramas secundarios que pudieran presentarse; además resaltan los errores cometidos por la falta de recursos adecuados para la construcción de la organización.

- Etapa de re-orientación

Cuando la spin-off académica ha tomado la credibilidad suficiente para adquirir los recursos necesarios para iniciar las actividades propias de una empresa, cada miembro toma un rol que conjuntamente se refleja en la búsqueda de beneficios generados al ofrecer algo de valor a los clientes de un determinado mercado. En esta parte de re-orientación, donde los retos inherentes a una empresa hacen frente; la integración de recursos, la reconfiguración de estrategias, problemas de mercado, competencia y aspectos referentes a la inexperiencia administrativa de los miembros, resulta fundamental en el proceso de aprendizaje, siendo continuo y sumamente rápido; se desarrollan nuevas capacidades y el conocimiento comienza a fluir de manera adecuada. Estos factores pueden determinar en cierta medida el retorno de beneficios esperados por las spin-off (Vohora et al., 2004).

- Etapa de retornos sostenibles

En la última etapa identificada por Vohora et al. (2004), las empresas buscan obtener rendimientos que sean sostenibles, partiendo de la inversión inicial que configuró la spin-off; para llegar a esta etapa, la empresa ha enfrentado la incertidumbre que se presenta en las empresas, en parte solventadas por un modelo claro de negocio que ha delimitado las acciones a tomar; además, se ha finalizado la transición de una organización perteneciente a la universidad a una empresa que tiene una identidad comercial propia con autosuficiencia empresarial, normalmente sin perder los estrechos vínculos con la universidad de origen, en ocasiones con uno de los miembros fundadores que permanece en el área de investigación científica y actúa como consultor de la spin-off académica.

4.1. Tendencias tecnológicas de las IES

Para Pedroza & Reyes (2022), existe una tendencia mundial encaminada a la implementación de tecnologías en materia educativa; estas tecnologías buscan mejorar el proceso de enseñanza e investigación. Para esto, se consideran siete tecnologías fundamentales presentes en los esfuerzos de las IES a nivel mundial:

Tipo de tecnología educativa	Herramientas para el desarrollo
Tecnologías de consumo	Son herramientas creadas para propósitos recreacionales y profesionales, es decir, no fueron creadas originalmente para fines educativos. Sin embargo, son utilizadas para el proceso de aprendizaje en centros educativos.
Estrategias digitales	Son estrategias encaminadas a la utilización de las tecnologías en el proceso de enseñanza-aprendizaje.
Tecnologías de apoyo	Encaminadas a transformar las expectativas que se tienen sobre el uso de la tecnología en un vínculo que facilite su utilización.
Tecnologías en internet	Técnicas e infraestructura esencial que ayuda a facilitar la interacción con la red

Tecnologías de aprendizaje	Tecnologías desarrolladas puntualmente para el aprendizaje. Personalizan las estrategias de enseñanza formales e informales.
Tecnologías de redes sociales	Herramientas consideradas de consumo y recreacionales, pero adaptables para procesos de aprendizaje por su uso universal.
Tecnologías de visualización	Aprovechan la capacidad cerebral para procesar información de manera visual con rapidez, tales como infografías para el análisis de datos.

Tabla 1. Tecnologías para el desarrollo en las IES. Fuente: Elaboración propia con base en el NMC Horizon Report: 2016 Higher Education Edition, Johnson (2016)

En México, al igual que el resto del mundo, la tendencia de aplicar tecnologías para mejorar los procesos educativos y de investigación es una tendencia unificada. La muestra de esta perspectiva se encuentra en los últimos documentos de aplicación de política educativa, entre ellos, se mencionan puntos como la permanencia de la matrícula estudiantil, diversificación de la oferta educativa, modelo educativo flexible, fuentes de financiamiento, metodologías de trabajo que orienten esfuerzos en la innovación, desarrollo de investigación científica, inclusión social, entre otros (Pedroza & Reyes, 2022). En este punto, es importante analizar el contexto de las IES públicas en México, su estructura de trabajo y crecimiento en los últimos años, además de su influencia en el desarrollo económico del estado de Chihuahua a través de la trasferencia de conocimiento.

4.2. Las IES públicas en Chihuahua, México

En el apartado anterior, se resalta la importancia de las IES públicas en el proceso de trasferencia de conocimiento al tejido productivo de las regiones. Sin embargo, es necesario comprender que las IES públicas, al formar parte de estructuras gubernamentales, deben ser estudiadas bajo su complejidad administrativa, para esto, se desarrolla el presente apartado que sirva para contextualizar las IES Públicas en México y, posteriormente, adentrarse en las IES públicas del estado de Chihuahua, con la intención de describir la relación existente entre el crecimiento económico de la región y la generación de profesionales y spin-off académicas.

Al igual que en el resto de las secretarías gubernamentales en México, la estructura de la educación pública se compone por algunos subsistemas, los cuales se presentan a continuación, con base en la información proporcionada en el portal electrónico del Gobierno Federal de México, en la sección correspondiente a los programas de educación (Secretaría de educación pública, 2015).

- Universidades Públicas Federales
- Universidades Públicas Estatales
- Universidades Públicas Estatales con Apoyo Solidario
- Institutos Tecnológicos
- Universidades Tecnológicas
- Universidades Politécnicas
- Universidades Interculturales
- Centro Públicos de Investigación

- Escuelas Normales Públicas

En el siglo XXI, la importancia de la formación profesional se ha visto reflejada en los procesos de trasferencia de conocimiento, principalmente originados en las IES. Para comprender el crecimiento de esta trasferencia de conocimiento, se presenta la siguiente figura, donde se muestra el notorio crecimiento de profesionistas egresados de IES públicas en México en los últimos diez años, por medio de los datos obtenidos en los anuarios de educación superior presentados por el Gobierno de México, del año 2012 al 2022, en su más reciente presentación. En el año 2012, se registraron 292 mil 391 egresados de las IES públicas del país, escalando a 487 mil 436 egresados en el año 2022, lo que representa un crecimiento del 60% en diez años.

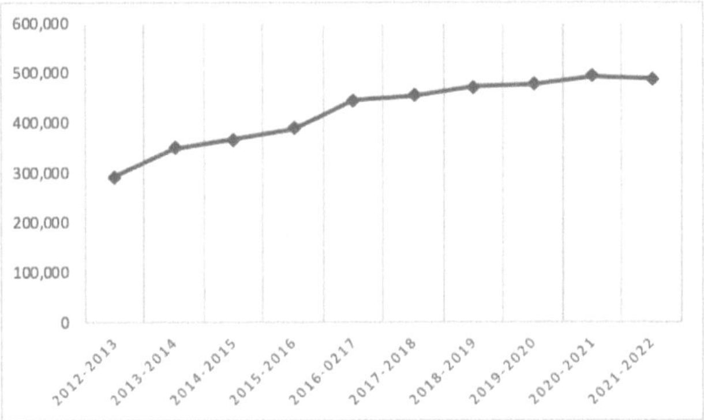

Figura 1. Egresados de IES públicas a nivel nacional. **Fuente:** Elaboración propia con base en los anuarios de educación superior (2012-2022)

Por otro lado, para abordar la región de Chihuahua, al igual que en la figura anterior, se utilizaron los datos proporcionados por los anuarios de educación superior, para conocer la cantidad de alumnos egresados de las IES públicas en el estado de Chihuahua, además de facilitar de manera gráfica el crecimiento en los últimos diez años. Según el Instituto Nacional de Estadística y Geografía (2018), en el año 2012 la cantidad de egresados de las IES públicas del estado de Chihuahua era de 10 mil 302, entre los cuales, destacan la Universidad Autónoma de Ciudad Juárez, Universidad Autónoma de Chihuahua, la Universidad Tecnológica de Chihuahua y los Tecnológicos Nacionales de México en esta entidad federativa como las IES que más aportan egresados. Para el año 2022, los egresados de las IES públicas habían sido 16 mil 706, lo que refleja un 62% más de egresados por año en la última década. La gran mayoría de los egresados de la región escolar en el año 2020-2021 proviene de Universidades Públicas Estatales (53.8), Universidades Tecnológicas (25.6%) y Tecnológico Nacional de México (16.3%).

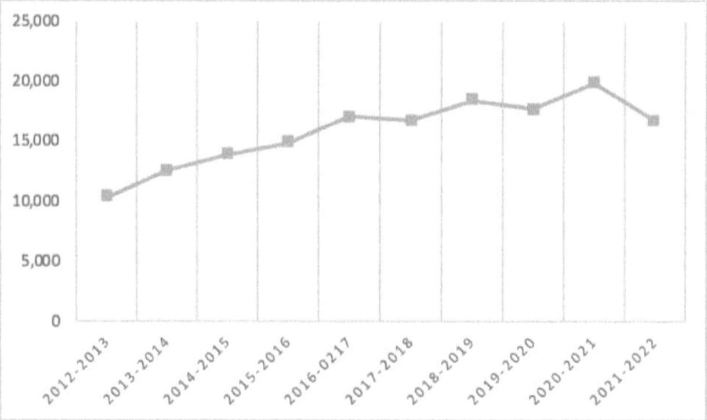

Figura 2. Egresados de IES públicas en el estado de Chihuahua. **Fuente:** Elaboración propia con base en los anuarios de educación superior (2012-2022)

En el estado de Chihuahua, en el año 2013, las unidades económicas totales ascendían a 97 mil 044, que para el año 2018, habían crecido a 106 mil 420. Dentro de las principales características de la industria en Chihuahua, es que se le considera una región especialmente enfocada a la manufactura, con un monto de venta que ascendía a 60 mil 133 millones de pesos mexicanos (3 mil 510 millones US$) en el año 2018. Cabe mencionar que Chihuahua utiliza de manera favorable las condiciones inherentes a su posición geográfica, situada al norte de México, y teniendo frontera con estados Unidos, país con el que tiene una relación sumamente estrecha, ya que se posiciona como el país al que más se exportan productos y el país que más inversión directa tiene en el estado. En el estado de Chihuahua, el 62.6 % de la población se encuentra económicamente activa, y percibe un salario promedio mensual de 6 mil 860 pesos mexicanos (397 US$).

Al tratarse de una región que se caracteriza por realizar actividades altamente especializadas, las IES públicas del estado de Chihuahua surgen como generadoras de conocimiento intensivo, atendiendo las necesidades que la industria presenta. En los últimos años, la industria automotriz y aeroespacial han tomado una gran importante en el estado, lo que implica una serie de condicionantes al momento de contratar personal especializado en las distintas actividades pertenecientes a estas dos cadenas globales de valor. En otras palabras, existe la necesidad de transferir el conocimiento existente en las IES a través de los egresados que se entregan al tejido productivo de la región. Según la información presentada en el portal gubernamental Data México, dentro de las principales actividades que presentan conocimiento intensivo en la región se encuentran técnicos de mantenimiento (21 mil 300 personas), ingenieros industriales (7 mil 980 personas), actividades administrativas diversas (31 mil 900 personas), analistas desarrolladores de software (10 mil 400 personas), entre otras.

Dentro de la articulación en la trasferencia del conocimiento que se ha desarrollado, los organismos gubernamentales aparecen como agentes fundamentales en el proceso de la articulación productiva, ya que presentan su influencia a través de los planes de desarrollo estatal. En el caso de Chihuahua, el plan estatal 2022-2027 presenta una serie de estrategias que encaminan esfuerzos para propiciar el crecimiento económico, tal como el impulso al financiamiento de organismos del sector social de la economía, facilitando la creación de nuevas empresas con enfoque en la economía social y solidaria; otro estrategia, es proporcionar a la población habilidades y conocimientos para la generación de emprendimientos, lo que implica trasferencia de conocimiento al sector empresarial y la actualización de las competencias necesarias en la industria regional para incrementar el nivel competitivo de las mipymes de base tecnológica.

5. CONCLUSIONES

Tras la revisión de las teorías contemporáneas acerca del nuevo rol de las IES en la generación de conocimiento y el emprendimiento, el paradigma de las actividades fundamentales de las IES públicas se ha visto modificado tras estas nuevas propuestas, que basan sus argumentos en la urgencia académica en el proceso de transferir conocimiento, que independientemente de gestar el conocimiento en una institución educativa de nivel superior, ya sea por un proyecto de investigación o el desarrollo de una patente. Los procesos inherentes al desarrollo de una unidad económica, en muchas ocasiones, son un impedimento para la trasferencia del conocimiento generado; lo que permite analizar que es necesario el aprendizaje de habilidades referentes al ámbito industrial, comercial y administrativo; además de facilitar la incorporación de estudiantes que puedan nutrir los equipos de trabajo bajo un enfoque interdisciplinar.

En el estado de Chihuahua, al tratarse de una región que sobresale respecto a otros estados de México por su industria manufacturera, principalmente incrustada en las cadenas globales de valor automotriz y aeroespacial, el conocimiento intensivo es fundamental. Las IES de la región emergen como proveedoras de profesionistas capacitados, que atiendan las necesidades laborales de estos sectores, ya sea como trabajadores que forman parte de estas empresas manufactureras o como fundadores de pequeñas y medianas empresas que sirvan como proveedoras locales. En ambos casos, el proceso de trasferencia de conocimiento se ve reflejado en el crecimiento del sector, por medio de la incorporación de profesionistas con habilidades y conocimientos específicos de la industria.

El Gobierno del estado de Chihuahua, a través de sus programas y estrategias mencionadas anteriormente, debe enfocar sus esfuerzos para facilitar la creación de spin-off académicas, Lo que permitirá fomentar el crecimiento productivo y la generación de nuevos empleos en la región. Además, debe propiciar las condiciones ideales para la trasferencia del conocimiento entre las IES públicas y la industria, facilitando las vías de comunicación entre ambos agentes regionales, ya sea como agente que sirva de mediador entre las necesidades de la industria y la oferta de profesionistas altamente capacitados.

6. REFERENCIAS

Alarcón, M. A., Bajo, R. A. (2015). Producción y valor agregado en empresas de base tecnológica: un comparativo México-Sinaloa. Estudios Sociales. Revista de Alimentación Contemporánea y Desarrollo Regional).

Bhave, M.P. (1994). A process model of entrepreneurial venture creation. Journal of Business Venturing 9 (3).

Comisión económica para América Latina y el Caribe (CEPAL). (2018). Articulación productiva y cadenas regionales de valor: una propuesta metodológica para la región SICA. CEPAL.

Data México. (2022). Data México. Obtenido de https://datamexico.org/es/profile/geo/chihuahuach?growthSelector1=indicatorOption

Díaz, H. (2018). Capacidades tecnológicas en los sistemas regionales de innovación: la industria del software en los estados de baja california y nuevo león. Tesis de doctorado. El Colegio de la Frontera Norte.

Erikson, T. (2002). Entrepreneurial capital: the emerging venture's most important asset and competitive advantage. Journal of Business Venturing 17, 275–290.
Etzkowitz, H. (1998). The norms of entrepreneurial science: cognitive effects of the new university-industry linkages. Research Policy 27, 823–833.
Gobierno del Estado de Chihuahua (2022). Plan Estatal de Desarrollo del Estado de Chihuahua 2022-2027, Chihuahua, México: Boletín Oficial y Archivo del Estado de Chihuahua.
Guerrero, M. (2014). Economic impact of entrepreneurial universities' activities: An exploratory study of the United Kingdom. Research Policy (44), 748-764.
Hossinger, S. M., Chen X., Werner, A. (2020). Drivers, barriers and success factors of academic spin-offs: a systematic literature review. Manag Rev Q 70, 97–134. https://doi.org/10.1007/s11301-019-00161-wKirby, D.A., 2002. Entrepreneurship. McGraw-Hill, Maidenhead, UK.
Instituto Nacional de Estadística y Geografía (INEGI). (2018). Censos económicos., Ciudad de México: INEGI
Johnson, L., Adams Becker, S., Cummins, M., Estrada, V., Freeman, A., and Hall, C. (2016). NMC Horizon Report: 2016 Higher Education Edition. Austin, Texas: The New Media Consortium.
Kirby, D.A., Guerrero, M., Urbano, D. (2011). The theoretical and empirical side of entrepreneurial universities: an institutional approach. Canadian Journal of Administrative Sciences 28, 302–316.
O'Connor, G.C., Rice, M.P. (2001). Opportunity recognition and breakthrough innovation in large established firms. California Management Review 43 (2), 95–116.
Organización para la Cooperación y el Desarrollo Económicos (OECD). (2019). University-Industry Collaboration: New Evidence and Policy Options, OECD Publishing, Paris. Obtenido de de http://doi.org/10.1787/e9c1e648-en
Pedroza, R., Reyes, A. (2022). Perspectiva de la educación superior en México 2030. Inter disciplina, 10(27). https://doi.org/10.22201/ceiich.24485705e.2022.27.82156
Porter, M. (2007). Colleges, Universities, and Regional Economic Development: A Strategic Perspective. Forum for the Future of Higher Education, Cambridge, MA.
Secretaría de ciencia, tecnología, conocimiento e innovación. (2022). Estudio de casos de éxito de spin-off universitarias. Chile: Ministerio de ciencia, tecnología, conocimiento e innovación.
Secretaría de Educación Pública (SEP). (2015). Programa de educación pública. Obtenido de https://www.gob.mx/sep/acciones-y-programas/instituciones-de-educacion-superior
Van Geenhuizen, M., Soetanto, D.P. (2009) Academic spin-offs at different ages: a case study in search of key obstacles to growth. Technovation *29*(10).
Van Looy, B., Landoni, P., Callaert, J., Van Pottelsberghe, B., Sapsalis, E., Debackere, K. (2011). Entrepreneurial effectiveness of European universities: an empirical assessment of antecedents and trade-offs. Research Policy *40*(4).
Venkataraman, S. (1997). The distinctive domain of entrepreneurship research: an editor's perspective. In: Katz, J.A. (Ed.), Advances in Entrepreneurship, Firm Emergence and Growth, vol. 3. JAI Press, Greenwich, CA.
Vohora, A., Wright, M., Lockett, A. (2004). Critical junctures in the development of university high-tech spinout companies. Research Policy 30.

POSITIVE OUTCOMES OF UNIVERSITY LINKAGE PROJECT: ENHANCING STUDENT EDUCATION AND FOSTERING GROWTH IN THE TRANSPORTATION INDUSTRY

Fabián Díaz Muñoz[1], Carolina Parreño Bonilla[2]

1. INTRODUCTION

In the context of higher education, there is a search for methodologies that allow for the achievement of quality education, and the integration of activities that connect students with society is one of the fundamental pillars. Service-learning projects with society are presented as a practical option to achieve such integration. According to Del Cioppo and Bello (2018), these projects aim to redefine the objectives of universities and recognize them as an integral part of society. Engagement becomes a tool to bridge the gap between academia and the workforce, contributing to the development of skills and the students' integration into work environments (Alvarado-Borrego, 2009).

In Ecuador, higher education focuses on achieving quality through the integration of three fundamental functions: teaching, research, and engagement with society. Engagement with society aims to plan, execute, and analyze results oriented towards the relevance of academic programs, in a way that responds to the needs and demands of society and the environment. This is achieved through carefully planned and executed programs and projects, which are continuously monitored and evaluated (Modelo de Evaluación Externa de Universidades y Escuelas Politécnicas, 2019).

Under this argument, the Universidad Técnica Particular de Loja, through "Vinculación UTPL" has implemented engagement projects with the purpose of establishing a meaningful connection between students and society. In this research, the aim is to evaluate the scope and impact of an engagement project carried out in the Logistics and Transportation program, in its Open and Distance Learning modality. The main focus of this project was to promote the development of transportation companies through research and information generation, specifically in the creation of a guide on "Efficient Driving." The objective is to train students on this topic and develop a guide containing the relevant information, which was disseminated through various events or socializations targeting transportation companies nationwide, to encourage knowledge updating and the exchange of ideas.

The engagement project involved a total of 57 students from different cities and regions of the country. These students played an active role in the creation of a guide on efficient

---

1. Docente Universidad Técnica Particular de Loja (Ecuador)
2. Docente Universidad Técnica Particular de Loja (Ecuador)

driving, which was shared with 31 transportation companies that participated in the project. These activities took place in companies with different characteristics, including large companies with numerous transportation fleets, as well as medium and small companies located in various provinces of Ecuador, such as Quito, Guayaquil, Loja, Ambato, Morona Santiago, Esmeraldas, Cuenca, Santo Domingo, Tungurahua, Chimborazo, Pastaza, Sucumbíos, and Zamora. It is estimated that approximately 350 to 400 people, including drivers and administrative staff from transportation companies, participated in the nationwide socialization activities.

To evaluate the impact of the engagement project, a quantitative methodology was employed, which included surveys targeted at both the involved students and the participants from different transportation companies. These surveys aimed to measure the impact of the project on the education and training of the students, as well as its contribution to the development of the transportation companies where the guide on efficient driving was delivered and the dissemination activities took place.

2. OBJECTIVES

To evaluate the scope and impact of the "Efficient Driving" engagement project in the context of higher education. The aim is to analyze the extent to which the project has achieved its goals and generated a significant impact on both the involved students and the participating companies.

To determine the contribution of engagement projects to the students' education. The intention is to analyze how the project has contributed to the development of knowledge, skills, and attitudes relevant to efficient driving, as well as to evaluate its impact on the academic and professional development of the students.

To assess the impact of engagement projects on the participating companies. The objective is to examine how engagement with society through this project has benefited transportation sector companies, evaluating aspects such as the acquisition of new knowledge, the update of efficient driving techniques, and the effects on productivity and competitiveness.

3. METHODOLOGY

According to Zamora-Sánchez *et al.* (2022), there is no established methodology for the evaluation of engagement projects, but there are bibliographic references that address the evaluation of such projects, which support and validate the research. In this regard, it is necessary to establish appropriate methods to evaluate the engagement project, which involves carrying out planned and systematic actions. It is crucial to have a well-organized and reliable data registry that allows for accurate information on the project's results.

Another relevant aspect is the differentiation of the evaluation recipients of the project, whether it focuses on the participating students or the involved companies. Each stakeholder group may have different indicators and evaluation criteria, so it is important to consider their perspectives and specific needs when designing the evaluation process.

Saavedra (2009) emphasizes that companies seek to gain competitive advantages and stand out in increasingly competitive markets. Therefore, the integration of companies with universities through engagement mechanisms is of utmost importance and a practice that should be promoted and facilitated. Currently, there is limited collaboration between these two actors due to their divergent objectives. It is important to highlight that carrying out such engagement projects requires universities to make financial investments, as this is essential for integrating students into society and fulfilling a fundamental aspect of higher education.

It is important to note that universities should develop engagement projects that align with the needs of the companies while maintaining their academic prestige. To achieve this, it is essential to have trained research faculty who can effectively and efficiently carry out such activities (Becerra-Medina & López, 2017).

To evaluate the results of an engagement project, it is important to consider various aspects. These include the project's benefits to the community, promoting its continuous development and an evolving and ongoing education. It is crucial to evaluate the impact on the project participants, both the students and the teachers responsible for its development. Evaluating these aspects is essential in determining the success of an engagement project (Del Cioppo and Bello, 2018).

3.1. Efficient driving engagement project

The engagement project was carried out over a complete academic cycle, with an approximate duration of 5 months, during which various stages were conducted: **(1) Literature review and development of the "Efficient Driving" guide**: A thorough literature review was conducted, and the necessary information was gathered to create the guide on efficient driving. (2) **Survey development and preparation for socialization activities**: Surveys were designed to evaluate the project's impact, and preparations were made for presentations and skills required for socialization activities, including signing agreements and requesting access to transportation companies to carry out the planned activities. (3) **Delivery of the efficient driving guide and socialization in transportation companies nationwide**: The developed guide was delivered to participating transportation companies, and socialization activities were conducted, presenting and sharing information on efficient driving with drivers and administrative staff in various locations across the country. With these stages, a comprehensive and sequential approach was sought in the development of the engagement project, covering information gathering to guide delivery and socialization activities in transportation companies.

The engagement project was carried out with the involvement of a project director and two teachers who fulfilled various roles, including guiding the students during the project's development and providing training in different sectors of the country. Additionally, a budget of $2,472 was allocated, which was used for activities such as formatting, obtaining an ISBN, printing, and distributing the efficient driving guides to different locations in the country, as well as covering the transportation expenses of the teachers in charge of the project.

3.2. Evaluation of the engagement project

To assess the scope and impact of the engagement project with society, a quantitative methodology was employed, which is widely applicable in the context of higher education and learning (Bar, 2010). In this research, two main aspects were evaluated:

1. Evaluation of the impact on the academic formation of students who participated in the engagement project, measuring the acquisition of competencies related to efficient driving through research-based learning. According to Rivadeneira

and Silva (2017), this learning approach aims for students to develop knowledge, skills, and attitudes in a specific topic, as well as understand the context related to the research topic.

2. Evaluation of the impact of the engagement project on the transportation companies that participated in the socialization activities and received the efficient driving guide, measuring how the project influenced knowledge updates, acquisition of new knowledge, and information exchange. Parra-Penagos and Rodríguez-Fonseca (2016) emphasize that socialization or training on specific topics are key aspects for companies to improve their productivity, profitability, and competitiveness.

To assess these aspects, online surveys were conducted using Google Forms. These surveys offer significant advantages due to the various functions they provide, such as real-time responses, data storage in a database, and automatic representation of results through graphs (Abundis, 2016).

Regarding the evaluation of the impact on students (aspect 1), two surveys were conducted with the participation of 43 students. These surveys were carried out as follows: one survey was conducted at the beginning of the academic cycle, prior to their participation in the engagement project, and the other survey was administered after their participation. It is important to note that participation in the surveys was voluntary and they were distributed through academic announcements.

As for the evaluation of the project's impact on transportation company's (aspect 2), a total of 104 responses were obtained in the survey targeted at drivers and administrative staff. This survey was sent after their participation in the socialization activities and receipt of the efficient driving guide, through the official WhatsApp groups of the transportation companies. Similarly, to the students' case, participation in the survey was voluntary.

The surveys were primarily designed to measure, for (aspect 1), the acquired knowledge, skills in survey design and implementation, and communication abilities of the students. For (aspect 2), the survey aimed at drivers and staff of transportation companies focused on assessing participant satisfaction, rating the socialization activities, and measuring the impact of the acquired knowledge.

With the information obtained through this quantitative data collection methodology, a descriptive data analysis was performed to describe the collected data through tabulations and graphs displaying the obtained results (Fernández and Guitart, 2012). This analysis will enable measuring and establishing the impact of the engagement project and its benefits in both higher education and the development and contribution to transportation companies.

4. RESULTS

4.1. Evaluation of the impact of the engagement project on academic formation

In order to assess the impact of the "Efficient Driving" engagement project on the academic formation of participating students, a quantitative methodology was employed, which involved the administration of surveys at two key moments: before the start of the project and after its completion. A total of 43 responses were collected, considering that the total number of students was 57. With this level of participation or sample size, we can assert with a 99% confidence level and a 10% margin of error that the survey is reliable and valid for the purposes of this research.

The results obtained from the analysis and tabulation of these surveys are presented below. The first parameter evaluated was the level of knowledge acquired by students regarding efficient driving during the development of the engagement project.

As shown in Figure 1, before the start of the project, only 11.63% of the students had advanced knowledge in topics related to efficient driving. However, after the process of literature review and data collection, as well as at the conclusion of the engagement project, 48.84% of the students reported having advanced knowledge in this field. This represents a 37% increase in the number of students who improved their knowledge to an advanced level in relation to this topic. Furthermore, a significant improvement was observed in the percentage of students who had previously indicated a moderate and basic level of knowledge, reflecting a notable improvement in the comparison between before and after the project.

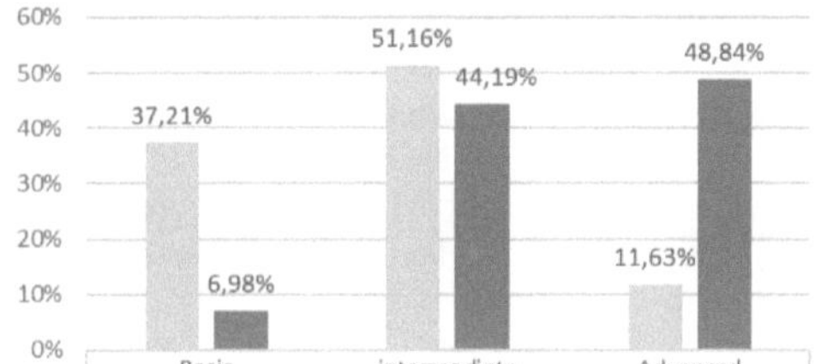

	Basic	intermediate	Advanced
Prior knowledge	37,21%	51,16%	11,63%
Current knowledge	6,98%	44,19%	48,84%

Figure 1. Evolution of students' knowledge on efficient driving before and after the linkage project. Source: Own elaboration.

Another important aspect evaluated was the knowledge regarding the design, tabulation, and analysis of surveys. Figure 2 displays the level of knowledge related to these skills. Prior to the start of the engagement project, only 9.30% of the students indicated having advanced knowledge in survey design, tabulation, and data analysis. However, following the completion of the project, a significant improvement was observed, with 32.56% of the students reporting advanced knowledge in these areas. This represents an increase of approximately 23% in the number of students with advanced knowledge in survey design. Additionally, there was also evidence of considerable improvement in intermediate and basic knowledge in this area.

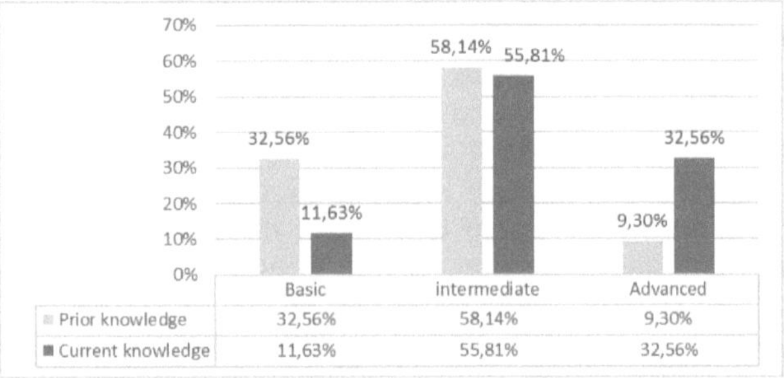

Figure 2. Evolution of students' knowledge in survey design, data tabulation, and analysis before and after the linkage project. Source: Own elaboration.

Another relevant aspect evaluated was the students' public speaking skills. Figure 3 illustrates the results regarding the level of communication skills in public speaking before and after the engagement project. Prior to the project, only 16.28% of the students reported having advanced skills in this area. However, following the completion of the project, a significant increase was observed, with 37.21% of the students indicating possessing advanced communication skills in public speaking. This represents an increase of approximately 20% in the number of students with advanced skills. Moreover, there was an improvement in intermediate and basic knowledge in this area.

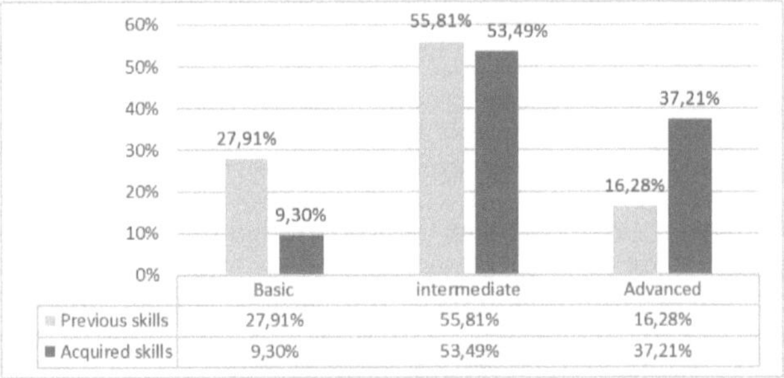

Figure 3. Evolution of students' communication skills before and after the linkage project. Source: Own elaboration.

The enhancement of teamwork skills among the participating students was also evaluated. As shown in Figure 4, prior to the engagement project, 30.23% of the students reported having advanced teamwork skills. However, after their participation in the project, this percentage increased to 41.86%. It can be observed that the improvements in this aspect were modest, with a 10% increase in the number of students reporting advanced teamwork skills. There was also a slight improvement in intermediate and basic skills in this area.

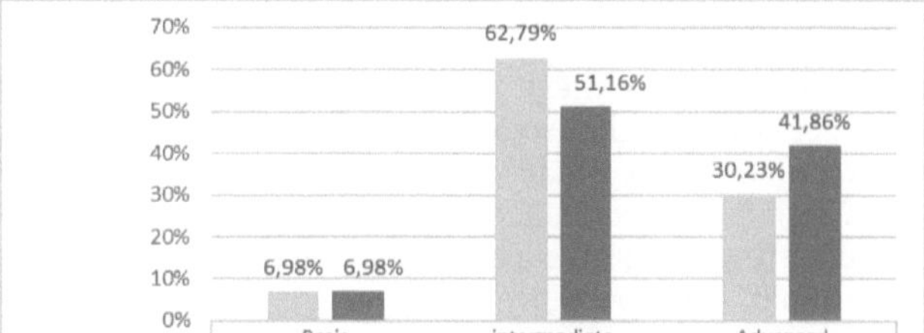

	Basic	intermediate	Advanced
Previous skills	6,98%	62,79%	30,23%
Acquired skills	6,98%	51,16%	41,86%

Figure 4. Evolution of students' teamwork skills before and after the linkage project. Source: Own elaboration.

Lastly, the students' perception regarding the academic contribution of their participation in engagement projects was evaluated. Figure 5 presents the obtained results, demonstrating that from the outset, students believed that the engagement project would have a high contribution to their academic formation. Prior to the project's implementation, 53.49% of the students expressed that the project would have a high contribution, whereas after its development, 67.44% stated that the engagement project would have a significant impact on their academic formation. Upon analyzing these results, it is observed that approximately 14% of the students modified their opinion regarding the impact of an engagement project on their academic formation. Moderate improvements were also found in terms of a medium and low impact.

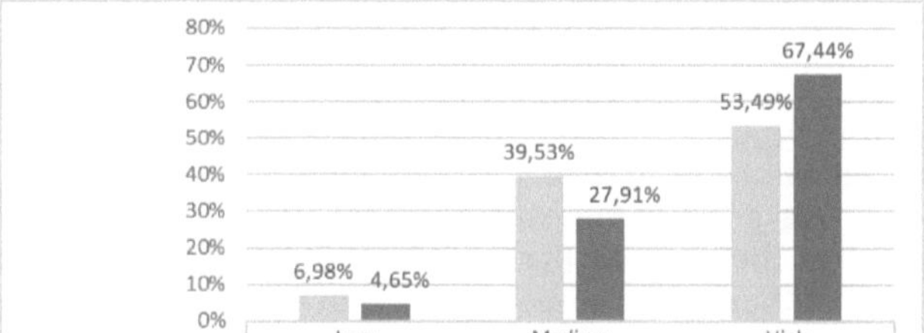

	Low	Medium	High
Perception before	6,98%	39,53%	53,49%
Perception after	4,65%	27,91%	67,44%

Figure 5. Evolution of students' perception regarding academic contribution before and after the linkage project. Source: Own elaboration.

4.2. Evaluation of the impact of the engagement project on transportation companies

To assess the impact of the engagement project on the transportation companies where the efficient driving guides were delivered and socialization activities were conducted, a survey was conducted, resulting in a total of 104 responses. Considering an estimated total of participants between 450 and 500, this sample provides a 95% confidence level with a 9% margin of error. The designed survey addressed various aspects to measure the participants' experience during the socialization, the impact of the engagement project on efficient driving, the main perceived benefits for the companies participating in the project, future topics they would like to address in similar projects, and their willingness to participate in future projects.

The results obtained for each of these aspects are presented below. Regarding the participants' experience during the socialization, the following results are evident in Figure 6. It is noteworthy that 65.38% of the participants rated the experience as excellent, indicating a high level of satisfaction among the attendees. Additionally, 30.77% considered it good, reflecting a positive assessment of the experience. Only 3.85% of the participants expressed that the experience was average, suggesting that there were some aspects that could be improved. It is important to highlight that no responses indicating a poor experience were recorded, indicating that, overall, the participants had a favorable perception of the socialization.

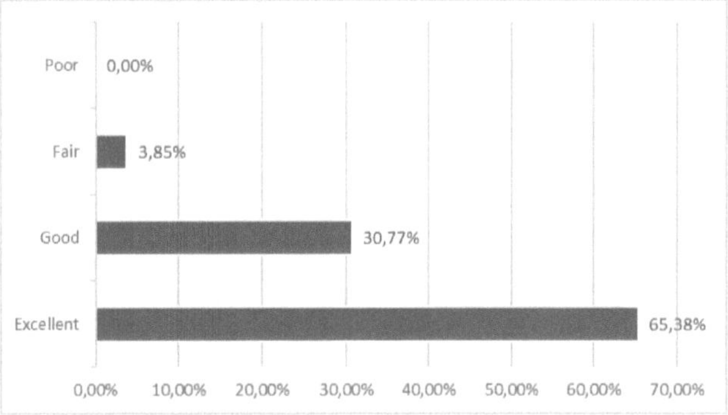

Figure 6. Participants' experience during the project's linkage socialization. Source: Own elaboration.

The participants' perception of the presentations delivered by the students and the topics addressed is shown in Figure 7. The results reveal that 57.69% of the attendees rated the presented content as excellent, indicating a highly positive evaluation. Furthermore, 38.46% indicated it was good, demonstrating that the majority of participants had a favorable perception of the content presented. Only 3.85% considered the content as average, suggesting that there were some aspects that could be improved. Importantly, no responses indicating poor content were recorded, indicating that, overall, the participants had a positive opinion of the presentations.

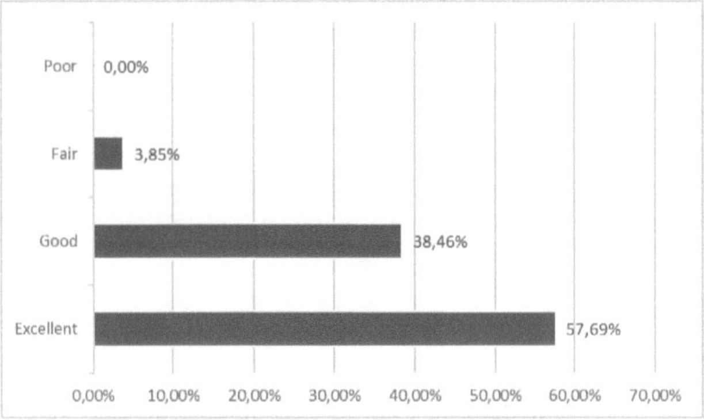

Figure 7. Rating of the content presented during the project's linkage socialization. Source: Own elaboration.

The impact of the engagement project, the efficient driving guide, and the socialization activities on the participants' performance in daily activities related to efficient driving, fuel savings, and reduction of pollutant emissions were evaluated. A scale ranging from 1 to 5 was implemented, where 1 represented no contribution and 5 represented a significant contribution. Figure 8 presents the distribution of the obtained responses. Notably, 64.42% of the participants expressed that their participation in the engagement project had a significant impact on the development of their daily work activities. 26.92% indicated a value of 4 on the scale, reflecting a considerable contribution. Similarly, 4.81% indicated a value of 3, demonstrating a moderate contribution. Only 3.85% assigned a value of 2, suggesting a limited contribution. It is relevant to highlight that no responses with a value of 1 (no contribution) were recorded on the scale, indicating an overall positive impact on activities related to efficient driving.

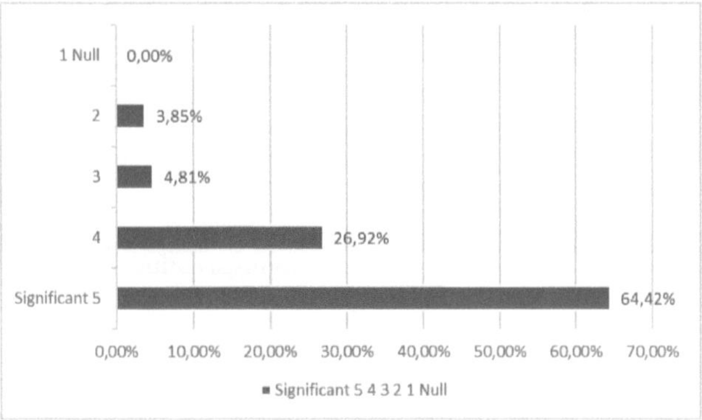

Figure 8. Impact of the linkage project on the performance of daily activities related to efficient driving. Source: Own elaboration.

The participants' perception of the efficient driving guide delivered in each company was evaluated. A scale ranging from 1 to 5 was used, where 1 represented "Unsatisfactory" and

5 represented "Very satisfactory." Figure 9 presents the obtained results. It is observed that 52.88% of the participants stated that the content of the efficient driving guide was satisfactory, while 31.73% expressed a satisfaction level of four on the scale. Additionally, 9.62% of the participants indicated a satisfaction level of three on the scale, while 5.77% expressed a satisfaction level of two. No responses indicating a level of dissatisfaction (value 1) were recorded. These results reflect a predominantly positive perception of the participants regarding the efficient driving guide. The majority of participants rated the content of the guide as satisfactory, indicating that it was perceived as useful and relevant for improving their skills in efficient driving.

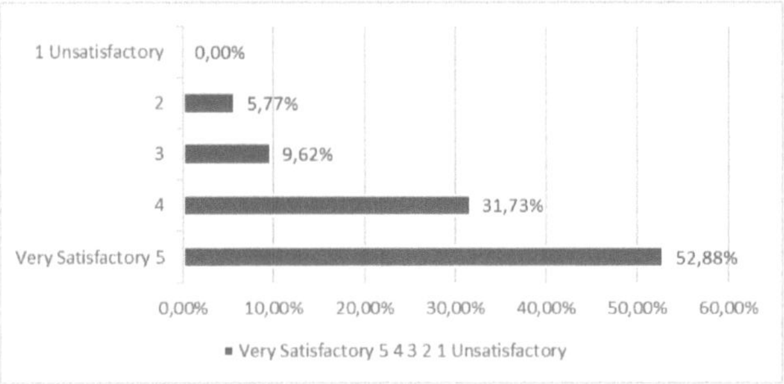

Figure 9. Perception of the participants in the linkage project regarding the guide to efficient driving. Source: Own elaboration.

The main aspects in which the participating transportation companies benefited were also identified. Figure 10 presents the obtained results. It is observed that 80.77% of the participants stated that the socialization and the efficient driving guide helped them refresh their knowledge on the topic. Furthermore, 69.23% indicated that it helped them improve their efficient driving, which is essential for safe and efficient operations. 38.46% stated that the project contributed to fuel savings. Additionally, 50% of the participants mentioned that the efficient driving guide helped them reduce CO2 emissions, reinforcing the commitment to environmental sustainability. Lastly, 53.85% stated that the project contributed to improving the company's reputation in the transportation sector, which is important for competitiveness and market positioning. These results highlight the benefits that transportation companies obtained through their participation in the engagement project.

The socialization and the efficient driving guide provided them with updated knowledge, improved their driving practices, promoted fuel savings, reduced pollutant emissions, and strengthened their reputation in the industry.

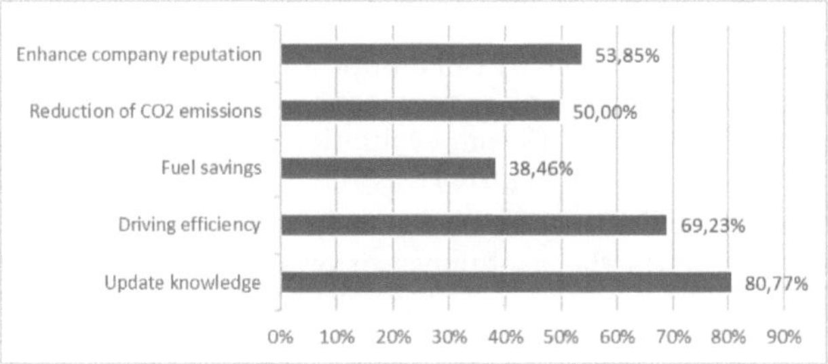

Figure 10. Main aspects in which transportation companies benefited. Source: Own elaboration.

Lastly, an exploration was conducted regarding the aspects in which the transportation companies could improve based on the presented content in the instructional guide and the socialization activities of the efficient driving engagement project. The results obtained are presented in Figure 11. It is noteworthy that 84.62% of the participants expressed that this initiative would contribute to vehicle conservation and maintenance. Additionally, 50% of the participants indicated that it would help improve efficiency in transportation routes. 30.77% mentioned that transportation costs could be reduced, while 69.23% expressed that it would enhance transportation safety. It is important to mention that only 1.92% of the participants considered that delivery times would be improved. These results indicate the aspects perceived as most relevant by transportation companies regarding the potential impact of the efficient driving engagement project.

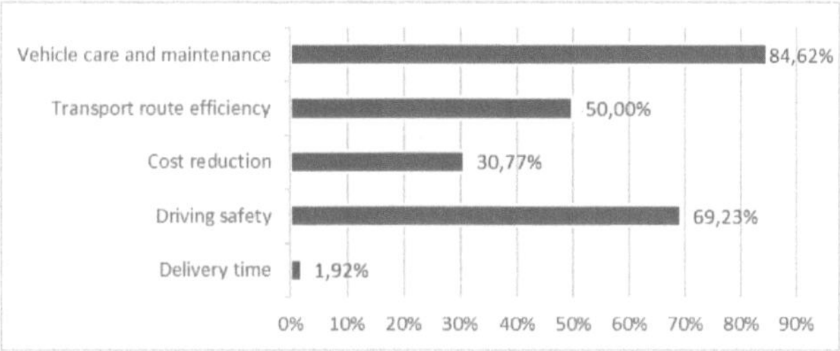

Figure 11. Aspects in which transportation companies could improve based on the presented contents. Source: Own elaboration.

Other aspects related to the engagement project were also evaluated, such as the participants' interest in being part of future projects under different themes. The obtained results revealed a 100% positive response, indicating the participants' desire to participate in new projects.

An open-ended question was included to receive suggestions from the participants. Among the highlighted suggestions, there is a request for more projects related to logistics and transportation. Additionally, the importance of making the socialization activities more practical was mentioned. Another highlighted aspect was the request to not limit the training only to drivers but also to focus on projects aimed at educating transportation users, such as pedestrians and other actors involved in mobility. These suggestions provide valuable information for the planning of future engagement projects.

5. DISCUSSION OF RESULTS

According to the research conducted by Del Cioppo and Bello (2018), the use of evaluation indicators to measure the impacts of engagement projects is recommended. They also highlight the importance of using different evaluation tools or instruments to disseminate and share the results obtained during the research. These recommendations are aligned with the activities carried out in this study.

Other research also supports the usefulness of engagement projects for both student education and the involved companies. The results obtained in this study are consistent with these positive findings. In particular, the study by Navarrete *et al.* (2020) gathers the results of various engagement projects at Universidad Técnica de Manabí, Ecuador, and concludes that these projects have a positive impact on student educational processes and benefit society as a whole.

Bautista (2014) emphasizes the importance of strengthening the connection between the university and the industry, promoting the flexibility of regulations that may hinder these processes, and recognizing the impact and significance of this collaboration. Meanwhile, Becerra-Medina and López (2017), in their research on engagement at the Universidad Michoacana de San Nicolás de Hidalgo, Mexico, conclude that it is essential for universities to assume the role of providing solutions to societal problems through engagement activities with companies.

Overall, the results obtained in this study add to the existing evidence that demonstrates the importance of engagement with society for student development and education, as well as the growth of companies. These findings support the idea that university-industry engagement is a valuable approach that promotes socioeconomic development and strengthens the involved stakeholders.

6. CONCLUSIONS

It is concluded that an engagement project with society is an important strategy within the framework of higher education and successfully achieves its objectives of bringing students closer to work environments and providing them with a closer view of the reality of sectors related to their fields of study, allowing them to participate in activities that strengthen the relationship between students and society.

The engagement project with society, "Efficient Driving," in the context of higher education has successfully achieved its established objectives. The participating students acquired knowledge through research-based learning, literature review, and the development of skills related to survey design, data analysis, public speaking, and knowledge communication, among other essential aspects. The results indicate that the experience, knowledge, and skills acquired by the students were beneficial.

Engagement projects with society can contribute to the development of transportation companies and make a significant impact on them. As demonstrated in the analysis of the results, companies benefit from updating and acquiring new knowledge, improving their understanding, and optimizing their daily activities. The guide on efficient driving and the socialization activities have been well received in the companies and have proven to be beneficial in improving various aspects of transportation companies, especially in the area of efficient driving. This approach aims to improve profitability, reduce fuel consumption, and consequently decrease CO2 emissions.

7. REFERENCES

Abundis, V. M. (2016). Beneficios de las encuestas electrónicas como apoyo para la investigación. *Revista Académica de Investigación*, 22. http://www.eumed.net/rev/tlatemoani/index.htm

Alvarado-Borrego, A. (2009). Vinculación universidad – empresa y su contribución al desarrollo regional. *Revista de Sociedad, Cultura y Desarrollo Sustentable*, 5, 407–414.

Bar, A. (2010). Quantitative methodology and its use in Latin America. *Cinta Moebio*, 37, 1–14. www.moebio.uchile.cl/37/bar.html

Becerra-Medina, M. S., & López, R. (2017). Valoración multicriterio de la vinculación universidad-empresa en la UMSNH. *Ethos educativo*, 50, 105-126. https://www.researchgate.net/publication/340418081

Modelo de evaluación externa de Universidades y Escuelas Politécnicas, (2019).

Del Cioppo, F., & Bello, M. I. (2018). Indicators of social impact for evaluation of linkage projects with the collectivity. *Económicas CUC*, *39*(1), 105–116. https://doi.org/10.17981/econcuc.39.1.2018.07

Fernández, D., & Guitart, M. (2012). *Estadística descriptiva y análisis de datos.* Universidad Tecnológica Nacional. http://www1.frm.utn.edu.ar/estadistica/documentos/ED&AD.pdf

Bautista, E. G. (2014). La importancia de la vinculación universidad-empresa-gobierno en México. *Revista Iberoamericana Para La Investigación y El Desarrollo Educativo*, *5*(9), 107-127.

Navarrete, Y., Zambrano, G. Z., Alcívar, S. A., & Rodríguez, J. L. (2020). Impact of Social Outreach Projects and their Contribution to Student Education. *Estudios Del Desarrollo Social: Cuba y América Latina RPNS*, *2346*(2). www.revflacso.uh.cu

Parra-Penagos, C., & Rodríguez-Fonseca, F. (2016). Training and its effect in quality management in organizations. *Revista de Investigación, Desarrollo e Innovación*, *6*(2), 131–143. https://doi.org/10.19053/20278306.4602

Rivadeneira, E. M., & Silva, J. R. (2017). Learning based on research in autonomous and team work. *Revista Negotium*, 38. www.revistanegotium.org.ve/núm.38

Saavedra, M. L. (2009). Problemática y desafíos actuales de la vinculación universidad empresa: el caso mexicano. *Actualidad Contable FACES*, *12*, 100–119. http://www.redalyc.org/articulo.oa?id=25715409009

Zamora-Sánchez, R., Rodríguez-Castellanos, A., & Barrutia-Güenaga, J. (2022). Universities and socioeconomic development: a proposal for evaluating their social linkage projects. *Problemas Del Desarrollo. Revista Latinoamericana De Economía*, *53*(210). https://probdes.iiec.unam.mx/index.php/pde/article/view/69807

EL ÍNDICE DE AGUA NO CONTABILIZADA: EL CASO DE LA EMPRESA ESPUFLAN E.S.P., COLOMBIA

Idis Norely Duarte, Jaidi Yanid Jara Ochoa y Angarita Álvarez[1]

El presente texto nace en el marco de un proyecto de Investigación de la Corporación Universitaria Minuto de Dios Centro Universitario Girardot, "Diagnóstico financiero del indicador Índice de Agua No Contabilizada *IANC en la empresa Espuflan E.S.P. -Flandes Tolima".*

1. INTRODUCCIÓN

El agua es un elemento vital para la supervivencia en nuestro planeta. No solo es esencial para la existencia de la vida, sino que también desempeña un papel fundamental en el desarrollo y crecimiento de la fauna y la flora. La disponibilidad de agua de calidad es crucial para el funcionamiento adecuado de los ecosistemas naturales. Los cuerpos de agua como ríos, lagos y océanos albergan una diversidad de especies acuáticas y proporcionan hábitats para la vida marina. Además, los ecosistemas terrestres dependen del agua para mantener la salud de los suelos, permitir el crecimiento de plantas y proporcionar refugio y alimento a los animales. La naturaleza se beneficia del agua, sino que las ciudades y las comunidades humanas también dependen en gran medida de este recurso vital. El agua es fundamental para el desarrollo sostenible de las ciudades, ya que se utiliza en diversos aspectos de la vida diaria, como la higiene personal, el consumo, la agricultura, la generación de energía y la industria.

Es importante reconocer la importancia del agua y promover su uso responsable y sostenible. La conservación de este recurso valioso es esencial para garantizar su disponibilidad a largo plazo y para proteger los ecosistemas que dependen de él. Con medidas adecuadas de gestión y cuidado del agua, podemos asegurar un futuro sostenible tanto para nosotros como para las generaciones venidera. Según el Banco Mundial (2022), 2.000 millones de personas carecen de acceso a agua potable y 3.600 millones no tienen servicios de saneamiento básico, lo que representa un desafío para el progreso económico, la erradicación de la pobreza y el desarrollo sostenible. Las inversiones en agua limpia y saneamiento no solo previenen muertes y mejoran la salud, sino que también impulsan la economía. Los Estados Miembros de la ONU han adoptado el Programa para el Desarrollo Sostenible 2030 y sus 17 Objetivos de Desarrollo Sostenible (ODS) para abordar estos desafíos. Naciones Unidas se ha comprometido a lograr el acceso universal al agua potable, estableciendo el "Objetivo 6. Garantizar la disponibilidad y la gestión sostenible del agua

1. Universidad Corporación Universitaria Minuto de Dios (Colombia)

y el saneamiento para todos" (Naciones Unidas, 2015, p. 16) para garantizar que todos tengan acceso a agua potable para el año 2030.

Países como Honduras y México han implementado sistemas de captación de agua de lluvia de bajo costo que garantizan un suministro constante y presurizado en hogares y escuelas rurales. Estos sistemas utilizan tecnología de membrana de polietileno y han demostrado ser replicables en otros países de Centroamérica. A nivel mundial, el agua no facturada alcanza los 14 mil millones de dólares al año, y las pérdidas de agua en las ciudades representan un desafío, ya que se trata de agua tratada que termina contaminada en el sistema de alcantarillado. Esto conlleva mayores gastos operativos y energéticos. En América Latina, el índice de agua no contabilizada (IANC) se sitúa en un 45% según datos del Banco Mundial en 2013 (Banco Mundial, 2013).

El grupo EPM resalta la importancia de sus proyectos de reducción y control de pérdidas en el servicio de acueducto (Grupo EPM, 2017) Estos programas buscan aminorar el desperdicio de agua a través de medidas como el control de fugas, acciones comerciales e intervenciones sociales. Una de las iniciativas destacadas es Unidos por el Agua, que tiene como objetivo mejorar la calidad de vida de 40.200 familias en Medellín mediante la expansión de la cobertura de acueducto y alcantarillado, promoviendo una cultura de manejo responsable del agua. Además, se realizan eventos educativos en varias comunas para fomentar hábitos responsables entre los niños y adolescentes en relación con el uso adecuado del agua (Urbano, 2019).

En el municipio de Flandes, ubicado en el departamento de Tolima, la empresa de servicios públicos reporto para los años comprendidos entre 2019-2022, una producción de agua equivalente a 4.423 m^3 en el año 2019, con una facturación de 1.796 m^3, lo que conllevo un desempeño del IANC del 59,4%. En el año 2020, la producción ascendió hasta los 4.823 m^3 y facturó 1.762 m^3 lo que generó un IANC del 63.47%. En el año 2021, la producción fue de 4.721 m^3 y la facturación 1709 m^3, dando lugar a un IANC del 63,79%. Hasta el cierre de mayo de 2022. La producción total corresponde a 1.965 m^3, de los cuáles solo se han facturado 701 m^3, alcanzando así a un índice IANC del 64,32%.

Estos resultados son relevantes en comparación con el índice nacional del 43% (Espuflandes, 2022) y reflejan las actuales condiciones de la empresa (Figura 1). La empresa de servicios públicos en Flandes, Tolima, estima 16.570 usuarios registrados en el servicio de acueducto para el año 2022, con una proyección estimada de 421 nuevos suscriptores. De estos usuarios, el 25% (4.142 usuarios) serían elegibles para el cambio del micromedidor. La incorporación de estos nuevos suscriptores, la empresa estima registrar alrededor de 2.433 millones de metros cúbicos (m^3) de agua en 2022, equivalente a 5.171 millones de pesos colombianos correspondientes de agua facturada (Espuflandes, 2022).

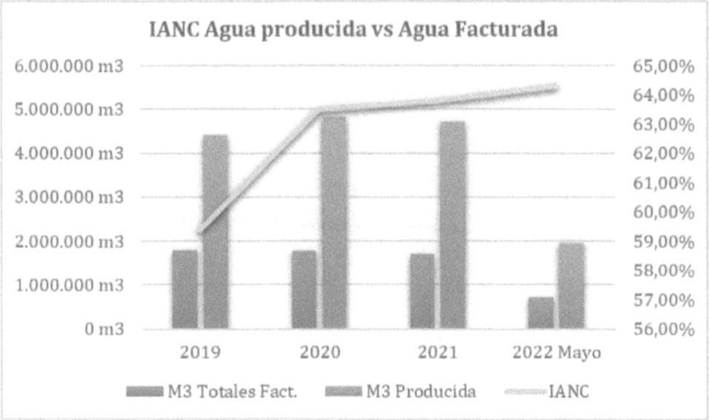

Figura 1. Indicador de agua no contabilizada en las vigencias 2019 a 2022.
Fuente: Espuflandes, 2022.

La empresa ha desarrollado diversas políticas, tales como campañas de reposición e instalación de micro y macromedidores en zonas residenciales, detección de conexiones ilegales y así como reparaciones eficientes de fugas en tuberías principales y domiciliarias. EL objetivo definido para el desempeño del Índice de Agua no Contabilizada (IANC) es del 66% para finales de 2022 y un IANC proyectado del 51,62% al cierre de 2027. El presente estudio se sustenta en los datos históricos de las vigencias 2019 a mayo de 2022 en la empresa de servicios públicos Espuflan E.S.P., del municipio de Flandes, Tolima. El objetivo de este estudio es responder a la siguiente pregunta ¿Cuál es la estrategia adecuada para contribuir con la eficiencia y operativa, y reducir el índice de agua no contabilizada IANC en la empresa Espuflan E.S.P.

2. OBJETIVOS

Los objetivos de este trabajo son analizar el IANC, sus principales causas de pérdida del agua, evaluar los factores externos que contribuyen a las malas prácticas y definir estrategias para la gestión adecuada de este índice en la disminución de los ingresos operacionales de la empresa Espuflan E.S.P.

3. LOS INDICADORES DE GESTIÓN

3.1. Antecedentes teóricos y empíricos

Los estudios mencionados realizan un análisis exhaustivo sobre la eficiencia administrativa y financiera en el sector de servicios públicos. Estos estudios resaltan la importancia de medir indicadores de gestión de manera integral y considerarlos como parte del proceso administrativo en la organización. Por su parte, el estudio de Neira y Guevara señala que, "los indicadores de gestión tienen un papel fundamental para el control y mejoramiento de resultados y representan un hito en el cumplimiento de objetivos" (2015, p. 9). Esto implica involucrar a todas las áreas organizacionales en la construcción de eficiencia.

En relación con la propuesta metodológica desarrollada por (Pereira, 2013), se destaca la importancia de contar con sistemas de información precisos y confiables para valorar correctamente los servicios públicos municipales. Esta herramienta de análisis permite a los actores involucrados, tanto la empresa de servicios públicos como los usuarios, contar con información precisa para tomar decisiones adecuadas.

En este sentido, el estudio de Salinas (2017, p. 15) resalta que:

> *El modelo de control de gestión en las empresas prestadoras de servicios públicos se ha basado fundamentalmente en los procesos e indicadores técnicos y financieros con el propósito de que se garantice la eficiencia en la prestación del servicio y la sostenibilidad financiera, dejando de lado otras dimensiones importantes como la planeación y el impacto en la sociedad.*

En resumen, estos estudios enfatizan la importancia de una gestión eficiente y efectiva en el sector de servicios públicos, abordando desafíos específicos y considerando indicadores de gestión como parte integral de la planificación estratégica.

Desde otra perspectiva, Henao (2012) recomienda en su estudio que las empresas de servicios públicos deben desarrollar métricas de conocimiento de los usuarios respecto al servicio a partir del enfoque de eficiencia organizacional.

Lizcano *et al.* (2016) proponen desarrollar un metamodelo de regulación del agua que involucre diversos aspectos, como la gestión de riesgo, la preservación de humedales, y la identificación de deficiencias en los indicadores de agua no contabilizada.

Estos elementos son fundamentales para abordar las crecientes brechas en los diseños de regulación y los niveles de pérdida, los cuales generan incertidumbre en relación con el uso racional y eficiente del agua. Además, se busca desvincular la dimensión financiera de las proyecciones técnicas y ambientales, permitiendo un enfoque independiente y equilibrado en la toma de decisiones.

En el caso de Porras (2019), se enfatiza la importancia del monitoreo regular de los índices de escasez de agua a nivel mundial, los cuáles facilitan la clasificación de las perdidas comerciales y técnicas. Estas pérdidas se refieren a errores de medición y facturación por fugas visibles en las redes de distribución,

En último lugar, según Bernal (2013), menciona la deficiencia en los resultados los indicadores técnicos de micro medición, como él de perdida de agua (IANC) para cada una de la categoría de empresas de servicios públicos. Estas cifras se relacionan con otros factores estructurales como demografía, capacidad económica y fiscal. Estos aspectos, según el autor, son fundamentales para lograr una gestión empresarial óptima en este sector.

3.2. Indicadores de gestión

Según Rincón (1998), la creación de un sistema de indicadores proporciona un conocimiento de los procesos que se desarrollan en una compañía. El control de estos indicadores ofrece información detallada de las actividades desarrolladas para alcanzar los objetivos establecidos, además de brindar una visión actualizada de la realidad del negocio. Según el artículo de Bordeianu y Radu (2017), la eficiencia de una actividad en una entidad está directamente relacionada ligada con la gestión de los recursos y el seguimiento de diversos indicadores aplicados a los procesos, tales como los financieros, logísticos, de inventario, de proveedores, entre otros. La evaluación de estos indicadores desempeña un papel significativo en la planificación estratégica de una organización.

En el ámbito de la gestión pública, el Departamento Nacional de Planeación (DNP), en 2018, define los indicadores como expresiones observables y verificables que permiten describir datos o cifras de la realidad mediante la medición de un objetivo o una relación entre variables. La utilidad de los indicadores en el sector público corresponde a que proporcionan información objetiva y medible del estado actual de los procesos, el cumplimiento de metas y la eficacia de las acciones implementadas. Asimismo, los indicadores permiten monitorear y evaluar el impacto de las políticas públicas, lo que facilita la identificación de áreas de mejora y la adopción de medidas correctivas para alcanzar los objetivos establecidos (Sánchez *et al.*, 2018)

4. METODOLOGÍA

Para el análisis del desempeño administrativo y financiero del indicador IANC, en la empresa Espuflan E.S.P ubicada en el municipio de Flandes-Tolima, se tomarán en cuenta diferentes aspectos. En primera instancia, se considerará de tipo mixto, entendido como un proceso que analiza datos cuantitativos y cualitativos para determinar así el escenario organizacional y financiero de la entidad; por otra parte, la línea de investigación institucional que corresponde es transformación social e innovación, al igual que la sublínea de gestión empresarial y desarrollo regional. Del mismo modo, se interrelacionan los Objetivos de Desarrollo Sostenible (ODS) adoptados por las Naciones Unidas, específicamente el ODS No.6, Agua limpia y saneamiento, y el ODS No.16, Paz, justicia e instituciones sólidas. Estos ODS se relacionan para establecer así la incidencia del indicador IANC en el objeto de estudio considerado, que corresponde con la empresa de servicios públicos del municipio de Flandes.

Sin embargo, es necesario precisar los mecanismos institucionales implementados para el monitoreo de indicadores. Por lo anterior, es necesario conocer información cualitativa y cuantitativa que permita obtener una visión clara del cumplimiento de esta métrica. Este panorama del indicador IANC, en el contexto de este estudio, se considera fundamental para realizar el diagnóstico financiero de la empresa Espuflan E.S.P. Así mismo indicar estrategias de administración y gestión de costos que permitan la disminución de la pérdida del agua. El enfoque descriptivo, que se utilizará como referente, pretende obtener conocimiento a partir de la observación de la realidad (pérdida del agua) y esta puede ser medible cuantificable y verificable (Yin, 2002). Esto permitirá la obtención de datos cuantitativos y cualitativos, así como su aplicación directa en el objeto de estudio, para desde los diferentes enfoques propuestos y cumplir con los objetivos establecidos de manera conjunta. La información recopilada será de vital importancia para conocer las inquietudes de los grupos de interés.

5. DESARROLLO DE LA INVESTIGACIÓN

5.1. Población y muestra

La muestra representativa utilizada en el estudio estuvo compuesta por una población de 80 conjuntos residenciales, donde 77 unidades residenciales cerradas fueron objeto de estudio. Esta muestra permitió un nivel de cobertura del 96% de los datos que se deseaban medir, un margen de error del 2%. Estos datos representan la situación actual del consumo de agua, las pérdidas de agua y su impacto en los resultados financieros de la empresa Espuflan E.S.P.

5.2. Instrumentos

El trabajo de campo se desarrolló mediante visitas a cada conjunto residencial en estudio en el municipio de Flandes, con el fin de recopilar información relevante del totalizador general del conjunto, los medidores ubicados en zonas comunes y los puntos de medición en las piscinas. Esta metodología de recolección de datos permite obtener información detallada y específica sobre el consumo de agua en cada conjunto residencial, así como en las zonas comunes y las piscinas. Esto brinda una visión más completa de cómo se utiliza el agua en diferentes áreas y facilita el análisis de las pérdidas de agua. A través de estas visitas, se logra obtener los datos pertinentes a la fecha de la investigación. Es importante mencionar que las tablas proporcionan la información recopilada durante el trabajo de campo, la cual permitirá analizar las pérdidas comerciales y su relación con el indicador IANC en la empresa Espuflan E.S.P. Durante el trabajo de campo, se utilizó un formato único para registrar los hallazgos relacionados con el estado de los equipos de medición en piscinas, zonas comunes y el totalizador general de cada conjunto residencial visitado. Además, se registró la capacidad de las piscinas en metros cúbicos. Durante este proceso, se encontraron varias novedades que son relevantes para comprender y controlar las pérdidas comerciales relacionadas con el indicador IANC en la empresa Espuflan E.S.P., tales como:

- Micromedidores frenados, ilegibles o dañados: Estos hallazgos indican problemas en la precisión de la medición del consumo de agua en los hogares y en otros puntos de medición, lo que puede contribuir a las pérdidas no contabilizadas.
- Conexiones presuntamente fraudulentas: La detección de conexiones ilegales o no autorizadas a la red principal de acueducto señala posibles pérdidas de agua que no se están registrando ni facturando adecuadamente.
- Predios en construcción sin medición del consumo de agua: El hecho de que los predios en construcción no tengan una medición adecuada del consumo de agua puede contribuir a pérdidas no contabilizadas, ya que el consumo real no está siendo registrado.
- Predios sin legalizar: la existencia de predios sin legalizar puede complicar la facturación y la medición precisa del consumo de agua, lo que potencialmente contribuye a pérdidas comerciales. Estos hallazgos son relevantes para comprender y controlar las pérdidas comerciales relacionadas con el indicador IANC en la empresa Espuflan E.S.P. (Tabla 1)

	Dato general	Resultado
1	Número de visitas	77 conjuntos residenciales visitados
2	Macromedición	24 conjuntos residenciales con macro medidor en zonas comunes y en condiciones óptimas para la medición general de la propiedad horizontal.
3	Macromedición en zonas comunes	De la muestra que corresponde con los 77 conjuntos residenciales visitados, tan solo 8 de estos cuentan con punto de medición registrado como piscina o zona común.
4	Inexistencia de Macromedición	De los 77 conjuntos residenciales visitados, y que conforman la muestra el 69% (53) cuenta con punto de medición en piscina o al menos un punto registrado como zona común.
5	Hidrantes	Los conjuntos residenciales visitados, (54)cuenta con al menos un hidrante en su interior, Esto equivale al 70% de la muestra
6	Novedades de medición	Medidores deteriorados, no aptos para el proceso de Macromedición de los consumos de agua. Defraudación de fluidos. Llaves terminales sin medición Fugas de agua sin mantenimiento Acometidas sin medidor Construcciones sin el proceso legal correspondiente. Uso directo con manguera conectada al hidratante de la red de acueducto dirigida hacia la piscina y sin la medición respectiva.

Tabla 1. Información del trabajo de campo. Fuente: Elaboración propia, 2023.

El trabajo de campo realizado permitió identificar las posibles causas que conllevan al nivel del indicador IANC en la organización, se realiza regresión lineal a fin de establecer la tendencia en las variables de indicador IANC como lo son Agua facturada versus Agua producida, teniendo en cuenta los siguientes aspectos:

1. Usuarios facturados con consumos por diferencia de lecturas
2. Usuarios objetivo para facturar con nuevo equipo de medición
3. Consumos Per cápita
4. Tarifas
5. Agua producida
6. Agua facturada
7. Variación IANC
8. Valor del facturado por el servicio de Acueducto
9. Participación del agua no medida sobre el total facturado

La disminución del nivel de indicador IANC de acuerdo con las proyecciones realizadas puede llegar hasta un 6,36%, en comparación con el valor del agua no medida, evaluado sobre el valor proyectado del facturado total en el servicio de acueducto.

5.3. Micromedición de consumos

El escenario relacionado hace referencia al cierre del 31 de mayo de 2022 en la empresa Espuflan E.S.P. La muestra se corresponde a 97% y 95%, para los servicios de acueducto y de Alcantarillado respectivamente, del total de participación, 16381 suscriptores (Espuflan E.S.P, 2022).

Durante el periodo comprendido entre los años 2021 y 2022, se ha evidenciado un alto volumen de agua no registrada en relación con la micromedición y la facturación de consumos (Espuflandes 2022). Al analizar el índice de agua no contabilizada (IANC), en términos generales de usuarios y metros cúbicos facturados, se observa un incremento del 4,92% (Tabla 2).

Año	Usuarios acueducto	Usuarios Fact.	M3 Totales Facturación	M3 Producida	Per Cápita Facturación	Per Cápita Producción	IANC
2019	15.488	134.544	1.796.089	4.423.334	13 m3	33 m3	59,40%
2020	15.739	118.678	1.762.258	4.823.987	15 m3	41 m3	63,47%
2021	16.132	135.859	1.709.926	4.721.842	13 m3	35 m3	63,79%
2022	16.269	58.707	701.473	1.965.822	6 m3	17 m3	64,32%

Tabla 2. Micromedición y facturación de consumos. Fuente: Espuflandes, 2022.

Por lo anterior, el indicador (IPUF) Índice de Pérdidas por Suscriptor Facturado brinda un panorama con respecto a las pérdidas de agua potable, en el periodo analizado. El IPUF es una métrica que permite evaluar la eficiencia del sistema de distribución y la gestión de pérdidas de agua a nivel de suscriptores. Al calcular el IPUF, se comparan las pérdidas de agua potable con los volúmenes facturados a los suscriptores. En este caso en particular, se determina una pérdida de 13 m^3 por usuario en el año 2020, 14m^3 por usuario en el año 2021 y 15m^3 por usuario en el transcurso del año 2022 (Tabla 3).

Si el IPUF es alto, indica que una proporción significativa del agua potable producida y distribuida no se factura a los suscriptores, lo que puede deberse a fugas, conexiones ilegales u otros problemas relacionados con la gestión y control del suministro de agua. Esta situación configura una responsabilidad en la entidad ya que conlleva pérdidas económicas y financieras significativas para la empresa Espuflan ESP.

Año	Usuarios Acueducto	M3 Facturados Promedio Mes	M3 Suministrada Promedio mes	IPUF	IANC
2020	15.739	146.855 m3	356.392 m3	13 m3	58,79%
2021	16.132	142.494 m3	363.420 m3	14 m3	60,79%
2022	16.269	140.295 m3	378.090 m3	15 m3	62,89%

Tabla 3. Índice de agua producida por usuario facturado 2020-2022. Fuente: Espuflandes, 2022.

5.4. Suscripción del Servicio

De acuerdo con los datos proporcionados por el Censo Nacional de Población y Vivienda (2018), Flandes tenía una población total de 27.334 habitantes y un aumento demográfico anual del 1,9 %. Al comparar el número de habitantes en 2022 con el número de suscriptores registrados en los estratos 1-2 y 3 para uso residencial, se estima que cada residencia municipal tendrá aproximadamente 2 personas utilizando el servicio de acueducto. Por lo tanto, se estima que en 2023 la población alcanzará los 30.135 habitantes.

Año	Usuarios Acueducto	Habitantes	M3 Totales Facturación	M3 Producida	Per Cápita Facturación	Per Cápita Prod	IANC
2019	15.488	334.326	1.796.089	4.423.334	5 m3	33 m3	59,40%
2020	15.739	340.591	1.762.258	4.823.987	5 m3	14 m3	63,47%
2021	16.132	347.062	1.709.926	4.721.842	5 m3	14 m3	63,79%
2022	16.269	147.357	701.473	1.965.822	5 m3	17 m3	64,32%

Tabla 4. Consumos en uso residencial estratos 1 - 2 y 3 por habitante. Fuente: Espuflandes, 2022.

5.5. Medición nominal y efectiva

Considerando la información presentada en la tabla 4, los diferentes tipos de suscriptores son de uso comercial y oficial como pymes, una planta de procesamiento de material de construcción ARGOS, restaurantes, colegios, escuelas, jardines infantiles, hoteles, supermercados y tiendas de víveres un aeropuerto comercial Santiago Vila, entre otros.

Es importante tener en cuenta que el consumo promedio de agua por habitante puede variar significativamente según el tipo de suscriptor y su actividad. Mientras que los suscriptores residenciales pueden tener un consumo promedio de 5m3 de agua potable por mes, los suscriptores de uso residencial estrato 4 y los comerciales/oficiales podrían tener requerimientos de agua mucho más altos debido a las características de sus instalaciones y actividades.

La información proporcionada y los datos obtenidos de los años tarifarios 2020-2021 y 2022, se observa que la empresa objeto de investigación presenta niveles de pérdida de agua superiores al estándar de eficiencia establecido por la Resolución CRA 688 de 2014.

Según la mencionada resolución, el indicador IPUF (Índice de Pérdidas por Suscriptor Facturado) establece un estándar de eficiencia que indica que el índice de pérdidas por suscriptor facturado debe ser igual o menor a 6m^3. Sin embargo, los datos obtenidos indican que la empresa presenta valores del indicador IPUF que oscilan entre 9,02m^3 y 15,22m^3, lo que evidencia que los niveles de pérdida de agua son superiores al estándar establecido.

Para los años tarifarios 2020 y 2021, los índices de pérdida de agua que oscilan entre 9,02m^3 y 15,22 m^3, respectivamente, corresponden a las proyecciones establecidas según la metodología tarifaria de la Resolución CRA 688 de 2014. Es importante destacar el valor de 12,43m^3 en el año 2021, que representa el resultado real al finalizar ese año. Este valor supera en 3,04 m^3 la proyección establecida para este periodo. Al continuar con el análisis, se observa que, en el año 2022, el índice de pérdida de agua alcanzó los 15,22m^3 por suscriptor, lo que equivale a un aumento de 2,79 m^3 o un 15,22% de incremento con respecto al año tarifario anterior (Tabla 5). Esto indica un incremento significativo en las pérdidas de agua en la empresa para el año 2022 en comparación con los años anteriores.

Año Tarifario	Índices	Eficiencia	Diferencia	Variación
2020	9,02 m^3	6,00 m^3	3,02 m3	50,33%
2021 proyección	9,39 m^3	6,00 m^3	3,39 m3	56,50%
2021 real	12,43 m^3	6,00 m^3	6,43 m3	107,17%
2022	15,22 m^3	6,00 m^3	9,22 m3	153,67%

Tabla 5. Evolución del indicador de agua producida por usuario facturado 2020-2022. Fuente: Espuflandes, 2022.

5.5. Medición nominal y efectiva

Los datos presentados en la tabla 6, son relevantes para evaluar la calidad y precisión de la medición del consumo de agua en la empresa. Los resultados de la medición efectiva y nominal indican el número total de suscriptores con equipo de medición instalado y en perfecto estado en relación con el total de suscriptores de acueducto, sin discriminación por uso y estrato. Estos datos son importantes para comprender la cobertura de medición y la fiabilidad de los registros de consumo de agua en la empresa.

Es ciertamente interesante observar la mejora en el índice de medición efectiva a lo largo de las vigencias 2019 a mayo de 2022, pasando del 83% al 88%. Esta reducción de 5 puntos porcentuales indica una mejora significativa en la medición del consumo de agua en la empresa objeto de investigación.

El aumento en el índice de medición efectiva refleja una mayor aceptación por parte de los usuarios del servicio en cuanto a la instalación y el mantenimiento adecuado de los equipos de medición. Esto indica que los suscriptores están adoptando y utilizando los equipos de medición de manera más efectiva, lo que a su vez contribuye a una mayor precisión en la facturación y una gestión más eficiente del agua.

INDICADORES DE MICROMEDICIÓN							
Vigencia	Usuarios Acueducto	Instalados	Buenos	Dañados	Sin Medidor	Nominal	Efectiva
2019	15.488	14.992	12.897	2.095	496	97%	83%
2020	15.739	15.324	13.413	1.911	415	97%	85%
2021	16.132	15.742	14.126	1.616	390	98%	88%
2022	16.269	15.881	14.337	1.544	388	98%	88%

Tabla 6. Medidores de acueducto 2019 - 2022. Fuente: Espuflandes, 2022.

5.6. Aspectos sociales, económicos, políticos, ambientales

La emergencia de salud pública ocasionada por la pandemia de Covid-19 tuvo efectos significativos en el municipio de Flandes, al igual que en otros lugares del mundo. Las medidas de confinamiento, restricciones de movilidad y cierre de establecimientos comerciales implementadas para contener la propagación del virus tuvieron un impacto directo en la economía local.

La declaración de la emergencia sanitaria y las medidas adoptadas en respuesta a la pandemia tuvieron un impacto significativo en la empresa de servicios públicos de Flandes. La obligación de restituir el servicio de agua potable al 100% de los habitantes sin generar cobro por la reinstalación y la imposibilidad de suspender el servicio por el no pago conllevo a que la empresa asumiera el costo adicional de proporcionar el servicio a todos los habitantes, independientemente de su capacidad de pago, lo que afectó a sus ingresos y su capacidad financiera, representando así desafíos económicos para la entidad.

En cuanto al consumo facturado, se observó un decrecimiento del 2% entre las vigencias 2019 y 2020, debido a que gran parte de la población se encontraba en sus hogares cumpliendo con las medidas de confinamiento y restricciones de movilidad. Esto implicó un menor uso y consumo de agua en comparación con años anteriores.

Por otro lado, se registró un aumento del 9% en el total del agua producida durante el mismo período. Esto puede atribuirse a que, a pesar de la reducción en el consumo facturado, se mantuvo la necesidad de suministrar agua a todos los usuarios, incluyendo aquellos que no estaban generando ingresos para la empresa debido a la suspensión temporal de las medidas legales de suspensión del servicio por no pago de este.

En las vigencias 2020-2021, se observa una disminución en el consumo facturado (3%) así como en el total del agua producida (2%). Estas reducciones pueden estar relacionadas con los efectos continuos de la pandemia, así como con la situación económica y las restricciones impuestas durante ese período.

Finalmente, en el año 2022, la emergencia sanitaria y las medidas adoptadas tuvieron un impacto negativo en los ingresos de la empresa de servicios públicos de Flandes debido a la obligación de restablecer el servicio sin cobro y la reducción en el consumo facturado.

5.7. Resultados

Los altos niveles de agua no registrada y un incremento en el índice de pérdidas, configura una responsabilidad en la entidad, ya que indica deficiencias en la gestión y control del suministro de agua potable. Estas deficiencias pueden resultar en pérdidas económicas y financieras significativas para la empresa Espuflan ESP.

Las pérdidas económicas se deben a la falta de facturación de una proporción considerable del agua producida y distribuida. Esto implica que la empresa no está recuperando los ingresos correspondientes a ese volumen de agua no registrada, lo que afecta directamente su situación financiera.

Las implicaciones financieras relacionadas con los costos de producción y distribución de agua no facturada representan que la empresa está asumiendo gastos en la producción, tratamiento y distribución de agua que no se traducen en ingresos, lo que afecta su rentabilidad y sostenibilidad financiera a largo plazo.

Existe una brecha significativa entre el número de suscriptores (16.037) con equipos de medición y el total de suscriptores de acueducto. Una discrepancia importante podría indicar la necesidad de mejorar la instalación y el mantenimiento de los equipos de medición, lo que a su vez puede contribuir a la reducción de pérdidas de agua y mejorar la precisión de la facturación y de micromedición efectiva.

Estas novedades resaltan la necesidad de abordar los problemas relacionados con la micromedición, las conexiones ilegales, las roturas de redes y la falta de registro de poblaciones, con el objetivo de reducir las pérdidas económicas en la empresa Espuflan E.S.P.

6. CONCLUSIONES

Se han identificado diversas falencias administrativas y técnicas en la empresa Espuflan E.S.P. en las vigencias analizadas. Se destaca la ineficiencia en el proceso de medición, que es fundamental para la facturación del agua y la recuperación de los recursos invertidos en este tipo de entidades.

Es crucial que las empresas de servicios públicos y en particular Espuflan E.S.P., tome medidas para abordar esta situación, como mejorar la micromedición, implementar sistemas de detección de fugas, fortalecer el control del suministro y realizar auditorías periódicas.

Las entidades de servicios públicos acueducto y alcantarillado necesitan implementar acciones y estrategias para reducir las pérdidas de agua, mejorar la eficiencia en su gestión, identificar las causas de las pérdidas, como fugas, conexiones ilegales u otros problemas en la red de distribución para alcanzar los estándares de eficiencia establecidos, optimizar la gestión del agua y mejorar la salud financiera de la empresa.

En definitiva, es importante revisar la normativa que regula a las empresas de servicios públicos en el sector público y fortalecer los mecanismos de control y supervisión. Esto puede implicar la actualización de las regulaciones, la aplicación de sanciones efectivas por incumplimientos y la implementación de sistemas de auditoría y control interno rigurosos.

7. REFERENCIAS

Banco Mundial. (3 de septiembre de 2013). *América Latina: ¿Por qué las empresas de agua y saneamiento intentan ahorrar energía?*. Banco Mundial. https://bit.ly/44HVWcZ

Banco Mundial. (3 de octubre de 2022). *Agua. Panorama general.* Banco Mundial. https://www.bancomundial.org/es/topic/water/overview

Bernal, P. I. (2013). Indicadores del servicio de acueducto y aglomeración urbana en Colombia. *Territorios, 29*, 77-94. https://revistas.urosario.edu.co/index.php/territorios/article/view/2993

Bordeianu, G. y Radu, F. (2017). *System of management indicators.* Economy Transdisciplinary.

Censo Nacional de Población y Vivienda (30 de agosto 2018). Censo Nacional de Población y Vivienda 2018 Colombia. Gobierno de Colombia. https://sitios.dane.gov.co/cnpv/#!/

Espuflan E.S.P. (s.f.). Institucional. Quiénes somos. ESPUFLAN. https://espuflan.com.co/acerca-de-nosotros/quienes-somos

Espuflandes. (2022). *Reportes internos de gestión*. Flandes.

Grupo EPM. (2017). *Gestión de Pérdidas Informe de Sostenibilidad 2017.* Sostenibilidad Grupo EPM. https://bit.ly/3Kl1aDd

Henao, C. S. (2012). *Conocimiento, satisfacción y control social de los usuarios como indicadores de gestión de las empresas prestadoras del servicio de aseo.* [tesis de maestría, Universidad Piloto de Colombia]. Repositorio Institucional Re-Pilo. http://repository.unipiloto.edu.co/handle/20.500.12277/3252

Lizcano, J.A., Bolañoz, S.J. y Medina, R.J. (2016). La ciencia del diseño para un metamodelo de regulación de agua potable y saneamiento básico. *Redes de Ingeniería,* 138-144. https://doi.org/10.14483/2248762X.12002

Naciones Unidas (2015). Transforming our world: the 2030 Agenda for Sustainable Development. United Nations. 1-40. https://bit.ly/43E7vR6

Neira, A. P y Guevara, C. A. (2015). *Indicadores de desempeño en la gestión de proyectos, un análisis del estado del arte basado en las publicaciones científicas actuales* [tesis de grado, Universidad Distrital Francisco José de Caldas]. Repositorio Institucional Udistrital. https://repository.udistrital.edu.co/handle/11349/2915

Pereira López, M. (2013). *Modelos de construcción de indicadores para la evaluación de los servicios públicos: definición y funcionamiento del índice de cobertura de servicios.* [Tesis doctoral, Universidade de Santiago de Compostela]. Repositorio Institucional USC. https://minerva.usc.es/xmlui/bitstream/handle/10347/9575/rep_557.pdf?sequence=1

Porras, K. P. (2019). El oro azul y su gestión de perdidas en Colombia. *Módulo de Arquitectura CUC, 23(*1), 9-22. https://doi.org/10.17981/mod.arq.cuc.23.1.2019.01

Resolución CRA 688 de 2014, de 31 de julio, Comisión de Regulación de agua potable y saneamiento básico. *Diario Oficial, 49.229*, de 31 de julio de 2014. https://normas.cra.gov.co/gestor/docs/pdf/resolucion_cra_0688_2014.pdf

Rincón, R. D. (1998). Los indicadores de gestión organizacional: una guía para su definición. *Revista Universidad EAFI, 34*(111), 43-59. https://bit.ly/3rNvZdt

Salinas, N. (2017). El modelo de control de gestión de las empresas de servicios públicos domiciliaros en Colombia: balance y desafíos durante las vigencias de la ley 142. *Revista Activos, 15*(29), 59-90. https://doi.org/10.15332/s0124-5805.2017.0029.03

Sánchez, O., Salazar, A.F., Thowinson, J., López, J,M, y Villareal, S. (2018). *Guía para la construcción y análisis de indicadores.* Departamento Nacional de Planeación de Colombia.

Urbano, E. d. (2019, 22 de noviembre). Agua potable: un sueño hecho realidad para otros 40.200 hogares de Medellín. EDU. https://bit.ly/3DxlQnN

Yin, R. K. (2002). *Investigación sobre estudio de casos: Diseños y Métodos.* SAGE publications.

EVOLUCIÓN DE LA COMUNICACIÓN ORGANIZACIONAL Y LA RESPONSABILIDAD SOCIAL CORPORATIVA: CONTRIBUCIONES AL DESARROLLO SOSTENIBLE

Marto Egido Piqueras[1]

1. INTRODUCCIÓN

En la actualidad, el cambio climático y sus efectos son un gran desafío para la supervivencia del planeta y sus habitantes. Según los científicos y especialistas en el tema, la clave para evitar la destrucción del planeta es crear conciencia en la sociedad y promover acciones positivas para el futuro. De acuerdo con esta perspectiva, en 2015, la comunidad internacional se reunió bajo el Acuerdo de París, organizado por la Organización de las Naciones Unidas (ONU), y se destacó la importancia de las empresas, organizaciones e instituciones para difundir y concientizar sobre esta problemática.

Por lo tanto, la ONU presentó los Objetivos de Desarrollo Sustentable (ODS) para la Agenda 2030, que busca establecer una nueva visión hacia la sostenibilidad social, ambiental y económica. Los diecisiete ODS están interrelacionados y tienen metas en común para transformar a las organizaciones y corporaciones en agentes de cambio sustentable y sostenible. Estas, como actores principales para el cambio (Sandoval, 2014), debieron comprometerse a llevar a cabo acciones enfocadas en la transformación gradual hacia estos objetivos. Entre dichas acciones, se plantea la importancia de comunicar abierta y externamente sus procesos y resultados bajo el eje de la Responsabilidad Social Corporativa (RSC) o Empresarial (RSE), como así también hacer uso de su alcance social para incentivar a sus consumidores la responsabilidad con el medioambiente.

Lo que se destaca de esta Agenda y la consideración de las corporaciones para su cumplimiento es que no se plantea trabajar la cuestión ambiental de una manera aislada, sino que se integra dentro de otras problemáticas relacionadas directamente con el desarrollo de las industrias, los ecosistemas y las personas, desplegando una nueva mirada transversal sobre la situación y propiciando una forma de comunicarlo a la sociedad.

Bajo este planteamiento, surge el interrogante en torno al beneficio que puede brindar a las empresas incluir los ODS como parte de su plan de comunicación en relación con una estrategia de RSC. Con base en ello es que este trabajo busca explorar y dar cuenta sobre cómo las políticas empresariales y acciones basadas en los ODS responden a la RSC y cómo una comunicación con estos ejes pueden llegar a generar un triple impacto (social, económico y ambiental) (Barroso, 2021). Desde esta perspectiva, se defiende que el desarrollo sostenible pretende de lograr, de manera equilibrada, la protección del

1. CEDEU Centro Universitario en Madrid. Adscrito a U.R.J.C. (España)

medioambiente y desarrollo socioeconómico como una acción incluida e impulsada desde la comunicación organizacional.

2. OBJETIVOS

A partir de lo expuesto en el punto anterior, el presente trabajo tiene como objetivo general realizar una revisión bibliográfica para analizar estas nuevas formas de expresión y comunicación en el marco del cambio climático y el desarrollo sustentable por parte de las corporaciones. Al mismo tiempo, se propone identificar las vinculación entre estos elementos, analizar si se han implementado estrategias de comunicación al respecto, y evaluar las posibles limitaciones y desafíos que enfrentan las corporaciones en su comunicación y compromiso con la sostenibilidad y el cambio climático.

Se hipotetiza que, a través de la correcta gestión integrada entre comunicación organizacional y la RSC, con una visión basada en los ODS, las diversas corporaciones pueden cumplir un rol fundamental como agentes de cambio. Aquellas que promueven y comunican ideas y acciones sostenibles se colocan en un lugar de relevancia para el desarrollo de comunidades más involucradas con el proceso de cumplimiento de los ODS. Según la ONU (2015), este proceso es de vital importancia para remediar los efectos de la contaminación global.

3. METODOLOGÍA

El diseño de investigación responde al modelo de revisión bibliográfica. Como tal, presenta un alcance descriptivo. Mediante la indagación, descripción y construcción del estado del arte sobre las estrategias de comunicación social utilizadas para el abordaje de la crisis ambiental en el marco empresarial, se buscó la posibilidad de abrir futuras líneas de investigación o actuación de utilidad para transformar aquellos aspectos que se consideren necesarios. Es así de un trabajo del tipo cualitativo. La revisión de la literatura efectuada se sustentó en la búsqueda y análisis de artículos de divulgación científica (fuentes secundarias) que se encontraron alojados en bases de datos, debidamente formalizados, revisados y referenciados. Dentro de estos, se utilizaron fuentes de información pertinente, detectadas mediante un proceso de identificación, cribaje, elegibilidad e inclusión de artículos que son seleccionados a partir del establecimiento de criterios de inclusión y exclusión. Los trabajos utilizados fueron analizados cualitativamente para el desarrollo de la presente investigación.

4. DESARROLLO DE LA INVESTIGACIÓN

En líneas generales, diversas empresas han adherido a los ODS, sobre todo aquellas vinculadas con los servicios públicos, las cuales están presente en la vida cotidiana de la comunidad e impactan directamente en la sociedad en general. Esta labor, además, se caracteriza por contener estrategias de comunicación y su RSC, aspectos de gran valor para esta investigación (Olaya, 2020). Desde este punto de vista, la comunicación organizacional se refiere al tipo de comunicación que se enfoca en la planificación y el desarrollo de un método adecuado para establecer contacto con distintos y diversos públicos. Su objetivo principal es unificar, ordenar y planificar estratégicamente lo que una entidad necesita comunicar a sus públicos. Dicha tarea es fundamental para proyectar la identidad de una empresa de manera coherente. Al hablar de identidad, se busca transmitir el espíritu de la empresa, lo que se compromete a hacer y lo que quiere inspirar, basándose en la cultura organizacional, que se define como el conjunto de valores y creencias compartidas por la empresa (Ritter, 2008).

Así, en los siguientes apartados se define, en primera instancia, la RSC y su vinculación con los ODS. Seguidamente, se detallan los elementos de la comunicación organizacional y su importancia para dicha responsabilidad social. Finalmente, estos elementos se ponen en relación dentro del marco del desarrollo sustentable y se detectan las estrategias para su implementación, a partir de lo cual se elaboran las conclusiones pertinentes.

4.1. Los Objetivos de Desarrollo Sustentable (ODS)

Si bien los ejes principales de este trabajo es la relación entre la RSC y la comunicación, este se plantea en el marco de la sustentabilidad. Por ello, es preciso definir brevemente los ODS. En 1987, la Comisión Mundial del Medioambiente y las Naciones Unidas publicaron el Informe Brundtland, que enfatizó la notoriedad del cambio climático y el necesario cuidado del medioambiente, a la vez que se definió el desarrollo sostenible como una tendencia para satisfacer las necesidades sin comprometer los recursos para las generaciones futuras. El Club de Roma y su informe Los límites del crecimiento, en 1972, también jugaron un papel decisivo al alertar sobre las consecuencias del desarrollo económico (Marqués, 2017).

Se entiende, entonces, que la sostenibilidad abarca no solo el medioambiente, sino también el desarrollo financiero, social, ecológico y político. La sostenibilidad implica proponer soluciones que puedan mantenerse a lo largo del tiempo y considerar todas las actividades humanas cotidianas (Sartori *et al.*, 2014). En menester recalcar, además, que este desarrollo debe considerar el crecimiento social y económico en relación con el índice de sostenibilidad. En otras palabras, las metas que se planteen deben poder ser alcanzadas y mantenidas a largo plazo en cualquier etapa (Velázquez y Vargas, 2012). En el Informe Brundtland (ONU, 1987) se indicó que las empresas tenían "una responsabilidad especial" (p.30) con respecto a políticas de desarrollo para lograr mayor eficiencia, mejor productividad, menor contaminación y que sean sostenibles, promoviendo una economía sustentable a la vez que establecían vínculos con sus públicos para promover dichos objetivos.

De este modo, los ODS tienen como objetivo enfatizar en la protección y mejora del planeta para las presentes y futuras generaciones, erradicar la pobreza, garantizar acceso a alimentos, mejorar el bienestar y la salud, brindar educación de calidad, promover la igualdad de género, garantizar los derechos humanos, elegir energías renovables, fomentar el empleo digno y el desarrollo económico en relación con todos estos aspectos. Además, se consideran transformaciones que puedan mejorar el planeta, como infraestructuras, industrias e innovaciones que sean óptimas para garantizar la igualdad y propiciar comunidades sostenibles. Se fomenta el consumo responsable, acciones para revertir las consecuencias negativas en el entorno y la unión comunitaria para lograr estos objetivos (ONU, 2015).

Los ODS son interdependientes, por lo que es necesario actuar en múltiples espacios para cumplirlos. La agenda de los ODS pretende encaminar al mundo hacia un desarrollo próspero y sustentable que considere al ecosistema como clave. Así, el ámbito empresarial tiene un papel importante en el equilibrio entre la sociedad y el medioambiente en pos de un futuro sostenible, lo que se relaciona estrechamente con la responsabilidad social empresarial (Vilches *et al.*, 2014).

4.2. La Responsabilidad Social Corporativa (RSC) o Empresarial (RSE)

La RSC, en la actualidad, se encuentra ligada a la idea del desarrollo sostenible. En contexto de crisis ambiental, se indagó sobre cuáles deberían ser las responsabilidades de las empresas dentro del modelo de sustentabilidad, por lo que surgió, en primer lugar, la noción de sostenibilidad empresarial. Ya en la década de los noventa había comenzado a refinar la categoría de RSC (Barcellos, 2011). Uribe *et al.* (2018) resumen alguna de las referencias iniciales sobre esta:

> *Una de las referencias modernas iniciales de la RSE tiene que ver con Friedman quien, de acuerdo con Bower, planteó en la década de los setenta que la responsabilidad social de la empresa es desarrollar acciones que incrementen sus utilidades; Carroll complementa esta mirada económica indicando que la sociedad también tiene expectativas en los campos legal, ético y discrecional. Posteriormente, Freeman aduce que además de las responsabilidades con sus accionistas, la empresa las asume también con todos aquellos individuos que afectan o son afectados por las actividades que esta realiza para conseguir sus propósitos (...). Además, la Asociación Española de Contabilidad y Administración de Empresas plantea que la RSE es el compromiso voluntario que asumen las empresas, frente al desarrollo de la sociedad y la preservación del medioambiente (Uribe et al., 2018, p. 56).*

En esta línea, los autores afirman que la RSE es el conjunto de acciones desarrolladas por empresas, corporaciones u organizaciones con el objetivo de optimizar sus resultados económicos, sociales y medioambientales a la vez que satisfacen los requerimientos de sus públicos y consumidores. Existen numerosas aproximaciones teóricas sobre los mencionados conceptos y con diferentes alcances, no obstante, a su vez presentan múltiples coincidencias.

Sandoval (2014) plantea en RSC, en el marco de Desarrollo Sostenible, implica que toda empresa que busque ser responsable para con la sociedad, debe tener valores y principios éticos, una gobernabilidad corporativa, tener un impacto positivo en el medioambiente, ser transparente y rendir cuentas y cumplimientos de objetivos propuestos mediante acciones de comunicación externa. La ética que sustenta a la RSC se relaciona, de esta forma, con la moral humana sobre el bien y el mal, a partir de lo cual la organización define sus valores y los implementa en sus quehaceres.

García (2011) explica que en 1996 se dio un gran paso del sector empresarial hacia la sostenibilidad a través de las normas ISO, en particular la 14001, que enfatizó la importancia de considerar el desarrollo sostenible dentro de las organizaciones y la necesidad de implementar un Sistema de Gestión Ambiental. Como resultado de la presión del mercado para aplicar políticas de responsabilidad social y ambiental, se desarrollaron otras herramientas, como el *Global Reporting Initiative*, que se centra en informar sobre el desempeño empresarial en términos de sostenibilidad. De acuerdo con Curipoma y Jaramillo (2019), cuando una empresa se compromete con el desarrollo sostenible y la responsabilidad social, se enfoca en abordar diversas situaciones, como el uso de recursos, problemas sociales, la protección de los consumidores, la comunicación empresarial orientada a las personas, las crisis sociales y económicas, entre otros.

Según Uribe *et al.* (2018), la comunicación es un aspecto importante dentro de la RSC, sobre todo en el marco de los ODS. Estos elementos son considerados como parte de la estrategia de las empresas, que promueven el desarrollo y la protección del medioambiente y la sociedad, agregando valor y contribuyendo al crecimiento propio. De acuerdo con esta visión, la RSC se sustenta en tres pilares: la responsabilidad económica (creación de estructuras empresariales sólidas), social (vinculación con la comunidad y proyectos sociales, rendición de cuentas, promoción de la comunicación y educación, entre otros) y ambiental (reducción del impacto ambiental y uso de materiales sostenibles para lograr la sostenibilidad).

Consecuentemente, se plantea que la RSC se trata de una filosofía que implica la toma de conciencia sobre las decisiones y sus consecuencias tanto en el ambiente social como físico. A diferencia de la filantropía, la RSE no solo busca beneficiar a un sector social, sino que se enfoca en incluir a las personas en proyectos sociales y productivos, optimizando recursos y siendo útil para la comunidad en general (Pinzón, 2010). La RSC implica la capacidad de las empresas de dar respuesta a las consecuencias y efectos que sus actividades tienen en los distintos grupos con los que interactúan. En este sentido, no solo se enfoca en lo económico, sino también en la satisfacción de las necesidades, el cuidado y la preservación del entorno y la sociedad en la que se encuentran. La RSE también puede influir positivamente en cambios sociales y ambientales y, por lo tanto, es considerada como una ciudadanía corporativa en algunos casos (Briones y Ávila, 2017).

4.3. Comunicación Organizacional y RSC

Para el abordaje de la comunicación y su relación con las políticas de RSC/RSE, es preciso, en primera instancia, considerar la comunicación interna y externa de las corporaciones. En conjunto, pretenden "aumentar la eficiencia de la empresa mediante la forma y disposición de los órganos componentes de la organización y de sus interrelaciones estructurales" (Chiavenato, 2007, p. 44).

En este sentido, la comunicación es sumamente valiosa como pilar de cualquier empresa, pues se vincula, no solo con el crecimiento económico de la misma, sino también con lo que desea transmitirles a sus grupos de interés, sobre lo que brinda, y sobre la responsabilidad de sus actuaciones. La comunicación de información de diversa índole se sustenta, dentro del contexto corporativo, en un proceso capaz de "planificar, gestionar y evaluar los flujos de información interpersonales y mediatizados que atañen tanto al público interno como al externo, en relación directa con los objetivos de la organización" (Álvarez y Lesta, 2011, p. 12). Asimismo, cabe destacar que "una empresa estructurada, con sus áreas absolutamente definidas y con un buen talento humano, no puede caer en un estancamiento por el déficit de una buena, efectiva y asertiva comunicación entre sus componentes" (Moreno *et al.*, 2014, p. 8).

De acuerdo con Ramos *et al.* (2017), la comunicación, en este contexto, permite establecer distintas estrategias para el desarrollo de las relaciones, tanto externas como internas, que tienen por objetivo mejorar el desempeño general. Asimismo, posibilita el funcionamiento de la estructura. En síntesis, la comunicación dentro de las corporaciones o empresas posibilita "conocer los logros, los alcances o solucionar las dificultades de las personas que trabajan en los diferentes departamentos de una empresa" (p.4). En relación con la RSC y los ODS, la comunicación es clave para transmitir sus estrategias al respecto y tener un mayor alcance social.

Vilanova *et al.* (2017) indican que hay modos para comunicar teniendo como eje estos elementos, que incluso son de utilidad para no caer en un mero reporte para la sociedad, sino que también puede ser de gran utilidad para propiciar el cambio de actitudes hacia el consumo responsable. Es por ello que es menester: definir lo que se va a comunicar, conocer el público a quien se va a comunicar, elegir un canal adecuado para cada grupo de interés y adecuar el mensaje para que sea eficiente y eficaz, y, sobre todo, ser coherente en dichos y acciones. A grandes rasgos, existen dos pilares dentro de la comunicación corporativa o institucional que se involucran en la RSC: la interna y externa, es decir, la comunicación que circula puertas adentro, por un lado, y, por el otro, la que se realiza para públicos de interés externos a la misma. Ambos deben estar en correlación para un óptimo funcionamiento de la empresa.

La comunicación interna, entonces, es la que sucede dentro de la organización, cuyas responsabilidades se enfocan en: "establecer objetivos y estrategias comunicativas, establecer prioridades comunicativas, establecer un sistema de acceso a la información determinando los flujos de la comunicación, establecer los elementos de la comunicación y función del sistema" (Ramos *et al.*, 2017, p.21).

La comunicación externa, en cambio, está conformada por las conexiones y contenidos que se generan desde el interior de la organización, pero se dirigen hacia el exterior. Su objetivo principal es fortalecer y cultivar las relaciones con diversos grupos de interés, al mismo tiempo que proyecta una imagen positiva. Esta forma de comunicación se encuentra vinculada con las áreas de relaciones públicas y marketing, fomentando interacciones auténticas, amigables, expertas y continuas. Cuando se relaciona con la RSC y los ODS, la comunicación externa se encarga de establecer un vínculo con la sociedad, presentando información sobre el ambiente de la empresa, los objetivos y las acciones en pos de reducir su impacto en el medioambiente, a la vez que se busca promover otras acciones en el público de interés, fomentando el consumo responsable y la toma de consciencia sobre el cambio climático (Ramos *et al.*, 2017)

La comunicación externa debe cumplir ciertos requisitos para establecer este tipo de relaciones. Es importante que proporcione información precisa y accesible para que la empresa sea considerada como una fuente confiable y creíble. Asimismo, se resalta que los avances tecnológicos han permitido ampliar la comunicación externa mediante la incorporación de redes sociales y tecnologías de información y comunicación virtual, logrando un mayor alcance, respuesta oportuna a las solicitudes, un seguimiento más detallado y relaciones más cercanas e interactivas, lo que se traduce en nuevas formas de expresión en el marco de la RSC y el desarrollo sustentable. Aunque puede parecer que esto hace que las empresas tengan una mayor facilidad para adoptar una postura de responsabilidad social, esto no es necesariamente cierto, ya que el compromiso real y las acciones efectivas son lo que cuenta (Marqués, 2017).

Cabe destacar que los ODS han sido investigados principalmente desde enfoques teóricos, y se los ha puesto en relación con otros aspectos, como lo es la RSC. En menor medida han sido considerados en estudios de caso. Sin embargo, se ha podido determinar que aquellos trabajos académicos que van más allá de la teoría exponen falencias en la aplicación actual de los ODS y la comunicación al respecto dentro del ámbito empresarial.

Marqués (2017) se centró en estudiar el modelo de desarrollo que plantean las empresas de España, considerando que, aunque se esté introduciendo la noción e importancia de los ODS, aún les falta un camino por recorrer para calificarse como "responsables". Esto se deriva de la revisión bibliográfica realizada por la autora a partir de los conceptos de desarrollo sostenible y su incorporación en el ámbito empresarial. Asimismo, estudió el grado de implementación de los ODS en las empresas españolas a partir de la realización de 25 entrevistas en profundidad a expertos en el tema. Con las mismas se pudo obtener una visión completa sobre el objeto de estudio, dando como resultado que es menester seguir comunicando a la sociedad sobre la necesaria y efectiva implementación de los ODS.

Por consiguiente, se plantea una falencia en materia de comunicación interna y externa con relación a la sostenibilidad, sobre todo en cuestiones relacionadas con el desaprovechamiento de los medios de comunicación actuales. Se detecta, además, un contexto atravesado por crisis de confianza por parte de la sociedad en instituciones o empresas que no se preocupan verdaderamente por la protección de la biodiversidad, los derechos humanos o el cambio climático: "aunque se evidencian avances en las estructuras internas, en la definición de políticas y en el reporte en torno a la sostenibilidad, todavía existe un bajo nivel de integración real en el núcleo del negocio por lo que se requiere y exige una mayor transformación a nivel internacional" (Marqués, 2017, p. 20). Asimismo, otros puntos débiles que merecen atención y un mayor impulso serían los siguientes:

> *La necesidad de mayor vinculación con el núcleo del negocio, la escasa atención a la agenda internacional, la ausencia de referencias al papel de los máximos ejecutivos como "predicadores" de la sostenibilidad, la falta de consideración de la colaboración corporativa como factor de impulso y las limitadas menciones a los nuevos modelos empresariales en torno al principio de valor compartido (Marqués, 2017, p.21).*

Estas cuestiones se evidencian también en los trabajos de Camarán *et al.* (2019), Herranz y García (2021), entre otros, quienes plantean que la comunicación sobre la sostenibilidad debe enfocarse en nuevas estrategias que provoquen una real integración en las empresas, a partir de un comportamiento moral, ético, coherente y transparente, con una orientación interna y externa que promueva una identidad fuerte y comprometida con los ODS. Para ello, la empresa que pretenda cumplir con estos elementos, debe definir correctamente sus objetivos y focalizarse en la creación de herramientas, estrategias y comunicados para su cumplimentación.

Se destaca, así, la relevancia que se le da a la comunicación para la aplicación de los ODS en las empresas. Las estrategias de comunicación incluyen desde la divulgación de informes de sostenibilidad hasta campañas de publicidad y el uso de redes sociales. Sin embargo, se identificaron limitaciones y desafíos que enfrentan las empresas en su comunicación y compromiso con la sostenibilidad y el cambio climático. Entre ellos, se encuentran la falta de transparencia y credibilidad en los informes de sostenibilidad, la falta de coordinación entre los departamentos de comunicación y RSC, y la necesidad de una mayor integración de los ODS en la estrategia empresarial (Camarán *et al.*, 2019; Herranz y García; 2021; Marqués, 2017; Moreno *et al.*, 2014).

Olaya (2020), al respecto, expone que la RSC y los ODS son complementos indispensables para las empresas actuales, sobre todo en materia de comunicación y vinculación con la sociedad. En este sentido, si las corporaciones tienen por objetivo el contribuir a la sociedad, no pueden no responder a su entorno. Al respecto, la comunicación sigue siendo un pilar, tanto de la RSE como de los ODS. Uno de los principales pasos para propiciar un crecimiento en relación con estos elementos es realizar una correcta planificación y estrategias de comunicación, tanto interna como externa. Esto es así, ya que ambos puntos tienen resultados que deben ser comunicados a autoridades competentes y a la misma sociedad. Olaya (2020) concluye su trabajo afirmando que la RSE debe evolucionar en conjunto con los ODS. No obstante, es una tarea que compete a toda la sociedad y a los gobiernos en pos de aplicar correcciones necesarias desde la gestión y promover una imagen pública que coincida con la realidad.

En este trabajo se ha podido visualizar, entonces, la importancia de vincular la comunicación con los ODS y la RSC para las empresas en general y para la sociedad. La aproximación efectuada permite exponer los avances en la materia, pero igualmente permite detectar las falencias que aún existen.

5. CONCLUSIONES

corporaciones tienen un papel importante en la promoción de la sostenibilidad y la conciencia ambiental a través de su comunicación y compromiso con el cambio climático y el desarrollo sustentable. Se identificaron algunas formas de expresión y comunicación utilizadas por estas entidades para promover la sostenibilidad, como la publicación de informes de sostenibilidad, la creación de campañas publicitarias enfocadas en la sostenibilidad y la realización de acciones concretas que contribuyen al cuidado del medioambiente.

Asimismo, se detectó que, dentro de las estrategias de comunicación en este ámbito, se destaca la importancia de una gestión integrada entre comunicación organizacional y la RSC. De esta manera, las corporaciones pueden cumplir un rol fundamental como agentes de cambio dentro de las comunidades, promoviendo un desarrollo próspero y sustentable que considere al ecosistema como clave para ello.

Sin embargo, también se identificaron algunas limitaciones y desafíos que enfrentan las corporaciones en su comunicación y compromiso con la sostenibilidad y el cambio climático, como la falta de coherencia entre sus acciones y su discurso, la dificultad para medir el impacto real de sus acciones y la necesidad de involucrar a toda la organización en la promoción de la sostenibilidad. En definitiva, se puede concluir que las corporaciones tienen una gran responsabilidad en la promoción de la sostenibilidad y la conciencia ambiental, y que la gestión integrada entre comunicación organizacional y la RSC, con una visión basada en los ODS, puede ser una herramienta clave para cumplir con esta responsabilidad y contribuir a un futuro sostenible.

Desde esta perspectiva, puede concluirse que el camino hacia la sustentabilidad de las empresas se está allanando en pos del cumplimiento con la Agenda del 2030 y la adhesión al Pacto Global. No obstante, desde la teoría y lo empírico se detecta que aún faltan acciones integradas y que formen parte de la médula de la empresa, es decir, que los ODS se presenten de una manera transversal y que, efectivamente, sean parte de la comunicación organización, teniendo en cuenta su relevancia para cumplir con la RSC.

6. REFERENCIAS

Álvarez, A. y Lesta, L. (2011). Medición de los aportes de la gestión estratégica de comunicación interna a los objetivos de la organización. *Palabra Clave, 14*(1), 11-30. https://dialnet.unirioja.es/servlet/articulo?codigo=3713667

Barcellos, L. (2011). *Modelos de gestión aplicados a la sostenibilidad empresarial* [Tesis doctoral, Universidad de Barcelona]. Biblos-e Archivo. http://hdl.handle.net/10803/32219

Barroso, M. (2021). *Relaciones públicas en organizaciones sostenibles: el caso de las empresas de triple impacto* [Tesis doctoral, Universidad de Málaga]. Biblos-e Archivo. https://hdl.handle.net/10630/22469

Briones, V. y Ávila, M. (2017). *Responsabilidad Social Empresarial: estudio de casos.* LiveWorking.

Camarán, M., Barón, L. y Rueda, M. (2019). La Responsabilidad Social Empresarial y los Objetivos del Desarrollo Sostenible (ODS). *Revista Científica Teorías, Enfoques y Aplicaciones en las Ciencias Sociales, 11*(24), 41-52. https://revistas.uclave.org/index.php/teacs/article/view/2206

Chiavenato, I. (2007). *Introducción a la teoría general de la administración.* McGraw Hill Interamericana.

Curipoma, J. y Jaramillo, D. (2019). *Análisis de la industria conservera de Guayas en relación con el cumplimiento de los ODS de las Naciones Unidas* [Trabajo Fin de Grado, Universidad de Guayaquil]. Biblos-e Archivo. http://repositorio.ug.edu.ec/handle/redug/41394

García, E. J. (2011). *Desarrollo del modelo de sostenibilidad integrado para la medida de la gestión sostenible de una industria de procesos* [Tesis doctoral, Universidad de Valladolid]. Biblos-e Archivo. https://www.educacion.gob.es/teseo/mostrarRef.do?ref=872757

Herranz, J. y García, S. (2021). La comunicación de los Objetivos de Desarrollo Sostenible en las organizaciones de la Economía Social. *CIRIEC-España. Revista de Economía Pública, Social y Cooperativa*, 101, 165-191. https://doi.org/10.7203/CIRIEC-E.101.18393

Marqués, M. (2017). *Sostenibilidad, comunicación y valor compartido: el discurso actual del desarrollo sostenible en la empresa española* [Tesis doctoral, Universidad Complutense de Madrid]. Biblos-e Archivo. https://eprints.ucm.es/id/eprint/42084/1/T38628.pdf

Moreno, A., Arbeláez, L., Sheslley, A. y Calderón, L. (2014). Implementación de herramientas de comunicación interna como generadoras de cambios en las PYMES. *Razón y Palabra, 88*(20), 1-27. https://dialnet.unirioja.es/servlet/articulo?codigo=5196669

Olaya, S. (2020). La Responsabilidad Social Empresarial y los Objetivos de Desarrollo Sostenible como complemento organizacional. *Adversia*, 24, 1–9. https://revistas.udea.edu.co/index.php/adversia/article/view/343092

Organización de las Naciones Unidas (1987). *Informe Brundtland: Nuestro futuro común.* Asamblea General de la ONU. https://bit.ly/3qJMtTb

Organización de las Naciones Unidas (2015). *Transformar nuestro mundo: la Agenda 2030 para el Desarrollo Sostenible.* Asamblea General de la ONU. https://unctad.org/system/files/official-document/ares70d1_es.pdf

Pinzón, C. (2010). *Proyecto de desarrollo social.* UNAD.

Ramos, W., Paredes, M., Teran, P. y Lema, L. (2017). *Comunicación Organizacional.* Grupo Compás.

Ritter, M. (2008). *Cultura organizaciona*l. DIRCOM - Icrj Apero.

Sandoval, J. (2014). Los procesos de cambio organizacional y la generación de valor. *Estudios Gerenciales, 30*(131), 162-171. https://doi.org/10.1016/j.estger.2014.04.005

Sartori, S., Latrônico, F. y Campos, L. (2014). Sostenibilidad y desarrollo sostenible: una taxonomía en el campo de la literatura. *Medioambiente y Sociedad, 17*(1), 1-22. https://www.redalyc.org/articulo.oa?id=31730630002

Uribe, M., Vargas, O. y Merchán, L. (2018). La responsabilidad social empresarial y la sostenibilidad, criterios habilitantes en la gerencia de proyectos. *Entramado, 14*(1), 52-63. https://doi.org/10.18041/entramado.2018v14n1.27107

Velázquez, L. y Vargas, J. (2012). La sustentabilidad como modelo de desarrollo responsable y competitivo. *Ingeniería de Recursos Naturales y del Ambiente*, 11, 97-107. https://www.redalyc.org/pdf/2311/231125817009.pdf

Vilanova, M., Lozano, J. y Dinares, M. (2006). *Accountability: Comunicación y Reporting en el ámbito de la RSE.* Forética.

Vilches, A., Gil Pérez, D., Toscano, J. y Macías, O. (2014). La sostenibilidad o sustentabilidad como [r]evolución cultural, tecnocientífica y política. *Educación para la Sostenibilidad* [en línea]. Universitat de València y Organización de Estados Iberoamericanos para la Educación, la Ciencia y la Cultura. https://bit.ly/3NhiSIF

AGILE METHODOLOGIES AND CUSTOMER CENTRICITY: FRIENDS OR FOES?

María Eizaguirre Diéguez[1], Robert Polding[2]

This research was funded by the IE Centre for C-Centricity in 2021, following the indication of the Steering Committee in agreement with its corporate sponsors.

1. INTRODUCTION

Agile transformed the software industry at the start of the 21st century, and it has started to permeate other industries in the last twenty years. The Agile Manifesto places "customer collaboration over contract negotiation" as one of its four values and entails working with the customers throughout a project life cycle; indeed, its first principle claims "our highest priority is to satisfy the customer" (Beck *et al.*, 2001). In this manner, Agile helps to maintain a continued dialogue with customers, a critical aspect in marketing that ensures the process of dual value creation helping companies "move firmly into the business of defining and satisfying customers" (Kotler, 2020). On the other side, "customer centricity is concerned with the process of dual value creation. Its central paradigm is how to create value for the customer and, in the process, create value for the firm" (Shah *et al.*, 2006). Focus has shifted distinctly from the features and attributes of the innovation output to the value (or the experience) that is co-created with other actors in the use of innovations and other resources—that is, a value- and/or experience centric focus (Prahalad and Ramaswamy 2004; Vargo and Lusch 2004, 2008). Lewnes (2021) went as far as suggesting Agile is the future of marketing, following the introduction of the term Marketing Agility (Kalaignaman *et al.*, 2021) to address the need for marketing to be "agile" to achieve excellence (Homburg *et al.*, 2020).

Advances in dual value creation that incorporate proper customer orientation have helped more sophisticated efforts around customer service processes designed to enhance customer satisfaction. They have also ensured an organisational effort to create optimum customer experiences that lead to positive emotional responses and, ultimately, loyalty and advocacy. Fader (2012) was specific enough that customer centricity as a strategy could align a company's development/delivery of its products/services around the needs of a select group of customers to the extent it would maximize their long-term financial value to the firm.

---

1. ESIC University (España)

2. IE University (España)

Customer centricity is a topic that has been around for more than three decades, long before Agile was implemented in the leading technology and software companies. Hence, it is not a characteristic restricted to companies that have adopted this new management style. However, when one explores both topics, one can unmistakably see the genuine connection between both, to the extent that one could argue that each supports the other's effective implementation. Despite the widely accepted importance of customer centricity and increasing application of Agile methodologies, there has been a paucity of researching these constructs together in the academic realm. Previous literature has thrown a light on the relationship between Agile and customer satisfaction (Tam, 2020), including customer expectations (Prasad *et al.*, 2018); but has not yet fully described this genuine connection, and little academic literature discusses the interplay between both subjects. The current chapter attempts to acknowledge the existing research gap between agile methodologies and customer centricity and builds a bridge to understand the relationship between customer centricity and Agile methodologies in more detail.

2. OBJECTIVES

The exploration of the link between customer centricity and agile methodologies constitutes the objective of this research. This research addresses the following research question: To what extent are agile methodologies an enabler of a customer-centric strategy?

To this aim, personal interviews are used as the base of the analysis. Thematic content analysis is applied with the aim of exploring the dominant themes in the relationship between these two academic areas when applied in a business context. In doing so, this research will contribute to a better understanding of the limitations encountered when using these terms, allowing for deeper caution when applying them and working with them as if they were interchangeable.

3. CONCEPTUAL FRAMEWORK

3.1. Agile Methodologies

Agile is a project management methodology that emerged in the early 20th century and can be traced back to a meeting of management experts in 2001. At this meeting, representatives "from Extreme Programming, SCRUM, DSDM, Adaptive Software Development, Crystal, Feature-driven Development, Pragmatic Programming, and others sympathetic to the need for an alternative to documentation driven, heavyweight software development processes convened" (Beck *et al.*, 2001). The process referred to here is the traditional project management methodology called the "Waterfall" model, created in 1970 by Winston Royce (Dooley, 2011). The Waterfall Model was the first methodology to give people a framework for designing products. It involved several stages, including requirements analysis, architecture design, product design, development and implementation of software and maintenance. Since this model assumes that all the requirements can be set out and signed off at the beginning of a project and that they do not change and evolve as a project evolves, it has been described as inflexible (Dooley, 2011). As the traditional model evolved, a feedback process was added (Dooley, 2011), which improved the traditional model and considered that there was not always a set of complete requirements in a project, and definitely could not be known at the beginning of a project. With this development, managers gather their requirements based on what a customers can articulate and prioritise. In this new method, there are stages when parts of the product are created, often as prototypes, and evaluated with the customer and at each stage of the development, the result is a working part of a final product. This novel approach was the development of an Evolutionary Prototyping Process Model, shown in Figure 1.

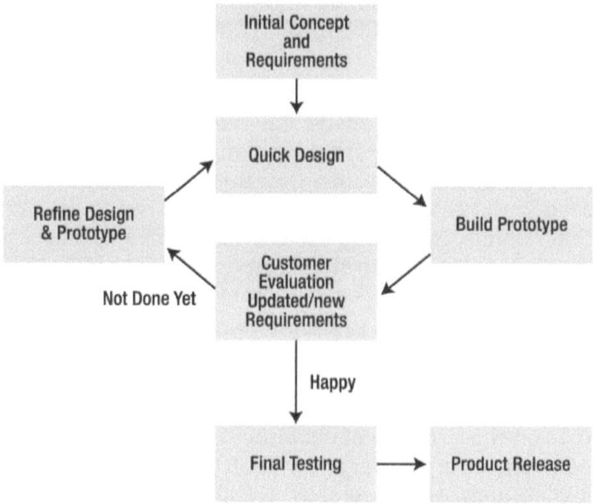

Figure 1. The Evolutionary Prototyping Method. Source: Dooley (2011).

During the 1990s, there was a shift toward these iterative methodologies, that would eventually form the basis of Agile, formally defined when a group of seventeen people met at a ski resort in Utah in February 2001, intending to define the new way of working on projects. They produced a 'Manifesto for Agile Software Development. A British attendee, Martin Fowler (Highsmith, 2001), created the phrase Agile. They created a name for the group, The Agile Alliance, and formed a kind of regulatory body that would debate and decide the future of the methodology. The result was a coherent set of values that could then be applied to the frameworks created to improve on the Waterfall Methods. Agile is a set of methodologies that can be applied to different projects, each framework applying a unique set of principles (Grenning *et al.*, 2001). Since 2001, Agile has grown from a software development methodology to a business model used in many industries to develop a wide range of products. In a 2016 Harvard Business Review article, Hirotaka Takeuchi acknowledged how "agile innovation has revolutionised the software industry" and how it is "now poised to transform nearly every other function in every industry" (Birkinshaw, 2018), including the C-suite (Rigby *et al.*, 2016; 2020).

3.2. Customer Centricity

Galbraith (2002) stated, "today nobody owns the customer. The customer owns you", leading to a progressive adoption of customer-centric practices by companies trying to adapt to the Age of the Customer, also enhanced by Peter Fader's contribution to the subject (2012). This shift has seen an increased focus on the notion of customer engagement –the concept that customers are jointly responsible for the management, ownership, and equity of a company's brand (Bolton, 2011). It is related to the increasing willingness —and ability— of customer to participate in firm activities, particularly when enabled by emergent information and communicate on technologies. Customers are no longer a "passive audience" but "active co-creator" (Vargo & Lusch, 2004; Ross, 2009). Today, integrating customers into the new product or service development process has become almost a routine activity for many organizations. The objective is to create and capture value by leveraging many more ideas from customers, to reduce uncertainties and mitigate innovation risks.

The main challenge for most organisations as they attempt to move in a customer-centric direction and integrate customers in everyday processes is the amount of reorganisation required as they move from working from the inside out to adopting an outside-in perspective (Shah *et al.*, 2006; Day 2010). Gummeson (2008) argued that most companies, faced with the daunting task of reorganising, rely on minor alterations expecting a significant change, impacting the company's overall success. For this reason, companies need not be constrained to their previous structures and effort is taken to redesign organisations to fulfil the new customer-centric requirements (Galbraith, 2005) and find resilience for growth (Gulati, 2009). Central to the model proposed by Galbraith is a shift from designing products to designing solutions, the driving force for customer centricity (2005). Solutions can be horizontal, more generic solutions applied across customer categories or vertical, meaning industry-specific. Gulati stated, "few companies can deliver on the promise of customer centricity because they are organised into product-focused business units that allow deep knowledge and expertise but obscure a holistic picture of customers and their needs" (2009). Day (2010) consistently argued on the importance of adopting an outside-in perspective for growth. When companies fail to meet expectations, customers will shape their solutions by merging different offerings from a mix of companies. Jack Welch stated, "the winners will be those who deliver solutions from the users' point of view," but in an ideal world solution should comprise customer present and future needs as needs progress with time (Bahradwa *et al.*, 2007). Thus, focusing on today's point of view can jeopardise a company's customer-centric strategy (Price *et al.*, 2011; Marjanovic & Murthy, 2015).

3.3. Agile Methodologies and Customer Centricity

Agile frameworks can maximise success and increase customer orientation in organisations because they can create structures and information flows that authorise teams to take important decisions relating to the customer (Wahl, 2019). Agile is also linked to customer centricity because it is based on tailoring business tools and processes to the customer (Gupta *et al.*, 2019). This author continued to explain how Agile organisations effectively capture new opportunities as they present themselves and can convert those into customer solutions given their frequent sprints. Innovation based on the customer is also propagated in Agile companies, particularly co-creation, which is central to tightening relationships and staying connected to customers (Piller *et al.*, 2010). This has the added advantage of increasing collaboration between teams and breaking silos (Tett, 2015), contributing to the company's increased dedication and inspiration.

Customer centricity in Agile companies takes a slightly different definition because many companies still emphasise product quality without fear that non-perfect products will negatively influence their relationships with customers (Wahl, 2019). However, Agile draws its definition from the emerging generation of customers, which have portrayed a shift in priorities towards more innovative and creating solutions that fulfil their needs rather than high-quality products for the one-off (Wahl, 2019). Not only do digital natives value customised, interactive and social experiences, but they also seek immediate recognition and gratification.

4. METHODOLOGY

4.1. Sample

Given the need to gain an internal understanding of how agile has been implemented, the research was focused on project managers who had experienced Agile firsthand. A total of 12 qualitative interviews were carried out with cross-industry experts who have worked directly on projects that used the Agile approach to project management and are not affiliated with Agile consultancy agencies. All interviewees were working for a technological company. At least 4 of the companies chosen actively and openly promote themselves as customer centric. All interviewees had worked on many Agile projects, are using it in their daily work and have witnessed the transition from traditional methodologies to Agile.

4.2. Data Collection

Data were collected during two different periods: during the first period, data collected included project managers experienced with agile methodologies, including design thinking and lean startup. In the second period, we interviewed more senior experts with a broader experience with Agile specifically (including traditional waterfall methods) to complement the missing information. All twelve interviews were over zoom due to restrictions for covid '19. All interviews lasted about an hour. Interviews followed a semi-structured approach to fully allow for exploration, with fixed questions, though not always asked in the same order. All questions were open-ended, and participants were allowed enough flexibility to answer at their pace so patterns could be ascertained, and themes built. The option was always given to participants to deliver their own story, which inevitably led to additional questions. Questions focused on motivations to apply agile, the process of involving customers, the impact on customer centricity and the consequences for sustainable growth of their business. All interviews were transcribed using NVivo, which permits familiarisation with the data. The transcribed interviews were then coded and analysed to identify recurrent themes, subthemes, and patterns in the data. All participants were informed of our role as researchers and the purpose of the interview. They all consented to be recorded and having the conversation transcribed. Only some agreed to their names and place of work to be disclosed, and it is for this reason that all names and companies are kept confidential. Verbatims are all related to the person in brackets showing their position in the company, e.g. (AI business lead).

4.3. Thematic Content Analysis (TCA)

TCA was applied to focus on elements that were explicitly stated. The primary advantage of this approach is that it helps to stay grounded in the meanings intended by each participant, which helps unravel the meanings and connections that interviewees make on the topics discussed (Young & Munksgaard, 2017). The advantage of this approach was the increased understanding of the existing networks between the different concepts that span the intersection between Agile and customer centricity. Coding was initiated in NVivo and finished manually. Labels were assigned to the most common words in each response, primarily using words but also short phrases. Word clouds were used to visualize their relative weighting.

Theme 1: Interpretations of Agile *Subtheme: Role of Iteration* Solving problems in steps Focus on mistakes; trial and error mentality. *Subtheme: Consequences of Iteration* Space for risk and acceptance of change *Subtheme: Implementation* Results short and long term vision Different geographical regions implement in different ways Do agile to suit oneself Not go through Agile theory Tweak to own understanding Seen in many ways and in manners Lack of understanding *Sub-theme: Product-centricity* Focus on product-roadmaps Deliver parts of products every four to six weeks	**Theme 2: Beyond product into solutions** *Subtheme: Closeness to the customer* Daily contact with client so customer is always involved Communicate face-to-face Interactions in regular meetings Engineers meet customers Perfect knowledge of where the customer stands Reduced uncertainty on what the client actually wants *Subtheme: Fertile land* *Idea generation* Co-creation *Subtheme: Involved customer* Feels listened to and empowered for being able to influence decisions Extra effort to make them understand	**Theme 3: Perceived improvements in company** *Subtheme: Overall improvements* Factors in time and evolution of projects Short and long-term focus Saves time No unnecessary repetition No delays in delivery *Subtheme: Increases sense of belonging* Good environment Celebration of successes and failures *Subtheme: Breaks silos* Breaking individual units is the first thing: it gets everyone involved Improves communication between teams Meaningful relationships Feels part of a community
Theme 4: Increased employee empowerment *Subtheme: Employee Self-Management* Changing roles and relationships Increased capacity to speak freely Not boxed in specific roles Can contribute more Added responsibility; increased ownership More accountability Able to get work done Reduced tension No need for leadership direction in daily work *Subtheme: Bottom-Up approach* More power of individuals No interference from management Teams increase their voice Power to project owners	**Theme 5: Resistance from Management** Lack of experience Team struggles to understand and implement Brings uncertainty to the table Change decisions if unpopular with customers Hard to break previous management Manufacturing mentality	**Theme 6: Traditional Systems are Stretched** *Subtheme: Investment / Costs* Higher costs Difficult to predict costs No longer able to have a fixed scope and price Significant investment to make Agile work Need to invest in training and build knowledge *Subtheme: Loss of focus* Customers bring new problems to solve You never know what changes are coming as the projects evolve Periods with no productivity Too much experimentation Goes down rabbit holes Leads to delays

Table 1. Themes and Subthemes during Data Analysis. Source: Own.

"Know" and its related terms ("knowledge of", "account for", "learning about", "awareness"), "think" (most often in the phrase "think like a customer", or "customer thinking", "empathy") and "Customer" ("end user", "consumer", "constant contact", "client") were of course the most frequent, already hinting at the important function commonly ascribed to Agile methodologies. The word "Product" was also consistently mentioned, with all its variations ("product backlog", "product architect") and complemented with other Agile concepts ("scrum", "manifesto", "scope of work", "development", "project", "project leaders", "squad, "requirements", "process", "iteration", "champion", "sponsor"). Finally, words related to organizational culture were also identified: "collaboration", "alignment", "flexibility", "adaptability", "working relationship" and "empowerment".

The groupings from the word clouds hinted to at least five broad topics: (1) the benefits of agile and its increased knowledge about the (external) customer; (2) technicisms on how Agile works in practice; (3) the impact of Agile methodologies on project development and management; (4) the distinguishing features of Agile organizations; and (5) the impact on employees (internal customer). These topics were further analyzed using mind maps to fully understand the connections between concepts, adding depth to the analysis. This helped identify core themes. The five topics unravelled into six core themes, explained in Table 1 above.

5. RESULTS

The most common terms to describe Agile refer to the speed of the iterations with the client and their aid in fixing mistakes. A senior project manager for a nuclear power provider explained the benefits of iterations: not only do they aid organisational adaptation to the client, but these small steps also focus on *"short-term results and ensure the long term in mentality, collaboration and autonomy."* Indeed, she defined Agile as *"a methodology or a working framework that allows solving problems in steps. Validation with the technology that is applied for the product or service according to previous experience."* The iterative aspect of the methodology was corroborated further: *"you can then change the product very quickly if it's something the customer is not happy about"*, addressing how Agile facilitates daily contact with the customer.

Our most senior interviewee was a director in the most prominent Spanish technology company, responsible for the management of the compliance with the annual budget and coordination of product managers. To him, *"the Agile manifesto has many principles. For example, you need to be close to your customers and communicate face to face, not by email, so we revise our quantities with our directors every week. We have the dailies with the directors for every project"*. Findings thus suggest that applying Agile principles to their daily work directly affects ways of working even at the directorial level. For multinational companies, when most work in teams distributed globally, with different time zones, Agile is subject to more interpretations as different business units within the same organisation see the project roles differently. Some Agile terms are understood differently and overlap, which can lead to confusion and resistance from senior management as employees gain autonomy and empowerment. Indeed, Agile as a concept is a little bit work in progress: *"What I have seen in the real world is that when you take Agile to the real world, it is very different. Companies do Agile to suit themselves, and they do not exactly go through the Agile theory. I have seen it at (company) where I worked before and now at (company) that they tweak it a little to their own understanding"*. A cloud solutions expert working in a big technological company argued, *"what I have learnt is that Agile is seen in many different ways and manners, depending on whom you are working with. That should not be something "bad" if they just understand the four values and 12 principles, but often they don't. Some clients still do not understand what Agile is or they do not want to commit fully to the way it is"*. The result is confusion around the topic and misconceptions about what exactly needs to be done.

Delivering parts of a product every four to six weeks helps improve the relationship between engineers and customers. This manner of working fosters a more meaningful and productive relationship where both sides benefit. This co-creation in product development allows engineers and customers to have more stake in the project and helps products fit customer expectations better. The most significant benefit is the ability to "take turns" and change decisions if they prove unpopular with customers. *"I have worked in a non-Agile way, and you are definitely more detached from the customer than when you are implementing Agile methodologies because Agile forces you to focus a lot on and interact with the customer. Every two weeks or sprint, you have to ask for feedback or give a product demo to the customer"* (customer journey expert). The mentality of releasing early, making mistakes and learning from them in a feedback loop results in high-quality end products. It is described as a "leap" compared to previous attempts at project management. Interviewees universally agreed that Agile applies to almost any industry and has the potential for disruption in any sector that has a direct relationship with customers. They claimed that Agile improves the capture of ideas through the product backlog (a list of deliverables/features that need to be implemented), which improves the traditional approach of signing off the requirements and features because delays are foreseen. It also means that there is not a problem of additional issues emerging, making previously defined requirements insufficient for a project's needs.

Overall, the open and flexible nature of Agile allows its adaptation to different projects and customers. The ability to change and adapt means projects can focus on the moment rather than a set of objectives created months or even years ago (as with traditional methodologies). From the client's perspective, *"the customer realises the value that is being built in short-term profits, and they do not have to wait long to see their results"* (director technology company). Thus, the iterative release and early development processes in Agile help reduce customer anxiety and discontent. Agile *"reduces a lot the uncertainty for the perceived by the customer"*, and *"it makes them [customers] happy to be able to influence the development of the product or service in the short term to assure that it is tied to their targets or requirements"*. Implicit in this is the introduction of co-creation as it involves the customer throughout and results in a product the customer envisages, rather than one based on a vague set of requirements. Indeed, Agile is intrinsically linked to "thinking outside the box", suggesting the methodology helps with the generation of ideas and ways to innovate that was not possible with traditional waterfall methods, to the extent that *"all the people realised that the old methods just didn't work"* (software developer). However, it is important to state that *"you do not solve a problem today. You solve it over some time"* because solutions are subject to evolving and meeting changing requirements over time. Another aspect that participants were outspoken about was the amount of feedback, not just for the problem at hand. *"I specifically remember this one person did not just talk about the app, but he started talking about other things about the company, including customer service or the call centre or how his concerns were not being addressed. You can go to a client with one thing, and they end up telling you six different things to fix"* (customer journey expert). Indeed, *"customers do not think about meeting demands in an Agile way. They want what they want, and you must manage. What the customer wants and what we give them are two very different things. The debate on whether this is customer-centric or not depends on the organisation"*.

Cycles of validation, failure, and celebration of success glue multifunctional teams together. An exciting approach to Agile was that it *"validates early, allows failure, and celebrates results"* (software developer). Projects that use Agile have "great results" and positively affect the quality of projects. Employees are happier working with this methodology: *"when you work with Agile, you have more connection with your team"* (director technology company). According to a younger customer journey expert, *"people being able to speak to each other freely without any hindrance is why there is such a good environment. When you work in a big organisation like (company), you have so many separate teams, so breaking these individual units is the first thing. The other reason is, of course, communication"*.

Agile is changing the relationships and roles in the workplace, aiding employee empowerment and collaboration. One interviewee claimed that *"you're not boxed in one specific role, whether technical or managerial,"* meaning that people from all positional are taking on more responsibility and management elements in their jobs. This is because employees are being offered opportunities to expand their skill sets and take on more diverse roles. From an employee perspective, *"employees are excited about this new way of working because they feel empowered and feel that they can contribute much more than the traditional way"* (software developer). Agile encourages teams to self-manage, adding to the responsibility and accountability of the methodology, which directly impacts employee empowerment: *"from an employee perspective, it gives an excellent level of understanding on where the customer stands, what we are doing, is it going to help us, and it is vital to know what you are working for"* (customer journey expert). All interviewees claimed that the immediate effect of applying Agile was that it reduced the time to market to more than 30-40%. *"Agile organisations save much time, do not experience unnecessary repetition, and employees are much happier because they get more in terms of innovation, they are doing better work, and everything is less chaotic"* (AI business lead). Indeed, projects were delayed and not completed on time due to customer dissatisfaction in the past. For employees, they claimed that *"you feel more part of the team, or I think they have more control, they have more power, more control of the project"*. Senior management is aware of the change in responsibility and empowerment of employees, resulting in reduced control as teams increase their voice and are happy to move on, which implies that they could get work done without interference from management.

Adopting Agile is not always managerial heaven, quite the contrary: *"what I found is that especially when there is a strong engineering background, the waterfall model was pretty much prevalent and very hard to break"* (software developer), because of the "manufacturing mentality" in the industry. He explained that this was primarily due to the generation in leadership at the start of the 20th century, and it was when individuals started advocating for the approach that managers from the next generation emerged in the workplace. Once a "champion or sponsor" emerged in a project, Agile was used every day. These people are not always in the C-suite management positions but can be project leaders and other staff members. This sits in stark contrast to customer-centric propositions born in the C-suite and involves leadership at all levels. In addition to this, Agile implies higher investment and costs: *"it is difficult to predict costs when you do not know the changes that will come as a project evolves"* (manager in data science). Perhaps the most disturbing finding is that Agile leads some employees to lose focus on a project and experimentation leads to rabbit holes, causing delays and leading to long periods without sufficient levels of productivity, only to increase costs.

Investments and cost also go up because *"when people are not used to working in Agile as a team is, it requires a training period and a learning curve"* and this meant that there was a need for significant investment to make Agile work. *"Sometimes people think that working in Agile means meeting the quality standards or a quality procedure, that's is not right. Many people were opposed to it, and there was also some resistance from the middle management and upper management because of the uncertainty it brings to the table. Most of us (senior management) are frightened of it, and we do not want to lose the power and the control"* (director technology company).

6. DISCUSSION

Findings are clear that iteration helps deliver customer-centric solutions, however, results also suggest that, from a customer-centric perspective, this focus on small iterations results in a robust product-centric approach which stands opposite to its true intent, particularly since implementing a customer-centric framework requires a strong focus on long term strategy term (Fader, 2012; Galbraith, 2005). Adding to this, the bottom-up approach which characterises agile implementation contradicts traditional models of customer centricity, which emphasise the importance of leadership direction in everyday practices (Shah *et al.*, 2006), particularly relevant since the C-suite also owns agile strategy (Rigby *et al.*, 2020). Our findings suggest that an Agile approach contributes to the organisational design aspect of customer centricity. Agile companies have an added advantage in their pursuit of customer centricity because they are based around structures and business processes that consistently redirect employee focus towards the customer and lay the foundation for business processes to be followed correspondingly (Galbraith, 2002). Cross-functional teams erase the potential of different departments having clashing objectives and reduces internal conflict. Evidence also shows that Agile contributes to a better understanding of the customer, which means more relevant products and services, and it allows the customer to provide feedback constantly. Agile can therefore be considered strategic in that it can help an organisation focus on customer satisfaction, a key to customer centricity (Fader, 2012) in both retailers and manufacturers (Ross, 2009).

Findings also suggest Agile influences another key aspect of a customer-centric organisation, particularly Employee Centricity. Employees are empowered and given more responsibility, accountability, and a more significant stake in their involvement in a business and the design of products and services. In this way agile impacts traditional hierarchies in organisations and forces a shift in power from the management to the teams. Agile organisations' increasingly horizontal and non-hierarchical structures allow for collaboration, inspiration, and empowerment of teams, which translates to the customer (Zaitsev *et al.*, 2018).

Despite all these positive aspects of Agile, which prove that its implementation contributes to customer centricity, our findings suggest that implementing Agile can also derail becoming fully customer centric. Customer Centricity necessarily starts at the top, with leadership taking a critical and pivotal role in its implementation. Customer-centric organisations require a fully committed leader capable of "living" through example, the values of customer centricity and placing it as a top strategic priority on the agenda. Only leadership buy-in ensures strategic direction toward the customer (Shah *et al.*, 2006). In implementing Agile, however, leaders lose control of many aspects of their business. The C-Suite has power taken away from them, and they have to trust their teams, which has a profound effect on their perception of control while giving employees control of their work and a general enhancement of the project owner role (Taylor *et al.*, 2016). Even if this empowers all employees (especially the front line), it challenges traditional reporting lines and faces resistance at every stage. The increased investment required for full implementation of Agile, with associated costs implied in iterations, can be used as an excuse to stay halfway.

The most exciting finding, however, is that constant iterations and short-term investments can revert an organisation to a product-centric state, away from customer centricity. Customers themselves view iterations as inspiring but demanding, given the extent and number of meetings. Thus, the resulting solution (in terms of product or service) has customer input but is not necessarily customer-centric, since customer centricity must be continuously nurtured to counterbalance organisational inertia with an internal focus. Because of solid forces that make companies focus on their internal topics, they naturally gravitate to looking inwards, giving in to centripetal forces (Day, 2010; Christensen *et al.*, 2016).

7. CONCLUSIONS

This research set out to explore the extent to which agile methodologies can be considered an enabler of a customer-centric strategy. Qualitative interviews have yielded consistent themes that show how Agile methodologies form part of an extensive solution towards an implementation of a fully customer-centric strategy but cannot be considered the solution by themselves. It is important to understand that iterations help deliver customer centric solutions because they help establish a constant contact with customers and do increase customer satisfaction. Cycles of validation, failure, and celebration of success glue multifunctional teams together, which directly impacts employee empowerment and collaboration and help rid of silos and traditional structures. However, Agile is still a very heterogeneous concept which can bring fear and cost to the C-suite and which will impact traditional structures of management, resulting in a nightmare for mid-management levels. This study is consistent with Gummeson´s description of customer centricity as a wild goose chase (2008) and ultimately helps summarise this whole piece of work into a simple catchphrase: friends and foes. Customer centricity is elusive when compared to the practical and tactical approach proposed by agile methodologies and requires much more than customer focus and feedback for its correct advancement and implementation.

Further interviews with other types of companies implementing Agile or companies that refuse to do so will help shed new light on the topic and advance our knowledge.

8. REFERENCES

Beck, K., Beedle, M., Van Bennekum, A., Cockburn, A., Cunningham, W., Fowler, M., Highsmith, J., Hunt, A., Jeffries, R., Kern, J., Marick, B., Martin, R. C., Schwaber, K., Sutherland, J., & Thomas, D. (2001). Manifesto for agile software development. BibSonomy. The blue social bookmark and publication sharing system. http://www.agilemanifesto.org/

Bharadwa, S. G., Kohli, A. K., & Tuli, K. R. (2007) Rethinking Customer Solutions: From Product Bundles to Relational Processes. *Journal of Marketing, 7*(3), 1-17. http://dx.doi.org/10.1509/jmkg.71.3.1

Birkinshaw, J. (2018). What to expect from agile. *MIT Sloan Management Review*, 1-37. https://sloanreview.mit.edu/article/what-to-expect-from-agile/

Bolton, R. (2011). Comment: customer engagement. *Journal of Service Research, 14*(3), 272-274. https://doi.org/10.1177/1094670511414582

Christensen, C. M., Hall, T., Dillon, K., & Duncan, D. S. (2016). *Competing Against Luck. The Story of Innovation and Customer Choice.* Harper Collins Publishers.

Day, G. S & Moorman, C. (2010). *Strategy from the outside in profiting from customer value.* McGraw-Hill.

Dooley, J. (2011) Design Principles. In Dooley, J., & Zukowski, J. (Eds), *Software Development and Professional Practice*, 59-69. Apress.

Fader, P. (2012). *Customer Centricity: Focus on the Right Customers for Strategic Advantage.* Wharton School Press.

Galbraith, J. R. (2002) Organising to Deliver Solutions. *Organizational Dynamics, 31*(2) 194-206. http://dx.doi.org/10.1016/S0090-2616(02)00101-8

Galbraith, J. R. (2005). *Designing the Customer-Centric Organization.* Jossey-Bass.

Gummeson, D. (2018). Customer Centricity: Reality or Wild Goose Chase? *European Business Review, 20*(4), 315-330. https://doi.org/10.1108/09555340810886594

Gulati, R. (2009). *Reorganise for Resilience. Putting Customers at the Centre of Your Business.* Harvard Business Review Press.

Homburg, C., Theel, M., & Hohenberg, S. (2020). Marketing excellence: Nature, measurement, and investor valuations. *Journal of Marketing, 84*(4), 1-22. https://doi.org/10.1177/0022242920925517

Kalaignaman, K., Tuli, K. R, Kushwaha, T., Lee, L., & Gal, D. (2021) Marketing Agility: The Concept, Antecedents, and a Research Agenda. *Journal of Marketing, 85*(1), 38-58. https://doi.org/10.1177/0022242920952760

Kidder, L. H., & Fine, M. (2015). *Qualitative and Quantitative methods: When Stories Converge. New Directions for Program Evaluation.* Wiley Online.

Kotler, P. (2020). Marketing and Value Creation. *Journal of Creating Value, 6*(1), 10-12. https://doi.org/10.1177/2394964320903559

Lewnes, A. (2021). Commentary: the future of marketing is agile. *Journal of Marketing, 85*(1), 64-67. https://doi.org/10.1177/0022242920972022

McConnell, S. (1996). *Rapid development: taming wild software schedules.* Microsoft Press.

Marjanovic, O., & Murthy, V. (2015). From Product-Centric to Customer-Centric Services in a Financial Institution – Exploring the Organizational Challenges of the Transition Process. *Journal of Information Systems Frontiers, 18*(3), 479-497. https://link.springer.com/article/10.1007/s10796-015-9606-x

Piller, F. T., Ihl, C., & Vossen, A. (2010). A typology of customer co-creation in the innovation process. https://dx.doi.org/10.2139/ssrn.1732127

Prahalad, C. K., & Ramaswamy, V. (2004). *The future of competition: co-creating value with customers.* Harvard Business School Press.

Prasad, W. R., Perera, G. I. U. S., Padmini, K. J., & Bandara, H. D. (2018). Adopting design thinking practices to satisfy customer expectations in agile practices: a case from Sri Lankan software development industry. In 2018 Moratuwa Engineering Research Conference (MERCon) (pp. 471-476). IEEE. https://doi.org/10.1109/MERCon.2018.8422006

Price, L. L., & Epp, A. M. (2011). Designing Solutions Around Customer Network Identity Goals. *Journal of Marketing, 75*(2), 36-54. https://doi.org/10.1509/jm.75.2.36

Rigby, D. K., Sutherland, J., & Tan, H. (2016). Embracing Agile. *Harvard Business Review,* 1-11. https://hbr.org/2016/05/embracing-agile

Rigby, D., Elk, S. & Berez, S. (2020). The Agile C-Suite. A New Approach to leadership for the team at the top. *Harvard Business Review 98*(3), 64-73. https://hbr.org/2020/05/the-agile-c-suite

Ross, B. (2009). Ten tips to winning at customer centricity: for retailers and manufacturers. *Journal of Consumer Marketing, 26*(6), 450-454. https://doi.org/10.1108/07363760910988265

Shah, D., Rust, D. T., Parsuranam, A., Staelin, R., & Day, G. S. (2006). The path to customer centricity. *Journal of Service Research 9*(2), 1-12. https://doi.org/10.1177/1094670506294666

Tam, C. (2020). The factors influencing the success of on-going agile software development projects. *International Journal of Project Management, 38*(3), 165-176. https://doi.org/10.1016/j.ijproman.2020.02.001

Taylor, K. J. (2016). Adopting Agile software development: The project manager experience. *Information Technology & People, 29*(4), 670-687. https://doi.org/10.1108/ITP-02-2014-0031

Tett, G. (2015). *The Silo Effect. The Peril of Expertise and the Promise of Breaking Down Barriers.* Simon & Schuster.

Wahl, J. (2019). Customer orientation with an agile framework. RPC Partners. https://acortar.link/7YU9Pa

Vargo, S. L., & Lusch, R. F. (2004). Evolving to a New Dominant Logic for Marketing, *Journal of Marketing 68*(1), 1-17. https://doi.org/10.1509/jmkg.68.1.1.24036
Vargo, S. L., & Lusch, R. F. (2008). Service-Dominant Logic: Continuing the Evolution, *Journal of the Academy of Marketing Science,* 36, 1-10. https://acortar.link/ZyDyL0
Young, L., & Munksgaard, K. B. (2018). *Analysis of Qualitative Data: Using Automated Semantic Analysis to Understand Networks of Concepts. Collaborative Research Design.* Springer.
Zaitsev, A., Gal, U., & Tan, B. (2018). *Reviewing the role of the agile manifesto and agile methods in literature.* Americas Conference on Information Systems.

EMPRESAS ZOMBIS Y ESTRUCTURA DE CAPITAL EN EL SECTOR MANUFACTURERO DEL ECUADOR

Stefany Espinoza Pardo[1], *Dolores Rojas Toledo*[1]

El presente texto nace en el marco del trabajo de titulación de la Maestría de Finanzas en la Universidad Técnica Particular de Loja (UTPL).

1. INTRODUCCIÓN

En la economía de un país existen empresas que gracias a su productividad y desarrollo contribuyen a la salud financiera del sector al que pertenecen; sin embargo, en sus filas existen entidades que provocan un efecto contrario, son insolventes y están a punto de caer en la quiebra o permanece a pesar de ello en el mercado, haciendo referencia a las empresas zombis (Banerjee y Hofmann, 2022).

Para Burachik (2017), las empresas zombis son aquellas que no son capaces de generar los ingresos suficientes para mantener sus operaciones, se encuentran altamente endeudadas y a pesar de ello siguen activas.

Este fenómeno mundial sucede incluso en las economías más desarrolladas y desde hace mucho tiempo atrás. Así lo mencionan McGowan *et al.* (2018), quienes demuestran que un mercado congestionado por este tipo de empresas se debe principalmente al constante refinanciamiento que las ahogan en intereses financieros, repitiendo un círculo vicioso de refinanciamiento y créditos constantes.

El término *zombi* ha sido analizado e investigado por algunos autores a lo largo de los años; sin embargo, en el Ecuador, existen pocos estudios sobre este fenómeno mundial que afecta a los diferentes sectores de la economía. Por ello, surge la importancia de analizar uno de los sectores con más influencia, como es el sector manufacturero, para identificar y analizar su comportamiento en base a la estructura de capital que las conforman.

Esta investigación se desarrolla en 5 secciones que se componen desde la introducción, planteamiento de objetivos y metodología aplicada, el desarrollo de la investigación en la que se plasma la revisión de literatura y los resultados obtenidos para plantear finalmente las conclusiones.

1. Universidad Técnica Particular de Loja (Ecuador)

2. OBJETIVOS

Esta investigación tiene por objetivo analizar la presencia de empresas zombis en el sector manufacturero y su relación con la estructura de capital durante el período 2015 a 2020.

3. METODOLOGÍA

La información de las empresas manufactureras del Ecuador fue descargada del portal web de la Superintendencia de Compañías (SUPERCIAS) para el periodo 2015 al 2020, con el fin de contar con la información actualizada y completa.

Para identificar a las empresas zombis, se aplicaron dos criterios. El primero en base a la investigación que desarrollaron Banerjee y Hofmann (2022); Fukuda y Nakamura (2011) y Javaheriafif (2016), quienes utilizan el índice del ICR (cobertura de intereses) menor a 1 durante al menos 2 años, tomando en cuenta antes la utilidad de intereses e impuestos (UAII) en razón de los gastos financieros.

Se aplicó también la metodología aplicada por Adalet McGowan (2016); Armas e Higuerey (2022); Blažková y Dvouletý (2022) y Urionabarrenetxea *et al.* (2016), con el fin de identificar a las empresas zombis si su patrimonio es negativo durante 3 o más años.

Con el fin de relacionar con la estructura de capital que las conforman, se aplicó algunas variables como el Endeudamiento a corto plazo (End_corto_plazo), el Endeudamiento a largo plazo (End_largo_plazo), Endeudamiento del activo (End_activo) y el Endeudamiento patrimonial (End_patrimonial).

Como variables de control se aplicó el tamaño de las empresas para poseer una base de datos heterogénea. Así mismo, la liquidez con el fin de analizar la capacidad de cumplir con sus obligaciones con terceros en un periodo de tiempo corto. Finalmente, el Margen de Utilidad Neta para comparar los resultados obtenidos al final del ejercicio por las empresas. En resumen, se presenta la Tabla 1, sobre las variables que fueron utilizadas en las ecuaciones econométricas.

Variable	Definición	Naturaleza variable	Referentes teóricos
Zombi_ICR	ICR (UAII/Gastos financieros) < 1 al menos 2 años	Dependiente 1	Javaheriafif (2016), Banerjee y Hofmann (2022) y Fukuda y Nakamura (2011)
Zombi_Patrimonio	Patrimonio negativo >= 3 años	Dependiente 2	Armas e Higuerey (2022) ; Blažková y Dvouletý (2022; Urionabarrenetxea et al., (2016); Adalet McGowan et al. (2018)
End_corto_plazo	Pasivo corriente / Total activo	Independiente	Chandra, T., Junaedi, A. T., Wijaya, E., y Ng, M. (2022) ; Armas e Higuerey (2022); Ngatno, Endang P. Apriatni y Arief Youlianto (2020)
End_largo_plazo	Pasivo no corriente / Total activo	Independiente	Chandra, T., Junaedi, A. T., Wijaya, E., y Ng, M. (2022) ; Armas e Higuerey (2022) ; Ngatno, Endang P. Apriatni y Arief Youlianto (2020)

End_activo	Total pasivo / Total activo	Independiente	Chandra, T., Junaedi, A. T., Wijaya, E., y Ng, M. (2022) ; Armas e Higuerey (2022) ; Ngatno, Endang P. Apriatni y Arief Youlianto (2020)
End_patrimonial	Total pasivo / Patrimonio total	Independiente	Lievano y Alexander (2022) y Espejo et al. (2017) ; Chandra, T., Junaedi, A. T., Wijaya, E., y Ng, M. (2022)
Tamaño	Log (activos)	Control	Armas e Higuerey (2022), Feng et al. (2022)
Liquidez	Total activo corriente / Total pasivo corriente	Control	Feng et al. (2022) y Alexander, 2022); Teddy Chandra, Achmad Tavip Junaedi, Evelyn Wijaya y Martha Ng (2022)
Margen de utilidad neta	Utilidad neta / Ventas netas	Control	Lievano y Alexander (2022)

Tabla 1. Variables empleadas y su naturaleza. Fuente: Elaboración propia.

4. DESARROLLO DE LA INVESTIGACIÓN

El término de empresas zombis se utiliza para catalogar a aquellas compañías ineficientes y poco competitivas, poseen pérdidas constantes y, a pesar de ello siguen manteniendo sus operaciones (Blažková y Dvouletý, 2022).

Existen investigaciones a nivel de Europa sobre este tipo de empresas y su comportamiento, teniendo como característica principal un alto grado de apalancamiento causado por un excesivo financiamiento que provoca un patrimonio negativo como consecuencia de un índice de cobertura de intereses (ICR) inferior a uno por más de un periodo o por presentar pérdidas constantes en más de un periodo por al menos tres años consecutivos (McGowan *et al.*, 2018).

En Latinoamérica y en el Ecuador, existen pocos estudios sobre empresas zombis; sin embargo, sí se han realizado numerosas investigaciones sobre el sector manufacturero y su relación con la estructura de capital que las conforman, concluyendo que su relación es directamente proporcional entre el endeudamiento y el apalancamiento con su rentabilidad (Carriel y Flores, 2020).

Para Higuerey y Armas (2021), la estructura de capital de una empresa influye negativamente en la rentabilidad sobre los activos (ROA), mientas que la rentabilidad sobre el patrimonio (ROE) influye de forma positiva.

4.1. Planteamiento de hipótesis y ecuaciones econométricas

Para cumplir con los objetivos de esta investigación, las hipótesis a comprobar son:

- H1: La estructura de capital de las empresas zombis están relacionadas con el endeudamiento a corto plazo en el sector manufacturero del Ecuador, durante el periodo 2015 – 2020.
- H2: La estructura de capital de las empresas zombis están relacionadas con el endeudamiento a largo plazo en el sector manufacturero del Ecuador, durante el periodo 2015 – 2020.

- H3: La estructura de capital de las empresas zombis están relacionadas con el endeudamiento del activo en el sector manufacturero del Ecuador, durante el periodo 2015 - 2020.
- H4: La estructura de capital de las empresas zombis están relacionadas con el endeudamiento patrimonial en el sector manufacturero del Ecuador, durante el periodo 2015 - 2020.

En base a ello, se diseñaron las siguientes ecuaciones econométricas a través de un modelo logit:

- $Zombi\_ICR_{it} = \propto + \beta_1 End\_corto\_plazo_{it} + \beta_2 L\_Total\_Activo + \beta_3 Liquidez_{it} + \beta_4 Margen\ de\ utilidad\ neta_{it} + \mu_{it}$ (1)
- $Zombi\_ICR_{it} = \propto + \beta_1 End\_largo\_plazo_{it} + \beta_2 L\_Total\_Activo + \beta_3 Liquidez_{it} + \beta_4 Margen\ de\ utilidad\ neta_{it} + \mu_{it}$ (2)
- $Zombi\_ICR_{it} = \propto + \beta_1 End\_activo_{it} + \beta_2 L\_Total\_Activo + \beta_3 Liquidez_{it} + \beta_4 Margen\ de\ utilidad\ neta_{it} + \mu_{it}$ (3)
- $Zombi\_ICR_{it} = \propto + \beta_1 End\_patrimonial_{it} + \beta_2 L\_Total\_Activo + \beta_3 Liquidez_{it} + \beta_4 Margen\ de\ utilidad\ neta_{it} + \mu_{it}$ (4)
- $Zombi\_Patrimonio_{it} = \propto + \beta_1 End\_corto\_plazo_{it} + \beta_2 L\_Total\_Activo + \beta_3 Liquidez_{it} + \beta_4 Margen\ de\ utilidad\ neta_{it} + \mu_{it}$ (5)
- $Zombi\_Patrimonio_{it} = \propto + \beta_1 End\_largo\_plazo_{it} + \beta_2 L\_Total\_Activo + \beta_3 Liquidez_{it} + \beta_4 Margen\ de\ utilidad\ neta_{it} + \mu_{it}$ (6)
- $Zombi\_Patrimonio_{it} = \propto + \beta_1 End\_activo_{it} + \beta_2 L\_Total\_Activo + \beta_3 Liquidez_{it} + \beta_4 Margen\ de\ utilidad\ neta_{it} + \mu_{it}$ (7)
- $Zombi\_Patrimonio_{it} = \propto + \beta_1 End\_patrimonioal_{it} + \beta_2 L\_Total\_Activo + \beta_3 Liquidez_{it} + \beta_4 Margen\ de\ utilidad\ neta_{it} + \mu_{it}$ (8)

Donde, i representa a la empresa i-ésima, t es el índice temporal, $\propto$ es la constante, β_ es el coeficiente de regresión, μ_it es el error. En esta investigación, se aplicó regresión logit con el fin de analizar la interacción entre las empresas zombis (1 zombi – 0 no zombi) y su estructura de capital.

4.2. Resultados

De acuerdo a la clasificación del tamaño de las empresas de acuerdo al Código Orgánico de la Producción, Comercio e Inversiones, la población analizada demuestra que, en el periodo de estudio sobresale la existencia de micro y pequeñas empresas, seguidas de medianas y grandes empresas, tal como se muestra en la figura 1.

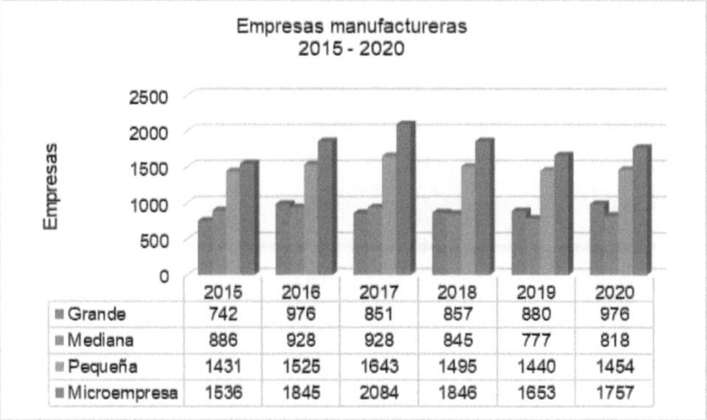

	2015	2016	2017	2018	2019	2020
Grande	742	976	851	857	880	976
Mediana	886	928	928	845	777	818
Pequeña	1431	1525	1643	1495	1440	1454
Microempresa	1536	1845	2084	1846	1653	1757

Figura 1. Población de empresas manufactureras. Fuente: Información tomada de la SUPERCIAS 2015 – 2020.

Después de aplicar los criterios de depuración a la base de datos, la estadística descriptiva nos demuestra que en base a los criterios del ICR y del Patrimonio Negativo, existen pocas empresas zombis en este sector, pues tienen una media de 0.223 Y 0.0299, respectivamente.

Se observa también que, las variables independientes en promedio tuvieron índices bajos de endeudamiento en relación a los activos de corto plazo, reflejan un índice máximo de 0.89 y un mínimo de 0.07, mientras que a largo plazo existen empresas que no aplicaron a este tipo de endeudamiento, pues en promedio representan el 0.21, sin embargo; las empresas que si aplicaron a este tipo de financiamiento llegaron a un endeudamiento de hasta 2.22, superando sus recursos propios.

Finalmente, el endeudamiento sobre el activo total demuestra que de cierto modo las empresas de este sector controlan su endeudamiento con terceros, pues oscila entre 0.98 y 0.19. En cuanto al endeudamiento patrimonial, las empresas manufactureras reflejan una mediana de 1.63 con niveles de hasta 19.60, demostrando así que dependen en gran parte de este tipo de recursos.

En relación a las variables de control, reflejan que las empresas manufactureras tienen en promedio una liquidez de 1.57, resultado apenas suficiente para cubrir las obligaciones a corto plazo, es decir que, existen empresas con bastante dificultad y con poca liquidez, existiendo casos que llega hasta $0.0217 ctvs.; sin embargo, también existen empresas muy líquidas que poseen hasta $7.71 ctvs. por cada dólar adeudado.

En relación al margen de utilidad neta, se puede observar la proporción en la que las ventas han contribuido a su utilidad neta. En este contexto, al menos el 50% de las empresas manufactureras han obtenido $0.0317 ctvs. de rendimiento, resultando un resultado muy bajo para lo que se esperaría de uno de los sectores más importantes para la economía del Ecuador, pues existen empresas con resultados negativos que obtienen hasta $0.163 ctvs. por cada dólar obtenido de sus ventas, llegando a un máximo de no más de $0.184 ctvs. después de todos sus gastos e impuestos.

Esta información se encuentra resumida en la Tabla 2, que se muestra a continuación:

Variable	Media	Mediana	D. T.	Mín	Máx
Zombi_ICR	0.223	0.000	0.416	0.000	1.00
Zombi_Patrimonio	0.0299	0.000	0.170	0.000	1.00
End_corto_plazo	0.416	0.380	0.231	0.0681	0.888
End_largo_plazo	0.210	0.152	0.224	0.000	2.22
End_activo	0.625	0.640	0.225	0.193	0.982
End_patrimonial	3.48	1.63	4.90	0.105	19.6
l_Tot_Activo	13.4	13.6	1.33	7.87	16.4
Liquidez	2.17	1.57	1.77	0.0127	7.61
Marg_util_neta	0.0317	0.0351	0.0754	-0.184	0.163

Tabla 2. Estadísticas descriptivas de las variables de estudio. Fuente: Estadísticos principales en base a la información financiera publicada por la SUPERCIAS (2015 – 2020).

La Tabla 3 demuestra la correlación de Pearson con el fin de identificar si entre las variables de estudio existen problemas de multicolinealidad.

	Zombi_ ICR	Zombi_Patrimonio	End_corto_ plazo	End_largo_ plazo	End_activo
Zombi_ICR	1.0000	0.2812	0.0184	0.1251	0.1064
Zombi_Patrimonio		1.0000	0.2069	0.1312	0.2451
End_corto_plazo			1.0000	-0.4048	0.6033
End_largo_plazo				1.0000	0.4356
End_activo					1.0000
		End_patrimonial	l_Tot_Activo	Liquidez	Marg_util_neta
Zombi_ICR		0.0377	-0.1224	0.0200	-0.4487
Zombi_Patrimonio		0.0016	-0.1432	-0.0718	-0.1427
End_corto_plazo		0.3205	-0.1392	-0.6666	-0.0923
End_largo_plazo		0.3214	0.0570	0.2448	-0.1766
End_activo		0.6666	-0.0577	-0.4199	-0.2365
End_patrimonial		1.0000	-0.0748	-0.1331	-0.1426
l_Tot_Activo			1.0000	-0.0347	0.1148
Liquidez				1.0000	0.0759
Marg_util_neta					1.0000

Tabla 3. Correlación de las variables de estudio. Fuente: Elaboración propia.

Los resultados de correlación demuestran que, entre las variables dependientes e independientes, no existe problemas de multicolinealidad, pues ninguno de estos resultados supera el límite de 0,8, queriendo decir que, si se colocara a todas estas variables en una misma regresión múltiple, no debería existir problemas en las estimaciones para predecir la variable dependiente (zombi) (Lind *et al.*, 2012).

Cabe mencionar que entre la variable End_corto_plazo y el End_activo, existe una correlación moderada (0.6033), al igual que con la liquidez (0.6666); sin embargo; no representa un problema al analizarlas en un mismo modelo de regresión.

A continuación, en las Tabla 4 y 5, se reflejan los resultados obtenidos de la regresión Logit utilizando la aplicación de ecuaciones econométricas, tomando en cuenta que, al utilizar variables binarias, la interpretación se realiza a nivel probabilístico y no de forma directa.

	(1)	(2)	(3)	(4)
const	0.7884	0.9677**	0.4773	0.9328*
	(0.5640)	(0.4876)	(0.5249)	(0.4900)
End_corto_plazo	0.09106			
	(0.2744)			
End_largo_plazo		0.6519***		
		(0.2166)		
End_activo			0.4821**	
			(0.2336)	
End_patrimonial				-0.007041
				(0.008839)
l_Tot_Activo	-0.1487***	-0.1652***	-0.1484***	-0.1529***
	(0.03655)	(0.03603)	(0.03550)	(0.03542)
Liquidez	0.07027*	0.03537	0.08433***	0.06000**
	(0.03759)	(0.03033)	(0.03003)	(0.02887)
Marg_util_neta	-14.97***	-14.66***	-14.75***	-15.02***
	(0.7968)	(0.7962)	(0.8047)	(0.8063)
n	3612	3612	3612	3612
R2	0.1909	0.1935	0.1921	0.1910
lnL	-1549	-1544	-1547	-1549

Tabla 4. Logit Zombi ICR Fuente: Elaboración propia.

De acuerdo con los resultados obtenidos en la Tabla 4, se puede decir que en el modelo donde la variable dependiente para clasificar a una empresa como Zombi o no Zombi es el ICR, las variables independientes como el End_corto_plazo y el End_Patrimonial no son representativas para explicar dicha probabilidad. En cambio, el End_largo_plazo sí es significativa al 1%, queriendo decir que un aumento en este tipo de endeudamiento, aumentará la posibilidad de que una empresa sea zombi en 0.6519, al realizar un análisis de Odds ratios a esta regresión (ver Ilustración 2), se confirma que la probabilidad de que una empresa sea zombi aumenta ya que el resultado es mayor a la unidad (1.9192).

Odds ratios:

Variable	Odds-ratio	95.0% conf. interval
End_largo_plazo	1.9192	[1.255, 2.934]
l_Tot_Activo	0.8477	[0.790, 0.910]
Liquidez	1.0360	[0.976, 1.099]
Marg_util_neta	0.0000	[0.000, 0.000]

Figura 2. Análisis Odds-ratio ICR-End_largo_plazo. Fuente: Elaboración propia.

Por lo tanto, se acepta la hipótesis ya que se demuestra que la estructura de capital con relación al endeudamiento al largo plazo influye significativamente en la probabilidad de ser zombi de acuerdo con el criterio del ICR.

La variable End_activo se presenta como significativa al 5%, lo que quiere decir que este modelo explica que una empresa sea zombi en un margen de probabilidad del 0.4821, y al analizar el resultado de odds ratio en este modelo, se confirma que efectivamente, una empresa aumenta la probabilidad de ser zombi, pues es de 1.6195 (mayor a 1).

Odds ratios:

Variable	Odds-ratio	95.0% conf. interval
End_activo	1.6195	[1.025, 2.560]
l_Tot_Activo	0.8621	[0.804, 0.924]
Liquidez	1.0880	[1.026, 1.154]
Marg_util_neta	0.0000	[0.000, 0.000]

Figura 3. Análisis Odds-ratio ICR-End_activo. Fuente: Elaboración propia.

En este modelo econométrico, todas las variables de control fueron significativas al 1% para explicar la probabilidad de ser zombi y su relación con la estructura de capital de las empresas manufactureras del Ecuador durante el periodo 2015 – 2020, excepto la relación entre la Liquidez y el End_Patrimonial (5%), junto con el End_corto_plazo (10%).

También se puede decir que, en términos de bondad, el modelo que relaciona a la variable independiente End_largo_plazo es la mejor estimación.

	(5)	(6)	(7)	(8)
const	-3.940***	3.849***	-10.91***	3.558***
	(1.449)	(0.9961)	(3.636)	(0.8739)
End_corto_plazo	6.211***			
	(0.9509)			
End_largo_plazo		2.851***		

		(0.4100)		
End_activo			14.30***	
			(3.140)	
End_patrimonial				-0.03383
				(0.02089)
l_Tot_Activo	-0.2848***	-0.5478***	-0.3340***	-0.4799***
	(0.08405)	(0.08191)	(0.09357)	(0.06699)
Liquidez	0.4362***	-0.5385***	-0.1146*	-0.3716***
	(0.1356)	(0.1348)	(0.06454)	(0.09266)
Marg_util_neta	-5.960***	-5.153***	-1.992	-6.760***
	(1.357)	(1.247)	(1.394)	(1.068)
n	3612	3612	3612	3612
R2	0.2285	0.1898	0.3682	0.1365
lnL	-374.5	-393.3	-306.7	-419.2

Tabla 5. Logit Zombi Patrimonio **Fuente:** Elaboración propia.

En relación a las regresiones 5, 6 y 7, las variables independientes End_corto_plazo, End_largo_plazo y End_activo, explican la probabilidad de ser zombi a un nivel de significancia del 1%.

En estos resultados se puede observar que la probabilidad de ser zombi aumenta en un 6.211, cuando el endeudamiento a corto plazo también aumenta, similar comportamiento se observa en cuanto al endeudamiento a largo plazo, aunque con un menor rango de probabilidad (2.851), por ende, el endeudamiento total sobre los activos, explica la condición zombi en un 14.30, queriendo decir que mientras mayor sea este endeudamiento, mayor es la probabilidad de ser zombi.

Así se confirma cuando se analiza el resultado de los odds ratios obtenidos para cada regresión (ver Ilustración 4), confirmando así que, la estructura de capital de las empresas manufactureras del Ecuador durante el periodo de estudio sí se relaciona con la presencia de empresas zombis.

Sin embargo; la variable independiente End_patrimonial no es significativa para explicar la condición zombi, lo que podría ser una consecuencia de la preferencia en cuanto al tipo de financiamiento, pues se observa que optan especialmente por el endeudamiento al corto plazo.

Variable	Odds-ratio	95.0% conf. interval
End_corto_plazo	498.0977	[77.252,3211.601]
l_Tot_Activo	0.7522	[0.638, 0.887]
Liquidez	1.5468	[1.186, 2.018]
Marg_util_neta	0.0026	[0.000, 0.037]

Variable	Odds-ratio	95.0% conf. interval
End_largo_plazo	17.3026	[7.747, 38.647]
l_Tot_Activo	0.5782	[0.492, 0.679]
Liquidez	0.5837	[0.448, 0.760]
Marg_util_neta	0.0058	[0.001, 0.067]

Variable	Odds-ratio	95.0% conf. interval
End_activo	1626734.1071	[3452.776,766416292.271]
l_Tot_Activo	0.7161	[0.596, 0.860]
Liquidez	0.8917	[0.786, 1.012]
Marg_util_neta	0.1365	[0.009, 2.096]

Figura 4. Análisis Odds-ratio ICR - End_corto_plazo / End_largo_plazo / End_activo. Fuente: Elaboración propia.

Además, en términos de bondad de ajuste, entre las regresiones planteadas en función a la probabilidad de ser zombi definida por el patrimonio negativo, la regresión que relaciona al End_act con la estructura de capital es la mejor estimación.

5. DISCUSION DE RESULTADOS

Estos resultados, concuerdan con los hallazgos publicados por Fukuda y Nakamura (2011), quienes explican que las empresas que demuestran mayor endeudamiento relacionado entre la ratio del total de la deuda con el total de activos, son más difíciles de re estructurar ya que poseen más deuda externa.

Blažková y Dvouletý (2022), así como Armas e Higuerey (2022) concluyen que mientras mayor sea la deuda en la estructura de capital, la probabilidad de ser zombi aumenta. En ambos casos, se aplicó la variable binaria zombi en función al patrimonio negativo en empresas del sector alimentos y comunicación, estos autores en sus hallazgos demuestran que la variable independiente End act tiene mayor influencia o mayor peso en cuanto a la probabilidad de ser una empresa zombi.

En cambio, como se pudo observar en el modelo basado en la clasificación de empresas zombi en función al ICR, no se obtuvo resultados tan significativos como en la definición por patrimonio negativo, esto puede deberse a la dificultad de acceder a créditos de la banca privada y por ende la preferencia en el financiamiento de las empresas de nuestro país. Así también lo afirman (Armas e Higuerey, 2022)

6. CONCLUSIONES

A partir de la definición del ICR, se encontraron 134 empresas zombis; mientras que, en base al criterio del patrimonio negativo se identificaron 18 observaciones que cumplían con esta condición. Pudiendo decir que, después de haber comparado la significancia entre estos dos modelos, la condición de ser una empresa zombi en base al patrimonio negativo es más exacta de acuerdo a las preferencias del endeudamiento en nuestro país, lo que permitió obtener estimaciones más confiables.

La estructura de capital de las empresas manufactureras de Ecuador influye en la probabilidad de que una empresa se convierta en zombi, más aún cuando del End_act se trata. Complementando los resultados con un análisis del odds ratios y la verificación de la exactitud predictora del modelo, se verificó que la probabilidad de ser zombi se ve afectada por el endeudamiento a corto plazo, largo plazo y el endeudamiento total sobre los activos; el endeudamiento sobre el patrimonio no fue significativo.

Por tanto, se demuestra que, de acuerdo con el resultado de las regresiones planteadas, con un nivel de confianza del 95%, se acepta la hipótesis en la que se menciona que las variables que conforman la estructura de capital de trabajo, se relacionan en la existencia de empresas zombis en el sector manufacturero del Ecuador.

7. REFERENCIAS

Adalet McGowan, M. (2016). The walking dead? Zombie firms and productivity performance in OECD countries. *Marketing and Branding Research*, *4*(2), 10–18.

Armas, R., y Higuerey, A. (2022). *Empresas zombis en el Ecuador: el caso las empresas de comunicación*.

Armas, R., & Higuerey, Á. (2022, June). Zombies Firms in Ecuador: The Case of Communication Firms. In *2022 17th Iberian Conference on Information Systems and Technologies* (CISTI) (pp. 1-6). IEEE.

Banerjee, R., y Hofmann, B. (2022). Corporate zombies: anatomy and life cycle. *SSRN Electronic Journal*, *882*. https://doi.org/10.2139/ssrn.4051592

Blažková, I., y Dvouletý, O. (2022). Zombies: Who are they and how do firms become zombies? *Journal of Small Business Management*, *60*(1), 119–145. https://doi.org/10.1080/00472778.2019.1696100

Burachik, G. (2017). Empresas zombie y crisis mundial. *Cuadernos de Economía Crítica*, *4*(7), 131–156. https://dialnet.unirioja.es/servlet/articulo?codigo=6230711

Carriel, F., y Flores, J. (2020). *El endeudamiento y la rentabilidad empresarial: Análisis empírico de las empresas manufactureras de la provincia del Guayas - Ecuador para el periodo 2015-2017* (Tesis de Maestría en Administración de empresas, Universidad Politécnica Salesiana del Ecuador). Universidad Politécnica Salesiana del Ecuador. https://dspace.ups.edu.ec/bitstream/123456789/19522/1/UPS-GT003052.pdf

Fukuda, S. ichi, y Nakamura, J. ichi. (2011). Why did "zombie" firms recover in Japan? *World Economy*, *34*(7), 1124–1137. https://doi.org/10.1111/j.1467-9701.2011.01368.x

Higuerey, A., y Armas, R. (2021). ¿Influye la estructura de capital en la rentabilidad de las empresas ecuatorianas de comunicación? *Iberian Conference on Information Systems and Technologies (CISTI)*, *16*, 1–6. https://doi.org/10.23919/CISTI52073.2021.9476437

Javaheriafif, S. (2017). UK corporate capital structure and zombies: an econometric analysis (Doctoral dissertation, University of Nottingham). Universidad de Nottingham. http://eprints.nottingham.ac.uk/43231/

Lind, D., Marchal, W., y Wathen, S. (2012). *Estadística aplicada a los negocios y la economía*. Mc GrawHill.

McGowan, A., Andrews, D., y Millot, V. (2018). The walking dead? Zombie firms and productivity performance in OECD countries. *Economic Policy*, *33*(96), 685–736. https://doi.org/10.1093/epolic/eiy012

Urionabarrenetxea, S., San-Jose, L., y Retolaza, J. L. (2016). Negative equity companies in Europe: Theory and evidence. *Business: Theory and Practice*, *17*(4), 307–316. https://doi.org/10.3846/BTP.17.11125

LOS EVENTOS EXPERIENCIALES. UNA HERRAMIENTA ESTRATÉGICA EN LA COMUNICACIÓN EMPRESARIAL

Alberto García Minaya [1], Ruth Fernández Hernández[2]

1. INTRODUCCIÓN

Tradicionalmente, las empresas organizaban eventos con el objetivo de transmitir su mensaje. En la actualidad, se han dado cuenta de la importancia de escuchar a la otra parte, y para ello han hecho evolucionar sus eventos a un modelo inmersivo y experiencial, donde el asistente pueda sentir, es decir, pueda oír, escuchar, ver y probar, haciendo que sea el protagonista. Con ello se busca recoger sus impresiones, ideas y comentarios de primera mano para desarrollar bienes o servicios que cumplan realmente las expectativas de los usuarios. Esto permite a las empresas conocer la demanda real del cliente o cliente potencial, permitiendo un acercamiento y, por tanto, una ventaja de posicionamiento frente a la competencia. Así, como apuntan diferentes autores como Schmitt (2006), Lenderman y Sánchez (2008) o Campillo (2009) cada vez cobran mayor importancia los eventos experienciales como una forma de gestión de las marcas con el público objetivo, una forma de aumentar el *engagement*.

Los eventos experienciales, y en la medida de lo posible 360º, logran que los asistentes puedan mejorar su acercamiento a la marca y al producto, siendo en gran medida coautores de su desarrollo. La producción e implementación de este tipo de eventos tiene, un mayor coste para la empresa, pero debe entenderse como una inversión, no como un gasto, dado que el beneficio y el ROI que se obtiene supera con creces el gasto en investigación, test y desarrollo de los productos bajo la perspectiva de la empresa y no del usuario final y real.

La comunicación empresarial abarca un amplio abanico de acciones que implica a actores internos y externos, tanto a nivel de generación y difusión como de recepción por el público objetivo. Una de las acciones que tienen una repercusión más directa y eficaz son las PR, que son una forma de comunicación más directa y personalizada que la que se genera mediante comunicados, publicidad u otros medios.

La mejora en la comunicación de la empresa con sus *stakeholders* pasa, en muchos casos, por implicarlos en acciones de comunicación en vivo y en directo como son los eventos. De hecho, las corporaciones toman decisiones empresariales asumiendo que estos grupos de interés son interlocutores válidos en la totalidad de la cadena de valor (Orozco Toro y Alzate Sanz (2018), citando a Peinado (2011). Tradicionalmente, los eventos eran acciones

1. SOMOS Experiences (España)
2. ESIC University; ESIC Business & Marketing School (España)

que, aun contando con un público cautivo, se usaban para hacerles llegar los mensajes que deseaba transmitir la compañía, pero sin explotar el potencial de escuchar.

La escasez de la literatura sobre eventos experienciales y su papel estratégico motivan la realización del presente estudio. Por todo lo anterior, este trabajo tiene un doble objetivo, por un lado, ofrecer una visión del papel de los eventos de las relaciones públicas, como herramienta estratégica de la comunicación en la empresa y en concreto los eventos experienciales. Por otro lado, se quiere mostrar la importancia que tiene para la estrategia de comunicación corporativa una herramienta de las relaciones públicas como son los eventos en la actualidad. Para ello se ha realizado una revisión sistemática de la literatura en bases de datos académicas.

Como conclusión se presentan unas reflexiones, que se esperan sean de utilidad para los investigadores y profesionales del ámbito de las relaciones públicas y la comunicación.

2. METODOLOGÍA

En el presente estudio exploratorio se ha realizado mediante una revisión de la literatura sistemática utilizando, principalmente, la base de datos Web of Science, en el mes de junio de 2023, sin realizar ninguna acotación temporal en los resultados. La recopilación de datos realizada se puede ver en la tabla 1.

Características	
Ámbito geográfico	Mundial
Base de datos	Web of Science
Criterio de búsqueda	Tema
Tipo de documento	Artículos
Intervalo de tiempo	Sin acotación
Palabras clave	Evento, relaciones públicas, estrategia
Conectores	Booleanos OR, AND (Event AND "public relations") OR (strategy OR "business strategy")
Criterio de filtro	Documentos duplicados. Trabajos no relacionados con el tema.
Número de documentos	1807

Tabla 1. Ficha de recopilación de datos. Fuente: Elaboración propia

Como muestra la base de datos web os Science (Tabla 2) la gran mayoría de los trabajos se encuadran en el campo de la comunicación, la empresa, la gestión y la categoría de hostelería, ocio, deporte turismo.

Categorías de Web of Science	Número de artículos	%
Communication	989	54,73
Business	617	34,14
Management	184	10,18
Hospitality Leisure Sport Tourism	86	4,75
Social Sciences Interdisciplinary	56	3,09

Information Science Library Science	67	3,82
Environmental Studies	42	2,32
Computer Science Information Systems	36	2
Public Environmental Occupational	41	2,26
Public Administration	40	2,21

Tabla 2. Distribución de artículos por área de investigación. Fuente: Web of Science, 2023

La muestra obtenida fue de 1807 documentos publicados en toda la serie histórica hasta 2023. Posteriormente se aplicaron nuestros criterios de exclusión: en primer lugar, se descartaron todos los documentos que no fueran artículos científicos. Posteriormente se eliminaron todos los que no estuvieran en las categorías de comunicación y negocios. Además, se realizó una revisión por título descartando todos aquellos artículos que no estaban relacionados con nuestro objeto de estudio, quedando finalmente una muestra de 148 artículos.

3. REVISIÓN DE LA LITERATURA

Las primeras investigaciones de Ferguson (1984), mostraron que existía una carencia en los estudios académicos sobre las relaciones públicas. Esta carencia era la falta de investigaciones en las relaciones públicas de las relaciones entre las organizaciones y sus públicos. Posteriormente, otros autores como Broom *et al.*, (1997), Ledingham y Bruning (2000) y Kent y Taylor (2002), que realizaron sus estudios, enfocados a cubrir la carencia detectada por Ferguson sobre este tema, pero centrados en una perfectiva más funcional, es decir, enfocados en las técnicas y la producción de mensajes estratégicos. Por lo tanto, el estudio de las relaciones públicas se veía como una herramienta al servicio de la organización para conseguir sus objetivos, dejando de lado las relaciones que se generan con los *stakeholders* (Botan y Taylor, 2004).

En los últimos años los estudios realizados en este campo poseen una perspectiva co-creacional, esto es, los *stakeholders* son creadores de contenido por lo que la relación entre los públicos y las organizaciones es fundamental para el buen entendimiento entre ambos (Botan y Taylor, 2004). Atrás queda el concepto de relaciones públicas como herramienta de manipulación de los públicos y medición del impacto de los mensajes en la construcción y mejora de la calidad y la evaluación de las relaciones entre los públicos y las organizaciones (Ledingham, 2003). En los últimos años las relaciones públicas se han convertido en una herramienta estratégica importante en las empresas, ya que permite a las organizaciones establecer y mantener relaciones positivas con los *stakeholders* (Chaluisa, 2022). Por lo que, en la actualidad, construir y gestionar la reputación de las empresas es un aspecto fundamental de las relaciones públicas, así como la mejora de la imagen corporativa (Oparaugo, 2021).

Los tiempos de comunicación unidireccional de las organizaciones han pasado, actualmente es importante escuchar y mantener la bidireccionalidad en la comunicación, para construir una reputación más robusta mediante el conociendo de la demanda y sus necesidades (Caldevilla-Domínguez *et al.,* 2020), lo que permite generar un producto óptimo y reducir el tiempo de comercialización. En este sentido las acciones de relaciones públicas se convierten en una estrategia de las organizaciones (Barquero, 2008).

La empresa, dentro de su estrategia de posicionamiento y crecimiento mediante la comunicación, debe implicar muy directamente al destinatario de su producto. Como afirma Herranz de la Casa *et al.* (2019), la audiencia, actualmente, ha abandonado su condición pasiva para participar por igual en el proceso comunicativo. Por una parte, esto implica un mayor esfuerzo de esta comunicación y, proporcionalmente, económico. Por otra parte, este esfuerzo normalmente repercute en una mejora sustancial de la imagen de marca de la empresa, de su reputación y, además, permite pulsar directamente los gustos y las opiniones de los invitados a los eventos y otras acciones de relaciones públicas, a través de la experiencia vivida (Sánchez, 2017).

Aguilera-Moyano y sus colaboradores (2015) detallan el nuevo escenario en el que el *engagement* del consumidor es la actual fuerza motriz de las compañías y está detrás de la toma de decisiones, ya que este desea que las marcas le proporcionen una experiencia positiva de acuerdo con sus deseos, desarrollando un marketing influido por el empoderamiento de los consumidores (de Aguilera-Moyano *et al.*, 2015).

Las experiencias vividas por los consumidores conectan a la marca y la empresa con sus estilos de vida y sitúan sus acciones personales en un contexto social mayor (de Garcillán López-Rúa, 2015). En el contexto actual, existe la necesidad de desarrollar nuevos formatos y alternativas para dirigir el mensaje, de forma siempre condicionada por la demanda y gustos de una audiencia particular, lo que ha incentivado el surgimiento de nuevos recursos que permitan interactuar con el entorno, los contenidos y el mensaje (Herranz de la Casa *et al.*, 2019).

Por lo anteriormente comentado, el presente estudio se centrará en analizar la marca como recurso estratégico de las empresas y los eventos como un instrumento para darla a conocer y aumentar el *engagement* con los consumidores.

3.1. La marca

El objetivo último de la empresa es lograr una ventaja competitiva de la marca-producto frente a la competencia. Conocer de primera mano las necesidades, gustos y preferencia de los consumidores de referencia, lo que permite a las compañías diseñar un producto más cercano a estos. Los consumidores se sienten partícipes de la conceptualización y desarrollo, con lo que su predisposición a crear un vínculo con la marca es más acentuada.

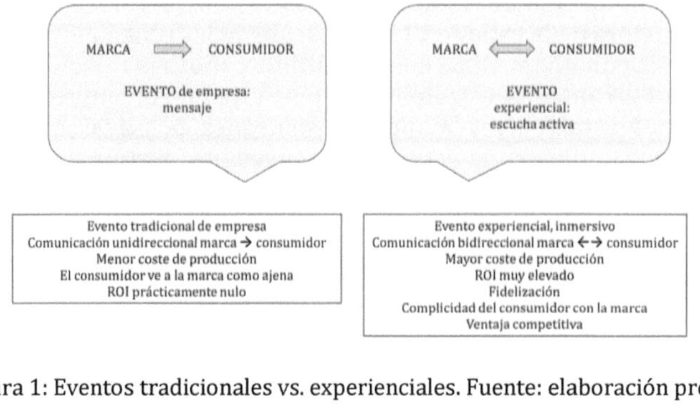

Figura 1: Eventos tradicionales vs. experienciales. Fuente: elaboración propia

Coca Carasila (2007), citando a Kotler y Armstrong (2003) determinan que la posición de un producto es como lo definen los consumidores según sus atributos importantes, el lugar que este producto ocupa en la mente de estos consumidores en relación con su competencia. Dispone de una información privilegiada que la competencia no tiene, le será más difícil conseguir o le llevará más tiempo. Pero este posicionamiento a través del conocimiento del gusto de los consumidores debido a haber sabido escucharlos, es un posicionamiento efímero si no se cuida, se abona y se mantiene en el tiempo, siguiendo con esta escucha activa. Si las marcas son conscientes de las ventajas y los beneficios que proporciona generar eventos experienciales, en los cuales van a obtener de una forma realmente breve una gran información que va a permitir potencialmente desarrollar productos más cercanos a los gustos de los consumidores, no dejarán de aprovecharlos.

La construcción de una marca y su posicionamiento es, habitualmente, una tarea compleja y diferida en el tiempo. Como definen Puma *et al.*, citando a Costa (2012), la marca es una construcción planificada y gestionada estratégicamente. El lenguaje con el que dialoga con sus públicos es básicamente emocional. Por tanto, la marca es una capacidad o un sistema de sensaciones, relaciones, imágenes, signos y relatos, todos los cuales son elementos portadores de significados.

Una diferenciación que tenga éxito tiene que basarse en características que sean difíciles de copiar, por lo que las empresas tendrán desempeños mejores mediante la creación de una estrategia de diferenciación (Waqas *et al.*, 2017).

Y esta diferenciación debe llevar al mejor posicionamiento. De forma general, se puede definir como la asociación con el lugar, situación o emplazamiento ocupado por un objeto o una idea, un servicio o cualquier otra realidad susceptible de ser colocada respecto a otras con las que se compara (Coca Carasila, 2007).

Entonces, se establece un vínculo en el triángulo formado por los eventos experienciales, la escucha activa del consumidor y la diferenciación de las empresas que permiten un mejor posicionamiento. Esta secuencia relacionada y correlativa permite una escalada productiva en la estrategia de las compañías.

Se ha pasado de centrarse en la producción del producto y su perfeccionamiento al desarrollo y posicionamiento de la marca, en muchos casos con la terciarización de la producción y centrándose en el manejo de la marca como elemento estratégico principal en el ámbito empresarial (Puma *et al.*, 2017).

La sensación que perciben los consumidores de sentirse partícipes en las acciones de comunicación de las empresas, mediante la asistencia a eventos exclusivos y acotados al gran público en general, los predispone para una mayor participación en el diálogo con las marcas. Estas tienen un público cautivo dispuesto a profundizar en esta relación de comunicación y ofrecer una información mucho más real, cercana y profunda. Esto, a su vez, supone una fuente inestimable de material de primera mano para las compañías. Esta fuente de información, bien tratada y analizada, a su vez, es única para las marcas, puesto que, en ese momento de complicidad, no está disponible para la competencia. Es tarea de estas saber aprovechar esta ventaja y hacerla extensible en el tiempo. Analizando los resultados de los eventos, sabiendo qué hay que preguntar, qué análisis de la información hay que hacer, mejorando la comunicación en siguientes eventos y haciendo que puedan repetirse en el tiempo para ver la evolución en el gusto de los consumidores.

Diseñar un evento corporativo debe partir de establecer unos objetivos muy claros. Saber qué se quiere conseguir es la base del éxito, puesto que todas las fases del desarrollo e implementación de los eventos estarán alineadas para conseguir estos objetivos. Si los eventos experienciales hacen que los asistentes deban percibir a través de todos, o la mayoría, de sus sentidos emociones, estas deben ser provocadas para obtener la información que se busca, desechar la irrelevante y aprovechar la útil.

3.2. Los eventos

De las diferentes definiciones de evento corporativo que hay en la literatura, una especialmente clarificadora es la de Torrents, al definirlo como aquel acto "en vivo" organizado en función de los intereses comerciales o empresariales de una compañía o de una marca con el fin de trasladar un mensaje determinado a un público concreto para provocar una respuesta o generar una actitud (Torrents, 2005). Otros autores otorgan definiciones que van en la misma línea, como Herrero y Fuente (2011) y Herrero y Campos (2010), aunque con enfoques en el marketing, la comunicación, las relaciones públicas, etc.

El desarrollo de un evento experiencial se hace en varias fases (Cerezo *et al.*, 2019):

- Comprender: el contexto del problema y definir claramente el desafío creativo.
- Observar y empatizar: etapa clave que permite determinar lo que es significativo para el cliente en su experiencia de marca.
- Definir: se concreta el problema y se encuentran soluciones innovadoras.
- Idear: cómo será la experiencia vivida.
- Prototipar: construyendo el producto mediante presentaciones, renders, planos o fotomontajes.
- Testar: repitiendo el ciclo hasta tener soluciones más seguras. Evaluando las diferentes soluciones propuestas.
- Implementar: escogiendo la mejor opción de entre las posibles, con fundamentos probados.

Es muy importante considerar que el marco central del evento es la experiencia del cliente, ya que estos son individuos racionales y emocionales. Las emociones de los clientes despiertan una experiencia de consumo, puesto que desea recibir estímulos y experiencias que tengan una alta dosis de emotividad y creatividad en la relación que mantienen con el producto y la empresa (Schmitt, 2007).

Cuando hablamos de eventos experienciales, por tanto, es necesario implicar la mayor parte de los sentidos, de forma que ayuden a generar todas las sensaciones posibles. En su trabajo, *Manual de los cinco sentidos: guía para crear eventos sensoriales* Lapeña y Gomes-Franco (2019) hacen un repaso exhaustivo de cómo emplear los cinco sentidos tradicionales para implicar a los asistentes a un evento. En el caso de la vista, existen herramientas que estimulan este sentido, como el uso de colores determinados que generan reacciones investigables. Además, la iluminación, la proyección de videos o de imágenes interactivas, o el uso del *video mapping*, hologramas, biometría, realidad aumentada o realidad virtual igualmente ayuda al asistente al evento a vivir una experiencia más completa.

La comunicación se encamina hacia un plano cada vez más experiencial y sensorial que avanza de la mano de la tecnología. Los eventos parecen ser las herramientas corporativas que mejor pueden dar respuesta a las nuevas experiencias multisensoriales e inmersivas (Puntí y Salanqueda, 2022). Es el caso de la Realidad Virtual Real (RVR) que permite contenidos con capacidad inmersiva generados desde experiencias reales y obtenidos mediante equipos de grabación especiales.

Una forma de comunicación interesante que permite conocer en tiempo real la opinión de los asistentes en las redes sociales, son las *Social media room*, habitaciones formadas por diferentes pantallas interactivas (Lapeña y Gomes-Franco, 2019).

Pero, además del sentido de la vista, es muy importante poner en valor el resto de los sentidos, o al menos los máximos posibles. Cualquier percepción sensorial ayuda a fijar emociones que serán mejor recordadas e inciden en el comportamiento de los consumidores. Como señalan las autoras, el odotipo es un instrumento muy poderoso que se convierte en una seña de identidad reconocible (Lapeña y Gomes-Franco, 2019).

La estimulación del gusto, el oído o el tacto son, en la misma medida acciones que hacen de los eventos experienciales una oportunidad para la empresa de conocer las reacciones, gustos y preferencias de los consumidores. Una aportación muy interesante es que los consumidores tienen interés en tener experiencias directas en un momento concreto y valoran positivamente la posibilidad de tener un diálogo con la marca (Galmés y Victoria, 2012). Cuando se menciona diálogo, precisamente, lleva implícito escuchar a la otra parte, en este caso al consumidor. Esto permite que la marca desarrolle un producto más cercano al este.

Así, por tanto, los eventos son herramientas estratégicas que se pueden poner al servicio de las marcas, cuyo fin último es crear un vínculo entre la marca y sus públicos, consiguiendo que esta relación esté directamente relacionada con la experiencia vivida a través del evento (Campillo-Alhama y Herrero-Ruiz, 2015).

Eventos tradicionales	Eventos experienciales
Acto social planificado que transmite una información al asistente	Acontecimiento social que pretende dejar una impresión y recoger una emoción
Acto de comunicación acotado en el tiempo y, habitualmente, un canal de transmisión emisor-receptor	Acto de comunicación que puede diferirse en el tiempo con diferentes canales de comunicación bidireccionales
Mera transmisión del mensaje corporativo	Escucha activa del asistente
Posición receptiva de los invitados	Los invitados juegan un papel activo y protagonista
Acción relativamente compleja en la organización, pero sencilla en la comunicación	Acto con mayor dificultad de organización y complejidad de comunicación y análisis de resultados
Menos objetivos y más sencillos	Múltiples objetivos y con mayor dificultad
Resultados más pobres	Resultados ricos en información útil

Tabla 3. Eventos tradicionales vs. Eventos experienciales. Fuente: Elaboración propia.

4. CONCLUSIONES

La escucha de los consumidores es una herramienta de primera mano para las marcas. Acortar el tiempo de desarrollo del producto, así como generar uno que ya incorpora gustos y preferencias de los futuros usuarios, proporciona una ventaja competitiva.

Entre las diferentes opciones que tienen las empresas para comunicarse con sus clientes (actuales y potenciales), en definitiva, los usuarios de sus productos están las relaciones públicas y, de dentro de ella, los eventos corporativos.

Existe diversa literatura que analiza la evolución del marketing tradicional hacia el marketing experiencial, y su traslado a una de las herramientas más visuales y con una relación más directa en la comunicación empresa-consumidor, como son los eventos. Los eventos permiten tener a mano un público cautivo mucho más expectante que la publicidad convencional. Esto facilita a la empresa la comunicación de mensaje de una forma mucho más directa y completa.

Para ello, el paso de los eventos tradicionales en los que las empresas transmitían a los asistentes el mensaje que necesitaban hacerles llegar a otro formato de eventos, los eventos experienciales, en los que la empresa es un receptor activo de esos gustos y preferencias de los usuarios, ha supuesto un cambio sin vuelta atrás en este modelo de relaciones públicas.

Los eventos inmersivos, experienciales, permiten a las empresas lograr una situación de complicidad con estos clientes a través de diferentes vías, lo que les ayuda a entender mejor qué prefieren y demandan, de cara a lograr un mejor desarrollo de producto que, a su vez, permite un mejor posicionamiento frente a su competencia.

Esta mejora en el posicionamiento es una ventaja que la empresa debe cuidar, mantener, mejorar y aprovechar, creando una relación de futuro, mejorando en la organización de eventos experienciales cada vez mejor diseñados y que permitan obtener una información más útil.

Los autores del presente estudio plantean como líneas futuras de investigación el análisis de otras bases de datos como Scopus y a partir de la bibliografía resultante acometer diferentes estudios de carácter bibliométrico para identificar la relación entre conceptos o los principales autores en el campo.

5. REFERENCIAS

Campillo Alhama, C. (2009). *Comunicación pública y gestión estratégica municipal. Un estudio exploratorio sobre la agenda temática.* Junta de Andalucía: Instituto Andaluz de la Administración Pública (IAAP). https://acortar.link/L5PML7

Campillo Alhama, C., y Herrero-Ruiz, L. (2015). Experiencia de marca en los eventos para generar imagen y reputación corporativa. *Opción, 31*(2), 610-631. http://hdl.handle.net/10045/52276

Coca Carasila, M. (2007). Importancia y concepto del posicionamiento: una breve revisión teórica. *Perspectivas, 20,* 105-114. www.redalyc.org/articulo.oa?id=425942331007

Cerezo, M. G., Rodriguez, C. C., y Cristófol, F. J. (2019). Aplicación del *design thinking* a la creación de eventos experienciales. *Animus. Revista Interamericana de Comunicação Midiática, 18* (37).

Coca Carasila, M. (2007). Importancia y concepto del posicionamiento: una breve revisión teórica. *Perspectivas, 20,* 105-114.

Costa, J. (2012). Construcción y gestión estratégica de la marca: modelo MasterBrand. *Revista* Luciérnaga, 20-25. https://acortar.link/rHfKy5

De Aguilera-Moyano, J., Baños-González, M., y Ramírez-Perdiguero, J. (2015). Branded entertainment: los contenidos de entretenimiento como herramienta de comunicación de marketing. Un estudio de su situación actual en España. *Revista Latina de Comunicación Social*, 519- 538. https://doi.org/10.4185/RLCS-2015-1057

De Garcillán López-Rúa, M. (2015). Persuasión a través del marketing sensorial y experiencial. *Opción, 31*(2), 463-478. https://www.redalyc.org/articulo.oa?id=31045568027

Galmés Cerezo, M., y Victoria Más, J. (2012). La organización de eventos en el contexto de las Comunicaciones Integradas de Marketing (IMC): el valor de la experiencia. *Pensar en la publicidad, 6*(1), 15-34. http://10.5209/rev_PEPU.2012.v6.n1.38654

Herranz de la Casa, J., Caerols Mateo, R., y Sidorenko Bautista, P. (2019). La realidad virtual y el vídeo 360o en la comunicación empresarial e institucional. *Revista de Comunicación, 18*(2), 177-199. http://dx.doi.org/10.26441/rc18.2-2019-a9

Herrero, J., y Campos, G. (2010). El necesario protocolo en la comunicación organizacional. *Revista ICONO 14. Revista científica de Comunicación y Tecnologías emergentes,* 182-202. https://doi.org/10.7195/ri14.v8i2.252

Herrero, J., y Fuente, J. (2011). *La comunicación en el protocolo. Las redes sociales, Internet y los medios tradicionales en la organización de eventos.* Ediciones Protocolo.

Kotler, P., y Armstrong, G. (2003). *Fundamentos de marketing (6ª edición).* Prentice Hall.

Lapeña Reguero, M., y Gomes-Franco e Silva, F. (2019). Manual de los cinco sentidos: guía para crear eventos sensoriales. *Redmarka. Revista De Marketing Aplicado, 23*(1), 1-19. http://hdl.handle.net/2183/23483

Lenderman, M., y Sánchez, R. (2008). *Marketing experiencial: la revolución de las marcas.* ESIC Editorial. http://hdl.handle.net/10045/112602

Martínez-Sala, A., y Campillo-Alhama, C. (2021). El papel de los eventos en las estrategias de marketing y comunicación comercial. *GIGAPP Estudios Working Papers, 8* (190-212), 113-127. http://hdl.handle.net/10045/112602

Orozco Toro, J. A., y Alzate Sanz, J. E. (2018). Stakeholders: Strategic Actors in Brand Building. *Anagramas Rumbos y Sentidos De La Comunicación, 16*(32), 95-109. https://doi.org/10.22395/angr.v16n32a6.

Peinado, E. (2011). *RSE, grandes compradores y la cadena de valor.* Vives, A. y Peinado, E. (Eds.), La responsabilidad social de las empresas en América Latina, 143-161.

Puma, M. Q., y Cárdenas, M. (2017). La creación de la marca y su incidencia en el posicionamiento de un producto. *Revista publicando, 4*(12(2)), 684-697. https://revistapublicando.org/revista/index.php/crv/article/view/734

Puntí Brun, M., y Salanqueda Mayor, M. (2022). Los eventos corporativos y la digitalización de los sentidos en el metaverso: estudio de caso de la marca de moda Gucci. *Communication Papers, 11* (23), 81-95.

Schmitt, B. (1999). *Experiential marketing.* New York.

Schmitt, B. (2006). *Experiential Marketing. Cómo conseguir que los clientes identifiquen en su marca: sensaciones, sentimientos, pensamientos, actuaciones, relaciones.* Ediciones Deusto. https://doi.org/10.33115/udg_bib/cp.v11i23.22827

Toffler, A. (1980). *La tercera ola. Barcelona.* Plaza & Janes.

Torrents, R. (2005). *Eventos de empresa: el poder de la comunicación en vivo.* Ediciones Deusto.

Waqas, M., Ullah, S., y Nouman, M. (2017). Organizational learning, differentiation strategy and perceived firm performance of textile firms. *Paradigms, 11*(1), 67-71.

IMPACTO DE LA GESTIÓN FINANCIERA EN EL RENDIMIENTO EMPRESARIAL DE LAS PYMES EN TABASCO (MÉXICO)

Elizabeth García Moreno[1]

El presente texto nace en el marco de un proyecto de Tesis de la Universidad Juárez Autónoma de Tabasco (México), "Efectos de la gestión financiera y estrategia competitiva en el rendimiento de las PyMES".

1. INTRODUCCIÓN

Las pequeñas y medianas empresas (PyMES) son relevantes en el crecimiento y desarrollo de la economía de una nación, dado que generan un alto nivel de empleos (Dini y Stumpo 2019).

Las empresas que aplican un nivel alto de gestión financiera tienden a lograr un rendimiento suficiente para su desarrollo; así mismo, propician a que sean competitivas siendo un elemento de éxito. La gestión financiera es un componente que afecta a la generación de información para la toma de decisiones que repercute en la gestión de las diferentes áreas de las organizaciones, con el fin de crear valor a través de la rentabilidad. La aplicación equivocada, empírica e insuficiente de la gestión financiera, dificulta la realización de las operaciones de las otras áreas del negocio y es una limitante en la financiación de recursos.

La deficiente y carente gestión financiera de los propietarios-gerentes es la causa principal que subyace a los problemas de las PyMES (Jindrichovska, 2013; Saqib *et al.* 2017) que implica un factor relevante que afecta al fracaso de las PyMES y permite sobrevivan en este ambiente empresarial cambiante (Wolmarans y Meintjes, 2015).

Se considera la contribución de este trabajo como relevante, porque amplía el marco de estudios empíricos, con el que es necesario estudiar el proceso de gestión y su impacto en el desempeño de las PYME

La capacidad de planificar, gestionar y controlar las pequeñas y medianas empresas PYME es fundamental para alcanzar sus objetivos organizativos (Matsoso & Nakpodia, 2021).

El documento está integrado por los objetivos y metodología, la revisión de la literatura y la teoría que fundamenta las variables y el desarrollo de las hipótesis. Posteriormente, se presentan los datos de los resultados que permiten aceptar o rechazar las hipótesis formuladas y finalmente se desarrollan las conclusiones.

1. Universidad Juárez Autónoma de Tabasco (México)

2. OBJETIVOS

El objetivo del estudio fue determinar el grado de asociación de la gestión financiera con el rendimiento de las PyMES, con el fin de indicar que prácticas de la gestión es necesario reestructurar para mejorar el desempeño de las PyMES.

3. METODOLOGÍA

La metodología empleada responde a un estudio empírico con una muestra de 175 casos analizados de PyMES del municipio Centro Tabasco (México), a los que se aplicó una encuesta cerrada, integrada por 30 ítems de la variable gestión financiera tomada de (Ortiz, 2013) cuyas dimensiones son planear, hacer, verificar y actuar y de 22 ítems de la variable rendimiento la cual se mide conforme a (Gupta y Govindarajan, 1984; Hoque y James, 2000; Noordin, Zainuddin, Mail, y Kaziemah, 2015; Quinnf y Rohrbaugh, 1983; Ricardo *et al.* 2009) mediante una escala de Tipo Likert se pudieron contrastar las proposiciones planteadas.

El instrumento se aplica a los gerentes y propietarios de 175 PyMES, con los siguientes elementos de inclusión: negocios entre 1 y 100 trabajadores ubicados el municipio Centro del estado de Tabasco, México.

Para confirmar las hipótesis planeadas en este trabajo de investigación empírico se aplicó y analizó a través de la prueba estadística de correlación las dimensiones de la variable gestión financiera con el rendimiento.

4. DESARROLLO DE LA INVESTIGACIÓN

"PyMES" es un acrónimo referente a las pequeñas y medianas empresas excluyendo a las empresas grandes (Organización Mundial del Comercio [OMC], 2016). En México se consideran como pequeñas y medianas empresas en el ámbito comercial, aquellas que cuentan con un número de empleados de 11 a 250.

La gestión empresarial, permite perfeccionar la "productividad y la competitividad, así como asegurar la sustentabilidad de la empresa" (García-Rodríguez y Mendez-Olán 2014). Por lo que, la gestión financiera es parte de la gestión empresarial, considerandose como un subsistema de la misma de (Ortiz, 2013; Pérez, 2013), de igual forma, es considerada como uno de los componentes competitivos primordiales para la generación del desempeño de las organizaciones (Pérez, 2010; Pérez *et al.*, 2013; Pérez, 2014).

(Terrazas, 2009) define a la gestión financiera como "la actividad que se realiza en una organización y que se encarga de planificar, organizar, dirigir, controlar, monitorear y coordinar todo el manejo de los recursos financieros con el fin de generar mayores beneficios y/o resultados".

4.1. Planeación en la gestión financiera

La gestión financiera es parte esencial de la gestión empresarial, así mismo, la realización de cada una de sus etapas permite gestionar los recursos de la organización hacia su máximo desempeño. La planeación es la primera fase de la gestión financiera en la que interviene la planeación administrativa, financiera y la capitalización (Ortiz, 2013). Establece las metas, la forma de lograrlas a través de la integración y coordinación de las actividades de la organización (Tuan & Rajagopal, 2022).

Como parte de la gestión los presupuestos son las herramientas financieras que predicen el desempeño y destina recursos hacia todas las áreas del negocio (Tuan & Rajagopal, 2022).

Según Ummugulsum Zor *et al.* (2019) las pequeñas y medianas empresas manufactureras de Turquía, el uso de los presupuestos formales, la edad, la educación y la experiencia de sus gerentes o dueños, son factores relevantes. De igual forma, Matsoso y Nakpodia (2021) identifican que el funcionamiento de los sistemas de presupuestación efectivos manifiesta el conocimiento del empresario o gerente de las PyMES. Saavedra García, M. y Espíndola Armenta G. (2016) determinan que más de la mayoría de las PyMES del sector de la tecnología de la información, en México, carecen del recurso humano para realizar la planeación financiera.

Tuan y Rajagopal (2022) identifican el efecto que tienen cuatro variables contingentes independientes sobre la variable dependiente del rendimiento, cuyo impacto lo estableció de mayor a menor de la siguiente forma: implementación de la estrategia; el compromiso organizacional; la planificación empresarial, y el control gerencial. Por lo que afirma que al modificarse alguna de estas variables se modifica el nivel de rendimiento de sus empresas. También especificaron que el proceso presupuestario es fundamental en la gestión del flujo de efectivo y la situación financiera general de las PyMES para permitir mejorar el desempeño.

4.2. Capital de trabajo y el flujo de efectivo en la gestión financiera

Angulo Sánchez (2016) define al capital de trabajo como "la disponibilidad de activos de rápida conversión en efectivo para cubrir un ciclo operativo de la empresa" p. 55. Al ser cubierto dicho ciclo, el negocio adquiere solvencia y liquidez, que le permiten un equilibrio financiero. En el manejo del capital de trabajo intervienen el efectivo, el inventario, las cuentas por cobrar (clientes, deudores y pagos anticipados), así como, las cuentas por pagar (acreedores), por lo que, el flujo de efectivo y el capital de trabajo son un gran reto para las pequeñas y medianas empresas (Jindrichovska, 2013; Mazzarol, 2015).

El estudio que Saavedra-García *et al.* (2016) realiza a las PyMES de la Ciudad de México, los indicadores de gestión financiera mayor utilizados son: los flujos de efectivo; las proyecciones financieras; como tal, no realizan análisis financiero solo calculan el porcentaje de utilidades sobre ventas y por último la elaboración solo del presupuesto de ingresos.

Según Waweru y Ngugi (2014) afirman que las PyMES se ven afectadas en su capital de trabajo y este influye en su rendimiento por el factor tiempo. Mientras más tiempo se otorga a los clientes para pagar por los bienes o servicios, disminuye el rendimiento.

La Rocca (2019) muestra en las Pymes de 36 países europeos durante el periodo comprendido entre el 2008-2015, que existe una asociación positiva entre la disponibilidad de efectivo y el rendimiento de la empresa, esta asociación es mayor a la correlacionados entre el capital de trabajo y el rendimiento. Estos resultados son relevantes dado que el contexto vivido fue de contingencia ante la crisis del 2008, en la que tener un excedente de efectivo ante un ambiente económico incierto, permitió un aumento en el rendimiento, dado que. Estos negocios hicieron uso del financiamiento propio para aprovechar oportunidades de crecimiento, esto coincide con la Teoría de la jerarquía financiera.

Según Saqib Muneer *et al.* (2017) en las PyMES de Pakistán, predomina el superávit de efectivo, considerado como un problema mayor que la falta de efectivo para estos negocios. La mayoría de las empresas aplican y tienen conocimiento al realizar presupuestos, control y flujos de caja, la dificultad radica en que no invierten los excedentes de efectivo para generar mayor desempeño.

De acuerdo con Turyahebwa *et al.* (2013), en su estudio a 335 PyMES de Uganda identificaron que la asociación entre la gestion financiera con el rendimiento fue mayor en los sistemas de información contable, seguido de la asociación el capital de trabajo, de los informes y análisis financieros, de las prácticas de inversión y por último las prácticas de financiamiento.

El flujo de efectivo tiene un impacto en el crecimiento de las pymes más jóvenes, y se relaciona en forma positiva entre el tamaño y la edad de las empresas (Yuji Honjo y Nobuyuki Harada, 2006).

4.3. Los costos y el control en la gestión financiera

La mayoría de las PyMES son insuficientes en la aplicación de sistemas de costos, esta herramienta es relevante en la toma de decisiones. La disminución tanto de los costos y las actividades que no generan un aumento al precio del producto o servicio, es una estrategia que, al desarrollarla estos negocios, les permite ser competitivos y mejorar su desempeño (Lomelí-Rodríguez, 2021; López-Mejía, 2011; Tubagoa *et al.*, 2019).

De acuerdo con Solano *et al*, 2014, analiza la reducción de costos como consecuencia de la implementación de un sistema de información que contribuya a la planeación financiera y en consecuencia al desempeño empresarial. Por otro lado, Solano et. al. 2012, analizo a las PyMES de la confección e identifica que la calidad y asistencia de entrega y los costos como estrategias están relacionados la mejora del procedimiento productivo y este a su vez en el desempeño. De acuerdo con Pacheco (2013) las pequeñas empresas de la ciudad de Sincelejo, Colombia, aplican como principales estrategias el servicio al cliente, reducción de costos, y la mejora continua la diferenciación de productos y alianzas estratégica. Y para las medianas empresas las estrategias más importantes son "el servicio al cliente, mejoramiento continuo y la reducción de costos" p. 197.

4.4. El control en la gestión financiera

Un elemento decisivo que permite verificar el cumplimiento de las actividades planeadas es el control, el cual mide los resultados y corrige las actividades desalineadas (Tuan, *et al.* 2021). Una consecuencia de la falta de control de los inventarios y que elevan los costos de producción son los desperdicios (Meras *et al.*, 2021).

Los sistemas de información permiten mayor apoyo en la implementación del SI por parte de la dirección organizacional mejora la calidad del sistema y la calidad del servicio, contribuyendo al rendimiento individual y organizacional de la empresa. Sus indicadores de productividad, toma de decisiones y costos se ven afectados positivamente en el rendimiento de la organización (DeLone y McLean, 2003; Gable *et al.*, 2003). También se concluye que las Pymes que invierten en tecnología y mejora los factores tecnológicos, aumentan la calidad de la información y la calidad de los servicios informáticos, contribuyendo al rendimiento organizacional. Las organizaciones con mayor infraestructura tecnológica, metodologías de desarrollo y competencia de sus programadores, mejoran los resultados en la calidad de la información (Karat y Karat, 2003). Estos resultados pueden ser útiles a las organizaciones en la formulación de políticas hacia la implementación de los SI.

4.5. Financiamiento en la gestión financiera

Las PyMES con un alto nivel de endeudamiento probablemente enfrentarán una mayor probabilidad de quiebra y estarán interesadas en reservas de efectivo sustanciales para salvaguardar la supervivencia de la empresa del riesgo de dificultades financieras (La Roca, 2019).

4.6. Rendimiento

Granados-Echegoyen–Arcelia y Toledo-López (2016) especifican que el rendimiento es "el conjunto de resultados que las empresas obtienen en un determinado periodo" p. 74, por otro lado, Ricardo *et al.* (2009) lo define como "el rendimiento existente de una organización medido en comparación con sus resultados previstos" p. 722.

La primera dimensión del rendimiento es el desempeño operativo y de mercado (Gupta y Govindarajan, 1984; Hoque y James, 2000; Noordin *et al.*, 2015; Quinnf y Rohrbaugh, 1983; Ricardo *et al.* 2009); la segunda dimensión es el desempeño no financiero, está relacionado con el predominio sobre los competidores y la tercera dimensión es el desempeño financiero (Gupta y Govindarajan, 1984; Hoque y James, 2000; Noordin *et al.*, 2015; Quinnf y Rohrbaugh, 1983; Ricardo *et al.* 2009)

4.7. Teoría

La Teoría de la Contingencia establece que ante los cambios externos las organizaciones aplican la gestión y establecen estrategias que les permite un equilibrio y control de aspectos internos y externos, de esta forma se logra y mejora el desempeño (Chenhall, 2006; Porporato y Waweru, 2011).

El control presupuestario, el desempeño no financiero y el sistema de control, son variables que se fundamentan en la teoría de la Contingencia (Oley, 2016; Porporato y Waweru, 2011) y en la Teoría General de Sistemas.

La teoría general de sistemas se fundamenta en que todos los elementos que conforman un todo están rigurosamente conectados entre sí y con su entorno, las cuales permiten estabilidad y permanencia en el medio. Permiten el funcionamiento pertinente Vázquez Pérez (2023). En esta investigación la variable independiente es la gestión financiera y la dependiente el desempeño de las PyMES y las hipótesis del estudio son las siguientes:

> H1 La dimensión de planear de la gestión financiera se relación positiva y significativa con el rendimiento de las PyMES.
>
> H2 La dimensión de hacer de la gestión financiera se relación positiva y significativa con el rendimiento de las PyMES.
>
> H3 La dimensión de verificar de la gestión financiera se relación positiva y significativa con el rendimiento de las PyMES.
>
> H4 La dimensión de actuar de la gestión financiera se relación positiva y significativa con el rendimiento de las PyMES.

4.8. Resultados

Para la validez y confiabilidad del instrumento se utilizan el alfa de Cronbach, cuyo valor en la gestión financiera es de .953 y en el rendimiento de .923 los cuales son muy aceptables conforme a (Nunnally, 1978).

Utilizando el coeficiente de correlación de Pearson a un nivel de significancia (alfa) de 0.01 existe una relación positiva, directa y perfecta al ser una población diferente a cero. La relación entre la dimensión actuar y la variable rendimiento presenta un Coeficiente de R de Pearson de (r =.581) estando entre moderada y buena. Por otro lado, las dimensiones con un grado de correlación positiva moderada son: la dimensión verificar de R de Pearson de (r =.552); la dimensión hacer de R de Pearson de la dimensión hacer (r =.468) y la dimensión planear de R de Pearson (r= .466), ver la tabla 1.

Se pudo comprobar utilizando el coeficiente de correlación de Pearson que existe una relación directa y perfecta al ser una población diferente a cero. La relación entre la dimensión actuar y la variable rendimiento se encuentra entre moderada y buena. Por otro lado, las dimensiones con un grado de correlación positiva moderada son: la dimensión verificar; la dimensión hacer y la dimensión planear.

De acuerdo con los resultados presentados en la tabla, se muestra que la relación entre variables independientes está dentro de los límites permitidos (+, – 0.7) [62]. Los resultados no mostraron multicolinealidad potencial entre las variables.

Variables	1	2	3	4	5
Rendimiento	-				
Actuar	.581**	-			
Planear	.466**	.695**	-		
Hacer	.468**	.622**	.746**	-	
Verificar	.552**	.763**	.709**	.670**	-

Tabla 1. Correlación de las dimensiones de la gestión financiera y el rendimiento
**p< .01. Fuente: Elaboración propia.

En esta investigación el capital de trabajo se analiza en la dimensión Hacer, que, aunque resultó positiva y significativa es la del efecto más débil de la gestión financiera para las PyMES, presentándose en el siguiente orden: gestión de crédito, seguida de la gestión del inventario por último la gestión de efectivo. En forma contraria (Nuwatuhaire y Ainomugisha, 2019; Turyahebwa *et al.*, 2013) encuentran que el capital de trabajo es la dimensión especifica de la gestión financiera que mayor relación positiva y significativa tiene con el rendimiento de las PyMES, de igual forma Turyahebwa *et al.*, (2013) afirman que el capital de trabajo entre otros tienen una fuerte asociación con el desempeño comercial. De igual forma Saavedra y Camarena, (2017) determinan que las cuentas por cobrar y el control de inventarios, los sistemas de contabilidad y control de costos presentan una relación positiva en los sectores de comercio e industria.

La correlación entre las prácticas de gestión financiera y el desempeño empresarial que identifico Turyahebwa *et al.* (2013) fueron las siguientes de mayor asociación a mayor: sistema de información contable r = 0,509, p <0,05. Gestión del capital de trabajo r = 0,471, p <0,05; informes y análisis financieros r = 0,460, p <0,05; prácticas de inversión r = 0,289, p <0,05; prácticas de financiamiento r = 0.134, p <0.05; y

Este estudio empírico identificó que los sistemas tradicionales de costo son los más utilizados por las pymes de la ciudad de Mérida, que el uso de dichos sistemas tiene un efecto positivo en el rendimiento, y que presentan mayores ventas que aquellas que tienen otro tipo de sistema de costo.

5. CONCLUSIONES

El objetivo principal de este estudio fue determinar el grado de asociación de la gestión financiera con el rendimiento de las PyMES. Los resultados de esta investigación muestran que la gestión financiera a través de sus cuatro dimensiones: planificar, hacer, verificar y actuar presentaron una asociación positiva y significativa ante la variable del desempeño de las PyMES comerciales del Centro de Tabasco, México.

Con base en estos hallazgos empíricos en este contexto se aceptan las cuatro hipótesis la primera hipótesis de este estudio los resultados de este estudio apoyan significativamente la teoría de la contingencia que establece que las empresas básicamente deben adaptarse a diversos factores contextuales.

Las conclusiones corroboraron la hipótesis inicial de que las PyMES de Tabasco (México) presentan mayor asociación entre la actuación y el rendimiento, a mayor se practique acciones de corrección y se revisen las acciones de mejora las PyMES obtienen mayor rendimiento. Queda pendiente para futuras investigaciones un comparativo con los demás sectores económicos.

La principal contribución de este trabajo es el desarrollo de una metodología de evaluación SI específica para las Pymes, que ayuda a determinar la conducta de los usuarios respecto al uso de los SI según su percepción e intenciones y como puede ser el impacto para la productividad del usuario y la organización, además de apoyar la planificación en la formulación estratégica de proyectos de sistemas, y en la medición de cada una de los factores que influyen en su implementación.

La gestión de las PyMES debe centrarse en los elementos de control gerencial del seguimiento, la medición y la corrección de las actividades para garantizar el cumplimiento de la planificación empresarial y la aplicación de la estrategia. El equipo directivo analiza los documentos, el conocimiento de los empleados y las habilidades necesarias para realizar las tareas

Alta generación de desperdicios, poco control de inventarios y altos costos de producción

6. REFERENCIAS

Alonso González, M. (2021). Desinformación y coronavirus: el origen de las *fake news* en tiempos de pandemia. *Revista de Ciencias de la Comunicación e Información*, 26, 1-25. https://doi.org/10.35742/rcci.2021.26.e139

Angulo Sánchez, L. (2016). La gestión efectiva del capital de trabajo en las empresas. *Revista Científica Multidisciplinar de la Universidad de Cienfuegos*, *8*(4), 54-57. http://rus.ucf.edu.cu/

Argüelles Ma, L. A., Quijano García, R., Fajardo, M. J. y Magaña Medina, D. (2013). La supervisión, su impacto en la rentabilidad financiera de las pymes: sector manufacturero. *Revista internacional administración y finanzas*, *6*(3), 15-27. http://papers.ssrn.com/sol3/papers.cfm?abstract_id=2157005

Arnold, M. y Osorio, F. (2008). *La nueva teoría social en hispanoamérica introducción a la teoría de sistemas constructivista.* Universidad Autónoma del Estado de México.

Barrientos-Báez, A., Caldevilla-Domínguez, D. y Vargas-Delgado, J. J. (2019). El protocolo, la puesta en escena y la persuasión en los debates políticos televisados. Redmarka. *Revista de Marketing Aplicado, 23*(3), 17-27. https://doi.org/10.17979/redma.2019.23.3.5872

Bumbila García, B. B. (2021). Turismo rural en Crucita-Ecuador: Una mirada desde la fortaleza del género. *Revista de Ciencias Sociales, 27*(2), 401-416. https://doi.org/10.31876/rcs.v27i2.35928

Cerdán Martínez, V., García Guardia, M. L. y Padilla Castillo, G. (2020). Alfabetización moral digital para la detección de *deepfakes* y *fakes* audiovisuales. *CIC. Cuadernos De Información y Comunicación,* 25, 165-181. https://doi.org/10.5209/ciyc.68762

Codina Canet, M. y San Segundo, R. (2021). Proyectos documentales digitales para la reconstrucción de la Historia de las mujeres con análisis de género. *Historia y Comunicación Social, 26*(1), 279-289. https://doi.org/10.5209/hics.66200

Cuesta, U. (2021). Cómo crear packagings que atraigan al cerebro del consumidor: una investigación de neurodiseño de packaging. *Revista de Marketing y Publicidad, 1*(3), 39-67. https://doi.org/10.51302/marketing.2021.702

Chenhall Monash, R. (2006). Theorizing Contingencies in Management Control Systems Research. *Handbooks of Management Accounting Research,* 1, 163–205. https://doi.org/10.1016/S1751-3243(06)01006-6

Dini, M. y Stumpo, G. (2019). MIPYMES en América Latina un frágil desempeño y nuevos desafíos para las políticas de fomento. *CEPAL.* https://repositorio.cepal.org/bitstream/handle/11362/44603/1/S1900091_es.pdf

Estrella Pacheco, E. y Góngora Biachi, G. (2023). La contabilidad de costos de las pymes y su relación con el rendimiento. Un estudio empírico. *COFIN Habana, 7*(1). https://revistas.uh.cu/cofinhab/article/view/1397

García-Rodríguez, J. F. y Méndez-Olán, L. A. (2014). Retos y perspectivas de la gestión empresarial en América Latina y México. *Hitos de Ciencias Económico Administrativas,* 121–127. https://n9.cl/mbdcbu

Granados-Echegoyen, H. y Toledo-López, A. (2016). El desempeño de pequeños negocios desde las estrategias competitivas y de manufactura: Un estudio empírico en Oajaca, Méjico. *Small Business's Performance from the Competitive and Manufacturing Strategies: An empirical study in Oaxaca,* México. 73-94. https://n9.cl/tkn0c

Gupta, A. y Govindarajan, V. (1984). Business Unit Strategy, Managerial Characteristics, and Business Unit Effectiveness at Strategy Implementation. *Academy of Management Journal, 27*(1), 25–41. https://pdfs.semanticscholar.org/259a/450c374b03309f0a9fce2cbd910fa8699ae0.pdf

Hoque, Z. y James, W. (2000). Linking Balanced Scorecard Measures to Size and Market Factors: Impact on Organizational Performance. *Journal of Management Research,* 12, 1–17. 10.2308/jmar.2000.12.1.1.

Jindrichovska, I. (2013). Financial Management in SMEs. *European Research Studies, 16*(4), 80-95.

La Rocca, M., Staglianò, R., La Rocca, T., Cariola, A. y Skatova, E. (2019). Cash holdings and SME performance in Europe: the role of firm-specific and macroeconomic moderators. *SkátovaEconomía de autobuses pequeños,* 53, 1051–1078 https://doi.org/10.1007/s11187-018-0100-y

Le, T. N. y Nguyen, D. D. (2020). An Impact of Budgetary Goal Characteristics on Performance: The Case of Vietnamese SMEs. *The Journal of Asian Finance, Economics and Business, 7*(9), 363–370. https://doi.org/10.13106/JAFEB.2020.VOL7.NO9.363

Lomeli-Rodríguez, S., Pelegrin-Mesa, A., Sánchez-Batista, A. y Torres-Mora, I. J. (2021). Use of Strategic Management Accounting in the determination of costs in SMEs in the furniture sector. *Journal of Business Development Strategies, 7*(20), 10-14

López-Mejía, M. R., Gómez-Martínez, A. y Marín-Hernández, S. (2011). Sistema de costos ABC en la mediana empresa industrial mexicana. Cuadernos de Contabilidad, *12*(30), 23-43. www.redalyc.org/comocitar.oa?id=383670633008
Matsoso, M. L., Nyathi, M. y Nakpodia, F. A. (2021), An assessment of budgeting and budget controls among small and medium-sized enterprises: evidence from a developing economy", *Journal of Accounting in Emerging Economies, 11*(4), 552-577. https://doi.org/10.1108/JAEE-04-2020-0082
Mazzarol, T. (2015). Research review: A review of the latest research in the field of small business and entrepreneurship *Financial management in SMEs,* 21, 2-13. https://doi.org/10.1080/13215906.2014.11082073
Noordin, R., Zainuddin, Y., Mail, R. y Kaziemah, N. (2015). Performance Outcomes of Strategic Management Accounting Information Usage in Malaysia: Insights from Electrical and Electronics Companies. *Procedia Economics and Finance, 31*(15), 13–25. https://doi.org/10.1016/S2212-5671(15)01127-2
Nunnally, J. C. (1978). *Teoría psicométrica,* 2ª ed. McGraw-Hill, Nueva York
Otley, D. (2016). The contingency theory of management accounting and control: 1980-2014. *Management Accounting Research,* 31, 45–62. https://doi.org/10.1016/j.mar.2016.02.001
Organización Mundial del Comercio [OMC]. (2016). Informe sobre el comercio mundial 2016. *Organización Mundial Del Comercio,* 1–210. https://n9.cl/cfji0
Ortiz, A. (2013). *Diseño de un modelo de sistema inteligente como soporte de decisión para la gestion empresarial en las Pymes* [Tesis de doctorado, Universidad Politécnica de Madrid]. http://oa.upm.es/23260/1/TESIS_DOCTORAL_ALEXIS_ORTIZ_USECHE.pdf
Pacheco, C. (2013). Estrategias empresariales más utilizadas por las pymes en Sincelejo. *Revista Económicas CUC, 34*(1), 183-202
Pérez, R. (2010). El pentágono de la excelencia para las PYMES. *Researchgate,* 3. www.researchgate.net/publication/216520552%0AEl
Pérez, U., Nieto, M., Velázquez, A., Castellanos, G., Garzón, M., Vargas, H., Nury, A., Calixto, N., Rodríguez, A., Palacios, M., López, L., Vidal, M. y López, J. (2013). *Modelo de modernización para la gestión de organizaciones-MMGO.* Ediciones EAN.
Pérez, R. (2014). *Capítulo 1 Modelo de Modernización para la Gestión de Organizaciones.* https://doi.org/10.13140/RG.2.1.2496.6640
Porporato, M. y Waweru, N. (2011). La teoría de la contingencia en contabilidad gerencial: un repaso de la literatura anglosajona. *RIGC, 9*(17), 1–16. https://n9.cl/84n3n5
Quinnf, R. y Rohrbaugh, J. (1983). A spatial model of effectiveness criteria : towards a competing values approach to organizational analysis. *Management Science, 29*(3), 363–378. https://n9.cl/i38qc
Richard, P. J., Devinney, T. M., Yip, G. S. y Johnson, G. (2009). Measuring Organizational Performance: Towards Methodological Best Practice. *Journal of Management, 35*(3), 718–804. https://doi.org/10.1177/0149206308330560
Saavedra García, M. y Espíndola Armenta, G. (2016). El uso de la planeación financiera en las PYME de TI de México. *Ciencias Administrativas, 4*(8), 15-31. www.redalyc.org/journal/5116/511653788003/html/
Saavedra-García, M., Tapia-Sánchez, B. y Aguilar-Anaya, M. (2016). La gestión financiera en las PyMES del Distrito Federal, México. *Revista Perspectiva Empresarial. 3*(2), 55-69. https://doi.org/10.16967/rpe.v3n2a5
Sandalgaard, N. y Nielsen, C. (2018), "Budget emphasis in small and medium-sized enterprises: evidence from Denmark". *Journal of Applied Accounting Research, 19*(3), 351-364. https://doi.org/10.1108/JAAR-08-2016-0087

Muneer, S., Abrar Ahmad, R. y Hussien Ali, A. (2017). Impact of Financial Management Practices on SMEs Profitability with Moderating Role of Agency Cost Saqib Muneer, *Information Management and Business Review, 9*(1), 23-30.

Solano Rodríguez, O., García Pérez, D. L. y Bernal García, J. J. (2014). Influencia de la implementación del sistema de información sobre el rendimiento en pequeñas y medianas empresas: un estudio empírico en Colombia. *Cuadernos de Administración, 30*(52), 31-43. https://n9.cl/gz7av

Solano, M., Bravo, J. y Giraldo, J. (2012). Metodología de mejoramiento en el desempeño de sistemas de producción. Aplicaciones en Pymes de la confección. *Ingenieria y Competitividad, 14*(2), 37–52. https://n9.cl/ijvos

Terrazas, R. (2009). Modelo de Gestión Financiera para una organización. *Perspectivas, 23*(2), 55–72. https://www.redalyc.org/articulo.oa?id=425942159005

Turyahebwa, A., Sunday, A. y Ssekajugo, D. (2013). Financial management practices and business performance of small and medium enterprises in western Uganda. *African Journal of Business Management, 7*(38), 3875–3885. https://doi.org/10.5897/AJBM2013.6899

Tuan, V. K. y Rajagopal, P. (2022). The mediating effect of the budget process on the performance of small- and medium-sized enterprises in Ho Chi Minh City, Vietnam. *Journal of Entrepreneurship, Management, and Innovation, 18*(1), 65-92. https://doi.org/10.7341/20221813

Ismail, T., Meutia, M. y Ummi, N. (2019). Enabling management control in improving the performance of SMEs. *Management Science Letters.* 1823–1832. https://doi.org/10.5267/j.msl.2019.6.009

Ummugulsum Z., Linder, S. y Endenich, C. (2019). Características del director ejecutivo y prácticas presupuestarias en las pymes de mercados emergentes. *Journal of Small Business Management, 57*(2), 658-678, https://doi.org/10.1111/jsbm.12438

Vázquez Pérez, E. (2023). Teoría de sistemas: De Ludwig von Bertalanffy a Niklas Luhmann". *Miradas, 18*(1), 195 – 206. https://doi.org/10.22517/25393812.25276

Honjo, Y. y Nobuyuki, H. (2006). SME Policy, Financial Structure and Firm Growth: Evidence From JapanSmall. *Business Economics*, 27, 289–300. https://n9.cl/vysl8

Waweru, C. y Ngugi, K. (2014). Influence of Financial Management Practices on the Performance of Micro and Small Enterprises in Kenya. *European Journal of Business Management, 1*(11), 141-161.

Wolmarans, H. y Meintjes, Q. (2015). *Prácticas de gestión financiera en pequeñas y medianas empresas* (PyMES).

EL MEDIT EN LA RESPONSABILIDAD SOCIAL EMPRESARIAL INDUSTRIAL

Jenny Jazmín Gómez Murcia[1]

El presente texto es producto del proyecto "Diseñar un plan para el fortalecimiento de la Responsabilidad Social Empresarial en el sector industrial desde los ejes estructurales del MEDIT caso: Provincia de Ubaté y Sabana Centro del Departamento de Cundinamarca" de la Universidad de Cundinamarca – Colombia.

1. INTRODUCCIÓN

Las organizaciones, en el desarrollo de sus actividades, llevan a cabo una serie de prácticas con el propósito de cumplir su objeto social. Esto requiere de una política clara frente a los grupos de interés y las normativas establecidas por el sector en el cual están ubicadas, con tendencia a aumentar sus índices de productividad, junto con estrategias, para garantizar que la dinámica de crecimiento no altere el medio ambiente, las condiciones de la fuerza laboral y propenda las buenas prácticas y estímulos para sus grupos de interés.

El Modelo Educativo Digital Transmoderno (MEDIT) plantea cuatro ejes estratégicos a saber: ética, aprendizaje, conocimiento y tecnología. Así mismo, se enfoca en una mirada hacia la educación para la vida, los valores, la civilidad y la libertad (Barrera, 2019).

La influencia que tiene el MEDIT en la Responsabilidad Social Empresarial (RSE) industrial, está dada porque el modelo sustentado en los ejes anteriormente enunciados, se halla encaminado hacia la autorregulación en lo que respecta a la ética en los espacios de diálogo para el conocimiento; el aprendizaje desde la suma de las experiencias, la formación disciplinar y las problemáticas actuales; el conocimiento en perspectiva a la transformación de individuos y zonas de ubicación; y la tecnología desde la formación de un sujeto a través de la digitalización y el uso de las Tecnologías de Información y Telecomunicaciones (TIC). Por ende, en lo respectivo a las políticas empresariales del sector industrial, existe un reto frente a los grupos de interés, el medio ambiente y el concepto de valor compartido.

La RSE encamina a la empresa hacia un actuar ético, sostenible y a considerar aspectos relativos a lo social y ambiental, cumpliendo a cabalidad regulaciones y contribuyendo a los grupos de interés, interrelacionando los ejes del MEDIT hacia el actuar empresarial, con la consigna de autorregulación y búsqueda continua del bien a título personal, social y en contexto con el medio natural. Es importante la convivencia con todo ser viviente

1. Universidad de Cundimarca (Colombia)

pretendiendo un estímulo de transformación en armonía, a través de la construcción de diálogos.

La influencia del modelo es determinante para el ejercicio empresarial y gestión de la RSE, ya que la organización debe interactuar con sus grupos de interés en diversos escenarios donde priman elementos de automatización de procesos y manejo de las TIC, al igual que la concepción de la creación de una sociedad de aprendizaje.

Desde la mirada de Stiglitz y Greenwald (2016) hacia el crecimiento, el desarrollo y el progreso social, es importante relacionar que las empresas no son ajenas a la evolución y condición país, porque dan cabida a procesos de cambio, innovación, ejercicios financieros y políticas para promover la mejora continua y el valor compartido.

2. OBJETIVOS

El objetivo del estudio consiste en diseñar un plan para fortalecer la RSE en el sector industrial, desde los ejes del MEDIT, para la Provincia de Ubaté y Sabana Centro del departamento de Cundinamarca (Colombia), mediante el estudio de caso. Con ese fin, se pretende identificar los principales factores de la RSE en lo que respecta a las empresas que forman parte del sector industrial del segmento de estudio, pretendiendo relacionar los ejes estructurales del MEDIT, para así llevar a cabo un análisis significativo que coadyuve a la formulación de un plan de fortalecimiento para las empresas del sector industrial ubicadas en esta provincia.

3. METODOLOGÍA

La metodología aborda un enfoque cualitativo, en primer lugar, mediante una revisión sistemática de fuentes secundarias de tipo académico- científico, en correlación con las experiencias de éxito para el sector industrial, y, posteriormente, se complementa con una investigación exploratoria secuencial.

Para identificar la relación de los ejes del MEDIT y la RSE, se realiza una investigación de tipo descriptivo. Para ello, se especifican las características para las empresas, abordando el sujeto y el mundo, la ética respecto a la autorregulación y la convivencia, el aprendizaje, el rol de la institución, la tecnología, los procesos y el cómo involucrar las dimensiones de persona, aula, cultura, familia, naturaleza, institución y sociedad frente a los valores y las problemáticas empresariales.

4. DESARROLLO DE LA INVESTIGACIÓN

4.1. Principales factores de la RSE para las empresas del sector industrial

Para el desarrollo de la investigación, primero se realizó una revisión sistemática de fuentes secundarias de tipo académico científico y posibles experiencias de éxito en el sector industrial, identificando los factores relevantes, teniendo presente que la RSE busca una integralidad en la gestión de las organizaciones en correspondencia con el crecimiento de las mismas y su impacto en el entorno, la imagen de la empresa y los grupos de interés.

Los instrumentos para el logro de la RSE incluyen principios, directrices, normas, leyes, modelos de gestión y guías, de aplicación voluntaria y tres aspectos destacados: las partes interesadas, el medio ambiente y la empresa, como motor de la economía con miras al desarrollo sostenible. (Peña, 2018)

La revisión sistemática se realizó por medio de la indagación en ScienceDirect, y Scopus infiriendo los factores contemplados y elementos a destacar dentro de los factores, en similitud de criterios, estableciendo un rango de búsqueda en tiempo para los años de 2019 a 2023.

De lo cual se determinó una limitación de criterios de factores, responsabilidad social e industria. Los resultados obtenidos fueron: para el caso de ScienceDirect 312 artículos y en Scopus 63 documentos, como se observa en las figuras 1 y 2.

Los criterios de acuerdo a la revisión en ScienceDirect (figura 1) son: comportamiento de reciclaje, recursos de recuperación, economía circular, mitigación de la inhibición, biodiversidad, impacto ambiental sustentable, compromiso, ecosistema, resiliencia, modelo de desarrollo, medio ambiente, suelo, calidad, rendimiento del carbono.

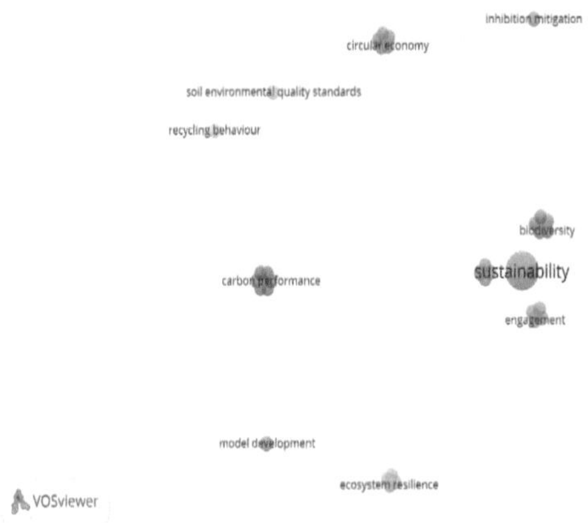

Figura 1. Nube de palabras criterios de factores de RSE Industrial ScienceDirect.
Fuente: elaboración propia con el uso del software VOSviewer, 2023.

Lo anterior, involucra criterios de RS e industrial para la empresa en desarrollo sostenible e impacto global y el reto para minimizar la huella de carbono, la conservación del ecosistema y cómo generar una óptima actividad que va de la mano con el manejo del reciclaje y la utilización de los recursos, adoptando prácticas que reúnan formas de economía circular relativas al ciclo de vida del producto, efectos secundarios para el consumo y a su vez el aprovechamiento de las materias primas, en gestión con la mitigación del impacto ambiental.

Los criterios de factores conforme a la revisión en Scopus (figura 2) son: economía y efectos sociales, RS corporativa, RSE, desarrollo sostenible y gobierno corporativo.

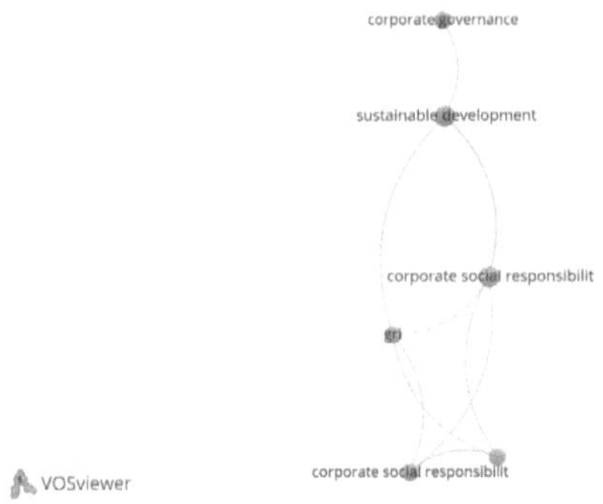

Figura 2. Nube de palabras criterios de factores de RSE Industrial Scopus.
Fuente: elaboración propia con el uso del software VOSviewer, 2023.

Se destaca la economía como factor relevante del desarrollo y, por ende, la gestión de la empresa como ente autónomo en el manejo de sus recursos y operación en el ejercicio de su cadena de producción. Por consiguiente, la armonía con el medio ambiente y las prácticas activas y voluntarias son relevantes y consecuentes hacia lo social, económico y el medio ambiente, garantizando una cooperación activa de los grupos de interés y formas continuas de autoevaluar la RSE, bajo premisas de ética y marketing responsable buscando, no solo resaltar su identidad corporativa sino generar un énfasis en la contribución al sector donde se ubica la empresa en términos geográficos y de comunidad interna y externa, por medio de experiencias y estrategias reales para reducir, reutilizar y reciclar, de acuerdo al modelo de las tres R.

Los factores a referir en importancia son el medio ambiente, lo económico, lo social, grupos de interés y certificación voluntaria de la empresa.

Los elementos a destacar dentro de dichos factores de acuerdo a la revisión son:

- Los materiales o recursos utilizados, ética al adquirir recursos y el comercio justo.
- Empaquetado y descripción de materiales, que puedan ser reutilizables o reciclables.
- Manufactura que incluya tecnología eficiente y reducción de energía.
- Emisiones reducidas y que no afecte la calidad de la salud.
- Distribución y frecuencia en movilidades de reparto.
- Prácticas de consumo de agua, energía, seguridad y calidad de productos.
- Gestión de residuos, disposición, prácticas, reciclaje y reutilización.
- Ciclo de vida de los productos.
- Producción eficiente.
- Dimensiones de los ejes de la RSE.
- Impactos y efectos en el tiempo.

4.2. Relación de los ejes del MEDIT e influencia en la RSE industrial

El MEDIT es un modelo que parte de tres elementos generales que son: la translocalidad la transmodernidad y la globalización. Todo ello, desde un futuro expectante que pretende dar un alcance en la comunidad, donde se distingue una persona idealizada hacia los valores y la civilidad, capaz de direccionar su libre albedrío. Con ese fin, articula cuatro frentes en orden de importancia de acuerdo con (Muñoz, 2015) la ética, el aprendizaje, el conocimiento y la tecnología (Figura 3).

Figura 3. Ejes del MEDIT. Adaptado de Educación para la vida, los valores democráticos, la civilidad y la libertad. Fuente: Barrera, A. M. (2019).

Los ejes del MEDIT contemplan un espectro formalizado en la calidad de la educación e integran un sujeto reflexivo, con una condición de persona transhumana, precisado en el modelo humanista como un sujeto consciente de los elementos de vida y formación profesional orientada para el ser y una persona afirmada en lo cultural, la identidad y las memorias ancestrales.

La ética permite, en primer lugar, abrir espacios de diálogo para el conocimiento e involucrar las dimensiones de la persona, el rol de la institución, la cultura, la familia y la naturaleza que se fundamenta en los valores. En segundo lugar, el aprendizaje en la formación constante, capacitación de acuerdo con las exigencias del entorno. En tercer lugar, el conocimiento visto desde las problemáticas empresariales, la sociedad, el aula, la familia. Y, finalmente, la tecnología en contexto con la formación de un sujeto a través de la digitalización y el uso de las Tecnologías de Información y Telecomunicaciones (TIC).

Con respecto al sector industrial, las políticas empresariales tienen un reto hacia los grupos de interés, el medio ambiente y el concepto de valor compartido (Tabla 1).

Ejes de MEDIT	*Influencia en la RSE Industrial*
Ética	Sujeto, responsabilidad, convivencia y comportamiento ético, derechos humanos, rol de la institución, cultura, naturaleza, valores.
Aprendizaje	Diálogo de intereses, cultura, sociedad, problemáticas empresariales.
Conocimiento	Oportunidad de mejora continua, procesos, dimensiones de la persona.
Tecnología	Gestión de información, las TIC, institución, sociedad.

Tabla 1. Influencia del MEDIT en la RSE Industrial. Adaptado de Guía de responsabilidad social. Fuente: ISO (2010).

Los ejes del MEDIT, como se aprecia en la tabla 1, generan influencia en el sistema de la RSE porque se da un espacio para vincular lo social y ético, una noción de medición en tiempo, espacio, modo y relaciones de los grupos de interés, lo que permite autoevaluar referido a la ética el medio ambiente y la comunidad, para que las empresas operen de forma responsable en lo social y ambiental, forjando valor compartido.

La influencia radica principalmente en la ética desde el sujeto, la responsabilidad, el actuar, la consideración de los derechos humanos, el rol de la institución, la cultura organizacional, el medio natural, la sostenibilidad y la filosofía fundamentada en los valores. En cuanto al aprendizaje, el propiciar los diálogos de los intereses teniendo presente los grupos implicados, lo cultural, la sociedad y las problemáticas a las cuales se les pueda dar alcance o que estén derivadas de la actividad. Además, el conocimiento en la dimensión de la persona y el cómo trasciende gracias a la mejora continua y la tecnología gestionando las TIC, involucrando formas para el acercamiento de la institución y la sociedad, unido a la comunicación en referencia a la realidad y el compromiso con el medio ambiente.

En el desarrollo de la segunda parte de la investigación, se considera la condición implícita de la RSE en la cual las organizaciones se adhieren a la certificación de acuerdo con los criterios de la norma internacional ISO 26000 de 2010 sobre responsabilidad social de forma voluntaria. Conjuntamente, se indaga en fuentes de tipo académico para el sector industrial, según las características respectivas a regulación, administración de los recursos, disposición de desechos y control de emisiones derivadas de la actividad misma, en dirección a poder establecer el grado de influencia del MEDIT y relacionar los ejes estructurales del mismo.

Por ello, considerando que independiente a la certificación, las empresas del sector industrial poseen una obligatoriedad en generar acciones exitosas y prácticas de mitigación en la contaminación del medio ambiente, en línea con los ejes de la RSE.

De acuerdo a la norma ISO 26000, los ejes de la RSE integran (Figura 4): el público interno, los consumidores y clientes, los proveedores, la comunidad, el medio ambiente, el gobierno corporativo y el gobierno y sociedad (ISO, 2010).

Figura 4. Ejes de la RSE. Adaptado de Guía de responsabilidad social.

Fuente: ISO (2010).

Los ejes de la RSE observados en la (Figura 4), son determinantes para la gestión de la empresa en el sector industrial porque impactan económicamente en la cadena productiva, en los ingresos, en la gobernanza, en la preservación del medio ambiente, en la destinación de los recursos financieros y en las acciones filantrópicas. Todo esto, en integralidad con todas las áreas de la empresa, buscando desarrollar productos y/o servicios confiables para el consumidor final.

Así mismo, a través del tiempo se habla de la transición de la RSE, proyectado a tres generaciones: la primera, la filantropía, el voluntarismo y la gestión del riesgo a corto plazo. La segunda, el enfoque de sostenibilidad de los diálogos, la respuesta de actores, los estándares y la cadena de valor. Y la tercera, un modelo de economía nacional, alianzas, grupos de interés, defensa, promoción y políticas públicas, para Pymes. (Uribe, 2018)

Ejes de la RSE	*Principios de la RSE ISO 26000*	*Influencia del MEDIT en la RSE Industrial*
Público interno	Rendición de cuentas	Conocimiento: problemas y proyectos de la región.
Consumidores y Clientes	Transparencia	Ética: impacto de los grupos de interés, sociedad, medio, educación.
Proveedores	Comportamiento ético	Aprendizaje: compromiso, productividad, institución.
Comunidad	Respeto de los intereses de las partes interesadas	Ética y conocimiento: persona, sociedad, economía, cultura, institución.
Medio Ambiente	Respeto por el estado de derecho	Ética y aprendizaje: sostenibilidad, grupos de interés, normas.
Gobierno Corporativo	Respeto de las normas internacionales de conducta	Ética, conocimiento, tecnología: responsabilidad, beneficios grupos de interés, imagen corporativa
Gobierno y Sociedad	Respeto de los derechos humanos	Ética, conocimiento, tecnología, aprendizaje: cultura organizacional, corporativo, filosofía empresarial

Tabla 2. Ejes y principios de la RSE - Influencia del MEDIT en la RSE Industrial. Adaptado de Guía de responsabilidad social. Fuente: ISO (2010).

En la Tabla 2 se observan los ejes y los principios de la RSE y la influencia del MEDIT en la RSE industrial, estos son:

- El público interno, se relaciona con la rendición de cuentas y las tasas impositivas. También, con el abordaje de problemáticas para construir proyectos afines, desde el eje de conocimiento.
- Los consumidores, en el eje de la ética del MEDIT, en concordancia con políticas de transparencia y la relación de equilibrio empresa- sociedad – medio ambiente, implicando la concepción del sujeto y el mundo.
- Los proveedores, referente a la percepción ética y, en el eje aprendizaje, focalizado hacia el compromiso, los procesos, la calidad y la cadena de valor.
- La comunidad, a partir de la concepción de equilibrio (equidad) y respeto de las partes. Esta está interrelacionada con los ejes de la ética y el conocimiento impactando a los individuos, al entorno empresarial y cultural.
- El medio ambiente, en lo concerniente a la autorregulación y la convivencia; en línea con los ejes ética y aprendizaje, en observancia del rol de la institución y los códigos de conducta.
- Para el gobierno corporativo y el gobierno y sociedad, se incorporan los ejes ética, conocimiento y tecnología, relativo al respeto, los derechos, normas internacionales y la construcción de procesos en dirección a la RSE.
  - El MEDIT plantea una alternativa para involucrar las dimensiones persona, aula, cultura, familia, naturaleza, institución y sociedad frente a los valores y las problemáticas empresariales, a nivel interno y externo de la organización y las prácticas empresariales.
  - La importancia de la RSE, como se aprecia en la Tabla 2, va desde la interacción de los ejes y los siete principios, según la norma ISO 26000, dando cabida a temas relativos a los derechos humanos, laborales y los del medio ambiente.
  - En consideración al MEDIT se determina que los ejes permiten, en el ejercicio empresarial, dar alcance, desde las áreas funcionales de la empresa, a elementos de responsabilidad con el entorno, los valores institucionales, la reglamentación, los beneficios para los grupos de interés, la previsión de contingencias, la protección al trabajador y la transparencia en los procesos. También, brinda una oportunidad para mejorar la imagen corporativa.

4.3. Análisis de factores determinantes para la formulación de planes de fortalecimiento para las empresas del sector industrial en la provincia de Ubaté y Sabana Centro

En la tercera parte de la investigación, se realizó un análisis de factores determinantes para generar planes de fortalecimiento, orientados al sector industrial en la provincia de Ubaté y Sabana Centro, destacando que estos planes deben contemplar específicamente las características de las empresas en correspondencia a la ubicación geográfica y la actividad diferencial que estas realizan, implicando lo siguiente:

- Para Ubaté las actividades desarrolladas en el sector industrial son la fabricación de materiales de arcilla para la construcción, las actividades de producción y comercialización de derivados lácteos y la extracción de hulla (carbón de piedra).
- En el caso de Sabana Centro las actividades son los productos farmacéuticos, medicinales cosméticos y de tocador; la fabricación de productos químicos; y la elaboración de productos específicos de aseo personal y limpieza.

En orden explícito, el diseño del plan en línea con el MEDIT debe incluir factores a fin al entorno, a saber:

1. La ética involucra a la organización, la calidad de vida, el medio ambiente, los derechos humanos, el compromiso social y el marketing responsable.
2. El aprendizaje se construye partiendo de la formación, los saberes y las lecciones aprendidas en el ejercicio empresarial, el trabajo colaborativo, las nuevas prácticas y la innovación.
3. El conocimiento alusivo a los grupos de interés, espacios de diálogo e identificación de las problemáticas de la región, así como, el abordaje de soluciones reales de los clientes y el mitigar posibles efectos en el medio ambiente.
4. La tecnología concierne a la adopción de herramientas, uso de las Tecnologías de Información y Telecomunicaciones (TIC), contenidos, digitalización de procesos y automatización, en constante identidad con las necesidades de la organización y sus grupos de interés.

Los planes organizacionales implican estrategias de alcance en los proyectos que define una empresa y sus posibles contingencias. Por ello, el análisis del entorno es fundamental, lo que atañe al horizonte institucional y a los objetivos planteados por la organización. En ese orden de ideas, se habla de rentabilidad esperada en términos financieros, y de valor compartido en lo respectivo a calidad, confianza, innovación, cadena de valor y administración de los recursos naturales, en armonía con el medio ambiente.

La influencia del MEDIT en la RSE para el sector industrial, se desglosa en sus cuatro ejes: la ética, el aprendizaje, el conocimiento y la tecnología, lo que permite al formular los planes, profundizar en la definición de las políticas empresariales, la participación de los grupos de interés, el medio ambiente y el concepto de valor compartido, con una mirada global.

Los retos están dados por la autorregulación, los factores de convivencia, el papel institucional y los procesos. Estos retos se recogen en el plan a actividades que involucren las dimensiones de persona, aula, cultura, familia, naturaleza, institución y sociedad frente a los valores y las problemáticas empresariales.

Los indicadores facilitan la medición de la RSE, contemplando las acciones de la organización en relación al alcance de la identidad corporativa y la toma de decisiones de la dirección, lo cual posibilita hacer un diagnóstico, en línea con los siguientes elementos:

- Valores
- Códigos de ética
- Cultura organizacional
- Comunicación con los grupos de interés
- Sana competencia
- Equidad social
- Políticas laborales
- Comunicación tanto interna como externa

En ese orden de ideas, los anteriores elementos indican el grado de afianzamiento que tiene la organización referida a espacios de diálogo, identidad institucional, impacto del liderazgo, ética, compromiso con sus grupos de interés y grado de competencia en el mercado. La importancia de ello radica en que el resultado de la medición de estos elementos permite, a partir de un diagnóstico y en la fase de ejecución, encaminar a posibles alianzas con el gobierno, la sociedad y la academia, así como, mitigar prácticas que afecten el medio ambiente previendo un balance de carácter social, ambiental y de desempeño, en términos del alcance de la RSE.

Adicionalmente, se pueden incluir los indicadores Ethos, con el propósito de conocer el resultado de la gestión empresarial desde un punto de vista cualitativo y cuantitativo. Desde un punto de vista cualitativo, incorporando ejercicios de tipo binario a través de la construcción de preguntas y determinación de estadios posibles; y en lo cuantitativo, en términos de medición sistémica de datos, mediante el manejo de series anuales en línea, con el objeto de formular planes que se puedan monitorear y estén alineados con los ejes de la RSE. (Instituto Ethos, 2012)

Para formular los planes, se han de considerar las actividades programadas para las empresas del sector industrial, en la provincia de Ubaté y Sabana, en correlación con los indicadores, de acuerdo a las metas propuestas y acciones concretas. Es fundamental, de igual modo, integrar los temas de Investigación y Desarrollo (I y D), trabajo con los grupos de interés, promoción de la RSE en productos y/o servicios promocionados, impacto verificable en la comunidad, identidad corporativa, impacto en el entorno donde se realiza la actividad y posibles alianzas estratégicas para la protección del medio ambiente y la mitigación de emisiones.

Finalmente, la definición de políticas comerciales, gestión de los códigos de ética, valores corporativos, políticas laborales, oportunidades en inversión, impacto social en la zona geográfica, medio ambiente y manejo de insumos en favor del planeta, así como, posibles programas con alcance sustentable, incorporación de tecnologías, mitigación de elementos contaminantes y el manejo adecuado de residuos.

5. CONCLUSIONES

Se concluye que la influencia del MEDIT en la RSE industrial, a partir de sus ejes, determina la importancia de la ética empresarial, la calidad de vida y el medio ambiente ya que, en el ejercicio empresarial, permite a la organización adoptar políticas responsables, para la comercialización de los productos y/o servicios, y tener una visión articulada con la sustentabilidad del planeta.

La empresa es autónoma y a partir de la zona de ubicación, impacta a sus grupos de interés. Por ello, es clave realizar estudios que evidencien una transformación fundamentada en la visión para solucionar problemas, respetar la naturaleza y considerar la calidad de vida, más allá de la oportunidad de negocio.

El sector industrial es altamente contaminante, está directamente vinculado con la RSE y debe fomentar elementos que afiancen una transformación en armonía y construcción de diálogos, que promuevan las buenas prácticas para el manejo de los recursos naturales.

El sector de estudio empresarial de Ubaté tiene una tendencia hacia el desarrollo de actividades para la construcción, producción y comercialización de derivados lácteos, la extracción de hulla; y Sabana Centro está orientado a actividades de fabricación de productos químicos, elaboración de productos de aseo personal y limpieza. Lo que genera altos niveles de contaminación, por ello la RSE es determinante en la identidad corporativa y la preservación de los recursos naturales.

La influencia del MEDIT en la RSE para el sector industrial, se desglosa en cuatro ejes: la ética, el aprendizaje, el conocimiento y la tecnología, lo que permite al formular los planes, profundizar en la definición de las políticas empresariales, la participación de los grupos de interés, el medio ambiente y el concepto de valor compartido, con una mirada global.

Los planes de fortalecimiento permiten alinear las actividades, contemplando específicamente las características de las empresas en correspondencia con su ubicación y la medición se establece por medio de los indicadores en términos cualitativos y cuantitativos.

En definitiva, el MEDIT, desde sus ejes, genera influencia en el sistema de gestión de la RSE porque permite vincular en lo social y ético una noción de medición de tiempo, espacio, modo y relaciones de los grupos de interés. Así mismo, facilita la autoevaluación en términos de ética, medio ambiente y comunidad para que las empresas operen de forma responsable en lo social y ambiental, forjando el valor compartido.

6. REFERENCIAS

Barrera, A. M. (2019). Educación para la vida, los valores democráticos, la civilidad y la libertad. *Pensamiento udecino, 3*(1), 11-18. https://doi.org/10.36436/23824905.159

Conexión Esan. (2016). *Los indicadores Ethos de responsabilidad social empresarial.* Instituto Ethos. https://bit.ly/3K46mLH

ISO. (2010). *Guía de responsabilidad social. Guidance on social responsability.* ISO. https://www.iso.org/obp/ui#iso:std:iso:26000:ed-1:v1:es

Peña, D. M. (2018). *Responsabilidad social empresarial en Colombia, una visión actual frente a Latinoamérica y España* [Tesis de Maestría]. Repositorio Institucional UN. https://repositorio.unal.edu.co/handle/unal/68720

Stiglitz, J. E. y Greenwald, B. C. (2016). *La creación de una sociedad del aprendizaje: Una nueva aproximación al crecimiento, el desarrollo y el progreso social.* La esfera de los libros.

Uribe, M. E. (2018). La responsabilidad social empresarial y el enfoque estratégico de la organización: evidencia empírica de dos sectores. *Tendencias, 19*(1), 113-139. https://doi.org/10.22267/rtend.181901.90

IMPACTO DE LA INFORMALIDAD EN EL SECTOR GASTRONÓMICO EN EL TURISMO Y LA ECONOMÍA DEL MUNICIPIO DE VILLETA, COLOMBIA

Claudia Fanny Gutiérrez Navarro[1]

1. INTRODUCCIÓN

En el contexto actual de economía globalizada, el sector gastronómico desempeña un papel fundamental en el desarrollo económico de muchas regiones, especialmente en aquellas que cuentan con un atractivo turístico significativo. El municipio de Villeta, reconocido por su belleza natural y atractivos turísticos, no es una excepción. Pero, pese al potencial crecimiento y generación de empleo del sector, la informalidad se ha convertido en un desafío importante que afecta tanto a la economía local como a los operadores turísticos formales.

La informalidad en el sector gastronómico se refiere a la existencia de establecimientos y actividades que operan al margen de las regulaciones y normativas establecidas por las autoridades competentes. Estas prácticas informales pueden abarcar desde pequeños puestos callejeros hasta restaurantes sin registro formal, evadiendo impuestos, incumpliendo normas sanitarias y laborales, y operando sin los permisos correspondientes. Aunque la informalidad puede brindar una opción económica para algunos consumidores y generar ingresos para los informales, su impacto negativo en la economía local y en los operadores turísticos formales es significativo.

El propósito de esta investigación es analizar y comprender el impacto de la informalidad en el sector gastronómico de Villeta, tanto en términos económicos como en la competitividad y sostenibilidad de los operadores turísticos formales. Para ello, se examinarán los efectos en la generación de empleo, la recaudación de impuestos, la calidad del servicio, la reptación turística y otros aspectos relevantes. Además, se explorarán posibles estrategias y soluciones que permitan abordar este problema de manera efectiva, promoviendo el desarrollo sostenible del sector gastronómico y fortaleciendo la economía local.

Con este estudio, se pretende brindar información valiosa para las autoridades municipales, los empresarios del sector gastronómico y los actores involucrados en el turismo en Villeta, a fin de tomar decisiones informadas, implementar políticas adecuadas y establecer medidas que impulsen la formalización y el crecimiento sostenible del sector gastronómico en beneficio de la economía local y de los operadores turísticos formales.

1. Corporación Universitaria Minuto de Dios

La investigación se basó en la hipótesis de que los emprendedores informales del sector gastronómico en Villeta tienen un impacto económico significativo en términos de empleo, seguridad social, ingresos, inversión y contribución de impuestos al municipio.

2. OBJETIVOS

2.1. Objetivo General

Determinar los impactos de los operadores turísticos informales en la economía y en el sector turístico formal del municipio de Villeta-Cundinamarca.

2.2. Objetivos Específicos Del Proyecto

1. Identificar los operadores turísticos Informales de Villeta y sus métodos para la captación de turistas.
2. Describir los servicios turísticos ofrecidos y sus tarifas.
3. Analizar los efectos de la informalidad en la generación de empleo, la seguridad social, la vinculación de inversionistas y la economía del municipio.

3. METODOLOGÍA

La metodología inductiva utilizada en esta investigación combinó métodos cuantitativos y cualitativos para obtener una visión completa del impacto económico que las actividades informales producen en el sector gastronómico de Villeta.

Para desarrollar el método cualitativo, se entrevistaron a una muestra seleccionada de 10 emprendedores informales del municipio. El propósito de estas entrevistas fue conocer y evaluar sus percepciones, opiniones y experiencias acerca de la informalidad y sus repercusiones en la economía de las familias y del municipio. También se exploró la visión prospectiva sobre la sostenibilidad de sus negocios, sus aportes a la comunidad y al Estado, así como, la importancia de formalizarse en el futuro cercano. Conjuntamente, se obtuvo información bibliográfica de documentos relevantes tomados de bases de datos de alto impacto, lo que ayudó a comprender mejor los fenómenos analizados en el trabajo.

En el caso del método cuantitativo, se aplicó una encuesta a una muestra seleccionada de 20 emprendedores informales del sector gastronómico en Villeta. La selección de esta muestra se basó en criterios específicos, como la diversidad de negocios, ubicación geográfica, tamaño del establecimiento y otros factores relevantes. El cuestionario aplicado se centró en evaluar el tipo de empleo generado, la seguridad social proporcionada a los empleados, los ingresos, la inversión y la contribución de impuestos al municipio. Esto permitió evaluar los efectos de la informalidad en la economía local y en los negocios formales.

Las entrevistas cualitativas se realizaron mediante charlas y una escucha atenta, utilizando preguntas abiertas que permitieron un acercamiento más natural a la población objeto de estudio. Esto, ayudó a romper la barrera que podría haber existido al considerar la investigación como una amenaza para su negocio y sustento económico.

En el análisis de los datos, se tuvieron en cuenta diferentes variables relevantes para evaluar el impacto económico de los emprendedores informales del sector gastronómico en Villeta. Estas variables incluyeron: tipo de negocio, servicios ofrecidos, alimentos servidos, conocimiento gastronómico, atención al turista, nivel profesional y formación en emprendimiento.

Paralelamente, se evaluaron diferentes aspectos del impacto económico de los emprendedores informales, incluyendo el empleo que generan, la seguridad social proporcionada a los empleados, los ingresos generados por los negocios, la inversión realizada en los establecimientos y los impuestos que se pagan al municipio de Villeta.

Al finalizar, se recopiló la información obtenida y se procedió a realizar el análisis correspondiente, enriqueciéndolo con datos tanto cualitativos como cuantitativos. La combinación de ambas metodologías permitió obtener una visión integral y rigurosa del impacto económico de las actividades informales en el sector gastronómico de Villeta.

4. DESARROLLO DE LA INVESTIGACIÓN

La informalidad como actividad generadora de ingresos para la población no es otra cosa que una consecuencia de la precaria calidad del empleo en el país pues se identifican en ella algunas características como: ingresos menores que los del empleo formal, bajos niveles de cubrimiento en seguridad social, bajos niveles de educación, escasa permanencia en los empleos. De igual forma, se observa que una gran parte de las unidades empresariales carecen de registros ante los entes de control gubernamental, tienen baja productividad, así como, bajo acceso al sector financiero y no evidencian registros contables para analizar su situación económica.

Según estadísticas del Departamento Administrativo Nacional de Estadística - DANE (2020), la informalidad en Colombia ocupa el 47,5 % de la fuerza laboral, es una cifra muy significativa que solo puede controlar el gobierno nacional. La alta dependencia de la informalidad afecta a la calidad de vida de las familias y generan impactos negativos en las unidades económicas formales y, así mismo, desestabiliza los procesos presupuestales de las entidades gubernamentales. Esta situación pone en evidencia las fallas del sistema económico ante la incapacidad de dar solución efectiva a la creciente oferta de mano de obra, situación muy marcada en los países en vía de desarrollo.

Como afirma Leiva Ramírez y Forero Garzón (2018) un factor esencial en el desarrollo y calidad de vida de una sociedad es la fortaleza de su sector empresarial, que responda a unas necesidades sociopolíticas del sector local y regional, donde la empresa realiza sus actividades propias. Esta fortaleza empresarial es fundamental para impulsar la economía, la generación de empleo y el bienestar de la comunidad, la capacidad del sector empresarial para adaptarse y contribuir a los retos y oportunidades de la sociedad es crucial para su progreso y sostenibilidad a largo plazo.

Por otro lado, según Bustamante Izquierdo, la informalidad impacta negativamente el crecimiento económico mediante la afectación de los siguientes elementos:

1. Disminuye los ingresos fiscales de las instituciones de recaudación del estado.
2. Afecta negativamente la posibilidad de afiliación a los servicios de seguridad social (salud-pensión).
3. Es un obstáculo para el incremento de la productividad laboral y por lo tanto para la competitividad internacional.
4. Es un fenómeno que genera inestabilidad laboral.
5. Los trabajadores del sector informal tienen niveles de ingresos menores a aquellos del sector formal.

6. Aumenta la vulnerabilidad de los derechos laborales dado que los trabajadores no tienen protección frente a la ley.
7. Aumenta el subempleo.
8. Afecta el crecimiento de la economía (la volatilidad en el crecimiento tiende a aumentar con el tamaño de la economía informal). (2011, p. 3)

Una vez recopilados y analizados los datos de la metodología combinada de encuestas y entrevistas a emprendedores informales del sector gastronómico de Villeta, se presentan los principales resultados obtenidos. Estos resultados permitirán comprender en profundidad el impacto económico de la informalidad en el sector y brindarán interpretaciones, para proponer posibles medidas de mejora y fomento de la formalización en la comunidad emprendedora.

4.1. Resultados

4.1.1. Operadores turísticos informales

En primer lugar, se aborda la identificación de los operadores turísticos informales de Villeta y sus métodos para la captación de turistas.

Inicialmente se realizó levantamiento de información de los establecimientos gastronómicos formales e informales. Se obtuvo una base de datos, en la cual se identificaron los tipos principales de negocios gastronómicos (figura 1).

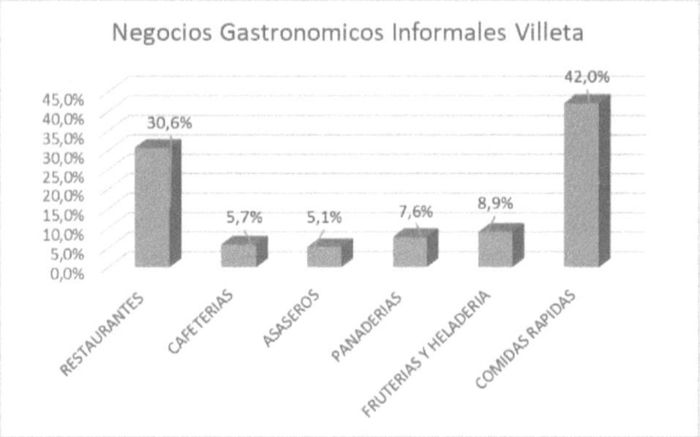

Figura 1. Negocios Gastronómicos Informales Villeta. Fuente: Elaboración propia.

De los 157 establecimientos gastronómicos informales evaluados, se encontró que el 42% pertenecía a negocios de comida rápida, mientras que el 30,6 % correspondía a restaurantes. El restante 27,3% abarcaba diferentes tipos de establecimientos, distribuidos de la siguiente manera: fruterías y heladerías comprendían el 8,9 %, panaderías el 7,6 %, asaderos el 5,1% y cafeterías el 5,7%.

4.1.2. Establecimientos gastronómicos encuestados

Respecto a los establecimientos gastronómicos encuestados, el 58,3 % correspondía a restaurantes, el 20,8 % a comida rápida, el 12,5 % a cafeterías y el restante 8,3 % a fruterías y asaderos. Se observó que los negocios de comida rápida mostraron cierto recelo o aprehensión para responder las preguntas planteadas en las encuestas o aceptar la entrevista, debido al temor de ser visibles para el municipio.

En relación a la metodología utilizada para la captación de comensales, los emprendedores mencionaron en las entrevistas los siguientes aspectos (figura 2).

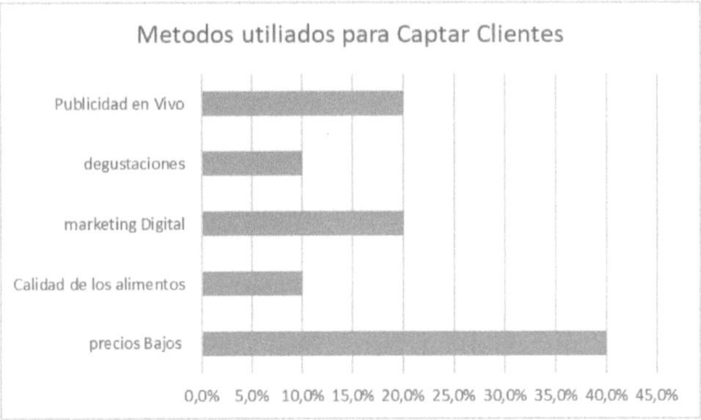

Figura 2. Métodos utilizados para captar clientes. Fuente: Elaboración propia.

En este sentido, se puede observar que el 40% de los establecimientos apuestan por precios bajos, según ellos, para atraer más clientes; mientras que el 20% se inclina por hacer *marketing* digital a través de herramientas como el WhatsApp Bussines, y el otro 20% realiza publicidad con mecanismos como el perifoneo y la invitación personalizada a transeúntes.

Paralelamente, se realizó la identificación de los servicios gastronómicos ofrecidos por estos operadores turísticos informales en Villeta, detallando sus características y enfoques.

Se observó que los emprendedores del sector gastronómico encuestados se orientan hacia la preparación y comercialización de alimentos considerados "corrientes" tales como almuerzos y desayunos con un 20,8%, en el cual predomina el almuerzo corriente; carne asada y pollo con el 12,5%; comidas rápidas tales como hamburguesas, chorizos, pinchos, arepas, empanadas y pizas con el 29,2%; los expendios de fritanga y sopas con el 20%; y el restante 17,5% se encuentra en los negocios de jugos, ensaladas y postres (figura 3).

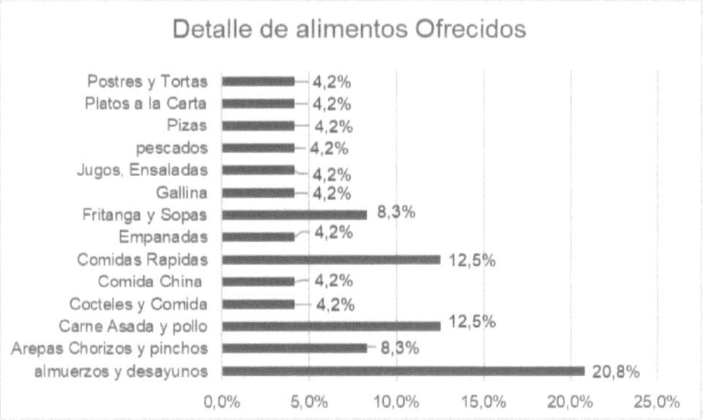

Figura 3. Detalle de alimentos ofrecidos. Fuente: Elaboración propia.

Cabe destacar, que no se identificaron establecimientos que vendan alimentos propios de la gastronomía de Villeta y esto evidencia que la tradición por la cultura gastronómica del municipio se está perdiendo.

En el estudio realizado por Muñoz Vergara (2020), todas las preparaciones gastronómicas elaboradas por mujeres que habitan en el área rural de Villeta son hechas con la utilización de las cosechas agrícolas de sus fincas o parcelas de acuerdo con la época del año y valiéndose de fogones de leña, lo cual les ofrece un sabor especial a los alimentos. Esto también acompañado con la cultura de la hoja de plátano y/o bijao, las cuales son ahumadas previamente para servir los alimentos en ellas.

Los platos típicos de Villeta preparados con las cosechas de temporada son, principalmente, sopa a base de maíz, como la sopa de maíz pintado; el sancocho de gallina criolla; el Chupao y el Fiambre. Así mismo, son muy importantes las sobremesas preparadas con los productos de la caña de azúcar, tales como la limonada de panela, el guarapo fermentado con melado de caña y los postres elaborados con productos de la molienda tales como el melado con queso, las melcochas, las panelitas, las colaciones y otras delicias que presentan la cultura panelera de Villeta.

Para las tarifas de los servicios turísticos, se recopilaron y evaluaron las aplicadas por los operadores turísticos informales, considerando factores como la duración del servicio, el tipo de experiencia y los costos asociados.

En este sentido, no se evidenció que los establecimientos encuestados presentaran una lista de precios a los clientes, excepto en algunos expendios de comida rápida que realizan la venta de combos.

Se examinaron los efectos de la informalidad en la generación de empleo del sector gastronómico informal de Villeta, identificando algunas limitaciones en cuanto a oportunidades laborales. Los negocios gastronómicos encuestados presentan una planta de personal contratado por servicios diarios desde uno hasta diez empleados. El 21,43% de los negocios tienen dos empleados y otro 21,43% tiene seis empleados laborando en el negocio; el 10,71% tiene cinco empleados; el 17,86% de los establecimientos tiene cuatro empleados, respectivamente. Solamente un establecimiento, suponiendo el 3,57% de la muestra, tiene 10 empleados.

Según lo manifestado por los emprendedores, la contratación de los empleados se realiza por horas y por días trabajados, lo cual los exime de pagar las prestaciones sociales.

El establecimiento no formaliza ningún tipo de contrato laboral con los empleados, lo que conlleva a una muy baja estabilidad laboral, alta rotación y muy bajo sentido de pertenencia.

Aunque la informalidad puede presentar desafíos en términos de protección laboral y garantías para los trabajadores, también puede ser una forma de generar empleo en situaciones donde la economía formal no puede absorber toda la fuerza laboral disponible. En el caso del sector gastronómico de Villeta, la informalidad se manifiesta en diferentes formas, como vendedores ambulantes, puestos de comida callejera, pequeños restaurantes no registrados, entre otros. Estos establecimientos informales pueden proporcionar empleo a personas que de otra manera tendrían dificultades para encontrar trabajo en el sector formal. Los trabajadores informales a menudo se encuentran en situaciones laborales precarias, con largas jornadas de trabajo, salarios bajos e inestabilidad en el empleo. Además, pueden enfrentar explotación laboral, falta de contratos formales, sin derecho a vacaciones pagadas o descansos adecuados. Así mimo, la falta de un contrato laboral formal y de documentación adecuada puede dificultar a los trabajadores informales el acceso a créditos bancarios, préstamos y otros beneficios financieros que podrían ayudarles a mejorar sus condiciones de vida o a invertir en sus negocios.

Con respecto a la seguridad social, se pudo observar que el 87,5% de los negocios encuestados no tienen afiliados a sus empleados en ningún sistema de salud ni pensión lo cual genera alta vulnerabilidad para los trabajadores y sus familias en caso de situaciones de enfermedad, accidentes laborales o desempleo, sin contar con una red de protección que los respalde.

Si los trabajadores del sector gastronómico informal no cotizan al sistema de pensión, genera una inseguridad financiera en la vejez, lo cual significa que los empleados informales no están acumulando fondos para su jubilación. Esto los deja en una situación de inseguridad financiera cuando llegue el momento de dejar de trabajar. Sin una pensión o ahorros adecuados, pueden enfrentar dificultades para cubrir sus necesidades básicas y mantener un nivel de vida digno en la vejez (figura 4).

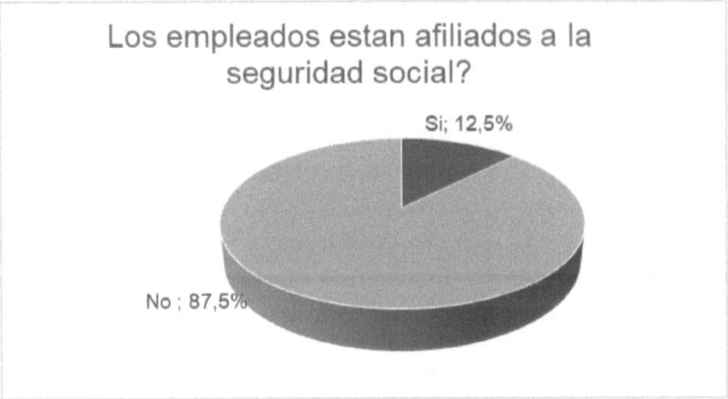

Figura 4. Afiliación a la seguridad social. Fuente: Elaboración propia.

4.1.3. Vinculación de inversionistas:

Se identificaron los efectos de la informalidad en la atracción de inversionistas al sector turístico de Villeta, percibiendo posibles barreras y oportunidades de mejora:

Los inversionistas buscan entornos comerciales estables, transparentes y regulados donde puedan realizar inversiones seguras y rentables.

La falta de soporte jurídico en el tejido empresarial implica la falta de cumplimiento de las leyes y regulaciones, generando incertidumbre jurídica. Los inversionistas pueden temer que sus derechos no estén protegidos y que puedan enfrentar obstáculos legales o dificultades para hacer cumplir los contratos en un entorno informal. Además de dificultades para acceder a fuentes formales de financiamiento, como préstamos bancarios. Esto limita su capacidad para expandirse, invertir en mejoras o innovación, y dificulta su crecimiento a largo plazo. La falta de acceso a financiamiento también puede desalentar la entrada de nuevos inversionistas.

Por otro lado, la informalidad dificulta la recopilación de datos económicos precisos y confiables, situación que dificulta la toma de decisiones informadas por parte de los inversionistas, ya que carecen de información clara sobre el mercado, el desempeño de los sectores y las oportunidades de inversión. Uno de los grandes impactos de la informalidad en el sector gastronómico es que genera competencia desleal para los negocios formales, ya que los negocios informales evaden impuestos, no cumplen con regulaciones laborales y operan con costos más bajos. Esto tiene un impacto en la rentabilidad de los negocios formales y genera desconfianza a los inversionistas que deseen ingresar a un mercado donde la competencia no es equitativa.

Por lo tanto, reducir la informalidad y promover la formalización de la economía es fundamental para atraer inversiones y fomentar un crecimiento económico sostenible.

4.1.4. Impacto en la economía del municipio y pérdida de ingresos fiscales para el Estado

Se evaluaron los efectos económicos de la informalidad en el municipio, considerando aspectos como la contribución al PIB local, los impuestos generados y el desarrollo económico sostenible.

La informalidad implica que los trabajadores y los empleadores no contribuyan al sistema de impuestos y seguridad social de manera adecuada. Esto puede llevar a una disminución de los ingresos fiscales del estado, lo que a su vez afecta la capacidad de financiar servicios públicos y programas sociales.

En consecuencia, en lo relativo al impacto percibido en la economía del municipio, según la encuesta, el 54,2% de los emprendedores informales no considera que la informalidad afecte negativamente la economía del municipio. Este resultado sugiere una percepción mitigada sobre el impacto económico de la informalidad en el sector gastronómico de Villeta.

De hecho, en lo que respecta a la emisión de facturas, según la encuesta, el 79,2% de los emprendedores informales no emite factura de venta en sus transacciones comerciales. Práctica que refleja una alta proporción de operaciones informales en el sector gastronómico de Villeta.

4.1.5. Falta de regulación y seguridad alimentaria

La falta de afiliación y registro formal puede implicar que los establecimientos de gastronomía informal no cumplan con las regulaciones y estándares de higiene y seguridad alimentaria. Esto puede poner en riesgo la salud de los consumidores y contribuir a la propagación de enfermedades transmitidas por alimentos.

4.1.6. Formación en emprendimiento

Se identificó que el 58,3% de los emprendedores informales encuestados no ha recibido formación en emprendimiento. Esta cifra resalta la necesidad de promover programas educativos y capacitaciones para fortalecer las habilidades empresariales de los emprendedores informales en el sector gastronómico.

4.1.7. Problemas relacionados con la formalización

Sorprendentemente, todos los encuestados (100%) indicaron no haber enfrentado ningún problema relacionado con la formalización de sus negocios. Este resultado puede sugerir una falta de conocimiento o percepción de los riesgos y beneficios de la formalización.

No obstante, el 91.7% de los emprendedores informales manifestó su deseo de formalizar su negocio en el futuro. Esto indica una disposición y una aspiración por migrar hacia un modelo de negocio formal y cumplir con los requisitos legales y administrativos.

En cuanto a invitaciones por parte del gobierno para formalizarse, el 66,7% de los encuestados indicó no haber recibido ninguna invitación por parte del gobierno para formalizar sus negocios. Este hallazgo sugiere la necesidad de una mayor comunicación y apoyo gubernamental para fomentar la formalización en el sector gastronómico.

4.2. Discusiones

En conjunto, estos resultados resaltan la existencia de una percepción ambivalente sobre el impacto de la informalidad en la economía de Villeta. Si bien algunos emprendedores informales expresan su intención de formalizarse en el futuro, la falta de formación en emprendimiento y la baja emisión de facturas de venta indican la necesidad de estrategias específicas para promover la formalización y mejorar las condiciones del sector gastronómico en Villeta.

Es primordial que el municipio de Villeta caracterice e identifique sus prácticas gastronómicas, así como, todas las manifestaciones del patrimonio inmaterial asociadas a ellas. De lo contrario, perderá la oportunidad de construir una opción sólida de desarrollo turístico que privilegie la experiencia gastronómica. Esto serviría como factor diferenciador y competitivo frente a municipios vecinos y otros territorios que están trabajando activamente para promover productos turísticos basados en su riqueza culinaria y gastronómica propia.

El plan de desarrollo del municipio de San Miguel de Villeta de 2020-2024, *Villeta Competitiva con Gestión Transparente* (Alcaldía Municipal de Villeta, 2020), propone trabajar en una estrategia económica en donde la seguridad, el fortalecimiento empresarial y el empleo, impacten positivamente en la integración regional, la optimización de los servicios públicos, permitiendo disminuir brechas y trabajando por el bienestar de los villetanos bajo el principio de equidad y eficiencia. Dentro del plan de desarrollo propuesto para el municipio, se contempla en la línea estrategia 2 el programa denominado "Villeta competitiva, con gestión transparente, incentivando el turismo creativo y natural", dentro de la cual se plantean las siguientes acciones para incentivar y potenciar el sector del turismo:

1. Fortalecimiento empresarial y generación de empleo.
2. Formular e implementar el plan de desarrollo turístico para el municipio de Villeta

3. Apoyar y fortalecer el Consejo Municipal de Turismo.
4. Brindar asistencia técnica a los prestadores turísticos para el cumplimiento de las normas técnicas sectoriales de calidad turística y protocolos de bioseguridad por COVID19.
5. Conformar una red local para implementar el turismo de naturaleza.
6. Desarrollar un programa por año de promoción de servicios turísticos a través del Punto de Información Turística PIT.
7. Desarrollar una campaña de embellecimiento para los sectores emblemáticos y con potencial turístico. (2020, p. 31)

Según Gaviria (1978), como se citó en Muñoz Vergara (2020),

> *los beneficios del aumento del turismo internacional en un país se derivan del mayor ingreso de divisas, del aumento de la recaudación tributaria y, por ende, del aumento de los ingresos del sector público, así como un mayor nivel de actividad económica debido a los efectos del multiplicador del gasto turístico. (p. 11)*

La vinculación entre los alimentos y el territorio donde se producen, cultivan y recolectan, como el café, los frutos, las hortalizas, la pesca, la ganadería vacuna y porcina, permite al turista disfrutar de una experiencia única y contribuye al desarrollo y turismo sostenible del lugar a través de prácticas ambientales para las siguientes generaciones. Asimismo, los beneficios económicos permiten mejorar la empleabilidad en el sector gastronómico y la calidad de vida de los colaboradores.

La informalidad en los negocios de comida ya sea a nivel nacional o municipal, presenta tanto ventajas como desventajas significativas. Es fundamental considerar ambos aspectos para tener una visión completa de la situación.

Por un lado, la informalidad ofrece ciertas ventajas a los emprendedores, ya que les permite eludir los costos asociados con la formalidad, como impuestos, inspecciones y regulaciones. Estos ahorros financieros pueden ser un aliciente para aquellos que buscan iniciar un negocio con recursos limitados. De acuerdo con Pizarro (2002), esta práctica puede fomentar el espíritu emprendedor y, a su vez, impulsar la actividad económica, especialmente en áreas donde el acceso a los recursos y las oportunidades de desarrollo pueden ser escasas.

No obstante, es importante tener en cuenta que la informalidad también conlleva riesgos significativos. Moscoso (2018) advierte que la falta de supervisión por parte de las autoridades gubernamentales y el incumplimiento de las normativas sanitarias pueden tener un impacto negativo en la salud de los consumidores. La ausencia de controles y regulaciones adecuadas puede generar un ambiente propicio para la comercialización de productos no aptos para el consumo humano, lo que representa un peligro latente para la población.

En este sentido, es crucial encontrar un equilibrio entre los beneficios que puede ofrecer la informalidad en términos de fomento de la actividad emprendedora y la necesidad de garantizar la seguridad y la calidad de los productos alimenticios comercializados. Para lograrlo, es fundamental que las autoridades implementen estrategias efectivas para promover la formalidad en el sector, como incentivos fiscales, asesoramiento para la regularización de negocios y campañas de concientización dirigidas tanto a los emprendedores como a los consumidores.

Por otro lado, los emprendedores informales pueden enfrentar importantes desventajas. En particular, la falta de registro legal y la ausencia de acceso a créditos y programas de apoyo gubernamentales pueden limitar su capacidad de crecimiento e inhibir la innovación (Moscoso, 2018). Además, según Camacho (2023), las diferencias en productividad entre ciudades están asociadas con la calidad del capital humano, la incidencia de la informalidad laboral, las economías de aglomeración, la conectividad física y la capacidad de la administración pública local. A su vez, los trabajadores informales perciben un salario mucho menor en comparación con los trabajadores formales, lo que refleja en gran medida la baja productividad relacionada con la informalidad

A nivel municipal, la informalidad en los negocios de comida puede afectar la competencia y la calidad de los productos ofrecidos. En particular, los comerciantes formales pueden sentirse perjudicados al cumplir con las normas legales y pagar impuestos mientras que otros operan con menor costo sin cumplir las mismas regulaciones. De esta manera, puede existir un incentivo a la informalidad (Pizarro, 2002).

Tanto para las zonas rurales como urbanas, el turismo es una actividad económica de largo plazo que fomenta las buenas prácticas, el ingreso de empresas locales y nacionales, la creación de nuevos empleos y el reconocimiento de una marca para atraer a más visitantes a la región.

La gastronomía es fundamental para el desarrollo turístico, económico, social, ambiental y cultural del destino, ya que permite conocer y disfrutar de forma organizada el proceso productivo de alimentos únicos, así como, degustar la cocina regional autóctona del lugar. Villeta se destaca por sus fiestas, reinado de la panela, ferias, mercados tradicionales, caminatas ecológicas, y actividades de deporte extremo, que se convierten en un importante recurso turístico. Todo ello contribuye al fomento y expresión de la identidad cultural gastronómica y dinamizan las pequeñas economías de veredas y corregimientos.

El turismo gastronómico de productos locales regionales únicos, con una fuerte vinculación e identidad con el destino, representa una oportunidad para atraer turistas locales, nacionales e internacionales que se interesan en rutas, actividades y experiencias turísticas relacionadas con los alimentos. Estas experiencias proporcionan una fuente de ingresos adicional para el destino y difunden el patrimonio histórico, cultural y gastronómico.

5. CONCLUSIONES

La investigación evidencia la presencia predominante de establecimientos informales en el sector gastronómico de Villeta, que se enfocan principalmente en la preparación y comercialización de alimentos considerados "corrientes" como comidas rápidas, fritanga, sopas, almuerzos y desayunos. Aunque la informalidad puede proporcionar empleo en situaciones donde la economía formal no puede absorber toda la fuerza laboral disponible, esta práctica presenta desafíos en términos de protección laboral y garantías para los trabajadores, así como un impacto negativo en la recaudación de impuestos y la seguridad alimentaria. No obstante, la investigación señala una disposición por parte de los emprendedores informales para formalizarse en el futuro, lo que indica que existe la necesidad de apoyo gubernamental para fomentar la formalización y el emprendimiento en el sector gastronómico de Villeta. Además, se destaca el potencial del municipio como un destino turístico y gastronómico de gran impacto, dado el valor cultural y tradicional de su gastronomía propia que se está perdiendo.

Los objetivos específicos del proyecto permitieron identificar a los operadores turísticos informales de Villeta y entender sus métodos para la captación de turistas. Además, se pudo describir los servicios turísticos ofrecidos y sus tarifas, lo que permitió analizar los impactos de la informalidad en la generación de empleo, la seguridad social, la vinculación de inversionistas y la economía del municipio, destacando la necesidad de implementar medidas para combatir esta informalidad y fomentar el turismo formal en Villeta-Cundinamarca.

Los operadores turísticos informales de Villeta-Cundinamarca tienen impactos significativos en la economía y en el sector turístico formal. Su presencia dificulta la generación de empleo formal, la seguridad social de los trabajadores, la vinculación de inversionistas y afecta la competencia en el sector. Es importante tomar medidas para promover la formalización de estos operadores, brindando incentivos y apoyo técnico, a fin de fomentar un desarrollo turístico sostenible y equitativo.

Lo anterior muestra que Villeta puede consolidarse como un destino turístico y gastronómico de gran impacto. Según lo planteado en el estudio de Muñoz Vergara (2020) y considerando la información recolectada en el presente trabajo, se puede evidenciar que en el municipio de Villeta no existe una gestión integrada al desarrollo del turismo gastronómico; las costumbres gastronómicas, los variados platos típicos de la región se están perdiendo, dando paso a las comidas rápidas, esto aunado a la ausencia de políticas para el desarrollo turístico regional.

El municipio ha experimentado un aumento significativo en la informalidad en el mismo, a raíz de la migración de ciudadanos extranjeros, especialmente venezolanos, y la pandemia del COVID-19, lo que ha afectado negativamente al sector turístico formal y ha disminuido los ingresos. Como uno de los principales actores en la cadena del turismo regional, el sector gastronómico ha enfrentado problemas relacionados con el empleo formal, la estabilidad laboral y la seguridad social. También se ha identificado una amenaza en la pérdida de la identidad cultural gastronómica y de los platos típicos, ya que el número de establecimientos que ofrecen comidas rápidas y alimentos no cultivados en la región ha aumentado considerablemente en diferentes zonas del municipio.

La investigación realizada revela que existe una notable falta de formación en emprendimiento entre los operadores gastronómicos informales; esta carencia de conocimientos y habilidades empresariales contribuye a la persistencia de la informalidad en el sector, limitando el crecimiento y desarrollo de los negocios gastronómicos. Para abordar este problema, es crucial implementar programas de capacitación y asesoramiento empresarial específicos para los emprendedores gastronómicos, con el objetivo de fortalecer sus competencias en áreas como la gestión contable y financiera, procesos legales de formalización de los negocios, el *marketing* y la planificación estratégica. También, es importante fomentar la colaboración entre las autoridades locales, las instituciones educativas y los actores del sector privado para crear un ecosistema emprendedor que proporcione recursos y apoyo adecuados para los emprendedores del sector gastronómico informal. Solo a través de estas medidas se podrá impulsar la formalización de los negocios y promover un entorno propicio para el desarrollo sostenible de la industria gastronómica en el municipio de Villeta.

Durante la interacción con actores involucrados en el análisis de la informalidad en la economía urbana, se determinó que la falta de políticas estratégicas ha impedido el desarrollo del municipio. El sector gastronómico enfrenta desafíos y requiere estrategias efectivas para formalizarse, ofrecer alimentos de calidad y atraer turistas en colaboración con el Gobierno local.

6. REFERENCIAS

Alcaldía Municipal de San Miguel de Villeta (2020). *Villeta Competitiva con Gestión Transparente: Plan de Desarrollo 2020-2024.*

Bustamante Izquierdo, J. P. (2011). *Notas Fiscales: Los retos de la economía informal en Colombia.* Ministerio de Hacienda y Crédito Público - Dirección General de Política Macroeconómica, Centro de Estudios Fiscales.

Camacho, C. (2023). Retos y Oportunidades al Desarrollo en Colombia. *CAF-Banco de Desarrollo de América Latina y el Caribe.* https://scioteca.caf.com/handle/123456789/2067

Departamento Administrativo Nacional de Estadística – DANE (2020). *Medición de empleo informal y seguridad social.* https://n9.cl/t9iuq

Gaviria, M. (1978). Los procesos de decisión en la producción y consumo del espacio y tiempo turísticos. *Información comercial española,* (533), 52-63.

Leiva Ramírez, Y. A. y Forero Garzón, M. E. (2018). Revisión documental de la caracterización actual de las empresas de Girardot. *Perspectivas, 2*(8), 106–110. https://revistas.uniminuto.edu/index.php/Pers/article/view/1622

Moscoso, M. (2018). El impacto de la informalidad en la seguridad alimentaria. *Revista Científica de la Universidad Técnica de Ambato, 6*(3), 5-21.

Muñoz Vergara, J. (2020). Turismo gastronómico en Villeta, Cundinamarca: una alternativa para revitalizar el destino. En A. Nieto Mejía (Ed.), *Gastronomía y turismo: una reflexión cultural* (pp. 53-111). Fundación Universitaria San Mateo.

Pizarro, C. (2002). *La informalidad en el sector de alimentos en Colombia.* Banco Interamericano de Desarrollo.

INFORMAL SALES IN BOGOTA: THE PRIVATIZATION OF PUBLIC SPACE AS A STATE POLICY

Daniel Antonio Hernández Linares[1]

This text was born within the framework of the project "Informal Sales in Bogotá: A Reflection on Public Policy and the Transformation of Public Space (2015-2020)" (Corporación Universitaria Iberoamericana).

1. INTRODUCTION

The dynamics of informal sales are a phenomenon intrinsic to forms of subsistence in urban areas, especially in those scenarios where rules and regulations are established for commercial activities. This phenomenon is characterized by the sale of goods and services by individuals or groups that operate outside the law and without complying with the formal requirements established for formal trade. This phenomenon is directly debated with formal commerce, business conglomerates, government entities and the general public, due to the use, exploitation or transit of public space. This diffuse figure, which is framed in the public policies of the use of areas destined for all, but in many cases is allowed only to some, according to government and commercial determinations. Both the dispute between informal vendors, as well as the relationship with the dynamics of the capitalist market, allow us to approach an interpretation that accounts for the signifiers and explanations of this phenomenon. ("INFORMAL SALES AND PRIVATIZATION OF PUBLIC SPACE AS A POLICY...")

The fieldwork carried out between 2015 and 2020 seeks, based on a mixed research, to evidence the relationships that are built in the public space in relation to the informal sales that take place in the city of Bogotá, finding references of interpretation from the institutional framework, the market dynamics and the processes of informal labor insertion. This allows us to understand how space is constructed from the political, economic and social dynamics that develop in the city, accounting for the tensions and dialogues between public/private institutions and informal vendors in the constant dispute for the use, enjoyment and right of public space, as a scenario of commercial and community interest. At the same time, a critical review of the public policy of public space in Bogotá is proposed, as well as the administrative decisions of the last 5 years in relation to informal sales in the city

1. Ibero-American University (Colombia)

Within the framework of the project "Territorialization of street vending in Bogotá", the dynamics of public space are characterized, which describes the particularities of the current phenomenon, as well as understanding in detail the phenomenon that accounts for the forms of appropriation of space, the disputes over it and the relations with the informal economy within the framework of the market economy. Phenomenological and ethnographic analysis is used for this project, employing field methods such as observation, survey, life stories, in-depth interviews, and case studies. Additionally, QDA software is used for the systematization, categorization and triangulation of information, including information obtained from social networks.

Public space in Colombia has been continuously shaped and transformed by the diverse social, political, and economic dynamics that characterize the nation. Beyond simple places of transit, parks, squares, streets and other shared spaces have established themselves as nerve centres of social interaction, cultural expression, commercial activity and political debate.

In ancient times, Colombian public spaces were eminently community meeting points. Squares, for example, were the beating heart of many cities, usually surrounded by churches, seats of government, and the homes of distinguished families. These places hosted events of social relevance, such as fairs, festivals, and ceremonies.

However, with the advance of urbanization and socio-economic transformations, public space began to face new challenges and demands. The growing need for mobility, as well as the rise of commerce, put the conservation and traditional use of these spaces in check. In metropolises such as Bogotá, the informal occupation of space—embodied in street vendors and informal settlements—emerged as a critical issue for the authorities.

The rise of informal occupation highlights one of the most palpable tensions in the management of public space in Colombia: the dichotomy between the right to work and the desire to maintain orderly and safe spaces. Street vending, despite representing a vital economic route for many, complicates the management and perception of urban space. The authorities have attempted to address this challenge in a variety of ways, from eradication to formalization and relocation strategies.

Particularly in Bogota, initiatives have been implemented to move street vendors to specific areas, such as temporary markets or designated spaces. These proposals seek not only to preserve the order and aesthetics of public space, but also to recognize and dignify the work of thousands of people.

Street vending in Colombia, particularly in its capital, Bogota, represents an intricate facet of the country's socioeconomic fabric. Historically, they have served as a reflection of economic and social conditions, providing many with a vital income opportunity. However, these sales not only symbolize an economic path for many, but also a challenge for the proper use and perception of public space.

Bogota has experienced a series of management measures to address this phenomenon. These responses have ranged from attempts to completely eradicate street trading, to more collaborative formalization and relocation initiatives. In many cases, the administration has attempted to move these merchants to designated spaces, seeking a balance between the vendors' labor rights and the preservation of urban order and aesthetics.

But what drives this permanent presence of informal commerce in the streets of Bogota? Informal sales are not a recent phenomenon; They have been a constant for decades. This research seeks to delve into the intricate relationship between the private appropriation of public space and how, indirectly, government policies have influenced the proliferation of these activities in Bogotá. Through an interdisciplinary approach, the aim is to explore the economic, social and political dimensions of this phenomenon. The objective is to understand the dynamics that drive this type of trade and how it affects Bogota society.

The magnitude and complexity of street trading in Bogota, unlike other Colombian cities, highlights the urgency of addressing this issue. The ubiquity of vendors with their makeshift stalls in streets and avenues is not only a manifestation of the informal economy, but an indicator of deeper challenges plaguing the metropolis. Analyzing and understanding these challenges will allow us to design more effective and sustainable solutions for the Colombian capital.

To fully understand the phenomenon of informal vendors in Bogota, it is essential to consider various factors that motivate people to gravitate towards informal trade. This choice is not only based on economic decisions; It also involves social and structural factors. Below, we detail some of the most prominent causes that lead to informal sales in the Colombian capital:

1. Scarcity of Job Opportunities: The insufficiency of formal and adequately paid jobs in Bogotá pushes many people into informal trade. Those with low levels of education or face discrimination in the labour market are even more vulnerable. The lack of stable jobs with decent wages becomes a catalyst for the search for alternatives in the informal sphere.
2. Poverty and Economic Inequality: Economic disparity and lack of access to resources and opportunities play a crucial role in the growth of informal sales. The informal economy, in many cases, becomes the only means of subsistence for those who are disadvantaged by the growing gap between social classes.
3. Barriers to Establishing Formal Businesses: Bureaucratic obstacles, lack of access to credit, and lack of financial resources make many entrepreneurs opt for informality. The complex system for establishing formal businesses in Bogota, coupled with the difficulty of accessing financing, perpetuates the informal economy.
4. Appropriation of Public Space: In Bogotá, it is common to see streets, sidewalks, and squares occupied by informal vendors. The lack of regulation, coupled with the passivity of local authorities, has allowed this continuous appropriation of public space. This is reflected in the inability of the authorities to enforce existing regulations and the lack of a comprehensive strategy to address this challenge.

2. RESEARCH METHODOLOGY

Ethnographic research has established itself as an essential technique for understanding the dynamics, practices and experiences of different human groups within specific contexts. At present, it is considered a bridge that connects the researcher directly with the lived reality of the study subjects.

In this research, we focus on one particular group: street vendors. These individuals play a key role in the informal economy in various cities across the country. In places like Bogota, for example, they are not only an essential source of income for thousands of families, but also shape the city's urban and cultural landscape.

To achieve a more detailed understanding of the realities and challenges faced by street vendors, we employ the technique of micro-ethnography. It allows a deep dive into their daily experiences. Through meticulous observations and direct interviews, we seek to capture the essence of their work, as well as the interactions they establish with their environment and with other individuals. Unlike larger research, microethnography gives us the ability to identify subtle patterns and opportunities that might go unnoticed in larger studies.

To collect our data, we conducted participant observations in different areas of Bogota, covering a variety of contexts and situations. These observations were complemented by detailed case studies, which gave us broader perspectives on how external factors, as well as general socio-economic conditions, directly impact the work of street vendors.

Through our research, we identified various challenges faced by these workers, such as intense competition, lack of access to basic services, and legal restrictions. However, we also see a number of strategies and adaptations they put in place to overcome these obstacles and continue their work.

In conclusion, ethnography, with its focus on participant observation and micro-ethnography, has given us an enriching perspective on the complexity of the informal economy in Bogotá, and has brought us closer to the stories and challenges of those who keep it alive day by day.

2.1. Data Obtained

For the elaboration of this article, a detailed study was carried out based on micro-ethnographic and observational techniques focused on the daily life of street vendors in Bogotá. Through this approach, it was possible to obtain a detailed overview of their interactions, sales techniques, challenges and working conditions in the different areas of the city.

2.2. Interactions and Sales Techniques

Street vendor interactions vary depending on the type of customer. With regular or regular customers, a more fluid interaction was identified, in contrast to occasional or transient customers. One of the most prominent sales techniques is pregoning, a traditional way of announcing products verbally. Additionally, many marketers use promotions or billboards that seek to capture the public's attention.

2.3. Everyday Challenges

Street vendors face various obstacles and challenges on a daily basis. Among them, competition between vendors, inclement weather, and lack of access to basic services stand out. In addition, on many occasions they must deal with the tense relationship with the authorities and the legal restrictions or regulations that limit their activity. It is common for them to have to move constantly due to evictions or the dynamics of the areas in which they work. However, it was observed that many vendors establish friendly relationships with residents and other traders, allowing them to maintain some stability in their outlets.

2.4. Economic and Social Conditions

The observations made in different areas of Bogotá allow us to have a geographical and spatial vision of the activity of these vendors. Although it was not possible to obtain direct information about their income and expenses, trends were identified in terms of the products they offer. For example, in commercial areas, the sale of packaged and prepared foods predominates. While in the center of Bogota it is common to find sellers of clothing and accessories. On the other hand, sellers of mobile products or fruits are more mobile, constantly moving between locations.

3. POTENTIAL SOLUTIONS TO THE PROBLEM OF THE INFORMAL ECONOMY

The informal economy represents a considerable concern for the socio-economic development of many countries. Addressing this issue involves considering both the causes and consequences of this form of trade. Below are some proposals that seek to provide solutions to this phenomenon.

1. Adequate Regulation: It is essential to establish specific regulations that regulate non-formal activities, allowing their existence in designated areas and under certain conditions. Such regulation should clearly stipulate the requirements and limits for these operations. Doing so takes a step forward for informal traders to work within a legal framework, minimizing the negative consequences of the informal economy.
2. Incentives for Formalization: Encouraging the transition to the formal economy is essential. This can be achieved by offering incentives such as simplification of procedures, reduction of tax burdens and free advice on how to formalize businesses. This aid not only benefits traders, but also the economic development of the country.
3. Creation of Designated Spaces: It is vital to design specific areas for non-formal activities, such as markets or demarcated areas. These places should be equipped with essential infrastructure and safety measures, promoting an orderly and win-win environment.
4. Educational and Training Opportunities: Proposing educational programs geared toward informal traders can make a significant difference. These programs could focus on business skills, business management, marketing, among others. By investing in the education of these traders, they are given the opportunity to improve and enhance their businesses, favoring their eventual inclusion in the formal sector.

4. PROBLEMS AND CHALLENGES IN INTEGRATING THE INFORMAL ECONOMY INTO THE FORMAL SYSTEM

The integration of the informal economy into the formal system represents an essential objective for the consolidation of a country's economic development. While the advantages of this process are obvious, there are numerous obstacles and challenges that need to be addressed precisely.

4.1. Resistance to Change: Deep Cultural Roots

The informal economy, with its characteristic flexibility and autonomy, has been the backbone of many families' and communities' livelihoods for generations. These activities, in many cases, not only represent a source of income, but also become a tradition passed down from generation to generation. The traditions rooted in the fabric of these communities carry emotional and cultural weight. It is common for families to pass on their informal trades and knowledge to their descendants, thus creating a generational link with informality. Migrating towards more formal structures can be perceived, then, not only as a change in the way of working, but also as a possible betrayal of the family's inheritance and legacy.

On the other hand, the perception of autonomy is one of the most significant attractions of the informal economy. Merchants feel they are masters of their time, their decisions and, in many cases, they pride themselves on their ability to sustain themselves without depending on formal business structures or state intervention. This sense of freedom and independence is valuable to them, and the prospect of submitting to regulations, schedules, and other restrictions associated with formality can breed resistance. The idea of losing that autonomy, and with it a part of their identity, raises fears and doubts about whether the road to formalization is really worth it. It is essential to understand and respect these concerns when promoting the transition to more formal structures.

4.2. Educational Barriers: The Multifaceted Nature of Learning

The process of formalizing the informal economy not only faces structural or bureaucratic challenges, but also profound educational challenges that can complicate the transition of these workers to the formal world.

In several regions, illiteracy remains a palpable problem that keeps many people on the margins of formal society. These people, unable to read or write, find it difficult not only to carry out basic procedures, but also to understand contracts, licenses and other fundamental documentation in the formalization process. In addition, illiteracy can lead to distrust or fear of formal structures, as they are perceived as inaccessible or threatening. This reinforces the preference of many to stay in the non-formal sphere, where they feel more confident and competent.

On the other hand, financial education is a dimension that goes beyond knowing how to read or write. Even literate individuals may lack basic knowledge about properly managing their finances, which represents another obstacle to formalization. Not understanding concepts such as interest, investments, credits, or taxes can lead to reluctance to participate in the formal system. In addition, without solid financial education, merchants could face poor economic decisions, indebtedness, and problems with banks or tax entities, which could lead them back to informality as the only viable option. It is imperative that, along with the promotion of formalization, financial education programs adapted to the needs and realities of these merchants are offered.

4.3. Bureaucratic Labyrinth: Confronting Administrative Complexity

The process of formalizing the informal economy is often hampered by a series of bureaucratic procedures that may seem insurmountable to many traders. These administrative obstacles, instead of facilitating integration, can represent barriers that discourage those who wish to regularize their activities.

The need to obtain certain documents can become a monumental challenge, especially for those who are unfamiliar with the administrative system. Some merchants may lack basic documents such as IDs or proof of address, further complicating obtaining business permits and licenses. Additionally, in some cases, the lack of clarity about which documents are essential and how to get them can lead many to give up before completing the process.

Once the documentation has been submitted and the paperwork completed, the wait time to receive a response or approval can be lengthy. These long periods of uncertainty, where the trader does not know if he will be able to continue with his activity formally or if he will have to make adjustments, can generate stress and demotivation. In addition, during this time, the trader is in limbo, unable to advance or fully adapt to the formal system, which can result in economic losses or vulnerability to sanctions.

4.4. Immediate Economic Impact: A Detailed Look

The transition from the informal to the formal economy is not only an administrative or bureaucratic process, but also involves important economic considerations. Here, we further explore the financial challenges that this change may bring.

Formalization often comes with certain initial investments that traders have to face. This can include expenses such as obtaining licenses, permits, adapting business premises to current regulations, or even investing in management software. Although these investments have the potential to offer significant returns in the long run, the initial outlay can be onerous for many traders who trade on tight profit margins. The challenge is to balance these initial investments with expectations of future profits, considering that the return is not always immediate.

By integrating into the formal system, traders may also experience variations in their income. While, in the informal economy, income may be more immediate and constant (although less secure), in the formal economy they may face periods of adjustment where income fluctuates. This may be due to adapting to new tax systems, competition in a regulated market, or the time it takes to establish and gain customers in a new environment. It is critical that traders are prepared for these variations and have reserves or strategies to handle these transition periods.

4.5. Spaces and Resources: Infrastructure as a Fundamental Pillar

Infrastructure plays a vital role in the process of formalizing economic activities. Proper infrastructure not only ensures that activities are carried out efficiently, but also ensures that they comply with established standards and regulations.

Identifying and accessing optimal locations for relocating informal activities is one of the most significant challenges in this process. Urban areas, where the informal economy is often rampant, often face problems of overcrowding and scarcity of space. In addition, it is essential that these locations are close to markets and transportation routes to ensure the viability of the business. Choosing an inappropriate location could severely affect the profitability and sustainability of the business, making the formalization process unattractive to many merchants.

Even when a suitable location is identified, the challenge of developing and adapting the necessary infrastructure presents itself. This includes everything from the construction or adaptation of commercial premises to the implementation of basic services such as electricity, water and security systems. The investment required for these adaptations can be considerable, and not all informal traders, or even local governments, have the necessary financial resources to carry it out. This makes it imperative to look for financing alternatives or collaborative models that allow the costs and benefits of infrastructure to be shared.

4.6. External Threats and Security: A Delicate Ground

In many regions, the informal economy is not simply an individual choice of traders, but is heavily influenced by organized groups that exert control over certain areas. These groups may sometimes have connections to organized crime networks and benefit financially from maintaining a non-formal structure in the region. Establishing territorial control allows them to manage, at will, prices, rates, and even the products or services that can be sold, thus ensuring a steady stream of income. In addition, since they do not have to comply with government regulations, they have an easier time engaging in illicit activities, such as money laundering.

When merchants or government entities seek to implement formalization measures, they are faced with the challenge of changing a structure that has benefited these groups for years. This can result in retaliation directed not only at traders trying to formalize, but also at their families or communities. Threats, intimidation, and even physical violence can be tools used to discourage these efforts and maintain the existing balance of power. This scenario makes the transition to a formal economy not only an economic or bureaucratic challenge, but also a challenge in terms of safety and security for those involved.

5. CONCLUSIONS

The phenomenon of informal transactions in Bogotá has deep roots in the private appropriation of public space as a tacit government policy. To address this problem effectively, adequate regulation and the promotion of viable alternatives for those who currently rely on the informal economy are imperative. Cooperation between the government, civil society and informal traders themselves is essential to find solutions that allow for equitable coexistence in the city's public space.

Informal sales in Bogotá are the result of several interrelated causes, such as the scarcity of job opportunities, poverty and inequality, the lack of alternatives, and the appropriation of public space. To address this problem effectively, it is necessary to implement public policies that promote the generation of formal employment, reduce economic inequality, and provide economic development opportunities to those in the informal economy. In addition, it is essential to regulate and control the occupation of public space to ensure its equitable and orderly use. Only through a comprehensive approach will it be possible to confront and reduce the impact of informal sales in the city of Bogotá.

The transition from the informal to the formal economy is a challenging path, but it is essential to ensure sustainable and equitable growth. Recognizing and preparing for these obstacles is the first step to overcoming them.

In conclusion, addressing the problem of the informal economy requires a comprehensive approach that combines rigorous regulation, support for formalization, the creation of adequate spaces, and the education and training of informal traders. Only through these strategies can a more equitable and sustainable economic environment be promoted, benefiting both traders and society as a whole.

After carrying out an ethnographic observation on informal sales in Bogotá and the privatization of public space, we have been able to delve into the complexity of this reality that goes beyond simple figures and regulations. Ethnographic observation allowed us to understand the human, social and cultural dynamics that underlie this theme.

First, it is undeniable that informal sales in Bogotá are a response to multiple socioeconomic factors. More than simple merchants, we find life stories, of people who seek to support their families and who have found in street vending a way to survive. These salespeople have built a network of mutual support, where they share everything from sales strategies to personal stories.

The privatization of public space, while it has brought visible benefits, such as improved maintenance and security, has also altered the traditional dynamics of these spaces. From observation, it was noted that these places, once community meeting points, can now generate feelings of exclusion in certain groups, particularly informal vendors.

In this sense, although privatization seeks to respond to an organization and better use of space, there is a risk of making invisible and displacing sectors that have historically occupied these places. This is where ethnographic observation plays a crucial role, offering a more humane and contextualized view of the situation.

Finally, based on this observation, it is essential to emphasize the importance of public policies that not only focus on the management of space, but also on the well-being and recognition of all the actors involved. Privatization, while it can be a useful tool, must be applied with sensitivity and awareness of its impact on people's daily lives and on the urban culture of the city.

6. BIBLIOGRAPHY

Congress of the Republic (2019, August 2). *Suin - Single Regulatory Information System.* https://www.suin-juriscol.gov.co/viewDocument.asp?ruta=Leyes/30037751

Giraldo Ochoa, J. C. (2007). *Informal vendors in Bogotá - an approach to the case of the ropavejeros of Plaza España.* Uniandes. http://hdl.handle.net/1992/24554

Ministry of Labour. (2015, May 26). *Civil Service.* https://www.funcionpublica.gov.co/eva/gestornormativo/norma.php?i=72173

Moncada Gómez, C., & Ordóñez Argote, L. M. (2018). *Informal Sales Practices in Bogota: Meaning and Motivations for Sellers and Buyers.* Universidad Externado de Colombia.

Quilaguy Ayure, D. M., & Chaves Coronel, J. A. (2020, May 2020). *Characterization of informal food vendors, located in the public space of the UPZ Chapinero* (Vol. 13). Colección Cuadernos de vivienda y urbanismo. https://doi.org/10.11144/Javeriana.cvu13.cvia

PRÁCTICAS ÉTICAS PARA IMPULSAR LA CULTURA ORGANIZACIONAL

Danny Maldonado[1], Mónica Abendaño-Ramírez[1], Cesibel Valdiviezo-Abad[1]

1. INTRODUCCIÓN

La gestión de la ética en las organizaciones es un tema que se remonta al mismo origen de la empresa. Aunque como ciencia se haya consolidado en los años setenta u ochenta, ocupándose en un principio de ámbitos legales en Estados Unidos y en Europa asumió el rol de generadora de confianza y autorregulación (Toro y Rodríguez, 2017).

Actualmente, existen diferentes definiciones de ética y sus implicaciones. La Real Academia de la Lengua Española, define ética como un elemento que aborda el bien y el fundamento de valores. Para Toro y Rodríguez (2017), la ética es entendida como una rama de la filosofía que reflexiona sobre la moral y esta, a su vez, se define como el conjunto de normas que implican los comportamientos permitidos y prohibidos de un ser humano frente a su comportamiento social. Esta reflexión coincide con lel pensamiento de Cortina y Martínez (2005), que menciona que la ética busca orientar la acción humana de un modo racional en el conjunto de nuestra vida y desde todas las actuaciones.

Acercándose un poco más a la ética organizacional, esta integra dos elementos, por un lado, la práctica o puesta en marcha de la ética, y por otro, la integración misma de las organizaciones como elementos vivos dentro de la sociedad, ya que está integrada por seres humanos. Para Guillén (2016, p. 11) "la ética en las organizaciones constituye una «ética aplicada» al ámbito organizativo y hace referencia a la calidad humana, a la excelencia, de las personas y de sus acciones, en el marco de su trabajo en las organizaciones". Por lo tanto, se convierte en una ciencia que reflexiona los comportamientos de los seres humanos para contribuir al bien de la organización.

Trabajar desde las organizaciones para desarrollar competencias éticas en los colaboradores es una necesidad vigente y coinciden, también en ello, Rodríguez *et al.* (2016) cuando menciona que aplicar la ética implica ayudar a sus integrantes a tomar decisiones a partir de cuestionamientos y reflexiones basados en sus comportamientos y ello podría, de alguna manera, promover un actuar basado en la transparencia y la responsabilidad individual con impacto organizacional.

La práctica de la ética en las organizaciones puede implicar también otros beneficios, como, por ejemplo, aportar al diálogo entre la organización y los diferentes actores, en cuanto difieran en ideas y actuaciones, y causen posibles problemas éticos y morales que

---

1. Universidad Técnica Particular de Loja (Ecuador)

afecten a la honra de los colaboradores y de la institución. Aunque la responsabilidad es individual de cada colaborador, para el cumplimiento de una ética dentro de las organizaciones, estas también se ven implicadas en la construcción de códigos de ética que guíen la toma de decisiones y promuevan la transparencia de todos los miembros de la organización. Sumado a ello, la alta responsabilidad que tiene el máximo representante de la organización de promover sentido de pertenencia y responsabilidad con su ejemplo, trasladando a todos los colaboradores para que se contagien de las buenas actuaciones.

En Ecuador la práctica de la ética organizacional, como a nivel mundial, es un factor voluntario. Sin embargo, hay varias instituciones que la promueven, es el caso de CERES, la Corporación Ecuatoriana para la Responsabilidad Social & Sostenibilidad, quien, en 2021, y con el aval del CEMEFI (Centro Mexicano para la Filantropía), entrega el Distintivo ESR® Empresa Socialmente Responsable. Esta distinción consiste en diferenciar a aquellas empresas que de alguna manera han mostrado y evidenciado su compromiso con la práctica de la ética en ámbitos de responsabilidad social empresarial y de desarrollo sostenible del Ecuador. Implica un proceso exhaustivo de evaluación de elementos como: ética empresarial, calidad de vida en la empresa, vinculación con la comunidad y medio ambiente.

Así como todas las organizaciones son conscientes de su buen actuar ético, son también reflexivas de las implicaciones que tienen si no lo son. Por lo tanto, el compromiso ético se vincula con su responsabilidad en todos los frentes de su cadena de valor y frente a todos los públicos con los cuales se relacionan. En este sentido, la comunicación juega un rol fundamental ya que, a nivel interno, permite que se construya un clima laboral pertinente y, a nivel externo, potencia la construcción de una reputación positiva logrando alta notoriedad frente a otras marcas.

2. OBJETIVOS

Los objetivos de esta investigación se enfocan en identificar las buenas prácticas éticas en organizaciones del Ecuador desarrolladas en el 2022, como experiencias basadas en los principios, valores, objetivos y procedimientos de las organizaciones. También, identificar las herramientas estratégicas que se brindan a los colaboradores para potenciar la cultura organizacional, el trabajo en equipo y la ética profesional.

3. METODOLOGÍA

La metodología abarca las diferentes herramientas o instrucciones que se utilizan de manera concreta para alcanzar objetivos de carácter científico. La metodología es un procedimiento científico general que permite lograr el objetivo de una investigación de forma precisa, por lo que requiere de métodos y técnicas (Tamayo, 2002).

Esta investigación tiene como consigna ser un aporte que sume al estudio de la temática conocida como buenas prácticas éticas en las organizaciones del Ecuador, cuyo objetivo es el de entender la forma en que se desarrolla el ser ético desde el sentido empresarial, tomando en consideración la opinión de las organizaciones. De esta premisa yace el valor que posee la ética para llevarla al campo donde la misma se aplique por parte de los ejecutivos para generar espacios de diálogo, compromiso y confianza en las diversas organizaciones.

La metodología utilizada para la investigación fue de carácter cuantitativo, mediante la encuesta, siendo la tipología de muestreo probabilístico, considerando a toda la población de estudio. La encuesta se aplicó durante tres meses de manera online a los líderes empresariales, gerentes o gestores de recursos humanos de las 100 empresas de mayor reputación del Ecuador, de acuerdo con el ranking Merco (Monitor Empresarial de Reputación Corporativa), que es el monitor corporativo de referencia en Iberoamérica que evalúa la reputación de empresas desde el año 2000 y que se encuentran dentro del ranking mencionado. De ellas 70 respondieron al instrumento de investigación.

4. DESARROLLO DE LA INVESTIGACIÓN

La aplicación de la encuesta de forma online, en la muestra seleccionada, permite obtener un perfil representativo de la realidad empresarial a la cual pertenece cada una de las empresas seleccionadas, y en base a los datos obtenidos se han determinado los siguientes resultados.

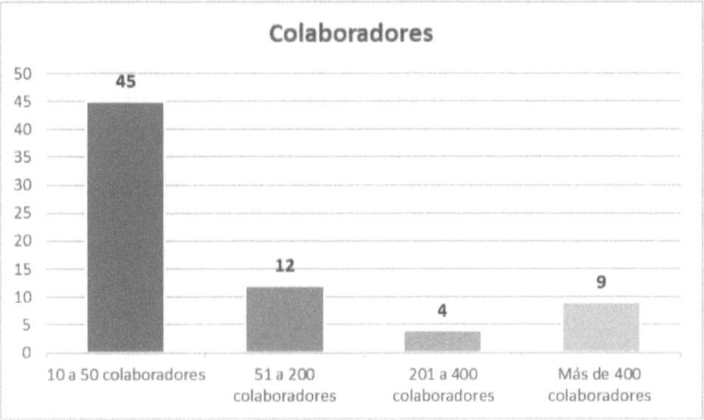

Figura 1. Número de colaboradores con el que cuenta las empresas. Fuente: Elaboración propia, 2023.

La figura refleja que la mirada está puesta en la pequeña empresa que ronda entre 10 a 50 colaboradores, con un 45,6%. Con esto se puede evidenciar la importancia de la pequeña y mediana empresa que, por su tamaño, ayuda a crear canales de comunicación más eficientes, sistemas de trabajo mejor coordinados y, por ende, el fortalecimiento de la reputación corporativa en sí. La valoración del recurso humano en cada empresa varía, y también la atención puesta en ellos, ya que en algunos casos es visto como inversión el valorar dependiendo de la rentabilidad que se espera obtener de ello.

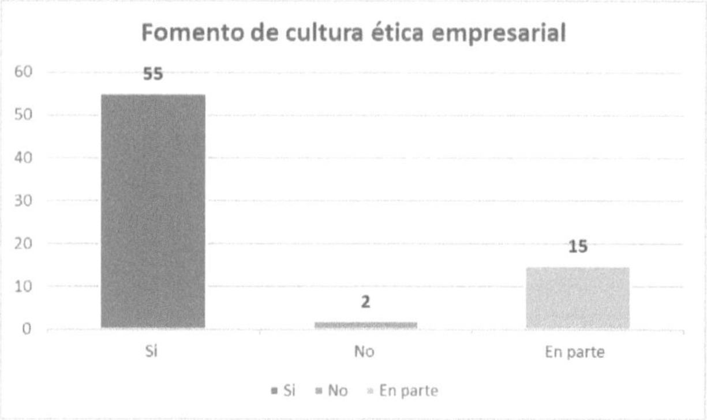

Figura 2. Cultura ética empresarial en las organizaciones. Fuente: Elaboración propia, 2023.

En lo concerniente al fomento de la cultura ética empresarial, figura 2, destaca que el 55,76% declara la importancia de ejercer buenas prácticas profesionales basando su responsabilidad corporativa en la honra, en la reputación y en la transparencia del ejercicio laboral. Lo que evidencia el fomento de una cultura de ética a través de la declaración de valores. Drucker y Merino (1996) enfatizó la importancia de los valores éticos en las organizaciones. Destacó que las empresas deben tener una base ética sólida para lograr un desempeño sostenible y responsable.

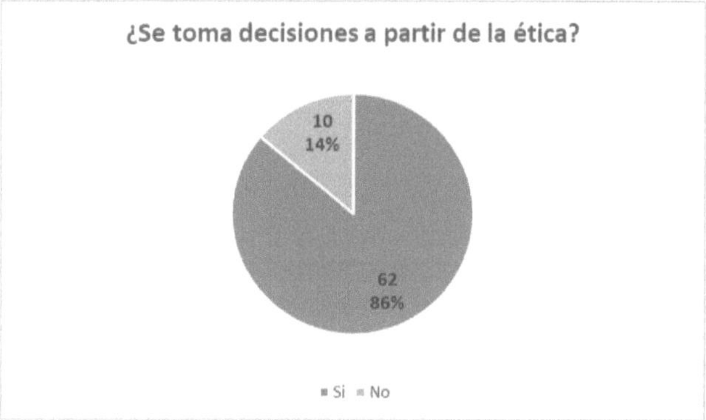

Figura 3. Toma de decisiones en momentos críticos frente a la ética. Fuente: Elaboración propia, 2023.

En el ámbito empresarial, las situaciones de presión o escenarios de crisis ponen en juego el valor de la ética empresarial, especialmente en el momento de considerar nuevas oportunidades de negocios. Lo satisfactorio en esta muestra es que 62 empresas consideran sus decisiones a partir de elementos éticos, lo cual podría generar nuevas o más oportunidades de negocios disminuyendo los riesgos para las organizaciones.

Y respecto a la toma de decisiones éticas en momentos críticos, existen algunos enfoques y principios clave, como el *principio de utilidad y consecuencialismo*, propuesto por Stuart Mill (1971), que sostiene que la toma de decisiones éticas debe basarse en la maximización del bienestar general y en las consecuencias positivas para todas las partes involucradas.

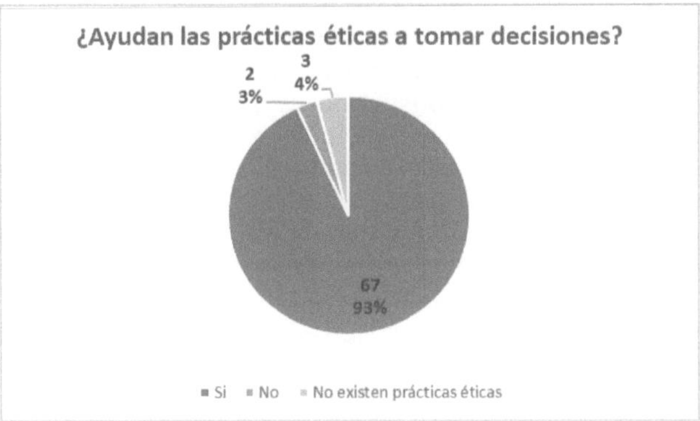

Figura 4. Prácticas éticas ayudan a la toma de decisiones. Fuente: Elaboración propia, 2023.

En la figura 4, el 93% de los encuestados, consideran que las prácticas éticas influyen en la toma de decisiones y esto permite que se creen estructuras sólidas con favorable rentabilidad económica y sustento moral, sin considerar a la ética como una fórmula restrictiva, reactiva o correctiva, sino como línea de compromiso y sentido de pertenencia, que no limite sus oportunidades y actuaciones en la construcción de una filosofía fuerte, institucionalmente hablando.

Un ejemplo de prácticas éticas es la Responsabilidad Social, que en Ecuador, ha ganado un espacio importante en las últimas décadas entre las organizaciones. Se ha convertido en pilar fundamental para la sostenibilidad, la mejora de procesos y la optimización de recursos, lo que se traduce en una reducción de costos. Sin embargo, hay que aclarar que su alcance va más allá de lo netamente económico, ya que también desempeña un papel crucial en la mejora de la percepción y reputación de la empresa por parte de los públicos internos y externos, y la comunidad en general (Roldán, 2018).

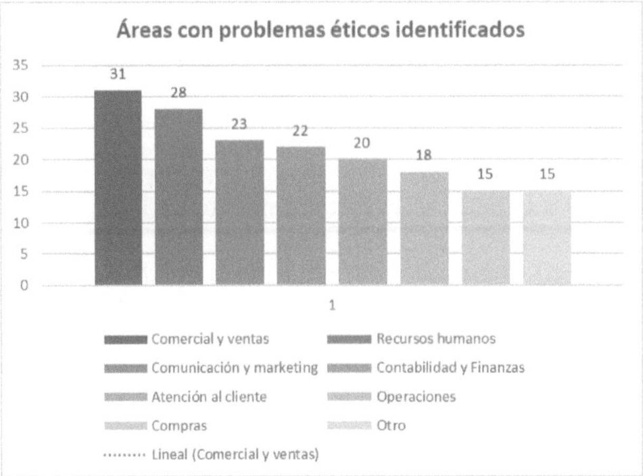

Figura 5. Áreas en las que se ha identificado problemas éticos. Fuente: Elaboración propia, 2023.

Los resultados de esta métrica, apuntan a que las áreas de comercialización, ventas y compras se ven afectadas por las "dudas éticas" ¿Qué nos ofrece este indicador? La necesidad de potenciar los principios éticos en la relación vendedor-comprador y satisfacción de necesidades de los consumidores o usuarios, logrando de esta manera, solidez, transparencia, buena reputación y rentabilidad en la organización. Guillén (2016) escribe sobre problemas éticos en áreas como la gestión de recursos humanos, la cadena de suministro, la contabilidad y finanzas, y la toma de decisiones estratégicas, y comenta que son áreas vulnerables por los mismos ejercicios contables que se manejan y gestionan dentro de ellas.

El minimizar el impacto de las relaciones tóxicas laborales, promueve la práctica de la virtud en todos los ámbitos, y esto en relación con el recurso humano, como socio activo e importante de toda organización, comprometiendo programas de integridad, donde se incluya normas mínimas a promover por la empresa, que, según los resultados de la investigación, es el área en donde se viven más problemas con falta de ética.

Figura 6. Prácticas éticas que se realizan en la empresa. Fuente: Elaboración propia, 2023.

En cuanto a los códigos de conducta, el 43% encuestados, valora los códigos de conducta en las organizaciones. Así mismo, resalta el valor de plasmar unos principios éticos concretos que regulan la actuación diaria de los colaboradores y directivos, haciendo que dinamicen el ejercicio profesional y garanticen el fortalecimiento de la reputación empresarial de manera integral.

Corinne Gendron (2006) identifica a la adopción de códigos de conducta por parte de las empresas, como la construcción de un nuevo orden regulatorio en la era de la globalización. Esto evidencia una aceleración y aproximación de la tendencia global hacia la implementación de instrumentos normativos y a la construcción de una cultura de *Compliance.*

Un manejo adecuado de un código deontológico en la organización se convierte en respaldo ético que dinamiza la actuación y garantiza la preservación de una reputación sostenible.

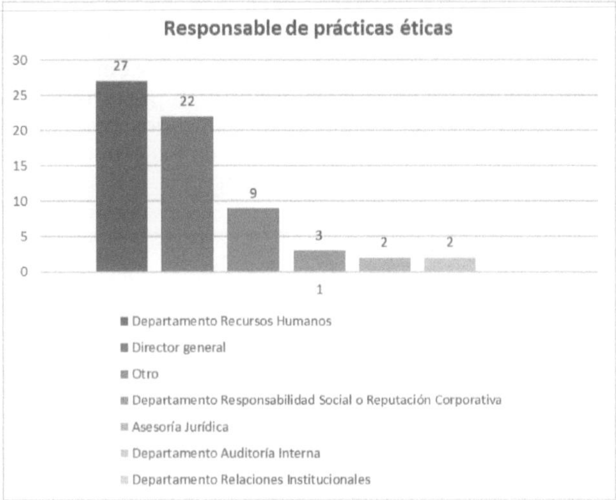

Figura 7. Responsable de cumplimiento de prácticas éticas. Fuente: Elaboración propia, 2023.

Según los resultados de este gráfico, la mayoría de los encuestados concuerdan que el Departamento de Recursos Humanos es el responsable de que se cumplan las prácticas éticas en la organización. Es en esta área donde se establecen las políticas laborales y su regulación y, además, se recogen los intereses plasmados en los códigos de conducta.

Sonnenfeld (2020) destaca que es importante contar con un liderazgo ético, unos líderes que transmitan el cumplimiento en todos los estamentos de la organización, para ello, se necesitan de auténticos líderes, ahora más que nunca, con un carácter inconformista y provocador que enfrenten los problemas con firmeza, tomando la cabeza de la sociedad. En definitiva, líderes que inspiren a caminar con sentido ético.

Figura 8. Impacto de las practicas éticas en la empresa. Fuente: Elaboración propia, 2023.

Las prácticas éticas tienen un impacto positivo en la reputación, las relaciones laborales, el cumplimiento normativo, la innovación, el crecimiento sostenible y las relaciones con los interesados de una empresa. Al adoptar prácticas éticas, las empresas pueden fortalecer su posición en el mercado y contribuir a un entorno empresarial más ético en general. Esto se apoya también en otro de los estudios realizados por Muñoz-Martín (2013), quien indica que las empresas generan expectativas en los grupos de interés con los que interactúan que, si son legítimas, no deben defraudar.

Figura 9. Valores éticos que se practican en la organización. Fuente: Elaboración propia, 2023.

En la figura 9, se evidencia que el 76% de las empresas determinan la vivencia de valores en su día a día, y que estos actúan como guías en el comportamiento, fomentando conductas responsables y respetuosas. Cuando los valores éticos se aplican de manera coherente en todas las áreas y niveles de la empresa, se establece una base confiable para la construcción de relaciones laborales sólidas.

Según Cortina (1994) en su definición de la ética empresarial, rescata el descubrimiento y la aplicación de los valores en ese entorno en particular, definiéndolos como instrumentos que mejoran diferentes aspectos dentro de la organización, como el entorno y el clima laboral, al tiempo que promueve la igualdad y el respeto a los derechos humanos, en respuesta a los ODS y a la Agenda 2030 para el desarrollo sostenible

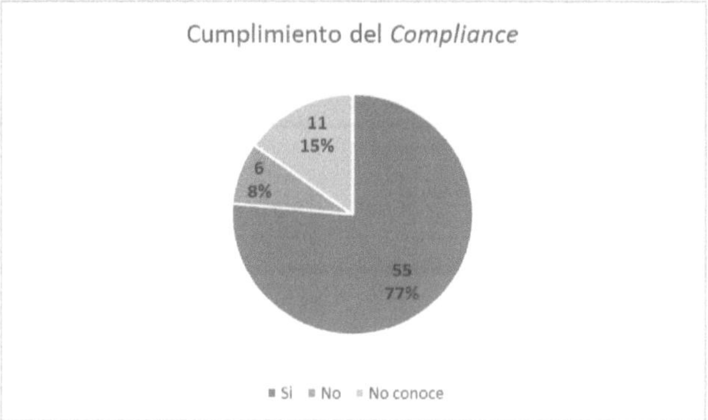

Figura 10. Práctica del Compliance en la empresa. Fuente: Elaboración propia, 2023.

Las organizaciones, permanentemente reguladas requieren de un control interno más intenso, tanto referido a las normas como a la lealtad en los negocios. La práctica del *Compliance* es básica en las empresas, especialmente dedicadas a los servicios dirigidos a la comunidad. Es interesante resaltar y garantizar el cumplimiento legal y ético, gestionar riesgos, proteger la reputación, fomentar una cultura ética y mitigar la responsabilidad legal.

El *Compliance* es una práctica clave para las empresas que desean mantener una ventaja competitiva en el mercado, protegiendo de manera efectiva sus intereses ante posibles riegos que se generen del incumplimiento normativo.

5. CONCLUSIONES

La ética en las organizaciones debe considerarse como la base fundamental que guía sus acciones, y además para que estas puedan mantener su desarrollo, es crucial que construyan el bienestar común y eviten que los intereses personales prevalezcan sobre los intereses corporativos.

La investigación desarrollada permite evidenciar que los valores que regulan el accionar de las organizaciones son lealtad, respeto, confidencialidad, justicia, empatía, honradez. Esto también se va ajustando a los códigos corporativos, a los valores institucionales, a manuales y a los reglamentos éticos.

Las prácticas éticas pueden variar según la organización, pero fomentarán de forma general, una cultura organizacional basada en la confianza, el respeto mutuo y el compromiso con el comportamiento ético en todos los niveles.

Tomar decisiones éticas en momentos críticos puede ser desafiante, pero seguir los principios puede ayudar a orientar el proceso y garantizar que las decisiones se tomen de manera responsable.

La vivencia de la ética no ha limitado las oportunidades de negocio, sino que, a largo plazo, ha generado beneficios tanto para las empresas como para la sociedad en general. Las empresas identifican las áreas que frecuentemente presentan problemas éticos y establecen políticas y prácticas sólidas para abordarlos de manera adecuada, como por ejemplo a través de códigos de conducta.

El Departamento de Recursos Humanos juega un papel trascendental al promover y cumplir con las prácticas éticas, sin embargo, se requiere el compromiso y la participación de todos los colaboradores y directivos para crear cultura organizacional.

Las organizaciones declaran explícitamente en sus misiones, la honra, la reputación, la transparencia, como parte de la responsabilidad corporativa, lo que abona considerablemente a su cultura. La práctica del *compliance* es crucial como ventaja competitiva; con el cumplimiento de leyes y regulaciones se garantiza de alguna manera una cultura empresarial sólida y sostenible.

Frente a este sinnúmero de elementos que configuran los resultados de la investigación se concluye que la ética es y será un elemento transversal a la gestión de las organizaciones y considerarla dentro de la filosofía organizacional muestra un intangible de alto valor para las organizaciones y ahí radica la razón de su actuación.

6. REFERENCIAS

Consorcio Ecuatoriano para la Responsabilidad Social. (2020). *Manual Para Elaborar Código De Ética Empresarial.* CERES.

Cortina, A. (1994). *Ética de la empresa: claves para una nueva cultura empresarial.* Trotta.

Cortina, A. y Martínez, E. (2005). *Ética: 4.* Akal.

Drucker, P. y Merino, I. (1996). *La gestión en un tiempo de grandes cambios.* Edhasa.

Gendron, C. (2006). Codes de conduite et nouveaux mouvements socioéconomiques: la constitution d'un nouvel ordre de régulation à l'ère de la mondialisation. *Revue Gestion, 31*(2), 55-64. https://doi.org/10.3917/riges.312.0055

Guillén, M., (2016). *Ética en las organizaciones. Construyendo confianza.* Pearson.

Muñoz, J. (2013). Ética empresarial, Responsabilidad Social Corporativa (RSC) y Creación de Valor Compartido (CVC). *Journal of Globalization, Competitiveness & Governability, 7* (3), 76-88. https://doi.org/10.3232/GCG.2013.V7.N3.05

Roldán, J. (2018). *Ética aplicada a los pequeños negocios desde una perspectiva latinoamericana.* Quito.

Rodríguez, M. P., Pantoja, M. A. y Cantor, F. (2016). Uso Ético del Poder Gerencial: Propuesta de un Programa para la Formación de Estudiantes de Ingeniería. *Formación Universitaria, 9*(3), 87-98. https://dx.doi.org/10.4067/S0718-50062016000300010

Sonnenfeld, A. (2020). *Liderazgo ético.* Editorial Aula Magna Proyecto Clave McGraw-Hill.

Stuart Mill, J. S. (1971). *Utilitarianism: Text with Critical Essays.* Bobbs. Merrill.

Tamayo, M. (2002). *El Proceso de la investigación científica.* (3ª Ed.) Editorial Limusa S.A.

Toro, J. y Rodríguez, M. D. P. (2017). Formación en Ética en las Organizaciones: Revisión de la Literatura. *Información tecnológica, 28*(2), 167-180. https://dx.doi.org/10.4067/S0718-07642017000200018

HACIA LA RECONSTRUCCIÓN DEL EMPRENDIMIENTO RURAL: UN ANÁLISIS DE NECESIDADES, DESAFÍOS Y OPORTUNIDADES

Magda Alejandra Martínez Daza[1]

Este documento de investigación se enmarca en el proyecto de investigación institucional titulado "Desarrollo organizacional en la gestión del cambio para el crecimiento de las Mipymes familiares: Fase II", financiado por la Corporación Universitaria de Asturias.

1. INTRODUCCIÓN

En Colombia, el concepto emprendimiento ha sido definido en la ley 1014 de 2006, que promueve el fomento a la cultura emprendedora, como "la forma de pensar y actuar orientada hacia la creación de riqueza" (p. 1), a través de la generación de valor que beneficia tanto a las empresas como a la estructura económica del país (Martínez et al., 2022). Normativas recientes, como la ley 2029 de 2020, están impulsando el emprendimiento en Colombia. El Departamento Nacional de Estadística (DANE) es responsable de administrar el Sistema de Información de Actividades Económicas Informacionales (SIECI), el cual proporciona información estadística que amplía el concepto de empresa e incluye unidades económicas como micronegocios, establecimientos y puestos móviles (SIECI, 2021, p.4). Estos indicadores revelan las actividades económicas desarrolladas en diferentes regiones y departamentos, abarcando tanto las cabeceras municipales como los centros poblados y las áreas rurales dispersas (Minagricultura, 2017, p. 113).

La literatura existente evidencia que Colombia es un país con una alta presencia rural y un desarrollo agrícola a pequeña escala (Acevedo-Osorio & Schneider, 2020). El gobierno colombiano ha desempeñado varios roles en el desarrollo del emprendimiento, incluyendo la generación de mecanismos regulatorios para fomentar el crecimiento empresarial y emprendedor, como subsidios, financiación, subvenciones, leyes, decretos, directivas, programas públicos de voluntariado, impuestos, alianzas público – privadas y recursos en especie (Velasco, Ordoñez, & Restrepo, 2021). Además, el gobierno ha intervenido a través de organizaciones supranacionales (como la Unión Europea), los gobiernos regionales y municipales, e incluso universidades (Shahid, 2016). Así mismo, entidades gubernamentales como la Sociedad de Agricultores de Colombia -SAC, el Departamento Nacional de Planeación – DNP y en particular, el Ministerio de Agricultura y Desarrollo Rural, a través de la resolución 000464, han establecido los lineamientos estratégicos para la agricultura campesina, familiar y comunitaria (ACFC), que abarcan tanto emprendimientos familiares, asociativos y solidarios, como emprendimientos

1. Corporación Universitaria de Asturias (Colombia)

empresariales a gran escala (Minagricultura, 2017). Estos lineamientos favorecen el desarrollo de emprendimientos sociales y productivos sostenibles a lo largo del tiempo (SAC, 2013; DNP, 2013).

Investigaciones adicionales demuestran el surgimiento de emprendimientos en zonas rurales de Colombia. Según el informe global de desplazamiento (2022), en estas unidades de negocio se pueden distinguir dos grupos de actores. Por un lado, se encuentran las victimas del conflicto armado nacional, líderes y emprendedores que necesitan apoyo para sus iniciativas empresariales y emprendimientos solidarios a nivel nacional. Por otro lado, están las personas que no han sido víctimas de la violencia. Tanto las victimas como las no víctimas enfrentan desafíos en la gestión empresarial debido a la escasez de programas de capacitación personal y profesional que se adapten al contexto y ayuden a reducir los altos índices de fracaso y cierre de negocios (Ochoa, Polanía y Vargas, 2017).

Estudios como los realizados por Martínez et al. (2022) revelan la relación existente entre las unidades de estudio, como la agricultura familiar, la finca de familia, la gestión administrativa y el desarrollo organizacional. En el marco normativo establecido por el Ministerio de Agricultura y Desarrollo Rural (2017), que plantea estrategias y acciones para que las personas involucradas en el proceso productivo puedan alcanzar las metas propuestas por los líderes del negocio familiar en el territorio rural (p. 52). Incluso, el trabajo de investigación de Iglesias et al. (2015) presenta dos experiencias exitosas que incorporan elementos de gestión de cambio organizacional en contextos rurales y con víctimas de la violencia. También abordan los aspectos geográficos, culturales, económicos y tecnológicos, con el objetivo de resaltar la importancia de estos aspectos en el desarrollo de negocios inclusivos en Colombia. Aun así, el análisis de este estudio permite inferir la falta de conexión entre estos emprendimientos y las entidades encargadas de promover la construcción de paz en los departamentos de Colombia.

Otros estudios sobre emprendimiento rural, desarrollados por autores como Castro y Hoyos (2020) y Bedoya-Dorado et al. (2020), resaltan la necesidad de empoderar a las comunidades para mejorar su calidad de vida. Esto implica adoptar un enfoque integral y sostenible de desarrollo humano en el proceso de concepción del emprendimiento rural. Es decir, cuando los individuos, a partir de sus conocimientos y saberes, se conectan con la posibilidad de crear una unidad productiva, esta se convierte en la base para promover un desarrollo territorial (Jurado-Paz, 2022, p. 257). Por otro lado, entidades gubernamentales como el Departamento Nacional de Planeación (DNP) plantea nuevos desafíos en términos de gestión administrativa para las familias y comunidades en el territorio rural, con el fin de abordar la informalidad que caracteriza sus iniciativas productivas (DNP, 2015).

En general, los emprendedores rurales demandan el desarrollo de habilidades de administración y planificación estratégica hacia el desarrollo organizacional, que implica un esfuerzo para mejorar las capacidades y habilidades en la solución de problemas organizacionales y adaptarse a los cambios (González, 2023). Este enfoque se ajusta a las necesidades del emprendimiento y se implementa según las condiciones específicas, como señalan Dias et al. (2019) y González (2019). Sin embargo, a pesar de la intervención del Estado, instituciones gubernamentales, gremios, fundaciones e instituciones educativas, la supervivencia y crecimiento de las unidades económicas que yace de forma individual, en las familias y comunidades en el territorio rural en Colombia, sigue siendo un desafío como lo demuestran diversos estudios.

En consecuencia, esta investigación aborda la siguiente cuestión ¿Cuál es la situación actual del emprendimiento rural en términos de características sociodemográficas de la población, aspectos relacionados con el emprendimiento rural, habilidades empresariales de las mujeres, necesidades, desafíos y perspectivas de formación en el ámbito empresarial y organizacional para promover su desarrollo sostenible a largo plazo? Estos aspectos son fundamentales para el desarrollo de estrategias orientadas a satisfacer las necesidades de las personas, las familias y las comunidades, con el objetivo de fortalecer las habilidades empresariales y organizacionales que contribuyan al progreso y la subsistencia de las unidades económicas en el territorio rural.

2. OBJETIVOS

2.1. Objetivo General

Analizar la situación actual del emprendimiento rural en términos de características sociodemográficas de la población, aspectos relacionados con el emprendimiento rural, habilidades empresariales de las mujeres, necesidades, desafíos y perspectivas de formación en el ámbito empresarial y organizacional para promover su desarrollo sostenible a largo plazo.

2.2. Objetivos Específicos

Realizar un diagnostico de la situación actual del emprendimiento rural y los factores que influyen en su desarrollo a través de la revisión de la literatura.

Recopilar información sobre las características sociodemográficas de las personas, familias y comunidades rurales, involucradas en el emprendimiento rural, así como las características de las unidades de negocio rural.

Determinar las necesidades de formación y capacitación en el ámbito empresarial y organizacional para mejorar los conocimientos y habilidades en el emprendimiento rural y asegurar su consolidación a largo plazo.

3. METODOLOGÍA

Para cumplir con el propósito de la investigación, se utilizó una metodología cualitativa basada en un enfoque fenomenológico. Según Fuster (2019), este enfoque resulta útil para comprender las experiencias vividas, reconociendo su significado y relevancia en el contexto en el que se desarrollan. El estudio se dividió en tres fases.

En la primera fase, se realizó un diagnóstico con el objetivo de obtener un acercamiento a la problemática en cuestión. Para lograr esto, se realizó una revisión de la literatura a fin de localizar los documentos potencialmente pertinentes, se empleó la base de datos SCOPUS debido a su amplia cobertura, diversidad de revistas, calidad y rigurosidad en la selección de artículos que indexa. La consulta se llevó a cabo utilizando operadores boléanos. Los términos de búsqueda se formularon con base en investigaciones previas empleadas por los académicos para referirse al emprendimiento rural. La ecuación de búsqueda se relaciona en la tabla 1. Además, se realizó una revisión de los resultados obtenidos para eliminar los artículos duplicados para su posterior análisis.

Ecuación de Búsqueda	**Número de registros encontrados**
TITLE-ABS-KEY(entrepreneurship AND rural AND women AND teaching)	78
TITLE-ABS-KEY(business AND rural AND women AND education)	200

Tabla 1. Matriz ecuación búsqueda. Fuente: Elaboración propia, 2023

Para la sistematización de la información, se empleó una ficha de trabajo basada en los principios propuestos por Baena (2017). Esta ficha permitió clasificar los artículos de acuerdo con la categoría de búsqueda, la tipología de documento, el año de publicación, autores, título del documento, nombre de la revista, objetivo de la investigación, metodología, conclusión y notas del investigador. Como consecuencia de la búsqueda se encontraron 278 publicaciones. Se descartaron 92 documentos por estar duplicados y 115 al presentar variables diferentes a las relacionados con la formación en emprendimiento de las mujeres rurales. A partir de 71 textos se llevó a cabo la revisión. Esta permitió obtener una visión general de las investigaciones previas y los avances en el campo, lo que proporciono información relevante como, aspectos normativos clave para el fomento del emprendimiento rural, así como identificar las necesidades de formación fundamentales para mejorar las capacidades, habilidades y conocimientos en la estructura organizacional de dichos emprendimientos. Es importante destacar la oportunidad que la gestión para el desarrollo organizacional brinda para implementar un nuevo y dinámico estilo de administración, asegurando así la consolidación a largo plazo de las diferentes unidades económicas rurales.

En la segunda fase, se empleó un cuestionario como guía de entrevista para recolectar información sobre las experiencias vividas (Hernández Sampieri et al., 2014; Patton, 2014). Según Smith y Osborn (2008), las entrevistas facilitan la conversación. El protocolo de la entrevista se basó en la literatura existente y relevante para representar las variables individuales, socioeconómicas, académicas e institucionales que influyen en la formación en emprendimiento de las mujeres rurales. El análisis temático y la descripción detallada de los ítems se presenta en la tabla 2.

Temas	Variable	Indicador	No. Ítems
Tema 1	Características sociodemográficas	Preguntas sociodemográficas,	P1 a P13
		Pregunta sobre la estructura familiar	P14
		Pregunta sobre la estructura generacional.	P15
Tema 2	Aspectos relacionados con el emprendimiento	Preguntas sobre la estructura productiva	P16 a P23
Tema 3	Habilidades empresariales de la población	Preguntas sobre conocimientos y cualificación	P24 a P26
Tema 4	Desafíos y perspectivas	Barreras, dificultades y expectativas	P27 y P28

Tabla 2. Matriz de temáticas e ítems. Fuente: Elaboración propia, 2023.

Las participantes de este estudio son mujeres emprendedoras de municipios rurales ubicados en el departamento de Cauca. Todas ellas aceptaron participar voluntariamente una vez que se les informó sobre el objetivo de la investigación.

Por último, en la tercera fase, se llevó a cabo el análisis de la información recopilada y se elaboraron las conclusiones. En particular, el análisis fenomenológico de los datos recolectados se realizó mediante la reflexión e interpretación del dialogo entre las participantes y el investigador, mediado por las preguntas planeadas en el cuestionario guía de entrevista. Se tuvo especial cuidado en estar atentos a los textos para poder reconocer el significado esencial que permitiera consolidar y expresar ideas de manera adecuada (Manén, 2003).

4. DESARROLLO DE LA INVESTIGACIÓN

4.1. Situación actual del emprendimiento rural

La situación actual del emprendimiento rural se ha analizado a través de la revisión de 71 documentos seleccionados, lo que revela una serie de necesidades, desafíos y oportunidades que ejercen influencia en el desarrollo de las mujeres rurales emprendedoras. Estos aspectos pueden agruparse en variables sociodemográficas y del emprendimiento, así como en aspectos individuales relacionados con las habilidades empresariales de las mujeres rurales. También se identifican desafíos y perspectivas gubernamentales y relacionadas con la formación empresarial. Estas variables pueden impactar las iniciativas emprendedoras de las mujeres rurales. Estos aspectos se detallan en la tabla 3, proporcionando una visión general de las investigaciones analizadas.

En cuanto a las características sociodemográficas de la población, se han identificado barreras como el bajo nivel educativo formal y de alfabetización, la edad, la falta de apoyo social y cultural, la discriminación de género y actitudes negativas hacia las mujeres. En relación con el emprendimiento rural, se reconocen barreras como la escasez de infraestructura y servicios en las áreas rurales, la falta de acceso a recursos financieros y tecnológicos, así como la ocurrencia de desastres naturales en las zonas donde operan los negocios. En términos de las habilidades empresariales de las mujeres rurales, se observa la falta de formación y experiencia previa en los negocios, así como la ausencia de asesoramiento sobre la estructura productiva y los procedimientos formales de crédito. Además, la falta de conocimientos empresariales para gestionar los negocios y la escasez de información sobre el mercado y los clientes son barreras importantes.

En este contexto, los desafíos y perspectivas de la formación empresarial y organizacional se centran en promover el conocimiento mediante la implementación de programas de capacitación vocacional para mujeres rurales, con el objetivo de crear emprendimientos rurales sostenibles a través del uso de plataformas virtuales, redes sociales y aplicaciones móviles. Se deben incluir actividades que superen las limitaciones de tiempo y ayuden a equilibrar las responsabilidades personales, familiares y laborales de las mujeres emprendedoras rurales. Es crucial abordar temas como la gestión financiera, la planificación financiera y el conocimiento del sector en el que se emprende. Así mismo, se destaca la importancia de las iniciativas gubernamentales que faciliten el éxito económico y empresarial.

Autor(es)	Tema 1 Barreras sociodemográficas	Tema 2 Barreras del emprendimiento	Tema 3 Barreras individuales / habilidades empresariales	Tema 4 Desafíos y perspectivas de la formación empresarial
Martínez-Campillo, Sierra-Fernández, & Fernández-Santos (2019)		Escasez de infraestructura y servicios en áreas rurales.	Falta de formación, experiencia previa y asesoramiento.	Conocimiento y uso de plataformas virtuales, redes sociales y aplicaciones móviles.
Usman & Projo (2021).	Nivel educativo, edad, falta de apoyo social y cultural, discriminación de género.	Falta de acceso a recursos financieros y tecnológicos.	Experiencia previa en negocios.	Programas de capacitación en línea, aplicaciones móviles. Aprendizaje basado en problemas y aprendizaje cooperativo.
Mahesh et al., (2020)		Financieras	Educación	Equilibrio entre vida personal y laboral
Mukhopadhya (2020)		Financieras	Formación	Formación vocacional de mujeres rurales o periurbanas para crear emprendimientos sostenibles
Dias, Rodrigues y Ferreira (2019)	Desigualdad de género, actitudes negativas hacia las mujeres	Falta de acceso al crédito	Falta de acceso al conocimiento y educación	Iniciativas para facilitar el éxito económico y empresarial
Hazarika & Goswami (2018).	Bajo nivel de educación	Falta conocimientos financieros y habilidades gerenciales	Falta conocimiento sobre procedimientos formales de crédito	Formación empresarial
Igwe, Newbery, & Icha-Ituma (2018)	Bajo niveles de alfabetización y educación	Falta de capital		Instalaciones de transporte inadecuadas y los caminos de acceso deficientes
Koyana & Mason, RB (2017)				Más esquemas de capacitación; equilibrar la responsabilidad personal y familiar, las políticas y medidas de apoyo deben adaptarse.
Rahabhi et al., (2022)		Ocurrencia desastres naturales donde se operan los negocios	Falta conocimiento empresariales para administrar los negocios; Falta de información sobre el mercado y los clientes.	Apoyo adecuado del gobierno y acceso a financiamiento; Limitaciones de tiempo o conflictos de roles para equilibrar responsabilidades familiares y laborales
Lourenço et al., (2014)	Desigualdad de género; Nivel de alfabetización y educación formal	Acceso a crédito; Infraestructura deficiente;	Habilidades empresariales; Actitudes hacia el emprendimiento; Motivación y autoeficacia; falta de acceso al conocimiento y educación	Iniciativas gubernamentales para facilitar el éxito económico y empresarial
Kabir et al., (2014)	Discriminación de género	Financiamiento		Importante en las mujeres rurales desarrollar habilidades empresariales básicas como, gestión financiera, planificación financiera y conocimientos sobre el sector en el que se emprende

Tabla 3. Variables para el desarrollo del emprendimiento rural. Fuente: Elaboración propia, 2023

Los datos recopilados a través de la entrevista posibilitaron verificar la información previamente expuesta para lograr una mayor profundización de los temas objeto de estudio. De esta manera, se comprende el entorno real de algunas mujeres rurales emprendedoras de municipios rurales ubicados en el departamento de Cauca, descritos en el siguiente epígrafe.

4.2. Características del perfil rural y del emprendimiento

Características Sociodemográficas

Las participantes del estudio se caracterizan por encontrase en las etapas de adultes y vejez, aspectos particulares que influyen en el comportamiento humano, según los autores Candamil y Grajales (1998). En la etapa de adultez, que abarca el rango de edades de 29 a 59 años, se contó con una muestra de 9 personas. En la etapa de vejez, que corresponde a personas de 60 años o más, se contó con una muestra de 4 personas.

En la etapa de adultez, se identifican tres características específicas en esta población estudiada. En primer lugar, se menciona que algunas de las mujeres son cabezas de hogar, lo que implica que asumen la responsabilidad principal de liderar y mantener el hogar. En segundo lugar, se hace referencia a la presencia de población migrante, indicando que estas personas han dejado su lugar de origen y se han establecido en una nueva comunidad o región. Por último, se señala que hay víctimas entre la muestra, lo que puede hacer referencia a personas que han experimentado algún tipo de adversidad o trauma en su vida.

En la etapa de vejez, se identificó una característica específica en la población estudiada, que es ser campesinos o miembros de una Asociación Campesina, lo que indica que estas personas tienen una ocupación y estilo de vida relacionados con la agricultura y el trabajo en el campo. Además, se menciona que también son víctimas, lo que podría referirse a situaciones de vulnerabilidad o adversidades que han experimentado.

En general, se ha observado un bajo nivel educativo formal en la población de mujeres rurales. El 69,2% de las mujeres ha completado la educación básica primaria, el 15,4% ha finalizado estudios de bachillerato hasta el grado once, y el 15,4% restante ha alcanzado estudios hasta grado decimo.

El análisis sobre la estructura familiar y generacional de la población estudiada revela una prevalencia de hogares nucleares completos, es decir, conformados por padre y madre, con o sin hijos. Esta configuración familiar representa la mayor parte de la muestra estudiada. Por otro lado, se identifican hogares nucleares incompletos, caracterizados por ser monoparentales, encabezados por un solo progenitor (madre). Llama la atención que, en estos casos, particularmente existe un mayor nivel de estudio en la mujer emprendedora rural y estos hogares solo tienen un hijo, a diferencia de los hogares completos donde algunas mujeres rurales tienen un menor nivel de estudios formales y sus hogares están conformados por 2 hasta 5 hijos. Es relevante destacar que algunos de estos hogares cuentan con una pareja que no es el padre o la madre de los hijos, lo que implica una dinámica familiar diversa.

En cuanto a la estructura generacional, se encuentran hogares multigeneracionales, donde conviven personas pertenecientes a tres grupos de edad distintos (0 a 14 años, 15 a 64 años, y 65 años y más). Esto indica la coexistencia de diferentes generaciones en un mismo hogar, lo cual puede tener implicaciones en las dinámicas familiares en un mismo hogar, en la distribución de roles y responsabilidades. Comprender la variedad de estructuras familiares y generacionales en el contexto estudiado resulta fundamental para abordar las necesidades y dinámicas familiares de las mujeres rurales.

Características de la estructura productiva

El análisis de la información respecto a la estructura productiva demuestra la presencia de mujeres rurales autoempleadas, dueñas de sus propios negocios o emprendimientos en el ámbito rural desde la recolección y cultivo de café, así como los procesos de beneficio. En cuanto al estado de los negocios, se observa que la mayoría de los participantes tienen sus emprendimientos en funcionamiento. Además, se identifica que estos negocios funcionan como unidades productivas, sin tener un registro mercantil o estar inscritos en la Cámara de Comercio. En términos de la duración, se encuentra variedad en los tiempos de funcionamiento. Algunas participantes indicaron tener ente 2 y 5 años de experiencia, mientras que otras tienen una trayectoria más larga, con 5 a 10 años, 18 y 20 años de operación. En relación con el sector económico, se destaca la presencia del sector agropecuario, específicamente en el cultivo del café. La comercialización de los productos no se realiza a través de internet. Este análisis demuestra la importancia del sector agropecuario y proporciona una visión general de la estructura productiva que contribuye a comprender la dinámica económica y empresarial de las mujeres emprendedoras rurales.

4.3. Necesidades, desafíos, oportunidades y expectativas

El estudio revela la necesidad para desarrollar habilidades empresariales y fomentar actitudes hacia el emprendimiento que solo puede darse desde el acceso al conocimiento y la educación. En este contexto, se identifican desafíos significativos, como el alto costo de insumos y las condiciones climáticas desfavorables, que pueden impactar la producción y rentabilidad de los negocios rurales. Además, la falta de un cliente directo que garantice la venta y disminuya las dificultades para acceder al mercado regional. Por otra parte, es necesario mencionar que no se utilizan plataformas en línea para la comercialización de los productos, lo cual puede representar una oportunidad de crecimiento para expandir los negocios rurales y llegar a nuevos clientes a través de la venta por internet. Las mujeres rurales participantes del estudio tienen diversas expectativas y motivaciones. Entre ellas se encuentran la búsqueda de un mercado estable para sus productos, el acceso a proyectos de vivienda, la facilidad para que sus hijos ingresen a la universidad y la mejora en las condiciones de vida. Asimismo, expresan su deseo de mejorar la calidad de sus productos y aumentar sus ingresos. Existe un interés notable en capacitarse en áreas relacionadas con la comercialización y trasformación de productos, así como en temas de contabilidad, mercados internacionales y liderazgo. Además, muestran interés en aprovechar sus productos en la elaboración de repostería y en otros usos.

5. CONCLUSIONES

Este trabajo analizó la situación actual del emprendimiento rural. En general, resalta la importancia de la formación y capacitación en el ámbito empresarial y organizacional para promover la creación de negocios y el fortalecimiento de las iniciativas existentes con el propósito de lograr su sostenibilidad a largo plazo. Esto implica abordar las necesidades específicas de las mujeres emprendedoras rurales, brindándoles las herramientas y el apoyo necesario para fortalecer sus habilidades, conocimientos y actitudes empresariales, garantizando así la consolidación y el éxito de sus negocios a largo plazo (Mc Elwee,

2006). Se lograron identificar variables que impactan en las iniciativas emprendedoras de las mujeres rurales. Estas variables pueden agruparse en factores sociodemográficos, del emprendimiento y aspectos individuales relacionados con las habilidades empresariales de las mujeres rurales, así como desafíos y perspectivas relacionadas con la formación empresarial.

El diagnóstico realizado desde el análisis de la literatura demuestra la necesidad de promover la formación en el ámbito empresarial y organizacional para impulsar emprendimientos rurales sostenibles a largo plazo (Mahesh et al., 2020; Usman y Proho, 2021). Además, las mujeres emprendedoras rurales demandan educación formal y no formal adaptada y enfocada en el desarrollo de competencias básicas, laborales, ciudadanas y empresariales (Peña et al, 2016). Aspectos corroborados desde el análisis de la información recolectada a través de entrevistas a las mujeres rurales que reveló características sociodemográficas y de las unidades de negocio rural, así como necesidades, desafíos, oportunidades y expectativas. Se observa en las participantes que cada una es propietaria de un negocio rural que busca superar diversas barreras personales, familiares y empresariales. Las expectativas y motivaciones de las mujeres rurales incluyen la expansión de la comercialización de sus productos, la búsqueda de mercados estables para sus productos, el acceso a proyectos de vivienda, la facilidad para que sus hijos ingresen en la universidad y la mejora de las condiciones de vida.

Respecto a las necesidades de formación y capacitación de las mujeres rurales se observa que para mejorar los conocimientos y habilidades en el emprendimiento rural y asegurar su consolidación a largo plazo, las emprendedoras rurales requieren asesoramiento y acompañamiento continuo de expertos para abordar factores como la falta de un plan de negocios, la insuficiencia de capital, y el uso inadecuado de recursos financieros (Peña y Herrera, 2016; Pérez, 2021). Las perspectivas de formación en el ámbito empresarial y organizacional se enfocan en promover el conocimiento desde la formulación de programas de capacitación vocacional para mujeres rurales, con el fin de crear emprendimientos rurales sostenibles en línea a través del uso de plataformas virtuales y redes sociales. Existe interés en capacitarse en áreas relacionadas con la comercialización y transformación de los productos, conocimientos en contabilidad, mercados internacionales, liderazgo y la diversificación de los productos para otros usos. Es necesario desarrollar habilidades empresariales, actitudes hacia el emprendimiento, motivación y autoeficacia en el emprendimiento rural (Koyana y Mason, 2017; Rahabhi et al., 2022).

6. REFERENCIAS

Acevedo-Osorio, A. y Schneider, S. (2020). Agricultura Campesina, Familiar y Comunitaria: una perspectiva renovada del campesinado para la construcción de paz en Colombia. *Revista Luna Azul,* (50), 132-155. https://doi.org/10.17151/luaz.2020.50.7

Baena Paz, G. (2017). *Metodología de la investigación*. Grupo Editorial Patria.

Bedoya-Dorado, C., Castro-Peña, M. y Hoyos-Bravo, A. (2020). El emprendimiento rural en la construcción de paz: análisis de la (des)articulación en el Valle del Cauca, Colombia. *Opera*, (27), 91–117. https://doi.org/10.18601/16578651.n27.05.

Candamil Pineda, E. M. y Grajales S. G. M. (1998). Comportamiento Humano. https://1library.co/document/zgx6278q-candamil.html

Departamento Nacional de Planeación [DNP]. (2017,15 de julio). Lineamientos de Política Pública para la Asociatividad Rural: Rutas para la asociatividad rural. https://www.dnp.gov.co/

Departamento Nacional de Planeación [DNP]. (2015). El campo colombiano: Un camino hacia el bienestar y la paz. Misión para la transformación del campo. https://shre.ink/lo0Q

Dias, C. S. L., Rodrigues, R. G. y Ferreira J. J. (2019). What's new in the research on agricultural entrepreneurship? *Journal of Rural Studies*, 65, 99–115. https://doi.org/10.1016/j.jrurstud.2018.11.003

Fuster, D. (2019). Investigación cualitativa: Método fenomenológico hermenéutico. *Propósitos y Representaciones*, 7(1), 201-229. Doi: http://dx.doi.org/10.20511/pyr2019.v7n1.26

González, A. (2019). *Desarrollo Organizacional de la "A a la Z"*. PACJ. https://acortar.link/Xs5IyQ

González, L. J. V. (2023). Caracterización y sostenibilidad del emprendimiento social rural en agronegocios asociativos del sur de Nariño. *Tendencias, 24*(1), 50-78. https://doi.org/10.22267/rtend.222302.215

Hernández Sampieri, R., Fernández Collado, C. y Baptista Lucio, P. (2014). *Metodología de la Investigación.* Sexta Edición. Editorial McGraw-Hill. https://acortar.link/4hqOE

Iglesias, E. L., Areiza, C. D., Rangel, A. P. y Marín, S. (2015). Caracterización de dos experiencias exitosas de negocios inclusivos en Colombia. *Civilizar: Ciencias Sociales y Humanas, 15*(28), 197–212. https://doi.org/10.22518/16578953.288

Informe Global sobre Desplazamiento 2022. (2022, mayo 19). Unidad para las Víctimas. https://acortar.link/VVJG83

Jurado-Paz, I. (2022). Emprendimiento rural como estrategia de desarrollo territorial: una revisión documental. *Económicas CUC, 43*(1), 257–280. https://doi.org/10.17981/econcuc.43.1.2022.Org.7

Koyana, S. y Mason, R. B. (2017). Emprendimiento rural y transformación: el papel de los aprendizajes. *International Journal of Entrepreneurial Behavior &* Research, *3*(5), 734-751. https://doi.org/10.1108/IJEBR-07-2016-0207

McElwee, G. (2006). Farmers as entrepreneurs: developing competitive skills. *Journal of developmental entrepreneurship, 11*(03), 187-206.

Mahesh, V., Rao, PVR, Kiran, K. y Condoor, S. (2020). Parques tecnológicos para mujeres: una solución novedosa para el emprendimiento y el empoderamiento de las mujeres a través de tecnologías específicas de la ubicación y la utilización de materiales de desecho. Serie de conferencias IOP. *Ciencia e ingeniería de materiales, 872*(1), 012018. https://doi.org/10.1088/1757-899x/872/1/012018

Manen, M. V. (2003). Investigación educativa y experiencia vivida: ciencia humana para una pedagogía de la acción y la sensibilidad. https://acortar.link/9sVOcE

Martínez Daza, M. A., Valencia Quecano, L. I., Grillo Torres, C. M., Benítez Urbano, O. J., y Agudelo López, E. (2022). Agricultura familiar, gestión administrativa y desarrollo organizacional: Caso, caficultores de cafés especiales, origen Cauca. *Economía & Negocios*, 4(2), 36–56. https://doi.org/10.33326/27086062.2022.2.1392

Martínez-Campillo, A., Sierra-Fernández, M. del P., & Fernández-Santos, Y. (2019). Aprendizaje-servicio para el emprendimiento sostenible en áreas rurales: ¿cuál es su impacto global en los estudiantes universitarios de negocios? *Sustentabilidad, 11*(19), 5296. https://doi.org/10.3390/su11195296

Ministerio de Agricultura (2017). Lineamientos estratégicos de política pública Agricultura Campesina, Familiar y Comunitaria ACFC. Ministerio de Agricultura. https://www.minagricultura.gov.co/Documents/lineamientos-acfc.pdf

Ministerio de Justicia [Minjusticia]. (2019). Séptimo informe sobre la implementación de la ley de víctimas y restitución de tierras 2019-2020. https://acortar.link/FkrrIf

Mukhopadhyay, Boidurjo Rick. (2020). 'Women power' in renewable energy: The role of nested institutions in vocational training of solar energy entrepreneurs in India. *Journal Women's Entrepreneurship and Education*, (3-4), 123-145. https://doi.org/10.28934/jwee20.34.pp123-145

Ochoa Taborda, M. F., Polania Paredes, D. A., y Vargas García, L. M. (2017). Factores que afectan la competitividad en las MIPYMES de servicios en el municipio de Palmira-Valle del Cauca. *Departamento de Ciencias Sociales*. https://repositorio.unal.edu.co/handle/unal/69366

Patton, M. Q. (2014). Qualitative research & evaluation methods: Integrating theory and practice. *Sage Publications*. https://study.sagepub.com/patton4e

Peña, B. I. M., & Herrera, L. K. D. (2016). Cooperation Experience within Business Comprehensive Accompaniment as Contribution to the Reintegration Process in the Post-conflict Process. *Panorama, 10*(18), 67+. https://acortar.link/Rgyk36

Pérez, L. R. (2021). Políticas educativas para el emprendimiento rural en Colombia. *Reflexión Política, 23*(47), 60–72. https://doi.org/10.29375/01240781.4098

Programa de las Naciones Unidas para el Desarrollo [PNUD]. (2011). Colombia rural. Razones para la esperanza. Informe Nacional de Desarrollo Humano. https://acortar.link/Vyt39M

Rahabhi Mashapure, Brighton Nyagadza, Lovemore Chikazhe, Nothando Msipa, Grace Kuda Portia Ngorora & Aaram Gwiza (2022) Desafíos que obstaculizan la sostenibilidad del espíritu empresarial de las mujeres en los medios de vida rurales: Caso de la provincia de Manicaland, *Cogent Social Sciences, 8*(1), 2132675, https://doi.org/10.1080/23311886.2022.2132675

Resolución 464/2017, de 29 de diciembre, por la cual se adoptan los lineamientos estratégicos de política pública para la Agricultura Campesina, Familiar y Comunitaria. Ministerio de Agricultura y Desarrollo Rural. https://acortar.link/EnpKNk

Shahid, M. (2016). A Policy Framework for Social Entrepreneurship in India. *Journal of Business and Management, 18(*9), 30-43 https://acortar.link/BdvZmN

Sistema de Información de Actividades Económicas Informacionales [SIECI]. (2023, 09 de junio). Propuesta Resolución "Por la cual se reglamenta la construcción y operación del Sistema de Información de Actividades Económicas Informales" https://acortar.link/wkXGBv

Smith, J. A. & Osborn, M. (2008). Interpretative Phenomenological Analysis. In J. Smith. (Ed.), Qualitative Psychology: A Practical Guide to Research Methods (pp. 53-80).

Sociedad de Agricultores de Colombia - SAC. (2013). Institucional: Una mirada desde el Incoder de asociatividad para el desarrollo rural. *Revista Nacional de Agricultura*, 958, 32-36.

Usman, H., & Projo, N. W. K. (2021). Encouraging Entrepreneurship for People with Disabilities in Indonesia: The United Nations' 'Leave No One Behind' Promise. *Journal of Population and Social Studies* [JPSS], 29(-), 195–206. Retrieved from https://so03.tci-thaijo.org/index.php/jpss/article/view/244717

Velasco, R., Ordoñez, C., y Restrepo, M. (2021). El Emprendimiento social en Colombia. Un Enfoque para el Desarrollo Empresarial. *INNpulsa Colombia*. https://1library.co/document/zwvlr4lv-emprendimiento-social-en-colombia.html

CARACTERIZACIÓN TÉCNICO-ECONÓMICA Y RENTABILIDAD DE LA PATATA TEMPRANA EN LA COMARCA DEL CAMPO DE CARTAGENA

David Martínez Granados[1], José Jiménez Meca[2] y Javier Calatrava Leyva[3]

El presente texto nace en el marco de un proyecto H2020-SFS-2018-2 de la UPCT, "SoilDiverAgro".

1. INTRODUCCIÓN

La patata es una especie herbácea que pertenece al género *Solanum* de la familia de la solanáceas (Bohs y Olmstead, 1999). El género *Solanum L.* (*Solanaceae*) fue definido por Tourmefort en 1694 y validado por Linneo en 1753 (Sobrino y Díaz, 1992). Las primeras variedades de patata de las que se tienen registros datan de hace 13.000 años en la costa chilena, donde se cultivaban abundantes especies, y para muchos campesinos representaba el principal sustento disponible (Alonso, 2017). Durante el siglo XIX, se empezó a cultivar la patata en Europa de forma intensiva, sustituyendo el consumo animal por el humano. Debido a la gran adaptabilidad del cultivo al clima, aumentó su consumo, por lo que aparecieron nuevas variedades más productivas (Bartolomé *et al.*, 2014). En la actualidad, a nivel mundial, España está entre los cuarenta y cinco países con más superficie de cultivo de patata. En el año 2021, la superficie cultivada fue de 63.280 ha, lo que representa el 0,35% del total de superficie de patata a nivel mundial. China es el país con mayor superficie cultivada (5,78 Mha, 31,88% de la superficie mundial de cultivo de patata), seguido de la India y Ucrania con 2,25 y 1,28 Mha, respectivamente (Datos estadístico de la Organización para la Alimentación y la Agricultura [FAOSTAT], 2021). En cuanto a la producción, la patata es el sexto cultivo más cultivado del mundo, solo por detrás del azúcar de caña, maíz, arroz, trigo y aceite de palma. Los países con mayor superficie son también los mayores productores con casi 170 Mt, lo que supone un 45% de la producción mundial, situándose España entre los 30 países más productores con 2 Mt (FAOSTAT, 2021). En la última década, en España, la superficie de patata cultivada ha sufrido una reducción en torno al 16% (Ministerio de Agricultura, Pesca y Alimentación, [MAPA], 2021a) que puede ser debida a la falta de competitividad frente a otros países de la UE como Francia, que tiene una gran capacidad organizativa y productiva, generando disponibilidad del producto todo el año.

1. Universidad de Castilla La Mancha (España)
2. Universidad Politécnica de Cartagena (España)
3. Universidad de Córdoba (España)

La Región de Murcia es la cuarta C. A. con mayor superficie cultivada y producción de patata con 4.676 ha y 176.904 t (un 7,40% y 8,50% del total nacional, respectivamente) en el año 2021, siendo la comarca del Campo de Cartagena la más representativa, aglutinando más de la mitad de la superficie total regional destinada al cultivo de patata con 2.584 ha (Centro Regional de Estadística de Murcia [CREM], 2021).

A diferencia de lo que ocurre a nivel nacional, en la Región de Murcia la superficie y producción de patata han evolucionado en los últimos años siguiendo una tendencia creciente, aumentando significativamente entre el año 2013 y 2014. En el año 2011 la superficie de patata fue de 2.317 ha, mientras que en año 2021 la superficie se ha duplicado, debido, en gran parte, al cultivo en grandes parcelas en el Campo de Cartagena, en detrimento de otras zonas de la Región (García, 2020). Paralelamente, la producción también ha experimentado cambios importantes, pasando de 96.268 a 175.017 t, o lo que es lo mismo aumentando un 81% (CREM, 2021). A pesar de esta evolución, actualmente, el sector de la patata en la Región de Murcia se encuentra en medio de la peor crisis de los últimos años. Los productores de la zona sufren un incumplimiento generalizado de los contratos pactados por los compradores, y el precio que se contrata no cubre los costes de producción. El origen de esta crisis de precios se encuentra en la agresiva política comercial de las grandes superficies para adquirir la mercancía al menor precio posible, sumado a la gran volatilidad de los precios. Este escenario provoca que los productores finalmente, y presionados por el carácter perecedero del cultivo, se vean obligados a bajar los precios de venta para minimizar las pérdidas, vendiendo el producto a precios que no cubren los costes de producción. En este contexto, se justifica este trabajo por la importancia de conocer la rentabilidad y productividad del cultivo de patata temprana del Campo de Cartagena, así como de los principales factores de producción, y conocer la sensibilidad de la rentabilidad a cambios en el precio de venta.

2. OBJETIVOS

La agricultura se enfrenta a cambios a nivel mundial y como consecuencia de la globalización, debe ser más productiva y competitiva. Los países han tenido que implementar medidas técnicas y económicas para hacer más competitivos sus productos. Este contexto, hace necesario que se deban mantener actualizados los flujos de información, incluyendo los costes de producción. De esta manera los productores dispondrán de herramientas útiles para obtener la máxima eficiencia de los recursos. Ante un escenario de precios percibidos por los agricultores bajos, los costes de producción representan una herramienta de información transcendente, ya que son la base sobre la que se fundamenta la planificación y toma de decisiones para la preparación de la campaña. En este sentido, los principales objetivos de este trabajo son: Realizar una caracterización técnico-económica de un ciclo de cultivo estándar de patata temprana en la comarca del Campo de Cartagena; Evaluar el nivel que representan los costes de los diferentes inputs con respecto al total de costes de producción y la productividad y rentabilidad de los principales factores de producción. Y, por último, conocer el nivel de rentabilidad que es capaz de alcanzar el cultivo, así como evaluar la sensibilidad de esta a cambios en los precios de venta.

3. MARCO TEÓRICO

En la literatura, existen multitud de trabajos que calculan los costes de producción de la patata. Algunos autores realizan un análisis coste-beneficio del cultivo o de algunos factores de producción o la implementación de nuevas tecnologías para determinar los riesgos del ataque de plagas y así optimizar la aplicación de los tratamientos que reduzcan las dosis de los pesticidas, o el uso de tecnología para aumentar el tiempo de almacenaje de las patatas (Marcomini *et al*, 2019; Cai *et al.*, 2019; Greenway *et al.*, 2021; Lepcha *et al.*, 2021). Así mismo, existen trabajos centrados en la minimización de los costes de producción de patatas para siembra (Tufa *et al.*, 2013). Otros autores se centran en la obtención de la proporcionalidad sobre los costes totales de los diferentes inputs que se aportan al cultivo, en algunos casos partiendo de una detallada caracterización del cultivo (Fernández, 2012; García, 2020; Altintas *et al.*, 2021). En este ámbito, también se han realizado numerosos trabajos en los que se evalúa la rentabilidad del cultivo, en algunos comparando el cultivo convencional y el ecológico (Lavrov, 2008; Lepcha *et al.*, 2021; Zahed *et al.*,2022), o bien con diferentes sistemas de riego y diferentes técnicas de cultivo (Matović, 2016; Zahed *et al.*, 2022). Otros trabajos evalúan los impactos sobre la rentabilidad de alguna práctica cultural o del uso de inputs de producción como fertilizantes, bioestimulantes, herbicidas, etc. (Sarkar *et al.*, 2018; Mystkowska *et al.*, 2022). Sin embargo, y pese a la cantidad de trabajos que se han publicado, la importancia de este trabajo reside en que es inédito en la zona de estudio, no habiéndose encontrado trabajos que calculen los costes de producción a raíz de una detallada caracterización del cultivo en la comarca del Campo de Cartagena. Existe algún trabajo que obtiene los costes de producción del cultivo en la Región de Murcia (García, 2020), pero no se evalúa la productividad y rentabilidad de los principales factores de producción ni se analiza la sensibilidad de la rentabilidad a cambios en el precio de venta del cultivo, como se hace en el presente trabajo en la comarca del Campo de Cartagena.

4. METODOLOGÍA

Para calcular los costes variables y los indicadores económicos de los factores de producción, y la rentabilidad del cultivo, se parte de una caracterización técnico-económica del cultivo que se elabora a partir de información primaria obtenida de entrevistas a especialistas en el cultivo. Estas consultas, además, han permitido obtener información que permite definir la estructura y orientación productiva y caracterización de una explotación tipo, necesaria para el cálculo de los costes fijos. El ciclo productivo que se ha usado en este trabajo es el que cubre un ciclo natural del cultivo, que va de diciembre a junio, y así poder acotar más los cálculos a la realidad (Ballesteros, 2000).

Se ha utilizado la metodología de la FAO, para el cálculo de las necesidades reales de riego en la zona de estudio, como $ET=[(ET_0*kc)-Pe]/Ef$. Dónde ET son las necesidades reales de riego, ET_0 es la evapotranspiración de referencia, kc es el coeficiente de cultivo, Pe es la precipitación efectiva y Ef es el coeficiente de aplicación efectiva (Organización de las Naciones Unidas para la Alimentación y la Agricultura [FAO], 2006). Para los datos de ET_0 y Pe se ha usado la serie semanal 2012-2021, obtenida de la estación agrometeorológica de La Aljorra (Ministerio de Agricultura, Pesca y Alimentación [MAPA], 2021b) y se ha diseñado un sistema de riego localizado con una Ef. del 90-95% (Organización de las Naciones Unidas para la Alimentación y la Agricultura [FAO], 2001).

A partir de la caracterización técnico-económica, se ha construido la estructura de costes diferenciándolos en costes variables, que se componen de los costes de insumos que se incorporan al cultivo a lo largo del ciclo y los costes fijos que se atribuyen indirectamente al proceso productivo (Ballestero, 2000). Los costes de las patatas para siembra, fertilizantes, fitosanitarios y uso de la maquinaria se han obtenido de consultas a técnicos, agricultores y casas comerciales. Los costes del agua se han calculado con el precio medio en la zona de estudio (Comunidad de Regantes del Campo de Cartagena [CRCC], 2021), y el coste de la energía consumida durante el riego, considerando la tarifa media del Kw/h (Oficina Europea de Estadística [EUROSTAT], 2020). Para los costes horarios de la mano de obra se ha recurrido al convenio colectivo (Resolución 7828 [CARM, 2019]. Por la que se dispone la inscripción en el registro y publicación del acuerdo de tabla salarial para el año 2019 del convenio colectivo del Sector Agrícola, Forestal y Pecuario. 17 de diciembre de 2019) y se ha tenido en cuenta los seguros sociales del Régimen General de la Seguridad Social (Ministerio de Inclusión, Seguridad Social y Migraciones [MISSM], 2021). Los cánones de arrendamiento se han obtenido de la Encuesta de Cánones de Arrendamiento Rústico 2020 (Ministerio de Agricultura, Pesca y Alimentación [MAPA], 2020). Los costes de amortización y conservación de la maquinaria se han calculado usando la metodología de la Plataforma para el Conocimiento para el Medio Rural y Pesquero (Ministerio de Agricultura, Pesca y Alimentación [MAPA], 2021c) y partiendo de la opinión de los técnicos especialistas que ha servido para diseñar un conjunto de maquinaria necesaria para llevar a cabo un ciclo de cultivo estándar. Las amortizaciones del sistema de riego se han calculado partiendo del diseño de una explotación tipo, utilizando los costes de referencia y estadísticas oficiales (Orden 11783 [CARM, 2015]. Por la que se establecen las bases reguladoras de las ayudas destinadas a los jóvenes agricultores para la creación de empresas agrarias y la inversión de sus explotaciones en el marco del programa de desarrollo rural de la Región de Murcia 2014-2020, y se aprueba la convocatoria correspondiente al año 2015 de las citadas líneas de ayuda). Los rendimientos del cultivo toman como base la serie de rendimientos 2012-2021, obtenidos de las consultas a explotaciones en la zona de estudio. Así mismo, los precios de venta se obtuvieron de manera similar, y teniendo en cuenta una serie de precios de venta anuales de 2012-2021. Por último, se ha seguido la metodología de producción agraria y del margen de explotación (Segura *et al.*, 2006) para calcular los indicadores económicos de rentabilidad. El margen neto se ha calculado como la diferencia entre los ingresos brutos, los costes variables, costes indirectos pagados y los costes de amortizaciones, y para calcular el beneficio se le ha descontado al margen neto los costes indirectos no pagados, que incluyen la renta de la tierra.

5. RESULTADOS

5.1. Caracterización técnico-económica del ciclo de cultivo

Se presenta a continuación la caracterización técnico-económica para un ciclo estándar de patata temprana, con la información de las labores del cultivo y sus costes asociados (tabla 1). En primer lugar, en el mes de diciembre es necesario realizar una serie de labores de preparación del terreno para el cultivo, que habitualmente se realizan con un tractor y el apero correspondiente en cada caso. Posteriormente se incorpora el estiércol y el abonado de fondo y se realiza el troceado de las patatas que se usarán en la siembra. El diseño del ciclo estándar consta de una densidad de 3 tallos por tubérculo y un marco de plantación de 1 m entre caballones y 0,40 m entre plantas. En el mes de enero, se suele aplicar algún tratamiento herbicida de pre y postemergencia para eliminar la competencia con las malas hierbas en las primeras fases fenológicas. En febrero, se realiza la instalación del sistema de riego y algún tratamiento herbicida más. Las labores de fertirrigación y tratamientos fitosanitarios se realizan de forma constante durante los meses de febrero a junio. El número de aplicaciones dependerá del criterio del técnico responsable o el agricultor y la incidencia de algún problema en el cultivo.

En cuanto a la fertilización, se necesita una planificación óptima, que contribuya a obtener un crecimiento y una salud adecuados de las plantas, y que permita maximizar la producción. Las características del suelo, parámetros y condiciones ambientales son factores a tener en cuenta. Es aconsejable hacer un análisis fisicoquímico del terreno, previo a las labores de fertilización. El pH del suelo óptimo para el cultivo es de 6-7 (Oltra et al., 2006) aunque se puede adaptar a niveles superiores obteniendo unos rendimientos adecuados. Además, el contenido ideal de arcillas debe ser de un 20%, y es preferible que haya una buena permeabilidad. También es necesario tener en cuenta la radiación interceptada de la que va a depender posteriormente la cantidad de materia seca por planta (Alonso, 2017). Si se quiere conseguir un adecuado crecimiento de los tubérculos, es necesario el aporte de macronutrientes (N, P, K, Mn, y Ca) y pequeñas cantidades de micronutrientes tales como el cinc, azufre o boro (Cabello, 2018). La dosis a aplicar dependerá, por un lado, de la riqueza del producto y por otro del contenido de nutrientes presentes en el suelo. La fertilización empieza antes de la siembra, aplicando un abonado orgánico y mineral en diciembre-enero, que contienen NPK y pequeñas cantidades de microelementos. Las necesidades de NPK se determinan teniendo en cuenta las características de la plantación (marco de plantación, variedad a cultivar, producción esperada, suelo, disponibilidad de agua, etc.), no sobrepasando las unidades de fertilizantes máximas permitidas. El estiércol o compost pueden mejorar las condiciones físicas del terreno y ayudan al buen desarrollo y crecimiento de las patatas. En suelos pobres en materia orgánica, es aconsejable aportarla en diferentes formas (gallinaza, compost, abonos verdes, etc.). Habitualmente se suele realizar un abonado orgánico de fondo con 8.000 kg/ha de estiércol, preferiblemente de gallinaza y 300 kg/ha de NPK (0-52-14). Así mismo, a lo largo del ciclo se irá realizando la fertilización a través de la fertirrigación. Según los técnicos que se han consultado, las necesidades nutricionales de la patata se pueden cubrir con el aporte de 157,5 U.F de N/ha, 67,5 U.F de P/ha, 270 U. F de K/ha, para un rendimiento esperado de unas 45 t/ha.

El número de tratamientos fitosanitarios dependerá de la necesidad de realizarlos. En la zona de estudio, se hacen tratamientos contra Alternaria, Mildiu, pulgones, orugas y escarabajos, que suelen ser las plagas y enfermedades que afectan al cultivo. En junio, durante la maduración del tubérculo se interrumpe el riego para eliminar la parte aérea y favorecer el crecimiento de la piel y engorde de los tubérculos. En ocasiones, se realiza un tratamiento de precosecha con herbicidas desecantes que facilita la cosecha una vez concluido el ciclo vegetativo de la planta. Finalmente, se termina con la cosecha que se realiza con una arrancadora de patatas y estas son recogidas manualmente en sacas de 1.000 kg de capacidad, con una estimación de recogida de 280 kg/h y peón.

Labor	€/ha	%
Preparación del terreno: Desterronado (3 h tractor + cultivador x 17,62 €/h + 3 h tractorista x 10,98 €/h)	85,81	0,93
Preparación del terreno: Labor de alzar (3 h tractor + grada de disco x 17,62 €/h + 3 h tractorista x 10,98 €/h)	85,81	0,93
Preparación del terreno: Desterronado (4 h tractor + rotocultivador x 21,95 €/h + 4 h tractorista x 10,98 €/h)	131,75	1,43
Preparación del terreno: Aporcado (3,5 h tractor + aporcadora x 17,62 €/h + 3,5 h tractorista x 10,98 €/h)	100,11	1,09
Preparación terreno: Acaballonado (2,5 h tractor + acaballonadora x 17,62 €/h + 2,5 h tractorista x 10,98 €/h)	71,51	0,78

Trocear patatas para siembra (17 h peón x 9,91 €/h + 2.000 kg patatas x 0,88 €/kg)	1.928,47	20,98
Aplicación enmienda orgánica (1 h tractor + remolque esparcidor x 19,84 €/h + 2 h tractorista x 10,98 €/h + 256 € estiércol)	297,80	3,24
Abonado de fondo (1 h tractor + abonadora x 12,71 €/h + 1 ,5h tractorista x 10,98 €/h + 157,50 € fertilizantes)	186,68	2,03
Siembra (4 h tractor + sembradora x 17,62 €/h + 4,5 h tractorista x 10,98 €/h)	119,90	1,30
Instalación sistema de riego (1,5 h tractor + enrollador mangas x 9,53 €/h + 2 h tractorista x 10,98 €/h + 8 h peón x 9,91 €/h)	115,54	1,26
Tratamientos herbicidas (4) (4 h tractor + pulverizador x 12,71 €/h +6 h fumigador x 11,56 €/h + 114,94 € herbicida)	235,14	2,56
Tratamientos fitosanitarios (13) (17 h tractor + pulverizador x 12,71 €/h + 25,5 h fumigador x 11,56 €/h + 230,86€ fitosanitarios	741,71	8,07
Fertirrigación (26) (39 h especialista de riego x 11,56 €/h + 3.808,55 m3/ha x 0,3422 €/m3 + 107,31 € energía + 1.483,13 € fertilizantes	3.344,57	36,39
Cosecha (4 h tractor + arrancadora patatas x 17,62 €/h + 4 h tractorista x 13,13 €/h + 143 h peón x 9,91 €/h + 17,90 € sacas)	1.558,03	16,95
Desinstalación sistema de riego (1,5 h tractor + enrollador de mangas 9,53 €/h + 2 h tractorista x 10,98 €/h + 8 h peón x 9,91 €/h)	115,54	1,26

Tabla 1. Labores y costes asociados a lo largo de un ciclo de cultivo de patata temprana. Fuente: Elaboración propia a partir de la información primaria obtenida de entrevistas a agricultores y técnicos especialistas en el cultivo en la zona de estudio y consultas a casas comerciales, CARM, 2015, 2019; CRCC, 2021; EUROSTAT, 2020; FAO, 2001, 2006; MAPA, 2021b; MISSM, 2021.

5.2. Análisis de costes totales de producción y rentabilidad del ciclo de cultivo

La estructura de costes (tabla 2) se ha elaborado a partir de los datos de la caracterización técnica-económica (tabla 1). Lo que se representa son los costes medios para un ciclo de cultivo estándar de patata temprana en la comarca del Campo de Cartagena. Se puede observar que los costes variables, resultado del sumatorio de las partidas económicas de los costes de las materias primas, los costes de riego, los costes de la maquinaria y los de la mano de obra asciende a los 9.713,98 €/ha. Los costes fijos como resultado del diseño de una explotación tipo compuesta por todo lo necesario para llevar a cabo el cultivo, se sitúan ligeramente por debajo de los 2.000 €/ha.

Rendimiento (Kg/ha)	42.744,25
Total costes variables (€/ha)	9.713,98
Coste materias primas (€/kg)	4.020,34
Coste del riego (€/ha)	1.534,59
Coste uso maquinaria (€/ha)	1.162,45
Coste mano de obra (€/ha)	2.996,60
Costes fijos (€/ha)	1.955,54
Costes indirectos pagados (€/ha)	301,35
Amortizaciones (€/ha)	803,59
Otros Costes indirectos no pagados (€/ha)	850,60

Costes totales de producción (€/ha)	11.669,52
Coste medio producción (€/kg)	0,27
Precio medio de venta (€/kg)	0,30
Margen neto (€/ha)	2.004,36
Beneficio (€/ha)	1.153,76
Umbral de rentabilidad (Kg/ha)	26.883,29
Cantidad total de agua aplicada (m3/ha)	3.808,55
Horas totales trabajadas (h/ha)	281,00
Productividad factor agua (€/m3)	3,37
Rentabilidad factor agua (€/m3)	0,53
Productividad mano de obra (€/h)	45,63
Rentabilidad mano de obra (€/h)	7,13

Tabla 2. Costes de producción, productividad y rentabilidad de un ciclo de cultivo de patata temprana. Fuente: Elaboración propia.

Así mismo, los costes totales medios ascienden por encima de los 11.600 €/ha. Con los rendimientos y los costes medios considerados, se obtiene un coste medio unitario de producción de 0,27 €/kg, lo que se traduce en un margen neto en torno a los 2.000 €/ha.

5.3. Análisis de sensibilidad de la rentabilidad a cambios en el precio de venta

Para llevar a cabo el análisis de la evolución de la rentabilidad del cultivo de patata para diferentes niveles de precios de venta (figura 1), se toma como referencia el intervalo de precios actualizados de la serie 2012-2021, y la rentabilidad del cultivo medida en términos de beneficio. De este modo, se puede comprobar el precio exacto en el que la rentabilidad adquiere valores positivos (figura 1).

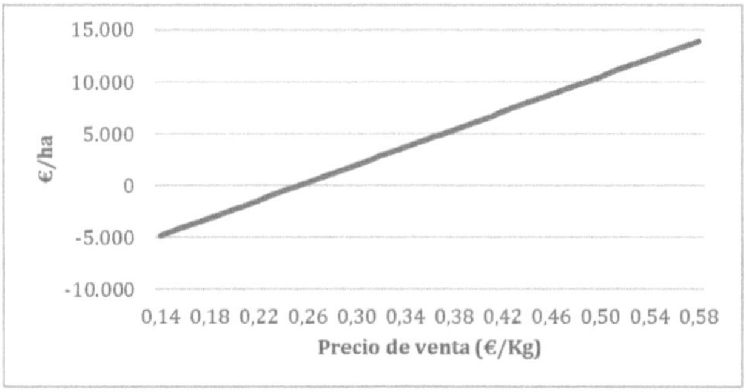

Figura 1. Evolución de la rentabilidad del cultivo de patata temprana a cambios en el precio de venta. Fuente: Elaboración propia.

A continuación, lo que se representa es la rentabilidad, medida en términos de beneficio, que se hubiera obtenido, con los precios de venta considerados de cada año actualizados, teniendo en cuenta los rendimientos medios y unos costes medios como los calculados en este estudio para un ciclo de cultivo estándar (figura 2).

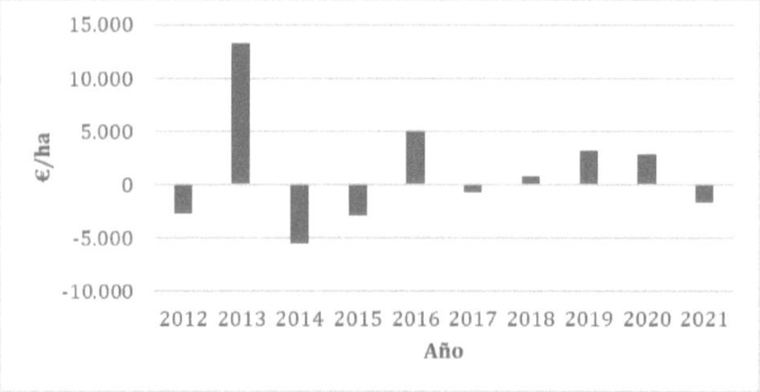

Figura 2. Rentabilidad del cultivo de patata en el período 2012-2021, con los precios medios de venta actualizados, los rendimientos medios y los costes medios de un ciclo de cultivo estándar en la comarca del Campo de Cartagena. Fuente: Elaboración propia.

6. DISCUSIÓN

Para realizar un adecuado cálculo de los costes de producción de un ciclo de cultivo, y posteriormente poder calcular la rentabilidad de dicho cultivo, así como la productividad y rentabilidad de los factores de producción, es fundamental partir de una minuciosa caracterización técnico-económica del ciclo productivo. Dicha caracterización permite elaborar no solo un itinerario técnico que recoja las operaciones y labores que más comúnmente se realizan al cultivo, sino también los costes asociados a ellas.

Los costes de las labores a largo del ciclo productivo no son baladíes, no en vano ascienden por encima de los 9.000 €/ha. Si bien es cierto, que en el ciclo hay una serie de labores que representan los mayores costes, en general, e independientemente de donde se implante el cultivo, existen labores que tienen necesidades de mano de obra elevadas, y por ende costes elevados, como las labores de trocear las patatas para siembra a la que hay que sumar el coste de las patatas y las labores de la cosecha. Concretamente, dichas labores representan aproximadamente el 21% y el 17% del total de costes asociados a las labores de cultivo. Así mismo, las labores de fertilización también conllevan un elevado coste, fundamentalmente por el aporte de los fertilizantes. Sin embargo, en la zona de estudio dichas labores conllevan un encarecimiento del coste, ocasionado por el elevado precio del agua, con respecto a otras zonas en que los precios de los recursos hídricos sean más bajos. En este sentido, dichas labores equivalen aproximadamente al 36,4% del total de costes asociados a las labores. Entre estos tres grupos de labores se alcanza el 74,34% del total de costes asociados a las labores del cultivo (tabla 1).

Los costes totales de producción del cultivo están por encima de los 11.600 €/ha con la caracterización considerada en la zona de estudio. La patata es un cultivo muy intensivo en necesidades de mano de obra, de hecho, el 25,68% de los costes totales corresponden a los costes de la mano de obra (tabla 2). Así mismo, la labor de la cosecha es la que mayor coste de mano de obra presenta, suponiendo casi el 50% del total del empleo en el ciclo productivo. Además, el coste de las patatas para siembra y los fertilizantes pueden llegar a representar casi el 35% del total de los costes variables, sin contar con la enmienda orgánica y el abonado de fondo, que dispararía estos costes hasta el 37,64% (tabla 1 y tabla 2). En la zona de estudio, existe un condicionante que repercute en el aumento de los costes de producción, el precio del agua de riego. Lo habitual en la zona de estudio es acceder a unos recursos hídricos proveniente del trasvase Tajo-Segura mezclados con agua de mar desalinizada, que encarece el precio. Para cubrir las necesidades hídricas del cultivo, el coste del agua representa casi el 14% del total de los costes variables, sin contar los costes energéticos asociados al riego (tabla 1 y tabla 2).

Si se analiza la productividad y la rentabilidad de los principales factores de producción, se observa que, con los rendimientos, costes medios de producción y precio medio de venta considerados en este trabajo, la productividad del factor agua es de 3,37 €/m^3, y la rentabilidad que alcanza es de 0,53 €/m^3. Esto quiere decir, que, por cada m^3 de agua aportada al cultivo, se obtiene en torno a medio euro de rentabilidad medida en términos de margen neto. Así mismo, la productividad y rentabilidad del empleo se sitúan en 45,63 € y 7,13 € por horas trabajadas en el ciclo de cultivo (tabla 2).

La rentabilidad del cultivo presenta cierta sensibilidad a variaciones en el precio de venta que ha de ser tenida en cuenta. Con unos rendimientos y un nivel de costes medios como los estimados, por debajo de un precio de venta de 0,27 €/kg, la producción de patata no sería rentable (tabla 2 y figura 1). El precio de 0,27 €/kg es el coste unitario medio de producción, o, dicho de otro modo, el precio mínimo por debajo del cual no debería producirse la venta del cultivo, ya que no compensaría los costes de producción. En términos de producción, el umbral de la rentabilidad se situaría en unos rendimientos mínimos de 26.883,29 kg/ha (tabla 2).

Teniendo en cuenta los rendimientos y los costes medios considerados en este estudio, y los precios de venta de la serie 2012-2021 actualizados, y analizando la rentabilidad del cultivo en la última década, se puede observar como la sensibilidad de la rentabilidad a cambios en el precio de venta, cobra mayor importancia. Así pues, con estas premisas, el cultivo no habría sido rentable en el 50% de los años de la década del 2012 al 2021. En el año 2017 se habrían obtenido rentabilidades medidas en términos de margen neto muy bajas, ligeramente por encima de los 200 €/ha, lo que se traduciría en rentabilidades negativas en términos de beneficio. En los años 2019 y 2020, en los que el precio de venta estaría ligeramente por encima de la media se obtendrían rentabilidades altas. Si bien es cierto que en el año 2013 se obtendrían rentabilidades muy altas, se debe principalmente a la subida de precios de venta que se experimentó, producida por la escasez de patata que se produjo en los principales países productores europeos, causada por las excesivas lluvias en la época de cosecha en el norte de Europa (Blanco, 2013), similar a lo ocurrido en España en 2016 (García, 2017). Dicha circunstancia, sumada a la bajada de los rendimientos que se experimentó en las principales zonas productoras de España, llegó incluso a triplicar el precio de la patata temprana en España con respecto a un año normal. En el año 2018, se obtendría una rentabilidad del mismo orden de magnitud a la obtenida en este estudio (figura 2).

7. CONCLUSIONES

En este trabajo, se ha seleccionado como zona de estudio la comarca del Campo de Cartagena, por ser la zona de cultivo de patata temprana de gran calidad, más representativa de la Región de Murcia, con un 55% del total de superficie del cultivo, y en donde se dan unos de los mayores precios del agua de riego de toda la Región. Hecho este que sirve para analizar el impacto de este factor sobre la rentabilidad del cultivo. En primer lugar, se construye una detallada caracterización técnico-económica de un ciclo de cultivo estándar de patata temprana, en la que se incluyen las labores que más comúnmente se realizan al cultivo. Esta se ha diseñado a partir de información primaria de consultas a especialistas del sector en el cultivo. La consulta bibliográfica ha servido de apoyo para dar consistencia a información primaria. Partiendo de dicha caracterización se calculan y analizan los costes de producción, la productividad y la rentabilidad del cultivo y de los principales factores de producción. Así mismo, se lleva a cabo un análisis de sensibilidad de la rentabilidad a cambios en el precio de venta.

En España, la tendencia en la superficie de cultivo ha sido decreciente en la última década, pudiendo deberse probablemente a la menor competitividad del cultivo con respecto al procedente de otros países de la UE, como Francia, que cuenta con una gran capacidad productiva y organizativa del sector, que le confiere mayor competitividad en el mercado ya que, además, su producto se encuentra disponible en los canales de distribución durante todo el año.

Los mayores costes variables son los de la mano de obra, dado que los costes de la cosecha, que habitualmente en la zona de estudio se realiza de manera manual, pueden llegar a suponer aproximadamente el 50% del total de la mano de obra empleada. El miedo a dañar los tubérculos sumado al tamaño medio de las explotaciones pueden ser los motivos que estén detrás de la decisión de cosechar manualmente. El coste del empleo en un ciclo de cultivo puede superar el 25% del total de los costes variables de producción. En orden de relevancia otras partidas económicas que suelen ser elevadas son las relativas a las materias primas, haciendo especial mención a las patatas para siembra y los fertilizantes, ya que entre ambas pueden llegar a suponer casi el 35% del total de los costes variables.

En la comarca del Campo de Cartagena, existe un condicionante añadido con respecto a otras zonas, el precio del agua. Este, que en el momento de realización de este estudio está en torno a los 0,35 €/m^3, genera un coste medio del 13,4% del total de costes variables, sin contar el coste energético vinculado al riego. Lo cual puede comprometer el nivel de rentabilidad del cultivo y contribuir a una menor competitividad con otras zonas de España y de la propia Región de Murcia, en las que el precio del agua sea menor. Con todo, los costes totales estimados en este trabajo son consistentes con los hallados para el cultivo de patata en la Región de Murcia por García (2020).

Pese a las limitaciones de este estudio, en el que no se ha tenido en cuenta el encarecimiento de los diferentes inputs de producción por la actual situación política, social y económica en Europa, todos los indicadores económicos de rentabilidad analizados presentan valores positivos. Situándose la rentabilidad media del cultivo, en términos de margen neto, ligeramente por encima de 2.000 €/ha, siendo 0,27 €/Kg el precio mínimo de venta o umbral de rentabilidad a partir del cual se cubrirían los costes y se obtendría rentabilidad.

La rentabilidad media que se ha obtenido es del mismo orden de magnitud que la hallada para el cultivo de patata en la Región de Murcia por Calatrava y Martínez-Granados (2019) Pese a ello, es obligatorio poner el acento sobre el hecho de que, teniendo en cuenta unos costes medios como los estimados en este trabajo para un ciclo de cultivo estándar de patata temprana, y los precios de venta medios de los últimos diez años, actualizados a precios del año 2021, el cultivo de patata no habría sido rentable en el 50% de las campañas de la última década.

Pese a todo, el futuro del cultivo en la zona de estudio puede ser esperanzador, ya que se iniciaron los trámites para obtener la DOP o IGP del cultivo de patata temprana de la comarca del Campo de Cartagena (La Verdad, 2021). Hecho este que podría contribuir a hacer más competitivo el cultivo y a mejorar y sostener en el tiempo la rentabilidad.

8. REFERENCIAS

Alonso Arce, F. (2017). Patata. En J.V. Maroto Borrego y C. Baixauli Soria (Eds.), *Cultivos hortícolas al aire libre* (pp. 29-60). Cajamar Caja Rural. https://n9.cl/0bvxf

Altintas, G., Altintas, A., Oruc, E. y Demir, O. (2021). Energy consumption and cost analysis for potato and onion with conventional and good agricultural practices in middle back sea region of Turkey. *Fresenius Environmental Bulletin, 30*(3), 2906-2919. https://n9.cl/qjiq0

Ballestero, E. (2000). *Economía de la empresa agraria y alimentaria*. Ediciones Mundi-Prensa.

Bartolomé García, T., Coleto Martínez, J.M. y Velázquez Otero, R. (2014). Historias de plantas I: La historia de la patata. En *La agricultura y la ganadería extremeñas* (pp. 191-205). Fundación Caja de Badajoz. https://fundacioncb.es/libros-agricultura/

Blanco, F. (7 de junio de 2013). Europa se queda sin patatas. *ABC*. https://n9.cl/pdsfv

Bohs, L. y Olmstead, R.G. (1999). Solanum phylogeny inferred from chloroplast DNA sequence data. En M. Nee., D.E. Symon., R.N. Lester y J.P. Jessop (Eds.), *Solanaceae IV* (pp. 97-110). Royal Botanic Gardens, Kew.
https://bohs.biology.utah.edu/PDFs/Bohs_and_Olmstead_1999_SolanaceaeIV.pdf

Cabello Franco, E.J. (2018). *Respuesta al riego y abonado nitrogenado del cultivo de la patata (Solanum tuberosum L.) variedad Spunta* (Trabajo fin de Grado, Universidad de Sevilla). Universidad de Sevilla. https://idus.us.es/handle/11441/89207

Cai, H.-L., Yang, Sha., Jin, Lu. y Chen, Z.-G. (2020). A cost-effective method for wet potato starch preservation based on hurdle technology. *LWT-Food Science and Technology*, 121. https://doi.org/10.1016/j.lwt.2019.108958

Calatrava, J., y Martínez-Granados, D. (2019). La productividad económica en los sistemas agrarios intensivos del Mediterráneo. En A. Garrido y A. Pérez-Pastor (Eds.). *El regadío en el Mediterráneo español. Una aproximación multidimensional* (pp 97-124). Cajamar Caja Rural. https://n9.cl/iy6ed

CARM (2015). *Orden 11783. 26 de noviembre de 2015. Región de Murcia*. BORM No 277. Región de Murcia

CARM (2019). *Resolución 7828. 12 de diciembre de 2019. Región de Murcia*. BORM No. 290. Región de Murcia

Centro Regional Estadístico de Murcia (2021). *Estadística Agraria Regional. Evolución de la superficie de las tierras de cultivo según tipo de cultivo*. Consejería de Agua, Agricultura, Ganadería, Pesca y medio Ambiente de la Región de Murcia. https://econet.carm.es/web/crem/inicio/-/crem/sicrem/PU590/sec14.html

Comunidad de Regantes del Campo de Cartagena (2021). *Memoria de actividades año 2020/2021*. Editorial Comunidad de Regantes del Campo de Cartagena, https://crcc.es/wp-content/uploads/2017/06/Memoria-2020.pdf

Organización de las Naciones Unidas para la Alimentación y la Agricultura (FAO) (2021). *Food and Agriculture Organization Corporate Statistical Database*. Organización de las Naciones Unidas para la Alimentación y la Agricultura. https://www.fao.org/faostat/es/#home

Fernández Alcáraz, J.I. (2012). Costes de cultivo de patata. *Cuaderno de Campo*, 50, 14-18. Gobierno de la Rioja, Consejería de Agricultura, Ganadería y Medio Ambiente. https://www.larioja.org/agricultura/es/publicaciones-agricultura/cuaderno-campo

García, B. (21 de enero de 2017). ¿Por qué ha subido el precio de las patatas en España? *Libremercado*. https://n9.cl/5iyeg

García García, J. (2020). *Estructura de costes de las orientaciones productivas agrícolas de la Región de Murcia: horticultura al aire libre y bajo invernadero*. Consejería de Agua, agricultura, Ganadería, Pesca y Medio Ambiente. https://n9.cl/2ir5g

Greenway, G.A. Asiseh, F. y Quaicoe, O. (2021). A cost benefit analysis of IPM decision support tools for potato psyllids in Idaho, Oregon, and Washington. *American Journal of potato Research*, 98, 122-129. https://doi.org/10.1007/s12230-021-09823-6

La Verdad (27 de mayo de 2021). Los agricultores de Cartagena inician los trámites para lograr la denominación de origen de la patata. *La Verdad*. https://n9.cl/j6jvj

Lavrov, R.V. (2008). Potato production profitability on large agricultural enterprises. *Actual Problems of Economics*, 86, 104-111.
https://www.webofscience.com/wos/woscc/full-record/WOS:000259734900014

Lepcha, N., Mankeb, P. y Suwanmaneepong, S. (2021). Productivity and profitability of organic and conventional potato (Solanum tuberosum L.) production in West-Central Bhutan. *Open Agriculture, 6*(1), 640-654. https://doi.org/10.1515/opag-2021-0044

Marcomini, G.R., Ospina Patino, M.T., Jahanguir Alam, M. y Rodrigues de Amorim, F. (2019). Lessons from a costs analysis in potato production. *Emirates Journal of Food and Agriculture, 31*(11), 857-863. https://doi.org/10.9755/ejfa.2019.v31.i11.2028

Matović, G., Broćić, Z., Djuričin, S., Gregorić, E. y Bodroža, D. (2016). Profitability assessment of potato production applying different irrigation methods. *Irrigation and Drainage, 65*(4), 502-513. https://doi.org/10.1002/ird.1983

Ministerio de Agricultura, Pesca y Alimentación (2020). *Encuesta de Cánones de Arrendamiento Rústico 2019 (Base 2016)*. Gobierno de España. https://www.mapa.gob.es/es/estadistica/temas/estadisticas-agrarias/

Ministerio de Agricultura, Pesca y Alimentación (2021a). *Anuario de Estadística*. Gobierno de España. https://www.mapa.gob.es/es/estadistica/temas/publicaciones/

Ministerio de Agricultura, Pesca y Alimentación (2021b). *Sistema de Información Agroclimática para el Regadío (SiAR)*. Gobierno de España. https://servicio.mapa.gob.es/websiar/

Ministerio de Agricultura, Pesca y Alimentación (2021c). *Plataforma de conocimiento para el medio rural y pesquero*. Observatorio de tecnologías probadas. Gobierno de España. https://n9.cl/mi6x2

Ministerio de Inclusión, Seguridad Social y Migraciones (2021). *Bases y tipos de cotización de la Seguridad Social*. Gobierno de España. https://n9.cl/0scz4

Mystkowska, I., Zarzecka, K., Gugala, M. y Sikorska, A. (2022). Profitability of using herbicide and herbicide with biostimulators in potato production. *Journal of Ecological Engineering, 23*(4), 223-227. https://doi.org/10.12911/22998993/146687

Oficina Europea de Estadística (2020). *Electricity prices components for non-household consumers*. https://ec.europa.eu/eurostat/web/products-datasets/-/nrg_pc_205_c

Oltra, M.A., Garmendia, I., Llopis, Alejandra. y Mangas, V.J. (2006). Óptima fertilización para un alto rendimiento de patata (*Solanum tuberosum* L.). En C. Lamsfus Arrien., P.M. Aparicio Tejo., C. Arrese-Igor Sánchez., I. Irigoyen Iriarte. y J.F. Morán Juez (Eds.), *Nutrición Mineral Aspectos fisiológicos, agronómicos y ambientales* (Vol. 2) (pp 375-381). Universidad Pública de Navarra. http://hdl.handle.net/10045/4334

Organización de las Naciones Unidas para la Alimentación y la Agricultura (2006). *Evapotranspiración del cultivo. Guías para la determinación de los requerimientos de agua de los cultivos*. Estudio FAO Riego y Drenaje nº 56, Editorial FAO, https://www.fao.org/3/x0490s/x0490s.pdf

Organización de las Naciones Unidas para la Alimentación y la Agricultura (2001). *Manual nº 4: riego parcelario.* Editorial Ministerio de Agricultura y Riego. Dirección General de Infraestructura Agraria y Riego, https://www.fao.org/family-farming/detail/es/c/286387/

Sarkar, S., Banerjee, H., Chakraborty, I., Sau, S., Ray, K., Ghosh, D. y Deb, P. (2017). Assessment of growth, yield, tuber quality and profitability of potato upon boron fertilization. *Journal of Environmental Biology*, 39, 365-372. http://doi.org/10.22438/jeb/39/3/MRN-610

Segura, P., García, A. y Costantini, B. (2006). *Estudio técnico-económico de los procesos de producción agrícola y de transformación (manipulación y confección) de las principales orientaciones hortofrutícolas de la Región de Murcia.* Asociación Murciana de Organizaciones de Productores Agrarios (AMOPA).

Sobrino Vesperinas, E. y Díaz de Guereñu, J.P.M. (1992). Sobre las especies "Solanum sarrachoides" Sendt. y "Solanum physalifolium" Rusby var. "nitidibaccatum" (Bitter) Edmond. Ecología y distribución en España. *Anales del Jadín Botánico de Madrid, 50*(1), 119-121. https://dialnet.unirioja.es/revista/80/A/1992

Tufa, A.H., Meuwissen, M.P.M., Lommen, W.J.M., Tsegaye, A., Struik, P.C. y Oude Lansink, A.G.J.M. (2013). Least-cost seed potato production in Ethiopia. *Potato Research*, 58, 277-300. https://doi.org/10.1007/s11540-015-9309-1

Zahed, Z., Mufti, S., Kumar, S.S., Wani, O.A., Mushtaq, F., Rasool, R., Bbu, S., Abidi, I., Gaber, A. y Hossain, A. (2022). Organic and inorganic mulches combination improves the productivity, quality and profitability of rainfed potato in the temperate Himalayan region. *Gesunde Pflanzen*, 74, 1109-1122. https://doi.org/10.1007/s10343-022-00650-1

CARACTERIZACIÓN DEL COMPROMISO ORGANIZACIONAL DEL SUCESOR EN LA EMPRESA FAMILIAR

Jorge Eduardo Mendoza-Woodman[1]

1. INTRODUCCIÓN

El proceso de sucesión en una empresa familiar implica la necesidad de dedicar atención y asignar recursos tanto al negocio como a la familia (Ahrens *et al.*, 2019; Handler, 1994). La búsqueda de futuros líderes familiares que puedan dirigir el negocio es decisiva, pero esta necesidad no solo está limitada a la disponibilidad de personas: es fundamental que estos futuros gestores posean el compromiso necesario para administrar los intereses de los stakeholders del negocio, con el objetivo de garantizar la sostenibilidad tanto de la empresa familiar como de la propia familia (Sherlock *et al.*, 2022; Venter *et al.*, 2005).

Diversas investigaciones sobre sobre el compromiso organizacional destacan la relevancia de este concepto en la administración, ya que se considera un indicador para predecir la retención de empleados, así como de su nivel de productividad y satisfacción laboral (Al-Jabari y Ghazzawi, 2019). Asimismo, investigaciones sobre el compromiso en las empresas familiares revelan que la falta de este en el sucesor representa un riesgo para las relaciones sociales existentes, así como para la continuidad de la inversión de recursos y tiempo en el futuro del negocio familiar (Ahrens *et al.*, 2019; Kandade *et al.*, 2020).

Además, se reconoce que existe un vínculo entre la identificación del sucesor con el negocio familiar y su elección de carrera profesional, lo cual tendría un impacto positivo en su compromiso, sin embargo, no se comprende completamente cómo se desarrolla esta relación, aunque se asume que se logra a través de mecanismos informales dentro del entorno familiar (Bloemen-Bekx *et al.*, 2019), y se ha observado que la participación temprana de los sucesores en la empresa permite que se identifiquen de manera más profunda con la misma, además de promover su crecimiento y una eventual profesionalización y formalización (Bernhard y Labaki, 2021; Dawson *et al.*, 2020).

Esto implicaría que la sucesión debe comenzar simultáneamente con el desarrollo del compromiso de los posibles futuros sucesores, y mucho antes de que comience el proceso de transferencia de responsabilidades y funciones del predecesor al sucesor (Garcia *et al.*, 2019; Le Breton-Miller y Miller, 2014). El desarrollo del compromiso requiere tiempo y el nivel alcanzado puede resultar insuficiente para las necesidades del proceso de sucesión, lo que hace necesario el explorar y profundizar las acciones y condiciones que apoyarían

1. Pontificia Universidad Católica del Perú (PUCP) – Perú.

dicho desarrollo, tanto a nivel individual como organizacional, en la empresa familiar (Gagné *et al.*, 2021).

2. OBJETIVOS

La presente investigación tiene el objetivo de mostrar nuevos indicios que soporten el desarrollo del compromiso organizacional del sucesor con el negocio familiar, a partir de explorar cómo el sucesor asume su rol en la empresa familiar y de entender cómo la organización influencia en este desarrollo. Se busca dar respuestas a las preguntas ¿Qué acciones y condiciones organizacionales influyen en el desarrollo del compromiso organizacional en el sucesor de la empresa familiar? y ¿Cómo se caracteriza dicho compromiso?

3. MARCO TEÓRICO

El compromiso en el proceso de sucesión de la empresa familiar es un factor relevante para el éxito de este, además de ser considerado como uno de los elementos claves que debe estar presente en el sucesor cuando este es elegido (De Massis et al., 2008; Sharma et al., 2003) Pero ¿Cómo es que el compromiso se manifiesta en una organización? y ¿Qué diferencias existirían si esta organización es una empresa familiar?

3.1. El compromiso organizacional

Se considera al compromiso organizacional como un constructo de múltiples dimensiones, relacionadas estas con los vínculos emocionales y la conexión que tienen los empleados con su organización, las cuales influyen en su motivación, satisfacción laboral, su disposición para poner un esfuerzo adicional en su trabajo, y que tienen implicancias en su deseo de continuar en la empresa (Meyer y Herscovitch, 2001; Rashid *et al.*, 2003). Diversas investigaciones han mostrado que un empleado comprometido con su organización presenta un sentido de propósito, una mayor motivación intrínseca y una mejora en su rendimiento, capacidad de aprendizaje y de adaptación (Deci *et al.*, 2017; Tuna *et al.*, 2016). Altos niveles de compromiso se logran cuando la organización fomenta una cultura de desarrollo profesional, se práctica el liderazgo transformacional, existe mentoría hacia los empleados, y cuando estos tienen altos niveles de autonomía (Bodjrenou *et al.*, 2019).

Meyer y Allen (1990; 1991) propusieron que el compromiso organizacional es el resultado de la interacción de tres formas de compromiso, las cuales siempre están presentes y tienen efectos diferentes en la conducta del empleado al realizar su trabajo: (a) el compromiso afectivo, el cual refleja el apego emocional y su identificación e involucramiento con la organización, (b) el compromiso normativo, que abarca el sentimiento de obligación del empleado de permanecer en la organización, y (c) el compromiso de continuidad, el cual está asociado a los costos que le significan el dejar la organización. Es así entonces que el compromiso afectivo se manifiesta en los empleados a través del apego y el orgullo por pertenecer a la organización, en la sensación de satisfacción y felicidad por hacer su trabajo, en el deseo de hacer algo importante para la empresa, y en cómo todo esto se refleja en las experiencias de trabajo relevantes (Cabrera-Suárez y Martín-Santana, 2012; Meyer y Allen, 1991; Peters *et al.*, 2012).

En relación con el compromiso normativo, este se refleja en la obligación que siente el empleado en dar lo necesario, en su identificación con las normas y valores de la organización, en el nivel de sacrificio que es capaz de realizar, en la necesidad de reciprocidad por devolver a la organización, y en la sensación de culpa presente por no apoyar a la empresa (Dawson *et al.*, 2015; Meyer y Allen, 1991; Peters *et al.*, 2012).

Finalmente, el compromiso de continuidad no se refleja necesariamente en las conductas de los empleados sino en las intenciones de estos de quedarse o irse de la organización, en función de lo que les significaría el perder los beneficios por ser parte de la empresa o de la inversión en tiempo y recursos que hayan realizado durante su permanencia y que se perderían al salir (Meyer y Allen, 1991; Rautamäki y Römer-Paakkanen, 2016).

3.2. El compromiso organizacional en las empresas familiares

Diversas investigaciones muestran que el compromiso organizacional en las empresas familiares presentaría características diferentes que las no familiares. Por ejemplo, en estas el compromiso afectivo incluiría las relaciones tempranas y las experiencias de crecer en el negocio que tienen los miembros jóvenes de la familia (Peters *et al.*, 2012), de cómo estas experiencias influyeron en el desarrollo de su personalidad (Handler, 1994; Kets de Vries *et al.*, 2007), y en el grado de autonomía y satisfacción de sus necesidades personales y profesionales (Cabrera-Suárez y Martín-Santana, 2012; Ruiz Jiménez *et al.*, 2010). Con respecto al compromiso normativo, se plantea la presencia de una sensación de obligación y de responsabilidad sobre la familia antes que el negocio (Dawson *et al.*, 2015; Peters *et al.*, 2012), a la necesidad de actuar buscando la aprobación del grupo familiar (Sharma y Irving, 2005; Venter *et al.*, 2005), y al haber tenido una extensa exposición a la cultura y socialización familiar (Ruiz Jiménez *et al.*, 2010). En relación con el compromiso de continuidad, se ha propuesto que en las empresas familiares esta forma de compromiso se manifestaría de dos maneras: un compromiso calculador y un compromiso imperativo (Sharma y Irving, 2005). El compromiso calculador no solo refleja el compromiso de continuidad mencionado anteriormente, sino que incluye el costo de oportunidad de no tener ofertas laborales en otros negocios del rubro del negocio familiar, además de las inversiones realizadas y que no se pueden transferir a otras situaciones profesionales (Rautamäki y Römer-Paakkanen, 2016; Sharma y Irving, 2005); mientras que el compromiso imperativo se basa en la idea que se tiene que el negocio familiar es la única alternativa, o la menos mala de las existentes, ya sea porque los miembros familiares tienen dudas sobre su propia capacidad o porque carecen de las habilidades para trabajar fuera del ámbito familiar, y la relación que tiene esto sobre sus intenciones emprendedoras y su motivación para ser independientes (Ruiz Jiménez *et al.*, 2010; Sharma y Irving, 2005).

4. METODOLOGÍA

El objetivo y las preguntas de esta investigación sugieren un diseño exploratorio descriptivo, debido a que se busca describir un fenómeno o situación en un contexto organizacional particular (Hernández-Sampieri *et al.*, 2014), cómo es el compromiso del sucesor en la empresa familiar. Lo que se busca es brindar una interpretación de la información obtenida a partir de identificar y establecer cómo lo encontrado surge del contexto en que se ha generado, por lo que la investigación tiene un enfoque cualitativo y es de carácter intensivo, debido a que es necesario investigar el fenómeno a profundidad en varias organizaciones (Easterby-Smith *et al.*, 2015; Swanborn, 2010). Para lograr esta intensidad y profundidad se hizo uso del análisis narrativo, el cual permite vincular situaciones reales con personajes claves de la investigación a través de las historias narradas por estos (Czarniawskma, 1998; Webster y Mertova, 2007; Short y Payne, 2020). Por otro lado, se usó una estrategia de estudio de casos múltiple, lo cual permitió alcanzar una lógica replicativa, es decir, el poder hacer comparaciones entre estos buscando patrones y diferencias que permitan ampliar y analizar los conceptos emergentes en la investigación (Eisenhardt, 1989; Yin, 2009). Para tal fin se contactó a 16 empresas familiares en la ciudad de Lima, Perú, que han pasado o se encuentran en un proceso de sucesión y donde los informantes fueron miembros familiares en sus roles de predecesor y sucesor (16 sucesores y 10 predecesores), por la que la unidad de análisis fue la relación intrafamiliar entre estos y entre el sucesor y el negocio. En la investigación se buscó priorizar y dar relevancia a los aspectos intrafamiliares como un reflejo de las dinámicas familiares, de su historia familiar en el crecimiento de la empresa, y de la relación entre la familia y el negocio, por lo que se utilizó un grupo heterogéneo de empresas (Schell *et al.*, 2020) de diferentes sectores y tamaños según su nivel de ventas. El detalle de los casos de estudio se puede apreciar en la figura 1.

#	Sector	Tipo	Años	Generación	Sucesión	Sucesores	Edad	Género	Predecesores	Edad
Empresa 1	Construcción y servicios	Grande	32	2da	Terminada	Sucesor01	40	Masculino	Predecesor01	80
Empresa 2	Metalmecánica	Grande	16	2da	En proceso	Sucesor02	33	Masculino	Predecesor02	56
Empresa 3	Comercial industrial	Pequeña	22	2da	En proceso	Sucesor03	32	Femenino	Predecesor03	56
Empresa 4	Servicios y equipos gastronomía	Grande	33	3ra	En proceso	Sucesor04	25	Masculino	Predecesor04	51
Empresa 5	Servicios automóviles	Pequeña	6	2da	En proceso	Sucesor05	24	Femenino	Predecesor05	50
Empresa 6	Textil	Pequeña	12	2da	En proceso	Sucesor06	29	Femenino	Predecesor06	59
Empresa 7	Comercial industrial	Grande	50	3ra	Terminada	Sucesor07	63	Masculino	Predecesor07	90
Empresa 8	Comercial industrial	Grande	50	3ra	En proceso	Sucesor08	33	Femenino	Predecesor08	63
Empresa 9	Transportes	Grande	48	2da	Terminada	Sucesor09	31	Masculino	-	-
Empresa 10	Construcción	Grande	47	2da	Terminada	Sucesor10	49	Masculino	-	-
Empresa 11	Servicios mineros	Grande	35	2da	Terminada	Sucesor11	55	Femenino	-	-
Empresa 12	Industria	Grande	50	2da	Terminada	Sucesor12	38	Masculino	-	-
Empresa 13	Educación	Pequeña	18	2da	En proceso	Sucesor13	29	Femenino	Predecesor13	61
Empresa 14	Industria	Grande	25	2da	En proceso	Sucesor14	27	Femenino	-	-
Empresa 15	Agroindustria	Pequeña	12	2da	En proceso	Sucesor15	24	Femenino	Predecesor15	46
Empresa 16	Construcción y servicios	Grande	19	2da	En proceso	Sucesor16	30	Masculino	-	-

Figura 1. Casos de estudio. Fuente: Elaboración propia.

Se trabajó tanto deductivamente como inductivamente para recopilar la información a través de entrevistas a los informantes. Para la parte deductiva se hicieron entrevistas semiestructuradas a los sucesores y predecesores sobre los conceptos explicados en el marco teórico acerca del compromiso organizacional, mientras que para la parte inductiva se utilizó la técnica de la historia de vida en los sucesores para que narren sus experiencias en dicho rol (McAdams y Guo, 2015; Plummer, 2001). Con esta técnica se organizó la narrativa del sucesor centrándose en dos aspectos principales: el desarrollo de capítulos, donde se plantea que visualice su vida como una serie de capítulos de una novela, que los identifique y que cuente un resumen de la trama de cada uno de ellos; y el desarrollo de escenas claves que sobresalgan en dicha historia (McAdams, 2016). Para el análisis de las entrevistas se utilizó la técnica del análisis temático de textos (Kuckartz, 2014), codificando 587 segmentos de textos en las entrevistas transcritas usando el software MAXQDA, para finalmente desarrollar un grupo de categorías emergentes, de primer y segundo orden, que permitieron caracterizar el compromiso organizacional de lo narrado por los informantes en dimensiones agregadas en términos teóricos (Gioia *et al.*, 2013).

5. RESULTADOS

Se utilizarán las formas del compromiso organizacional en la empresa familiar como un hilo conductor que permitirá resumir cómo los entrevistados describen el compromiso y los conceptos que emergieron de estos, lo cual se puede apreciar en la figura 2. En esta figura los centros de los círculos muestran las distintas formas del compromiso organizacional en la empresa familiar, mientas que en el círculo inmediato se encuentran las variables de cada compromiso. En el último nivel, con las líneas punteadas, se pueden apreciar las categorías emergentes de segundo orden para cada variable y forma de compromiso.

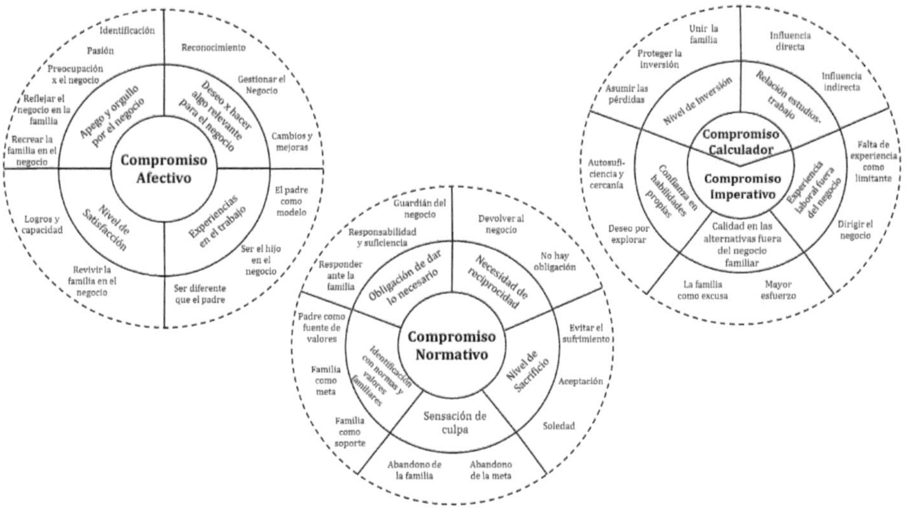

Figura 2. Conceptos emergentes de segundo orden. Fuente: Elaboración propia.

5.1. Compromiso afectivo

Lo compartido por los sucesores y predecesores sobre la variable "apego y orgullo" dieron pie a cinco conceptos emergentes de segundo orden: (a) identificación, que representa una vida familiar y organizacional que gira en torno a la empresa reflejado en las experiencias tempranas, además del llamado o vocación que manifiestan los sucesores en ser ellos los que mejor representan lo que se reconoce sobre el fundador, (b) preocupación por el negocio, que simboliza la necesidad de proteger al negocio como una fuente de recursos para la estabilidad familiar, lo que involucra dedicarle el tiempo que sea necesario y aceptar tanto lo bueno y lo malo que le permita seguir creciendo, (c) pasión, como un reflejo del "enamoramiento" que se debe tener con la empresa, donde no solo hay que conocerla y ser constante con ella sino que debe resultar atractiva, (d) reflejar el negocio en la familia, que representa el deseo de hacer feliz al fundador a través del éxito y crecimiento de la empresa, manteniendo viva su imagen en ella, y (e) recrear la familia en el negocio, que simboliza el replicar dinámicas familiares en el negocio para que todos sean parte de la familia, como el esfuerzo y resiliencia familiar en los trabajadores.

En relación con la variable "deseo por hacer algo relevante", de lo compartido por los informantes surgieron los siguientes conceptos de segundo orden: (a) cambios y mejoras, que representa el deseo de tener nuevos proyectos, crear nuevos negocios y administrar la empresa de una manera diferente, (b) gestionar el negocio, que refleja que son capaces de solucionar problemas y sacar a la empresa de una crisis, involucrándose y dedicando tiempo y recursos, y (c) reconocimiento, que simboliza el hacerse cargo de la empresa y probar con esto que son miembros valiosos para la familia.

En función de la variable "nivel de satisfacción", lo narrado por los predecesores y sucesores generaron los siguientes temas emergentes de segundo orden: (a) logros y capacidad, que representa la posibilidad de ver el progreso, resultados, e impacto de sus decisiones en la gestión del negocio familiar, sintiéndose capaces de alcanzar sus metas y (b) revivir la familia en el negocio, a través del compartir y generar experiencias de familia en la empresa tanto con los trabajadores no familiares como con la familia.

Finalmente, en relación con las "experiencias relevantes en el trabajo", lo compartido por los informantes permitió desarrollar estos conceptos emergentes de segundo orden: (a) el padre como modelo, que representa la gran cercanía que han tenido los sucesores con el rol de gestor de los predecesores, (b) ser el hijo en el negocio, que los simboliza como un representante de la familia ante los demás y como futuro reemplazo del predecesor, y (c) ser diferente que el padre, que refleja el deseo de los sucesores de diferenciarse de los predecesores, desarrollando su propia identidad dentro del negocio.

5.2. Compromiso normativo

Lo que compartieron los informantes sobre la variable "obligación de dar lo necesario" generó los siguientes conceptos emergentes de segundo orden: (a) responsabilidad y suficiencia, que simboliza la existencia de una obligación y responsabilidad por apoyar en lo que se necesite, permitiendo al sucesor medir su capacidad en el negocio, (b) responder ante la familia, que representa la necesidad del sucesor de ser aceptado y aprobado por la familia, y (c) guardián del negocio, que refleja la proactividad de los sucesores de ofrecer tranquilidad y estabilidad ante la ausencia de los padres, cuidando la empresa y buscando oportunidades para aportar a esta y hacer algo bueno.

Por otro lado, lo que narraron los predecesores y sucesores sobre la variable "identificación con normas y valores familiares", dio pie a los siguientes conceptos emergentes de segundo orden: (a) padre como fuente de valores, que resulta de las experiencias de vida del predecesor, validando así el comportamiento dentro del negocio y reforzando la cohesión del grupo familiar, (b) familia como meta, que simboliza la necesidad de definir un estándar de comportamiento donde se coloca el bienestar de la familia primero, y (c) familia como soporte, lo que representa el ver a la familia como una fuente de ayuda y apoyo para temas personales y laborales en espacios y entornos familiares.

En función de la variable "necesidad de reciprocidad", lo narrado por los predecesores y sucesores permitió que emergieran los siguientes conceptos de segundo orden: (a) devolver al negocio, que representa la necesidad de devolver a la empresa familiar lo invertido en los sucesores, así como una manera de responder ante la confianza otorgada por la familia, y (b) no hay obligación, que simboliza el dejar a la conciencia de los sucesores el cómo responder por lo invertido en ellos, que no sea necesario una retribución.

En relación con la variable "nivel de sacrificio", lo compartido por los informantes permitió que emergieran los siguientes conceptos de segundo orden: (a) evitar el sufrimiento, que refleja el evitar revivir malos momentos del pasado que vivieron los predecesores en el negocio, (b) aceptación, que representa el reconocimiento de los sucesores de la obligación de asumir su lugar y lo que les toca en el negocio familiar, y (c) soledad, que simboliza que los sucesores asumieron el rol ante la ausencia de otros en el negocio familiar.

Finalmente, lo que compartieron los predecesores y sucesores en sus narraciones sobre la variable "sensación de culpa", permitió la generación de los siguientes conceptos de segundo orden: (a) abandono de la familia, que se relaciona con lo que significaría para los sucesores el dejar solos a sus padres en el negocio, ya sea por una separación de la familia o el desconocer el esfuerzo del predecesor por sostener a la empresa, y (b) abandono de la meta, que representaría para los sucesores el abandonar los sueños y expectativas por hacer crecer y mejorar el negocio familiar.

5.3. Compromiso calculador

En relación con el compromiso calculador, lo compartido por los predecesores y sucesores sobre la variable "nivel de inversión", generó los siguientes conceptos de segundo orden: (a) unir a la familia, reflejando que las inversiones realizadas buscan mantener unida a la familia y cerca del negocio familiar, (b) proteger la inversión, que representa el tiempo dedicado a la empresa y que ha sido valioso y necesario para darle estabilidad, y (c) asumir las pérdidas, que simboliza el costo de oportunidad de no tener experiencias y aprendizajes, o vincularse con otros proyectos, fuera del ámbito de la empresa familiar.

Por otro lado, acerca de la variable "relación estudios-trabajo", lo narrado por los informantes permitió que emergieran los siguientes conceptos de segundo orden: (a) influencia directa, que representa las presiones directas que tuvieron los sucesores por escoger una profesión relacionada con el negocio familiar, e (b) influencia indirecta, que refleja las influencias indirectas que los sucesores experimentaron y que los llevaron a elegir, con el apoyo familiar, una profesión vinculada a la empresa.

5.4. Compromiso imperativo

Lo que compartieron los predecesores y sucesores en sus narraciones vinculadas con la variable "confianza en las habilidades propias" permitió que emergieran los siguientes conceptos de segundo orden: (a) autosuficiencia y cercanía, que representa el reconocimiento de los sucesores de sus capacidades y del valor y aplicabilidad de sus conocimientos profesionales, valorando además la presencia cercana del predecesor, y (b) deseo por explorar, que simboliza el deseo de los sucesores de tener otras experiencias y proyectos fuera del negocio familiar en el futuro, una vez que la empresa crezca y se desarrolle.

En relación con la variable "experiencia laboral fuera del negocio", lo compartido por los informantes dio pie a que emergieran los siguientes conceptos de segundo orden: (a) falta de experiencia, que refleja la ausencia de otras experiencias laborales debido a lo demandante del negocio y al no poder mostrar resultados en otros campos fuera del negocio familiar, y (b) dirigir el negocio, que representa una alternativa para los sucesores de mantenerse cerca a la empresa pero sin gestionar el negocio.

Finalmente, en función de la variable "calidad en las alternativas fuera del negocio familiar", de lo narrado por los predecesores y sucesores emergieron los siguientes conceptos de segundo orden: (a) la familia como excusa, que representa las dificultades de encontrar trabajo en otras empresas dentro del rubro del negocio familiar, de valorar la seguridad laboral que este brinda, y de evitar conflictos de intereses que afecten la unión familiar, y (b) mayor esfuerzo, que refleja la necesidad de aprender y desarrollar nuevas habilidades para tener oportunidades fuera de la empresa familiar, o si esta es una opción de paso mientras desarrollan sus carreras en el tiempo.

6. DISCUSIÓN

A continuación, se discuten cuatro dimensiones agregadas emergentes que permiten la caracterización del compromiso del sucesor y los comportamientos que esto sugiere.

6.1. Fuerzas emocionales

Dentro del componente afectivo se observa una marcada presencia de la pasión como motivo para comprometerse con el negocio, lo cual se refuerza mediante una identificación personal con la empresa y una preocupación por su éxito. Esta dinámica sería resultado de la dualidad existente entre el negocio y la familia en la que viven los sucesores durante su desarrollo como tales (Poza, 2007), buscando fusionar la familia y el negocio como una única entidad. De esta manera, se reforzaría su satisfacción al lograr sus metas personales, las del negocio y las de la familia. No obstante, esta dinámica de relaciones también genera sentimientos de culpa dentro del componente normativo, ya que abandonar a la familia y las metas asociadas al negocio resulta difícil de aceptar para los sucesores. La culpa surge cuando una persona percibe una discordancia entre los patrones morales aceptados y sus propias acciones, y se la reconoce como una emoción moral fundamental (Haidt, 2003).

Esta relación compleja entre la pasión y la culpa tiene un impacto en la percepción del costo asociado con abandonar el negocio familiar, ya que implica proteger tanto a la familia-negocio como reconocer el valor que significa el tiempo invertido. Para los sucesores, esto implica asumir el costo de oportunidad generado por el negocio, al mismo tiempo que reconocen que tienen una obligación que deben respetar y cumplir. Por otro lado, diversas investigaciones han mostrado que cuando existe una fuerte identificación con la organización, se observa una menor sensación de culpa al enfrentar conflictos entre la familia y el negocio (Bernhard y Labaki, 2021). En lugar de sentirse culpables, asumen su responsabilidad y adoptan un enfoque proactivo para reparar cualquier situación problemática.

6.2. Afirmación

El reconocimiento de las acciones de los sucesores dentro del negocio familiar desempeña un papel crucial en el desarrollo del compromiso. Esto fortalece su vínculo emocional y su sentido de orgullo en el papel de guardianes del negocio, con lo que además de cuidar el éxito del negocio en sí, también asumen la responsabilidad de cuidar y proteger a la familia. A medida que van asumiendo mayores roles y liderazgos en la empresa, pueden implementar cambios y mejoras, siempre y cuando estos sean respaldados por la familia. El equilibrio entre el reconocimiento, la responsabilidad y el respeto por los valores familiares es fundamental en este contexto.

Aunque existe la preocupación de que la participación de los miembros familiares pueda generar altruismo y afectar el rendimiento de la empresa (Madison *et al.*, 2016), también se reconocen las oportunidades de innovación y exploración que se pueden obtener al involucrar a la siguiente generación en el negocio (Scholes *et al.*, 2021). Los sucesores enfrentan el desafío de tener que equilibrar el reconocimiento de los logros pasados y la búsqueda de mejoras y cambios en el negocio, para lo cual deben de contar con un liderazgo sólido para enfrentar el dilema de cuánto deben mantener de las prácticas existentes y cuánto necesitan diferenciarse durante la sucesión.

La presencia de mecanismos como los consejos familiares en la organización es esencial para fomentar una cultura de guardianía o stewardship (Scholes *et al.*, 2021). Estos mecanismos permiten establecer metas claras, tanto económicas como no económicas, y garantizar una coordinación efectiva entre los miembros familiares. Al equilibrar lo formal y lo informal, se promueve una gestión más eficiente y aumentan las posibilidades de alcanzar los objetivos de la organización y de desarrollar el liderazgo necesario para la sucesión.

6.3. Aprendizaje y conocimiento

Los sucesores no solo aprendían del negocio familiar al imitar a sus padres, sino también al buscar su propia identidad y al diferenciarse de ellos. Aunque esto les otorgaba un estatus especial, el ser "hijos del fundador", también los hacía sentir solos en el negocio. Por otro lado, aunque el aprendizaje se basaba en los valores y normas familiares, estos conocimientos a veces no son transferibles a situaciones fuera del ámbito familiar. Como resultado, el negocio familiar se convertía en la opción laboral más atractiva para los sucesores, donde podían aplicar y desarrollar sus habilidades de manera significativa.

El desarrollo del expertise en el sucesor es crucial para asegurar una transición exitosa y el buen desempeño futuro del negocio familiar (Lansberg y Gersick, 2015). Sin embargo, esta adquisición de conocimientos también conlleva riesgos personales para el sucesor. La transferencia de conocimiento fuera del negocio es limitada, lo que puede restringir sus oportunidades laborales. Además, el sucesor se enfrenta a altas expectativas y depende del desapego del predecesor para lograr una transferencia efectiva del negocio. Superar estos desafíos requiere una combinación de habilidades y apoyo tanto de la familia como de la empresa para garantizar una sucesión exitosa.

La presencia de un estilo de liderazgo paternalista y autocrático por parte del predecesor puede tener un impacto negativo en el compromiso y la motivación del sucesor (Fries *et al.*, 2021). Para garantizar una transición exitosa del negocio familiar, se requiere un estilo de liderazgo paternalista que sea percibido como benevolente, participativo, íntegro y que brinde apoyo y orientación (Lee *et al.*, 2019; Mussolino y Calabrò, 2014). La transparencia, la comunicación abierta y la coherencia son fundamentales para establecer un ambiente propicio para el aprendizaje y el desarrollo del sucesor.

6.4. Elección de la Carrera del Sucesor

El momento de elegir una profesión es crucial en el desarrollo del sucesor, ya que tiene un impacto significativo en su desarrollo personal y profesional. En relación con el compromiso, lo encontrado muestra que la decisión estaría vinculada con el deseo de ser parte del negocio-familia, el expandir y hacer crecer tanto a la empresa como a la familia, el desarrollar sus habilidades y metas dentro de la empresa familiar, el evitar la sensación de culpa y aceptar sacrificios, y la falta de oportunidades laborales mejores.

La literatura respalda la idea de que la elección de la carrera del sucesor está estrechamente relacionada con su identificación con el negocio familiar, lo que a su vez afecta positivamente su compromiso con la empresa (Knezović y Greda, 2021; Pramudya y Schmuck, 2022). Además, la presencia de la culpa en la empresa familiar puede tener un impacto significativo en las dinámicas familiares y en el desempeño del negocio (Bernhard y Labaki, 2021). Estos factores subrayan la importancia de comprender y abordar las emociones y las motivaciones de los sucesores al tomar decisiones relacionadas con su carrera y en el desarrollo de su compromiso con el negocio familiar.

7. CONCLUSIONES

La presencia del compromiso en el sucesor es un factor clave para el éxito del proceso de sucesión, y por consiguiente para la sostenibilidad futura de la empresa familiar (De Massis *et al.*, 2008). Atendiendo dicha importancia, esta investigación buscó aportar mayor conocimiento sobre cómo se desarrolla y caracteriza dicho compromiso en el sucesor a partir de sus experiencias asumiendo dicho rol. Las narrativas personales compartidas revelan la inclinación de los sucesores a enfrentar los desafíos y transformaciones inherentes a la asunción de sus roles, lo cual se relaciona con el nivel de compromiso que tienen hacia la organización.

La investigación profundiza en el entramado emocional y cognitivo que rodea al compromiso organizacional del sucesor. A través de la exploración de componentes teóricos y el análisis de las fuerzas emocionales en juego, se arroja luz sobre la intrincada interacción entre la satisfacción personal, la dualidad negocio-familia, la sensación de culpa por dejar el negocio por las metas personales, y la responsabilidad de salvaguardar la empresa.

De igual manera, la investigación resalta cómo el deseo de afirmación y reconocimiento, junto con la transferencia de conocimientos, moldea la carrera y el desarrollo profesional del sucesor. Asimismo, se exploró como la influencia de un liderazgo paternalista benevolente permitiría crear un contexto que posiciona al negocio como una opción laboral atractiva, lo que guía la trayectoria profesional del sucesor e impactaría finalmente en su compromiso con la organización.

Estos resultados contribuyen con diversas investigaciones sobre el compromiso organizacional en la empresa familiar. En relación con la preferencia al momento de elegir al sucesor por la presencia de habilidades o del compromiso y disposición (De Massis *et al.*, 2014), o con la planificación del proceso de sucesión (Le Breton-Miller *et al.*, 2004), esta investigación plantea que el desarrollo del compromiso se vincula con acciones tempranas y que es resultado de situaciones y decisiones de gestión durante el desarrollo del rol de sucesor. Esto muestra que el desarrollo del compromiso necesita de mayores recursos y tiempos que el desarrollo de habilidades, y que la sucesión debería empezar mucho antes de la elección del sucesor y del proceso de transferencia mismo, lo cual sugiere que deberían gestionarse cuando el predecesor comienza a involucrar a la familia en las actividades del negocio familiar.

Finalmente, en lo que respecta al enfoque metodológico, este estudio contribuye a investigaciones sobre las dinámicas familiares y su conexión con los negocios familiares, al mostrar cómo la aplicación de un enfoque inductivo y el análisis narrativo revelan dicha complejidad (Hamilton *et al.*, 2017; Short y Payne, 2020), y presenta limitaciones en su esfuerzo por caracterizar el compromiso del sucesor. Aunque lo mostrado complementa lo que se conoce sobre este tema, es necesario desarrollar más información empírica, revisando más proceso de sucesión e historias de vida de sucesores, e incluir narrativas de otros actores relevantes en el negocio familiar.

8. REFERENCIAS

Ahrens, J. P., Calabrò, A., Huybrechts, J. y Woywode, M. (2019). The Enigma of the Family Successor–Firm Performance Relationship: A Methodological Reflection and Reconciliation Attempt. *Entrepreneurship: Theory and Practice, 43*(3), 437–474. https://doi.org/10.1177/1042258718816290

Al-Jabari, B. y Ghazzawi, I. (2019). Organizational Commitment: A Review of the Conceptual and Empirical Literature and a Research Agenda. *International Leadership Journal, 11*(1), 78–119.

Allen, N. J. y Meyer, J. P. (1990). The Measurement and antecedents of affective, continuance and normative commitment to the organization. *Journal of Occupational Psychology, 63*, 1–18. https://doi.org/10.1111/j.2044-8325.1990.tb00506.x

Bernhard, F. y Labaki, R. (2021). Moral Emotions in Family Businesses: Exploring Vicarious Guilt of the Next Generation. *Family Business Review, 34*(2), 193–212. https://doi.org/10.1177/0894486520941944

Bloemen-Bekx, M., Van Gils, A., Lambrechts, F. y Sharma, P. (2019). Nurturing offspring's affective commitment through informal family governance mechanisms. *Journal of Family Business Strategy, 12*(2), 1-14. https://doi.org/10.1016/j.jfbs.2019.100309

Bodjrenou, K., Xu, M. y Bomboma, K. (2019). Antecedents of Organizational Commitment: A Review of Personal and Organizational Factors. *Open Journal of Social Sciences, 07*(05), 276–289. https://doi.org/10.4236/jss.2019.75024

Cabrera-Suárez, M. K. y Martín-Santana, J. D. (2012). Successor's commitment and succession success: Dimensions and antecedents in the small Spanish family firm. *International Journal of Human Resource Management, 23*(13), 2736–2762. https://doi.org/10.1080/09585192.2012.676458

Czarniawskma, B. (1998). A Narrative Approach to Organization Studies. *Qualitative Research, 43*. https://doi.org/10.4135/9781412983235

Dawson, A., Ginesti, G. y Sciascia, S. (2020). Family-related antecedents of business legality: An empirical investigation among Italian family owned SMEs. *Journal of Family Business Strategy, 11*(1), 100284. https://doi.org/10.1016/j.jfbs.2019.04.003

Dawson, A., Sharma, P., Irving, P. G., Marcus, J. y Chirico, F. (2015). Predictors of later-generation family members' commitment to family enterprises. *Entrepreneurship: Theory and Practice, 39*(3), 545–569. https://doi.org/10.1111/etap.12052

De Massis, A., Chua, J. H. y Chrisman, J. J. (2008). Factors preventing intra-family succession. *Family Business Review, 21*(2), 183–199. https://doi.org/10.1111/j.1741-6248.2008.00118.x

De Massis, A., Kotlar, J., Chua, J. H. y Chrisman, J. J. (2014). Ability and willingness as sufficiency conditions for family-oriented particularistic behavior: Implications for theory and empirical studies. *Journal of Small Business Management, 52*(2), 344–364. https://doi.org/10.1111/jsbm.12102

Deci, E., Olafsen, A. y Ryan, R. M. (2017). Self-Determination Theory in Work Organizations: The State of a Science. *Annual Review of Organizational Psychology and Organizational Behavior, 4*, 19–43. https://psycnet.apa.org/doi/10.1146/annurev-orgpsych-032516-113108

Easterby-Smith, M., Thorpe, R. y Jackson, P. R. (2015). *Designing Management and Business Research (5th ed.)*. SAGE.

Eisenhardt, K. M. (1989). Building Theories from Case Study Research. *Academy of Management Review, 14*(4), 532–550. https://doi.org/10.2307/258557

Fries, A., Kammerlander, N. y Leitterstorf, M. (2021). Leadership Styles and Leadership Behaviors in Family Firms: A Systematic Literature Review. *Journal of Family Business Strategy, 12*(1), 1-16. https://doi.org/10.1016/j.jfbs.2020.100374

Gagné, M., Marwick, C., Brun de Pontet, S. y Wrosch, C. (2021). Family Business Succession: What's Motivation Got to Do With It? *Family Business Review, 34*(2), 154–167. https://doi.org/10.1177/0894486519894759

Garcia, P. R. J. M., Sharma, P., Massis, A. De, Wright, M. y Scholes, L. (2019). Perceived parental behaviors and next-generation engagement in family firms: A social cognitive perspective. *Entrepreneurship: Theory and Practice, 43*(2), 224–243. https://doi.org/10.1177/1042258718796087

Gioia, D. A., Corley, K. G. y Hamilton, A. L. (2013). Seeking Qualitative Rigor in Inductive Research: Notes on the Gioia Methodology. *Organizational Research Methods, 16*(1), 15–31. https://doi.org/10.1177/1094428112452151

Haidt, J. (2003). The moral emotions. En R. J. Davidon, K. R. Scherer y H. H. Goldsmith (Eds.), *Handbook of affective sciences* (pp. 852–870). Oxford University Press.

Hamilton, E., Discua Cruz, A. y Jack, S. (2017). Re-framing the status of narrative in family business research: Towards an understanding of families in business. *Journal of Family Business Strategy,*hort *8*(1), 3–12. https://doi.org/10.1016/j.jfbs.2016.11.001

Handler, W. C. (1994). Succession in Family Business: A Review of the Research. *Family Business Review, 7*(2), 133–157. https://doi.org/10.1111/j.1741-6248.1994.00133.x

Hernández-Sampieri, R., Fernández-Collado, C. y Baptista-Lucio, P. (2014). *Metodología de la Investigación*. McGraw-Hill.

Kandade, K., Samara, G., Parada, M. J. y Dawson, A. (2020). From family successors to successful business leaders: A qualitative study of how high-quality relationships develop in family businesses. *Journal of Family Business Strategy, 12*(2), 1-15. https://doi.org/10.1016/j.jfbs.2019.100334

Kets de Vries, M., Carlock, R. S. y Florent-Treacy, E. (2007). *Family business on the couch.* John Wiley & Sons Ltd.

Knezović, E. y Greda, N. (2021). Career development and affective commitment: a comparative study of family and nonfamily businesses. *Journal of Family Business Management, 11*(4), 462–478. https://doi.org/10.1108/JFBM-04-2020-0033

Kuckartz, U. (2014). Qualitative Text Analysis. *A Guide to Methods, Practice Using Software.* Sage Publications.

Lansberg, I. y Gersick, K. (2015). Educating Family Business Owners: The Fundamental Intervention. *Academy of Management Learning & Education, 14*(3), 400–413. https://www.jstor.org/stable/43697279

Le Breton-Miller, I. y Miller, D. (2014). Learning Stewardship in Family Firms: for Family, By Family, Across the Life Cycle. *Academy of Management Learning & Education, 14*(3), 386–399. http://amle.aom.org/content/early/2014/12/22/amle.2014.0131.abstract

Le Breton-Miller, I., Miller, D. y Steier, L. P. (2004). Toward an integrative model of effective FOB succession. *Entrepreneurship: Theory and Practice, 28*(4), 305–328. https://doi.org/10.1111/j.1540-6520.2004.00047.x

Lee, J. S. K., Zhao, G. y Lu, F. (2019). The Effect of Value Congruence Between Founder and Successor on Successor's Willingness: The Mediating Role of the Founder–Successor Relationship. *Family Business Review, 32*(3), 259–276. https://n9.cl/lkzau

Madison, K., Holt, D. T., Kellermanns, F. W. y Ranft, A. L. (2016). Viewing Family Firm Behavior and Governance Through the Lens of Agency and Stewardship Theories. *Family Business Review, 29*(1), 65–93. https://doi.org/10.1177/0894486515594292

McAdams, D. P. y Guo, J. (2015). Narrating the Generative Life. *Psychological Science, 26(4)*, 475–483. https://doi.org/10.1177/0956797614568318

McAdams, D. P. (2016). Life Story. En S. Krauss (Ed.), *The Encyclopedia of Adulthood and Aging*. John Wiley & Sons Inc. https://doi.org/10.1002/9781118528921.wbeaa141

Meyer, J. P. y Allen, N. J. (1991). A three-component conceptualization of organizational commitment. *Human Resource Management Review, 1*(1), 61–89. https://n9.cl/pjngcq

Meyer, J. P. y Herscovitch, L. (2001). Commitment in the workplace: Toward a general model. *Human Resource Management Review, 11*(3), 299–326. https://n9.cl/vlk4z6

Mussolino, D. y Calabrò, A. (2014). Paternalistic leadership in family firms: Types and implications for intergenerational succession. *Journal of Family Business Strategy, 5*(2), 197–210. https://doi.org/10.1016/j.jfbs.2013.09.003

Peters, M., Raich, M., Märk, S. y Pichler, S. (2012). The role of commitment in the succession of hospitality businesses. *Tourism Review, 67*(2), 45–60. https://n9.cl/xz90u

Plummer, K. (2001). Documents of Life 2. *An Invitation to a Critical Humanism*. Sage Publications.

Poza, E. (2007). *Family Business*. Cengage.

Pramudya, S. H. y Schmuck, R. (2022). The Role of Identity and Career Interest Alignment in Building Affective Commitment and Intention to Stay in Indonesian Small and Medium Family Business. *Quality - Access to Success, 23*(190), 315–323. https://n9.cl/inde20

Rashid, M. Z. A., Sambasivan, M. y Johari, J. (2003). The influence of corporate culture and organisational commitment on performance. *The Journal of Management Development, 22*(7/8), 708–728. https://doi.org/10.1108/02621710310487873

Rautamäki, H. y Römer-Paakkanen, T. (2016). The next generation's commitment and willingness to continue the family business: Reflecting on potential successors' experiences and pondering. *International Journal of Entrepreneurship and Small Business, 27*(1), 52–70.

Ruiz Jiménez, M. C., García Martí, E. y Hernández Ortiz, M. J. (2010). Member commitment in olive oil co-operatives: cause and consequences. *Journal of Cooperative Studies, 43*(2), 24–35.

Schell, S., de Groote, J. K., Moog, P. y Hack, A. (2020). Successor selection in family business—A signaling game. *Journal of Family Business Strategy, 11*(3), 100286. https://doi.org/10.1016/j.jfbs.2019.04.005

Scholes, L., Hughes, M., Wright, M., De Massis, A. y Kotlar, J. (2021). Family management and family guardianship: Governance effects on family firm innovation strategy. *Journal of Family Business Strategy, 12*(4). https://doi.org/10.1016/j.jfbs.2020.100389

Sharma, Chrisman, J. J. y Chua, J. H. (2003). Predictors of satisfaction with the succession process in family firms. *Journal of Business Venturing, 18*(5), 667–687. https://doi.org/10.1016/S0883-9026(03)00015-6

Sharma y Irving, P. G. (2005). Four Bases of Family Business Successor Commitment: Antecedents and Consequences. *Entrepreneurship Theory and Practice, 612*, 1035–1055.

Sherlock, C., Dibrell, C. y Memili, E. (2022). The impact of family commitment on firm innovativeness: The mediating role of resource stocks. *Journal of Family Business Strategy*, August, 100523. https://doi.org/10.1016/j.jfbs.2022.100523

Short, J. C. y Payne, G. T. (2020). In Their Own Words: A Call for Increased Use of Organizational Narratives in Family Business Research. *Family Business Review, 33*(4), 342–350. https://doi.org/10.1177/0894486520967765

Swanborn, P. (2010). *Case Study Research. What, Why and How?* Sage Publications.

Tuna, M., Ghazzawi, I., Yesiltas, M., Tuna, A. A. y Arslan, S. (2016). The effects of the perceived external prestige of the organization on employee deviant workplace behavior: The mediating role of job satisfaction. *International Journal of Contemporary Hospitality Management 28*(2), 366-396. https://n9.cl/1wg370

Venter, E., Boshoff, C. y Maas, G. (2005). The Influence of Successor-Related Factors on the Succession Process in Small and Medium-Sized Family Businesses. *Familiy Business Review, 18*(4), 283–303. https://doi.org/10.1111/j.1741-6248.2005.00049.x

Webster, L. y Mertova, P. (2007). *Using narrative inquiry as a research method.* Routledge. https://doi.org/10.4324/9780203946268

Yin, R. K. (2009). *Case Study Research: Design and Methods* (4th ed.). Sage Publications.

PERTINENCIA DE LAS REDES SOCIALES DIGITALES, COMO ESTRATEGIA DE VISIBILIZACIÓN EN UN SECTOR DE LAS PYMES BOGOTANAS

John Jairo Molina Roncancio[1]

El presente texto se adhiere como resultado de investigación, del proyecto INV3281, financiado por la Universidad Cooperativa de Colombia, bajo el título central: "ANÁLISIS DEL IMPACTO DE LAS REDES SOCIALES DIGITALES SOBRE LA GESTIÓN DE MERCADEO DE PYMES BOGOTANAS".

1. INTRODUCCIÓN

El 2020 será recordado como el año más inédito del siglo XXI, un periodo en donde prácticamente el mundo fue paralizado a raíz de una pandemia, sin precedentes recientes, que causó zozobra entre la sociedad global de la información y el conocimiento; caracterizada por el uso habitual de los lenguajes digitales para su relacionamiento transversal en contextos personales, familiares, laborales y académicos.

Dicho panorama, no solo permitió que los espacios de relacionamiento humano pasaran de lo presencial a lo virtual, sino que aseveró la necesidad de ver a las redes sociales digitales como un espacio no exclusivamente para el ocio y el entretenimiento, sino con pertinencia en otros campos relevantes como el comercial, donde el sector empresarial de manera general encontró una salida oportuna, ante la inminente crisis financiera que implicaría la pérdida masiva de clientes, a raíz de los confinamientos obligatorios.

En ese sentido, no solo las grandes compañías y multinacionales del mundo intensificaron el uso de nuevos medios y canales para la comunicación digital; de igual forma procedieron las pequeñas y medianas empresas (PYMES), en los distintos sectores económicos en donde históricamente han hecho presencia. A partir de esto, se propuso una investigación, para analizar el impacto de este fenómeno corporativo y social, desde una perspectiva que permite evidenciar "secuelas" al respecto, tiempo después del levantamiento de las restricciones sociales en el mundo.

De esa manera, se tomó como objeto específico de estudio, el sector de las PYMES en Bogotá (Colombia), haciendo énfasis en tres restaurantes, mediante el análisis de la gestión de

---

1. Profesor investigador de la Universidad Cooperativa de Colombia (Bogotá). Magister en comunicación e identidad corporativa, coinvestigador del equipo de trabajo conformado por: William Eduardo Mosquera Laverde, Claudia Patricia Gómez Espinosa y Camilo Mauricio Grillo Torres. **Agradecimiento**: A la estudiante de Comunicación Social, Ana María Cano Daza, quien participó como auxiliar de investigación, contribuyendo en la fase metodológica como apoyo a los respectivos ejercicios de recolección de la información.

sus redes sociales digitales, en un periodo definido, desde sus accionares estratégicos de atención al usuario y posicionamiento de marca; además de otros factores comunicativos que han permitido que este tipo de pequeñas y medianas empresas, no solo hubiesen sobrevivido a la pandemia, sino que hoy (2023), hayan incrementado sus utilidades bajo la fidelización de nuevos usuarios.

El proceso investigativo referenciado, abordó de manera explícita una hipótesis relacionada con: el impacto positivo, postpandemia, que tuvieron las redes sociales digitales en tres restaurantes con presencia en Bogotá, desde la puesta en marcha de acciones comunicativas mayoritariamente empíricas, que se pudieran potenciar desde la propuesta estratégica de un plan de medios digitales, como acción de mejora a lo ya alcanzado. En ese sentido, los hallazgos de este proyecto de investigación son importantes y necesarios, ya que se presentan como insumo diagnóstico, para la formulación de una norma técnica que pueda beneficiar no solo a los tres restaurantes referidos, sino a otros que operen en el mismo sector económico, productivo, de PYMES.

Globalmente, los resultados alcanzados no solo ratifican a Facebook e Instagram, como las redes sociales digitales más usadas en Bogotá, sino que le dan valor a la pertinencia de estas en el sector empresarial. De la misma manera, el ejercicio investigativo realizado da paso a la generación de propuestas comunicativas digitales, desde una estructura y planificación adecuada, que puedan ampliar el beneficio de estas y su aporte al crecimiento social sostenible de las comunidades emprendedoras o mejor conocidos como los nacientes y futuros pequeños y medianos empresarios.

2. OBJETIVOS

Objetivo general[2]

Determinar el nivel de impacto de las redes sociales digitales en la gestión de mercadeo de un sector de pymes en Bogotá – Colombia.

Objetivos específicos

Establecer un sector empresarial PYME de alto consumo, presente en Bogotá, para el análisis de su gestión de redes sociales.

Analizar la gestión de redes sociales digitales en tres PYMES bogotanas, correspondientes al mismo sector productivo.

Diagnosticar acciones de mejora, sobre la gestión de redes sociales digitales de las tres PYMES seleccionadas, para la creación de una norma técnica (plan de medios digital).

3. MARCO TEÓRICO

Dentro del proceso investigativo desarrollado, se tomaron como referencia los aportes teóricos relacionados con cuatro categorías de análisis: comunicación digital, redes sociales digitales, posicionamiento de marca y PYMES. A partir de esto se presenta el siguiente marco teórico conceptual.

- Comunicación digital.

---

2. Correspondiente a la investigación principal INV3281, financiada por la Universidad Cooperativa de Colombia.

La comunicación siempre ha estado arraigada al ser humano como una necesidad básica, no solo para el intercambio de información sino para el progreso en colectivo como sociedad. Sin duda alguna los procesos comunicativos interpersonales y sociales, han venido evolucionando a la par de las tendencias mundiales, al punto de comprender que hoy no solo hay expresiones de comunicación tradicional, teniendo en cuenta que los entornos y espacios donde el lenguaje digital se hace presente cada vez son más comunes y necesarios para la humanidad.

"Gracias a los bits el receptor puede dejar su estado pasivo y convertirse en emisor y enviar su mensaje a otros miles de receptores/emisores que, a su vez, envían sus propios mensajes desarrollando así una estructura en red" (Bertolotti, P, 2014). En ese sentido, no solo un elemento del proceso comunicativo (receptor) ha evolucionado, al punto de ser popularizado hoy bajo el término de prosumidor de la información; de igual forma ha ocurrido con el canal, entendiendo que los espacios donde emisores y receptores convergen tienen características digitales que convergen una comunicación instantánea sin la necesidad de un contacto presencial.

A partir de esto, la comunicación digital cada día tiene mayor relevancia para las personas en el mundo, quienes han visto en esta una realidad inminente que ha transformado las formas en que se relacionan unos con otros, pero que a la vez ha facilitado la vida de muchos, desde la misma practicidad de las cosas. Así pues, "el escenario digital proyecta un replanteamiento de la forma tradicional de análisis causa-efecto de la comunicación" (Arango, G. 2013).

En ese sentido, la comunicación digital ha permitido potenciar nuevas formas y medios para el relacionamiento social; fenómeno que se desarrolla en todo escenario donde los seres humanos tienen incidencia, un claro ejemplo de esto es el sector comercial, a través de los procesos de adquisición de productos y servicios que todo el tiempo solventan las necesidades individuales y colectivas de las personas. De esa manera, se pueden entender a las redes sociales, como un medio predilecto donde la comunicación digital se hace evidente, extrapolando un sinnúmero de relaciones e intercambios de información, que hoy por hoy tienen efecto en la economía mundial y cada uno de sus sectores productivos.

- Redes sociales digitales.

En un mundo globalizado como el actual las redes sociales digitales (RR.SS.DD) cumplen un papel fundamental para el diario vivir no solo de las sociedades, sino de aquellos factores que hacen posible que esos mismos grupos humanos crezcan desde esferas educativas, económicas, culturales y hasta personales. En otras palabras, las RR.SS.DD., son el escenario más común y efectivo que hoy usan la inmensa mayoría de las personas, para relacionarse con los demás, a partir de los intereses particulares de cada uno.

"Las redes sociales digitales se han convertido en el fenómeno más influyente en la comunicación en las últimas décadas" (Kaplan y Haenlein, 2010), tanto así que dicha realidad ya es una de las costumbres habituales de la población mundial; al punto que para muchos estar en esta tipología de ecosistemas digitales es necesario, conveniente, entretenido, estratégico y hasta obligatorio.

De esa manera, uno de los usos más recurrentes que los ciudadanos de la era de la información y el conocimiento les dan a las redes sociales digitales, tiene que ver con el ejercicio adquisitivo de compra, requerido para satisfacer una necesidad. Esto, se ha vuelto tendencia, al punto que el sector empresarial ve en las RR.SS.DD., todo un mundo de oportunidades para fidelizar clientes, promocionar sus productos y facilitar la vida de sus públicos de interés.

En ese sentido, "dada la novedad del fenómeno y su popularidad, muchas empresas han comenzado a utilizar las redes sociales digitales como una herramienta de marketing, algunas incluso sin ningún tipo de estrategia" (Uribe, F. Et al, 2013), cuestión que permite revalidar lo que sucede en países de regiones como América Latina, donde de manera especial las PYMES ponen en marcha acciones de posicionamiento y fidelización de usuario desde unos accionares empíricos, a partir del reconocimiento de una necesidad, pero sin los procesos de planificación requeridos para que esto llegue a mejores resultados de impacto.

Dado el panorama anterior, es importante referir que, para el contexto latinoamericano, se registran menores cantidades de personas, en comparación con los usuarios en redes sociales digitales, Facebook e Instagram las predilectas; realidad que fundamenta no solo una alta preferencia y usabilidad de estos espacios en línea, sino el porqué de su alta acogida desde los sectores empresariales para la atención de usuarios, venta de productos, posicionamiento de marca y promoción de su imagen y reputación corporativa.

"Colombia, Brasil, México y Argentina se encuentran dentro del top 8 de uso de redes sociales, detrás del líder Filipinas con casi 3 horas (2:25) de uso promedio por día de estas" (Zuccherino, S. 2021). Resulta de alto interés destacar la posición que ocupa Colombia en el ranking enunciado, ocupando el segundo lugar, lo que permite ratificar la alta presencia de usuarios en RR.SS.DD., donde el sector empresarial también está; de manera especial las pequeñas y medianas empresas, más los nuevos emprendedores, que convergen bajo lenguajes comunicativos en tendencia.

- Pequeñas y medianas empresas (PYMES).

Las pequeñas y medianas empresas se han convertido en un baluarte fundamental para los sectores económicos de muchas naciones del mundo, especialmente en América Latina, donde estas le aportan al crecimiento económico y social, mediante la generación de empleos e impacto directo para el desarrollo de sus contextos. Lo anterior permite develar la relevancia que tienen y el rol trascendental de estos entes organizacionales, que, en su mayoría surgen desde la ausencia de un músculo financiero sólido para mantenerse en un mercado voraz y competitivo.

"Las PYMES cuentan con poca o ninguna especialización en la administración, normalmente la dirección se encuentra a cargo de una sola persona, la cual cuenta con muy pocos auxiliares y en la mayor parte de los casos, no están capacitados para llevar a cabo esta función" (Carvajal, C. Et al, 2017).

A partir de lo anterior, resulta interesante destacar que la poca experticia gerencial, desde una formación profesional, de la mayoría de las personas que lideran las PYMES, en países como Colombia, da pie para que muchos de los procesos que dentro de estas pequeñas y medianas empresas se ejecutan, se den desde acciones poco planificadas que se basan en lo empírico, que aunque funcionan, se pueden potenciar desde adecuados procesos de capacitación y entrenamiento para cada área en particular.

"Cabe mencionar que las Pymes tienen una concentración de sus actividades económicas en el siguiente orden: 1.) el comercio; 2.) los servicios; 3.) industriales, lo que ayuda a fortalecer el sistema económico del país" (Carvajal, C. Et al, 2017). Por tal razón, es que estas pequeñas y medianas empresas ven en las redes sociales digitales, un camino de fácil acceso, bajo costo y gran impacto, en el que pueden promocionar sus productos y servicios, a fin de generar ganancias para subsistir mediante acciones que se fundamentan en la cercanía con sus públicos de interés.

Ahora bien, partiendo de la realidad ya expuesta, se puede valorar la importancia que tienen las PYMES en los contextos sociales y económicos, destacando dichos logros como valerosos, que son generados desde accionares gerenciales y administrativos espontáneos; a la vez se pueden evidenciar oportunidades de mejora, para que, desde un tratamiento estructurado y mejor planificado, lo ya conseguido se pueda fortalecer; en el caso específico de las acciones para el reconocimiento mediático, a través de estrategias comunicativas que garanticen un adecuado posicionamiento de marca, ese mismo que ha venido surgiendo gracias al uso que las PYMES le han dado a las RR.SS.DD., para darse a conocer entre sus distintas audiencias de mercado.

- Posicionamiento de marca.

Un aspecto fundamental para cualquier organización, sin importar su tamaño, tiene que ver con el nivel de reconocimiento que esta tenga dentro del nicho de mercado específico donde opera, lo que requiere de la gestión de una serie de acciones comunicativas estratégicas que permitan generar recordación, diferenciación y fidelización, entre los públicos de interés. En ese sentido, posicionar una marca para el caso de las PYMES, requiere del uso de medios a bajo costo, pero con alto impacto, característica primordial que hoy representa a las redes sociales digitales.

"Un objeto está posicionado cuando puede ser identificado en un lugar en comparación con los lugares que otros objetos ocupan" (Serralvo, F. 2005), en otras palabras, el fundamento del posicionamiento de marca tiene como propósito generar distinción entre una y otra organización, a partir de atributos particulares, pero a la vez diferenciadores que son de alta importancia para la generación de preferencia y lealtad, entre los clientes o usuarios de cualquier ente empresarial.

Bajo la anterior premisa, en atención a la baja capacidad financiera de la mayoría de las PYMES, resulta estratégico para los pequeños y medianos empresarios ver en las redes sociales digitales un provechoso camino para darse a conocer, a través de acciones básicas como lo es la apertura de una cuenta en Facebook, Instagram o el mismo WhatsApp, que se ha convertido en un canal directo para la atención de usuarios que quieren comprar, conocer o simplemente preguntar por algún producto en particular.

"La emisión acelerada de videos, de imágenes en las redes sociales más famosas tienen como resultados el branding, relaciones públicas, cartera de clientes, lealtad, conocimiento y posicionamiento de la empresa" (Rodríguez, 2013). En ese sentido, la amplitud de publicaciones, en distintos formatos, que se pueden disponer en las RR.SS. DD., corporativas, sin costo evidente, también es un justificante para que las PYMES hagan presencia en la web, sabiendo que con estas acciones están conectados con sus usuarios, no solo ofreciéndoles un producto, sino generando relacionamiento permanente que le aporta a varias ventajas; una de las más importantes: la fidelización de usuarios.

De esa manera, estar en el mismo lugar de interacción social de en donde se encuentran los clientes potenciales y los ya fidelizados, más allá de un acto natural en un mundo globalizado, es una acción estratégica de comunicación que las PYMES han venido ejecutando para ganar clientes y crecer mediáticamente, comprendiendo que "el posicionamiento de marca en Internet se da a través de las redes sociales y los motores de búsqueda" (Maraza, A. Et al, 2019).

3. METODOLOGÍA

- Enfoque metodológico.

El presente ejercicio investigativo se adelantó en el marco de un enfoque cualitativo, partiendo de un ejercicio analítico sobre la presencia y discursos comunicativos en Facebook e Instagram de tres restaurantes, clasificados como PYMES, de la ciudad de Bogotá, promoviendo con esto "una forma multidisciplinar de acercarse al conocimiento de la realidad social" (Pérez, A. 2002).

- Técnicas para la recolección de información.

Para el cumplimiento de la metodología propuesta, se tuvieron en cuenta dos técnicas de recolección de información. La primera de ellas fundamentada en una observación no participante, durante el periodo comprendido de noviembre de 2022 a enero de 2023, clasificados en Colombia como los meses más activos de la economía nacional, debido a las festividades decembrinas y de año nuevo.

La segunda técnica de recolección de información se basó en un análisis de discurso sobre las distintas publicaciones que se generaron en los meses anteriormente enunciados, desde las cuentas oficiales en Facebook e Instagram, por parte de tres PYMES bogotanas, del sector de restaurantes, desde su intención de promoción, divulgación y oferta de sus productos y servicios.

- Participantes.

Cabe resaltar, que los integrantes del grupo de profesores investigadores del proyecto INV3281, contó con la colaboración de una auxiliar de investigación, estudiante de último semestre del programa de Comunicación Social, de la Universidad Cooperativa de Colombia, quien participó del proceso para dar alcance a su requisito de modalidad de grado.

- Muestra.

Partiendo de una base de datos inicial de 32 restaurantes de la ciudad de Bogotá, producto de un trabajo de recolección de información, preliminar, del equipo de investigadores del proyecto INV3281, financiado por la Universidad Cooperativa de Colombia, bajo el título central: "ANÁLISIS DEL IMPACTO DE LAS REDES SOCIALES DIGITALES SOBRE LA GESTIÓN DE MERCADEO DE PYMES BOGOTANAS", se tomaron como objetos de estudio, para la muestra, tres restaurantes clasificados como PYMES.

Los tres restaurantes seleccionados fueron: La Hamburguesería, 80 sillas restaurante y El Mono Bandido, cada uno con presencia en Facebook e Instagram, bajo criterios preliminares de buena, regular y mala gestión sus cuentas en redes sociales digitales. Lo anterior con la intención de generar una base diagnóstica, a fin de emitir a corto plazo una norma técnica (plan de medios digital), para la adecuada gestión de sus comunicaciones corporativas en línea.

- Instrumento para la recolección de información.

Para la recolección de información se elaboró una planilla básica, propuesta por la auxiliar de investigación, a fin de ir documentando los datos recolectados. De igual forma, al finalizar de cada semana (periodo) observado, las respectivas evidencias de imagen y análisis de resultado.

Figura 1. Planilla de registro de información

Nombre de la marca o establecimiento	Seguidores Instagram/Facebook	Tipo de contenido (Imagen/video)	Frecuencia en tiempos de publicación por red	Tasa de engagement (comentarios y reacciones)	Presencia de respuesta a comentarios
El Mondo Bandido					
La Hamburguesería					
80 Sillas Restaurante					

Fuente: elaboración propia (2023).

4. DESARROLLO DE LA INVESTIGACIÓN

Noviembre, diciembre y enero son tradicionalmente los tres meses, en Colombia, que registran el más alto movimiento económico en el sector de las PYMES, debido a las festividades decembrinas y de año nuevo. Para dichas fechas el número de compradores se incrementa; las ventas tienen sus mejores días y las calles, centros comerciales y lugares de alto acopio productivo se ven a tope, en el marco de las jornadas de promociones y descuentos que atraen a los compradores.

De esa manera, en el lapso referenciado, el sector de los restaurantes es uno de los mayormente beneficiados, debido a la necesidad básica que implica alimentarse, a la par de una jornada de compras; ejercicio que habitualmente implica que las personas estén varias horas en pro de la adquisición de productos. A partir de dicho contexto, se realizó un ejercicio metodológico relacionado con una observación no participante y un análisis de discurso, sobre los contenidos de las cuentas oficiales en Facebook e Instagram, de los restaurantes: La Hamburguesería, 80 sillas restaurante y El Mono Bandido.

Cabe aclarar que el ejercicio de observación no participante y el posterior análisis de discursos, se llevó a cabo en coautoría de la auxiliar de investigación: Ana María Cano Daza, entre el 01 y el 08 de abril del 2023. En ese sentido, a continuación, se presentan los principales hallazgos y análisis de los discursos digitales encontrados en las cuentas referenciadas, a partir de sus publicaciones en los meses de noviembre y diciembre (2022) y enero (2023).

Tabla 1. Datos generales de las cuentas en Facebook e Instagram, de los restaurantes: El mono bandido, La Hamburguesería y 80 sillas restaurante. Fecha de medición: marzo 2023.

PYME	Seguidores en FB	Seguidores en IG	URL por red
El Mono Bandido	32.000	112.000	El Mono Bandido | Facebook https://www.instagram.com/elmonobandido/
La Hamburguesería	53.000	26.000	LA HAMBURGUESERIA | Facebook https://www.instagram.com/hamburgueserias/
80 sillas restaurante	190	7.574	80 sillas | Bogotá | Facebook https://www.instagram.com/80sillas/

Fuente: elaboración propia (2023).

A partir de la referenciación de contexto de la muestra investigativa, se pudo determinar de manera primaria, no solo la presencia y usabilidad de redes sociales como acción estratégica de los restaurantes para su promoción, sino la capacidad de impacto y alcance de sus acciones en dichos medios digitales. Una primera impresión y análisis de resultado se centra en la cantidad de seguidores, que supone la aceptación de la marca por parte de los usuarios en red, el reconocimiento de esta y su capacidad de relacionamiento permanente, mediante la generación de contenidos interactivos y de alto valor.

Desde dichos factores, se permite evidenciar que la comunidad en red del restaurante El Mono Bandido, tiene una alta presencia en Instagram, superando los 100 mil usuarios, con notable diferencia sobre los otros dos restaurantes de la muestra en la misma red social digital. A su vez, para el caso de La Hamburguesería, la red social de mayor impacto es Facebook, por encima de Instagram, e incluso de los otros dos objetos de estudio analizados.

Para el caso del presente artículo de investigación, se hace hincapié en los análisis de resultados que permitieron evidenciar a la PYME El Mono Bandido, como una empresa que desarrolla una eficiente gestión de sus redes sociales digitales, no solo desde la cantidad de usuarios o seguidores que tiene, sino desde sus procesos propios de relacionamiento e interacción con las comunidades online que posee. De esa manera, en los siguientes apartados del presente capítulo, se esbozan algunos contenidos dispuestos en las RR.SS. DD., de la PYME ya referenciada, a partir de hallazgos que permiten analizar su discurso digital.

Iniciando con la red social Facebook, una de las más populares y usadas en Colombia, se tomó como referencia la cuenta oficial del restaurante El Mono Bandido, para caracterizar los niveles de impacto y relacionamiento que se manejaron, entre noviembre de 2022 y enero de 2023, recordando que dicha temporada del año es la más próspera para las pequeñas y medianas empresas en Colombia.

Figura 2. Caracterización de publicaciones en FB, cuenta oficial El mono bandido, noviembre 2022 a enero 2023.

Fuente: elaboración propia (2023).

A partir de la información recolectada, se logra identificar que la cantidad de publicaciones, tanto en imagen como en formato audiovisual son bajas, teniendo en cuenta que el periodo observado corresponde a tres meses consecutivos. De esa manera, el comportamiento de la marca en Facebook se podría calificar como no consistente, teniendo en cuenta que en el periodo analizado se evidenciaron 21 publicaciones, sobre 92 días en total. Lo anterior traduce apenas dos publicaciones por semana, número irrelevante si el objetivo es promover recordación de marca y posicionamiento.

Sin embargo, es relevante mencionar la capacidad de relacionamiento e interactividad que la marca El Mono Bandido logra generar, desde su cuenta en Facebook, so pesar de su baja cantidad de publicaciones. Lo anterior se revalida con el importante número de comentarios positivos que la PYME recibió a raíz de sus publicaciones, de igual forma; otros indicadores que le apuntan a la favorabilidad de su impacto, desde las reacciones que predominan durante el periodo observado: "me encanta" (61), "me gusta" (115) y "me divierte" (47); resaltando que en este último la intención siempre fue causar gracia entre los usuarios.

A partir de lo anterior, se puede evidenciar como resultado general del ejercicio investigativo realizado sobre la red social Facebook, del restaurante El Mono Bandido, una baja intensidad en la cantidad de publicaciones, pero una buena percepción por parte de los usuarios, si tomamos en cuenta que de 21 publicaciones entre noviembre, diciembre y enero (2022-2023), esta pequeña y mediana empresa bogotana recibió 223 reacciones positivas, es decir: un promedio de 10 aprobaciones por publicación, mientras que las desaprobaciones oscilan un 0,02 por cada post.

Por otro lado, la segunda red social analizada sobre los procesos comunicativos digitales de la PYME El Mono Bandido, corresponde a su cuenta oficial en Instagram, donde la comunidad de usuarios que tiene la marca es significativa al superar los 100mil seguidores. Cabe recordar que la observación no participativa y el respectivo análisis de discursos, tuvo en cuenta el mismo periodo que se manejó para la red social Facebook.

Figura 3. Caracterización de publicaciones en IG, cuenta oficial El mono bandido, noviembre 2022 a enero 2023.

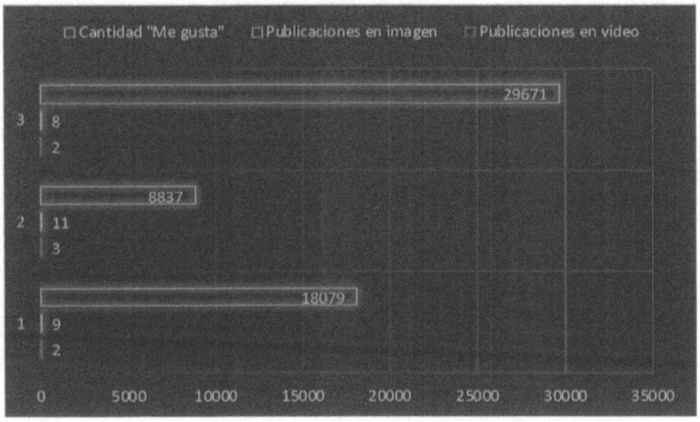

Fuente: elaboración propia (2023).

A partir de los resultados expuestos en la figura 3 del presente documento; de manera inicial se puede evidenciar el alto comportamiento e interactividad que tienen lo usuarios de la marca para el caso de la cuenta oficial del Mono Bandido en Instagram, destacando más de 50mil reacciones positivas a las publicaciones registradas entre noviembre de 2022 y enero de 2023.

De igual forma, se puede validar que la PYME analizada, para el caso de la red social Instagram, también tiene una baja taza de publicación, teniendo en cuenta que durante los

92 días que componen los meses de noviembre, diciembre y enero; se registraron apenas 35 post, lo que arroja una cifra que oscila sobre las 3 publicaciones por semana.

No obstante, el comportamiento en esta red social es muy similar a lo que ocurre en Facebook, donde la marca no publica de manera permanente, pero sí tiene un buen nivel de *engagement,* ya que al validar la cantidad de aceptación o favorabilidad por parte de los usuarios; se hallan cifras que promedian 1.600 reacciones (me gusta) por publicación, *reels* e imágenes en su gran mayoría.

A continuación, a modo de contexto, se relaciona una corta evidencia sobre el ejercicio investigativo realizado a partir de la observación directa no participativa enunciada en la metodología, referenciando dos publicaciones recuperadas de las redes sociales digitales del Mono Bandido, bajo sus cuentas en Facebook e Instagram, que de manera básica pero tangible permiten analizar algunas de sus estrategias para generar interacción con su comunidad de usuarios.

Figura 4. Publicaciones en FB e IG, de la PYME El Mono Bandido, noviembre 2022 – enero 2023.

Fuente: Facebook e Instagram, El Mono Bandido 2022.

De manera general, las publicaciones del Mono Bandido, tanto en Facebook como en Instagram, suelen tener varios atributos que le apuntan a una adecuada gestión de *engagement,* fundamentando sus acciones estratégicas bajo objetivos claros de posicionamiento de marca y promoción de sus servicios. En ese sentido, la PYME analizada desde sus canales digitales, suele usar su marca verbal como palabra clave dentro de sus publicaciones, además de acudir a la empatía y cercanía con los usuarios desde la referencia de situaciones de la cotidianidad y el mismo contexto local.

Nota aclaratoria: la totalidad de evidencias, anexos y análisis de resultados de la investigación referida se encuentran dispuestos en el repositorio institucional de la Universidad Cooperativa de Colombia.

5. CONCLUSIONES

Los resultados obtenidos en el marco de la investigación principal INV3281, financiada por la Universidad Cooperativa de Colombia, permitieron analizar varios factores de actuación y operación comunicativa que actualmente predominan en las PYMES bogotanas, bajo estrategias de posicionamiento de marca en comunidades digitales, que permiten no solo la subsistencia de las pequeñas y medianas empresas, sino su aporte vital a la economía de toda una nación.

De esa manera, para el caso del objeto de estudio referido para el presente artículo de investigación, restaurante El Mono Bandido, se pudo evidenciar un impacto comunicativo y comercial considerable, desarrollado mediante redes sociales digitales como Facebook e Instagram. Lo anterior considerando que "es fundamental para una Pyme que quiera triunfar, aprovechar al máximo todas las oportunidades que brinda la Web 2.0 y construir una relación realmente productiva" (Klyver, C. 2016).

De igual forma se logró validar, no solo para el caso de la PYME El Mono Bandido; también en los otros 31 restaurantes que fueron parte de la muestra seleccionada por el grupo de investigadores de la Universidad Cooperativa, que Bogotá es una de las ciudades del mundo donde más preferencia y aceptabilidad tienen las redes sociales digitales. Para el caso de Facebook e Instagram, según investigaciones de (Uribe, F. Et al, 2013), a nivel nacional se reportan más cuentas activas en dichas redes que ciudadanos legalmente identificados.

También es importante mencionar que, a raíz de la administración empírica de las redes sociales digitales de las PYMES bogotanas intervenidas, es muy común identificar, luego de la observación no participante ejecutada, la baja consistencia o repitencia de publicaciones en las respectivas cuentas oficiales, lo que supone de manera primaria; la usencia de un plan de medios digital declarado, que esté fundamentado desde fases diagnósticas, de planificación y de evaluación de estos procesos comunicativos, que le aporten a un posicionamiento de marca consolidado.

En ese orden de ideas, los resultados generales permiten determinar que las PYMES analizadas, han alcanzado importantes resultados de *engagement,* pero estos; pudieran ser potenciados a partir de una norma técnica establecida, en términos comunicativos: un plan de medios digital que les permita declarar de manera más precisa, por ejemplo: objetivos de comunicación, canales adecuados a intervenir y tácticas comunicativas de mayor calidad. De igual forma, una parrilla de contenidos estratégicamente diseñada, donde se determinen fechas, franjas horarias y lapsos de repitencia de alto impacto, desde procesos de planificación que le den valor a este canal de servicio y venta, correspondiente al simbolismo que hoy representa el uso de las redes sociales digitales para las PYMES en Bogotá.

A partir de los resultados obtenidos, se espera como producto de investigación del proyecto interno INV3281, la formulación de una norma técnica (plan de medios digital), que le permita a las PYMES bogotanas mejorar su gestión de mercadeo a través de las redes sociales digitales.

6. REFERENCIAS

Arango-Forero, G. (2013). Comunicación digital: una propuesta de análisis desde el pensamiento complejo. *Palabra clave, 16*(3), 673-697.

Bertolotti, P. (2014). Conceptos básicos comunicación digital.

Carvajal, C. Y., Granda, L. S., Villamar, I. B., & Hermida, L. H. (2017). La importancia de las PYMES en el Ecuador. *Revista Observatorio de la Economía Latinoamericana, Ecuador,(junio 2017). Recuperado de http://www. eumed. net/cursecon/ecolat/ec/2017/pymes-ecuador. html.*

Kaplan, A. and Haenlein, M. (2010). Users of the world, unite! The challenges and opportunities of social media. *Business Horizons,* 53 (1), 59-68.

Klyver, C. J. (2016). Las Redes Sociales y las pymes. Una relación productiva. *Cuadernos del Centro de Estudios en Diseño y Comunicación. Ensayos,* (57), 169-180.

Maraza, A. C., Gomez, M. S. H., Limache, A. M. C., & Mamani, E. F. (2019). Estrategias del marketing viral y el posicionamiento de marca en los restaurantes turísticos de la Región de Puno. *Comuni@ cción: Revista de Investigación en Comunicación y Desarrollo, 10*(1), 70-80.

Pérez Andrés, C. (2002). Sobre la metodología cualitativa. *Revista española de salud pública, 76,* 373-380.

Rodríguez, C. (2013). El Potencial Del Marketing Viral Para Las Mypes De Chiclayo: Rubro De Ropa (Tesis de Pregrado). Universidad Católica Santo Toribio, Chiclayo, Perú. Disponible en: http://tesis.usat.edu.pe/ bitstream/20.500.12423/124/1/TL_Rodriguez_ Vigo_Cinthya.pdf

Serralvo, F. A., & Furrier, M. T. (2005). Tipologías del posicionamiento de marcas. Un estudio conceptual en Brasil y en España. Revista Galega de economía, 14(1-2), 1-15.

Uribe Saavedra, F., Rialp Criado, J., & Llonch Andreu, J. (2013). El uso de las redes sociales digitales como herramienta de marketing en el desempeño empresarial. *Cuadernos de administración, 26*(47), 205-231.

Zuccherino, S. (2021). *Social Media Marketing: la revolución de los negocios y la comunicación digital.* Editorial Temas.

MEDELLÍN DIGITAL. EL SALTO TECNOLÓGICO DE LAS PYMES

Juan David Monsalve Ospina

El presente texto nace en el marco del proyecto Transformación Digital en las PyMES del Valle de Aburrá desarrollado por la Corporación Universitaria U de COLOMBIA.

1. INTRODUCCIÓN

En la actualidad, la transformación digital se ha convertido en un factor determinante para la competitividad y supervivencia de las empresas en un entorno empresarial cada vez más globalizado y tecnológico. En particular, las pequeñas y medianas empresas, en adelante PyMES, desempeñan un papel crucial en el tejido empresarial de Medellín, una ciudad que ha experimentado un crecimiento económico significativo en los últimos años. El avance tecnológico y la adopción de tecnologías digitales por parte de las PyMES en Medellín son elementos clave para impulsar su desarrollo y fortalecer su posición en el mercado, de acuerdo con Álvarez & Ardila (2020), "se hace necesario que el gobierno nacional y los gremios económicos del país, comiencen a pensar en una política empresarial nacional que contribuya al fortalecimiento de este grupo de empresas" (p. 32).

El presente artículo, titulado "Medellín Digital: El Salto Tecnológico de las PyMES", tiene como objetivo explorar y analizar las barreras y desafíos en el proceso de transformación digital que viven las PyMES de la ciudad. Para lograrlo, se realiza una investigación teórico-documental y se aplica un enfoque metodológico basado en un instrumento estadístico que permite identificar el grado de adopción digital en las pequeñas y medianas empresas de la ciudad. Sin embargo, este enfatiza en la revisión y análisis de los resultados obtenidos en la segunda fase del proceso relacionada con la aplicación del instrumento de recolección de datos, momento previo a la contrastación de los resultados de las fases 1 y 2, es decir, del contraste de la información teórica y los datos empíricos.

La transformación digital se define como el proceso mediante el cual las organizaciones adoptan tecnologías digitales en todas las áreas de su operación, con el objetivo de mejorar la eficiencia, la productividad, la toma de decisiones y la relación con sus clientes, "como su foco en la experiencia del usuario, la colaboración de extremo a extremo en toda la cadena de valor y el cambio paradigmático que implica" (Delgado, 2020, p.10). En el contexto de las PyMES de Medellín, este proceso implica una transición de modelos de negocios tradicionales a modelos más flexibles y orientados a la innovación "por tal motivo, resulta imperante analizar la innovación tecnológica como factor competitivo dentro de las organizaciones y que en conjunto con la globalización ha promovido la competitividad y la consecuente mejora de los bienes y servicios" (Ccanto, 2019, p. 9).

La investigación teórico-documental proporciona un marco conceptual sólido para comprender los conceptos y teorías fundamentales relacionadas con la transformación digital en las organizaciones. Según Reye-Ruíz y Carmona (2020) se revisan estudios previos, informes empresariales y documentos académicos que abordan aspectos clave como los beneficios de la adopción digital, los desafíos asociados, las mejores prácticas y las estrategias de implementación.

Además, se realiza un estudio empírico mediante la aplicación de un instrumento estadístico diseñado para medir el grado de adopción digital en las PyMES de Medellín. Este enfoque permite recopilar datos cuantitativos y obtener una visión clara y objetiva del nivel de digitalización en diferentes sectores y tipos de empresas y organizaciones en la ciudad.

A través de este estudio, se espera generar un conocimiento más profundo sobre el estado actual de la transformación digital en las pequeñas y medianas empresas de la ciudad, así como proporcionar recomendaciones y orientación para promover la adopción y el desarrollo tecnológico en este sector empresarial clave. Al entender mejor los desafíos y oportunidades asociados a la transformación digital, las PyMES pueden implementar estrategias efectivas que les permitan impulsar su crecimiento y éxito en el mercado digital actual.

2. OBJETIVOS

El objetivo principal de esta investigación busca analizar las barreras y desafíos que limitan la implementación efectiva de la transformación digital en las pymes del Valle de Aburrá y la ciudad de Medellín. A través de este análisis exhaustivo, se busca proporcionar recomendaciones y estrategias que impulsen la adopción exitosa para la transformación en estas empresas.

Para lograrlo, se plantean objetivos específicos que incluyen: identificar las principales barreras y desafíos que enfrentan las pymes en su camino hacia la transformación digital. Se abordan aspectos como la falta de conocimiento y comprensión, limitaciones financieras y técnicas, disponibilidad de capacitación y formación, infraestructura digital insuficiente y resistencia al cambio. Además, se evalúa el impacto de estas barreras en el proceso de transformación digital, analiza cómo afectan la competitividad, la eficiencia operativa y el acceso a nuevos mercados y oportunidades para las pymes. A partir de este análisis, se proponen recomendaciones y estrategias específicas que ayuden a superar las barreras y desafíos identificados. Esto incluye la creación de programas de capacitación y formación adaptados a las necesidades de las pymes, el desarrollo de políticas públicas que promuevan la infraestructura digital, la implementación de incentivos financieros y la sensibilización sobre los beneficios de la transformación digital. En conjunto, estos objetivos permiten generar un marco de acción para impulsar la adopción exitosa de la transformación digital en las pequeñas y medianas empresas del Valle de Aburrá y la ciudad de Medellín, fortaleciendo su posición en el mercado y fomentando su crecimiento y desarrollo.

3. MARCO TEÓRICO

La base fundamentada para esta investigación proviene del enfoque teórico, el cual se cimienta en el análisis y revisión de estudios previos realizados por investigadores que también enfrentaron la búsqueda de estrategias óptimas para la transformación digital de las PyMES en el Valle de Aburrá.

Un punto de partida para entender dicha dinámica es comprender los conceptos relacionados acerca de la transformación digital a lo que (Fletcher y Griffiths, 2020) plantean que va más allá de, sólo la irrupción de nuevas tecnologías, es la adopción de estas en los distintos procesos productivos, de gestión y análisis de factores de riesgo y de la información mediada por lo digital de cara a la toma eficiente de decisiones con el interés de evolucionar y obtener mejores resultados para la organización.

Desde esta perspectiva se reconoce que es más que un mero concepto y debe estructurarse, por lo que para este ejercicio investigativo se asume la propuesta de Delgado Fernández (2020) en cuanto su taxonomía. Dicha propuesta estructura las dimensiones y características de la transformación digital planteando como componentes: principios, habilitadores, mecanismos de adopción, áreas de impacto y mecanismos de evaluación. "la Transformación digital puede ser implementada y adoptada mediante estrategias digitales, arquitecturas empresariales, marcos de referencia de interoperabilidad, infraestructuras, plataformas y otros mecanismos de gobernanza organizacional" (p. 19).

Sin embargo, como refieren Mosquera & Díaz (2022), entendiendo la existencia de brechas y limitaciones que influyen en la viabilidad de las estrategias de transformación digital, que van desde la escasez de recursos como financiamiento, talento humano y tecnología, hasta las restricciones internas dentro de las organizaciones relacionadas con la cultura y las dificultades de aceptación y adopción de tecnologías. Estas limitaciones tienen un impacto en todo el personal interno, proveedores e incluso clientes, es decir, en todas las partes interesadas involucradas en el entorno organizacional.

En contra parte, la facilidad de acceso a distintos sistemas y plataformas digitales de libre acceso o gratuitos, como servicios en la nube, correos electrónicos y otras herramientas, desempeña un papel fundamental en la percepción positiva de utilidad por parte de las pymes en el proceso de transformación digital. Estas soluciones tecnológicas asequibles y de fácil acceso permiten a las pymes adoptar rápidamente nuevas tecnologías y mejorar su eficiencia operativa sin incurrir en altos costos. La disponibilidad de servicios en la nube, por ejemplo, ofrece a las pymes la capacidad de almacenar y gestionar datos de manera eficiente, accediendo a ellos desde cualquier lugar y en cualquier momento. (Bohórquez, Moya, *et al*) Asimismo, el uso de correos electrónicos y otras herramientas de comunicación digital facilita la colaboración interna y externa, agilizando los procesos y mejorando la productividad. Al reducir la barrera financiera para la adopción de tecnologías digitales, estas soluciones accesibles empoderan a las pymes para competir en un entorno cada vez más digitalizado, ampliando sus oportunidades de negocio y fortaleciendo su posición en el mercado.

Entre los distintos entornos de cambio que supone la apropiación de la transformación digital de las pymes en el Valle de Aburrá y la ciudad Medellín aparece otro factor, el factor humano, es decir, las implicaciones en cuanto al cambio en la forma en que se ve el mundo laboral según Hincapié y Bustamante (2022), las formas en que se opera la producción, los nuevos comportamientos organizacionales, la virtualización del hacer, le gestión y percepción del tiempo laboral, entre otros factores, traen consigo la idea de una "guerra laboral" (p. 58), ese miedo perpetuo del humano de ser reemplazado por la máquina que se presenta históricamente desde la primera revolución industrial.

Otro factor relevante en cuanto a la transformación digital se relaciona con el direccionamiento que se viene dando a la ciudad de Medellín desde hace ya varios años en el cual se proyecta como Distrito Digital y se genera una estrategia clúster de la ciudad de Medellín, Colombia, se ha convertido en una iniciativa clave para fomentar el desarrollo económico y la competitividad en la región (Agudelo & Henao, 2019). Esta estrategia se centra en agrupar empresas y actores relacionados en sectores específicos, creando sinergias y colaboración entre ellos para impulsar la innovación, mejorar la productividad y acceder a nuevos mercados. Los clústeres se han formado en diversos sectores, como la moda, la tecnología, el turismo y la salud, entre otros, y han demostrado ser una poderosa herramienta para potenciar el crecimiento empresarial y la atracción de inversiones.

En el contexto de la transformación digital, la estrategia clúster adquiere un papel aún más relevante. Al agrupar empresas con intereses y objetivos comunes, se crea un ecosistema propicio para compartir conocimientos y buenas prácticas en el uso de tecnologías digitales y entender su impacto en la competitividad. Las empresas dentro de un clúster pueden colaborar en la adopción de soluciones digitales, mejorar su capacidad de innovación y desarrollar proyectos conjuntos que aprovechen las ventajas de la transformación digital. (Pineda Gómez, 2019). Además, la estrategia clúster también contribuye a superar algunas de las barreras y desafíos identificados en la transformación digital de las pymes. Por ejemplo, la falta de conocimiento y comprensión sobre la transformación digital puede ser abordada mediante la colaboración y el intercambio de experiencias entre empresas del mismo sector. Asimismo, la infraestructura digital insuficiente puede ser enfrentada de manera conjunta, impulsando la creación de políticas públicas que fomenten la infraestructura digital en los clústeres.

3. METODOLOGÍA

El desarrollo metodológico que permite llevar a cabo dicho proyecto investigativo se entiende de tipo mixto puesto que busca describir y cuantificar los distintos elementos que componen el objeto de estudio en una población determinada y consta de tres momentos específicos. Teniendo en cuenta a la población como un "conjunto finito o infinito de elementos, personas o cosas pertenecientes a los investigadores que desea realizar". (Britto, J. 2013). En primer lugar, se lleva a cabo una búsqueda y selección de fuentes de información relevantes. Esto incluye la exploración de bases de datos académicas, bibliotecas digitales, repositorios de investigación y sitios web oficiales de instituciones gubernamentales y organizaciones empresariales. La selección de fuentes se basa en su pertinencia, autoridad y actualidad, asegurando la inclusión de estudios empíricos, teorías y marcos conceptuales relacionados con la transformación digital en pymes. Este proceso garantiza una base sólida de conocimiento teórico que respalde la investigación.

Una vez que se identificadas y recopiladas las fuentes de información pertinentes, se realiza una revisión sistemática y crítica de la literatura. Esta etapa implica la lectura minuciosa y el análisis detallado de los documentos seleccionados. Se buscan patrones, tendencias y conceptos clave que se repitan a lo largo de las fuentes, así como las divergencias o discrepancias existentes. Además, se llevará a cabo una síntesis y resumen de los hallazgos y argumentos principales de cada fuente para construir una comprensión sólida de la transformación digital en las pymes del Valle de Aburrá y la ciudad de Medellín desde una perspectiva teórica.

Finalmente, se procede a la interpretación y análisis de los hallazgos teóricos obtenidos de la revisión documental. Se identifican las principales teorías, enfoques y modelos que se han propuesto en la literatura, así como los conceptos y factores clave que influyen en la transformación digital en las pymes. Se buscan puntos de convergencia y divergencia entre los autores y se establecen conexiones y relaciones significativas entre los diferentes elementos teóricos identificados. Además, se extraen conclusiones y se generan recomendaciones preliminares basadas en los hallazgos teóricos obtenidos.

En un segundo momento se diseña el instrumento estadístico y los modelos de aplicación desde la metodología de la estadística cuantitativa, así como la realización del proceso de validación instrumental que permita la mayor eficiencia en la recolección de los datos. Seguido a esto se aplica el instrumento a una muestra de la población determinada mediante una formula estadística determinada que conlleva a definir la muestra representativa. El instrumento aplicado se diseña pensando en la mejor obtención de resultados que dieran lugar a la resolución del problema de investigación con una serie de preguntas de elección múltiple entre las que estaban: ¿Cuál es el nivel de adopción de la transformación digital en su empresa? ¿Cuáles considera que son las principales barreras para implementar la transformación digital en su empresa? ¿Qué tipo de capacitación o formación digital ha recibido su empresa y sus empleados? ¿En qué medida considera que la falta de infraestructura digital ha limitado la adopción de la transformación digital en su empresa? ¿Ha logrado acceder a nuevos mercados y oportunidades a través de la transformación digital?, entre otras.

De esta manera, sin ser un proceso de inferencia estructurado, se plantea como un enfoque heurístico que requiere supervisión, basándose en una conjetura más persuasiva que deductiva, donde se participa en su comprobación empírica. En este sentido, el tamaño de la muestra se determinó utilizando la ecuación (1) para poblaciones finitas.

(Ecuación 1)

N= ∑2*N*p*q

E2*(N-1) + ∑*p*q

En relación con lo expuesto, sigma (∑) representa, de acuerdo con la distribución normal, el nivel de confianza del 95% con un valor absoluto de 1.64. La población (N) consiste en 347,697 PyMES del grupo en estudio. Se consideraron probabilidades a favor y en contra (p y q) del 50% cada una, reconociendo así la máxima dispersión para una distribución, y el error de muestreo (e) se estableció en el 5%, siendo este el mayor margen de error aceptable en la selección de una muestra, como se enuncia en la ecuación (2).

(Ecuación 2)

N= (1.64)2*347.697 *0.5*0.5

(0.08)2*(347.697) + (1.64) 2 *0.5*0.5

N= 135 PYMES para la muestra

Finalmente, en la etapa tres, se lleva a cabo la organización, catalogación y clasificación de la información generada en la fase anterior, con el propósito de realizar el análisis pertinente que conduzca a obtener los resultados principales e identificar los factores determinantes de la brecha digital. Estos hallazgos servirán como base para el diseño de políticas públicas en esta área.

Es importante resaltar que el enfoque y análisis de este artículo se concentra principalmente en la revisión de los resultados obtenidos durante la segunda fase del estudio. Esto implica la interpretación exhaustiva de los datos recolectados mediante la aplicación del instrumento de recolección de datos en la muestra seleccionada. El objetivo es profundizar en la comprensión de los hallazgos y extraer conclusiones significativas que permitan abordar de manera más detallada y específica los temas relacionados con la transformación digital en las pymes de la ciudad de Medellín y posteriormente contrastar la información con los resultados de la primera fase.

4. ANÁLISIS DE LOS RESULTADOS DE LA ENCUESTA

El análisis de la información recopilada en esta investigación proporciona una visión integral de la situación de las PyMES en el contexto del Valle de Aburrá en cuanto a su adopción de la transformación digital. A través del procesamiento y la interpretación de los datos obtenidos, se pueden identificar patrones, tendencias y factores clave que influyen en la implementación exitosa de la transformación digital en este sector empresarial. Este análisis permitirá comprender mejor la brecha digital existente, así como proporcionar perspectivas valiosas para desarrollar estrategias y recomendaciones con el objetivo de impulsar la adopción digital en las PyMES del Valle de Aburrá. A continuación, se presentarán los principales hallazgos y resultados obtenidos del análisis de la información, que permitirán una comprensión más precisa de la situación actual y orientarán las acciones futuras para promover la transformación digital en este importante sector empresarial.

La ubicación de la Pyme

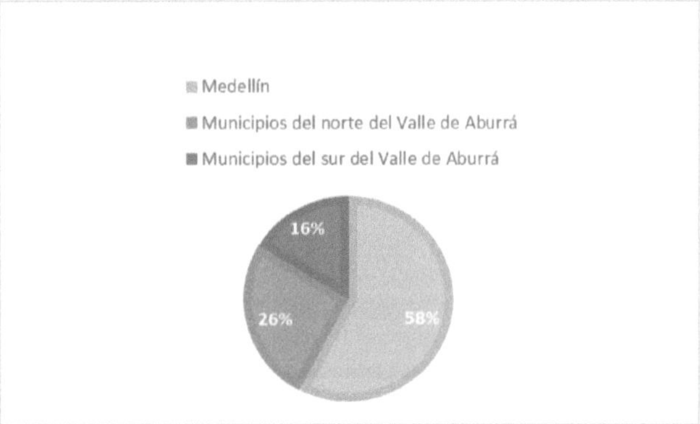

Figura 1. Ubicación PyMES. Fuente: Elaboración propia.

El análisis de los datos revela que la mayoría de las PyMES encuestadas se ubican en Medellín, representando aproximadamente el 58% del total de la muestra. Por otro lado, los municipios del norte del Valle de Aburrá comprenden alrededor del 26% de las PyMES, mientras que los municipios del sur del Valle de Aburrá representan cerca del 16%. Estos resultados indican que la concentración de PyMES en Medellín es significativamente mayor en comparación con los municipios vecinos. Esta información resalta la importancia de enfocar las estrategias de transformación digital en Medellín, dada la mayor concentración de empresas en esta área. Sin embargo, también es importante considerar el potencial de crecimiento y desarrollo en los municipios del norte y sur del Valle de Aburrá, donde se encuentran un número considerable de PyMES que pueden beneficiarse de la adopción de la transformación digital.

Sector de la Pyme

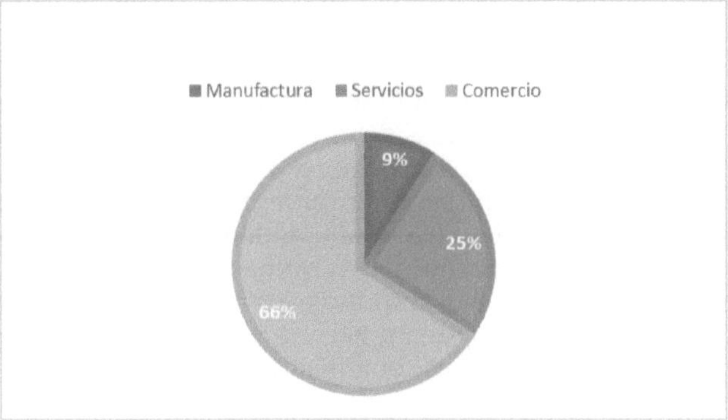

Figura 2. Sector PyMES. Fuente: Elaboración propia.

En cuanto a este ítem los datos revelan la distribución de las PyMES encuestadas por sector. De acuerdo con los resultados, el sector de Comercio representa la mayor proporción, con un total de 89 PyMES, lo que equivale aproximadamente al 66% de la muestra. Por otro lado, el sector de Servicios cuenta con 34 PyMES, lo que representa aproximadamente el 25% de la muestra. El sector de Manufactura tiene la menor representación, con un total de 12 PyMES, lo que equivale aproximadamente al 9% de la muestra. Estos resultados muestran una predominancia significativa del sector de Comercio entre las PyMES encuestadas, seguido por el sector de Servicios. Esta distribución sectorial es relevante para comprender las particularidades y necesidades específicas de cada sector en relación con la adopción de la transformación digital. Asimismo, estos datos brindan información valiosa para la formulación de estrategias y recomendaciones dirigidas a impulsar la adopción digital en cada sector, con el objetivo de maximizar los beneficios y oportunidades derivados de la transformación digital en el ámbito empresarial.

Tamaño de la Pyme

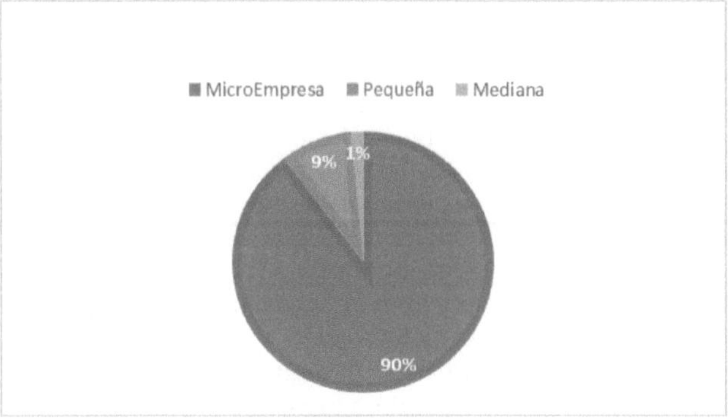

Figura 3. Tamaño PyMES. Fuente: Elaboración propia.

El análisis de los datos muestra la distribución de las PyMES encuestadas según su tamaño. De acuerdo con los resultados, la mayoría de las empresas encuestadas se clasifican como

Microempresas, con un total de 121 casos, lo que representa aproximadamente el 89% de la muestra. Por otro lado, las Pequeñas Empresas representan un porcentaje mucho menor, con solo 12 casos, aproximadamente el 9% de la muestra. Las Medianas Empresas tienen la menor representación en la muestra, con solo 2 casos, aproximadamente el 2% del total. Estos resultados indican una predominancia abrumadora de las Microempresas en la muestra de las PyMES encuestadas. Esto es coherente con la realidad empresarial en muchas economías, donde las Microempresas conforman la mayoría del tejido empresarial. Sin embargo, también es importante destacar la importancia de brindar apoyo y recursos específicos para las Pequeñas y Medianas Empresas, ya que estas pueden enfrentar desafíos y necesidades distintas en términos de adopción de la transformación digital. El análisis del tamaño de las empresas permite tener una visión más precisa de la composición de la muestra y orienta hacia acciones focalizadas para promover la transformación digital en cada segmento empresarial.

¿Cuál es el nivel de adopción de la transformación digital en su empresa?

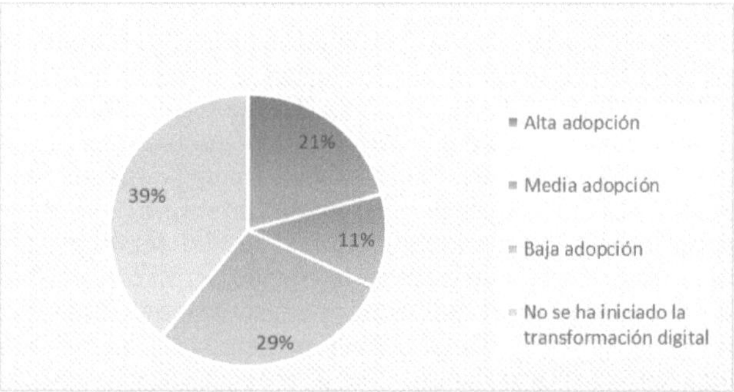

Figura 4. nivel de adopción de la transformación digital. Fuente: Elaboración propia.

En este caso los datos revelan el nivel de adopción de la transformación digital en las empresas encuestadas. Según los resultados, un total de 28 empresas reportaron tener una alta adopción de la transformación digital, lo que representa aproximadamente el 21% de la muestra. Por otro lado, 15 empresas indicaron tener una adopción media de la transformación digital, lo que equivale a aproximadamente el 11% de la muestra. Un total de 39 empresas reportaron tener una baja adopción de la transformación digital, lo que representa aproximadamente el 29% de la muestra. Además, 53 empresas indicaron que no han iniciado el proceso de transformación digital, lo que equivale aproximadamente al 39% de la muestra. Estos resultados revelan que aún hay un número significativo de empresas que no han iniciado o tienen una baja adopción de la transformación digital. Esto resalta la necesidad de fomentar y apoyar la adopción de la transformación digital en estas empresas, brindando recursos, capacitación y concienciación sobre los beneficios y oportunidades que ofrece la transformación digital. Al mismo tiempo, es alentador ver que algunas empresas han logrado una alta adopción de la transformación digital, lo que muestra el potencial y los beneficios que se pueden obtener a través de este proceso.

¿Cuáles considera que son las principales barreras para implementar la transformación digital en su empresa?

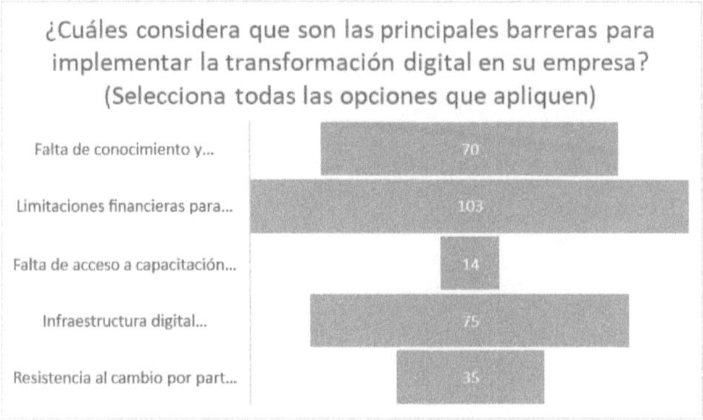

Figura 5. Principales barreras para implementar la TD. Fuente: Elaboración propia.

Cuando se pregunta por las principales barreras y desafíos que las empresas encuestadas enfrentan en relación con la adopción de la transformación digital. Según los resultados, la falta de conocimiento y comprensión sobre la transformación digital es citada como una barrera por 70 empresas, lo que representa aproximadamente el 52% de la muestra. Las limitaciones financieras para invertir en tecnología digital son mencionadas por 103 empresas, lo que equivale a aproximadamente el 76% de la muestra. La falta de acceso a capacitación y formación en temas digitales es señalada por 14 empresas, aproximadamente el 10% de la muestra. La infraestructura digital insuficiente es mencionada por 75 empresas, lo que representa aproximadamente el 56% de la muestra. Por último, la resistencia al cambio por parte de los empleados es mencionada por 35 empresas, aproximadamente el 26% de la muestra. Estos resultados subrayan la existencia de múltiples barreras que dificultan la adopción de la transformación digital en las empresas encuestadas. Las limitaciones financieras y la falta de conocimiento y comprensión son las barreras más mencionadas, lo que destaca la importancia de brindar apoyo financiero y recursos educativos para superar estos obstáculos. Además, la infraestructura digital insuficiente y la resistencia al cambio por parte de los empleados también son desafíos significativos que deben abordarse para lograr una adopción exitosa de la transformación digital en las empresas.

¿En qué medida considera que la falta de infraestructura digital ha limitado la adopción de la transformación digital en su empresa?

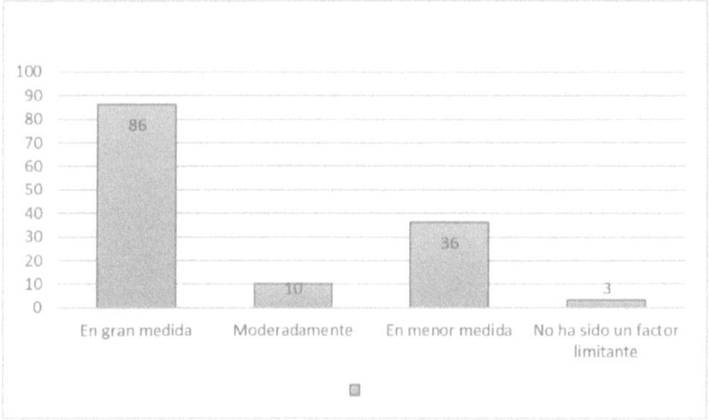

Figura 6. Falta de infraestructura digital. Fuente: Elaboración propia.

El análisis de los datos revela la percepción de las empresas encuestadas sobre cómo la falta de infraestructura digital ha limitado la adopción de la transformación digital en sus empresas. Según los resultados, un total de 86 empresas consideran que la falta de infraestructura digital ha limitado en gran medida la adopción de la transformación digital, lo que representa aproximadamente el 64% de la muestra. Además, 10 empresas indican que la falta de infraestructura digital ha limitado moderadamente la adopción de la transformación digital, aproximadamente el 7% de la muestra. Por otro lado, 36 empresas consideran que la falta de infraestructura digital ha limitado en menor medida la adopción de la transformación digital, lo que equivale aproximadamente al 27% de la muestra. Solo 3 empresas mencionan que la falta de infraestructura digital no ha sido un factor limitante en la adopción de la transformación digital. Estos resultados resaltan la importancia de la infraestructura digital como un elemento crítico para la adopción exitosa de la transformación digital en las empresas. La falta de infraestructura adecuada puede obstaculizar el acceso a tecnologías digitales y limitar las capacidades digitales de las empresas. Por lo tanto, es esencial abordar este desafío mediante la mejora y expansión de la infraestructura digital, lo que permitirá a las empresas aprovechar plenamente los beneficios de la transformación digital.

¿Ha logrado acceder a nuevos mercados y oportunidades a través de la transformación digital?

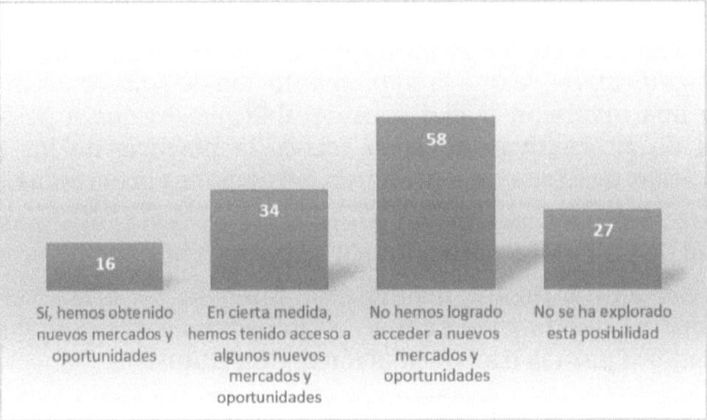

Figura 7. Acceso a nuevos mercados. Fuente: Elaboración propia.

El análisis de los datos revela la experiencia de las empresas encuestadas en cuanto a si han logrado acceder a nuevos mercados y oportunidades a través de la transformación digital. Según los resultados, un total de 16 empresas afirman haber obtenido nuevos mercados y oportunidades gracias a la transformación digital, lo que representa aproximadamente el 12% de la muestra. Además, 34 empresas indican haber tenido acceso en cierta medida a algunos nuevos mercados y oportunidades, aproximadamente el 25% de la muestra. Por otro lado, 58 empresas mencionan que no han logrado acceder a nuevos mercados y oportunidades a través de la transformación digital, lo que equivale aproximadamente al 43% de la muestra. Además, 27 empresas mencionan que no han explorado esta posibilidad. Estos resultados muestran que, aunque algunas empresas han obtenido nuevos mercados y oportunidades a través de la transformación digital, la mayoría de las empresas encuestadas aún no han logrado acceder a estas nuevas oportunidades. Esto resalta la importancia de explorar y aprovechar plenamente el potencial de los nuevos mercados y oportunidades que pueden surgir a través de la transformación digital. Esto puede implicar la identificación de nichos de mercado, la implementación de estrategias de marketing digital y el uso efectivo de herramientas y plataformas digitales para expandir el alcance y la visibilidad de la empresa.

5. CONCLUSIONES

Las conclusiones del proceso investigativo del que da cuenta el artículo "Medellín Digital: El Salto Tecnológico de las PyMES" permitieron corroborar la hipótesis preliminar en la que aparecía un supuesto de muy bajo nivel de adopción digital en dichas empresas en la ciudad, así como su percepción acerca del tema como un gasto en lugar de una oportunidad de desarrollo, de crecimiento, de mejora y oportunidades para impulsar la transformación digital en este sector empresarial clave. Este estudio proporciona una base sólida para futuras investigaciones y acciones dirigidas a promover la adopción digital en las PyMES de Medellín, facilitando su integración en el mercado digital actual.

Barreras y desafíos identificados: El análisis de los datos revela una serie de barreras y desafíos que constituyen los principales obstáculos para la adopción de la transformación digital en las PyMES del Valle de Aburrá. Estas barreras incluyen:

A. La falta de conocimiento y comprensión sobre la transformación digital, lo que puede dificultar la identificación de las oportunidades que ofrece esta revolución tecnológica.
B. Las limitaciones financieras para invertir en tecnología digital representan un desafío significativo, ya que la implementación de soluciones digitales a menudo requiere una inversión inicial considerable puesto que a pesar de la inmensa variedad de alternativas de *open source* la mayoría de los profesionales de diversas áreas desconocen o prefieren las opciones licenciadas.
C. La falta de acceso a capacitación y formación en temas digitales puede limitar la capacidad de las PyMES para adquirir y utilizar eficazmente nuevas tecnologías.
D. La infraestructura digital insuficiente también se erige como una barrera importante, ya que la conectividad y las herramientas digitales adecuadas son fundamentales para la transformación digital exitosa.
E. La resistencia al cambio por parte de los empleados puede dificultar la adopción y aceptación de las nuevas tecnologías, lo que requiere una gestión efectiva del cambio para asegurar una transición exitosa hacia lo digital.
F. Abordar de manera integral estas barreras es esencial para impulsar la adopción exitosa de la transformación digital en las PyMES del Valle de Aburrá y permitir que estas empresas aprovechen plenamente los beneficios y oportunidades que ofrece la era digital.

Distribución geográfica y sectorial: El análisis revela que la mayoría de las PyMES encuestadas se ubican en Medellín y pertenecen al sector del comercio. Esto destaca la importancia de enfocar las estrategias de transformación digital en Medellín y considerar las necesidades específicas de las empresas en el sector del comercio. Sin embargo, también se debe prestar atención a los municipios del norte y sur del Valle de Aburrá, donde se encuentran un número significativo de PyMES que pueden beneficiarse de la adopción de la transformación digital.

Nivel de adopción y beneficios percibidos: Aunque algunas empresas han logrado una alta adopción de la transformación digital y han obtenido nuevos mercados y oportunidades, la mayoría de las empresas aún se encuentran en niveles medios o bajos de adopción. Además, muchas empresas informan que no han logrado acceder a nuevos mercados y oportunidades a través de la transformación digital. Esto resalta la necesidad de brindar apoyo y recursos adicionales para impulsar la adopción digital y maximizar los beneficios percibidos por las empresas en términos de competitividad, eficiencia operativa y acceso a nuevos mercados.

Recomendaciones clave: Las recomendaciones identificadas para superar las barreras y desafíos en la adopción de la transformación digital se presentan como pilares fundamentales para impulsar este proceso en las PyMES del Valle de Aburrá:

A. Se destaca la necesidad de fortalecer la capacitación y formación en habilidades digitales para los empleados. Esta medida permitirá que el personal adquiera las competencias necesarias para abrazar la tecnología y aprovechar al máximo las herramientas digitales disponibles.
B. Es esencial mejorar el acceso a financiamiento para invertir en tecnología digital. Al contar con recursos adecuados, las PyMES podrán adquirir e implementar soluciones digitales relevantes para sus operaciones y estrategias comerciales.

C. Se resalta la importancia de impulsar la creación de políticas públicas que fomenten el desarrollo de infraestructura digital en la región. Una sólida infraestructura es vital para asegurar la conectividad y el acceso a la tecnología digital, lo que ampliará las oportunidades y facilitará la adopción de nuevas soluciones en las empresas.

D. La promoción de la concienciación sobre los beneficios y oportunidades de la transformación digital resulta esencial. Al crear una cultura organizacional orientada hacia lo digital, las PyMES podrán superar la resistencia al cambio y generar un ambiente propicio para la innovación y el progreso.

En conjunto, estas recomendaciones ofrecen una guía clara para el desarrollo de estrategias efectivas y acciones concretas que impulsen la adopción exitosa de la transformación digital en las PyMES del Valle de Aburrá. Al abordar estos aspectos fundamentales, las empresas estarán mejor preparadas para enfrentar los desafíos del entorno digital actual y capitalizar las oportunidades que esta transformación ofrece, fortaleciendo así su competitividad y sostenibilidad en el mercado.

6. REFERENCIAS

Agudelo, V. y Henao, T. L. (2019). *Industrias 4.0 en el contexto de la estrategia clúster de la ciudad de Medellín-Colombia.* https://repositorio.altecasociacion.org/handle/20.500.13048/1714

Álvarez, J. F. C. y Ardila, A. R. (2020). Creatividad e innovación, herramientas para mejorar la competitividad de las pymes en la globalización. In *Tendencias en la Investigación Universitaria: Una visión desde Latinoamérica.* (pp. 18-34). Universidad Continente Americano. https://dialnet.unirioja.es/servlet/articulo?codigo=7794738

Bohórquez, Y. M. H., Moya, J. R., Cortes, A. I. L., Puerta, C. M. V. y Bermúdez-Hernández, J. (2020). Los factores de aceptación tecnológica de herramientas de computación en la nube en pequeñas y medianas empresas (pymes) del sector hotelero de la ciudad de Medellín. *Revista CIES Escolme, 11*(01), 159-177. http://revista.escolme.edu.co/index.php/cies/article/view/289

Britto, J. (2013). Diversificação, competências e coerência produtiva. In *Economía industrial* (pp. 193-210). Elsevier.

Ccanto, F. F., Vera, F. R., Vera, R. P. R. y Vera, A. M. R. (2019). Gestión de Innovación tecnológica y globalización como factores impulsadores de la calidad de servicio y competitividad. *Revista Venezolana de Gerencia, 24*(88), 1239-1248. www.redalyc.org/journal/290/29062051014/29062051014.pdf

Delgado Fernández, T. (2020). Taxonomía de transformación digital. *Revista Cubana de transformación digital, 1*(1), 4-23. https://rctd.uic.cu/rctd/article/view/62/58

Fletcher, G. y Griffiths, M. (2020). Digital transformation during a lockdown. *International journal of information management,* 55, 102185. www.sciencedirect.com/science/article/pii/S0268401220310288

Hincapié Figueroa, L. E. y Bustamante Montoya, C. (2022). *Prácticas de formación empresarial para desarrollar competencias en el contexto de la Cuarta Revolución Industrial: Caso de dos PYMES de la ciudad de Medellín.* https://bibliotecadigital.udea.edu.co/handle/10495/26486

Mosquera P. C. A. y Díaz C. S. L. (2022). ¿Qué estrategias podrían implementar las PYMES del sector comercio de Antioquia para lograr un adecuado proceso de transformación digital?. *Ruta Académica, 16*(1), 63-75. http://journal.iumafis.edu.co/index.php/RA/article/view/5

Pineda Gómez, H. D. (2019). La incidencia de los clúster en la metamorfosis de Medellín. *Bitácora Urbano-Territorial, 29*(1), 139-146. https://dialnet.unirioja.es/servlet/articulo?codigo=6841629

Reyes-Ruiz, L. y Carmona Alvarado, F. A. (2020). *La investigación documental para la comprensión ontológica del objeto de estudio.* http://bonga.unisimon.edu.co/handle/20.500.12442/6630

CONCEPTOS BÁSICOS PARA EMPRENDER EL ESTUDIO DE LAS FINANZAS INTERNACIONALES

William Moreno López[1]

1. INTRODUCCIÓN

Una frustración recurrente entre los estudiantes de áreas distintas a las ciencias económicas, se evidencia precisamente frente a las asignaturas que, como las finanzas internacionales, comportan un alto contenido de aquellas; al respecto, es común una queja según la cual, se atribuye tal dificultad al uso de un lenguaje excesivamente técnico al punto que se torna inaccesible. A partir de esta situación problemática, el presente escrito pretende, como lo consigna en sus objetivos, aportar a la apropiación de los conceptos elementales que, en un lenguaje sencillo, le permita a esta población el abordaje de los conceptos y el comportamiento internacional de las finanzas.

En esta perspectiva, se ha estructurado la presentación de este documento de la siguiente manera: en primer lugar, se procede en un primer apartado, como punto de partida, con la distinción entre el sector real y nominal de la economía, asunto que se ha ilustrado con ejemplos que brinda la cotidianidad académica; se pasa a continuación, a la definición de uno de los principales indicadores, la tasa de interés, en su definición, funcionamiento e implicaciones sobre aspectos tan sensibles como la producción, el empleo, el ingreso, la demanda, los precios, la inflación, a partir de supuestos muy básicos y sencillos ejemplos sobre situaciones que suelen tratar los medios de comunicación en sus espacios de economía.

El tercer apartado está dedicado a la tasa de cambio, sin duda el principal instrumento de la economía internacional, allí es definido el indicador y, mediante un tratamiento muy accesible y claro, ejemplificado en la realidad, se muestra la lógica de su dinámica en el mercado de divisas y en el comercio entre países; finalmente, el siguiente apartado, visualiza la forma como interactúan estos indicadores, cómo el manejo de la tasa de interés al interior de cada país, influye sobre las oscilaciones de la tasa de cambio que a su vez ocasiona importantes implicaciones económicas.

---

1. Corporación Universitaria de Asturias

2. OBJETIVOS

El propósito general de este trabajo es:

- Contribuir al empoderamiento cognitivo de las variables e indicadores de uso más frecuente en el ámbito de las finanzas internacionales

Para cumplir este objetivo general, se habrán de lograr los siguientes objetivos específicos:

- Dilucidar claramente la distinción entre sector real y sector nominal de la economía.
- Aportar a la apropiación masiva de los conceptos más usados que se integran en las finanzas internacionales.
- Desmitificar la condición inaccesible que se atribuye a la comprensión de los conceptos y dinámica de funcionamiento de las finanzas internacionales.

3. METODOLOGÍA

La metodología implementada en desarrollo de esta investigación es en esencia la consulta bibliográfica, efectuada básicamente sobre aspectos conceptuales en libros de texto utilizados para la enseñanza de las finanzas internacionales para orientar a la población no economista. Como resultado, se tiene un documento que ofrece la posibilidad de apropiar los conceptos elementales de las finanzas internacionales, en un lenguaje sencillo y desde ejemplos simples, sin perjuicio de la rigurosidad que demanda el tema.

Por otra parte, el documento se nutre de la experiencia acumulada por quien lo escribe. En efecto, durante treinta años de ejercicio, este docente ha orientado asignaturas del área económica a estudiantes de disciplinas diferentes a la economía, particularmente cursantes de ciencias políticas, negocios o relaciones internacionales; en desarrollo de tal labor, el autor ha comportado una constante preocupación por adelantar esa enseñanza mediante el manejo de conceptos que, sin obrar en detrimento de su rigurosidad, resulten fácilmente asimilables y puedan ser incorporados al acervo cognitivo de los interesados en el tema, esa misma inquietud motiva la publicación de este texto.

4. DESARROLLO DE LA INVESTIGACIÓN

En sentido amplio, las finanzas se entienden como aquella dinámica que desarrollan las corrientes de dinero, de manera particular en su forma de capital, esto es, aquel que se torna en inversión y del que, como tal, se espera obtener una rentabilidad o ganancia. Kozikowski hace una escueta definición: "las finanzas son el estudio del flujo de efectivo" (2000, p. 3), de ésta se infiere que las finanzas internacionales trascienden dicho estudio al ámbito de la interrelación económica entre países.

No obstante, este básico concepto, común en la mayoría de libros de texto, parte de una visualización del dinero, y su expresión en capital, como algo dado naturalmente, condición que lo convierte en objeto de estudio del que no se explica previamente su naturaleza estrictamente nominal, representativa de valor, esta omisión induce al común error de asumirlo como valor en sí mismo y deriva en una recurrente dificultad al abordar el estudio de las finanzas internacionales.

En este contexto, y desde la perspectiva de subsanar tal falencia, se procede a iniciar este apartado con la diferenciación entre sector real y sector nominal de la economía, a fin de procurar un mayor entendimiento de la conceptualización de los indicadores y hacer más comprensible la explicación de su funcionamiento. De otro lado, por razones de espacio no es posible el tratamiento de la historia del dinero, por lo que, para un estudio más juicioso de su origen y naturaleza, se recomienda la obra de Galbraith (1975).

4.1. Sector real y sector nominal de la economía

Al repasar la historia económica, una escena se repite en el aula de clases cuando el docente pregunta sobre las causas que determinaron la Gran Depresión en 1929, con invariable actitud de certeza, los estudiantes proceden con respuestas que, expresadas en diferentes formas, ubican tal causalidad en el desplome de la Bolsa de Valores de Wall Street; aquella seguridad desaparece cuando, para avanzar en el tema, surge recurrente ¿y por qué se derrumbó la Bolsa? Aquí la discusión se hace menos fluida y da paso a una vacilante tautología en donde, la crisis del 29 obedeció a la caída de la Bolsa y ésta cayó por causa de la crisis.

Esta situación, evidencia que los estudiantes no logran una distinción entre los elementos causales y su manifestación sintomática. En la Bolsa de Valores se negocian títulos que, como las acciones, cobran mayor valor en la medida que a las empresas que las emiten les va bien, es decir, tienen éxito en el mercado con los bienes que producen, de esta manera, se beneficia al poseedor de tales pues tendrá mayor participación de las ganancias obtenidas por la empresa; al contrario, cuando a la empresa que emitió acciones le va mal, éstas reducen su valor por lo que el propietario asume proporcionalmente las pérdidas del productor. El valor de las acciones refleja, como consecuencia, el desempeño de la empresa en el mercado.

En 1929 la sobreoferta de productos saturaba el mercado, es decir, la demanda de bienes era insuficiente, por lo que las empresas debieron reducir su producción y, con ello, cesar puestos de trabajo, la persistencia de esta situación indujo un ciclo económico perverso en donde constantemente se reducía más y más la producción, en tanto que el desempleo aumentaba incesantemente; como consecuencia, el valor que representaban las acciones, se redujo, nadie quería tener acciones emitidas por empresas que, ante la imposibilidad de vender los bienes producidos, debían detener su producción y despedir empleados, todos quisieron deshacerse de esos títulos, pero nadie los quería comprar. En efecto, la Bolsa de Valores se desploma.

Entonces, La Gran Crisis de 1929 se da por lo que sucede a las empresas, que quiebran y despiden trabajadores, no generan producción pues el mercado se encuentra a tope de bienes, la economía está atascada, es esto lo que sucede en el escenario de la economía que, visto desde la actividad de la producción de riqueza, constituye el denominado sector real de la economía. Este sector real de la economía se refleja en la caída de los precios de las acciones que impulsa el desplome de la Bolsa; las acciones, como los bonos, los títulos, etc., no son más que formas de dinero y, como tal, representan magnitudes de valor, sus variaciones expresan el desempeño de la producción en el mercado, son simbólicos, por esta razón se entienden como el sector nominal de la economía, objeto de estudio de las finanzas.

Así que, si el sector nominal de la economía es la representación simbólica del sector real, se puede afirmar que no existe magnitud nominal sin que exista siempre su contraparte real; por demás, los términos nominales facilitan la medición de la actividad económica, por ejemplo, la producción anual de un país se expresa generalmente en miles de millones de unidades monetarias bajo un indicador conocido como Producto Interno, sería muy dispendioso pretender hacerlo en términos reales, esto es, enunciar todos y cada uno de los productos que esa economía generó en este tiempo: tantos muebles, tantos vestidos, tantas toneladas de alimentos, tantos barriles de petróleo, etc.

Natural objeto de análisis en las finanzas, el sector nominal integra para su estudio un conjunto de indicadores que, como la tasa de interés, la inflación o la tasa de cambio, exigen la clara comprensión de sus definiciones conceptuales, así como de su dinámica al interior de la economía. Desde esta premisa, el estudiante debe tener presente que lo nominal no podrá entenderse jamás de manera inconexa con la realidad pues se incurriría en especulación, esto es, sobredimensionamiento de lo real, lo cual, bien sea por acción u omisión, ha sido causal de las recurrentes crisis que hoy caracterizan el sistema económico, originadas casi siempre en el sector financiero.

4.2. La tasa de interés

Es un hecho institucionalizado, legítimo, legal y, por lo tanto, común que, en las operaciones de préstamo de dinero, particularmente en su forma de capital, se cobre por ello; así lo entiende quien presta, el prestamista, y lo asume quien recibe, el deudor. De esta manera, entre prestamista y deudor, se establece un acuerdo que consensua un porcentaje sobre el monto de dinero prestado, a favor del prestamista y, pagado a él por el deudor durante el tiempo que permanezca la deuda; el porcentaje acordado, que cobra el prestamista y que paga el deudor, constituye entonces un precio, es el precio por el uso del capital, el cual se denomina tasa de interés.

En el mundo actual los principales prestamistas son los bancos, a ellos concurren los empresarios para obtener capital en préstamo, o lo que es lo mismo, a realizar operaciones de crédito para financiar sus inversiones. Los empresarios orientan sus inversiones hacia la producción de bienes y/o servicios, tal proceso de producción demanda el concurso de los denominados factores de producción, estos son: capital, tierra y trabajo; ahora, para contar con el uso de tales factores, el empresario deberá pagar un precio por cada uno de ellos, es así que, paga arrendamiento o renta por el uso de la tierra, salarios por la utilización de la fuerza de trabajo y, como ya se anticipó, interés por el uso del capital.

La sumatoria de los desembolsos efectuados para remunerar el uso de los tres factores de producción, es decir, la suma de tasa de interés, más arrendamiento, más salarios, constituyen para el inversionista sus costos de producción; así, una variación en el precio de uno o varios de los factores se reflejará en sus costos de producción, los afecta y esto, influye sobre su toma de decisiones de inversión. La variación de los costos obra de manera inversamente proporcional sobre la inversión: mayores costos de producción, implica menor inversión y una reducción de aquellos induce una mayor; en tanto, la variación de las inversiones, actúa de forma directa sobre la producción.

La tasa de interés, como precio por el uso del factor capital, obra de manera particular sobre la toma de decisiones de inversión del productor: si la tasa de interés es alta, la consecuente elevación de los costos de producción desestimulan las intenciones de inversión desde una doble consideración: por una parte, mayores costos determinan menor producción y alza de los precios; por otra, mayor tasa de interés anima al inversionista a dejar su capital en el banco, en procura de obtener la mayor rentabilidad que deriva del pago de esa tasa de interés que éste le paga por su depósito. En últimas, altas tasas de interés desincentivan la inversión en el sector real de la economía (producción) y la alientan en el sector nominal (financiero).

Ahora bien, el asunto no se detiene aquí, sino que tiene serias implicaciones para la economía en su conjunto. La menor inversión que inducen las altas tasas de interés provoca la reducción de la producción, situación que presiona el despido de trabajadores y, por tanto, incrementa la tasa de desempleo, es decir, la cantidad de personas que están interesadas en un empleo, pero no lo tienen (Lora, 2002), un mayor número de personas desocupadas significa menor ingreso entre la población y, como consecuencia, contracción de la demanda que redunda en menores precios, lo que significa que la inflación cede.

4.2.1. Inflación y tasas de interés

Recurrentemente la inflación se define como el alza generalizada en los precios de los bienes básicos; sin embargo, su comprensión resulta menos sencilla cuando se visualiza que tal alza se traduce en la pérdida del poder adquisitivo del dinero (sector nominal). En efecto, si el precio de todos los bienes se incrementa, la misma cantidad de dinero resulta insuficiente para comprar los bienes que habitualmente se adquirían con él, el mismo dinero ya no alcanza para igual número de bienes, esos que se podían adquirir antes de que se causara la inflación, el efecto es igual que si se tuviera menos dinero.

Pero, ¿por qué es tan importante la inflación y cómo se relaciona con la tasa de interés? Pues bien, un contexto económico de inflación genera condiciones de incertidumbre ya que, para los consumidores, que son la población en general, significa menores posibilidades de acceder a más bienes, en tanto que, para los inversionistas significa que la pérdida del poder adquisitivo hace que las ganancias, obtenidas en un determinado periodo de tiempo, sean neutralizadas, absorbidas por la inflación, la rentabilidad de las inversiones se pierde por causa de esa pérdida de capacidad adquisitiva del dinero en el que están representadas sus ganancias. A continuación, un ejemplo:

Un empresario invierte 1000 unidades monetarias para comenzar un proceso de producción, al cabo de un año y luego de un juicioso ejercicio de administración y gestión empresarial, el balance muestra que ha obtenido una rentabilidad del 30%, es decir, que tras haber invertido 1000 el empresario tiene ahora 1300 unidades monetarias, a primera vista una óptima tasa de rentabilidad; sin embargo, las autoridades económicas del país en donde hizo la inversión informan que la inflación para ese año fue del 30%, esto es, que el dinero perdió una capacidad de esa magnitud. Ahora el empresario sabe que las 1300 unidades monetarias que tiene actualmente, representan el mismo poder adquisitivo que las 1000 unidades con que empezó su inversión, es decir, no hizo nada, la inflación absorbió sus ganancias.

Evidentemente, la inflación se convierte en una amenaza para las ganancias de los inversionistas que así, tendrán mucho temor de invertir. En el actual modelo de acumulación, el control de la inflación constituye la prioridad de la política económica para garantizar las inversiones (Moreno, 2021), en esa perspectiva a los bancos emisores que, como el Banco de la República en Colombia son el equivalente la Reserva Federal en los Estados Unidos, les ha sido encomendada, como principal función, ejercer el control de la inflación y, para ello, se les ha dado la potestad para el manejo de la tasa de interés.

Entonces, desde lo que ya se anticipó en este texto, al existir amenaza inflacionaria, el banco emisor dispondrá la elevación de la tasa de interés en espera a que esta medida desincentive las inversiones, reduzcan la producción, conlleve un mayor desempleo a fin de que disminuya el ingreso, se contraiga la demanda y reduzcan los precios, causa de inflación. Por el contrario, cuando no existe presión inflacionaria, el emisor podría optar por reducir las tasas de interés a fin de dinamizar la economía, menos interés son menores costos que alientan más inversión y, por tanto, incremento de la producción, generación de empleo, más ingreso y demanda; esta medida activa la economía, aunque pueda generar presión inflacionaria.

Por lo expuesto, puede afirmarse que el costo social que sobreviene tras atacar la inflación mediante el manejo de la tasa de interés, es el desempleo, esta situación plantea un difícil dilema a las autoridades económicas pues deben decidir entre empleo o inflación, una excesiva tasa de desempleo, en busca de reducir el ingreso para contraer la demanda y reducir los precios, puede desembocar en descontento y malestar social, al punto de desestabilizar la economía; pero también, el aumento desmedido del empleo, sin que medie un aumento proporcional de la producción, puede catapultar la inflación a términos desestabilizadores y ahuyentar las inversiones.

La disyuntiva inflación vs. desempleo, constituye uno de los problemas más acuciantes y recurrentes para quienes orientan la economía de un país, ya que deben tratar de conseguir la menor inflación posible al máximo empleo probable, dicho de otra manera, la mínima inflación con el menor desempleo, en fin, el equilibrio entre una inflación "óptima" y un desempleo "soportable", este dilema se conoce en teoría económica como la Curva de Phillips y conforma un capítulo en todos los libros de texto sobre ciencia económica, objeto de estudio en los cursos de macroeconomía (Samuelson y Nordhaus, 2010; Mankiw, 2000; Campbell y Stanley, 1998; Sachs y Larrain, 1997), entre los más destacados y representativos.

Es importante reflexionar, en este punto, acerca de la gran influencia que comporta la tasa de interés, pues si bien, es éste un indicador del sector nominal de la economía, trasciende para determinar la producción y el empleo, es decir, afecta al sector real y también obra decisivamente sobre el nivel de precios; sin embargo, su accionar no se limita al ámbito económico interno, sino que, incide en la dinámica de las finanzas y el comercio internacional ya que, como se retomará más adelante, sus oscilaciones van a reflejarse en las variaciones que acusa el que es, sin duda, el principal instrumento del sector económico externo: la tasa de cambio.

4.3. La tasa de cambio

En ausencia de dinero, el intercambio de productos sería un asunto sumamente dispendioso, solo basta imaginar la enorme dificultad que implicaría para las personas andar con sus bienes a cuestas, en búsqueda de alguien que demande algo de lo que lleva, para intercambiarlo por algo que necesita, es decir, efectuar una operación de trueque. Por fortuna, existe el dinero, elemento representativo del valor de los bienes; así, ya no habrá que llevarlos consigo, sino que billetes y monedas, que se pueden portar en el bolsillo, los simbolizan, con ellos se va al mercado para darlos a cambio de productos, en un intercambio de valores: dinero y bienes, esto es, nuevamente, valor nominal vs. valor real, respectivamente.

Pues bien, así como el dinero representa la magnitud del valor de los bienes que pueden adquirir las personas, también los países expresan en sus diferentes monedas el valor de la producción de sus respectivas economías. El sistema económico capitalista ha impuesto que la producción de bienes modernos, industriales y tecnológicos poseen mayor valor y determinan el grado de desarrollo, en tanto, los bienes agrícolas, minerales y primarios son de un valor inferior por lo que lastran el desarrollo; si se quisiera hacer intercambio directo de bienes (sin uso de dinero) entre un país no desarrollado, cuya economía está basada en el café, y un país desarrollado productor de computadores, el país cafetero tendría que dar muchos sacos de café por cada uno de éstos. En el sector nominal (dinero) esto significa que, por cada unidad monetaria del país desarrollado, se darán muchas del país que no lo es.

A una economía desarrollada corresponde una moneda fuerte, mientras que, a una economía no desarrollada la representa una moneda débil. Las monedas débiles solo tienen curso válido al interior de sus países de origen, su uso es local, en cambio, las fuertes tienen amplia aceptación en los países del mundo, a éstas últimas se les conoce como divisas: el dólar, el euro, la libra esterlina, para solo citar las más nombradas; en los países de América Latina, la divisa de referencia es el dólar estadounidense. Por ejemplo, a un turista colombiano que vaya a Lima (Perú), no le serán aceptados pesos colombianos para pagar sus consumos, tendrá que hacerlo con soles peruanos o utilizar divisas.

Entonces, el valor de una divisa es varias veces el valor de una moneda débil, equiparar el valor entre dos monedas establece lo que se conoce como tasa o tipo de cambio, esto es, el valor de una moneda en términos de otra y, la cantidad de moneda débil que haya que dar por cada unidad de moneda fuerte es su precio; entonces, la tasa de cambio se define como el precio en la moneda de cada país (local) que se debe pagar por una moneda fuerte, específicamente, en Colombia, al tomar en cuenta la divisa de referencia, es viable afirmar que tasa de cambio es el precio en pesos colombianos que se debe pagar por un dólar estadounidense. Al respecto ampliar en Krugman (2019).

El mercado de divisas configura el escenario donde éstas se compran y/o venden (Kozikowski, 2000), allí, como en todo mercado, las condiciones de oferta y demanda determinan los precios, en este caso el de las divisas. Así, cuando la oferta de dólares es menor a la demanda de los mismos, para Colombia significa que el precio del dólar tiende a subir en razón de su escasez; si, por el contrario, la oferta de dólares es mayor que su demanda, el precio tenderá a bajar debido a su abundancia. En el primer caso, en el que se requiere dar más pesos colombianos por cada dólar, se habla de una devaluación de la moneda local; en el segundo caso, cuando el dólar se intercambia por menos pesos, se tiene una revaluación de la moneda colombiana.

Las oscilaciones en la dinámica de la tasa de cambio, conlleva sensibles implicaciones sobre distintos aspectos de la economía, como son: el comercio internacional, la producción nacional, el empleo, la inflación, la deuda externa pública y privada del país, entre los más visibles, como se amplía a continuación.

4.3.1. Devaluación y sus implicaciones más inmediatas

Esta situación en la que, por razones del mercado, se deben pagar más unidades de moneda local por cada dólar, estimula a los exportadores ya que al recibir dólares por sus ventas en el mercado internacional, al cambio, representan más moneda local, más pesos, pero también, ante la expectativa de más moneda local por sus dólares, podrán bajar un poco sus precios y de esta manera ser más competitivos; por supuesto, si se quiere exportar más, habrá que producir más, esto aumentará la producción nacional y, consecuentemente, generará puestos de trabajo que mitigan la tasa de desempleo.

Un efecto indeseable para países como Colombia, consumidores de importados, es que los precios de tales bienes suben de precio debido a que su importación debe hacerse con dólares caros, lo cual, induce presión inflacionaria; también, gran parte de la producción del país requiere hacerse con insumos extranjeros, esto encarece los costos de producción y trasciende al consumidor en el precio final de muchos bienes de consumo, por lo que se tiene un factor adicional de inflación.

Otra implicación inconveniente es con respecto a la deuda, pública o privada, que haya sido contraído en dólares; así, cuando el gobierno, una empresa o persona natural, ha adquirido una deuda cuando el dólar tenía cierto precio y luego, al vencer los términos de pago del crédito, la divisa ha tenido una mayor devaluación, la deuda se ha encarecido por cuenta del precio del dólar, ejemplo, si un estudiante contrajo un préstamo por 2000 dólares para adelantar estudios de posgrado en el exterior, cuando la tasa de cambio era de 3000 pesos colombianos por cada dólar y, al momento que debe amortizar su deuda, se encuentra con que el dólar está a 4500 pesos, es evidente que, si bien, su deuda sigue siendo de 2000 dólares, deberá afrontar un pago mayor en pesos al contraído inicialmente. La deuda se encareció.

4.3.2. Revaluación y sus implicaciones más visibles

La reducción en el precio del dólar que significa la revaluación de la moneda local, comporta muy buenas noticias para los importadores ya que podrán adquirir bienes extranjeros con un dólar más barato, en principio sería favorable para el consumidor que se beneficiará de menores precios por los bienes importados y esto traerá inicialmente algún alivio sobre la inflación; sin embargo, la contracara de tal situación está en la producción nacional, pues tendrá dificultades para competir con aquellos productos por lo que, muy probablemente, los empresarios nacionales deberán reducir la producción, lo que acarrea un proceso de despidos de trabajadores y cesación de puestos de trabajo.

Por otra parte, una buena decisión que se puede tomar en presencia de revaluación es la de amortizar pagos de deuda contraída en dólares, es un buen momento para hacerlo, ya que el precio del dólar permite adquirirlos a menor precio, sería benéfico que los deudores que han contraído crédito en dólares a un precio alto, puedan efectuar pagos en un momento en que son más baratos.

4.3.3. La enfermedad holandesa

Hacia los años 60 del siglo anterior, en Holanda se descubrieron yacimientos de gas, algo inesperado para un país tradicionalmente exportador de flores y lácteos, por supuesto que las expectativas fueron, en principio, muy entusiastas, algo así como la bonanza que puede deparar el hallazgo de una gallina de los huevos de oro; no obstante, el desencanto sobrevino más bien pronto y sus consecuencias se constituyeron en lección de economía para muchos países en donde a veces se configuran escenarios similares.

La inusitada entrada de dólares producto de las "nuevas" exportaciones, acrecentó ampliamente la oferta de la divisa y, por lo tanto, causó una revaluación de la moneda holandesa, situación que afectó negativamente los intereses de los exportadores tradicionales que vieron reducir sus ingresos por concepto de ventas internacionales, lo que indujo reducción de la producción y el empleo, que provocó síntomas de recesión económica (Saber más, ser más, s.f.).

La amenaza de enfermedad holandesa es frecuente en países exportadores de bienes primarios, ocurre comúnmente cuando sube el precio internacional del petróleo y no se tiene un adecuado control en el manejo de las divisas, cuya oferta aumenta intempestivamente; en Colombia se tuvo una experiencia histórica con la denominada "bonanza cafetera" de finales de los años 70 y comienzo de los ochenta del siglo pasado.

Para tal época Brasil, primer surtidor mundial de café, tuvo problemas climatológicos que frustraron sus cosechas durante cinco años, el grano se tornó escaso y su precio se disparó, Colombia, segundo exportador entonces, vendió durante este tiempo toda su producción cafetera al mejor precio de la historia, entraron dólares a manos llenas, pero el manejo inadecuado de tan inusitada oferta de divisas provocó una profunda revaluación en detrimento de las demás exportaciones, que prontamente se tradujo en la caída de la producción nacional y el desempleo, recesión que antecedió a la crisis financiera y echó por tierra las ilusiones de riqueza, progreso y desarrollo.

4.4. Articulación entre tasa de interés y tasa de cambio

Tanto la tasa de interés como la tasa de cambio son indicadores del sector nominal de la economía, si bien, el primero tiene un manejo interno desde el banco central de cada país y la tasa de cambio constituye el principal indicador de finanzas y comercio internacional, la dinámica de la tasa de interés obra de manera influyente sobre la segunda, pues, como se explica en este apartado, muchos inversionistas están pendientes de la rentabilidad que brinden tales tasas para poner allí sus dólares, lo cual, determina la entrada y salida de la divisa entre países y, con ello, su oferta que incide en el precio (tasa de cambio). El alza de la tasa de interés en un país estimula la entrada de dólares, la reducción induce su salida, por supuesto, esto genera consecuencias, como se expone a continuación.

4.4.1. Cuando Colombia sube las tasas de interés

Al interior del país, si Colombia sube la tasa de interés, se desmotivan las inversiones en el sector real de la economía, lo que hace que haya menor producción. Una menor producción deriva en despido de trabajadores, esto es, menor ingreso para la población, lo que induce una contracción de la demanda que lleva a la reducción de precios que resulta viable para el control de la inflación; pero, quienes invierten en el sistema financiero van a querer traer sus dólares a Colombia, para que se ganen esa mayor rentabilidad.

La entrada de divisas al país, incrementa la oferta de esa divisa, por lo que su precio se reducirá, es decir, se tiene una revaluación de la moneda local. La revaluación, fomenta las importaciones y esto puede obrar en perjuicio de la producción nacional que tendrá menor posibilidad de competir con los bienes importados, lo cual, llevará a reducir la producción nacional y a despedir trabajadores, aumenta el desempleo y entonces hay menor ingreso lo que contrae la demanda, baja los precios y favorece el control de la inflación.

Es un buen momento para pagar deuda que se haya contraído en dólares, bien sea el gobierno, (deuda pública), las empresas o personas naturales (deuda privada).

4.4.2. Reducción de la tasa de interés en Colombia

Cuando Colombia baja la tasa de interés, en la economía interna se estimulan las inversiones en el sector real, ya que baja el costo del capital (uno de los factores de producción), esto induce mayor producción por lo que se requiere el enganche y utilización de mayor fuerza de trabajo. Mayor número de trabajadores activos, reduce el desempleo que hace que entre la población haya mayor ingreso, algo que permitirá mayor demanda de bienes, aunque provocará alza de los precios y, con ello, presión inflacionaria.

Quienes, invierten en el sistema financiero van a querer llevarse sus capitales a donde obtengan una más alta rentabilidad, mayor tasa de interés.

Al producirse la masiva salida de US$, la oferta de éstos en Colombia se reduce (el dólar se pone escaso) y, por lo tanto, su precio sube para ocasionar una devaluación de la moneda local frente al dólar. La devaluación estimulará las exportaciones, lo que aumentará la producción de bienes para exportar y, con ello, aumentará el empleo (disminuye el desempleo), esto sumará al ingreso que eleva la demanda y los precios, por lo que contribuirá a presionar la inflación. Las deudas en dólares se encarecen, incluye desde luego, la deuda externa pública y privada del país.

4.4.3. Aumento de la tasa de interés en Estados Unidos

El alza de las tasas de interés en Estados Unidos, encarece los costos de producción, la cual se reduce junto con el empleo, el ingreso y la demanda, en aras de reducir la inflación en ese país, como ya se ha explicado anteriormente.

Al subir la tasa de interés en USA, quienes invierten en el sistema financiero van a querer llevar a ese país sus dólares, para que se ganen esa mayor rentabilidad, lo cual implica una salida de dólares desde Colombia que reduce la oferta de la divisa en nuestro país, por lo que su precio en pesos aumentará, tendremos devaluación de la moneda local. La devaluación, fomenta las exportaciones y aumenta la producción nacional, con ello, el empleo será mayor, el ingreso aumenta, también suben la demanda y los precios, por lo que seguramente habrá presión inflacionaria. Con dólares a mayor precio, la deuda externa se encarecerá.

4.4.4. Reducción de la tasa de interés en Estados Unidos

Cuando Estados Unidos baja la tasa de interés, en la economía interna de ese país se estimulan las inversiones en el sector real, ya que baja el costo del capital (uno de los factores de producción), esto induce mayor producción por lo que se requiere la utilización de mayor fuerza de trabajo (más trabajadores) lo cual, reduce el desempleo que hace que entre la población haya mayor ingreso, algo que permitirá mayor demanda de bienes y provocará el alza de los precios, con ello, presión inflacionaria.

Pero, quienes invierten en el sistema financiero del país norteamericano, querrán sacar de allá sus dólares y ponerlos en economías donde la tasa de interés sea mayor, eso hace que a países como Colombia entren muchas de esas divisas, lo cual, aumenta la oferta de dólares por lo que su precio baja, es decir, se produce en este país una revaluación y, con ella, todas las implicaciones que esta conlleva y que aquí ya han sido explicadas.

5. CONCLUSIONES

Bajo la ortodoxia del pensamiento económico y desde una pretendida objetividad científica, los temas que ocupan las finanzas internacionales se han orientado para ser apropiados por los profesionales en esa ciencia; sin embargo, es perceptible entre los estudiantes de otras disciplinas, la necesidad por tener acceso al manejo de esos conceptos y su funcionamiento, no necesariamente en una visión estrictamente técnica, sino a través de una ilustración que les brinde los elementos de análisis con los cuales entender y explicar aquellos aspectos financieros que, integrados en la economía, complementan su plan de estudios y posterior desarrollo profesional.

El desarrollo de este texto permite evidenciar la viabilidad que permite el abordaje de los complejos temas de finanzas internacionales a partir del uso de un lenguaje sencillo y cotidiano, el cual, sin perjuicio de la rigurosidad de sus conceptos y dinámica de funcionamiento, propenda por lograr su comprensión y empoderamiento, de manera particular entre estudiantes que, sin ser cursantes en programas de ciencias económicas, deben apropiar elementos para el análisis en desarrollo de carreras como ciencias políticas, relaciones internacionales y otras afines.

Una clara distinción entre sector real y sector nominal de la economía, para reiterar de manera constante que las finanzas se ubican en este último, facilita su estudio, visualizar las finanzas en su conexión con la actividad real de la economía, suele proporcionar luces reveladoras para hallar explicación a los complejos temas de finanzas internacionales, a menudo expuestos bajo intrincadas abstracciones que, al no visualizar su vínculo con lo real, se hacen inútilmente complicadas.

De esta manera, se ha querido aportar con el tratamiento de los indicadores fundamentales que introducen el estudio de las finanzas internacionales, para destacar que su importancia radica en la tremenda incidencia que éstos tienen sobre el desenvolvimiento de toda la economía; se destaca así, como la tasa de interés desde el ámbito nominal afecta el trasegar en lo real, a la producción, al empleo, al ingreso, al consumo a los precios, sin descontar el contundente efecto en la dinámica internacional de la economía, en los tipos de cambio y desde allí, al comercio y sus relaciones entre países.

Entonces, ¿por qué algo que está tan ligado a todas las personas ha de ser manejado, bajo un lenguaje inaccesible, casi chamánico, por un grupo de elegidos? En un mundo cada vez más mediado por los aspectos económicos y una economía progresivamente más financiarizada, estos temas deberán ser apropiados por una cantidad creciente de la población, aquí solo se ha hecho un aporte en la perspectiva de tal socialización, eso sí, con muchas expectativas porque sobrevengan nuevos documentos y textos que contribuyan a este fin.

6. REFERENCIAS

Campbell, R. y Stanley, L. (1998). *Economía*. México. McGraw Hill.

Galbraith, J. (1975). *El dinero*. Orbis editores.

Kozikowski, Z. (2000). *Finanzas internacionales*. McGraw Hill.

Krugman, P. (2019) *Economía internacional*. México. McGraw Hill

Lora, E. (2002) *Técnicas de medición económica*. Bogotá. Tercer mundo editores

Mankiw, G. (2000). *Principios de economía*. McGraw Hill

Moreno, W. (2021). *persistencia y crecimiento de la pobreza. Balance frustrante tras veinticinco años de Transferencias monetarias Condicionadas en América Latina*. Corporación Universitaria de Asturias.

Saber más, ser más. (s.f.). *¿Qué es la enfermedad holandesa y cómo lo afecta?* sabermassermas.com. https://www.sabermassermas.com/que-es-la-enfermedad-holandesa-y-como-lo-afecta/

Sachs, J. y Larrain, F. (1997). *Macroeconomía*. Prentice Hall

Samuelson, P. y Nordhaus M. (2010). *Economía*. McGraw Hill

ANÁLISIS DE LOS FACTORES INFLUYENTES EN LAS OPORTUNIDADES AL EMPRENDEDURISMO DE LOS ESTUDIANTES DE FACEA DE LA UNIVERSIDAD NACIONAL DE ITAPÚA

Gustavo Nuñez Esquivel[1]

El presente texto nace en el marco de un proyecto de la materia estadística del cuarto semestre de la carrera de Ingeniería Comercial de la Facultad de Ciencias Económicas y Administrativas de la Universidad Nacional de Itapúa del Paraguay. La línea de investigación en la que se encuadra es la economía, con énfasis en microeconomía.

1. INTRODUCCIÓN

En Encarnación, ciudad ubicada en el sur de Paraguay, las variaciones comerciales son cíclicas, de manera que como comunidad fronteriza la ciudad se ve afectada permanentemente por las variaciones cambiarias que impactan directamente en la vida comercial. Estas variaciones son como tormentas que cualquier actividad comercial debe soportar y readecuarse a fin de sobrevivir en esta encrucijada y poco previsible escenario. Este trabajo, realizado durante el primer semestre del año 2023, pretende colaborar y describir las acciones de los estudiantes de la Facultad de Ciencias Económicas y Administrativas de la Universidad Nacional de Itapúa, en el intento de la creación de nuevas microempresas.

La actividad logra la participación de los estudiantes, atendiendo a su relación con el perfil de salida de la carrera a través de la asignatura del docente, de modo a cumplir con la misión y visión de la Facultad de Ciencias Económicas y Administrativas de la Universidad Nacional de Itapúa (en adelante FaCEA) y la vinculación con la sociedad. Además, la investigación fortalece el espacio entre la FaCEA, la comunidad de estudiantes y de docentes. El tema abordado permite describir las incidencias de los diferentes factores en el paso a la creación y la posibilidad de mantenerse en el mercado las nuevas microempresas desde la óptica de los estudiantes.

El enfoque de esta investigación fue cuantitativa, transversal, no experimental. La encuesta fue realizada a una muestra representativa de cada carrera de la FaCEA, con un cuoteo por semestre, tratando de mantener la homogeneidad en cuanto al género del entrevistado.

La problemática relacionada a creación de nuevas empresas tiene varios factores que influyen en ella, desde el ámbito de la FaCEA, nos promueve a realizarnos varias preguntas tales como:

---

1. Universidad Nacional de Itapúa (Paraguay)

¿Cuáles son los factores principales que inciden en las actividades comerciales? ¿Cuáles son las mayores fortalezas en la creación de nuevas microempresas? ¿Cuáles son las dificultades para iniciar una empresa nueva en el mercado local?

2. OBJETIVOS

El objetivo general de este trabajo consiste en identificar los factores que inciden en la creación de nuevas microempresas según los estudiantes de la FaCEA, así como describir las fortalezas y las dificultades para la creación de estas en las carreras de Licenciatura en Administración, Licenciatura en Contaduría Pública y la de Ingeniería Comercial.

3. MARCO TEÓRICO

3.1. El emprendedurismo en el contexto mundial y regional

La creación de empresas en un territorio no es exclusividad de la existencia de recursos naturales, sino también de la existencia de empresarios con decisión, el capital humano es intangible, tal y como señala en su publicación la Escuela de Organización Industrial, EOI, (2006) de España. Al ser tan importante la figura del empresario para la creación de empresas, es interesante también conocer los motivos que pueden llevar a esas personas a involucrarse en un proyecto emprendedor. La falta de apoyo financiero es una de las principales limitaciones a la creación de empresas en Andalucía (Sur de España) según los Informes en los últimos años (Ruiz Navarro *et al.*, 2006). En estas referencias se pone énfasis en la figura del emprendedor, sus características, así como también a la necesidad de satisfacer otras facetas del entorno que propicien una actividad nueva que pueda producir rentabilidad.

Respecto a los factores que inciden en el desarrollo del emprendedurismo, estos son abordados por Gallardo y Fernández (2020) que presentan un estudio donde se describe el grado de conocimiento y habilidades que aportan el ámbito académico, es así como, existen distintos factores que influyen en el emprendedurismo tale como; el conocimiento y la educación. En la publicación mencionada resalta la necesidad de que el emprendedor esté lo suficientemente capacitado en el ramo que quiere emprender.

En lo que respecta a las características que los emprendedores deben reunir, mencionan Messina y Hochsztain (2015) que los dos elementos más relevantes para anticipar el éxito de un emprendimiento son contar con financiamiento y que, anteriormente, la situación laboral del emprendedor, ser trabajador independiente. Continuando con estudios realizados sobre el comportamiento del emprendedor, Gutiérrez (2013) en un estudio en El Salvador y más específicamente desde el punto de vista de la mujer emprendedora salvadoreña, manifiesta que la mujer demuestra fortaleza en cuanto a su iniciativa, responsabilidad y cumplimiento, en tanto manifiesta debilidad con respecto a la exigencia de eficiencia, la calidad y la búsqueda de información; en tanto que el hombre emprendedor salvadoreño mantiene la misma fortaleza demostrada por la mujer, pero es débil con respecto a exigencia, eficiencia, calidad y planificación sistemática.

En la publicación de Campos (2018) se menciona que una variable clave es el apoyo financiero que recibe el emprendedor, resaltando la importancia del tema financiero, de la disposición del capital principalmente al inicio de las actividades de la nueva empresa que se quiere crear.

Según la publicación de Rompato y Silva, (2020) sobre las estrategias para el fomento del emprendedurismo universitario, y a este respecto se menciona que, resulta necesario difundir, entusiasmar, formar y ayudar al nacimiento de iniciativas emprendedoras entre los estudiantes y que la vocación emprendedora debe ser estimulada desde la escuela media y más aún desde la universidad, donde se puede realizar la promoción de empresarios innovadores. Este modelo debería basarse en el desarrollo de competencias personales y competencias de conocimiento y poner énfasis en el objetivo de generar un empresario integrado al contexto empresarial.

3.2. Emprendedurismo en Paraguay y en la región de Itapúa

En la experiencia paraguaya y particularmente en el departamento de Itapúa se tienen varios estudios vinculados al emprendedurismo que aportan luz, por un lado, sin embargo, comparando con otras experiencias internacionales es bastante escaso.

En su artículo Villalba y Ortega (2018) analizan el perfil de la población de estudio, observando que los mismos se caracterizan por un desarrollo intermedio de las pautas que conforman la conducta emprendedora. Las variables que sobresalen son: fijar metas y exigir eficiencia y calidad. Sin embargo, algunas pautas son consideradas de escaso desarrollo, como las capacidades de buscar oportunidades, correr riesgos calculados, planificar tareas y cumplir compromisos, así como las capacidades de persuadir y crear redes de contactos. Por lo expuesto se entiende que la importancia de los objetivos y la firme decisión de encarar nuevos emprendimientos, sin embargo, existen déficit en los estudios previos al nacimiento de estas empresas incluyendo la falta de una investigación seria de investigación de mercado para conocer las necesidades reales del mercado.

En el estudio sobre emprendedurismo realizado por Benítez (2016) destaca la viabilidad del emprendedurismo como una herramienta para obtener los resultados esperados dentro de la administración de una organización, en el entorno de una organización formal. Por otro lado, teniendo en cuenta el potencial económico del país, se analiza la viabilidad de incrementar la natalidad de las empresas mediante un espíritu emprendedor, y así, disminuir los porcentajes de pobreza y desempleo para poner en marcha la economía del país hacia un desarrollo global.

En Paraguay existen estudios realizados sobre el comportamiento de los jóvenes y sus motivaciones en actividades de emprendedurismo. A ese respecto explican Pisani *et al.* (2020) en su estudio que los jóvenes que emprendieron no tienen relación con las necesidades de sus hogares, contrariamente a aquellos jóvenes emprendedores provenientes de hogares de menores ingresos que deben generar ingresos tanto para ellos mismos como para sus familias. Es decir que los jóvenes emprendedores pertenecientes a hogares de ingresos medios y altos consideran al autoempleo como una forma de obtener ingresos individuales y no precisamente para ayudar a las finanzas del hogar.

Por otro lado, según el estudio sobre el rol de la mujer emprendedora y el impacto en la economía paraguaya (González y Caballero, 2021), concluye que las actividades realizadas por mujeres emprendedoras y empoderadas en sus empresas aportan a la economía paraguaya un impacto indirecto y positivo para el crecimiento del país y alienta a que se sigan trabajando en proyectos y programas que puedan fortalecer a las mismas. Es importante señalar que las actividades desarrolladas por las mujeres líderes, empoderadas y con iniciativa aportan grandemente en el desarrollo regional con lo que este segmento consigue fortalecerse impulsadas por los valores y la tenacidad que están demostrando. El sentido de superación es superior a cualquier obstáculo, los problemas sociales que afrontan las mujeres, la violencia de género, el embarazo precoz, la discriminación y las desigualdades en general, el trabajo familiar no remunerado que derivan en mujeres adultas que no ingresan al mercado laboral por asumir roles domésticos no remunerados, son adversidades que dificultan la mayor formación académica de la mujer, sin embargo motivan a las mismas a emprender y a la creación de nuevas oportunidades.

En otro estudio realizado en Itapúa, sobre la comparación de las modalidades de los negocios, se consideraron las características aplicadas en las empresas, dándose a conocer que la mayoría de las personas prefieren emprender de forma *Off Line* por su confiabilidad y rapidez, y que la modalidad *On Line* se podría implementar con mayor asiduidad en el futuro, más aún si se cuenta con mejor infraestructura y mayor capacitación (Gerasinchuk, 2020). En este sentido, el resultado que arroja el estudio mencionado podría deberse a las costumbres y a la cultura paraguaya, donde aún existen manifestaciones de desconfianza y hábitos comerciales en las operaciones en la modalidad *On Line.*

3. METODOLOGÍA

3.1. Delimitación y alcance

Este estudio está delimitado sobre los conceptos de desarrollo para el inicio del emprendedurismo de los estudiantes de las carreras de FaCEA/UNI de la sede Encarnación, y aborda las ventajas y dificultades de los estudiantes de esta institución. Quedan excluidos de la investigación los estudiantes que están cursando actualmente el primer semestre de las carreras de esta facultad, así como todos los demás semestres impares. Además, no forman parte del estudio los estudiantes que corresponden a las filiales. La recolección de los datos fue realizada en el primer semestre del año 2023.

3.2. Tipo y diseño de la investigación

La investigación es de tipo descriptiva, porque tiene como objetivo indagar la incidencia de los factores que ayudan y limitan el inicio del emprendedurismo de parte los estudiantes de las carreras de Ingeniería Comercial, Licenciatura en Administración y Licenciatura en Contaduría Pública. El diseño es no experimental porque la investigación no involucra manipulación de variables y en la que solo se observan los fenómenos en su desenvolvimiento regular; es transversal porque los datos se recolectarán en un sólo periodo de tiempo (Hernández-Sampieri y Mendoza, 2020). A este respecto con la investigación se tiene una fotografía de un solo momento.

Conforme a los estudios previos realizados y a las informaciones proporcionadas por la institución, se dispone de información sobre la cantidad total de los estudiantes, discriminadas por carrera y por semestre para el año 2023. Conocidos dichos datos, se optó por realizar un muestreo, de tal forma que puedan brindar informaciones sobre los temas de interés de la investigación.

3.3. Población, muestra e instrumentos y técnicas de recopilación de datos

La población está constituida por estudiantes universitarios de la Facultad de Ciencias Económicas y Administrativas de la Universidad Nacional de Itapúa, sede Encarnación.

Se ha definido emprender un muestreo por conglomerados por carreras, con cuoteo por semestre de estudio, esto a fin de asegurar la obtención de datos en cada una de las carreras y semestres de la institución y además cuidando de la homogeneidad en la encuesta tanto a los hombres como a las mujeres estudiantes de esta casa de estudios. Por otro lado, según datos proveídos por la dirección académica de la institución sobre cantidad de inscriptos en este semestre, se tienen un total de 560 estudiantes.

En el siguiente cuadro se observan las cantidades totales de estudiantes de FaCEA, agrupadas por carrera y por semestre en la sede de Encarnación (tabla 1). Cabe destacar que en la misma no figuran los semestres impares debido a que estos mismos estudiantes son los que realizarán los semestres que no aparecen cuantificado.

A fin de determinar el tamaño de la muestra, se aplicó la fórmula estadística para población finita. El nivel de confianza está fijado en el 90 %.

Semestre que cursa	Carreras en Sede Encarnación (N=560)		
	Ingeniería Comercial	Licenciatura en Administración	Licenciatura en Contaduría Pública T.N.+ T.T.
Segundo	74	66	78
Cuarto	36	32	48
Sexto	30	26	36
Octavo	30	38	26
Décimo	40	-	-
Total por carreras	210	162	188

Tabla 1: Distribución de cantidades de estudiantes por carreras y semestre.
Fuente: Información proveída por Secretaría Académica FaCEA

En la tabla (Tabla 2) se observa el número de estudiantes por carrera, la población y las muestras, y seleccionadas estas últimas a partir de elementos aleatorios simples de los estudiantes. Los individuos en cada uno de los semestres forman la muestra (Zapata-Ossa *et al.*, 2011). Resulta necesario mencionar que se mantuvo la proporción de estudiantes por semestre en las carreras, así como la distribución de las muestras por género.

Descripción	Ingeniería Comercial	Licenciatura en Administración	Licenciatura en Contaduría Pública	Total
Población	210	162	188	560
Cantidad de muestras	52	48	50	150

Tabla 2: Cantidades de población y de muestras por carrera. Fuente: Elaboración propia

En una etapa posterior, dentro cada conglomerado o semestre, fueron seleccionados los individuos a encuestar, realizando una selección aleatoria simple de los estudiantes, hasta completar la cantidad establecida para cada carrera, como se observa en la tabla 3.

Semestres	Carreras - Sede Encarnación		
	Ingeniería Comercial	Licenciatura en Administración	Licenciatura en Contaduría Pública
Segundo	18	20	20
Cuarto	10	9	13
Sexto	7	8	10
Octavo	7	11	7
Décimo	10	-	-
Total por carreras	52	48	50
Total de muestras para la investigación			150

Tabla 3: Distribución de muestra según semestres. Fuente: Elaboración propia.

4. RESULTADOS

En este capítulo se presentan los resultados obtenidos de los análisis realizados y las discusiones que corresponden a las variables en estudio y la determinación de las fortalezas y debilidades identificadas en el análisis de los factores que inciden en la iniciación de nuevas empresas MIPYMES.

En el análisis general de los factores que influyen en las oportunidades del inicio al emprendedurismo es importante identificar cuál es la mayor fortaleza que poseen los estudiantes en su característica de emprendedor. En este sentido, se pudo identificar que la disposición del capital para emprender es muy importante para el 25,9 % del total de estudiantes, la siguiente mayor fortaleza identificada corresponde en el 23,8 % a la capacidad negociadora del emprendedor y en un tercer orden se encuentra la educación en un 20,4 %. Constituyéndose estos factores como los principales en la identificación de las fortalezas para emprender un nuevo negocio (Figura 1).

Figura 1: Distribución de la mayor fortaleza que un estudiante-emprendedor debe reunir para iniciar un nuevo negocio en general. Fuente: Elaboración propia.

Respecto a la característica principal que debe poseer un emprendedor o una emprendedora, se posiciona en el primer lugar a la creatividad y a la innovación con el 17,7 % del total de encuestados, seguido de la persistencia con el 17 % y la motivación en un 16,3 % del total de encuestados respectivamente (Figura 2).

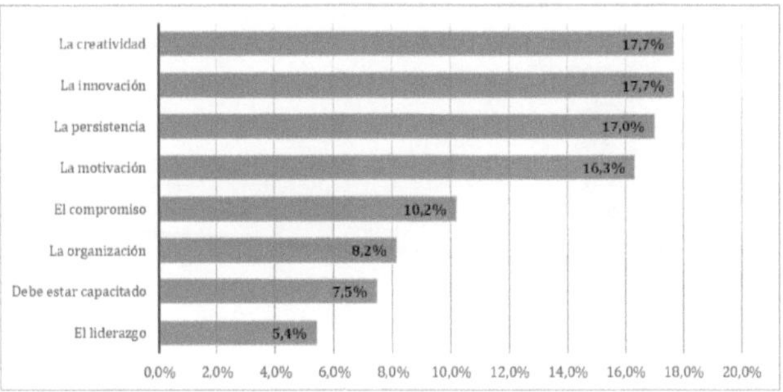

Figura 2: Distribución de la característica principal que debe poseer un estudiante-emprendedor para iniciar un nuevo negocio en general. Fuente: Elaboración propia

Respecto a la mayor dificultad encontrada para iniciar en el emprendedurismo se pudo identificar que la falta de capital es el factor predominante con el 46,3 % de los casos, así también la falta de apoyo con el 12,2 % es una de las dificultades al iniciar una empresa, y la falta de conocimientos sobre el rubro que se quiere emprender en el 11,6 % del total (Figura 3).

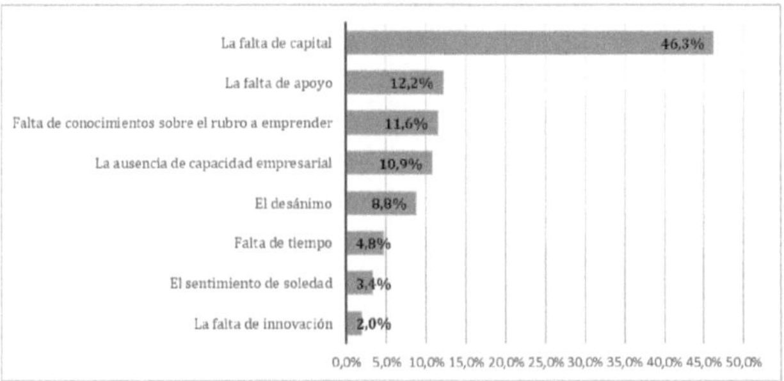

Figura 3: Distribución de la mayor dificultad de un estudiante-emprendedor al iniciar un nuevo negocio en general. Fuente: Elaboración propia.

En el análisis general de las principales fuentes de apoyo posible que pueden recibir para el inicio de un nuevo negocio, se identifica a la ayuda de la familia en el 58,5 % de los casos (Figura 4).

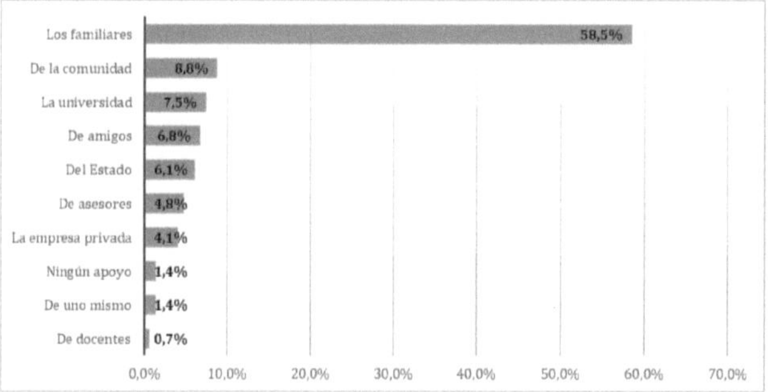

Figura 4: Distribución de la principal fuente de apoyo para el estudiante-emprendedor al inicio de un nuevo negocio en general. Fuente: Elaboración propia

En la dimensión de las fortalezas identificadas se puede observar que para la carrera de Contaduría Pública el factor de mayor fortaleza es el capital en el 34 % de los casos correspondientes a esta carrera, en cambio para las carreras de Ingeniería Comercial y el de Licenciatura en Administración la capacidad negociadora representa la mayor fortaleza como factor positivo que ayuda al emprendedurismo en el 28,6 y 25,0 % respectivamente. En general el factor más importante es el aporte de capital para iniciar las actividades en la creación de una empresa nueva (tabla 4).

		¿Cuál es su carrera?			
		Licenciatura en Contaduría Pública	Ingeniería Comercial	Licenciatura en Administración	Total
¿Cuál es la mayor fortaleza que un estudiante-emprendedor debe reunir para iniciar un nuevo negocio?.	Los contactos que pueda tener el emprendedor	6,0%	2,0%	16,7%	8,2%
	La educación	28,0%	20,4%	12,5%	20,4%
	El capital	34,0%	24,5%	18,8%	25,9%
	La capacidad negociadora	18,0%	28,6%	25,0%	23,8%
	Los créditos	2,0%	2,0%	0,0%	1,4%
	El manejo del entorno	2,0%	4,1%	2,1%	2,7%
	El apoyo	0,0%	2,0%	0,0%	0,7%
	Conocer la cultura	2,0%	4,1%	0,0%	2,0%
	Conocer el rubro que va a impulsar	8,0%	10,2%	25,0%	14,3%
	Liderazgo	0,0%	2,0%	0,0%	0,7%
Total		100,0%	100,0%	100,0%	100,0%

Tabla 4: Distribución de la mayor fortaleza que un estudiante-emprendedor debe reunir para iniciar un nuevo negocio, según la carrera que estudia. Fuente: Elaboración propia

La mayor debilidad o dificultad para iniciar una nueva microempresa se menciona a la falta de capital para los estudiantes de cada una de las carreras estudiadas en la FaCEA en porcentajes que están cercanos a la mitad de los estudiantes de cada carrera (Tabla 5).

		¿Cuál es su carrera?			Total
		Licenciatura en Contaduría Pública	Ingeniería Comercial	Licenciatura en Administración	
¿Cuál es la mayor dificultad de un estudiante-emprendedor al iniciar un nuevo negocio?	La falta de capital	44,0%	40,8%	54,2%	46,3%
	El desánimo	12,0%	10,2%	4,2%	8,8%
	La falta de apoyo	16,0%	8,2%	12,5%	12,2%
	El sentimiento de soledad	6,0%	4,1%	0,0%	3,4%
	La falta de innovación		4,1%	2,1%	2,0%
	La ausencia de capacidad empresarial	12,0%	12,2%	8,3%	10,9%
	Falta de tiempo	4,0%	8,2%	2,1%	4,8%
	Falta de conocimientos sobre el rubro a emprender	6,0%	12,2%	16,7%	11,6%
Total		100,0%	100,0%	100,0%	100,0%

Tabla 5: Distribución de la mayor dificultad de un estudiante-emprendedor al iniciar un nuevo negocio, según la carrera que estudia. Fuente: Elaboración propia.

6. CONCLUSIONES

La presente investigación ha permitido identificar los factores que influyen en las oportunidades del inicio al emprendedurismo y las fortalezas que poseen los estudiantes en su característica de emprendedor. A este respecto se pudo identificar que la disposición del capital para emprender es muy importante para la mayoría de los estudiantes, seguido de la capacidad negociadora del emprendedor y en un tercer orden se encuentra la educación. La característica principal que debe poseer un emprendedor o una emprendedora se posiciona en el primer lugar a la creatividad y a la innovación, por lo que se puede observar que las capacidades de crear nuevos desarrollos de ideas futuristas es el camino a transitar. En resumen, la persistencia y la innovación se convierten en las mayores fortalezas para los estudiantes de la carrera de Licenciatura en Contaduría Pública. Para los estudiantes de la carrera de Ingeniería Comercial es la creatividad y para los estudiantes de la carrera de Administración es la persistencia el valor principal como fortaleza.

En lo que respecta a las principales dificultades observadas para la implementación de nuevas microempresas, es la falta de capital inicial la que se convierte en principal dificultad u obstáculo, respuesta que lo tiene en común los estudiantes de todas las carreras de FaCEA. Y la mayor dificultad para iniciar en el emprendedurismo se pudo identificar a la falta de capital como el factor predominante, seguido de la falta de apoyo y la falta de conocimientos sobre el rubro que se quiere emprender.

Finalmente, la principal fuente de apoyo necesaria que pueden recibir para el inicio de un nuevo negocio se identifica a la ayuda de la familia y a la ayuda comunitaria.

7. REFERENCIAS

Benítez, P. (2016). *Emprendedurismo en Paraguay: una vía eficiente hacia el desarrollo.* Universidad Nacional de Itapúa. https://es.scribd.com/document/329858157/Emprendedurismo-en-Paraguay

Campos, J. A. D. (2018). *Los factores determinantes del emprendimiento. eXtoikos,* 21, 13-16. https://dialnet.unirioja.es/servlet/articulo?codigo=6867834

Escuela de Organización Industrial, E. (2006). *Factores que influyen en la creación y consolidación de empresas en Andalucía.* https://www.eoi.es/es/savia/publicaciones/76825/factores-que-influyen-en-la-creacion-y-consolidacion-de-empresas-en-andalucia

Gallardo, L. y Fernández, F. (2020). Factores de incidencia en el emprendedurismo de jóvenes universitarios. *RILCO DS: Revista de Desarrollo sustentable, Negocios, Emprendimiento y Educación, 2*(3). https://www.eumed.net/rev/rilcoDS/03/emprendedurísmo-jovenes-mexico.html

Gerasinchuk, A. E. (2020). Cómo emprender en la localidad de Tomas Romero Pereira, On-line u off-line. *Revista sobre estudios e investigaciones del saber académico, 13.* https://revistas.uni.edu.py/index.php/rseisa/article/view/198/204

González, P. y Caballero, N. (2021). El rol de la mujer emprendedora y el impacto en la economía paraguaya. *Ciencias Económicas.* https://revistascientificas.una.py/index.php/reco/article/view/2509

Gutiérrez, G. A. (2013). *El comportamiento emprendedor en El Salvador: Contexto, características y factores de éxito del emprendedor salvadoreño.* Universidad Internacional de Andalucía. https://doi.org/10.56451/10334/3623.

Hernández-Sampieri, R. y Mendoza, C. (2020). *Metodología de la investigación: Las rutas cuantitativa, cualitativa y mixta.* Mcgraw-hill.

Messina, M. y Hochsztain, E. (2015). Entrepreneurial success factors: An exploratory study based on Data Mining Techniques. *TEC Empresari*al, *9*(1), 30-40. https://doi.org/10.18845/te.v9i1.2206

Pisani, M., Borda, D., Ovando, F. y García, D. (2020). *Emprendedurismo y cuentapropismo en Paraguay.* Centro de Análisis y Difusión de la Economía Paraguaya. https://publications.iadb.org/es/emprendedurismo-y-cuentapropismo-en-paraguay

Rompato, M.E. y Silva, Y. F. (2020). Emprendedurismo universitario. Estudio de caso del Plan Estratégico Participativo 2030 de la Universidad Nacional de Mar del Plata, Argentina. FACES, 26(54), 31-47 http://nulan.mdp.edu.ar/id/eprint/3308

Ruiz Navarro, J., Medina Garrido, J. A., Lorenzo Gómez, J. D., Rojas Vázquez, Á., Ramos Rodríguez, A. R., Martínez Fierro, S. J. y Urbano Pulido, D. (2006). Global Entrepreneurship Monitor. Informe Ejecutivo 2005 Andalucía. Servicios de Publicaciones de la Universidad de Cádiz. https://rodin.uca.es/handle/10498/25685

Villalba, E. y Ortega, R. (2018). Perfil Emprendedor: Análisis de las características de comportamiento emprendedor de estudiantes de la Facultad de Ciencias Contables, Administrativas y Económicas de la Universidad Nacional de Pilar. *La Saeta Universitaria Académica y de Investigación, 6*(1), 114-126. https://doi.org/10.56067/saetauniversitaria.v6i1.114

Zapata-Ossa, H. de J., Cubides-Munévar, A. M., López, M. C., Pinzón-Gómez, E. M., Filigrana-Villegas, P. A. y Cassiani-Miranda, C. A. (2011). Muestreo por conglomerados en encuestas poblacionales. *Revista de Salud Pública,* 13, 141-151. https://n9.cl/bi5sz

INNOVATION IN THE FAST-MOVING CONSUMER GOODS INDUSTRY IN SPAIN

Alba Ramírez Pagès, Marc Polo López[1]

1. INTRODUCTION

Innovation is an essential factor for the growth and survival of organizations. However, many innovations fail to produce the expected results, and the Fast-Moving Consumer Goods (FMCG) industry in Spain is no exception.

Significant managerial attention has been paid to marketing and brand innovation; however, scholars recognize that the development of successful new products is key to gain and maintain competitive advantage, therefore, understanding the strategic factors that improve success, despite having been overly studied, is still an essential area of research interest (Evanschitzky *et al.*, 2012; Morgan *et al.*, 2019).

The FMCG market includes Food & Beverage and Personal Care & Drugstore (Tyagi & Tyagi, 2014), These products, also called consumer packaged goods, have low unit prices and are bought in mass quantities (Liczmańska-Kopcewicz *et al.*, 2019). The FMCG sector has experienced a 29% decline of innovative product launches since 2016. Even though innovation levels are in free fall, reflecting an apparent market failure, manufacturer brands continue to be the driver of innovation, as, of the total number of innovations introduced in the market in 2021, they are responsible for 98% of innovative products, surpassing even the previous year's levels, when they stood at 95% (*Radar de La Innovación 2021*, 2022).

The distribution of innovations remains insufficient. Despite the efforts made by manufacturers' brands to innovate, their presence in some major retail chains continues to be very low. Mercadona, the biggest retailer in the country, only references 7% of the innovative products of the Manufacturer's brands, Aldi 8%, Lidl 10%, and the chain that references the fewest innovations is Día, with 3%. In contrast, Carrefour (67%), Alcampo (36%), Grupo Eroski (31%) and El Corte Inglés (30%) maintain the highest levels of introduction of new products on their shelves (*Radar de La Innovación 2021*, 2022)

The focus of the study will be on food, particularly in the mature pastry market which was worth 1.004 Million € in 2021 (Nielsen scan track). It is a market with a clear dominance of the private label in which the two first brands (Bimbo and Dulcesol) account for less than 30% of the market ("DBKSituación Del Mercado de Panificación y Pastelería Industriales," 2021).

---

1. Universidad Ramon Llull (España)

A particular company, Bimbo Group appears every year on the Kantar Innovation Radar plus one of its packaged bakery brands, Donettes®, appears twice in the past five years.

Within the packaged bakery and pastry industry, the most significant categories, accounting for an average of 30% of the total market (Nielsen panel 2016), are muffins and doughnuts.

In this article, we will focus on Donettes®, a well-established mini doughnut in the pastry industry, from a company that innovates; it has been successful in its innovations and launched about 15 products in the past five years and is successful among critical KPIs (brand recognition, sell-out, and penetration) in the fast-moving consumer goods (FMCG) industry.

2. GOALS

The main goal of this research is to analyze Donettes® as a brand with a differentiated strategy within the very competitive private label-driven pastry market in Spain that according to the Nielsen Scan track grew a 50,4% from 2016-2021.

To contextualize the case study, the development and establishment of the sector in Spain is analyzed and the theoretical innovation framework. Donette's keys to success are proposed based on the following dimensions: product & innovation, price & promotion, distribution, and communication.

3. METHODOLOGY

This research follows the case study methodology, widely used in qualitative investigations (Busquet-Duran & Medina-Cambrón, 2017; Yin, 2018), particularly in business and management (Baškarada, 2014) . The case study is suitable when three criteria are met: addressing "how" and "why" questions, limited control over behavioral events, and focusing on a contemporary phenomenon (Yin, 2018, p.12). By studying Donettes® in real-time within its natural context, we observe a unique scenario (Rashid *et al.*, 2019) .

Methodology choice depends on the problem, issue, and field of study (Hancock *et al.*, 2021). A single case study is appropriate for this research, meeting Yin's premises. It allows testing a theory, analyzing characteristics of an extreme situation, and exploring unstudied aspects. Donettes® exemplifies adaptability, market challenges, and innovation, contributing to industry growth and leadership.

For the Donettes® case study, primary and secondary sources were utilized, including Bimbo›s documentation, management interviews, point of purchase data, expert and consumer interviews, and industry reports.

For the point of purchase, we visited fifty-three different points of purchase of the brand in different parts of Spain: hypermarkets, supermarkets, convenience stores and vending machines.

For the communication, we took into consideration the TV campaigns provided by the brand and the social media aspect. We searched and navigated on their website Tiktok, Instagram, and Twitter profiles to analyze how and what Donettes® communicates and interacts with in internet networks.

Intending to understand the market, insights about the current situation, and hypotheses on how the brand is growing we conducted seven semi-structured interviews with senior or director level experts in the market research industry with at least 15 years of experience.

In the years of working in the marketing field, understanding the consumer is a crucial element, and it seemed necessary not to omit the consumer's voice in a marketing case study. To further understand, we conducted five semi-structured interviews with Donettes® target consumers without trying to be representative of the market, with the intention to have a deeper understanding of the case. The criteria for selecting the subjects were as follows:

People between 15 and 25 years old, since the brand mentioned this age break as their core target, that had bought or eaten Donettes® at least once in the past month living in Catalonia (highest brand penetration in the country). It is a sample of five from around Catalonia living in rural or urban areas.

The fieldwork has been completed with the analysis of the main reports published by Kantar "Radar de la Innovación" 2016, 2017, 2019, 2020, 2021, 2022, ESADE and ProMarca's "Impacto económico y social de las marcas de fabricante en mercados de gran consumo en España" 2022, the CMR study "Mercado de la Alimentación en España", among others.

4. DEVELOPMENT OF THE INVESTIGATION

The marketing mix is one of the most widespread tools in marketing, used in the management of brands and their offers. Borden, describes marketing as a recipe where the "marketing executive is a decider, a mixer of ingredients which sometimes follow a recipe prepared by others, sometimes prepares his own recipe as he goes along, sometimes adapts a recipe to the ingredients immediately available, and sometimes experiments with or invents ingredients no one else has tried" (Borden, 1964, page 7). Borden identified twelve controllable marketing ingredients that, properly managed, would result in a "profitable business operation" McCarthy, 1964 reduced Borden's factors to a simple four-element framework: Product, Price, Promotion, and Place, which soon became the predominant and indispensable element of marketing theory and operational marketing management. The marketing mix is a set of controllable variables that a company puts together to get a response from objective target market (Kotler and Armstrong, 1989).

4.1. Marketing Mix

Promotion is communicating information between the seller and the potential consumer or others in the channel influences attitudes and behavior. Media support is a key element for the consumer to get to know the innovation and reach high rotation levels for retailers to keep the innovation on the stores and gain the retailer's trust that is directly related to the distribution variable (Derqui, Fayos and Occhiocupo, 2022). Place refers to the availability of goods and services in the right quantities and locations when customers want them (Borden, 1964; Constantinides, 2006). Product refers to the physical or digital goods and services offered by the organization. Simply put, the product can be described as a package of benefits that a marketer offers to the customer at a given price which is the amount of money charged for "something" of value can be referred to as the value charged for a product or service (Borden, 1964). Pricing is a critical decision area as it affects the product's demand and the company's profitability (Thabit, 2018).

Although some academics have controversy about adopting this method (Constantinides, 2006), nowadays, the marketing mix toolkit is used among practitioners, and the theory is taught in universities and business schools.

4.2. Innovation

Innovation is a wide term that should not be limited to product-related issues: it can refer to new techniques, new forms of organization, new solutions, or even new sources of customer satisfaction, but in all cases, innovation is about novelty (Chimhundu, 2018).

Brands increasingly recognize that new products are essential to their survival and growth. At the same time, new product development is costly and risky. Some new product ideas are technically unfeasible after much money has been spent, and others prove to be commercially unsuccessful after more money has been spent.

Thus, management finds itself in a dilemma: it must develop new products, yet the odds are against it. The answer lies in making the innovation process more rational through improved decision-making procedures. Brand innovation through the launch of new products is common for FMCG brands.

There are different ways to categorize innovation according to different authors. Innovation can be categorized into seven product innovations: cost reductions, product improvements, line extensions, new markets, new uses, new category entries, and new-to-the-world products (Kahn, 2018). Other trends of thought are more minimalistic, categorizing them into three different kinds of product innovations: line extensions, renovations, and new category creation (Ind and Iglesias, 2017).

Product renovation are improvements of form or function. A product renovation replaces the original product, so the original product is no longer available. Product enhancements are usually labeled as "new and improved" or "better". For example, a new and improved muffin recipe that is now "with less sugar with the same taste as before" is characteristic of a product enhancement. Product enhancements also include changes in packaging, as long as the core product the customer buys remains unchanged (Kahn, 2018).

New categories is referred to new products for the company but not new to consumers as a category. Apple's entry into the watch market with the Apple Watch is an example of entering a new category (Olenick, 2017).

Line extensions are an existing brand's new product offerings in the same product class or category (Keller & Swaminathan, 2019). Within the FMCG, line extensions are the most common, and the focus of this case study, approximately 90% of new products introduced annually are line extensions (Hoskins and Griffin, 2019). Line extensions are added features or options to an existing product that provides unique functionalities and benefits—for instance, adding offerings alongside an original yogurt product such as vitamin D deepens the yogurt product line and is indicative of a line extension (Kahn, 2018).

A common misunderstanding is a belief that innovation must be completely new and radical and that minor incremental innovation does not count. This belief has a problem, as radical innovation is very challenging, may require unique resources, and reflects substantial risk, certainly more risk than incremental innovation. Incremental innovation and radical innovation balance the innovation effort by allowing for small wins in the pursuit of big wins. Successful organizations understand that innovation falls along a continuum, ranging from minor incremental changes to major radical innovations; innovation is not a binary phenomenon (Kahn, 2018).

Therefore, a line extension innovation's main advantage is that it has lower costs, lower risk arising from leveraging the parent brand, and the ability to increase sales quickly and inexpensively (Loken, Ahluwalia and Houston, 2010). Indeed, introducing innovations through line extensions has become an increasingly important strategy (Sinapuelas *et al.*, 2015).

Such innovations are known as the halo effect, which reinforces the parent brand and attracts more people. The halo effect is a cognitive bias whereby people form an opinion about one characteristic of a product attribute based on their predisposition (positive or negative) towards another attribute (Nicolau, Mellinas and Martín-Fuentes, 2020).

Since an innovative line extension is defined as introducing a new feature or benefit under a parent brand, consumers may respond not only to the parent brand effect but also to their perception of an innovative product that introduces a particular feature or benefit. Perceptions of the parent brand and the benefits of the innovative product may also interact, such that a strong brand preference may overcome any uncertainty arising from an innovative feature (Sinapuelas *et al.*, 2015).

4.3. The FMCG Market in Spain

The Spanish FMCG market is very complex and atomized. There are several players who are very different from other European markets because it is shaped by one strong player: Mercadona, which holds a substantial share of the market with the most significant distance from the second competitor.

Scholars acknowledge that successful new product development is crucial to gaining and maintaining competitive advantage, so understanding the strategic factors that boost success, despite having been abundantly studied, remains an essential area of research since succeeding in innovation is not the most common outcome (Evanschitzky *et al.*, 2012).

Mercadona has the most significant market share in grocery retailing in Spain but does not accept much innovation, 7% acceptance rate. Based on data presented in April 2022, with 26%, followed by Carrefour with 9.8% with a high innovation acceptance rate: 57% (*Radar de La Innovación 2021*, 2022).

In addressing the effects of innovation, an additional source of innovation advantage may be in increasing the effectiveness of marketing mix activities (Bowman & Gatignon, 1996) producing something called the halo effect. Research in breakthrough innovationis key as it is an engine of economic growth and a source of improved solutions to humansneeds (Chandy and Tellis, 1999). The analyzed innovations belong to well-stablished brands that launch new products under a parent brand, consumers may respond not only to the parent brand effect but also to their perception of an innovative product that introduces a particular feature or benefit. Perceptions of the parent brand and the benefits of the innovative product may also interact, such that a strong brand preference may overcome any uncertainty arising from an innovative feature (Nicolau *et al.*, 2020; Sinapuelas *et al.*, 2015).

Regarding marketing mix and innovation, we find that marketing mix variables tend to correlate with parent brand strength in the context of new line extensions. If this endogeneity is not considered, it could introduce some bias in estimating the relative impact of marketing mix variables on purchasing a new line extension product (Sinapuelas *et al.*, 2015).

The mature market of Pastry, which was worth 1.004 Million € in 2021 (Nielsen Scantrack), has remained stable since 2015 (987 Million €). It is a market with a clear dominance of the private label in which the two first brands (Bimbo and Dulcesol) account for less than 30% of the market (DBKSituación del mercado de panificación y pastelería industriales, 2021).

Up-to-date data from this market is private and very expensive to acquire. That is why for describing the market, we are using the last data we had access, which is from 2016. For conversations with interviewees, the proportions are still relevant. The market is dominated by the private label, which accounted a 47% in 2016, according to a Nielsen report. The first company to lead the market is Grupo Bimbo with about 20%, which has several different brands such as Donuts®, Bollycao®, La Bella Easo®, Qé!®, Donettes®, Bony®, Tigretón®, Pantera Rosa® and so on. The second big company accounting for a large percentage of the market is Vicky Foods, well known for its commercial brand Dulcesol with a 10% market share.

In terms of the top categories, doughnuts account for the largest share with 14,3%, muffins at 14%, croissants at 10%, brioche with 5% of the total market share, and puff pastry palmier a 3%, according to also to Nielsen.

In 2021, the incremental value of innovation was 12%. This means that consumers who bought innovations increased their consumption in these categories by 12%, an aspect in which manufacturer brands play a key role. Innovation means not only additional sales for the brand that carries it out but also incremental market growth. All the players in the food chain benefit from this, which has an impact on the end consumer. In this way, positive consumer response is the greatest incentive for manufacturers' brands to continue to strive for innovation (Radar Kantar Informe Radar de la Innovación 2020, 2019).

4.4. Donettes® case study

The focus of the study on Donettes®, a well-established mini-doughnut brand in the bakery and pastry industry from a company that innovates; it launched about 15 products in the past five years and is successful among key KPIs (Sell-out, and Penetration) in the fast-moving consumer goods (FMCG) industry. The study ranges from 2016 to May 2022.

Donettes® is a brand with 49 years of history, with high levels of notoriety and esteem. The Donettes® brand is closely linked to the physical attributes of the product but also has an emotional link and very different brand values.

Donettes® is a successful brand in terms of sell out. Sell out is the sales value (€) reported from the store›s scan tracks in this case conducted by Nielsen. The brand grew a 50,4%, which is astonishing since, as read before, this is a very competitive and mature market that had no growth on the analyzed period. 2021 was a very good year in terms of sell-out; the brand grew a 24% compared with 2020 (Nielsen Consumer Panel cumulative data 2021)

Penetration in the FMCG is a term that refers to the percentage of people that consume a particular product. As we can see in the following graphic, Donettes® managed to have 4pp more in 5 years growing in four consecutive years, meaning that the product has been consumed by a larger number of people every year (Nielsen Consumer Panel cumulative data 2021).

As stated in interviews with Nielsen, innovation drives incremental Penetration to the brand because it is differential in terms of concept and has a different consumer: "with the limited editions (line extensions), the brand is able to gain 60-70% of incremental penetration. The consumer is the kid".

Market share is referred to the portion of the market that your sales (in value in that case) add to the total market. For instance, if the market is 100€ and a company sells 20€ in that market, that would mean that the company has a 20% market share.

Considering the stable pastry market, Donettes® market share grew a 25% over the last five years (2016-2021).

Donettes® is a brand that sells round-shaped «mini-doughnut» pastry products made with a cake dough covered with chocolate or powder sugar. It is served in a multiportion pack that has a minimum of 4 units in it. It is sold in a yellow plastic tray and packaged with plastic film. Donettes® packaging is meant for a shared consumption ranging from packaging with four units to others that have up to 8 units. Consuming the product with a group is a distinct element of Donettes® compared to other pastry products.

Donettes® launches between 2 and 3 line extensions every year. The product is launched and retired of the market to let the shelf space to another innovation. Those innovations do not have large sales compared to mainstream products. They achieve around a 10% of the total Donettes® revenue. Those innovations include experiences, or gamified innovations.

An experience is something that happens to the customer that purchases the product or the one that consumes it. Experiences are "memorable events that engage each individual in an inherently personal way" (Pine and Gilmore, 2013) Packaged food can contain an experience that can be related to the packaging, like the games printed on the back of the cereal boxes, on the product itself, or in the effects of a product. For example, Donettes® launched several experience-based line extensions in which the product influenced you when eating it, like painting your tongue blue or not.

In 2015-16 the brand wanted to go to another level with its line extensions with the goal to be different and add value to the consumer. Being true to the brand's values, Donettes® developed an experiential category based on the play, which is very social and fun, like the brand. After the "Hackea tus Donettes® « launch, where consumers picked how they wanted the new Donette, the brand started to deliver games with the product itself, not only through communication.

They started thinking about possible games that could be played with the product and how to make it feasible for the manufacturing process, which is often a restrain in the FMCG industry. They came up with adding one special Donettes® that would have a differentiated flavor which ended up being: spicy.

In this category, it is very difficult to describe the innovations without a communication strategy. We will present the objectivity of the product of those innovations on the communication section. Active listening in social media is key for the brand. Understanding trends and fads are crucial for Donettes® relevancy. Donettes® analyzes what the target market likes, follows, and shares and then creates concepts of those interests that can be relevant to the brand.

Regarding pricing Donettes® recommended pricing is the market›s highest, with a retail price of 2,50€. The manufacturer›s price Donettes® and Mini-Soles information come from the recommended price of sale that Bimbo and Dulcesol suggest to the retailers. The private-label prices are taken directly from the retail visits, which are consistent across stores.

Taking as a base (100%) the cheapest brand Mini Soles, the index price in terms of €/Kg is 271% for the smaller packet of Donettes® and 227% for the larger, which has increased a 47% since 2015. The cheapest of all is the other manufacturer brand, Mini-soles, which did not vary its pricing since 2015 and costs 6,45€/kg.

In terms of distribution, the Spanish distribution market is very particular in terms of players. There is a player that holds 23% of the market, and this share is even higher categories. This market, the pastry market, is dominated by distribution brands.

Although the most common distribution model for the FMCG market is to distribute the product to a retailer distribution center and the retailer itself delivers the products to its stores, Bimbo is a company that delivers most of its products directly to the retail. This permits them to access the market more quickly and be able to reach a broad independent store range.

As of 2022 Bimbo have 80 different sales distribution centers ('Bimbo web page spain', 2022). Although data came from an interview, Bimbo accounts for 80% of the total market coverage.

Bimbo visits the stores directly and checks what is about to expire and what is needed bringing what the previous day of the visit was missed. Some stores are visited daily, others with less frequency but a minimum of twice a week.

We could not find data relevant to the distribution of the competitors. Donettes® is distributed in all retailers but Mercadona, Lidl, and Aldi. The private label brands are distributed only to their retail stores, and Dulcesol is hard to find; neither on the retail visits, we were not able to find Dulcesol, or on online stores of the retailers, it does not appear on the main seven players.

In terms of brand communication, Donettes® is a well-established brand that has been very solid on the brand proposition and has been able to maintain it over the years, adapting it to the market that varies over the years. Because Donettes® has been consistent with its communication message for over 30 years. Donettes®' brand image is also stable and attached to a good vibe, happiness, fun, and friendship. Other factors very relevant to the brand are related to deliciousness, snacking between hours, or popularity.

Regarding the innovation communication, from 2016 until now, the innovation has appeared at the end of the TV commercial, having less than 3 seconds of air. The goal was to raise awareness of the novelty.

Besides the packaging, communication on social media is crucial for Donettes® and has been conducted along with each product launch. Having a core target audience ranging from 15 to 25 years old, the brand has profiles on the most relevant platforms for the mentioned target, which are: Instagram, Twitter, and Tiktok.

The communication that the brand is following is attached to the product innovation distinguishable feature. The brand picks a trend that is latent on the market. Creates a concept for their new launch; this concept is approved by management; they develop it involving the different teams that are necessary and promote it using push and pull strategies.

The pattern they are following is that from the early stage of trend hunting, they think about communication. Donettes® do the following: they make a digital video commercial to present the novelty, create some sort of challenge, and create a media plan to raise awareness and engagement with display, social ads, influencers, and sampling. Product placement and influencers play the role of information spreaders and join the challenge to amplify the participation and gain user-generated content.

Line extensions are launched under the Donettes® brand following the same brand architecture. Consumers perceive the brand as more innovative and contribute to the brand image. The innovation drives a halo effect to Donettes®. In other words, it generates buzz for the brand, more opportunities for the point-of-sale visibility, for talking about the brand, and for contributing to a more visible and available product.

5. CONCLUSIONS

The place element from the marketing mix is one of the key elements for innovation success in the current market situation. Distribution enables availability in the place of purchase so that the product reaches the target market. The negative trend in FMCG innovation in Spain can be explained by the increasing difficulty in reaching distribution and, due to the resulting reduced sales potential, by the greater difficulty in justifying the necessary marketing efforts in economic terms. If products are not available in the point of purchase, they cannot be bought by consumers that had been impacted by communication and it becomes a vicious circle.

Mercadona is the biggest retailer in the country and has a 26% of the market. As seen before, it is the retailer with the lowest innovation referencing. Spain's small and unorganized stores are most stores, and because Bimbo has a strong distribution power, the brand can have a very good distribution without counting on Mercadona. Bimbo's distribution model works very well because they can reach the stores directly and fast. Donettes® can reach those stores with the innovations having 80% of the impulse coverage. The small traditional stores are eager for novelties. It is also a way for them to have a differentiated portfolio.

The product and promotion elements of the mix are thought of as one. Being relevant and transmitting the right message is very well thought. Thinking about a product and the communication topic are considered in the early stages of product conceptualization. Once they identify a trend, they start thinking about what experience they can offer the consumer. How can they give more than a product? How can they play with the product? Then they identify key platforms and build a media plan that always counts on influencers.

Innovation accounts for about 10% of the brand's sales. This is not a high number, although innovations drive growth in terms of additional penetration and in terms of the halo effect that drives the market.

Regarding additional penetration, there are two differentiated effects: younger consumers are very interested in purchasing the novelties and the gaming experience, and the research institutes interviewed pointed out that the innovations drive incremental penetration among targets that are not core to the brand, especially in younger households. Some older consumers mentioned in the research that they ate Donettes® innovations with their younger cousins (ages 7 to 12) gave me a deeper understanding of this phenomenon. The other effect is that there are people that do not purchase Donettes® regularly but like to try the novelties; those come from the core target and older and younger targets but close to 15-25. A consumer pointed out that she tried the hot challenge for fear of missing out, another because she wanted to do something fun with her friends and did the Troleo challenge; another mentioned that she saw it everywhere on the internet.

In terms of the halo effect, having novelties to the market drives attention to the parent brand. Because the brand is communicating on social media, their new innovation brand impressions are delivered to the consumer, and that reminds the consumer that Donettes® is out there, that Donettes® is doing something, and that something because innovation is well aligned with the brand, contributes to a stronger brand reputation, helps remember the consumer that the brand is there and that drives awareness, consideration, and sales. One consumer mentioned that she saw the Donettes® Hot challenge everywhere, especially on Youtube, and considered buying it but then decided to go for the classics.

Innovation is essential for the growth and survival of companies. However, the FMCG industry in Spain has seen a decline in innovative product launches in recent years. To ensure successful innovation, companies need to focus on the place element of the marketing mix. Distribution is critical for making products available in the point of purchase so that the target market can access them. Without availability, products cannot be bought, leading to lost sales and reduced potential for justifying necessary marketing efforts.

Mercadona, the largest retailer in Spain with a 26% market share, has the lowest innovation referencing. Most stores in Spain are small and unorganized, but Bimbo, with its strong distribution power, is still able to reach these stores directly and quickly. Donettes, one of Bimbo's brands, has achieved an 80% impulse coverage in small traditional stores, allowing them to reach consumers and offer a differentiated portfolio.

To ensure successful innovation, companies need to think about the product and promotion elements of the marketing mix as one. They need to create a product that is relevant and appealing to the target audience and develop it with the communication plan in mind. Companies should identify trends and consider what experience they can offer the consumer, playing with the product and building a media plan that involves influencers.

Innovation accounts for about 10% of the brand's sales, and it drives growth through additional penetration and the halo effect. Younger consumers and those outside the core target market are more likely to be interested in purchasing the novelties, which create incremental penetration. The halo effect helps to raise brand awareness and reputation, reminding consumers that the brand is out there and contributing to consideration and sales.

Therefore, companies need to focus on the place element of the marketing mix to ensure successful innovation. They need to find ways to distribute their products effectively, even if major retailers do not reference their innovations. Companies also need to integrate product and promotion elements of the marketing mix, identify trends, and consider what experience they can offer to the consumers to create successful innovations that drive growth.

Donettes® is a successful brand among all key KPIs in a very competitive market. The brand is innovating through line extensions and has a marketing mix that is working to drive sales and competitiveness in the market.

First, the brand uses company's distribution power to reach the market. Second, the brand delivers experiences and tries to identify what is relevant for the target market, then creates a product thinking on the communication at the same time. Third, innovation drives sales due to incremental penetration and the halo effect.

This case study focuses on providing a understanding of a successful FMCG brand through innovation, and opens new paths for future research as results suggest further investigation on the media analysis incorporating the consumer or a quantitative validation that chocolate is key for success in the Spanish FMCG pastry market.

This paper focuses on Spain, and, due to the particularities of the national FMCG markets across Europe, together with specific bakery, results cannot be generalized and therefore, it would be interesting for future studies to analyze other cases in other countries.

6. REFERENCES

Baškarada, S. (2014) *Qualitative Case Study Guidelines.* https://n9.cl/5xzrh

Bimbo web page spain (2022) https://www.bimbo.es/donde-estamos/

Borden, N. H. (1964) 'The Concept of the Marketing Mix", *Journal of advertising research,* 4, 2.

Bowman, D., & Gatignon, H. (1996) 'Order of entry as a moderator of the effect of the marketing mix on market share', *Marketing Science, 15*(3), 222–242. https://doi.org/10.1287/mksc.15.3.222

Busquet-Duran, J., & Medina-Cambrón, A. (2017) La investigación en comunicación. ¿Qué debemos saber? ¿Qué pasos debemos seguir? Barcelona: UOC.

Chandy, R. K. & Tellis, G. J. (1999) "The incumbent's curse? Incumbency, size, and radical", Journal of Marketing

Chimhundu, R. (2018) Marketing food brands: Private label versus manufacturer brands in the consumer goods industry, Marketing Food Brands: Private Label versus Manufacturer Brands in the Consumer Goods Industry. Springer International Publishing. https://doi.org/10.1007/978-3-319-75832-9

Constantinides, E. (2006) 'The Marketing Mix Revisited: Towards the 21st Century Marketing'. *Journal of Marketing Management, 22*(3–4), 407–438. https://doi.org/10.1362/026725706776861190

DBKSituación del mercado de panificación y pastelería industriales (2021) Kantar. Available at: https://n9.cl/d0swxl

Derqui, B., Fayos, T., & Occhiocupo, N. (2022) 'The virtuous cycle of trust. Unveiling clues to successful innovation in the Fast Moving Consumer Goods industry'. *European Journal of Innovation Management, 25*(6), 1036–1056. https://n9.cl/7itrj

Evanschitzky, H., Eisend, M., Calantone, R. G., & Jiang Y. (2012) 'Success factors of product innovation: An updated meta-analysis', *Journal of Product Innovation Management*, 29, 21–37. https://doi.org/10.1111/j.1540-5885.2012.00964.x

Food Drink Europe Data Trends 2021 (2021).

Hancock, D., Algozzine, B., & Lim, J. H. L. (2021) *Doing case study research: A practical guide for beginning researchers.* 4th edn. New York: Teachers College Press.

Chesbrough, H. (2003) *Open Innovation: The New Imperative for Creating and Profiting from Technology.* Harvard Business School Press.

Hoskins, J. D., & Griffin, A. (2019) 'New product performance advantages for extending large, established fast moving consumer goods (FMCG) brands', *Journal of Product and Brand Management, 28*(7), 812–829. https://doi.org/10.1108/JPBM-07-2018-1932

Impacto económico y social de las marcas de fabricante en mercados de gran consumo en España (2022). Barcelona.

Kahn, K. B. (2018) 'Understanding innovation', *Business Horizons, 61*(3), 453–460. https://doi.org/10.1016/j.bushor.2018.01.011

Keller, K. L., & Swaminathan, V. (2019) Strategic brand management: Building, measuring and managing brand equity. 5th edn. Pearson Education Limited.

Kotler, P., & Armstrong, G. (1989) *Principles of Marketing.* Englewood Clifs, NJ: In Prentice Hall.

Liczmańska-Kopcewicz, K., Mizera, K., & Pypłacz, P. (2019) 'Corporate social responsibility and sustainable development for creating value for FMCG sector enterprises', *Sustainability (Switzerland), 11*(20). https://doi.org/10.3390/su11205808

Loken, B., Ahluwalia, R., & Houston, M. J. (2010) *Leveraging a brand through brand extensions: a review of two decades of research.* New York: Routledge.

McCarthy, E. J. (1964) *Basic Marketing, a Managerial Approach.* Homewood: Richard D. Irwin, Inc.

Morgan, T., Anokhin, S. A., & Wincent, J. (2019) "Influence of market orientation on performance: themoderating roles of customer participation breadth and depth in new product development", *Industry and Innovation, 26*(9), 1103-1120, https://doi.org/10.1080/13662716.2019.1566053

Nicolau, J. L., Mellinas, J. P., & Martín-Fuentes, E. (2020) 'The halo effect: A longitudinal approach', *Annals of Tourism Research,* 83. https://doi.org/10.1016/j.annals.2020.102938

Olenick, D. (2017) *Why the Apple watch launch is one for the history of books,* Forbes. https://n9.cl/a8ofc

Pine, B. J., & Gilmore, J. H. (2013) 'The experience economy: Past, present and future'. In *Handbook on the Experience Economy.* Edward Elgar Publishing Ltd., (pp. 21–44). https://doi.org/10.4337/9781781004227.00007

Radar de la Innovación 2021 (2021).

Radar de la Innovación 2021 (2022).

Radar Kantar Informe Radar de la Innovación 2020 (2019). SPAIN.

Rashid, Y., Rashid, A., & Waseem, A. (2019) 'Case Study Method: A Step-by-Step Guide for Business Researchers', *International Journal of Qualitative Methods,* 18. https://doi.org/10.1177/1609406919862424

Sinapuelas, I. C. S., Wang, H. M. D., & Bohlmann, J. D. (2015) 'The interplay of innovation, brand, and marketing mix variables in line extensions', *Journal of the Academy of Marketing Science, 43*(5), 558–573. https://doi.org/10.1007/s11747-015-0437-6

(Ya) Tang, T., (Katee) Zhang, S., & Peng, J. (2021) 'The value of marketing innovation: Market-driven versus market-driving', *Journal of Business Research,* 126, pp. 88–98. https://doi.org/10.1016/j.jbusres.2020.12.067

Thabit, T. H. (2018) 'The Evaluation of Marketing Mix Elements: A Case Study', *International Journal of Social Sciences & Educational Studies, 4*(4). https://doi.org/10.23918/ijsses.v4i4p100

Tyagi, V., & Tyagi, A. K. (2014) 'A Case Study on Consumer Buying Behavior towards Selected FMCG Products Effect of Organisational Culture on Employee Committment View project', *International Journal of Scientific Research and Management, 2*(8). https://doi.org/10.13140/RG.2.2.16421.96485

Yin, R. K. (2018) Case Study Research and Applications. Sixth Edition.

GAMIFICACIÓN EN LOS PROCESOS DE SELECCIÓN DE PERSONAL Y CAPTACIÓN DEL TALENTO

Fernando Rodríguez-López[1]

1. INTRODUCCIÓN

Los procesos de reclutamiento, captación y selección del talento, enmarcados dentro del área de recursos humanos o *gestión de personas*, como se empieza a denominar en la actualidad, forma parte de uno de los elementos de mayor protagonismo en estos últimos años. La literatura científica dominante, no hace más que mostrarnos las dificultades que tienen las empresas, en esta tercera década, post-covid, del s. XXI, para cubrir determinados perfiles profesionales, y encontrar personas adecuadas para suplir sus necesidades de talento. Las causas son variadas y aunque podamos enumerarlas de una manera breve, no es el objetivo de este trabajo conocer las causas de esta circunstancia del mercado laboral, o incluso las variables motivacionales que pueda presentar las personas ante un puesto de trabajo. Acercarse a los posibles candidatos a un puesto como si se trataran de clientes potenciales (Ruiz,2021), conecta el concepto de *Employer Branding*, -Marca Empleadora-, (Healey,2009) a los procesos tradicionales de selección de personal, y es, otra de las variables que analizaremos en el presente documento.

El trabajo se centrará, además, en mostrar las posibilidades que ofrece el mundo de la gamificación, para poder conseguir procesos de reclutamiento y captación del talento, que ayuden a las organizaciones en su camino, a conseguir las personas más adecuadas a los puestos y perfiles ofrecidos. El desarrollo de los procesos gamificados, aplicados a entornos no lúdicos, y en concreto, a aquellos relacionados con la gestión de personas, adquieren nuevos campos de actuación. El concepto de gamificación aplicado fuera de entornos propios de los juegos es relativamente reciente, aunque está experimentado un auge imparable en los últimos años. Werbach y Hunter (2012), lo definen como el uso de juegos en entornos que no son lúdicos; Kapp (2012) explica que el juego aplicado a aspectos laborales promueve el aprendizaje y aplica un nuevo enfoque a los problemas; Teixes (2014) cree que aplicar juegos a entornos no lúdicos puede llegar a modificar el comportamiento de los individuos. Aplicar la motivación que subyace en todo proceso de juego, es algo que se debe aprovechar en materia de gestión de personas (Ortega Carillo, 2022), ya que los nuevos entornos de mercado y la aparición de nuevas generaciones digitales, que ya acceden al mercado laboral, complican los modelos de relación laboral entre empleador-empleado. La búsqueda de nuevas fórmulas para conseguir, que, por un lado, se aumente la capacidad de las empresas para ilusionar y atraer, al posible talento; y

1. Profesor Contratado Doctor en Universidad Europea de Madrid (España).

que, por otro, ese talento se sienta atraído por nuevos y novedosos sistemas de captación y selección, parecen condenados a entenderse, explorando juntos, nuevas posibilidades.

Reclutamiento y captación de talento: claves a tener en cuenta en la era digital

Discutir que la aparición de las nuevas tecnologías, han llegado a todas las áreas de la empresa, también a las cercanas a los procesos de selección de personas, no tiene mucho sentido en la actualidad. Buscar a los mejores candidatos, para cada uno de los puestos y de las necesidades concretas de la empresa, no es tarea fácil y la digitalización puede ayudarnos, sin duda. Según el informe de Randstad (2022), más de 109.000 empleos, en España, se quedarán sin cubrir, por la falta de trabajadores y directivos cualificados. Y eso que, debemos tener en cuenta, que estamos en uno de los países de la UE de mayor tasa de desempleo, con unas cifras del 13,26% según la EPA (primer trimestre de 2023), mucho del cual se ceba entre los más jóvenes, que ronda el 30% entre menores de 25 años. Así pues, el sentido común nos dice que ese desajuste entre la oferta y la demanda, no sólo se debe a factores que tienen que ver con el proceso de captación. Seguramente, problemas de índole demográfico (envejecimiento de la población, despoblación, etc.), escasa formación, o inadecuada entre los desempleados, pueden ser los responsables directos. No obstante, el hecho persiste y son ya muchas las empresas que usan todo tipo de técnicas y estrategias para ser más atractivas de cara a la búsqueda del candidato ideal, a través de herramientas de reclutamiento 2.0 (Alles, 2019). Según Ramirez, (2019), la digitalización ha traído el uso de una serie de instrumentos de reclutamiento, entre otros:

- Webs corporativas donde recibir candidaturas, y en las que se pueden conocer los valores, misión, conocimiento global de la organización, etc.
- Redes Sociales, tanto generalistas (Facebook), como específicas (Linkedin)
- Software especializado (ATS -Applicant Tracking Systems-), que mediante criterios de programación de palabras clave, se produce un filtrado automático de candidaturas
- Portales de empleo, alguno de los cuales, ya funcionan de forma global, para determinados mercados (Corner Job, Randstat, Manpower Group, etc.)
- Uso incipiente, pero cada vez mas extendido de la IA (*Inteligencia Artificial*), en los accesos a los portales de internet, en multitud de empresas. Ya existen muchos ejemplos, donde el candidato interactúa con un *chatbot* programado, a lo largo de una conversación, donde la maquina toma notas y hace las primeras cribas a través de *killers questions* [2]

La aplicación de estas herramientas, pretenden, como fin último, acercar al candidato a la empresa. No obstante, esto no es suficiente. En los últimos años, se están prodigando una serie de metodologías, muchas provenientes del campo del marketing, para ayudar en este camino, donde necesidades de la empresa por cubrir perfiles y nuevas tecnologías, confluyen. Entre otras encontramos, desarrollando un poco más el tema:

- Inbound Recruitment (IR): técnica derivada de su "alter-ego" el *Inbound Marketing.* Utiliza herramientas y estrategias de marketing digital para atraer a grupos determinados de posibles candidatos, tanto activos, que buscan empleo, como pasivos, aquellos que no necesariamente. Lo digital ha desarrollado flujos de comunicación en dos direcciones. El proceso es bidireccional entre emisor

2. Preguntas que se realizan sobre el perfil del candidato y que según este responda, avanza en el proceso o es descartado

(empresa) y receptor (posible candidato). La interacción es máxima, y el IR facilita la comunicación y construye relaciones entre posibles candidatos

- Social Recruiting: negar en la actualidad el poder de las redes sociales, carece de todo principio pragmático. A través de ellas, se puede llevar a un número muy elevado de candidatos, con una repercusión máxima y unos costes mínimos. No solo hablamos de las conocidas redes (Facebook, Twitter, etc.), las plataformas webs, tienen un papel cada vez más determinante. Además, la empresa pone mostrar cualidades que resulten atractivas a los candidatos, utilizando dichas aplicaciones como instrumentos de *employer branding*
- Reclutamiento Colaborativo: el tiempo donde el departamento de recursos humanos era una "caja negra" y de difícil acceso ha pasado. En la actualidad, mandos medios y directivos, ejercen una labor de agentes impulsores del cambio, y una de sus labores, también es la gestión de los equipos. Por ello, el reclutamiento, se "abre" a todas las personas de la organización, no sólo al director de personas. Además, ¿Quién mejor que el propio jefe directo de una posición conoce las características del futuro candidato, perfil, skills, etc.?
- CRM´s: todo lo que tiene que ver con la gestión de las relaciones con los candidatos, ha cobrado un alto protagonismo, que ha pasado de ser operativo a estratégico para las empresas. Tener datado, y con todo lujo de detalles, la huella que el candidato ha tenido en sus interacciones con la organización se convierte en una información muy valiosa, en estos tiempos de dificultad a la hora de encontrar perfiles. Una definida estrategia de CRM aplicada a la captación de talento debe incluir campañas de email-marketing, base de datos de las comunicaciones con los candidatos, datos actualizados, incluyendo el historial, de las personas interesadas, etc.
- IA (Inteligencia Artificial): aunque en fase desarrollo, va a constituirse, sin lugar a duda, en una poderosa herramienta en tareas relacionadas con la gestión de personas. Los mencionados *chatbots*, son un primer embrión de este tipo de tecnologías, y ofrecen una experiencia muy atractiva para el posible candidato, que responde gustoso a los retos y preguntas que le plantea la máquina. La mezcla de simplicidad, recogida de datos precisos y algo de componente lúdico (gamificación) puede llevarnos a nuevos escenarios en la detección y captación de talento
- Gamificación: la introducción del juego a la hora de seleccionar candidatos, ya se está haciendo desde empresas como www.nawaiam.com, videojuego que evalúa la conducta de las personas y obtiene skills muy concretas, a través de un algoritmo de IA. Se demuestra que el candidato va aceptando, poco a poco (Rodriguez, 2022), participar en juegos para saber si es apto en un proceso de selección. Es importante resaltar que la gamificación, como tecnología, puede utilizarse no sólo en los procesos de captación y reclutamiento, también en fases posteriores del proceso de selección como las pruebas profesionales, o las dinámicas de grupo

Selección del talento y clases de reclutamiento en la actualidad

Nadie discute hoy que, uno de los elementos que marcan la competitividad de una empresa es su capital humano. Encontrar personas que, en todas las líneas jerárquicas de la empresa (colaboradores, mandos medios y alta dirección), sientan el compromiso y la motivación con la organización para la que trabajan, es tarea compleja y que requiere de un planteamiento estratégico. La empresa, debe adquirir una cultura corporativa que dote de la máxima importancia a esta labor. Definir filosofía, misión y valores de forma clara para el posible talento, es una estrategia que asegura una buena parte de éxito. Así, las personas que se unan podrán desarrollar una carrera profesional, ya que parte de sus motivaciones estarán definidas para la organización para la que trabajan. En este contexto, el cómo se articula el proceso de selección de personal, y con él, la fase de reclutamiento y captación de talento, es fundamental, dado ese matiz estratégico mencionado. Si la empresa no sabe transmitir de forma interna (para sus propios colaboradores) y externa (candidatos potenciales) esos valores y propósitos, se perderá el sentido visionario que tiene todo este proceso

En este contexto, la relación entre proceso de selección y *employer branding* (Chong, 2007) debe de estar alineada, de nuevo, de forma estratégica. Si la marca empleadora pretende hacer atractiva la empresa para el mercado en el que opera, si va de la mano del proceso de captación de talento, debe de irlo también para los posibles candidatos que puedan incorporarse

¿Qué es la gamificación? ¿Es posible gamificar para captar talento?

Aplicar procesos de gamificación a la gestión de Recursos Humanos, es una realidad que se está incrementando en las organizaciones. El inicio de la introducción de juegos serios (serious games) se inicia, en un primer momento, como proceso de aprendizaje y formación: adquirir conocimiento y skills, a través del juego. El concepto de gamificar, se crea alrededor del 2008 y se publica científicamente en 2011, (Deterding et al.) bajo la influencia de los videojuegos, dando un paso más e incorporando (Cortizo et al.,2011) diseños de experiencias divertidas, dentro de contextos que no son puramente lúdicos. En la actualidad, son multitud las organizaciones que utilizan procesos gamificados en la gestión de las personas, e incluso se definen las bases para el éxito, con modelos muy definidos, (Werbach y Hunter, 2012). Estos definen que solo un juego serio bien aplicado, debe conllevar las fases de definición de objetivos del juego; establecimiento de los comportamientos y roles que deben adquirir los jugadores; importante también es el concepto de motivación del que parten los jugadores, cada uno con posibles intereses distintos (Aarseth,2007; Chou,2015; Valderrama,2015, entre otros); y sin olvidarse de lo principal, y es que debe de ser divertido. Iniciar una acción de aprendizaje divertido es la distinción que marca la gamificación de cualquier otro proceso. Por último, Rodriguez et al. (2021), demuestran que los juegos serios son aceptados como tecnología de aprendizaje para la adquisición de conocimiento. Así pues, es fácil conectar un proceso cualquiera de reclutamiento y captación de talento, con la acción de jugar, con lo lúdico, ya que las nuevas tecnologías permiten entrar en un espacio virtual dado a ello. Elegir un puesto de trabajo, enviar el *Curriculum Vitae*, etc., son acciones sencillas, que pueden alcanzar un alto grado de satisfacción de un posible candidato, si lo hace jugando. Un adecuado diseño del entorno web, elementos atractivos de diseño, y el premio final de poder acceder a un puesto de trabajo, son el resto de los elementos destinados a que el proceso sea un éxito. Se podría añadir también, que el desarrollo de esta herramienta, por parte de la empresa, va a generar un efecto diferenciador sobre la competencia y, sin lugar a duda, va a ser como "imán de atracción" a las generaciones de candidatos digitales (Generación Z, -nacidos en el cambio de siglo-, y Millennials), donde los viejos procedimientos no operan con el mismo efecto de agrado y motivación, que en generaciones anteriores (Martinez, 2015)

El proceso de reclutamiento en la organización digital: Employer Branding como estrategia

Uno de los primeros datos que debemos manejar cuando hablamos de reclutamiento en la actual sociedad del conocimiento, es que según Gallego-Castillo (2022), en los próximos años, el 75% de los trabajadores pertenecerán a la Generación Y, (Milennials, -nacidos entre 1981-1993-). Esta fuerza de trabajo, por no hablar de las generaciones posteriores, buscan mecanismos de comunicación rápidos con las organizaciones, necesitan saber el compromiso social de la empresa, los valores que constituyen su branding, etc. En una palabra, se ajustan al empleo de medios digitales (redes sociales, portales webs, etc.), así los procesos de reclutamiento deben de ajustarse a esta nueva "necesidad generacional".

El reclutamiento de personal, parte de la necesidades presentes y futuras de las empresas, a la hora de cubrir determinados puestos de trabajo. El numero de personas captadas, debe de ser >1, de cara a que pueda realizarse un proceso selectivo. En caso contrario, no hablaríamos de selección de personal. Y este tema, no es baladí, ya que como dijimos arriba, en muchos casos no se encuentran candidatos a un determinado puesto. Plantearemos, las condiciones de un proceso de reclutamiento, donde en efecto, haya más de un candidato a la posición a cubrir. Las fuentes de reclutamiento pueden ser internas (personal propio adscrito a la organización) o externas, candidatos que se encuentran en el mercado. La organización digital debe procurar el reclutamiento interno, siempre que sea posible. No sólo por razones de coste, la visión de los equipos, de que pertenecen a una empresa que les dota de posibilidades de desarrollo y que se permite el ascenso en el organigrama, es una fuente de motivación muy importante para las nuevas generaciones (Gallego-Castillo,2022). Para poder ofrecer una estrategia de reclutamiento interno, el departamento de recursos humanos debe disponer de una continua coordinación, con el resto de las áreas funcionales de la empresa. Si surgen nuevas necesidades de contratación y la información no fluye, el fracaso estará asegurado. Por ello, es importante que la comunicación se centre en aspectos muy concretos de los perfiles internos que tenemos a nuestra disposición. Entre otros indicadores a tener en cuenta: información de las pruebas realizadas por los candidatos cuando se incorporaron, resultados de las evaluaciones de desempeño, plan de desarrollo de formación realizado, análisis de las skills que ejerce la persona y comparación con las nuevas necesidades requeridas a cubrir, etc. El reclutamiento interno es una forma de *employer branding* (por supuesto también lo es el externo), y aumenta el proceso de motivación por la permanencia en la empresa, según Gimeno (2018). Por último, el reclutamiento externo, además de imprescindible, para incorporar nuevo talento, que siempre "renueva la empresa", es nuestro altavoz al mercado, a los competidores. Muestra la fortaleza del que necesita nuevo talento para seguir desarrollando la organización y su liderazgo, además de posicionarla, respecto al branding que quiere ofrecer a mercado y competidores directos (Backhaus y Tikoo,2004). Al igual que en el caso anterior, la empresa debe establecer la planificación de personas necesarias presentes y futuras, así como un estudio de los perfiles necesarios y las *hard y soft skills* asociadas. También la información debe ser fluida entre las áreas que demandan las posiciones y el departamento de recursos humanos

Es importante resaltar, que existen numerosos trabajos de investigación que ponen en relación *employer branding*, como estrategia generadora de ventaja competitiva, a través de la gestión que hace la organización de las relaciones entre los directivos más significativos, los empleados que trabajan dentro y aquellos posibles, que lo pueden hacer en el futuro. Existe una relación directa entre la mejora que se produce en la percepción de los trabajadores y cómo una organización muestra sus valores (Neme-Chaves y Lopez-Rodriguez. 2021). Backhaus y Tikoo (2004) afirman que, un diseño de políticas de gestión de recursos humanos aporta valor añadido transmisible al *employer branding* de la misma. También, esa potenciación habilidades, conocimiento a través de la formación y sistemas para compartir experiencias entre empleados, mejora de forma económica el resultado cuantitativo y cualitativo de la empresa y se vuelve más atractiva para el mercado (Lores,2014)

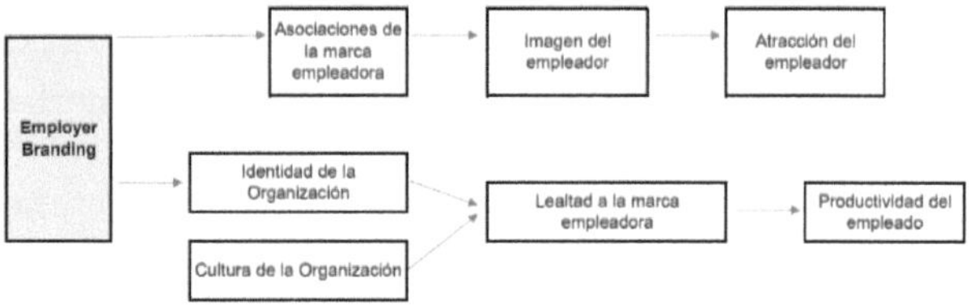

Figura 1. Employer branding y gestión de personas

Fuente: Backhaus y Tikoo, 2004

Las fuentes, en el reclutamiento externo, son mucho más diversas que en el interno. Si este, por definición, cuenta con los empleados que ya están en la organización, en aquel podemos buscar en bases de datos de candidatos que ya han contactado con nosotros por algún motivo, personas recomendadas por los propios componentes de la organización, instituciones que ofrecen candidatos (colegios profesionales, escuelas de negocio, universidades, etc.), y por supuesto todas las fuentes derivadas del entorno digital como portales de empleo, webs, redes sociales, etc. Lo más común, es reclutar de forma mixta, es decir utilizando lo interno y lo de fuera, de esta manera todo resulta más exploratorio, agotando el máximo de posibilidades, y completo.

2. OBJETIVOS

Se han planteado, a lo largo del artículo, algunas cuestiones temáticas que en resumen, tienen el foco, en tres aspectos de desarrollo: 1) los procesos de reclutamiento y selección en entornos empresariales actuales, dominados por lo digital; 2) el *employer branding* como herramienta proveniente del marketing, que ayuda a la empresa, para la posible captación de candidatos y desarrollo de una mejor imagen corporativa en materia de personas; y 3) los procesos de gamificación, que es la incorporación de temáticas y herramientas de juego fuera del entorno de los juegos.

Dadas estas premisas, se presentan los objetivos generales del presente trabajo:

- Identificar el grado de conocimiento que tiene la muestra sobre el fenómeno de la gamificación aplicada a la gestión de personas, en concreto, a los procesos de reclutamiento
- Conocer en qué medida un proceso gamificado aplicado a la captación del talento puede ayudar a mejorar el proceso de reclutamiento y selección de personal

Como objetivo específico, nos gustaría señalar

- Conocer si los procesos asociados al uso de juego en entornos no lúdicos (procesos de selección) son aceptablemente valorados de forma positiva por la muestra seleccionada

3. METODOLOGÍA

La investigación viene determinada por la recopilación de datos de naturaleza cuantitativa, de varios trabajos previos, realizados teniendo como base las premisas anteriores: gamificación aplicada a la captación del talento. Para ello, se utilizan encuestas de diversas alternativas de respuesta. Tay y Jebb (2016), citado por Rodriguez (2019) argumentan que *"las escalas son procesos válidos para distinguir conductas, actitudes y rasgos de personalidad que no son observables en las organizaciones"*. En esa línea proponen que, el rango de concreción que se produce en la obtención de información es muy superior al autoinforme y otras metodologías provenientes de información de entornos digitales. También, en esta línea, Devellis (2016), confirma que son idóneas, además de tener una gran base matemática, para medir todo lo relacionado a las actitudes y forma de pensar de los encuestados. Así, es posible, según estos autores, seguir dos alternativas:

1. Crear una escala específica para poder validarla científicamente. Este proceso es laborioso y muy alargado en el tiempo. En este sentido, evaluar el uso de una tecnología incipiente pierde el sentido, ya con el paso de tiempo, llega a ser consolidada
2. Usar escalas ya trabajadas en otro tipo de estudio, que acumulen información estadística, para poder ser validada por algunos indicadores, entre ellos el Alfa de Cronbach, que nos indica la fiabilidad y tipo de consistencia interna de una escala. Es, en definitiva, la fiabilidad de un cuestionario, para saber si este mide lo que dice medir

El estudio utiliza una encuesta de Garmendia (1994), citada por Ramírez ,Alvarado y Roa (2020) sobre la que se ha sumado, una escala de Likert, con cinco alternativas de respuesta. Este tipo de escalas, presentan una gran profusión en los estudios cercanos a las ciencias sociales. Permiten discriminaciones ajustadas a las actitudes de los encuestados, y pueden presentar como problema la tendencia central, o el abuso de respuestas intermedias (elegir el 3, entre 5 alternativas), que, en parte, pueden ser discriminadas por el posterior análisis estadístico, que puede llegar a anular alguna de las preguntas, en el caso de que los encuestados abusen de esta posición.

El cuestionario fue realizado en formato Google Forms, y lanzado a través de las redes sociales, en portales especializados (Linkedin) a perfiles próximos a gestores dentro del área de recursos humanos. Una pequeña preselección, sirvió para transmitir la encuesta hacia este tipo de perfiles. El cuestionario estuvo presente en internet durante unos 90 días, terminando la recogida de datos en el primer mes del 2023

4. DESARROLLO DE LA INVESTIGACIÓN

Para poder iniciar la interpretación de los datos recogidos, lo primero que se debe hacer, en investigación cuantitativa, es determinar si los datos recogidos son confiables, es decir que los resultados son estables y consistentes. El indicador para conocer esto es el Alfa de Cronbach – α-, (1951). El coeficiente se maneja entre 0 y 1. Cuando la puntuación se acerca a 1, mayor consistencia interna de los ítems utilizados. Puntuaciones menores a 0,5, indican que los datos obtenidos no tienen consistencia. Se aconseja tener en cuenta puntuaciones superiores a 0,7. En el transcurso del análisis de datos, el α= 0,892. El valor de indicador concluye que la prueba, fue altamente confiable en relación con la muestra captada, situándose muy por encima del límite inferior requerido. El muestreo final recogido (De la Vega,2023) fue de 55 participantes, que, aunque no supone una cifra muy elevada, si al menos, por la fiabilidad del cuestionario, y la aplicación de estadísticos ya mencionados, aportan una visión consonante con el marco teórico propuesto.

4.1. Resultados de la investigación

Recogemos en el trabajo los elementos más significativos de las respuestas conseguidas en el estudio de campo. Así, el 48,1% consideran que está de acuerdo o muy de acuerdo, al uso de detección de perfiles en base a herramientas gamificadas (gráfico 1). Respecto a un 20% que no le parecen interesantes

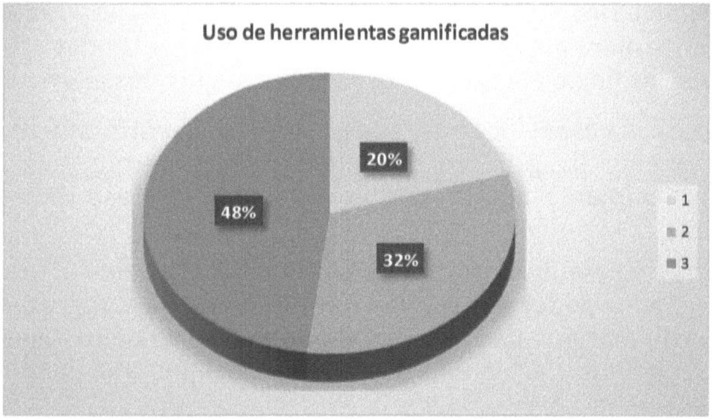

Gráfico 1. Fuente: Elaboración propia.

En esta línea, casi el 52% de los encuestados afirman que estarían muy de acuerdo con que se utilizaran actividades o elementos lúdicos en los procesos de selección. Ello habla de cierto descontento con los métodos tradicionales, o bien en manera de entrevistas clásicas, o por el uso de las tradicionales pruebas psicotécnicos o de selección de personal (Gráfico 2)

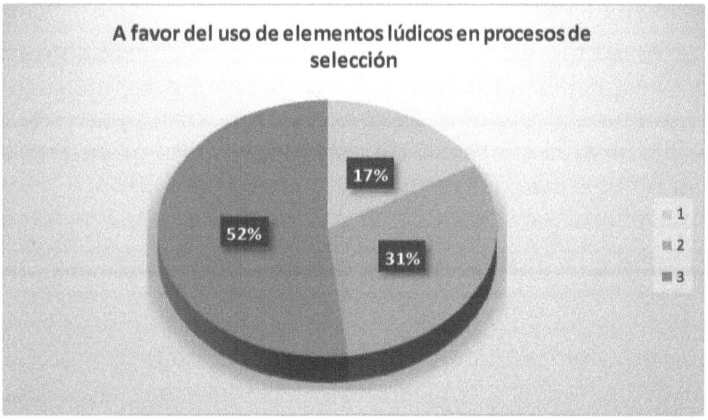

Gráfico 2. Fuente: Elaboración propia.

Esta afirmación se refuerza, cuando solo el 26% de las respuestas afirman que el uso de las pruebas psicotécnicas, son suficientes para obtener al personal idóneo. Es obvio que hay un 74% de personas que entienden que los métodos tradicionales, no son suficientes, o no se ajustan a la necesidad de encontrar personas adecuadas para las actuales exigencias en materia de perfiles profesionales (Gráfico 3)

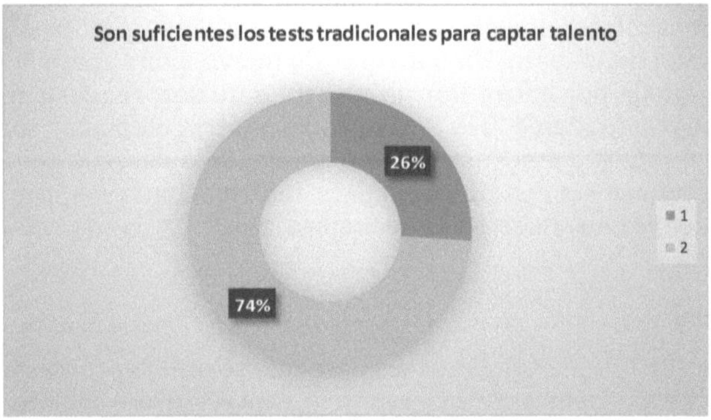

Gráfico 3. Fuente: Elaboración propia

Otro dato que ahonda en la necesidad de abordar nuevos sistemas de selección y captación de talento es puesto de manifiesto, cuando encontramos que solamente un 35,2 de las respuestas afirman que las actuales estrategias de selección generan un impacto positivo en la empresa (Gráfico 4). Hay un 64,8 que piensan que no, con lo que se concluye, que hay que abordar nuevas metodologías de impacto. Dado que nos encontramos con una muestra de cierta experiencia laboral, y ello conlleva a pensar que, han sido participantes en procesos de selección, no deja de ser un dato muy significativo

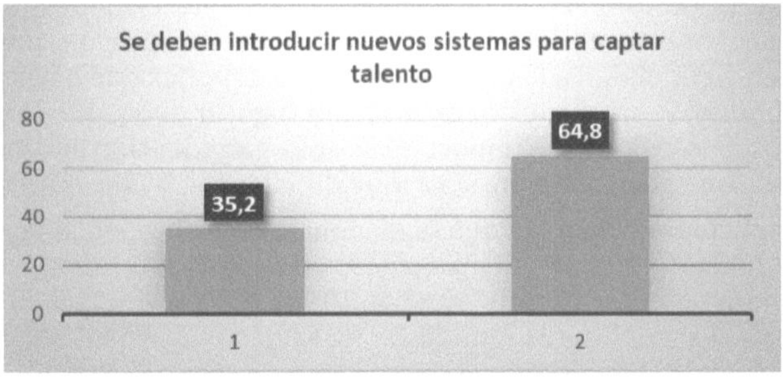

Gráfico 4. Fuente: Elaboración propia

Respecto al uso que hacen las empresas y organizaciones de sistemas gamificados, los encuestados afirman que casi un 80% no utiliza los juegos como estrategia para identificar habilidades de los futuros empleados. Esto unido al resto de las respuestas, nos hablan de que, hay mucho camino por recorrer, para introducir algún tipo de *Serious Games* en los procesos de captación de talento. Bien, por el desconocimiento de su uso y aplicabilidad, bien por tratarse de una metodología, que exige un contraste científico, que, en estos momentos, al menos en España, se encuentra en los primeros estadios de desarrollo.

Además de los datos presentados, llama poderosamente la atención, otra información que podría considerarse menor, respecto a los objetivos de la investigación, pero que, sin lugar a duda, ayudan a comprender, mucho mejor el tema de estudio. Así, casi un 71% de los encuestados confían en el uso de juegos para alcanzar los objetivos en el trabajo. Es claro que muchos ya se han iniciado o han tenido contacto con esta metodología. Toda la información recogida choca con un dato final y es que solo el 7,5% afirma que en su empresa los responsables del proceso de captación utilizan procesos gamificados en la selección y captación del talento. Un dato que, de nuevo, pone sobre la mesa, la cantidad de recorrido que queda por hacer. Por último, un dato sorprenderte es que casi el 8 de cada 10 encuestados perciben el uso de juegos permitiría un mayor conocimiento de las personas, aprender más sobre si misma y esto es una variable, en la que habría que incidir en próximas investigaciones, ya que aportaría información a los candidatos sobre sus puntos fuertes y débiles, posibles áreas de mejora, etc.

5. CONCLUSIONES

Los datos demuestran que, se dan las bases para que se utilicen procesos de gamificación, por parte de los responsables de la gestión y captación del talento, como un nuevo instrumento para la selección de personal. Es cierto que muchos de los encuestados no han sido seleccionados por pruebas que incluyan esta metodología, pero no están, en absoluto, cerrados a las posibilidades que demuestra su uso. Es significativo, además, que, ante algo desconocido, que te obliga a salir de la zona de confort, no se muestre rechazo, como suele ser habitual en el ser humano. Es más, se aprecia una especie de motivación curiosa ante lo que puede significar desplazar los tradicionales procesos selectivos por otros, donde lo lúdico cobre protagonismo. Es cierto, que las opiniones no muestran una cifra aplastante hacia su uso, pero debemos recordar las escasas nociones de la muestra en particular y del sector en general, acerca de lo que es un proceso gamificado. Lo lúdico aplicado a "asuntos serios "aporta una nueva dimensión, que ya se está complementado, en este tema que nos ocupa, con otros métodos como los *escapes rooms* o los propios videojuegos. Así pues, se debería de empezar a investigar, si los seleccionados, por ejemplo, con estas herramientas, muestran niveles más elevados de satisfacción, menor absentismo, mayor duración en su fidelidad a la empresa, etc. que aquellos que han sido definidos por procesos tradicionales. Para ello, es necesario, sin lugar a duda, que los especialistas en recursos humanos dimensionen la importancia de la gamificación aplicada, y empiecen a generalizar su uso. Sin esta condición, será muy difícil hacer avances en el tema.

Por último, es importante remarcar que la evidencia científica, en el uso de los sistemas gamificados es abundante, siendo muchos países asiáticos como Japón (con innumerables ejemplos en la industria), Corea del Sur (Yee,2006) o Taiwan (Tan,2018), precursores en su uso. Estos países son líderes mundiales en la gestión de personas y calidad de los recursos humanos, ¿casualidad o causalidad?

6. REFERENCIAS

Aarseth, E. (2007). Investigación sobre juegos: aproximaciones metodológicas al análisis de juegos. *Artnodes Revista de Arte, Ciencia y Tecnología.* Nº7. https://dialnet.unirioja.es/descarga/articulo/2576394.pdf

Alles, M. A. (2019). *La marca Recursos Humanos: Cómo lograr prestigio dentro de la organización.* Granica.

Backhaus, K., y Tikoo, S. (2004). Conceptualizing and researching employer branding. *Career Development International, 9*(4/5), 501-517.

Cortizo et al. (2011). *Gamificación y docencia: lo que la Universidad tiene que aprender de los videojuegos.* VIII jornadas Internacionales de Innovación Universitaria. Universidad Europea de Madrid.

Chong, M. (2007) El papel de la comunicación interna y la capacitación en la infusión de valores corporativos y el cumplimiento de la promesa de la marca: la experiencia de Singapore Airlines. *Corporate Reputation Review, 10.* https://link.springer.com/article/10.1057/palgrave.crr.1550051

Chou, Y. K. (2015). *Actionable Gamification. Beyond points, badges, and leaderboards.* Ed. Createspace Independent Publishing Platform.

De la Vega, A.M. (2023) *La gamificación en los procesos de reclutamientos y selección.* Trabajo Fin de Master. UOC. Barcelona.

Deterding, S., Sicart, M., Nacke, L., O'Hara, K., & Dixon, D. (2011b). Gamification. Using game-design elements in non-gaming contexts. *In CHI'11 extended abstracts on human factors in computing systems* (pp. 2425-2428). ACM.

DeVellis, R.F. (2016). *Scale Development: Theory and Applications.* Sage, Thousand Oaks.

Gallego-Castillo, S. (2022). Gamificación en la gestión de los recursos humanos: Proceso de selección de personal. [Universidad del Valle]. https://n9.cl/trq94

Garmendia, J. (1994). *Tres culturas: organización y recursos humanos- ESIC editorial.* Madrid.

Gimeno, T. (2018). La guía suprema del Employer Branding digital. *Cómo perfeccionar tu estrategia.* Colección Talento Clue. Digital.

Healey, Matthew (2009). *¿Qué es el branding? Gustavo Gili.* Barcelona.

Kapp, K. M. (2012). The gamification of learning and instruction. San Francisco: Wiley.

Lores, S. F. (2014). 18 años de" Employer Branding": hacia una definición más precisa. aDResearch. *Revista Internacional de Investigación en Comunicación,* (10), 32-51.

Martínez, B. (2015). *Gestión de la diversidad generacional.* Ponencia presentada en el VI Foro de Capital Humano de la Sociedad Uruguaya de Gestión de Personas, Montevideo, Uruguay.

Neme-Chaves, S. R., & López-Rodríguez, C. E. (2021). Employer branding: una exploración del campo de conocimiento a partir de indicadores bibliométricos. *Suma de Negocios, 12(*26), 83-92.

Ortega Carrillo, J.A. (2022). El potencial de la Gamificación aplicado a la optimización positiva de organizaciones y empresas en la sociedad digital. *Revista Científica Electrónica de Educación y Comunicación en la Sociedad del Conocimiento,22*(1), https://revistaseug.ugr.es/index.php/eticanet/article/view/25364

Randstat. https://n9.cl/zv76v

Ramirez, P. (2019). La tecnología "driver" de la transformación exponencial. *Revista ADP., 361.*

Ramírez, G., Alvarado, I., y Roa, J. (2020). *Percepción del uso de la Gamificación en los procesos de selección.* [Ensayo de investigación]. Universidad Sergio Arboleda. https://n9.cl/6hait

Rodriguez López, F. (2022) *Gamificación y Employer branding: un caso de aceptación tecnológica para la captación del talento. Nuevas tendencias en gestión e innovación empresarial. Adaptación a los nuevos escenarios globales y domésticos.* Dykinson SL.

Rodriguez López, F. et al. (2021) Serious games in management education: An acceptance análisis. *The International Journal of Management Education, 19*(3).100517

Rodríguez López, F. (2019). *Aceptación tecnológica de los Serious Games. El caso de Lego Serious Play ©.* [Tesis Doctoral], Universitat Rovira I Virgili. https://n9.cl/8b90c

Ruíz Becerril, E.I., (2021). Reclutamiento: ¿Cuáles son las tendencias del 2022? [Publicación]. LinkedIn. https://n9.cl/sx5j9l

Tan, W. K. (2018). Gamification in aquarium context: Intention to play game that imparts knowledge and promotes marine animal conservation. *Information Technology & People, 31*(6), 1070-1090.

Tay, L & Jebb, A. (2016). *The SAGE Encyclopedia of Industrial Organizational psychology.* Chapter: Scale Development. SAGE Editions. US.

Teixes, F. (2014). *Gamificación: fundamentos y aplicaciones.* Editorial UOC.

Valderrama, B. (2015).*Gamificación como estrategia de marketing Interno.* Ed. Capital Humano.

Werbach, K., & Hunter, D. (2012*). For the Win: How Game Thinking Can Revolutionize Your Business.* Wharton Digital Press.

Yee, N. (2006). Motivations for play in online games. *CyberPsychology & behavior, 9*(6), 772-775.

LA ECONOMÍA CIRCULAR EN LA INDUSTRIA DE ALIMENTACIÓN Y BEBIDAS. UNA PROPUESTA DE INNOVACIÓN

María Isabel Ros Clemente, María del Carmen Conesa Pérez [1]

1. INTRODUCCIÓN

La economía circular es un enfoque innovador que persigue la eficiencia en el uso de los recursos y reducir al mínimo los residuos y el deterioro ambiental. Este estudio examina la industria de Alimentación y Bebidas con la finalidad de exponer estrategias que promuevan la sostenibilidad y que genere beneficios económicos a largo plazo a través de un diseño ecológico basado en la economía circular.

La economía española generó 105,6 millones de toneladas de residuos (INE, 2022a), de los cuales en 2020 aproximadamente, 2.300.000 toneladas fueron generados por la industria de Alimentación y Bebidas (INE 2020). Resulta interesante indagar sobre las estrategias que ayudarían al sector a reducir y reutilizar los residuos producidos que llevaría a cerrar el ciclo productivo, evitando un uso excesivo de recursos, obteniéndose beneficios económicos, sociales y medioambientales.

Este trabajo se estructura en seis epígrafes, partiendo de los objetivos perseguidos en la investigación, se plantea la metodología adecuada para logarlos. Se define el concepto de Economía Circular, sus características y principios, terminando con la normativa desarrollada para marcar el camino a seguir en la implantación de la misma. En el quinto epígrafe se establece el marco en el que se llevará a cabo el estudio, analizando el sector y las tendencias innovadoras en este campo. Para finalizar, antes de exponer las conclusiones se presentan las estrategias planteadas.

2. OBJETIVOS

Los objetivos definidos en este trabajo, se detallan a continuación.

2.1. Objetivo general

Proponer una estrategia de innovación de Economía Circular en la Industria de Alimentación y Bebida.

1. Universidad Católica de Murcia (España)

2.2. Objetivos específicos

Analizar la situación actual del sector respecto a la Economía Circular.

Presentar las tendencias en Economía Circular que permiten alcanzar la sostenibilidad en el sector.

Identificar las acciones estratégicas que posibiliten el avance del sector hacia una Economía Circular.

3. METODOLOGÍA

Una vez definido el objetivo general y establecidos los objetivos específicos, la metodología propuesta para su consecución se concreta en los siguientes pasos:

1. Se llevará a cabo una búsqueda bibliográfica relevante para el tema a tratar. Se consultarán fuentes de información secundarias y bases de datos de carácter estadístico.
2. Fundamentación teórica y legislativa de la innovación en Economía Circular.
3. Exposición de las nuevas tendencias en Economía Circular para la Industria de Alimentación y Bebidas.
4. Se empleará herramientas de planificación y gestión estratégica. En concreto, el análisis de la Matriz DAFO y Matriz CAME.
5. El análisis de las debilidades, amenazas, fortalezas y oportunidades (DAFO), ofrece un análisis integral de los aspectos internos y externos del sector, esto nos permitirá identificar los desafíos y definir las estrategias con las que afrontarlos.
6. La matriz CAME, como herramienta que complementa a la matriz DAFO, realiza un análisis que permite establecer: "las acciones para corregir las debilidades, afrontar las amenazas, mantener las fortalezas y explotar las oportunidades".
7. Conclusiones y limitaciones del estudio.

4. LA ECONOMÍA CIRCULAR

Ante el actual modelo económico de carácter lineal, donde el aprovechamiento de los recursos es escaso, (no es sostenible), nace como alternativa la denominada Economía Circular (EC). Este concepto, tomado de Pearce y Turner (1989), es definido como "un ciclo de desarrollo continuo positivo que preserva y aumenta el capital natural, optimiza los rendimientos de los recursos y minimiza los riesgos del sistema, gestionando stocks finitos y flujos renovables" (Cerdá y Khalilova, 2016. p.11). Para Martínez y Porcelli (2018) se trata de un ciclo cerrado, imitando el ciclo de vida de los productos, bajo el principio de reducir, rehusar y reciclar, mediante la aplicación de una avanzada tecnología al servicio de sistemas de producción más integrales y regenerativos.

La EC, como paradigma, busca la sostenibilidad, económica, social y medioambiental, con estrategias de diseño sostenible, que permitan un flujo cíclico, cerrado y ecológico para la obtención, modificación, distribución y aprovechamiento de los recursos, materiales y energéticos, con la finalidad de posibilitar la reutilización de los recursos escasos, para convertirlos en inagotables (Ruiz Saiz-Aja, *et al.* 2016; Prieto-Sandova *et al.*, 2017).

En la Economía Circular, se busca optimizar el uso de recursos naturales al reducir su consumo y minimizar los insumos. Se fomenta el uso compartido de energía y recursos renovables y reciclables, así como la reducción de emisiones. Asimismo, se trabaja en la disminución de pérdidas de materiales y residuos, y se promueve el mantenimiento del valor de productos, componentes y materiales en el ciclo económico, todo ello como características de este paradigma (Cerdá y Khalilova 2016).

Los principios que integran la Economía Circular, según autores como Castroviejo (2016), y Cerdá y Khalilova (2016), se recogen en tres:

1. Conservar e incrementar los recursos naturales a través de la gestión de los suministros no renovables y el equilibrio de los flujos de recursos renovables.

2. Maximizar la eficiencia de los recursos a través del flujo constante de los productos, componentes y materiales más útiles.

3. Promover la eficacia del sistema mediante la detección de los efectos perjudiciales externos como la polución del agua, del aire, del suelo o acústica, el calentamiento global, la generación de sustancias tóxicas, el congestionamiento del tráfico o los perjuicios a la salud vinculados al consumo de recursos.

Los factores instrumentales que determinan el desarrollo de una Economía Circular son la implantación de nuevos modelos de negocio innovadores, diseños productivos que permitan el principio de sostenibilidad, ampliar la vida útil de los productos y políticas de prevención de residuos (Cerdá y Khalilova, 2016).

Todo ello, supone una serie de limitaciones para las empresas en la implementación de la EC. Se observa, como tropiezan con falta de financiación interna o externa o incentivos económicos para ello, y ante la necesidad de innovación, disponer de capital humano con capacidad técnica para abordar el desarrollo tecnológico que requieren los procesos productivos aplicados a la consecución de la Economía Circular (Prieto-Sandoval *et al.*, 2017).

4.1. Normalización de la Economía Circular

Los importantes desafíos ambientales que actualmente tiene el planeta, con un crecimiento que deriva en una excesiva acumulación de desechos en el entorno, y que conduce a graves repercusiones, como la degradación del suelo fértil, la contaminación atmosférica, el aumento de la temperatura y la escasez de recursos naturales, entre otros numerosos efectos negativos, hace que la Organización de las Naciones Unidas (ONU) plantee una serie de medidas a seguir para abordar las problemáticas mencionadas.

En 2014, ante dichos desafíos, la Comisión Europea presenta el Plan de Acción de la Unión Europea para una Economía Circular, posteriormente retirado y sustituido por la Comunicación de la Comisión de 2015, "Cerrar el círculo: un plan de acción de la UE para la Economía Circular" COM (2015). En dicho plan se establecen estrategias para incorporar la EC a todos los niveles y a largo plazo.

Unido a todo ello, con el fin de eliminar la pobreza, preservar el medio ambiente y garantizar el bienestar general como parte de una nueva hoja de ruta para el desarrollo sostenible, el 25 de septiembre de 2015, los líderes a nivel mundial acordaron una serie de objetivos universales, Objetivos de Desarrollo Sostenible (ODS), donde cada uno de ellos, viene acompañado por metas concretas, para alcanzar en un plazo de 15 años, planeando como enfoque clave para lograr dichos objetivos, la herramienta de la Economía Circular. De los diecisiete ODS, cinco de ellos están relacionados con la Economía Circular: agua limpia y saneamiento (ODS6), energía asequible y no contaminante (ODS7), trabajo decente y crecimiento económico (ODS8), producción y consumo responsables (ODS12) y vida de ecosistemas terrestres (ODS15).

El plan de acción propuesto en 2015, incluye ocho bloques, entre los que destacamos producción, consumo, gestión de residuos, sobre reutilización del agua, seguimiento de los avances hacia una economía circular, todo ello en apoyo "a la transición a una Economía Circular en la UE" (Cerdá y khalilova, 2016, p-17).

Esta iniciativa dio lugar a la creación de nuevas regulaciones, entre las que destaca la Directiva 2018/851 de la Unión Europea (UE), cuyo propósito es establecer metas más ambiciosas en términos de reciclaje y reutilización de residuos en los países miembros. Esta Directiva modifica la Directiva 2008/98/CE sobre gestión de residuos y forma parte de la estrategia europea de economía circular. En respuesta a esto, en 2020, España aprobó la Estrategia Española de Economía Circular "España Circular 2030", que desempeña un papel fundamental dentro del marco de la economía circular (Santamaría, 2016).

La Estrategia Española de Economía Circular (EEEC) está en sintonía con los objetivos establecidos en los dos planes de acción de economía circular de la Unión Europea, de 2015 y "Un nuevo Plan de Acción de Economía Circular para una Europa más limpia y competitiva" de 2020. Además, la EEEC se alinea con el Pacto Verde Europeo y la Agenda 2030 para el desarrollo sostenible (Ministerio para la transición ecológica y el reto demográfico, 2023).

La Estrategia España Circular 2030, establece el marco para implantar un nuevo modelo industrial y de distribución que busque que los productos, materiales y recursos en la economía mantengan su valor durante el mayor tiempo posible. Además, se busca minimizar la generación de residuos y aprovechar al máximo aquellos que no pueden ser evitados. Esta estrategia contribuye significativamente a los esfuerzos de España para lograr una economía sostenible (Ministerio para la transición ecológica y el reto demográfico, 2023).

5. ANÁLISIS DE LA SITUACIÓN

5.1. El sector de Alimentación y Bebidas

El sector de alimentación y bebidas es un sector estratégico y en constante evolución. La Industria de Alimentación y Bebidas (IAB) en España abarca una amplia gama de subsectores, cárnico, pescado, frutas y hortalizas, aceites y grasas, lácteos, molinería y almidones, panadería y pastas alimenticias, otros productos alimenticios, alimentación animal y fabricación de bebidas.

Según el informe anual de la industria alimentaria española en el período 2022-2023 del Ministerio de Agricultura, Pesca y alimentación, la IAB contribuye en un 2,4% al PIB en España. El empleo generado en dicho sector es del 2,6% del total de la economía, siendo un 39,1% de empleo femenino.

En la IAB el total de empresas en 2022 es de 30.159, con un incremento del 11,4% en el número de empresas de gran tamaño según el Informe Económico 2022 (Directorio central de Empresa del INE, 2023a), aunque en el cómputo total, el tejido empresarial del sector se reduce en un 0,3%. Un 15,7% del total de empresas de la industria manufacturera lo ocupa la IAB.

La competitividad de la industria ha aumentado a pesar de las restricciones que generan la subida de precios. Los costes productivos se han visto incrementados significativamente, ante el aumento del precio de las materias primas, encarecimiento de la energía y aumento del salario mínimo interprofesional.

El gráfico 1 muestra la evolución de los niveles de producción, observando como del 2021 a 2022, a pesar del crecimiento en la producción real (1,5%), hay una pérdida de dinamismo, provocado por el incremento de los costes productivos.

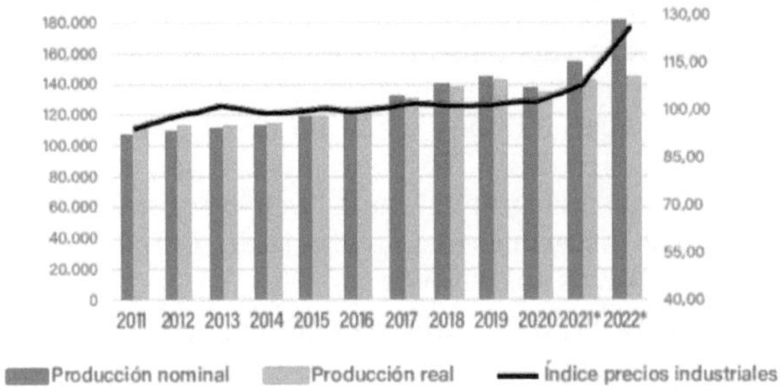

Gráfico 1. Niveles de producción de alimentos y bebidas (millones de € e índices). Fuente. FIAB (2022)

En la IAB, la cifra de negocios en 2022 supone un 25,4%, las personas ocupadas en el sector representan un 22,5 y respecto al valor añadido, el 20,6%, todo ello respecto al sector manufacturero (FIAB 2022).

Se observan niveles de exportación superiores a las importaciones, ofreciendo un saldo positivo en 2022 de 12.040 millones, inferior que el año anterior en un 5,2% (FIAB 2022).

La inversión en investigación y desarrollo está en retroceso, lo que dificultad afrontar las propuestas en economía circular y sostenibilidad. El porcentaje de empresas con actividad de I+D se ha reducido un 5,4% en empresas de menos de 250 empleados, mayoría de empresas del sector, mientras que en aquellas con más de 250 empleados se observa un incremento en el número de empresas que realizan actividades de I+D, el 5,4% (FIAB, 2022).

La inflación interanual del IPC armonizado de España entre dic 2021 a dic de 2022, en el sector de alimentos y bebidas no alcohólicas aumentó 10,8 puntos lo que ha supuesto una pérdida de poder adquisitivo (INE, 2022b). Esto produce una reducción paulatina desde julio de 2022, situándose en junio 2023 la tasa anual del indicador adelantado de la inflación subyacente en 5,9%, como consecuencia principalmente a que la subida de precios de carburantes, electricidad, alimentación y bebidas ha sido menor (INE, 2023a).

La tendencia inflacionista ha llevado a modera el consumo, reduciendo el gasto medio de consumo por persona en alimentación y bebidas, 1,7% respecto a 2021. Esta situación es provocada por la disminución de la demanda consecuencia de la reducción del poder adquisitivo.

Para 2023 la evolución del sector está marcada por una situación inflacionista, con mayor inestabilidad provocada por conflictos bélicos, la sequía y el amento del tipo de interés.

5.2. Tendencias de economía circular en el sector de Alimentación y Bebidas

En la IAB los avances tecnológicos apuestan por un cambio en los procesos de producción dirigidos hacia la búsqueda de soluciones sostenibles con el medioambiente y acordes con los principios de la Economía Circular. A continuación, se detallan las nuevas tendencias aplicables en dicho sector.

Envases sostenibles-bioplástico o plástico vegetal

El desarrollo de plásticos vegetales, ha sido impulsado por la creciente preocupación del impacto de los plásticos convencionales sobre el medio ambiente, el encarecimiento de las materias primas para la elaboración de polímeros plásticos sintéticos, los avances tecnológicos que permite el procesamiento de plásticos biodegradables.

El procesamiento de plásticos vegetales, no solo supone una aportación a la economía sostenible, sino que su uso genera una Economía Circular: a partir de recursos renovables, tales como patata, maíz, azúcar, almidón, gelatina de origen animal, algas agarofitas, se generan bioplásticos (PLA, PHA, PBS, TPS) que pueden ser utilizados en la industria de alimentación y bebidas. Para conseguir cerrar este ciclo regenerativo, en algunos casos es imprescindible procesar los materiales en una planta de compostaje industrial, generando así biomasa que permite cultivos sostenibles.

Según el European Bioplastics (2023), un material plástico se define como bioplástico si es de base biológica (biobasado), biodegradable o presenta ambas propiedades. Se hace necesario, la distinción entre materiales biobasados y biodegradables, ya que el primero no implica que sea biodegradable aunque se fabrica a partir de recursos renovables. Los bioplásticos de origen biológico y biodegradable incluyen, el ácido poliláctico (PLA), los almidones termoplásticos (TPS) o los polihidroxialcanoatos (PHA), y los bioplásticos de origen biológico no biodegradables pero si reciclables, tales como el biopolietileno (Bio-PET) o bio-polipropileno (Bio-PP).

- Sistemas de logística inversa

La Economía Circular fomenta la implantación de sistemas de logística inversa, con la finalidad de recolectar y recuperar envases y embalajes desde los consumidores hacia productores y distribuidores.

Así mismo, se propone la implementación de sistemas de retorno y reutilización de envases, minimizándose el desperdicio de recursos, reduciéndose la generación de residuos y promoviendo prácticas más sostenibles en el envasado y distribución de alimentos y bebidas, generando eficiencias económicas y medioambientales, favoreciendo la imagen de las empresas en términos de sostenibilidad y responsabilidad social corporativa.

Este sistema de logística inversa requiere de sistemas de información, que permitan definir y conocer los procesos logísticos detalladamente, para posibilitar el adecuado retorno y reciclaje de materiales (Arango-Serna *et al.*, 2020).

- Recuperación de productos

En la industria de alimentación y bebida, el empleo de un sistema de recuperación y limpieza de productos en tuberías, tal como el denominado Pig Pusher, favorece el aprovechamiento de productos y residuos generados durante la producción, lo que tiene una gran relevancia en la economía circular,

El uso de este sistema permite una reducción de costes operativos al minimizar la pérdida de productos y la generación de residuos, disminuye el uso de productos químicos y de limpieza, producen un ahorro de energía y agua que redunda en una menor contaminación. Todo ello lleva a un aumento de la productividad, al permitir un proceso más eficiente y sostenible, y con menor impacto medioambiental.

- Colaboración en las cadenas de suministro

Uno de los ejes estratégicos en sostenibilidad en el sector de alimentación y bebidas, basado en el objetivo 17, de Desarrollo Sostenible 2030, revitalizar la alianza mundial para el desarrollo sostenible, es la colaboración entre empresas del sector y grupos de interés (FIAB, 2021).

La Economía Circular impulsa la colaboración entre los miembros que integran la cadena de suministro. La colaboración permite instaurar relaciones a largo plazo, compartiendo conocimientos, recursos, objetivos, decisiones y buenas prácticas. Como consecuencia, se mejora la sostenibilidad, reduciéndose los costes e incrementando la eficacia de la cadena logística (Montoya-Torres y Ortiz, 2011).

- Energía con fuentes renovables

La rama de actividad económica de alimentación, con un 15,3% de consumo energético, se sitúa como la segunda industria con mayor porcentaje (INE, 2023b), a pesar de ello, la eficiencia energética del sector ha mejorado un 13,4% desde 2014 (FIAB, 2021). Según el informe de competitividad y políticas públicas (FIAB, 2022), solo el 9% de la energía consumida por la industria de alimentación y bebidas en España procede de fuentes de energía renovables, dato lejano del cumplir con los Objetivos de Desarrollo Sostenible de la agenda 2030.

El empleo de energías renovables en la industria ofrece numerosas ventajas económicas y medioambientales. Dentro de los aspectos más beneficiosos destacan, la reducción de la contaminación que produce el uso de energías limpias (solar, eólica y biomasa, entre otras) al disminuir la huella de carbono de la industria, la reducción de la dependencia de la energía convencional proporciona mayor autonomía a las empresas, el compromiso con la sostenibilidad mejora la imagen corporativa de las empresas y la reducción en costes que supone su uso. Como ventaja socioeconómica se distingue la generación de puestos de trabajos, así como el desarrollo de proyectos de I+D+i en tecnologías propias del sector (Merino, 2012). Si bien supone una inversión inicial cuantiosa, a largo plazo el uso de energías renovables genera ahorros económicos, en términos de coste de combustible y mantenimiento (Naciones Unidas, s.f.).

- Ahorro en el consumo de agua

La industria de alimentación y bebidas ha conseguido un ahorro del 20% en su consumo de agua desde el 2014, y un 3,8% de agua reutilizada en 2018 (FIAB, 2021).

La gestión del consumo de agua de manera sostenible requiere la adopción de prácticas y medidas que faciliten el uso eficiente y responsable de este recurso escaso. En el sector de alimentación y bebida, el uso del agua, presente en los procesos de fabricación, distribución y consumo, precisa de la gestión sostenible, facilitada mediante la aplicación de los últimos avances tecnológicos que permitan el ahorro, depuración y reutilización del agua.

Algunas de las innovaciones tecnológicas que el sector debería implantar para alcanzar la sostenibilidad en el uso de este recurso, serían, sistemas de recuperación de calor, tecnologías de recirculación y reutilización de agua, sistemas avanzados de tratamientos de aguas residuales, tecnologías de limpieza y sanitización más eficientes (sistemas de ultrafiltración, limpiadores orbitales,...) y dispositivos y sensores de control inteligente para la optimización del consumo e identificación de fugas.

6. PROPUESTA DE INNOVACIÓN EN ECONOMÍA CIRCULAR

La propuesta de innovación en Economía Circular en el sector de Alimentación y bebidas, tal como se ha indicado en la metodología se va presentar a través de las matrices DAFO y CAME. En la tabla 1 se recogen de manera esquemática los resultados del análisis realizado.

		Debilidades	Fortalezas
		Encarecimiento de los factores productivos Implantar medidas de Economía Circular requiere una alta inverión La mayoría de las empresas del sector son PYMES Baja inverión de las PYMES en I+D+i Tendencia decreciente en el consumo de productos de IAB	Exportaciones y comercio internacional en el sector de alimentos y bebidas Capacidad de innovación y adaptación por las empresas del sector de mayor tamaño
Amenazas	La situación inflacionista actual Subida de tipos de interés Reducción del gasto medio de consumo de las familias Vulnerabilidad a crisis y conflictos Agotamiento de recursos naturales ilimitados Exigencia de altos estándares de calidad Competencia internacional	Estrategias para **Corregir** debilidades 1. Optimización de la cadena de suministro 2. Implementación de tecnologías eficientes 3. Fomentar el reciclaje	Estrategias para **Afrontar** amenazas 1. Aprovechar al máximo el uso de los recursos limitados 2. Mejora de la eficiencia energética
Oportunidades	Aumento de la demanda en productos saludables y sostenibles Fomento desde organismos nacionales e internacionales para la aplicación de políticas que favorezcan la Economía Circular.	Estrategias para **Explotar** las oportunidades 1. Adaptación a las tendencias de consumo 2. Impulsar la cooperación público-privada	Estrategias para **Mantener** las fortalezas 1. Fortalecimiento de la internalización 2. Fomento de la innovación

Tabla 1. Matrices DAFO y CAME Fuente: Elaboración propia.

6.1. Matriz DAFO

La Economía Circular requiere inversión e innovación. Se analizan mediante el análisis DAFO los factores externos e internos que impulsan u obstaculizan la adopción, por parte de las empresas del sector de alimentación y bebidas, de las medidas sostenibles necesarias.

El incremento de los costes de los factores productivos ha generado un impacto directo en los costes de los productos de la IAB. La escasez de materias primas, provocado por el conflicto ruso-ucraniano, el alza de los costes laborales, así como la subida en los costes energéticos, es la causa principal de este aumento.

Como se ha visto anteriormente en las nuevas tendencias de economía circular en esta industria, la adopción de las tecnologías necesarias para implantar el proceso sostenible de una producción, distribución, consumo y reutilización, requiere de una alta inversión financiera, que si bien, se recupera a largo plazo, inicialmente supone para las empresas un importante esfuerzo económico. En el análisis del sector se ha comprobado que el tejido empresarial del mismo está formado principalmente por pequeñas y medianas empresas, que habían disminuido su inversión en I+D+i en los últimos años, dificultando la implementación de dichas tendencias. Sin embargo, el sector tiende hacia una mayor concentración hacia empresas de mayor tamaño con mayor capacidad de inversión en innovación.

La repercusión que sobre el precio final de los productos ha tenido la subida de costes de producción en las empresas, ha supuesto una reducción en el gasto medio del consumo de las familias y por tanto, reduciendo la demanda de productos en el sector de la alimentación y bebidas y derivando la misma hacia productos sustitutivos de menor coste y calidad.

Consecuencia de la subida de los precios de los factores productivos, comentada anteriormente, se han generado presiones inflacionistas que han llevado a un aumento de los precios finales de los productos en el mercado, la inflación subyacente en junio de 2023 se situó hasta el 5,9% aunque ha llegado a alcanzar un 7,5% (INE, 2023a). Esta situación ha planteado desafíos a las empresas del sector que se han visto obligadas a buscar estrategias de optimización de coste y eficiencia en la cadena de producción y distribución para mantener la rentabilidad y competitividad en un entorno económico de incertidumbre.

La globalización y los acuerdos comerciales internacionales han aumentado la presión competitiva, lo que puede afectar a la participación de las empresas españolas de este sector en el mercado tanto a nivel nacional como internacional.

Las demandas cambiantes de los consumidores, en términos de alimentos saludables y sostenibles, que requieren altos estándares de calidad, pueden llevar a que las empresas que no se adapten a estas tendencias queden rezagadas, lo que provocaría la búsqueda de este tipo de productos en mercados internacionales.

La reorientación del modelo productivo hacia una Economía Circular ha sido impulsada a través de políticas de apoyo, detalladas anteriormente, con iniciativas de financiación que favorece la participación de las empresas en proyecto de innovación dirigidos a la incorporación de nuevas tecnologías que permiten la adaptación a de la industria a la esta nueva tendencia de sostenibilidad. La financiación para I+D proceden en un 78,7% de fondos de la Administración Pública y un 16% de otras empresas nacionales 8FIAB, 2022).

En la IAB, el saldo positivo de las exportaciones sobre las importaciones permite a las empresas oportunidades para expandirse, generando un aumento en ventas e ingresos; para diversificar riesgos al reducir la dependencia de un solo mercado, aportando estabilidad frente a las fluctuaciones de la demanda; aprovechar ventajas competitivas, como la calidad y el prestigio de los productos españoles; de acceder a conocimientos y tecnologías que puede impulsar la innovación y la adopción de prácticas de producción más eficientes propias de la Economía Circular, y crecer tanto a nivel empresarial como económico.

6.2. Matriz CAME

Una vez realizado el análisis DAFO, la matriz CAME permite profundizar en la información ofrecida por el DAFO y exponer las estrategias que desarrollan la propuesta de innovación planteada en este trabajo.

- Estrategias para corregir debilidades
    - Optimización de la cadena de suministro
    - Analizar la cadena de suministro permitirá identificar ineficiencias y ello permitirá buscar soluciones a través de una mejor planificación, reducción de tiempos, minimización de pérdidas y desperdicios y colaboraciones con distintos agentes de la cadena de suministro.
    - Implementación de tecnologías eficientes

- La adopción de tecnologías de última generación, en los procesos de producción, gestión y tratamientos de residuos llevará a mejorar la eficiencia y reducir coste. Ejemplo de ello, sistemas de automatización, de recuperación de productos y de logística inversa.
- Fomentar el reciclaje
- Existen diversas estrategias cuya aplicación fomentaría el reciclaje. La utilización de envases y embalajes biodegradables, adoptar medidas de reducción de desperdicios, implementar programas de compostaje, realizar campañas de sensibilización sobre reciclaje y su impacto positivo en el medio ambiente o establecer acuerdos con empresas de tratamiento de residuos. Buscar cerrar los ciclos de producción y consumo reduciendo la generación de residuos fomentará la economía circular.

- Estrategias para afrontar amenazas
  - Aprovechar al máximo el uso de los recursos limitados
  - Deberá promoverse la eficiencia de los recursos escasos, evitando el desperdicio, optimizando los procesos de producción, reutilizando materiales alargando su vida útil y reduciendo la extracción de nuevos recursos, optimizando el uso del agua mediante tecnologías de recirculación y reutilización de agua y sistemas de captación de agua de lluvia.
  - Mejora de la eficiencia energética
  - La implantación de medidas para reducir el consumo de energía puede incluir la actualización de equipos obsoletos, instalaciones de fuentes de energía renovables, mejora del aislamiento y de los sistemas de ventilación, realizando auditorías energéticas que detecten consumos excesivos y posibilidades de ahorro energético.
- Estrategias para mantener las fortalezas
  - Fortalecimiento de la internalización
  - Para superar la competencia internacional los esfuerzos deben ir dirigidos a la promoción de productos españoles en mercados internacionales, mediante la participación ferias, eventos comerciales, la búsqueda de socios estratégicos y alianzas comerciales, adaptación de los productos a los mercados internacionales.
  - Fomento de la innovación
  - Promover la I+D de nuevos productos, procesos eficientes y nuevas tecnologías que respondan a las tendencias y demanda de los consumidores reduciendo los costes operativos.
- Estrategias para explotar las oportunidades
  - Adaptación a las tendencias de consumo
  - Ante consumidores que valoran la implicación de las empresas en el respeto al medioambiente y comprometidos con el bienestar de la sociedad, las empresas deben adaptar sus productos y procesos con la finalidad de ofrecer opciones saludables y sostenibles. El empleo de envases con bioplástico o plástico vegetal sería un ejemplo de ello.
  - Impulsar la cooperación público-privada

- A través de la creación de programas de apoyo, incentivos fiscales y políticas que impulsen la competitividad y sostenibilidad del sector, facilitando los recursos necesarios para afrontar las inversiones que requiere la adaptación a la economía circular.

5. CONCLUSIONES

En un mundo donde la Economía Circular marca la agenda de economía global, este estudio ha intentado aportar una propuesta de innovación sostenible para un sector que genera un alto consumos de recursos y un gran volumen de residuos. El análisis de la industria de Alimentación y Bebidas ha mostrado la importancia del mismo en la economía española, tanto en su aportación al PIB como el volumen de negocio.

La innovación propuesta permite exponer las estrategias con que las empresas del sector pueden implementar la Economía Circular en el desarrollo de su actividad económica. La gran inversión inicial necesaria para la aplicación de las mismas, se vería compensada a medio y largo plazo con el ahorro en costes que supondría. La incorporación de tecnologías, la eficiencia en el uso de recursos, energía y de la cadena de suministros, junto con el fomento del reciclaje y el tratamiento adecuado de los residuos generados, permitirá la optimización de los procesos de producción, distribución y consumo, y su sostenibilidad. Si esta industria consigue adaptarse a las emergentes tendencias de consumo e impulsar la cooperación entre los distintos agentes económicos, se fomentará la innovación y la internalización.

Las propuestas expuestas podrían ser ampliadas desde un punto de vista más técnico. Para próximos estudios se profundizará a nivel tecnológico y se aportarán datos empíricos. Así mismo sería aconsejable llevar a cabo esta investigación en otros sectores de la economía.

6. REFERENCIAS

Arango-Serna, M. D., Valencia-Salazar, J. A. y Ruiz-Moreno, S. (2020). Sistema de logística inversa para el desarrollo sostenible de un astillero. *Revista UIS ingenierías*, *19*(2), 105-118.

Castroviejo Bolívar, M. (2016). La economía circular, ¿el nuevo placebo de una utopía ambiental? *Ambienta*, 117, 22-35.

Cerdá, E. y Khalilova, A. (2016). Economía circular. *Economía industrial*, *401*(3), 11-20.

Comisión Europea (2015). Cerrar el círculo: un plan de acción de la UE para la economía circular. COM (2015) 614 final. https://n9.cl/5pi8z

European Bioplastics (2023). What are bioplastics? https://n9.cl/9wigfc

Federación Española de Industrias de Alimentación y Bebidas FIAB (2022). Informe Económico 2022. Ministerio de Agricultura, Pesca y Alimentación. Gobierno de España. https://fiab.es/es/archivos/documentos/INFORME_ECONOMICO_2022.pdf

Federación Española de Industrias de Alimentación y Bebidas FIAB (2021). Informe de Sostenibilidad de la Industria de Alimentación y Bebidas 2021. Ministerio de Agricultura, Pesca y Alimentación. Gobierno de España. https://fiab.es/es/archivos/documentos/Memoria_Sostenibilidad_FIAB.pdf

Instituto Nacional de Estadística (2020). Encuesta sobre generación de residuos en el sector industrial. Serie 2012-2020. https://www.ine.es/jaxi/Datos.htm?path=/t26/e068/p02/serie/l0/&file=01001.px

Instituto Nacional de Estadística (2022a). Cuentas medioambientales: Cuenta de los residuos. Notas de prensa diciembre 2022 https://www.ine.es/prensa/cma_2020_res.pdf
Instituto Nacional de Estadística (2022b). Índice de Precios de Consumo y armonizado. https://www.ine.es/daco/daco42/daco421/ipc1222.pdf
Instituto Nacional de Estadística (2023a) Indicador adelantado del Índice de Precios al Consumo. Indicador adelantado del Índice de Precios al Consumo Armonizado. Notas de Prensa junio 2023. https://www.ine.es/daco/daco42/daco421/ipcia0623.pdf
Instituto Nacional de Estadística (2023b). Encuesta de Consumos Energéticos 2021. https://www.ine.es/prensa/ece_2021.pdf
Martínez, A. N. y Porcelli, A. M. (2018). Estudio sobre la economía circular como una alternativa sustentable frente al ocaso de la economía tradicional (primera parte). *Lex,* 22 http://dx.doi.org/10.21503/lex.v16i22.1659
Merino, L. (2012). Las energías renovables. *Energías renovables para todos, 1*(1), 20. https://n9.cl/3srtq
Ministerio de Agricultura, Pesca y Alimentación (2022). Informe anual de la industria alimentaria española periodo 2021 - 2022 https://n9.cl/yuya9
Ministerio de Agricultura, Pesca y Alimentación (2023). Informe anual de la industria alimentaria española. Periodo 2022-2023. https://n9.cl/wacw4
Ministerio para la transición ecológica y el reto demográfico, 2023). Estrategia Española de Economía Circular y Planes de Acción. https://n9.cl/dfnco
Montoya-Torres, J. y Ortiz, D. (2011). Análisis del concepto de la colaboración en la cadena de suministro: Una revisión de la literatura científica. En la Novena Conferencia Latinoamericana y del Caribe de LACCEI (LACCEI'2011), Engineering for a Smart Planet, Innovation, Information Technology and Computational Tools for Sustainable Development. Medellín, Colombia.
Naciones Unidas (s.f). Energías renovables: energías para un futuro más seguro. https://www.un.org/es/climatechange/raising-ambition/renewable-energy
Naciones Unidas (s.f). Objetivos de Desarrollo Sostenible. https://www.un.org/sustainabledevelopment/es/objetivos-de-desarrollo-sostenible/
Prieto-Sandoval, V., Jaca, C. y Ormazabal, M. (2017). Economía circular: Relación con la evolución del concepto de sostenibilidad y estrategias para su implementación. *Memoria Investigaciones en Ingeniería*, 15, 85-95.
Ruiz Saiz-Aja, M., Fabrellas Rodríguez, B., Dávila Sena, S., Santervás Gómez, G., Cabrera Marianini, A., Gonzalo Pedrero, G., Tapia Carrasco, C. y Callaba de Roa, A. (2016). *La economía circular: objetivo cero residuos. Ambienta*, 117, 4-21.
Santamaría Arinas, R. J. (2016). Aproximación jurídica a las medidas de la Unión Europea para la economía circular. Economía circular: objetivo cero residuos. *Ambienta*, 117, 36-45.
Unión Europea (2018). Directiva (UE) 2018/851 del Parlamento Europeo y del Consejo de 30 de mayo de 2018 por la que se modifica la Directiva 2008/98/CE sobre los residuos. (DOUE 14.06.2018) https://www.boe.es/doue/2018/150/L00109-00140.pdf

IDEAS DEL EMPRESARIO VENEZOLANO ENRIQUE SÁNCHEZ

David Ruiz Chataing[1]

El presente texto es resultado del proyecto de Investigación (A-07-21-22) VISIONES DE LA DEMOCRACIA EN VENEZUELA del Departamento de Humanidades de la Universidad Metropolitana, Caracas, Venezuela. Queremos hacer especial reconocimiento al apoyo recibido por la Doctora Miriam Benhayon Benarroch, del Decanato de Investigación y Desarrollo Académico y al Doctor Miguel Albujas, Director de Investigación y Desarrollo de la Universidad Metropolitana, Caracas, Venezuela.

1. INTRODUCCIÓN

En Venezuela, producto de una historia vinculada a políticas mercantilistas, a tradiciones autocráticas y más recientemente a una predominante cultura izquierdista, antilucro, paternalista, populista y estatista, se subestima a los emprendedores. La percepción predominante entre la mayoría de los venezolanos es que el empresario es un pillo, un explotador, un estorbo, un especulador. Por el contrario, el empresario es quien organiza los recursos de la comunidad para producir bienes y servicios. En la empresa se le agrega valor a bienes que lo tienen menos. El empresario arriesga cuando invierte en un producto. Si logra elaborarlo a bajo costo y que atraiga a los consumidores, obtendrá beneficios, si no su esfuerzo será en vano. Allí se justifica la ganancia. Sin incentivo no hay producción y la sociedad se empobrece y se estanca. Por eso nos hemos dedicado a rescatar la figura, la obra y el pensamiento de importantes gerentes y empresarios nacionales y a hacer la historia de sus organizaciones. La historia de los empresarios, las empresas y de sus organizaciones gremiales y académicas ha sido poco estudiada en Venezuela. Esperamos con este trabajo contribuir con su estudio y comprensión.

Abordaremos, en este caso, la vida, la obra y el pensamiento de Enrique Sánchez Silva (1922-2012). Sánchez fue comerciante, empresario y entusiasta gremialista. Egresado de la Universidad Central de Venezuela en la carrera de Derecho (1948). Se especializó en Relaciones Industriales. Gustavo Roosen lo llama "Maestro de Empresarios" y lo fue desde finales de los años cincuenta: dicta cursos de gerencia a empresarios; expone sobre la importancia de la productividad ante los trabajadores; en múltiples eventos gerenciales señala la necesidad de una conducta ética de los productores. Desempeñó diversos cargos en organizaciones empresariales nacionales: presidente de la Asociación Venezolana de Ejecutivos, director del Instituto Venezolano de Capacitación Educativa (INCE), director

1. Universidad Metropolitana (Venezuela)

del Instituto Venezolano de Análisis Económico, director de la Sociedad Civil Dividendo Voluntario para la Comunidad, cofundador del Instituto de Estudios Superiores de Administración (IESA), presidente del Consejo de Economía Nacional, cofundador de CEDICE, entre otras funciones.

2. OBJETIVOS

Se persigue estudiar la vida, la obra y el pensamiento de Enrique Sánchez Silva. En el contexto de la situación económica, social y política de la Venezuela que va de 1958 hasta 2012, fecha de su muerte. En especial, se busca analizar su óptica del papel del Estado en la economía, las ventajas de la libertad de mercado, la función de los empresarios en la sociedad, la defensa de la libertad y la democracia.

3. METODOLOGÍA

La investigación es cualitativa y bibliográfica-documental. Se analizan los textos del autor, sus diagnósticos y sus propuestas de soluciones a los problemas de Venezuela. Se indaga de manera sistemática y exhaustiva en los libros, folletos y conferencias de Enrique Sánchez para alcanzar tal cometido.

4. DESARROLLO DE LA INVESTIGACIÓN

Nos concentramos en algunos tópicos localizados en sus escritos: el papel del Estado en la economía, las ventajas de la libertad de mercado, la función social de los empresarios y su defensa de la democracia.

4.1. El papel del Estado en la Economía

El Estado es la suprema entidad pública, es la expresión jurídico-política de la nación, de la sociedad. Ejerce un control sobre la población y los recursos de un país. En Venezuela han prevalecido, en general, políticas que auspician la intervención del Estado en la economía. Durante el período colonial predominaron las prácticas mercantilistas de la monarquía absoluta hispánica. Después de la independencia se trataron de implementar reformas liberales detenidas por la crisis económica y política. Empero, se puede considerar que se aplicaron prácticas liberales en lo económico hasta la dictadura gomecista (1909-1935). El contexto internacional, en cierta forma, indujo a la intervención del Estado en los asuntos económicos y en toda la sociedad. La revolución mexicana (1910), La revolución soviética (1917), el fascismo italiano (1922), El nazismo (1933), el Estado de Bienestar establecido en las democracias occidentales (Estados Unidos, Francia y Gran Bretaña) todos se orientaron hacia el intervencionismo económico del Estado. La crisis económica internacional de 1929 y las dos guerras mundiales igualmente fortalecieron esa tendencia. En Venezuela, se inicia propiamente con el gobierno del general Eleazar López Contreras (1936-1940). Con su Programa de Febrero se instaura el Estado Social en Venezuela. El inicio de la explotación comercial del petróleo en el país, a partir de 1914, significó que el Estado comenzó a disponer como nunca de enormes recursos en una sociedad pobre y atrasada. Y que desde la entidad estatal se adelantaran iniciativas para transformar esa dura realidad. Según Martínez (2017) la hegemonía de un gigantismo estatal fue así hasta el colapso del estatismo y el rentismo petrolero durante la Revolución Bolivariana inaugurada a partir de 1999.

Según Sánchez (1962) existe en el país un capitalismo de Estado. En Venezuela el Estado es poderoso, posee enormes ingresos y participa hegemónicamente en la actividad económica. A mediados de los años 30 del siglo XX, para enfrentar la crisis económica internacional, las naciones devaluaron sus monedas. Venezuela fue el único país que no lo hizo. Esto incidió en que desarrolláramos una propensión a importar con una moneda sobrevaluada. El gobierno se vio obligado a subsidiar la agricultura de exportación y a proteger las nacientes industrias. A partir de la muerte del general Juan Vicente Gómez, a finales de 1935, estas políticas intervencionistas se incrementaron. En Venezuela, según Sánchez (2006) prevalecen estructuras centralistas y autoritarias derivadas de nuestra historia y de la formación de nuestros partidos políticos, en los cuales prevalecen concepciones leninistas. Hay que tomar en cuenta también que la lógica interna del Estado, conformado por seres humanos que velan por su propio interés, es ampliar constantemente su radio de acción. El empresario zuliano Enrique Auvert, basado en James Buchanan y Henry Lepage, expone la teoría de la elección pública. Los funcionarios, los políticos, los burócratas intentan acrecentar y perpetuar las condiciones para mantenerse en el cargo, aumentar el presupuesto o el intervencionismo estatal (Auvert, 2019).

Sánchez cuestionó con severidad la política de Industrialización por Sustitución de Importaciones (ISI). Señala que el proteccionismo impide el sano crecimiento de las empresas. Estas producen bienes costosos y de mala calidad porque no se encuentran presionadas por la sana competencia. El excesivo intervencionismo y control de Estado conducen también a la perdida de la libertad. Durante el gobierno constitucional de Rómulo Betancourt (1959-1964), en el cual se intensificó la intervención estatal, se produjo una inestabilidad monetaria, se redujeron los bienes de inversión en 60% y la importación de materias primas en 25%, aumentaron las importaciones de bienes de consumo en 7%, cayó el producto nacional neto y el ingreso per cápita, y aumentó el desempleo. Lo que demuestra lo erradas de las políticas económicas aplicadas. Los altos impuestos, las expropiaciones, las restricciones a la propiedad privada, los aumentos salariales compulsivos sin consultar con las empresas, los subsidios al consumo, el proteccionismo industrial, los controles de precios, todos estos factores desalientan a los productores. Durante la administración Betancourt, la regulación exagerada de precios de los apartamentos casi paralizó a la industria de la construcción. La política petrolera de no más concesiones alejó las inversiones de esa actividad económica y la hizo menos competitiva.

La industrialización por sustitución de importaciones patrocinada por el Estado durante los primeros gobiernos democráticos generó menos crecimiento económico que la industrialización libre del período 1952-1957 (Sánchez, 1963). Por el contrario, cuando el mismo Betancourt niveló el presupuesto, se liberalizó el presupuesto de gastos, se dejaron de crear nuevos impuestos, se mantuvo la paz laboral y la ciudadanía perdió el temor de nuevos controles y se alejó la amenaza comunista, la economía retomó el camino del crecimiento.

El Estado debe actuar con austeridad y bajos impuestos. Que los recursos los utilice la sociedad para invertir, ahorrar y consumir. La producción de riqueza no es solo responsabilidad del Estado. El ente estatal, por cierto, debe entregar a emprendedores privados, las empresas públicas deficitarias (Sánchez, 1980). Contra el Estado-empresario, se pronuncia el banquero Henrique Pérez Dupuy. Señala Pérez Dupuy (1965):

> *El Estado tiene invertido en empresas de diversa índole la cantidad de 8.786,20 millones de bolívares y que las tales empresas producen una pérdida de 1555 millones de bolívares anuales (Pérez Dupuy, 1965, pp. 44-45).*

Y estos déficits lo que hicieron fue agravarse en la medida en que avanzó el proceso democrático y el de estatización. En manos privadas, los establecimientos productivos no darían perdidas y pagarían impuestos para cubrir las necesidades públicas. Pérez Dupuy y Sánchez coinciden en que el individuo, la familia, las empresas, los gremios, todos deben coadyuvar en una mística del trabajo y de la producción. No debemos esperar todo del gobierno. Los ciudadanos, la sociedad civil, tienen que activarse para adelantar soluciones a los problemas. El intervencionismo económico estatal ha generado, también, un sector privado enteco y una sociedad civil débil y subordinada. Por eso insiste Sánchez que solo con el trabajo y el esfuerzo de todos superaremos los problemas que padece el país. Además de todo lo señalado, el Estado es derrochador. Desde los años sesenta, hasta principios de los años noventa, según Sánchez (1991) el Estado venezolano había consumido más de doscientos mil millones de dólares.

Según Sánchez (2000) las políticas monetarias son las que generan la temida inflación. Esta deriva de la emisión de dinero inorgánico, es decir, que se produce circulante que no se corresponde con los bienes producidos. Para Sánchez-Covisa (1989) la inflación deriva, básicamente, del exceso de masa monetaria en una economía. Otra causa de la inflación es el aumento salarial por encima de la productividad y la inflación que importamos junto con los bienes producidos en otros países (Auvert, 1988). Hay que reducir el gasto fiscal y que este concuerde con los ingresos. Mayor eficiencia en el uso de los recursos. Simplificar y limitar jurídicamente la tributación. Hay que privatizar las empresas públicas ineficientes. No debemos endeudarnos para cubrir gastos corrientes. Hay que prohibir el endeudamiento de entes locales. Sánchez es especialmente crítico contra los gobiernos democráticos de Carlos Andrés Pérez, Luis Herrera Campíns, Jaime Lusinchi y Rafael Caldera por sus malas políticas económicas y el pésimo desempeño administrativo. El país le reclama a la Administración Pública: "el alto costo de la acción administrativa del Estado en relación con su bajo rendimiento. Protesta por la ínfima calidad de muchos servicios públicos y por la escasa rentabilidad de las empresas del Estado" (Tinoco, 1973, p. 5). Pero el empresario no fue un antiestatista *per se*. Al respecto, *escribió* así, Sánchez Silva (1991):

> *El Estado es un compromiso social que la humanidad ha encontrado en busca de la armonía entre sus componentes para satisfacer las necesidades sociales de orden colectivo, para protegerla de los abusos que algunas de sus partes pueden cometer contra otra. Entre ese conjunto de atributos está la administración de justicia, la defensa nacional, la seguridad personal, la prestación de servicios públicos, la instrucción, la salud y las reivindicaciones de los desposeídos. (Sánchez Silva, 1991, p. 174).*

Es decir, que si bien defiende la economía de mercado y las libertades individuales cree en una acción vigorosa del Estado. En sentido contrario de lo que se cree comúnmente, el enfoque liberal de la economía y de la sociedad exige un Estado fuerte en el cumplimiento de las leyes y en el respeto de las instituciones.

4.2. En defensa de la libertad de mercado y de los empresarios

Sánchez (2006) apela a la historia de la humanidad para afirmar que la mayor prosperidad y la mayor libertad se han alcanzado dentro del respeto a la propiedad privada y la economía de mercado. Sánchez es partidario de economías abiertas, exportadoras. La globalización es un fenómeno irreversible. Por eso rechaza el excesivo proteccionismo estatal. Hay que vender productos a los países ricos. Atraer a los turistas de estas naciones que poseen monedas duras. Con una alta productividad y una economía exportadora se pueden subir los salarios y mejorar la calidad de vida de los trabajadores. Las economías exitosas del mundo -China, la India, Taiwán, Singapur, Brasil, México, entre otras- son abiertas, competitivas y exportadoras. Otros autores nacionales han reflexionado posteriormente sobre el tema. Para Vera (2009) América Latina debe aumentar las exportaciones que contienen valor agregado; luchar por la apertura de los mercados mundiales; mejorar el comercio interregional; competir con productos y servicio de bajo costo. Es necesario, para avanzar en todas estas metas, controlar la inflación. Igualmente, mediante la innovación tecnológica, aumentar la productividad; mejorar las tasas de inversión; apostar a la calidad del recurso humano; afinar los objetivos de las organizaciones y las estrategias empresariales, así como el marco regulatorio y la eficiencia de las instituciones. Todos estos factores determinan una mayor productividad. Se requiere promover las inversiones extranjeras; lograr los equilibrios macroeconómicos; desarrollar capacidades tecnológicas; avanzar en la innovación, la ciencia y la tecnología aplicadas a la producción; establecer Sistemas Nacionales de Innovación (S.N.I.); favorecer el pequeño y mediano emprendimiento; disminuir la pesada y costosa permisología; desarrollar el capital humano; mejorar la calidad de la educación; apuntar a la formación de trabajadores que manejen el cambio tecnológico y atender los problemas de financiamiento a largo plazo. Son enormes las tareas por hacer y muchas las dificultades. Ross (1993), se refiere a Venezuela y señala que es necesaria una menor intervención del Estado en la economía; orientar a ésta hacia la competencia y la libertad de mercado; defender la propiedad privada, fortalecer las instituciones y aumentar el protagonismo del sector privado para generar riqueza. El empresariado debe depender menos del gasto público y lanzarse a obtener divisas duras en el mercado internacional con su eficiencia y competitividad. Deben los emprendedores autorregularse, hacerse autónomos ante el gasto público y la discrecionalidad del Estado. Las empresas deben liderar el crecimiento. La economía y las instituciones tienen que ser más eficientes y someterse a los exigentes cánones de la productividad. Para mantener la productividad y la competitividad se requiere, entre otras cosas, invertir en el recurso humano, considerándolo un capital humano. Capacitar al personal, velar por su calidad de vida y la de su familia, son parte del mantenimiento de un estándar altamente competitivo. Casanova (2011), por su parte, destaca que la propiedad privada es expresión de nuestra libertad y fundamental para el desarrollo. La propiedad también permite mantener la autonomía frente al Estado. Un Estado que amplía en exceso sus propiedades sobre amplios sectores es una amenaza para la libertad. La propiedad privada es un derecho humano. Con ella podemos adelantar nuestros proyectos. En todas nuestras constituciones, desde 1811, ha estado contemplado el derecho de propiedad. Este bien es imprescindible para ejercer la función empresarial que consiste en producir un bien, o un servicio, en el contexto de una economía de mercado para obtener una ganancia. Hay que diferenciar, por cierto, al emprendedor del "cazador de rentas". Este se ampara en la protección del Estado para obtener un privilegio. Para que funcione adecuadamente una economía de mercado se requiere de un sindicalismo moderno que comprenda que la relación del capital con el trabajo puede ser mutuamente fructífera. Los países menos desarrollados, como Venezuela, deben tener mayor inserción internacional, diversificar su oferta exportadora con ganancias derivadas de una mayor productividad. Esto redundará en mayores ingresos para los trabajadores y un mayor desarrollo de la sociedad. Para que el emprendimiento avance requiere de apoyo institucional. Acontece que en la economía de mercado unos son más eficientes que otros y aparecen las desigualdades. La función del Estado será incorporar a los excluidos mediante la capacitación para que participen de la generación de riqueza. El Estado debe promover la iniciativa privada, proteger a los consumidores, productores y trabajadores de conductas fraudulentas; cuidar la estabilidad de la moneda; financiar sectores necesarios poco rentables; proteger el medio ambiente; incentivar la investigación científica y tecnológica. En Venezuela hay que hacer más eficiente al Estado en lo que son sus funciones específicas y distribuir la riqueza concentrada en él en toda la sociedad. Es el caso de la empresa petrolera PDVSA: urge vender acciones a todos los ciudadanos para que participen de la propiedad y las ganancias de la explotación de hidrocarburos. Entre otros planteamientos, Casanova considera que los gobiernos deben evitar el endeudamiento externo para enjugar los déficits, deben evitar generar dinero inorgánico que dispara la inflación. El mismo Casanova (2015) defiende la economía social de mercado porque conjuga libertad, prosperidad y bienestar de las personas. Como podemos ver, estos escritores profundizan la propuesta inicial de Enrique Sánchez a favor de la libre empresa y la economía de mercado.

Según Sánchez-Covisa (1980) un empresario es quien administra los recursos disponibles para satisfacer las necesidades de la comunidad. Las empresas deben producir bienes de calidad en las cantidades suficientes. La característica más sobresaliente de un emprendedor es: "convertir un bien de menor valor en otro de valor superior" (Sánchez, 1984, p. 1). El empresario se enfrenta a la incertidumbre del mercado: no sabe si el bien producido tendrá el interés del consumidor, si lo pudo producir con costos lo suficientemente bajos como para obtener beneficio. Eso justifica la ganancia. Esta es necesaria para incentivar al productor. Sin incentivo no hay producción. Y sin producción de bienes y servicios la sociedad se estanca. Hay que devolverles la responsabilidad de crear riqueza a quienes corresponde, a los empresarios. Para contrarrestar la excesiva reglamentación, los empresarios deben aumentar la inversión per cápita. Trabajar más, trabajar duro. Los empresarios deben demostrar que, con libertad de empresa, el respeto a la propiedad y Gobierno con poderes limitados es en el que se puede alcanzar la dignidad humana y la prosperidad.

Según Sánchez (1967) los empresarios tienen que invertir en capital humano y capacitar a los trabajadores. Contra el predominio de una mentalidad distributivista, que critica el también empresario Tinoco, urge aumentar la producción. (Tinoco, 1962). No se puede distribuir riqueza si no se produce. La productividad se incrementa con alta preparación de los operarios, buena remuneración de los trabajadores, inversión en tecnología, trabajo duro y mayor inversión per cápita. Un mejor salario deriva de una alta productividad, en eso no debemos engañarnos. Aumento de las remuneraciones que no se corresponden con la producción real genera inflación.

Por supuesto, las políticas económicas generadas por el Estado deben coadyuvar a ese esfuerzo de producir riqueza: aranceles adecuados, tasas aduanales que protejan temporalmente a las industrias incipientes. Permitir la libre competencia como mecanismo regulador de los precios y la oferta y la demanda; instituciones crediticias que otorguen préstamos y el control de calidad de los bienes y servicios para proteger al consumidor. La economía nacional debe ir por el camino de la desregulación. A los empresarios corruptos o inescrupulosos hay que excluirlos del grupo de los auténticos y honestos productores.

4.3. Defensa de la democracia

La democracia es el gobierno del pueblo. Según la frase lincolniana es el gobierno del pueblo, por el pueblo y para el pueblo. La democracia es: "el gobierno que tiene por fin satisfacer la voluntad, las necesidades y los intereses de la mayoría" (Uslar Pietri, 1958, p. 3.). La democracia es un hallazgo de la humanidad que permite la convivencia colectiva y la sucesión en el ejercicio del poder de manera pacífica y constitucional (Mendoza, 1986). El régimen democrático se sustenta en la división de poderes, el sufragio popular, el respeto a las minorías, el disfrute de los derechos y los deberes de los ciudadanos. También la democracia se erige sobre el pluralismo y la tolerancia. Respecto de esto último, dice el liberal venezolano Rangel (1981):

> *La democracia supone la posibilidad de una armonización suficiente de los intereses antagónicos de los individuos y de las clases sociales. No cae la democracia en la bobaliconería de sostener que no hay antagonismos sociales e inclusive tensiones que merezcan llamarse lucha de clases (Cursivas en el original), pero las supone conciliables en una medida que sea, en todo caso, infinitamente preferible a la guerra civil o la tiranía (Rangel, 1981, p. 299).*

La democracia se edifica sobre el respeto a las leyes y a las instituciones superando nuestro tradicional personalismo. Sánchez defiende la libertad individual y la dignidad humana. Sin libertad no hay progreso. Sánchez recuerda que el concepto de libertad es herencia del cristianismo y que involucra la misma libertad y la responsabilidad. También, que la creación de riqueza requiere de un marco ético e institucional. Es indispensable un Estado de Derecho. Al respecto, sostiene Sánchez (1964):

> *Es necesario, por tanto, un marco institucional que nos asegure que podemos disponer libremente del fruto del trabajo mediante la propiedad privada; que tengamos libertad para escoger o rechazar salario, ocupación, patrono o lugar donde vivir; oportunidad para escoger libremente un gobierno democrático y en fin, un orden jurídico estable que permita el afianzamiento de la libertad integral y el respeto a la dignidad humana. La productividad no es el fin, sino un medio para obtenerlas (Sánchez, 1964, p. 16).*

Esos mismos valores cristianos que reivindican la libertad y la responsabilidad nos obligan a ser solidarios con los que sufren. Sánchez insiste: ese contexto favorable para producir consiste en que prevalezca un Estado de Derecho y se respeten las instituciones. El empresario está convencido de que hay que formar en los valores de la libertad. Hay que tener buenos políticos. Si los tenemos, el país marcha bien. Se requieren estadistas con visión de largo plazo. Hay que mejorar las instituciones. Con el voto uninominal escogerán a sus representantes los ciudadanos y no los partidos. Hay que luchar contra la corrupción: con la disminución del tamaño del Estado y de la burocracia se puede amainar este flagelo. También hay que mejorar la calidad de la educación para ser mejores ciudadanos y, sobre todo, emprendedores. El gerente cubano-venezolano Alberto Krygier señala que a la democracia le son inherentes la libertad y la moralidad social, la virtud de los ciudadanos que invocaba Platón en sus escritos políticos. Las dos fuerzas que sustentan la vida moderna civilizada son el capitalismo y la democracia. El primero, sustentado en la productividad, genera prosperidad y la democracia le da: "gran valor a la elección, la participación, la cooperación, la igualdad y la fraternidad" (Krygier, 2010, p. 405-406). La democracia no es solamente los partidos y el sufragio. En ella debe tener amplia participación la sociedad civil en las decisiones importantes. En un régimen democrático no deben existir grandes polarizaciones socioeconómicas ni culturales. No puede existir democracia sin una economía libre, ni sin protección a las minorías y para los derechos individuales (Krygier, 2012).

Así como defiende el régimen democrático, Sánchez repudia el totalitarismo. Políticamente los países socialistas son absolutistas. Económicamente, por no prevalecer en ellos el cálculo económico y la economía de mercado sino decisiones burocráticas, son sociedades donde impera la escasez y la pobreza.

5. CONCLUSIONES

El emprendedor venezolano Enrique Sánchez no sólo fue un empresario, un ejecutivo exitoso, sino que también reflexionó, junto con los *pares* de su tiempo (Pérez Dupuy, Mendoza, Auvert, Tinoco, Krygier) y otros intelectuales, sobre los temas concernientes a las condiciones económicas e institucionales para producir riqueza y edificar la libertad. En este sentido, rechaza la excesiva intervención del Estado en la economía, pues, conduce a la pobreza y pone en peligro la democracia. En el caso específico de la sociedad venezolana se conjugan las políticas intervencionistas y el manejo de la renta petrolera por parte del Estado. Esto ha generado un sector privado débil y una sociedad civil subordinada. Empero, Sánchez no es antiestatista. Sostiene el empresario que le compete a la entidad estatal la seguridad pública, exigir el respeto a las leyes y a las instituciones. Atender la educación, la salud, la cultura, las obras de infraestructura y favorecer las condiciones para que se desarrolle la iniciativa individual.

Sánchez defiende las libertades económicas, la economía de mercado sustentada en la competencia y la ley de la oferta y la demanda. Para Sánchez es evidente que los países que se basan en estos preceptos poseen las economías más prósperas del mundo.

Este proceso de crear riqueza en una economía libre, la deben dirigir los empresarios. Estos organizan los recursos de la comunidad para producir bienes y servicios. Le agregan valor a bienes que lo tienen menos. Planifican, invierten, estudian el mercado, arriesgan, solicitan préstamos, intentan producir al más bajo costo posible mercancías y servicios de calidad, a la espera de que gusten y sean adquiridos por los consumidores. Eso justifica la ganancia. Sin incentivo, no hay producción, ni riqueza y la sociedad se estanca. Contra la realidad del empobrecimiento en una economía estatista, Sánchez propone la iniciativa individual para generar abundancia.

Esta creación de riqueza requiere de un Estado de Derecho en el cual se proteja la propiedad privada, el trabajo y el esfuerzo. Se necesita un gobierno limitado por las leyes y las instituciones. Para Sánchez la libertad es una sola. Indivisible. Sin libertad económica no hay libertad política y viceversa. El régimen democrático ha demostrado ser el marco institucional para que se desaten las fuerzas productivas y desenvuelvan los derechos ciudadanos.

6. REFERENCIAS

Auvert, E. (1988). *Convocatoria al país para vencer la inflación.* CEDICE.

Auvert, E. (2019). *El intervencionismo en el banquillo. La teoría de la elección pública.* CEDICE.

Casanova, R. (2011). Emprendimiento. *Bifurcación entre una visión neocomunista y una visión creadora.* C. Roberto Casanova.

Casanova, R. (2015). *Libertad, emprendimiento y solidaridad. 10 lecciones sobre economía social de mercado.* Editorial ALFA.

Krygier, A. (2010). *Cultura corporativa y desarrollo empresarial.* La Galaxia, La Galera.

Krygier, A. (2012). *La década sin rostro. Análisis Estratégicos (2000-2011).* C. Alberto Krygier.

Martínez Castillo, A. (2017). La intervención del Estado venezolano en la economía 1936-2016. *Economía, 43,* 113-139. http://iies.faces.ula.ve/Revista/Articulos/Revista_43/Pdf/Rev43Martinez.Pdf

Mendoza, E. (1986). *Ideario y acción de un venezolano.* Fundación Eugenio Mendoza.

Pérez Dupuy, H. (1965). *El mejor método de una economía liberal.* Imprenta López.

Rangel, C. (1981). *Del buen salvaje al buen revolucionario.* Monte Ávila Editores.

Ross, M. (1993). *Hecho en Venezuela. La economía de mercado en una política de crecimiento sostenido.* Editorial Panapo.

Sánchez, E. (1980). *Acción Gremial.* Empresa El Cojo.

Sánchez, E. (1967). *Adiestramiento: una necesidad impostergable.* Reproducciones del INCE.

Sánchez, E. (2006). *Economía Empresarial.* CEDICE.

Sánchez, E. (2000). *Estabilidad y Bienestar Monetario.* CEDICE.

Sánchez, E. (1984). *Ética empresarial.* Cámara de Comercio de Caracas.

Sánchez, E. (1963). *Las fuerzas económicas y sociales que influyen en el clima de administración. Legislación y política venezolana en relación con la economía del país.* Editorial Arte.

Sánchez, E. (1991). *Joven Empresario es...* Ediciones CEDICE.

Sánchez, E. (1962). *La libre empresa en Venezuela.* Emp. "El Cojo".

Sánchez, E. (1964). *¿Por qué la productividad beneficia a los trabajadores?* Asociación Nacional de Empleados.

Sánchez-Covisa, J. (1980). *La función social del empresario.* CEDICE.

Sánchez-Covisa, J. (1989). *La inflación conceptos generales.* CEDICE.

Tinoco, P. (1973). *El Estado eficaz.* Italgráfica.

Tinoco, P. (1962). *Un programa económico para Venezuela.* Publicaciones de la Bolsa de Comercio de Caracas.

Uslar Pietri, A. (1958). *Las responsabilidades en una democracia.* Cromotip.

Vera, L. (2009). América Latina: del crecimiento liderado por exportaciones al desarrollo productivo. *Nuevas estrategias nacionales de desarrollo: realidades y retos para Ecuador.* Consultado el 21/05/2023 en: Semplades/Flacso/UNDP/Cismil, Ecuador C: Users/EMG-17/Desktop/lflacso-04-Vera%20(1).pdf

PRONÓSTICOS DE EXPORTACIÓN DEL BANANO EN ECUADOR A TRAVÉS DE MACHINE LEARNING

Ángel Ramón Sabando García [1], Mikel Ugando Peñate [1], Reinaldo Armas Herrera [2], Angel Alexander Higuerey-Gómez [2,3], Pierina D'Elia-Di Michele [3] y Elvia Rosalía Inga Llanez [3]

El presente texto nace en el marco del Proyecto:" Impacto del cambio climático en empresas agrícolas de la zona 4 (Manabí y Santo Domingo de los Tsáchilas) y zona 7 (Loja, Zamora Chinchipe y El Oro) del Ecuador y su influencia en la producción, exportación y desempeño financiero empresarial" aprobado en la Convocatoria de Proyectos de Investigación de la Pontificia Universidad Católica del Ecuador, CP-PUCESD-2023 del Grupo de investigación PLANNING, INNOVATION AND FINANCIAL MODELING APPLIED (FINNOVAPLAN).

1. INTRODUCCIÓN

En los últimos años el uso de modelos no lineales para la predicción y clasificación, a través de algoritmos y técnicas computacionales avanzadas (*Machine Learning* en inglés), han surgido como alternativa eficiente para modelar procesos económicos. (Cuevas *et al.,* 2019). En los procesos de exportaciones se destaca el uso de modelos ARIMA para pronosticar el precio de productos agrícolas, cuya variable financiera es el reflector más sensible del mercado. La tendencia de los precios está directamente relacionada con el desarrollo de las exportaciones, así como con el sustento de los agricultores, (Mao *et al.,* 2022).

Se considera al aprendizaje automático o de máquinas (*Machine Learning*), como una subárea en el campo de la computación e informática, además de estar estrechamente ligada a la inteligencia artificial (Jones *et al.,* 2022). La Inteligencia Artificial (IA), como rama revolucionaria de la Ciencia de la Computación, constituye una herramienta robusta para enfrentar tareas de pronóstico y clasificación en actividades tan sensibles como la planificación financiera. En ello, la variable ingreso constituye un indicador económico indispensable para modelar la disponibilidad de efectivo en una organización y proyectar sus movimientos futuros, en aras de lograr un proceso de toma de decisiones sobre el efectivo con un mínimo de riesgo (Cuevas *et al.,* 2019).

Los modelos de *Machine Learning* como la regresión lineal múltiple o la técnica de *Extreme Gradient Boosting* (XGBOOST) resultaron ser eficaces en cuanto a la capacidad

1. Pontificia Universidad Católica del Ecuador-Sede Santo Domingo, PuceSD (Ecuador).
2. Universidad Técnica Particular de Loja, UTPL (Ecuador).
3. U. de los Andes (Venezuela).

predictiva de los precios de la acción Apple que cotiza en la Bolsa de Valores de New York. Esto abre la posibilidad de poder utilizar otros tipos de técnicas en torno al *Machine Learning* (Evaristo, 2022). Basándose en supuestos a cinco años con la *Regresión Ridge* se pronostican ventas desde 2021 a 2025, correlacionando las variables ingresos históricos de la empresa camaronera versus el precio promedio del camarón mediante una interpolación polinomial. Comparando ambas líneas de tendencia resultantes se demuestra que los ingresos esperados conservan un comportamiento no lineal acorde con su desempeño histórico (Cordero, 2022).

Inclusive, se destaca el empleo de algoritmos de IA más evolucionados para abarcar más objetos de estudio y poder hacer frente a la incertidumbre por medio del análisis completo de escenarios futuros con respecto a las materias primas que se relacionan entre sí, las cuales conllevan un alto impacto multisectorial al producto interno bruto brasileño, como lo observado con el tejido agroindustrial de la caña de azúcar conjuntamente con el etanol (Pereira, 2021).

El resultado de la evidencia empírica determina a nivel comparativo que los algoritmos Arima y *Random Forest* no tienen buena precisión ni ajuste de datos; por ende, no se cumplen sus pronósticos a futuro, criterio compartido con Gil y Seguro (2022); donde se obtiene el mejor puntaje, pero no es correcto afirmar que sea la mejor técnica de *Machine Learning;* por otra parte, el algoritmo *Prophet* se comporta de manera regular, como indicador intermedio en la predicción comparando con números de casos a tiempo real (Ruiz, 2021). Modelos alternativos para el análisis de series financieras, usando los criterios AIC y BIC, son considerados por Casas y Cepeda (2008), donde el modelo GARCH (1,2), es el que mejor explica el comportamiento de los precios de las acciones y el modelo EGARCH (2,1) es el que mejor explica la serie de los retornos.

El *Machine Learning* no es un proceso sencillo. Conforme el algoritmo recibe datos de entrenamiento, es posible producir modelos más precisos basados en datos. Un modelo de este tipo es la salida de información que se genera cuando entrena su algoritmo de *Machine Learning* con datos. Después del entrenamiento, al proporcionar un modelo con una entrada, se le dará una salida. Por ejemplo, un algoritmo predictivo creará un modelo predictivo (Salamanca y Castro, 2021). Con dicha información se desarrollan modelos de predicción de IA y se determina, por su mayor exactitud, al modelo de Árbol de Decisión como el predictor más idóneo de futuros desastres ecológicos (Inga, 2022).

La IA es uno de los conceptos más novedosos de los últimos tiempos, debido a que las herramientas que esta proporciona logran cumplir con parámetros necesarios en el ámbito empresarial. El *Machine Learning* proporciona los recursos necesarios para analizar todos los escenarios que una empresa requiera al momento de manejar todos los datos que se van generando largo plazo.

La propuesta de Saltos y Villacis (2022) en el uso del aprendizaje no supervisado y utilizando la regresión lineal procede a realizar un pronóstico para impulsar de forma adecuada las ventas y en un futuro mejorar los indicadores que puedan afectar el rendimiento de la empresa. Villachica Pérez *et al.* (2022) sustentan el hecho del modelo de predicción basado en *Machine Learning* como una herramienta primordial; su uso genera información que permite tomar decisiones que afectarán de manera positiva a los procesos de negocio.

Los aportes de Martínez *et al.* (2022) se destacan en pronósticos de madurez del banano cultivado al suroeste del Ecuador, los cuales pueden predecirse como inmaduro, maduro o sobre maduro, a través de algoritmos de *Machine Learning,* con un promedio de exactitud del 91 %. Ugando *et al.* (2023) realizan contribuciones importantes a la modelación econométrica aplicada a través de pronósticos de niveles exportables para el plátano barraganete en la provincia de Santo Domingo de los Tsáchilas, Ecuador. El modelo estocástico, propuesto por Sabando *et al.* (2022), representa un mejor pronóstico de las ventas, precio y kilogramos exportados de jengibre, al presentar coeficientes significativos y menores errores de predicción y, por defecto, la simulación es alentadora para niveles altos de exportaciones de jengibre para Ecuador.

Yajure (2022) estudia los algoritmos de aprendizaje automático para agrupar los datos de acuerdo con los tipos de clientes. La técnica permite reducir la dimensión de los datos previo a la aplicación del algoritmo de regresión lineal, obteniendo un modelo para predecir la energía eléctrica total con un alto coeficiente de determinación (R^2) de 0,981. Por otra parte, la investigación propuesta por Pérez (2022) analiza múltiples modelos de aprendizaje automático, *Tree*, K-vecinos más cercanos (K-NN), *Naive Bayes* (NB), regresión logística, *Support Vector Machine* y *Multilayer Perceptron* logrando una precisión muy cercana al 100%.

Un sistema artificial tiene muchas ventajas, como su gran rapidez de funcionamiento o su adaptabilidad al estar basado en un servicio en la nube. Sin duda, el tema de la robustez y las condiciones adversas que pueden afectar este sistema es un tema para trabajar en el futuro, siendo las propuestas existentes interesantes y muestran importantes bondades en su desarrollo (Petrlik y Rodríguez, 2022). Sin embargo, en este campo se encuentran algunas inconsistencias como la evidencia de múltiples tendencias de procesos especulativos y vulnerabilidades del sistema financiero, con tendencia a burbujas financieras (Demmler y Fernández, 2022).

Diversos modelos empíricos resultan ventajosos, como el propuesto por Peñafiel (2021), donde se diseñan portafolios de inversión para la gestión de riesgos y la medición de la volatilidad en mercados financieros para capturar potenciales oportunidades o pérdidas de inversión a través de modelos TGARCH (1,1) y EGARCH (1,1) permitiendo una respuesta asimétrica de la varianza condicionada en función del signo de los residuos.

De igual forma Rosas *et al.* (2019) emplean un modelo con innovaciones T de Student (ARIMA-GJR-GARCH) aplicado sobre datos diarios de 1997 a 2019, evidenciando la existencia de un mayor impacto de las depreciaciones cambiarias sobre la volatilidad del tipo de cambio. La medición de estos impactos se realizó a través de técnicas de modelos econométricos para analizar las fluctuaciones de los rendimientos de los activos diarios generados por las variaciones de los precios de cierre de dichos activos durante los periodos observados (Pérez y Mican, 2016).

Debido al avance de la IA, el pronóstico del tiempo basado en métodos de extrapolación está captando mucha atención. Trabajos recientes, (Steffenel *et al.*, 2023), están permitiendo el desarrollo de modelos de predicción espacio temporales basados en el análisis de series temporales históricas, imágenes y datos satelitales, lo cual indiscutiblemente es información interesante que pueden conducir a modelos de predicción precisos y rápidos. En el aprendizaje federado, los modelos dirigidos a clientes han presentado alta heterogeneidad estadística que conducen a variaciones de rendimiento y algunas estimaciones de parámetros pueden ser más confiables que otras (Ahmad et al., 2023). Las series temporales sujetas a cambios de régimen han atraído mucho interés en dominios como la econometría, las finanzas o la meteorología (Dama y Sinoquet, 2023).

Promover nuevas investigaciones basadas en IA sobre los fundamentos de la estadística y el análisis de decisiones operativas en varias áreas, así como la innovación en modelado financiero, algorítmico y computacional en modelos dinámicos para resolver problemas cada vez más complejos y desafiantes en el análisis y pronóstico de series temporales multivariadas, es uno de los grandes retos de nuestro sistema económico y financiero mundial (West, 2020).

2. OBJETIVOS

Esta investigación tiene como objetivo la aplicación de IA para pronosticar el precio de la caja exportada del banano ecuatoriano a través de algoritmos no supervisados de *Random Forecast.*

3. METODOLOGÍA

La metodología empleada es retrospectiva, utilizando datos históricos del precio y prospectiva al mirar el futuro del precio del banano. La muestra esta compuesta por 117 movimientos financieros con respecto al precio, empezando desde la semana 1 del año 2021 hasta la semana 13 del año 2023. Los datos fueron recolectados de la Asociación de Exportadores de Banano del Ecuador (AEBE), equivalentes a más del 70% de las exportaciones de banano del país; por tanto, se considera el número uno en exportaciones de banano a nivel mundial conformado por las empresas: Costatrading, Excelban, Exportadora Bananera Noboa S.A., Rey Banano del Pacífico y Unión de Bananeros Ecuatorianos. En la actualidad AEBE sigue incrementando su número de socios con 48 principales, que representan el 74% de la oferta exportable del Ecuador, y 47 adherentes teniendo de esta manera representantes en toda la cadena de suministro.

3.1. Procedimiento

Dentro del análisis estadístico, el software estadístico utilizado es Rstudio, empleando algoritmos inteligentes que seleccionen los mejores modelos predictivos de series temporales para pronósticos financieros de los precios del banano. Fue seleccionado un modelo paramétrico con media y varianza constante conocido como ARIMA (Fierro *et al.*, 2022); de la misma forma, se empleó en función de los datos para esta variable un modelo Autorregresivo de Coeficiente Heterocedástico (ARCH) al presentar la variable precio una varianza y media que no son constante (Argueta y Humberstone, 2022). En esta misma línea, la IA seleccionó un modelo GARCH, que presenta una alta volatilidad financiera, donde la varianza condicional depende de las observaciones históricas (Barbosa *et al.,* 2019).

Modelo ARIMA, ARCH y GARCH

Inicialmente, se procede a realizar un análisis confirmatorio de series temporales a través del modelo autorregresivo de media movil, conocido como ARIMA (Box Jenkings, 1994), considerando que los datos de la variable financiera precio del banano, posee una media y varianza constante, el algoritmo autoarima del paquete estadístico Rstudio, escogió un ARIMA (2,1,0); es decir, los datos presentan una autocorrelación de orden AR(2) y una diferencia estacionaria de orden I (1), sin embargo, no se demostró cambio brusco en el promedio móvil, generando un modelo de orden MA (0), cuyo algoritmo se describe a continuación: .

El modelo ARCH mejora si se incorpora un nivel de volatilidad de la largo plazo para la varianza ( ) que recibe una ponderación () en la expresión de la varianza o de la volatilidad.

Su algoritmo sigue la formulación: . Donde, la suma de los pesos o las ponderaciones debería ser igual a . Por tanto, este es un modelo ARCH (m) si denotamos que, .

El modelo GARCH (1,1) combina la varianza en un periodo histórico con un parámetro o constante de la varianza rezagada conocida como volátilidad financiera. Requiere que los parámetros para que la varianza sea estable. En caso contrario, la ponderación, el peso aplicado a la varianza de largo plazo sería negativo. El modelo sigue la nomenclatura: . El software gratuito RStudio junto con las librerías y paquetes es una herramienta poderosa para el análisis exploratorio, confirmatorio y predictivos de variables financieras (Vargas y Chavarro, 2022).

4. DESARROLLO DE LA INVESTIGACIÓN

4.1. Análisis exploratorio y aplicación del modelo ARIMA

Inicialmente, se realiza un análisis exploratorio de los datos correspondiente a la variable financiera precio de la caja exportada del banano ecuatoriano (figura 1). La simulación registró una variable no estacionaria; es decir, la media y la varianzas no son constantes para valores históricos. De la misma forma, se percibe un mayor crecimiento a partir de la semana 87 hasta la semana 117. Superando un precio de $7,00 dólares por caja exportada. Vale indicar que la dinámica del precio inició desde la semana 1 del año 2021 hasta la semana 13 del año 2023.

En esta misma línea, para realizar un modelo autorregresivo integrado de media móvil (ARIMA), en primer lugar, se procede a transformar la serie temporal no estacionaria a una serie estacionaria, mediante la función *ur.kpss*. Para realizar en R el contraste KPSS, se debe hacer uso de las *funciones ur.kpss* de la librería urca o de la función *kpss.test*. La corrida de esta prueba con una diferencia de la media aritmética reportó un valor del test estadístico significativo de 0,06 muy cercano al 0,05 nivel de significancia. En este sentido, las hipótesis planteadas son:

H_0=no existe raíz unitaria p valor >0,05↔La serie precio es no estacionaria.

H_1=existe raíz unitaria *p* valor ≤0,05↔La serie precio es estacionaria.

Bajo este escenario, se evidencia la aceptación de la hipótesis alternativa (H_1), es decir, la serie se volvió estacionaria mediante una raíz unitaria de la diferencia de la media móvil generando un orden I (I=1); por lo cual, la tendencia desaparece volviendo los datos con media y varianza constante.

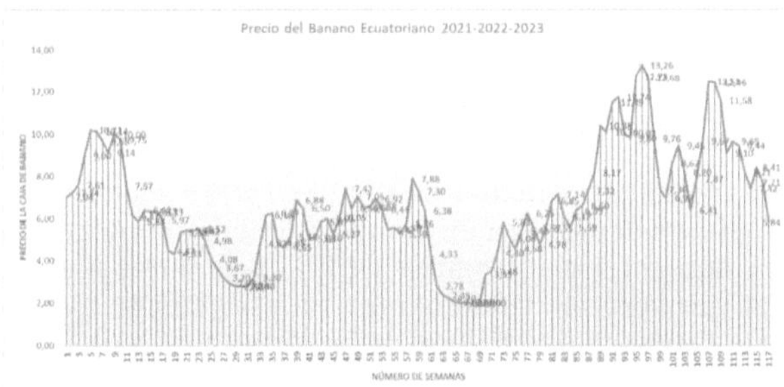

Figura 1. Modelo de la ecuación estructural para los ítems y constructo del instrumento. Fuente: Elaboración propia.

A partir que se corroboró que la serie de tiempo precio del banano se volvió estacionaria mediante una diferencia, se procede a realizar el modelo autorregresivo integrado de media móvil de Box y Jenkins (1994); es decir, que el modelo ARIMA, integra a la autocorrelación (AR), la integración de la tendencia y la estacionalidad (I), así como también la media aritmética (MA). Para este caso, se empleó la IA, permitiendo que el software Rstudio mediante la función auto-arima seleccionará el mejor modelo de predicción para el precio del banano.

En el marco de la modelación ARIMA, la función auto-arima de la librería *Forecast* de R, proporciona una opción rápida para construir pronósticos con series temporales, debido a que evalúa entre todos los posibles modelos, al mejor modelo considerando diversos criterios: tendencia, estacionariedad, estacionalidad, diferencias de media móvil, autorregresión, entre otras. Simultáneamente, considera a las pruebas de bondades de ajuste que proporciona diferentes contrastes para generar una confiabilidad en la simulación financiera.

En este sentido, la función auto-arima seleccionó al modelo financiero ARIMA (2,1,0) a través de una serie de combinaciones (17 combinaciones); es decir, este modelo registró un criterio para los diferentes contrastes aceptables; por tanto, Akaike (AIC=322,81); un Akaike ajustado (AICc=323,03) y un índice de coeficiente bayesiano aceptable (BIC=331.07). Así mismo, los coeficientes del modelo autorregresivo de orden 2 (AR=2), presentaron los coeficientes AR (1) =0,4051 y AR (2) =-0,3651. Bajo estos criterios se evidencia que el modelo ARIMA (2,1,0) es el mejor para el precio de la caja de banano ecuatoriano.

A continuación, se validan los residuales del modelo ARIMA (2,1,0) para la variable financiera precio del banano, a través del test de Ljung-Box, en el cual se visualiza que el valor *p*, supera al 5% de significancia (*P-value*=0,212); por lo tanto, se aprecia ruido blanco y paseo aleatorio; es decir, existe un proceso normalizado para los residuos del modelo e independencia para cada movimiento financiero.

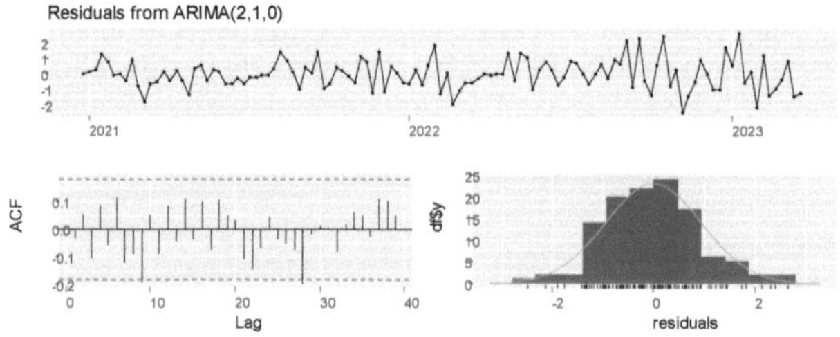

Figura 2. Dinámica de la residualidad para el modelo ARIMA (2,1,0). Fuente: Elaboración propia.

El proceso de la validez residual del modelo ARIMA (2,1,0) se puede evidenciar en la figura 2, donde el gráfico de líneas demuestra un comportamiento homocedástico, de la misma forma, el gráfico de la autocorrelación simple (ACF) con valores que están dentro de un intervalo de confianza, provocando ruido blanco. En este mismo escenario, el gráfico de histograma presenta la mayor concentración de los datos entre 0 y 1, lo que confirma que los residuales del modelo tienen distribución normal; confirmando que este proceso es un modelo paramétrico. La figura 3 recoge la predicción del banano para el año 2023.

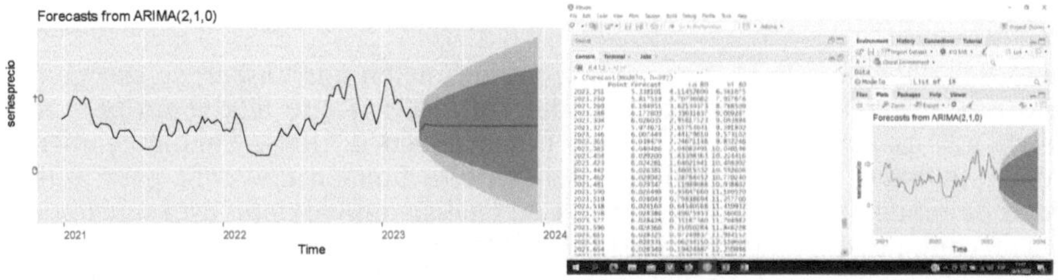

Figura 3. Pronósticos del precio del banano ecuatoriano. Fuente: Elaboración propia.

Una vez realizado el modelo homocedástico, que conlleva a una media y varianza constante, se procede a comparar el modelo homocedástico con un modelo heterocedástico, con la finalidad de validar la hipótesis de que el modelo heterocedástico predice con mayor asertividad la dinámica del comportamiento del precio del banano. Por tanto, se realiza un comportamiento de los errores elevado al cuadrado que se evidencia en la figura 4, donde se visualiza que a partir de la semana 85 se presenta una alta variabilidad de los residuos, llegando a deducir que es aconsejable aplicar un modelo con condicional heterocedástico (ARCH).

A partir del método gráfico, que demostró la volatilidad financiera para la variable precio, se procede a realizar el método analítico empleando la función dynlm que procesa datos para una serie de tiempo. En esta se demuestra en la prueba de bondad de ajuste T de Student para los residuos con una diferencia o rezago, que los residuales al cuadrado no poseen alta varianza al presentar un valor por encima del 5%. (p=0,899). Del mismo modo, esta función genera los residuales estandarizados con la prueba de bondad de ajuste de Fisher, además de los coeficientes autorregresivos para el modelo obtenido.

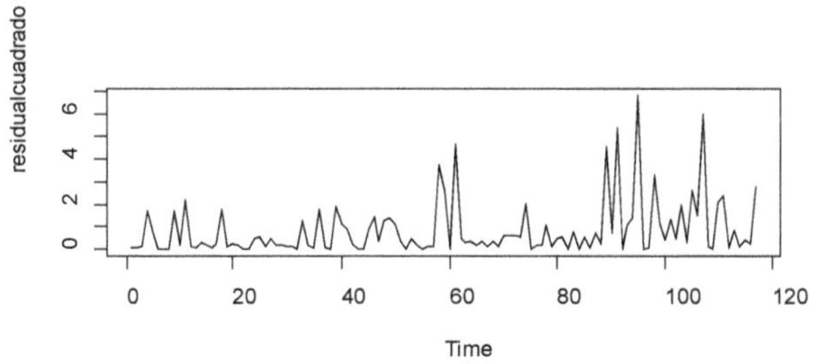

Figura 4. Dinámica residual al cuadrado para la simulación precio del banano. Fuente: Elaboración propia.

La función ArchTest, para el precio de la caja de banano exportada, se emplea para una serie de tiempo con efecto ARCH usando las opciones predeterminadas. Se ingresan los datos de la serie temporal como un vector numérico, pero en este caso con 2 rezagos, arrojando el precio del banano un proceso de condición heterocedástico (p<0,05) con un Chi Cuadrado alto (x^2=73,166) que representa un *p-value* < 2.2e-16, demostrando que los residuales al cuadrado presentan media y varianza que no son constante; es decir, existe volatilidad financiera. Esta se comprueba con el multiplicador de Lagrange (LM) para la heterocedasticidad condicional autorregresiva (ARCH). Se calcula la prueba del multiplicador de Lagrange para la heterocedasticidad condicional, según lo descrito por Tsay (2005).

A través del algoritmo de IA, apoyándose en la función *ugarchspec*, se escoge el mejor modelo predictivo, seleccionando el modelo SGARCH. Tanto alfa como beta miden la asimetría y se relacionan con el modelo homocedástico ARMA. Simultáneamente, este paquete estadístico utiliza de forma inteligente la función *ugarchfit* para ajustar una variedad de modelos GARCH en los casos de análisis univariante. Esta función primero calcula un conjunto de puntos de partida factibles que se utilizan para iniciar la recursión GARCH. Seleccionando de esta manera un proceso GARCH + complemento ARMA con la finalidad de realizar los pronósticos a través de esta función.

En la figura 5 se visualiza inicialmente que la *Machine Learning* no supervisada selecciona a un modelo GARCH (1,1), probando con un modelo estándar ARMA (1,1). Se generan los parámetros óptimos de las estimaciones, para el caso del modelo ARMA sus parámetros son validados a través de la prueba de bondad de ajuste T de Student, mostrando valores significativos al 5% (p<0,05). En esta misma línea, los parámetros omega y alfa no presentaron significancia estadística; sin embargo, el parámetro beta1 mostró significancia al 5% (p=0,000) con un t de Student alto (t=8,265).

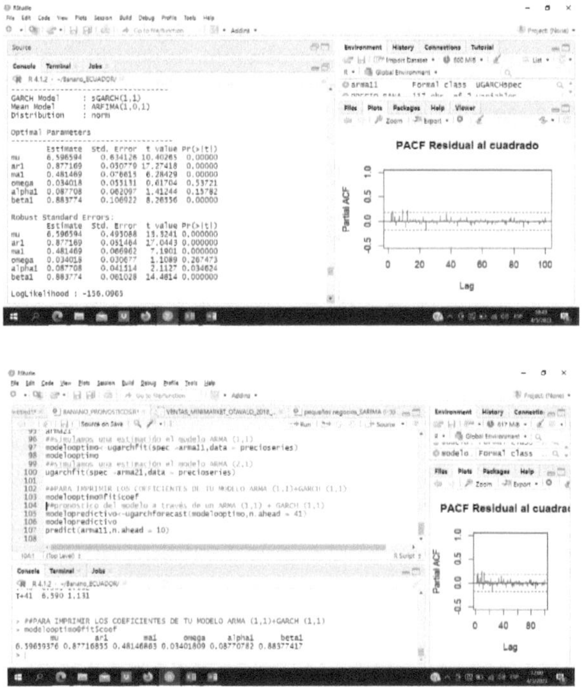

Figura 5. Coeficientes y prueba de bondad de ajuste para el modelo heterocedástico y homocedástico. Fuente: Elaboración propia.

Debe dejarse claro que este proceso se obtuvo de unas series de combinaciones numéricas, con la finalidad de que los parámetros de la mayoría de ellos presentarán significancia estadística. En este mismo escenario, la prueba robusta para los errores estandarizados mostró significancia para la mayoría de los coeficientes, salvo el coeficiente omega que no presentó significancia. Quedando demostrado que el precio del banano ecuatoriano forma un modelo GARCH (1,1) + ARMA (1,1); es decir, esta variable financiera posee varianza y errores muy dispersos demostrando volatilidad financiera.

Finalmente, se obtienen los valores de la varianza y los residuales del modelo heterocedástico con la función modelooptimo@fit$var (figura 6), en la cual se evidencian valores superiores a la unidad, demostrando que un proceso de varianza no constante. Del mismo modo, los residuales se obtuvieron con la función (modelooptimo@fit$residuals)^2, evidenciándose que dichos valores superan a la unidad. Estos datos no hacen más que confirmar que el precio del banano ecuatoriano corresponde a un proceso de alta volatilidad financiera.

Este nivel de aceptación y confiabilidad se pudo obtener mediante el test máxima verosimilitud. De la validación del modelo ajustado las medidas de ajuste de la parsimonia se ajustaron los coeficientes; es decir, mantuvieron un incremento en el (PCFI) de 0,827 y en el (PNFI) de 0,766; por lo tanto, son parámetros aceptables (Arredondo-Trapero *et al.,* 2018).

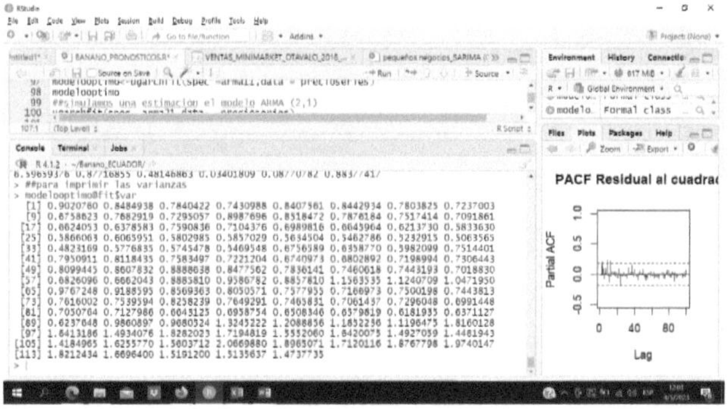

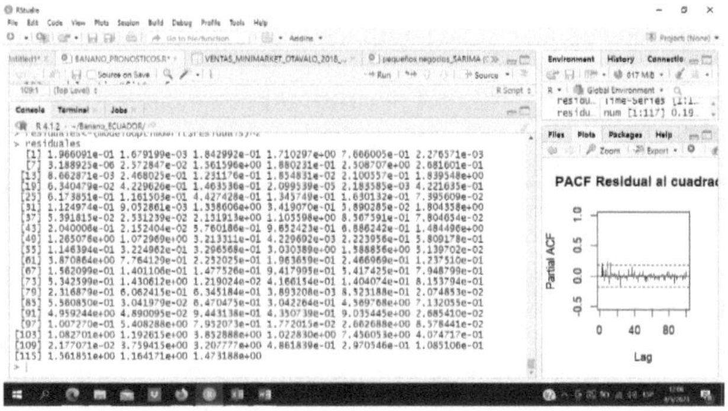

Figura 6. Dinámica de la varianza y los residuales para el modelo heterocedástico. Fuente: Elaboración propia.

Por último, en la figura 7 se evidencia la dinámica del precio de la caja de banano ecuatoriano exportado a través del modelo autorregresivo integrado de media aritmética ARIMA (2,1,0) mostrando un precio inicial de $ 5,338 dólares, en la semana 18 se plasma un valor de $ 6,028 dólares y finaliza con este mismo valor (6,028). Sin embargo, el modelo general autorregresivo condicional heterocedástico GARCH (1,1), presenta un valor inicial de $ 5,349 dólares, para la semana 18 arrojó 6,443 y culmina con un precio de 6,588 dólares. Estos hallazgos permiten deducir que el modelo condicional heterocedástico predice de mejor forma el precio del banano, y esto se debe a que considera la media y la varianza no constante, conocido este hecho como la volatilidad financiera; es decir, los modelos heterocedástico generados mediante la IA son ideales para predecir variables financieras a mediano y largo plazo.

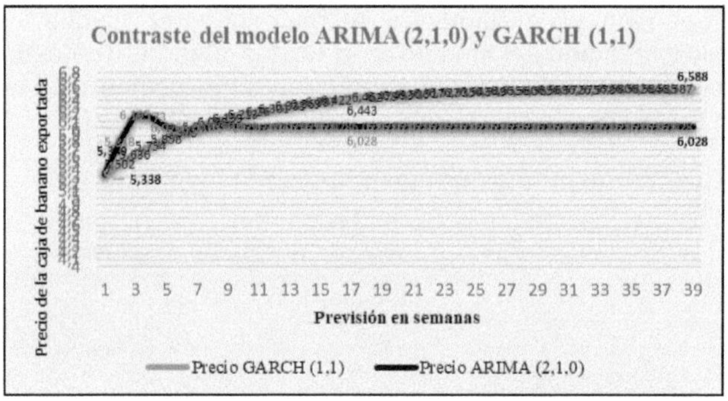

Figura 7. Dinámica del precio de banano a través del modelo ARIMA y GARCH. **Fuente:** Elaboración propia.

4.2. Discusión de resultados

Los resultados de este trabajo presentan similitud con el de Ugando *et al.* (2023), porque la variable del modelo ARIMA es el precio de la caja de banano, pero difiere de este al emplear un modelo GARCH que modeliza de forma más apropiada la evolución del precio. Este agumento se puede replicar si se compara con el artículo de Sabando *et al.* (2022), ya que a pesar de que el producto sea el jengibre, solo se utiliza la modelización ARIMA. El uso de los modelos de alta volatilidad permite tener en cuenta shocks externos que se ven reflejado en el precio de los productos agrícolas. Además, los dos artículos citados son casos de estudio; es decir, se analiza a una empresa en concreto, mientras que este trabajo utiliza datos agregados de una asociación de exportadores bananeros que refleja de forma más fidedigna como se comporta el mercado agrícola.

Dentro de las limitaciones encontradas se puede indicar la longitud de la serie temporal debido a que estas técnicas de pronóstico necesitan muchos datos, pero después del análisis de otros artículos similares, se puede afirmar que está en consonancia con estos. Otra limitante suele ser el acceso a los datos. Por lo general estos no son públicos, y requieren una negociación previa para poder ser usados. Como futuras líneas de investigación se extenderá este análisis a otros productos de exportación donde Ecuador sea referente y se probarán otras técnicas de *Machine Learning* para tener diferentes técnicas de predicción.

5. CONCLUSIONES

Los softwares de IA y el uso de algoritmos no supervisados son esenciales para predecir pronósticos financieros de exportaciones a través de datos históricos confiables de rubros agrícolas.

En este trabajo se ha analizado la evolución del precio de la caja del banano de exportación desde inicios 2021 hasta inicios de 2023. La selección de esta fruta se debe a la gran importancia que tiene en las exportaciones no petroleras de Ecuador y que el país es uno de los principales productores a nivel mundial.

La inteligencia artificial seleccionó el mejor modelo para predecir la variable financiera precio del banano ecuatoriano que corresponde a un modelo heterocedastico general sGARCH(1,1) + ARMA (1,1), demostando que el precio de las exportaciones de banano ecuatoriano corresponde a un escenario de alta volatilidad financiera.

Para el periodo extramuestral la predicción de la caja de babano está fluctuando sobre los 6 dólares, lo cual implica que los exportadores deben estar atentos al mercado y a las predicciones que se generan en modelos como los analizados en este trabajo porque en función de las evoluciones futuras de los precios pueden tomar decisiones gerenciales más acertadas. Estas decisiones implican la mejora del negocio en términos de rentabilidad (ROA y ROE), nivel de costes y supervivencia de la empresa a largo plazo.

6. REFERENCIAS

Ahmad, A., Luo, W. y Robles-Kelly, A. (2023). Robust federated learning under statistical heterogeneity via hessian-weighted aggregation. *Mach Learn* 112, 633–654. https://doi.org/10.1007/s10994-022-06292-8

Argueta Bermúdez, F.I. y Humberstone Morales, J.E. (2022). Aplicación de modelo ARCH para estimar un intervalo del valor del bitcóin. *Realidad y Reflexión, 1*(55), 14–27. https://doi.org/10.5377/ryr.v1i55.14410

Arredondo-Trapero, F., Vázquez-Parra, J.C. y Dela Garza, J. (2018). Modelo de análisis estructural del comportamiento ciudadano organizacional: el caso de las empresas industriales del noreste de México. *Estudios Gerenciales, 34*(147),139-148. https://doi.org/10.18046/j.estger.2018.147.2593

Barbosa Camargo, M.I., Salazar Sarmiento, A. y Peñaloza Gómez, K. J. (2019). Valoración de riesgo mediante modelos GARCH y simulación Montecarlo: evidencia del mercado accionario colombiano. *Semestre Económico, 22*(53), 53-75. https://doi.org/10.22395/seec.v22n53a3

Box, G.E. y Jenkins, G.M. (1994). *Análisis de series temporales: pronóstico y control.* Tercera edición, Prentice Hall, Englewood Cliffs.

Casas Monsegny, M. y Cepeda Cuervo, E. (2008). Modelos ARCH, GARCH y EGARCH: aplicaciones a series financieras. *Cuadernos de Economía, 27*(48). https://n9.cl/zsb27c

Cuevas-Soto, V., Alvares-Iriarte, S., Azcona-Romero, M., Rodríguez-Rogert, I. (2019). Capacidad predictiva de las Máquinas de Soporte Vectorial. Una aplicación en la planificación financiera. *Revista Cubana de Ciencias Informáticas, 13*(3), pp. 59-75. https://www.redalyc.org/journal/3783/378365913005/html/

Cordero-Torres, B. P. (2022). Algoritmos de Aprendizaje Supervisado para Proyección de Ventas de Camarón Ecuatoriano con Lenguaje de Programación Python. *Economía Y Negocios, 13*(2), 30–51. https://doi.org/10.29019/eyn.v13i2.996

Dama, F. y Sinoquet, C. (2023). Partially Hidden Markov Chain Multivariate Linear Autoregressive model: inference and forecasting—application to machine health prognostics. *Mach Learn* 112, 45–97. https://doi.org/10.1007/s10994-022-06209-5

Demmler, M. y Fernández Domínguez, A. O. (2022). Speculative bubble tendencies in time series of Bitcoin market prices. *Cuadernos de Economía, 41*(86), 159–183. https://doi.org/10.15446/cuad.econ.v41n86.85391

Evaristo Broncano, R. (2022). Aplicación de técnicas de machine learning para la predicción de los precios de la acción APPLE. *Revista De investigación De Sistemas E Informática, 15*(1), 13–22. https://doi.org/10.15381/risi.v15i1.23737

Fierro Torres, C.Á., Castillo Pérez, V.H. y Torres Saucedo, C.I. (2022). Análisis comparativo de modelos tradicionales y modernos para pronóstico de la demanda: enfoques y características. *RIDE Revista Iberoamericana Para La Investigación Y El Desarrollo Educativo, 12*(24). https://doi.org/10.23913/ride.v12i24.1203

Gil-Vera, V.D. y Seguro-Gallego, C. (2022). Machine learning aplicado al análisis del rendimiento de desarrollos de software. *Revista Politécnica, 18*(35), 128–139. https://doi.org/10.33571/rpolitec.v18n35a9

Inga Alva, A. (2022). Modelo de predicción de derrames de petróleo utilizando Inteligencia Artificial. *Revista de investigación de Sistemas e Informática, 15*(1), 43–52. https://doi.org/10.15381/risi.v15i1.23752

Jones- Ortiz, C.V. y Guzmán – Seraquive, J.E. (2022). Análisis de las técnicas de machine learning aplicadas en la detección de fraudes bancarios. *Revista Científica Ciencia Y Tecnología, 22*(33). https://doi.org/10.47189/rcct.v22i33.516

Mao L, Huang Y, Zhang X, Li S, Huang X (2022). ARIMA model forecasting analysis of the prices of multiple vegetables under the impact of the COVID-19. PLoS ONE 17(7): e0271594. https://doi.org/10.1371/journal.pone.0271594

Martínez-Mora, O., Capuñay-Uceda, O., Caucha-Morales, L., y Ruilova-Cueva, M.B. (2022). Modelo predictivo para la medición del estado de madurez de Musáceas sp., cultivadas al suroeste del Ecuador, usando algoritmos de Machine Learning. *Magazine De Las Ciencias: Revista de Investigación e Innovación, 7*(2), 62–72. https://doi.org/10.33262/rmc.v7i2.2809

Peñafiel Chang, L.E. (2021). Trasmisión de Volatilidad del COVID-19 a los Precios de Acciones del Sector Bancario e Industrial de Sudamérica, México y Estados Unidos. *Revista Tecnológica - ESPOL, 33*(1), 21. https://doi.org/10.37815/rte.v33n1.802

Petrlik Azabache, I. C., & Rodríguez Rodríguez, C. (2022). Modelo de visión artificial para la apertura de puerta de acceso a una oficina. *Revista de investigación de Sistemas e Informática, 15*(2), 19–26. https://doi.org/10.15381/risi.v15i2.23972

Pérez Núñez, J.R. (2022). Investigación sobre el método de predicción del cáncer de mama basado en aprendizaje automático. *Revista De investigación De Sistemas E Informática, 15*(2), 5–12. https://doi.org/10.15381/risi.v15i2.23402

Pérez Peña, R. y Mican Silva, A. (2016). Impacto de la volatilidad de los activos financieros en los portafolios de inversión. *Ingenierías USBMed, 7*(2), 21–47. https://doi.org/10.21500/20275846.1808

Pereira, J. W. A. (2021). Uma análise do impacto do preço do açúcar no preço do etanol (2007-2017). Editora Científica Digital. https://doi.org/10.37885/201202631

Rosas Rojas, E., Lapa Guzmán, J., & Baltazar Escalona, J. C. (2019). Volatilidad cambiaria, metas de inflación y crisis financiera global. Evidencia para economías latinoamericanas. *Revista Economía Y Política,* (30), 157–175. https://doi.org/10.25097/rep.n30.2019.07

Ruiz Otondo, J. (2021). Algoritmos Machine Learning (ML): Predicción de casos COVID-19 en Bolivia. *Cuestiones Económicas, 31*(3), https://doi.org/10.47550/RCE/MEM/31.19

Sabando García, Á.R., Ugando Peñate, M., Armas Herrera, R., Higuerey Gómez, Á. A., Espín Estrella, G.M. y Villalón Peñate, A. (2022). Modelación econométrica y estocástica en los pronósticos de ventas de jengibre en Ecuador. *Ingeniería Investigación y desarrollo, 22*(1), 25–43. https://doi.org/10.19053/1900771X.v22.n1.2022.14453

Salamanca Rativa, I. N. y Castro Escorcia, E.J. (2021). Técnicas de aprendizaje automático aplicadas en los sistemas de predicción. *Tecnología Investigación y Academia, 8*(1), 37–53. https://revistas.udistrital.edu.co/index.php/tia/article/view/17325/17214

Saltos Intriago, D.A. y Villacis Breilh, O.J. (2022). Implementación de Machine Learning en el área de ventas de la empresa Zapec S.A. [Trabajo de titulación no publicado, Universidad Católica de Santiago de Guayaquil.] Repositorio Institucional UCGS http://repositorio.ucsg.edu.ec/handle/3317/18337

Steffenel, L.A., Anabor, V. y Kirsch Pinheiro, D. (2023). Forecasting upper atmospheric scalars advection using deep learning: An *O*3 experiment. *Mach Learn* 112, 765–788. https://doi.org/10.1007/s10994-020-05944-x

Tsay Ruey S. (2005). *Analysis of Financial Time Series.* John Wiley & SONS.

Ugando Peñate, M., Sabando García, Á.R., Armas Herrera, R., Higuerey Gómez, Á. A. y Villalón Peñate, A. (2023). Modelización econométrica aplicada y pronósticos de niveles exportables para el plátano barraganete en la provincia de Santo Domingo de los Tsáchilas, Ecuador. *Revista De La Universidad Del Zulia, 14*(39), 139-161. https://doi.org/10.46925//rdluz.39.08

Vargas Ramírez, A.F. y Chavarro Hurtado, B.A. (2022). Evaluar el Software Libre R para el Análisis de Espectros Infrarrojo Empleando Quimiometría. *Ingenierías USBMed, 13*(2), 48–55. https://doi.org/10.21500/20275846.5155

Villachica Pérez, Y. N., Ordoñez Cuthbert, D.K., y Mckensy Sambola, D. (2022). Modelo predictivo basado en Machine Learning dirigido a PYMES de venta, caso de estudio Bluefields. *Ciencia E Interculturalidad, 30*(01), 139–146. https://doi.org/10.5377/rci.v30i01.14267

Yajure Ramírez, C.A. (2022). Pronóstico de consumo de energía eléctrica residencial de corto plazo utilizando algoritmos de aprendizaje automático y profundo. *Revista De investigación De Sistemas E Informática, 15*(2), 27–37. https://doi.org/10.15381/risi.v15i2.23909

West, M. (2020). Bayesian forecasting of multivariate time series: scalability, structure uncertainty and decisions. *Anales del Instituto de Matemática Estadística* 72, 1–31. https://doi.org/10.1007/s10463-019-00741-3

QUAIS OS CONTRIBUTOS DA COMUNICAÇÃO INTERNA PARA A COMUNICAÇÃO ESTRATÉGICA? APRESENTAÇÃO DE METODOLOGIA DE ESTUDO SOBRE TENDÊNCIAS DE COMUNICAÇÃO INTERNA EM PORTUGAL

João Simão[1], *Patrícia Tavares*[1]

1. INTRODUÇÃO

Nos últimos anos têm sido vários os desafios com que diferentes organizações se deparam, a começar pelas valências e responsabilidades que se esperam dos diferentes colaboradores. Esta realidade tem levado a um maior entendimento do que deve ser, por um lado, o papel estratégico dos profissionais de comunicação, e por outro lado, a importância da Comunicação Interna e do seu alinhamento com a estratégia organizacional (Vercic *et al.* 2023; Chmielecki, 2015; Dahlman e Heide, 2020; Dewurst e FitzPatrick, 2019; Mazzei *et a..*, 2019; O'Neill *et al.*, 2018).

Da mesma forma, se se posiciona a Comunicação Interna enquanto parte integrante da estratégia organizacional e da estratégia de comunicação, interessa perceber de que forma a mesma pode contribuir para um melhor entendimento do que é a Comunicação Estratégica. Falamos, assim, de uma comunicação que está alinhada com a identidade e com o propósito da organização – quer do ponto de vista da prossecução de estratégias que vão ao encontro do que são os objetivos organizacionais, quer no melhor entendimento do que é o papel dos profissionais na elaboração e execução dessas mesmas estratégias, nomeadamente na representação dos seus interesses e na definição do que é a identidade da organização (Pinto e Moliani, 2012; Welch, 2011; Yeomans, 2006; Dahlman e Heide, 2020 e do profissional de Comunicação Interna.

2. OBJETIVOS

Tal como Coombs e Holladay (2013) sugerem, falar em Comunicação Estratégica é falar no seu papel não só na organização, mas também societal. Desta forma, nenhuma organização pode descurar o papel e as responsabilidades éticas dos seus próprios profissionais de comunicação. Defende-se, desta forma, que a Comunicação Estratégica desempenha um papel crucial nas organizações, ao identificar diferentes necessidades de comunicação, de diferentes *stakeholders*, combinando diferentes áreas de atividade para lhes dar resposta, e vários instrumentos de comunicação, nomeadamente a nível interno.

Como abordado, qualquer ação ou área de intervenção da Comunicação Estratégica deve ter em conta todo o planeamento estratégico de comunicação, que deve estar alinhado

1. Universidade Católica Portuguesa (Portugal)

com os objetivos de negócio de uma organização. Este alinhamento é transversal às pessoas da organização – ou seja, deve ser objetivo da Comunicação Interna ajudar as pessoas a melhor entender os seus diferentes papéis, a melhorar a sua performance na organização, bem como permitir que cada colaborador seja uma parte integrante da organização – e daí que se considere a Comunicação Interna como parte integrante da Comunicação Estratégica (O'Murchú, 2017; Dahlman e Heide, 2020; Johnston e Glenny, 2021; Vercic *et al.*, 2023).

Podemos encarar a Comunicação Interna Estratégica como "*strategically minded management process*" (Dewhurst & FitzPatrick, 2019, p. 3), ou seja, esta abordagem estratégica permite potenciar diferentes vantagens competitivas às organizações. Tendo em conta que a Comunicação Interna é uma área de atuação que pode permitir às organizações atingir diferentes objetivos, é crucial perceber tendências, inovações, e de que forma ela pode ser pensada e gerida. Estudos internacionais como o *State of the Sector*[2] ou o *State of the Global Workplace*[3] ajudam a entender, anualmente, de que forma esta área tem evoluído e se tem posicionado.

Em Portugal têm surgido contributos para uma definição conceptual e empírica do que é a Comunicação Interna nos dias de hoje, de uma perspetiva estratégica (Brandão, 2018; Eiró-Gomes e Nunes, 2012; Raposo, 2017; Ruão, 2016; Ribeiro e Costa, 2022), porém não existem ainda dados consolidados que nos permitam aferir tendências, preocupações e contributos dos profissionais e das organizações. Pretende-se assim, com este trabalho, dar a conhecer uma metodologia de estudo para a elaboração de *guidelines* de atuação para os profissionais de comunicação interna, a ser aplicada na realidade portuguesa.

Assim, é objetivo deste estudo, na esteira do que os Acordos de Estocolmo (2010) designaram de *communicative organization*, contribuir para o conhecimento académico e especializado na área da Comunicação Interna enquanto área estratégica relevante numa organização. Atualmente todos os *stakeholders* devem ser considerados elemento vital das organizações, sendo que a sua importância estratégica vai além da mera operacionalização da comunicação delineada – ou seja, esta importância estratégica engloba o seu papel profissional, a tomada de decisão sobre políticas de comunicação, e o entendimento da organização (e da sua identidade) como um todo integrado. Por outro lado, cada vez mais é relevante perceber como se pode melhor planear e efetivar um alinhamento entre ações de comunicação a nível interno e a nível externo, o que implica compreender e conhecer de que forma as organizações comunicam hoje em dia – as suas tendências, os seus recursos, as suas preocupações. Tal só se torna possível através de um olhar abrangente sobre a forma como as organizações comunicam (e planeiam estrategicamente essas ações), bem como pela perceção dos profissionais desta área dessa mesma realidade.

3. METODOLOGIA

Ao reportarmo-nos ao contexto português, e embora conceptualmente exista literatura especializada na temática (bem como diferentes estudos de caso a nível de trabalhos

2. O *State of the Sector* é um estudo anual elaborado pela consultora Gallagher. Engloba tendências a nível de Comunicação Interna e *Employee Engagement*, contando com respostas de mais de duas mil organizações a nível mundial.

3. O *State of the Global Workplace é um relatório anual elaborado pela Gallup,* focado na análise de resultados a nível de *Employee Engagement*, tendo igualmente uma abrangência global.

académicos de Mestrado e Doutoramento), não existe um estudo transversal que possa servir como barómetro de tendências, variáveis e conceitos adjacentes à área.

Propõe-se, assim, a criação de um dos primeiros estudos abrangentes ao nível da Comunicação Interna em Portugal, em parceria com o Observatório de Comunicação Interna e Identidade Corporativa (OCI)[4]. Após uma recolha exaustiva de literatura especializada sobre a temática da Comunicação Interna (e também da Comunicação Estratégica) é objetivo principal deste estudo ajudar a encontrar uma *framework* que permita analisar o fio condutor entre desafios e tendências da Comunicação Interna, possibilitando a perceção do *state of art* desta área a todos os profissionais e, igualmente a identificação dos temas mais pertinentes no contexto português e como os mesmos são trabalhados nas organizações.

De seguida apresentar-se-á como se vai estruturar o estudo, quer em termos de abordagem metodológica, quer em termos temporais. De uma forma genérica, pretende-se que este estudo possa dar resposta a três questões:

1. Qual a perceção dos responsáveis de comunicação interna portugueses sobre as principais tendências da área?
2. Qual a perceção dos responsáveis de comunicação interna portugueses sobre a sua profissão?
3. Qual a perceção dos responsáveis de comunicação interna sobre os principais desafios da profissão?

4. DESENVOLVIMENTO DA INVESTIGAÇÃO

Este estudo descritivo recorre a uma abordagem de métodos mistos. Utiliza uma estratégia de recolha de dados quantitativa e qualitativa sequencial. Numa primeira fase, realizam-se entrevistas semi-estruturadas a responsáveis de comunicação interna de empresas portugueses, para mapear a sua perceção sobre as principais tendências da área, as características da sua profissão e os desafios da mesma, no contexto português.

Esta primeira recolha de dados primários apoiará ainda, em conjunto com a revisão de literatura previamente elaborada, o desenvolvimento do segundo instrumento de recolha de dados primários, um questionário. Este questionário pretende inquirir os colaboradores das áreas de comunicação interna, recursos humanos e marketing das organizações dos responsáveis de comunicação interna entrevistados.

A literatura especializada em Comunicação Interna é vasta na apresentação de construtos metodológicos para a aplicação de questionários nesta área. A título de exemplo, a perspetiva de Downs & Hazen (Clampitt & Downs, 1993), mesmo não sendo recente,

4 O OCI foi estabelecido em 2011 e fazem parte do seu Conselho Fundador a Consultora de Comunicação ATREVIA e a Faculdade de Ciências Humanas da Universidade Católica Portuguesa. Tem como missão aprofundar as características da comunicação interna como instrumento para a transmissão de valores, identidade corporativa, cultura e gestão da marca interna. Faz parte do Observatório um Conselho Assessor composto por grandes marcas presentes no mercado nacional, em diferentes setores de atividade. Anualmente, atribuem os Prémios OCI (prémios com o propósito de reconhecer e apresentar as melhores práticas nacionais ao nível da comunicação interna, bem como trabalhos académicos e editoriais de relevo na área), promovem regularmente eventos de promoção do Observatório, e promovem periodicamente o evento *Get Together* (com o objetivo de partilhar casos de sucesso na área da Comunicação Interna).

apresenta as dimensões que ainda hoje continuam a ser variáveis relevantes nesta área: clima organizacional; supervisão da comunicação; integração dos colaboradores; qualidade da informação; comunicação entre pares; *feedback*; comunicação ascendente e descendente.

Para a elaboração deste inquérito por questionário pretende-se trazer uma abordagem que permita estabelecer um cruzamento entre algumas das variáveis mais utilizadas em estudos de Comunicação Interna, com algumas das temáticas hoje essenciais na área da Comunicação Interna Estratégica.

Este estudo pretende integrar no seu quadro de referência variáveis de Comunicação Interna, com extensa investigação associada, e também temas sugeridos na primeira parte do estudo, ou seja, nas entrevistas. Pretende-se que os temas sugeridos nas entrevistas sejam os considerados mais pertinentes na área da Comunicação Interna Estratégica, no atual contexto português. Assim, consideram-se as variáveis previamente validadas com investigação anterior apresentadas na Tabela 1: (1) bem-estar organizacional, (2) propósito organizacional, (3) clima organizacional, (4) liderança e gestão de pessoas, (5) diversidade e inclusão, (6) *engagement* e compromisso organizacional, (7) práticas digitais, (8) inovação e *corporate governance*, (9) gestão e retenção de talento.

TEMAS	**AUTORES**
Bem-estar Organizacional	Vercic *et al.*, 2023; Dewhurst e Fitzpatrick, 2019; Dahlman e Heide, 2020; Brandão, 2018; Raposo, 2017; Rego, 2016; Verghese, 2012
Propósito Organizacional	Vercic *et al.*, 2023; McCown *et al.*, 2023; Dewhurst e Fitzpatrick, 2019; Johnston e Glenny, 2021; Capriotti, 2021
Clima Organizacional	Vercic *et al.*, 2023; Raposo, 2017; Rego, 2016; Verghese, 2012; Duterme, 2008; Cornelissen, 2008; Gillis, 2006; Tench e Yeomans, 2006; Fernandez, 2004
Liderança e Gestão de Pessoas	Johnston e Glenny, 2021; Dahlman e Heide, 2020, Dahlman e Heide, 2020; Brandão, 2018; Raposo, 2017; Rego, 2016
Diversidade e Inclusão	Vercic *et al.*, 2023; Dewhurst e Fitzpatrick, 2019; Johnston e Glenny, 2021; Fernandez, 2004
Engagement e Compromisso Organizacional	McCown *et al.*, 2023; Mazzei *et al.*, 2019; Raposo, 2017; Rego, 2016; Bedarkar e Pandita, 2014; Cornelissen, 2008; Tench e Yeomans, 2006
Práticas Digitais	Vercic *et al.*, 2023; Capriotti, 2021; Dahlman e Heide, 2021; Men e Bowen, 2017; Raposo, 2017; Ribeiro e Costa, 2022;
Inovação e Corporate Governance	Dewhurst e Fitzpatrick, 2019; Dahlman e Heide, 2020; Rego, 2016; Verghese, 2012; Brandão, 2018; Tench e Yeomans, 2006
Talento (Gestão e Retenção)	Vercic *et al.*, 2023; Dewhurst e Fitzpatrick, 2019; Johnston e Glenny, 2021; Capriotti, 2021; Dahlman e Heide, 2020; Rego, 2016

Tabela 1. Variáveis a desenvolver no inquérito por questionário e respetivos autores de referência. Fonte: Elaboração própria.

Na terceira fase do estudo, ou seja, num momento posterior à aplicação do questionário e ao tratamento estatístico dos diferentes dados que forem recolhidos, pretende-se perceber de forma mais aprofundada realidades concretas em diferentes setores de atividade onde operam as organizações. Desta forma, recorre-se a entrevistas semi-estruturadas aos responsáveis da área de Comunicação Interna de cada uma das organizações que integram o conselho fundador do OCI - Observatório de Comunicação Interna, com o objetivo de desenvolver *case-studies* sobre as organizações (cada uma delas representativa de um determinado setor de atividade, entre o setor farmacêutico, de retalho alimentar, bancário, entre outros). Finalmente realiza-se uma recolha de dados secundários que inclui materiais de comunicação interna, iniciativas realizadas e eventuais estudos existentes, com o objetivo de elaborar uma descrição e interpretação mais rica sobre o contexto específico de exercício desta profissão nestas empresas. Assim, o recurso a métodos mistos concorre para uma recolha de informação mais rica e robusta. Adicionalmente, proporciona uma melhor triangulação de dados, e, consequentemente, incrementa a qualidade do estudo.

5. CONCLUSÕES

Hoje, pensar estrategicamente a Comunicação Interna Estratégica nas organizações é uma função de gestão fundamental (Vercic *et al.*, 2023). Pretende-se perceber que áreas serão fulcrais para o futuro da comunicação dentro das organizações – para que a comunicação seja vista e tida em conta como essencial para o processo de tomada de decisão estratégica no seio de diferentes organizações.

A perceção sobre a Comunicação Interna Estratégica envolve o conhecimento e reflexão sobre os temas mais relevantes para a academia, e para as organizações. A perceção que os profissionais de Comunicação Interna têm sobre a sua profissão, os temas mais relevantes para a área e os desafios que a mesma tem de considerar, no atual contexto é importante e carece de investigação, particularmente no contexto português.

Compreender se, e de que forma, os temas com maior suporte de investigação tais como (1) bem-estar organizacional, (2) propósito organizacional, (3) clima organizacional, (4) liderança e gestão de pessoas, (5) diversidade e inclusão, (6) *engagement* e compromisso organizacional, (7) práticas digitais (8) inovação e *corporate governance,* (9) gestão e retenção de talento permanecem igualmente pertinentes para o planeamento, implementação e avaliação da Comunicação Interna Estratégica carece de mais estudos no contexto português. O contexto atual deste estudo, bem como o reflexo da investigação realizada que se possa aferir com o mesmo, permitirá robustecer o conhecimento académico e empresarial no momento atual nas organizações portuguesas.

Por outro lado, a perceção dos profissionais de Comunicação Interna sobre a sua profissão em Portugal, no momento atual, permitirá incrementar o conhecimento académico e empresarial sobre a auto-perceção dos profissionais da área relativamente ao que a profissão incorpora e como poderá evoluir, no contexto português. Adicionalmente, aferir como estes mesmos profissionais identificam, caracterizam e se posicionam perante os principais desafios desta profissão no contexto atual, no mercado português, permite contribuir para um melhor entendimento do exercício desta profissão no momento presente. Permite igualmente identificar se os temas anteriormente abordados se mantêm como pertinentes e se outros emergem como desafios a enfrentar.

A elaboração de *case-studies* permitirá uma reflexão aprofundada sobre a realidade atual da Comunicação Interna Estratégica em diferentes contextos, em setores diversos, e a criação de *benchmarks* para outras organizações e para futuros profissionais desta área.

Finalmente, a elaboração destes *case-studies* permitirá identificar boas práticas que poderão suportar o desenvolvimento posterior de *guidelines* para outras organizações, de diferentes dimensões e setores de atividades, e para futuros profissionais de Comunicação Interna Estratégica.

6. REFERÊNCIAS

Bedarkar, M. e Pandita, D. (2014). A study on the drivers of employee engagement impacting employee performance. *Procedia - Social and Behavioral Sciences*, 133, 106-115.

Brandão, N. (2018). A comunicação interna estratégica como reforço da valorização das pessoas e seus níveis de engagement nas organizações. *Media & Jornalismo, 18*(33), 91-102.

Capriotti, P. (2021). DircomMAP. Dirección Estratégica de Comunicación. Barcelona, Bidireccional.

Clampitt, P., e Downs, C. (1993). Employee Perceptions of the Relationship Between Communication and Productivity: A Field Study. *Journal of Business Communication, 30*(1), 7-30

Cornelissen, J. (2008). *Corporate Communication: a guide to theory and practice*, 2ª Ed., London: Sage Publications.

Chmielecki, M. (2015). Factors influencing effectiveness of internal communication. *Management and Business Administration, 23*(2), 24-38. https://doi.org/10.7206/mba.ce.2084-3356.1396

Dahlman, S., e Heide, M. (2020). *Strategic internal communication: A practitioner's guide to implementing cutting-edge methods for improved workplace culture*. Routledge.

Dewhurst, S. e FitzPatrick, L. (2019). Making the Case for Employee Communication. In S. Dewhurst e L. FitzPatrick (Eds.), *Successful Employee Communications: A Practitioner's Guide to Tools, Models and Best Practice for Internal Communication*. London: Kogan Page Publishers.

Duterme, C. (2002). *A Comunicação Interna na Empresa*. Lisboa, Instituto Piaget.

Eiró-Gomes, M. e Nunes, T. (2012), "3rd Sector PR or when Community is our main stakeholder", *Sinergie, Rivista di studi e ricerche*, 89, 167-182.

Fernandez, J. (2004). *Corporate Communications*. Sage Publications.

Gillis, T. (Ed.) (2006), IABC Handbook of Organizational Communication. John Wiley & Sons.

Johnston, J., e Glenny, L. (2021). *Strategic Communication – Public Relations at Work*. Routledge

Mazzei, A., Butera, A., e Quaratino, L. (2019). Employee communication for engaging workplaces. *Journal of Business Strategy, 40*(6), 23-32.

McCown, N., Men, L., e Shen, H. (2023). *Internal Communication and Employee Engagement*. Routledge

O'Murchú, L. (2015). Set yourself up for success, four steps to effective internal communication. In K. Ruck (Ed.), *Exploring Internal Communication: Towards Informed Employee Voice*, 95-103. Routledge.

O'Neil, J., Ewing, M., Smith, S., e Williams, S. (2018). A Delphi Study to Identify Standards for Internal Communication. *Public Relations Journal, 11*(3)

Pinto, E. e Moliani, J. (2012). Importância da comunicação interna na Aliança Francesa de Curitiba. *Dito Efeito-Revista de Comunicação da UTFPR, 3*(3).

Raposo, A. (2017). A comunicação com os colaboradores: um desafio para as organizações da sociedade civil. In M. Eiró-Gomes (Org.), *Comunicação e organizações da sociedade civil: Conhecimento e reconhecimento* (pp. 89-111). Plataforma Portuguesa das ONGD e ESCS-IPL.

Rego, A. (2016). *Comunicação pessoal e organizacional*. Lisboa, Edições Sílabo.

Ribeiro, P. E., e Costa, G. (2022). Organizações, virtualização e comunicação interna: Ensaiando Desafios em Tempo de Pandemia. *Revista Comunicando, 11*(1).

Ruão, T. (2016), *A Organização Comunicativa: Teoria e Prática em Comunicação Organizacional*, Braga, CECS - Centro de Estudos de Comunicação e Sociedade.

Tench, R., e Yeomans, L. (2006), *Exploring Public Relations*. Nova Iorque, Prentice-Hall.

Vercic, A., Vercic, D., e Spoljaric, A. (2023) *Internal Communication and Employer Brands*. Routledge.

Verghese, A. (2012). *Internal Communications – Insights, practices and models*. Sage Publications.

Welch, M. (2011). The evolution of the employee engagement concept: Communication implications. *Corporate Communications: An International Journal, 16*(4), 328-346. https://doi.org/10.1108/13563281111186968

Yeomans, L. (2006). Internal communication. In R. Tench & L. Yeomans (Eds), *Exploring Public Relations*. Pearson Education.

PERCEPCIÓN DE LA CALIDAD DEL PROGRAMA DE CONTADURÍA PÚBLICA EN MODALIDAD VIRTUAL

Alejandro Mario Torres Garay[1]

1. INTRODUCCIÓN

El tema que aborda este trabajo de investigación resulta de gran interés para la comunidad educativa, ya que, en respuesta a las nuevas necesidades, se ha ido implementando progresivamente la virtualidad en la oferta académica de varias universidades, como parte natural del avance tecnológico. Aunque la educación a distancia no es una novedad, el creciente uso de tecnologías y el constante interés en la formación de nuevos profesionales han llevado a las universidades a incorporar dichas tecnologías en los procesos de aprendizaje, logrando así la adopción gradual de nuevas metodologías.

La mayoría de los países han realizado importantes cambios en sus sistemas educativos con el objetivo de dotar de infraestructura, equipamiento y capacitación para la enseñanza y el aprendizaje en línea. Esto representa una gran oportunidad para quienes desean adquirir competencias necesarias para enfrentar las demandas de la sociedad actual. Es importante destacar que este tipo de educación no debe verse como una alternativa complementaria de la educación presencial, sino como una opción distinta, dirigida a personas autocríticas y disciplinadas, con habilidades tecnológicas para desenvolverse en este entorno. Por esta razón, Adell y Castañeda (2012) sostienen que es fundamental que:

> *(...) los centros educativos preparan a los alumnos para un nuevo tipo de sociedad, la sociedad de la información, no solo enseñándoles a usar las TIC, ya habituales en hogares y puestos de trabajo, sino también utilizándolas como herramientas de aprendizaje (p. 14).*

Los actores involucrados en la educación en línea deben poseer competencias para el manejo de la tecnología digital, que incluye el uso de dispositivos electrónicos, entornos gráficos de sistemas digitales, sistemas computacionales de productividad, administración de recursos multimedia, así como el manejo de plataformas de aprendizaje en la educación universitaria (Chain y Jácome, 2007), plataformas informáticas de trabajo y programas y servicios de comunicación, acción social e intercambio de archivos, correo electrónico, blogs y servicios de web social. Además, es esencial el uso correcto de la información a través de dispositivos digitales, proveniente de bases de datos y bibliotecas digitales,

1. Corporación Universitaria de Asturias (Colombia)

manteniendo comportamientos éticos relacionados con la tecnología digital (Ramírez-Martinell *et al.*, 2013).

El auge de estas modalidades formativas se fundamenta en factores como la apertura, flexibilidad, eficacia, inclusión, democratización, economía, formación permanente, motivación e iniciativa, privacidad, individualización, interactividad e interacción, aprendizaje activo, socialización, autocontrol, macro información, gestión de la información, inmediatez, innovación, permanencia, multiformato, multidireccionalidad, ubicuidad, libertad de edición, acceso a la calidad e interdisciplinariedad. Estas formas de enseñanza y aprendizaje, que superan las prácticas tradicionales, se han consolidado en el contexto de los cambios abruptos asociados al uso de tecnologías.

Las tecnologías aplicadas a la innovación educativa siempre han sido bien acogidas y preferidas en los entornos educativos, lo que lleva a creer que las metodologías a distancia, ahora digitales, lejos de detener sus avances, continúan y seguirán ganando terreno entre los formatos educativos que han configurado los sistemas de formación a lo largo de los siglos. El uso de las TIC promueve nuevas formas de interacción docente-estudiante, permitiendo una variedad de experiencias, contenido e interacción, pues el medio ahora es el celular o el computador. Si bien presenta dificultades relacionadas con el acompañamiento, seguimiento y evaluación del proceso en el lugar físico, potencia otras formas de interacción que es urgente revisar (Collins, 2019), ya que pueden potenciar aprendizajes significativos (Chadha, 2018; Ahmed *et al.* 2016).

Terry *et al.* (2019) y Christopoulos *et al.* (2018) señalan que el uso de estas tecnologías permite un desarrollo autónomo y una construcción del conocimiento, en la cual el estudiante es más activo en su rol, y el docente, como mediador, renueva sus prácticas y materiales mediante procesos de formación y actualización docente, desarrollando nuevas competencias y habilidades relacionadas con el uso de tecnologías. Es esencial contar con el apoyo institucional y fomentar comunidades de aprendizaje entre docentes (Quiroz y Jeldres, 2018), ya que una planificación cuidadosa y reflexiva posibilita un aprendizaje de calidad en los ambientes virtuales de aprendizaje (AVA).

Ahora bien, en el marco del uso de las tecnologías en la educación, la calidad en la educación virtual es un aspecto de vital importancia que influye directamente en el proceso de aprendizaje y el desarrollo académico de los estudiantes. En este contexto, la calidad se refiere a la excelencia en los contenidos educativos, la interacción entre docentes y estudiantes, el diseño de las plataformas de aprendizaje y la eficacia de las estrategias pedagógicas implementadas. Cuando se garantiza una educación virtual de alta calidad, se promueve el logro de resultados académicos significativos, el fomento de la motivación y el compromiso de los estudiantes con su formación.

Un componente clave de la calidad en la educación virtual es la accesibilidad, que implica asegurar que todos los estudiantes, independientemente de sus habilidades o circunstancias, puedan participar plenamente en el proceso educativo. La flexibilidad de los horarios y la posibilidad de acceder a los contenidos desde cualquier lugar del mundo, permiten que aquellos con limitaciones geográficas o de tiempo puedan continuar sus estudios. Además, la calidad en la educación virtual se traduce en la integración efectiva de las tecnologías de la información y comunicación (TIC), que enriquecen el proceso educativo al proporcionar recursos multimedia, simulaciones interactivas y herramientas de colaboración que favorecen el aprendizaje significativo. Al priorizar la calidad en la educación virtual, se establece una base sólida para el desarrollo de habilidades relevantes para el siglo XXI, como la autonomía, el pensamiento crítico, la resolución de problemas y la capacidad de adaptarse a un entorno digital en constante evolución.

En los últimos años, se ha observado una creciente tendencia hacia la virtualización de programas de formación que antes se impartían de manera presencial, siendo el programa de formación de Contaduría Pública uno de los destacados en esta transformación. Con el incremento de la oferta de programas en modalidad virtual, también ha aumentado el interés de la comunidad académica por evaluar la calidad de estos nuevos enfoques educativos. Sin embargo, en el caso específico del programa de Contaduría Pública, aún no se cuenta con un panorama claro sobre la percepción de calidad por parte de los estudiantes en la modalidad virtual. Es crucial abordar esta cuestión y realizar estudios que permitan comprender y analizar la opinión de los estudiantes respecto a la calidad del programa en modalidad virtual, ya que esto proporcionaría información valiosa para mejorar y optimizar la experiencia educativa y garantizar el logro de los objetivos de formación en el campo contable. La evaluación de la percepción de calidad en el programa de Contaduría Pública en modalidad virtual contribuiría a reforzar su relevancia y efectividad, asegurando que los estudiantes obtengan una formación de excelencia y estén preparados para enfrentar los desafíos profesionales en el ámbito contable.

Así, el objetivo de este trabajo fue evaluar la percepción de la calidad educativa de los estudiantes de Contaduría Pública en un programa en modalidad virtual en Colombia.

2. MARCO DE REFERENCIA

2.1 Educación virtual

Las tecnologías de la información y comunicación han dado lugar a un nuevo espacio social y plataformas de comunicación que apoyan el proceso educativo, permitiendo la educación virtual. Esta modalidad se define como una comunicación a través del ciberespacio y el uso de internet, presentando la ventaja de eliminar las restricciones de tiempo y espacio, lo que permite establecer nuevos escenarios de comunicación entre docentes y estudiantes.

En la actualidad, el mundo se enfrenta a una incertidumbre general que ha obligado a realizar cambios radicales en diversos sectores, incluida la educación. Esta se ha visto obligada a actualizarse rápidamente debido a la emergencia mundial, lo que ha llevado a la implementación de diferentes métodos, como la educación en línea, la educación virtual, la educación a distancia y la educación remota de emergencia.

La educación virtual requiere recursos tecnológicos esenciales, como una computadora o tableta, conexión a internet y el uso de una plataforma multimedia. A diferencia de la educación en línea, este método se desarrolla de manera asincrónica, lo que significa que los docentes y los alumnos no necesitan coincidir en horarios para las sesiones. Se asemeja a la educación a distancia, pero se basa exclusivamente en recursos tecnológicos. Los materiales del curso y los documentos se cargan en la plataforma seleccionada para que los alumnos puedan revisarlos, y las dudas se discuten generalmente en foros públicos para todo el grupo.

En cuanto al rol del docente, este se enfoca en compartir materiales de consulta y trabajo a través de plataformas, donde los estudiantes pueden enviar sus actividades para su revisión y recibir retroalimentación para identificar áreas de mejora.

Entre las ventajas de la educación virtual se destacan su flexibilidad, que permite a los alumnos gestionar su tiempo personal y profesional de manera más libre; su eficacia, ya que el método de sesión-retroalimentación favorece el avance rápido en los temas y evita distracciones, permitiendo que los alumnos sigan un ritmo similar.

En los últimos años, las tecnologías de la información y comunicación (TIC) han experimentado un rápido avance en la educación (Estrada y Mamani, 2021), y la educación virtual ha ganado terreno en la educación superior, con la pandemia de COVID-19 acelerando aún más este proceso (Canales y Silva, 2020). Sin embargo, la migración hacia esta modalidad educativa ha presentado desafíos tanto para estudiantes como para docentes, quienes se han visto obligados a adaptarse a una educación completamente virtualizada y ajustar sus estrategias de aprendizaje y enseñanza, respectivamente (Lovón y Cisneros, 2020).

En la actualidad, la educación virtual se ha convertido en un elemento dominante en nuestra sociedad, superando las expectativas previas (Arteaga *et al.*, 2015), y se estima que formará parte de los programas curriculares universitarios, tanto en pregrado como posgrado (Martin, 2020). Esta modalidad resulta especialmente útil para aquellos estudiantes con responsabilidades laborales u ocupacionales que no pueden acceder a un sistema de educación presencial, ofreciéndoles una alternativa propicia para desarrollar sus actividades académicas y alcanzar sus metas profesionales (Hernández *et al.*, 2008; Martínez y Garcés, 2020).

La educación virtual, como modalidad educativa no presencial, tiene su origen en la educación a distancia (Lovón y Cisneros, 2020). En este enfoque, el aprendizaje se ve mediado por el uso de tecnologías, a través de herramientas digitales, espacios virtuales y plataformas (Cruz y Rama, 2016). En este proceso, los docentes y estudiantes se encuentran física y temporalmente separados, pero los primeros proporcionan los contenidos del curso mediante aplicaciones, recursos multimedia, internet, videoconferencias, entre otros (Tabatabai, 2020). Es relevante destacar que la educación virtual no solo se trata de adquirir conocimientos, sino que puede ser un espacio colaborativo para construir el saber, siendo fundamental el rol de los docentes en este aspecto (Meza, 2012).

Esta modalidad ofrece ventajas como la flexibilidad de horarios, solucionando problemas de acceso a la información y asegurando una calidad homogénea de la educación. Además, promueve el autoaprendizaje y desarrolla competencias que permiten a los estudiantes desenvolverse en su vida profesional (Campillo *et al.*, 2013; Gómez y Escobar, 2021). La interacción en tiempo real (sincrónica) se logra mediante aplicaciones de videoconferencia y mensajería instantánea, mientras que la interacción diferida (asincrónica) se produce en foros, wikis, tareas, entre otros (Herrera *et al.*, 2019). Para brindar educación virtual, se han desarrollado diversas plataformas como Moodle, SWAD, Chamilo, Google Classroom, entre otras (Gómez y Escobar, 2021).

A pesar de los beneficios de la virtualidad, implementar esta forma de educación sin analizar si los cursos han sido adecuados puede llevar al fracaso como medio educativo (Fatehi *et al.*, 2011). También es relevante el papel que juegan los estudiantes, quienes junto a los docentes deben adaptarse a este nuevo escenario, gestionar su tiempo y desarrollar actividades académicas de manera autónoma, responsable y eficiente (Estrada *et al.*, 2020). Por otro lado, es fundamental que los docentes cuenten con competencias tecnológicas y didácticas suficientes para brindar una práctica pedagógica efectiva y se aseguren aspectos relacionados con la conectividad y accesibilidad para que los estudiantes puedan participar activamente en las clases (Beaunoyer *et al.*, 2020; Boca, 2021; Estrada *et al.*, 2021).

2.2 Matriculación en los programas de Contaduría Pública en Colombia

El Sistema Nacional de Información de la Educación Superior - SNIES es un sistema de información creado para satisfacer las necesidades de información sobre la educación superior en Colombia.

La información recopilada por el SNIES es esencial para cumplir con la misión del Ministerio de Educación Nacional (MEN), ya que contribuye a la formulación, implementación y evaluación eficiente de políticas públicas educativas relacionadas con la educación superior en el país. Además, representa una fuente de información significativa para el Plan de Desarrollo Nacional y los planes decenales y sectoriales de educación.

A continuación, se presenta la metodología de estudios en programas de contaduría pública en Tabla 1.

Periodo	Distancia	Virtual	Presencial	Total
2020-1	19999	10463	69528	99990
2020-2	17735	11297	59949	88981
2021-1	18712	13521	65240	97473
2021-2	17320	14227	62205	93752

Tabla 1. Reporte de matriculados año 2020-2021 SNIES-MEN.
Fuente: Elaboración propia

Según la información anterior proporcionada por el MEN en su página actual, se puede observar un crecimiento constante en la matriculación virtual en los programas de contaduría pública en Colombia durante los últimos dos años. Esta tendencia ascendente contrasta con la disminución en la preferencia por la modalidad presencial.

Es importante destacar que el incremento en la matriculación virtual puede atribuirse a diversos factores, como el avance de las tecnologías de la información y la comunicación, la flexibilidad que ofrece esta modalidad para los estudiantes que tienen responsabilidades laborales u otros compromisos, y la adaptación a nuevas formas de aprendizaje impulsada por la emergencia mundial causada por la pandemia de COVID-19.

3. METODOLOGÍA

Para cumplir con el objetivo del presente artículo, se optó por un enfoque descriptivo-exploratorio (Sampieri, 2003). Esta elección metodológica permite observar las variables definidas y generar reflexiones y contrastes que enriquezcan los criterios analíticos, proporcionando así un aporte valioso que puede ser considerado en futuros planes de acción, investigaciones relacionadas con la temática propuesta y la profundización de aspectos de interés para la formación en modalidad virtual.

Para llevar a cabo la investigación, se diligenciaron 371 encuestas dirigidas a estudiantes del curso de Contextualización y Fundamentos de Contabilidad, utilizando un muestreo no probabilístico. La recolección de datos se realizó mediante la evaluación final de los alumnos en la plataforma virtual designada para este propósito. En dicho espacio, se revisaron y analizaron las respuestas proporcionadas por los estudiantes a cada pregunta de la encuesta. Para establecer las calificaciones, se utilizó una escala de 1 a 5, donde cada rango representa un porcentaje de las respuestas y se identifica el número de alumnos que seleccionaron cada calificación.

En la Tabla 2, se presenta el cuestionario aplicado a los estudiantes.

Código	Lo que evaluó	El ítem con opciones de respuesta
1	Expectativas de formación	¿En qué medida el programa académico cumple con tus expectativas de formación?
2	Recursos	¿En qué medida los contenidos, materiales y recursos proporcionados, fueron útiles y suficientes para tu proceso de aprendizaje?
3	Interacción de los foros	¿En qué medida el foro facilita la interacción con el tutor y demás compañeros y te permite resolver con claridad las inquietudes del proceso de aprendizaje?
4	Utilidad de las clases presenciales virtuales grabadas	¿En qué medida las clases presenciales virtuales grabadas te han ayudado a aclarar conceptos fundamentales de la materia y a afrontar las evaluaciones con mayor seguridad?
5	Respuesta oportuna de la tutoría	¿En qué medida el tutor responde de manera oportunas las inquietudes académicas relacionadas con la materia?
6	Conocimientos del tutor	¿Cuál es tu valoración sobre el conocimiento técnico y claridad en las respuestas por parte del tutor?
7	Acceso y navegación a la plataforma	¿En qué medida la plataforma virtual te facilita el acceso y navegación a los contenidos y recursos dispuestos para tu aprendizaje?
8	Respuesta oportuna del mentor	¿En qué medida el mentor académico responde de manera oportuna y clara s las inquietudes y situaciones presentadas durante el desarrollo de la materia?

Tabla 2. Items evaluados para los estudiantes. Fuente: Elaboración propia

4. RESULTADOS

En relación al cumplimiento de las expectativas de formación en el programa académico, se observa que el 62.5% de los encuestados califica con un 5 sobre la escala de 1 a 5, indicando que sus expectativas se cumplen satisfactoriamente. Además, un 34.38% califica con un 4, lo que muestra una percepción mayoritariamente positiva en cuanto al alineamiento entre el programa y las expectativas de los estudiantes. Respecto a la utilidad y suficiencia de los contenidos, materiales y recursos proporcionados para el proceso de aprendizaje, el 59.38% de los estudiantes califica con un 5, y el 37.50% evalúa con un 4, lo que indica que la mayoría de los estudiantes percibe estos recursos como útiles y suficientes para su aprendizaje.

El foro es considerado efectivo para facilitar la interacción con el tutor y compañeros, así como para resolver inquietudes en el proceso de aprendizaje. El 53.13% califica con un 5 y el 43.75% califica con un 4, sumando un 96.88% entre las calificaciones 4 y 5, lo que muestra una satisfacción generalizada en cuanto al acompañamiento y la solución de inquietudes en dicho proceso. Las clases virtuales grabadas han sido útiles para aclarar conceptos fundamentales de la materia y afrontar las evaluaciones con mayor seguridad para el 53.13% de los encuestados, mientras que el 40.63% las califica con un 4. Esto indica que este enfoque ha sido beneficioso para el aprendizaje y la preparación para las evaluaciones.

El tutor ha obtenido una alta calificación por parte de los estudiantes en cuanto a la respuesta oportuna a las inquietudes académicas relacionadas con la materia. El 62.50% califica con un 5 y el 37.50% califica con un 4, lo que sugiere una percepción positiva respecto a la disponibilidad y eficacia del tutor en el proceso de aprendizaje. En cuanto al conocimiento técnico y claridad en las respuestas por parte del tutor, el 56.25% califica con un 5 y el 40.63% califica con un 4, lo que señala una percepción generalmente positiva en cuanto a la competencia técnica del tutor.

La plataforma virtual ha facilitado el acceso y navegación a los contenidos y recursos dispuestos para el aprendizaje, según el 68.75% de los estudiantes que califica con un 5 y el 31.25% que califica con un 4. Esto muestra una alta satisfacción en cuanto al uso y la accesibilidad de la plataforma. El mentor académico ha sido evaluado positivamente en cuanto a la respuesta oportuna y clara a las inquietudes y situaciones presentadas durante el desarrollo de la materia. El 62.50% califica con un 5, el 31.25% califica con un 4 y el 3.13% califica con un 3, lo que indica que la mayoría de los estudiantes percibe un efectivo apoyo y resolución de inquietudes por parte del mentor académico.

5. CONCLUSIONES

Los resultados de esta investigación demuestran que la educación virtual en el programa de Contaduría Pública ha sido bien recibida y valorada positivamente por los estudiantes. La implementación progresiva de la virtualidad en la oferta académica ha permitido que un porcentaje significativo de los estudiantes califique con altas puntuaciones aspectos como el cumplimiento de sus expectativas de formación, la utilidad y suficiencia de los contenidos y recursos proporcionados, la efectividad del foro para la interacción con el tutor y compañeros, la claridad y conocimiento técnico del tutor, así como la facilidad de acceso y navegación a través de la plataforma virtual.

La adopción de las tecnologías de la información y comunicación ha jugado un papel fundamental en este proceso de virtualización, permitiendo a los estudiantes una mayor flexibilidad en la gestión de su tiempo y acceso a los contenidos desde cualquier lugar. Además, estas tecnologías han promovido el desarrollo autónomo y la construcción activa del conocimiento, otorgando a los estudiantes un papel más activo en su proceso de aprendizaje y a los docentes la oportunidad de renovar sus prácticas pedagógicas.

Es importante destacar que la educación virtual no debe verse como una alternativa complementaria de la educación presencial, sino como una opción distinta, dirigida a personas autocríticas y disciplinadas, con habilidades tecnológicas para desenvolverse en este entorno. Esto implica que tanto docentes como estudiantes deben contar con competencias tecnológicas y didácticas suficientes para aprovechar al máximo las herramientas digitales y asegurar una experiencia de aprendizaje de calidad.

La evaluación de la calidad educativa en la modalidad virtual es un aspecto crucial que influye directamente en el proceso de aprendizaje y el desarrollo académico de los estudiantes. La calidad se refiere a la excelencia en los contenidos educativos, la interacción entre docentes y estudiantes, el diseño de las plataformas de aprendizaje y la eficacia de las estrategias pedagógicas implementadas. Garantizar una educación virtual de alta calidad es fundamental para asegurar resultados académicos significativos, la motivación y el compromiso de los estudiantes con su formación.

En el contexto actual, donde la virtualidad ha cobrado una mayor relevancia debido a la pandemia de COVID-19 y a la necesidad de adaptarse a cambios abruptos en la educación, la calidad en la educación virtual se convierte en un elemento clave para el éxito de esta modalidad. El auge de estas formas de enseñanza y aprendizaje, que superan las prácticas tradicionales, ha consolidado el uso de tecnologías en el ámbito educativo, lo que exige una planificación cuidadosa y reflexiva para asegurar un aprendizaje de calidad en los ambientes virtuales.

En consecuencia, la evaluación de la percepción de calidad en el programa de Contaduría Pública en modalidad virtual es un paso fundamental para asegurar la efectividad de esta modalidad educativa. Los resultados obtenidos a través de las encuestas muestran una percepción generalmente positiva por parte de los estudiantes, lo que indica que se ha avanzado en la dirección correcta. Sin embargo, es importante continuar evaluando y mejorando los aspectos que puedan requerir ajustes para asegurar una experiencia de aprendizaje óptima para los estudiantes y garantizar que obtengan una formación de excelencia en el campo contable.

6. REFERENCIAS

Adell, J. y Castañeda, L. (2012). Tecnologías emergentes, ¿pedagogías emergentes? En J. Hernández, M. Pennesi, D. Sobrino y A. Vázquez (Eds.), *Tendencias emergentes en educación con TIC* (pp. 13-32). Espiral.

Ahmed, A. M., AbdelAlmuniem, A. y Almabhouh, M. (2016). The current use of web2.0 tools in university teaching from the perspective of faculty members at the college of education. *International Journal of Instruction, 9*(1), 179-194. https://n9.cl/bilfi

Beaunoyer, E., Dupéré, S. y Guitton, M. (2020). COVID-19 and digital inequalities: Reciprocal impacts and mitigation strategies. *Computers in Human Behavior*, 111. https://doi.org/10.1016/j.chb.2020.106424

Canales, R. y Silva, J. (2020). De lo presencial a lo virtual, un modelo para el uso de la formación en línea en tiempos de Covid-19. *Educar em Revista*, 36. https://www.scielo.br/j/er/a/8rn8nrWGhKtpWcBzZnJLXNG/?lang=es

Cabero-Almenara, J. y Palacios-Rodríguez, A. (2021). La evaluación de la educación virtual: las e-actividades. RIED. *Revista Iberoamericana de Educación a Distancia, 24*(2), 169-188. https://doi.org/10.5944/ried.24.2.28994

Campillo, C., Morales, N., Trejo, H., Ramírez, J., Castañeda, I., Gallegos, R., Gálvez, A. y Rosas, C. (2013). La educación en línea: una metodología flexible para formación de residentes de Psiquiatría. *Investigación en Educación Médica, 2*(6), 87-93. https://doi.org/10.1016/S2007- 5057(13)72692-9

Castellano, J., Almagro, J., y Fajardo, Á. (2021). Percepción estudiantil sobre la educación online en tiempos de COVID-19: Universidad de Almería (España). *Revista Scientific, 6*(19), 185-207. https://www.indteca.com/ojs/index.php/Revista_Scientific/article/view/550

Chadha, A. (2018). Virtual classrooms: Analyzing student and instructor collaborative experiences. *Journal of the Scholarship of Teaching and Learning, 18*(3). https://doi.org/10.14434/josotl.v18i3.22318

Chain, R. y Jácome, N. (2007). Perfil de ingreso y trayectoria escolar en la Universidad. Artefacto Ediciones.

Christopoulos, A., Conrad, M. y Shukla, M. (2018). The added value of the hybrid virtual learning approach: using virtual environments in the real classroom. En *Integrating Multi-User Virtual Environments*. En Modern Classrooms (pp. 259-279). IGI Global.

Collins, J. (2019). *Interaction and Emotional Response in Immersive Virtual Reality Learning Environments*. University of Otago.

Cruz, M. y Rama, C. (2016*). La educación a distancia y virtual en Centroamérica y El Caribe*. Ediciones UAPA.

Estrada, E. G. (2022). Percepción de los estudiantes universitarios sobre la educación virtual durante la pandemia de COVID 19. *Revista San Gregorio*, 49, 74-89 https://www.scielo.cl/pdf/formuniv/v14n5/0718-5006-formuniv-14-05-119.pdf

Fatehi, K., Pardakhtchi, M. y Rabiei, R. (2011). Effectiveness evaluation of virtual learning courses in high education system of Irán (Case of Ferdowsi University). *Information and Communication Technology in Educational Sciences, 1*(4), 5-21. https://www.sid.ir/En/Journal/ViewPaper.aspx?ID=261860

Flor, O. (2022). Percepción de los estudiantes sobre la calidad de la educación virtual en tiempos de pandemia por COVID-19. *Revista Minerva: Multidisciplinary Journal of Scientific Research, 3*(7), 36-41.

Gómez, I. y Escobar, F. (2021). Educación virtual en tiempos de pandemia: Incremento de la desigualdad social en el Perú. Chakiñan, *Revista de Ciencias Sociales y Humanidades*, 14, 1-12. https://chakinan.unach.edu.ec/index.php/chakinan/article/view/553

Herrera, C., Espinoza, M., Ludeña., V. y Michay, G. (2019). Las TICS como herramienta de interacción y colaboración en el área de Biología. *Revista Espacios, 40*(41), 1-10. https://www.revistaespacios.com/a19v40n41/19404101.html
Hinojosa, C. A., Epiquién, M. y Morante, M. A. (2021). Entornos virtuales como herramienta de apoyo al sistema de aprendizaje contable: Un desarrollo necesario. *Revista de Ciencias Sociales, 27*(3), 64-75. https://www.redalyc.org/journal/280/28068276007/html/
Lovón, M. y Cisneros, S. (2020). Repercusiones de las clases virtuales en los estudiantes universitarios en el contexto de la cuarentena por COVID-19: El caso de la PUCP. *Propósitos y Representaciones*, 8, e588. http://dx.doi.org/10.20511/pyr2020.v8nSPE3.588
Meza, J. (2012). Modelo pedagógico para proyectos de formación virtual. GIZ.
Muñoz, N. M. (2021). Uso de aulas virtuales en contabilidad: Un estudio comparativo modalidad distancia y presencial. *Revista Boletín Redipe, 10*(12), 609-621. https://revista.redipe.org/index.php/1/article/view/1616
Quiroz, J. E. y Jeldres, M. R. (2018). La virtualidad una oportunidad para innovar en educación: Un modelo para el diseño de entornos virtuales de aprendizaje. *Revista Didasc@ lia: Didáctica y Educación, 5*(1), 1-22.
Ramírez, I., Jaliri, C., Méndez, B. y Orlandini, I. (2020). Percepciones universitarias sobre la educación virtual. *Red de docentes IB, 3*(1), 1-6. https://www.aacademica.org/ivonne.fabiana.ramirez.martnez/11.pdf
Ramírez-Martinell, A., Casillas, M. A. y Ojeda, M. M. (2013). Brecha digital entre estudiantes y profesores de la Universidad Veracruzana: Capital cultural: Trayectorias escolares y desempeño académico; y grado de apropiación tecnológica. https://n9.cl/pi49o2
Terry, R., Taylor, J. y Davies, M. (2019). *Successful teaching in virtual classrooms. Learning and Teaching in Higher Education*. Edward Elgar Publishing.

TRIPLE BOTTOM LINE DEL GRUPO SALINAS: UN CASO DE AGROEMPRENDIMIENTO

Giuseppe Vanoni[1], Alfonso Omaña Guerrero[2]

El presente texto nace en el marco del proyecto (87.239) del Politécnico Grancolombiano de Bogotá, Colombia: "Estrategias de mercadeo y marca de las empresas de economía social solidaria"

1. INTRODUCCIÓN

Para comprender posteriormente las importancia que tiene el *triple bottom line* en este estudio de caso, se considera relevante realizar un acercamiento a lo que son las empresas de economía social solidaria, puesto que la organización Gruppo Salinas (Producoop), motivo de estudio, pertenece a esta tipología empresarial, denominadas también como empresas del tercer sector (Obando, 2009 y Roitman, 2016).

Desde un paradigma ortodoxo, las organizaciones son fundadas para propiciar riqueza mediante la generación de bienes y servicios que son incorporados a un mercado donde compiten ante el libre juego de la oferta y la demanda. Hasta los inicios del siglo XX era la manera en que esta perspectiva prevalecía en el mundo de la empresa, donde la visión tradicionalista de tierra trabajo y capital dominaba, tal como es evidenciado en la literatura académica.

Sin embargo, aproximadamente desde los años 1980 comienzan a circular una serie de publicaciones académicas que abordan aproximaciones a prácticas económicas alternativas, donde se destacan las empresas denominadas "economías social solidarias", "economías de la solidaridad" o tambien llamadas "socioeconomías de la solidaridad" tal como las menciona Guerra (2003, p.1).

En Ecuador, el investigador argentino Coraggio (2011), publicó su obra denominada "Economía social y solidaria: el trabajo antes que el capital". En una fuerte crítica al neoliberalismo predominante por más de treinta años. Allí resalta, cómo el capitalismo con su forma de actuar desquebraja las estructuras sociales con sus decisiones de poder, predominantemente materialistas, excluyentes de la clase trabajadora del campo y la ciudad.

Este mismo capitalismo, explica Coraggio (2011, p. 35), es el que provoca en nuestras sociedades: "La exclusión masiva del empleo, la erosión de los salarios y de los derechos

1. Politécnico Grancolombiano (Colombia)
2. Kansas University (Estados Unidos)

sociales, la concentración ampliada de la riqueza, la liberación de un mercado globalizado feroz en sus castigos al que no puede competir, la expansión de un llamado sector informal que se fagocita a sí mismo, por la competencia salvaje y por la supervivencia."

Como parte de sus aportes el autor resalta que, un sistema económico con clara orientación al Buen Vivir tendrá sus frutos en tanto se propicie una construcción no aislada, sino más bien colectiva, donde lo social y lo político, generen fuerzas y, el trabajo y, el capital, creen sinergias.

Por su parte, Monzón y Chaves (2012) explican que la concepción de empresas de economía social solidaria incorpora también a empresas privadas formalmente organizadas, cuya particularidad es la de orientarse y atender a un mercado con un conjunto de decisiones que son tomadas con autonomía, buscándose de ellas la producción de bienes y servicios y, por lo tanto, la satisfacción de las necesidades de sus socios con el reparto de los excedentes que se generan en dichas acciones.

En Ecuador, en la presidencia del Ec. Rafael Correa Delgado, fueron impulsadas y legisladas acciones referentes a empresas de este tipo en la Constitución del 2008 y, como fruto de eso, la creación en el año 2012 de la Superintendencia de Economía Social y Solidaria, por lo que, aprovechándose la coyuntura desde la perspectiva académica, algunas publicaciones surgieron al respecto en diferentes momentos. Entre dichas aportaciones al conocimiento de las empresas de economía solidaria, Jácome (2016), elabora su investigación "Avances y desafíos de la economía popular y solidaria en el Ecuador: La experiencia de la Superintendencia de Economía Popular y Solidaria". En su aporte investigativo se centra en dos vertientes una de ellas en los avances de la economía popular y solidaria en el Ecuador y el otro en los retos de la economía popular y solidaria.

En el artículo "Economía solidaria en el Ecuador: institucionalización y tipos de organizaciones" publicada en la *Universidade do Vale do Rio dos Sinos,* de Brasil, Ruiz y Lemaître (2016), realizan una revisión de la literatura sobre economía popular y solidaria e incorporan un estudio empírico que involucraba tanto la observación participante, así como, entrevistas estructuradas y semiestructuradas. Dentro de los objetivos que perseguía dicho trabajo estaba el de clasificar las diferentes iniciativas de economía solidaria, cuatro en total, en las que se realizaron distinciones relacionadas a su forma jurídica, la misión de la empresa social, la estructura de gobierno y los recursos que logran movilizar. El otro de los objetivos fue el de restituir las cuatro trayectorias institucionales que permitieron incorporar en las políticas públicas ecuatorianas a la economía social solidaria.

2. OBJETIVOS

General

Evaluar la empresa Producoop desde el triple bottom line

Específicos

- Identificar las prácticas adoptadas en la empresa estudiada
- Validar el desarrollo del triple bottom line
- Realizar un análisis crítico

3. MARCO TEÓRICO

Existe una tendencia global a nivel empresarial sustentada por la responsabilidad social corporativa, que manifiesta, que las organizaciones de vanguardia que buscan la perdurabilidad solo la pueden alcanzar en la media que sean económicamente viables, ambientalmente sostenibles y socialmente responsables, porque esto permite atender desde tres perspectivas diferentes, pero complementarias, a diferentes tipos de *stakeholders.*

Lo antes mencionado, se sustenta con lo explicado aproximadamente hace treinta años por Elkington (1994), el expresaba que la evaluación de la sostenibilidad organizacional debía ser considerada desde tres perspectivas claramente diferenciadas, siendo éstas:

1. La calidad social,
2. Los beneficios económicos y
3. La calidad ambiental; conocida también como el *triple botton line* (TBL), o también como la triple cuenta de resultados, el triple objetivo o el triple balance; término que hoy se ha convertido en un enfoque de alta influencia en el mundo (Chabowski, Mena y Gonzales-Padrón, 2011), debido a que con base en el TBL se sustentan las estrategias de largo plazo de aquellas empresas que se encuentran en una etapa de transición, para dar, en un tiempo determinado, un paso firme hacia la sustentabilidad organizacional en las tres dimensiones que la conforman (Elkington, 1994).

Sin embargo, su aplicación real se da a partir de la crisis financiera de las hipotecas de baja calidad en los Estados Unidos durante el año 2008 y el cambio climático, en el que se despierta un auge basado en la ética y la responsabilidad social corporativa. En estos contextos históricos-empresariales, su utilización gana adeptos corporativos porque permite a los stakeholders tener una mirada analítica de las tres perspectivas y, por los beneficios que brinda a:

1. La reputación corporativa,
2. Sus costos operativos,
3. El compromiso de los colaboradores al mejorar su ánimo,
4. La productividad y creatividad de ellos.

Por tales razones, hoy en día, su utilización es importante, clave y necesaria, porque permiten mostrar qué prácticas son las mejores, en la medida que son implementadas por empresas de diferentes sectores y, qué prácticas no son deseables, por no generar valor diferencial en su cadena de valor.

Para abordar el modelo de triple bottom line primero debemos de comprender lo que es un modelo de negocios, lo cual, en palabras de Osterwalder y Pigneur, (2009), es la forma como una empresa crea, desarrolla y captura valor. Otros autores explican tambien que la rentabilidad, a cambio de estos puntos antes mencionados es necesaria, en la medida que los clientes estén dispuestos a pagar por dicho valor.

Por ello son tres los pilares básicos a decir de Barg (s./f.) sobre los cuáles se desarrolla un modelo de negocios:

1. La manera como se ayuda a los clientes a resolver sus problemas, esto se traduce como la agregación de valor.

2. Focalizarse en un segmento específico, de tal forma que la propuesta de valor sea lo más aceptada y posible para ellos. Esto se refiere al cliente al que nos dirigimos.
3. Los ingresos que obtenemos deben ser superiores a nuestros gastos, asi creamos valor desde un negocio rentable y viable.

Con esta previa explicación podemos hablar de la presencia del término *triple bottom line,* por su acepción inglés, y, que surge, aproximadamente, en los años 1990, década en la cual se evidencia las primeras publicaciones que marcarían de alguna forma la importancia que hoy tiene para las empresas.

El *triple bottom line* busca aquellos valores que en conjunto intentan minimizar resultados no deseados en el desarrollo de sus actividades diarias y, para generar un valor que se enmarque en tres perspectivas, siendo estas:

1. La perspectiva económica,
2. La perspectiva ambiental y
3. La perspectiva social (Correia, 2019).

Por ello es el nombre que acoge en español de triple resultado, y que demuestra que en una organización, actuando a la vez, generan sinergias para la economía, el ecosistema y el medioambiente.

Lo expresado da una idea muy precisa de que, aunque estén juntas, no permanecen estatáticas, sino, que existe una dinámica externa en la cual el entorno PESTEL (político, económico, social, tecnológico, ecológico y legal) se encuentra influyendo de manera directa (García, 2015). Aunque tambien existe una independencia en su accionar en determinados momentos, tomando cada una de ellas un protagonismo acorde a las circunstancias del contexto global en que la empresa se desenvuelve (Correia, 2019). Por ello, definir cada una de estas dimensiones nos permite tener una idea más clara al respecto de lo que significa y lo que buscan dentro del marco estratégico organizacional.

Así, cuando hablamos de la capa o dimensión económica (figura 1), que expresa el beneficio que buscan las empresas o el valor que crean (aunque en la práctica es mucho más profundo que hablar de solvencia financiera o mejoras sustanciales en la comercialización de los productos, inclusive profundiza más allá de lo que se le puede brindar como valor a los accionistas), entonces nos estamos refiriendo a un verdadero impacto desde la perspectiva económica pero en la sociedad (Chabowski *et al.*, 2011). Aunado a esto está la gestión de la organización vista desde el desempeño y correcta utilización de sus recursos y capacidades que se transforman en activos estratégicos (Prahalad y Hamel, 1999) y su orientación al mercadeo (Akroush, 2012).

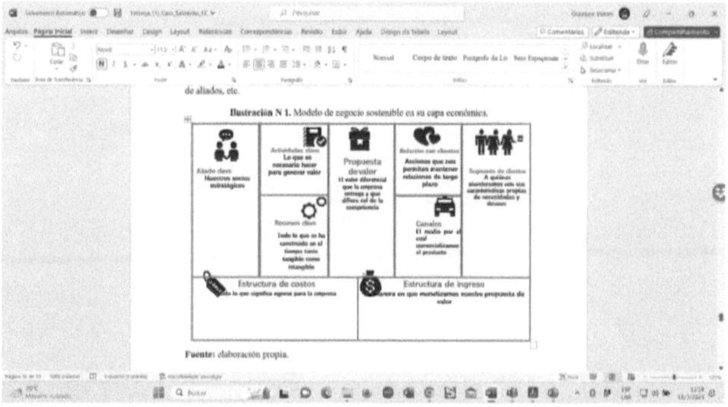

Figura 1. Capa económica. Fuente: elaboración propia.

En la dimensión social (figura 2), se involucra a las personas y como las empresas impactan sobre ellas en lo referente al bienestar. Aquí, se incorporan no solo los empleados de una determinada empresa, tambien hay que considerar a la comunidad sobre la cuál esta empresa impacta en la interacción, al brindar beneficios educativos o de prácticas de precios justos para las partes (Correia, 2019). En esta capa o dimensión, podemos resaltar tambien aquellas iniciativas de responsabilidad social corporativa, como parte de una estrategia de perdurabilidad (Rivera, 2012) y mutua interacción comunidad-empresa.

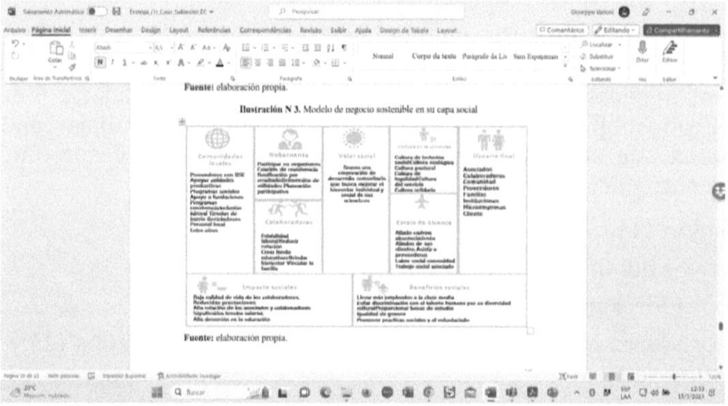

Figura 2. Capa social. Fuente: elaboración propia.

Finalmente, la capa ambiental (figura 3), en la que, con sus acciones, las organizaciones buscan minimizar los impactos que la empresa genera en contra del medio ambiente, reducir la huella de carbono, realizar una utilización adecuada del agua y de la energía en sus procesos productivos (García, 2015).

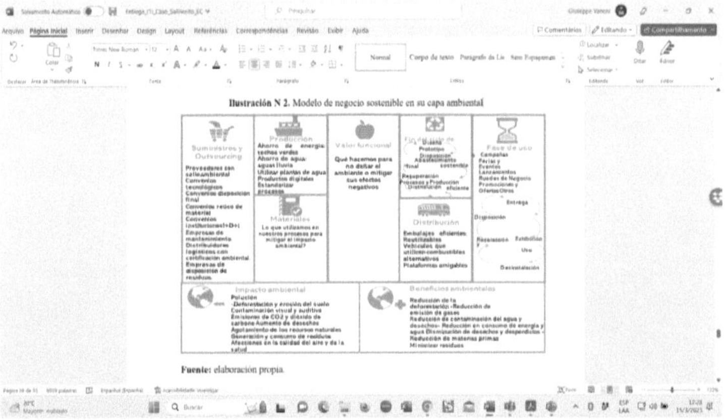

Figura 3. Capa ambiental. Fuente: elaboración propia.

Hasta aquí se ha realizado una descripción de lo que dice la literatura respecto al triple bottom line y los componentes que hacen parte de cada una de las capas que lo conforman y distinguen en la práctica moderna de las empresas.

4. METODOLOGÍA

Como parte del procedimiento metodológico se procedió a la entrevista de 10 personas a quien en este caso los denominaremos testigos privilegiados (Hernández *et al.*, 2014), los mismos que fueron dividido de la siguiente manera: 6 de ellos fueron directivos de Producoop, 3 personas de distintas familias que trabajan en los diferentes emprendimientos que se desarrollan en la empresa, y un profesor universitario, los mismos que a continuación se los enumera:

- Fundador: (1)
- Directivos del Gruppo Salinerito: (2)
- Colaboradores internos: (1) Con rangos de jefaturas
- Colaboradores externos (2): Ingeniero agrónomo de la zona (1) y transportista de insumos (1)
- Miembros de las familias que trabajan em los emprendimientos del grupo: (3)
- Profesor universitario de postgrado con experiencia en empresas sociales solidarias.

Las entrevistas implementadas fueron de tipo semiestructuradas y en profundidad (Hernández *et al.* 2010), dadas sus características, permitieron ser manejadas como una conversación, identificar, comprender y conocer percepciones de los entrevistados (Balcázar *et al.*, 2013). Para una mejor comprensión a cada uno de los entrevistados se les asignó un código (T1, T2, T3, T4............T10) esto significa que la letra T hace alusión al testigo privilegiado y el número es el que lo identifica como persona dentro del proceso de análisis de datos, por lo que el número se utiliza para guardar la respectiva confidencialidad solicitada, por lo tanto, no va en relación con el orden descrito de quiénes fueron los entrevistados.

Así mismo, la investigación fue desarrollada desde una aproximación cualitativa e interpretativista (Kvale, 2007), la cual es aplicable cuando se intenta profundizar y comprender desde una mirada interna, fenómenos con realidades subjetivas que cambian entre individuos (Guba y Lincoln, 1994), por lo que solo se entiende en la medida en que se comprende el punto de vista de los actores estudiados, lo que se resume básicamente en una pregunta ¿qué piensa realmente el entrevistado en una situación específica? (Balcázar *et al.*, 2013).

La técnica de observación tambien fue implementada, ya que al ser la más antigua y confiable (Balcázar *et al.*, 2013), facilitó recoger los datos e informaciones que permitieron comprender las proposiciones con las que se inició este estudio de caso, lo que facilitó focalizarse en aquellos elementos que fueron considerados como necesarios dentro de su desarrollo.

Por ello, el tipo de observación implementada fue de tipo no estructurada, participante, individual y de campo, todas ellas, propias de investigaciones cualitativas y a su vez exploratorias. Con esta técnica se procedió a construir un sistema de observación con cuatro puntos que a decir de Hernández *et al.* (2014), son clave, y que fueron:

1. Definir el universo de observación: el Gruppo Salinas.
2. Identificar las circunstancias de observación: que se estaban relacionadas con lugar (empresa) y tiempo (2 meses de desarrollo del plan).
3. Reconocimiento de unidades de observación: aquí estuvieron inmersos los colaboradores con vínculos laborales en la empresa, y momentos específicos del día a día de la empresa.
4. Recolección de datos: en los apuntes realizados para su procesamiento en función de la problemática descrita.

El análisis documental tambien hizo parte de los métodos de recolección de información y como fuente que alimentó a las historias de vida con el objetivo de entender como actuó la empresa en diversos momentos y cómo sus valores, cristianos y corporativos se consolidaron en diversas situaciones (Mogalakwe, 2006). En el análisis documental se utilizaron fuentes primarias y secundarias, tales como: Memorias e informes anuales de la empresa: Primarias. Artículos publicados sobre esta empresa: Secundaria.

Vale resaltar que para la selección de los métodos o técnicas de recolección de la información estos fueron considerados con base a la revisión de literatura, considerándose, tanto los beneficios, como las limitaciones que presentan en la recopilación de datos (Hernández *et al.* 2010).

Con respecto al tratamiento de los datos cualitativos que se recabaron, estos siguieron una ruta preestablecida dentro de los diversos métodos de recolección mencionados y que de manera lógica siguieron un patrón:

1) Estructuración de los datos
   a) Organización de los datos
   b) Transcripción del material grabado
2) Análisis del material considerando criterios de:
   a) Credibilidad
   b) Transferencia,

c) Confirmación y

d) Dependencia.

5. DESARROLLO DE LA INVESTIGACIÓN

Producoop, como parte del Gruppo Salinas, es una unidad estratégica de negocios cuyo fin es el procesar la leche extraída del ganado vacuno de las haciendas del grupo o tambien aquella que recibe de la población que en sus hogares mantiene labores agropecuarias de subsistencia. La misma que luego de ser recopilada (3500 lts diarios) y por medio de los procesos propios de la industria quesera es transformada en este producto (350 kilos diarios) que se comercializan a nivel nacional.

La estructura de gobierno queda definida en Producoop por una Asamblea General de accionistas y debajo de esta el Consejo de Administración y el Consejo de Vigilancia, ambas en el mismo nivel. Y por debajo de ellas un gerente. Dentro de esta estructura de gobierno no existen más áreas, salvo las que siguen dentro de una cadena de mando organizacional desde una perspectiva funcional.

El Consejo administración es el órgano directivo y de fijación de políticas de la unidad de negocios Producoop, que se integra por un mínimo de tres y máximo nueve vocales principales y sus respectivos suplentes, elegidos en Asamblea General en votación secreta, de acuerdo con lo establecido en el Reglamento de esta Ley. Los vocales durarán en sus funciones el tiempo fijado en el estatuto social, y que no excederán de cuatro años y podrán ser reelegidos por una sola vez.

Mientras tanto, el presidente del Consejo de Administración será también de la cooperativa y de la Asamblea General, y es designado por el Consejo de Administración de entre los votos de sus miembros. El a su vez, ejercerá sus funciones dentro del periodo señalado de (5 años) en el estatuto social y podrá ser reelegido por una sola vez mientras mantenga la calidad de vocal de dicho consejo, quien tendrá voto dirimente cuando el Consejo de Administración tenga número par.

Por su parte, el Consejo de Vigilancia, es el órgano de control interno de las actividades económicas de Producoop y que, sin injerencia e independiente de la administración, responde a la Asamblea General. Este se integra por un mínimo de tres y máximo cinco vocales principales y sus respectivos suplentes, elegidos en Asamblea General en votación secreta. Los vocales duran en sus funciones el tiempo no superior de cuatro años y pueden ser reelegidos por una sola vez.

Lo mencionado podría definir de alguna manera un cierto orden que se toma en la empresa lo cual de alguna manera brinda estabilidad, sin embargo, en la práctica "las decisiones siempre deben pasar por la aprobación del fundador, y esto es en todo sentido" (T1, T3, T4).

Si bien, dentro de las premisas sobre las que se maneja la empresa Producoop[3] son evidentes algunas características importantes como el trabajo solidario, la gestión comercial, lo

3. Es importante que se pueda entender que esta empresa social solidaria caracterizada por el asociativismo guarda muchas distancias de lo que sucede al respecto de las empresas con estas características en países como Brasil, Argentina, o Chile. Por lo que resalto que tiene una cultura muy propia y diferente a lo que desde la gestión se conoce. Hago esta aclaración para que no se entienda que el autor de este estudio de caso se está contradiciendo en lo expresado en el documento.

pastoral, la fe católica y el bienestar de la comunidad, "aún es muy difícil encontrar esto de una manera que quede establecida en un plan estratégico organizacional" (T2).

Es importante destacar que, aunque el Gruppo Salinas está dividido en unidades estratégicas de negocios, dentro del día a día, no se logra observar independencia del resto de unidades de negocios, es decir, parece que la toma de decisiones no sigue un patrón de gestión regulado donde existan políticas claramente establecidas y de existir en ciertos momentos, estas son utilizadas según la conveniencia de los directivos que están en lo más alto de la cadena de mando. Por otro lado, también hay que destacar que "lo pastoral está involucrado a lo largo de todas las unidades de negocios, lo que muchas veces dificulta las decisiones de tipo gerencial y urgentes que hay que tomar" (T5, T6, T1).

Respecto a lo mencionado, al revisar los datos de ventas entre el año 2021 al año 2022, la organización, en su informe de gestión anual evidencia un año de buenos desempeños empresariales de ingresos por ventas de US $2.733.306,2 millones a US $3.205.021,6 millones, lo que representó un incremento porcentual del 17% anual. Sin embargo, al observar el resultado anual del ejercicio de US $96.176,2 millones en el 2020 pasó a US $72.739,9 millones.

Los datos arrojados por el balance a diciembre del 2022 permiten discernir, por el análisis realizado, que algunas prácticas gerenciales no están siendo consideradas dentro de la gestión de Producoop, sobre todo aquellos que son reconocidas como propulsores de direccionamiento estratégico (T8), siendo estos:

- Análisis del mercado y entorno de los negocios
- Ubicar la organización en el contexto de economía solidaria
- Coherencia entre mercado, entorno y contexto solidario con las declaraciones estratégicas
- Compromiso con la generación de capacidades o pilares estratégicos que permitan dar cumplimiento a la estrategia corporativa.

Para sustentar esto, existe discordancia entre lo que la empresa dice hacer y lo que realmente hace, pues si bien la mirada organizacional es la de mantener un entorno ecológico del sector, donde se desenvuelva lo más adecuadamente posible, que beneficie a su comunidad y que permita al mismo tiempo ser rentables (T10, T6, T7), esto no se está cumpliend, pues se están generando inconvenientes en los temas principales en los cuales la propia organización dice que no se debe de fallar (T8), siendo estos:

- El desarrollo sostenible
- Desarrollo comunitario
- La red de economía solidaria
- La excelencia operativa
- La excelencia comercial

Esto es lo que se denominan los pilares estratégicos organizacionales, y que no son adecuadamente encajados porque no se evidencian de manera clara tres elementos estratégico e importantes que son

1. El propósito superior de la empresa,
2. El concepto de negocio y
3. Su promesa de valor.

De existir estos tres elementos, se podrían desarrollar en un orden lógicos dichas capacidades o pilares estratégicos antes mencionados.

Una vez que se ha comprendido la dinámica y el desenvolvimiento de la empresa de manera general, debemos entender tambien, como se desarrolla dentro de la organización cada uno de los tres elementos que conforman el triple bottom line. Por lo que de manera sucinta los analizaremos capa por capa.

Capa económica

- La propuesta de valor no está claramente definida
- No existe una clara identificación de los segmentos de mercado a los que se atiende
- No se generan relaciones de largo plazo en la parte del negocio B2B ni tampoco en B2C
- Varias de las actividades clave no están tecnificadas o es muy obsoleta por lo que incide directamente sobre la capa ambiental
- Su estructura de costos genera inconvenientes en el estado de pérdidas y ganancias.
- Falta mucha más creatividad para monetizar los productos que se comercializan, pues son muy dependientes de los canales de distribución.

Capa social

- Si bien, como principio fundamental la empresa busca el bienestar de la comunidad, en muchas ocasiones las propias prácticas empresariales hacen que esta promesa de valor no se cumpla.
- Existe una cultura de inclusión social que solo se evidencia en la propia población de Salinas, sin que necesariamente impacte a otras comunidades.
- Aunque desde lo pastoral se lucha para la igualdad entre hombres y mujeres, en los hogares aún existe una cultura de machismo donde la empresa no ha podido penetrar con sus acciones
- Los colaboradores están aprendiendo el negocio y en muchos casos convirtiéndose en competidores.
- Los hijos que salen a estudiar a las ciudades no regresan necesariamente a implementar lo aprendido y buscan alternativas fuera de la comunidad
- El gobierno corporativo no es aplicado ajustándose a los lineamientos preestablecidos en sus políticas, pues en muchos casos son utilizados por conveniencia en un determinado momento.
- Existen situaciones que evidencian un celo organizacional que no permite brindar un efecto de valor compartido a otras comunidades.
- Muchos programas sociales no dan resultados en la comunidad producto de celos organizacionales, tanto, interno como externos.
- Si bien ciertas actividades han permitido mejorar la situación de vida de las familias, aun todavía no se logra impactar en el 100% de ellos.
- Se evidencia mucha deserción en las familias proveedoras de insumos, porque buscan mejores precios en empresas externas al grupo.

Capa ambiental

- Si bien, existe una conciencia: relacionada a la mejora del ambiente y apegadas a los objetivos de desarrollo sostenible, aun ciertas prácticas agrícolas generan impactos con efectos sobre el entorno y las personas.
- No existe un adecuado sistema de transporte de productos terminados, ni de productos que sirven de insumos para uso en campo y de materia prima para la producción.
- No se aplica en los cultivos de forraje rotaciones adecuadas para minimizar los efectos de agotamiento de suelo.
- No se bastecen de proveedores con sellos ambientales, lo que en el mediano plazo podría perjudicar sus ventas tanto de manera local (en menor medida) y sus ventas internacionales (en mayor medida).
- No existe una reducción considerable de utilización de productos químicos inorgánicos, aunque ya algunos emplean productos orgánicos y ecológicos.
- Existe una deficiencia desde los costos de producción, por la no estandarización de procesos de recolección de leche.
- Se siguen implementando algunas malas prácticas relacionadas con el manejo de desechos sólidos y líquidos.

6. DISCUSIÓN

Para comparar entre lo que el triple bottom line sugiere y las prácticas que se desarrollan en Producoop, se ha elaborado una tabla que recoge los elementos entre lo que se sugiere teóricamente y la realidad el caso de estudio.

Teoría	Caso
Capa económica	Capa económica
Concepto de negocio	Los diferentes públicos no logran identificar los elementos diferenciadores
Segmentos bien identificados y generación de relaciones de largo plazo	No hay una definición clara de los segmentos por lo que es difícil saber cómo generar fidelidad tanto con el cliente final, así como con el canal de distribución que siempre tiene más poder de negociación.
Mejora de costos de producción y comerciales mediante tecnificación	Lo que existe en muchos caso ya no ayuda a mantener costos de producción que mejoren sus costos
Ingresos	Si bien los productos tienen posicionamiento, este no se evidencia en el retorno monetario esperado
Capa social	Capa social
Búsqueda del bienestar de la comunidad	Algunas decisiones priorizan otras variables que afectan a la comunidad
Inclusión social	Este es muy evidente en la comunidad
Capacitación	Se trabaja en ella de forma constante y con becas para universidades

Igualdad de genero	La organización la promueve, pero el factor cultural indígena juega un rol predominante por lo que se vuelve difícil de alcanzar la igualdad
Capa ambiental	Capa ambiental
Conciencia ambiental	Falta generar cultura de medio ambiente
Logistica de productos e insumos	Este es un punto muy débil que debe ser trabajado en profundidad
Reducción de desgaste del suelo	Falta alternar cultivos
Minimización de productos agroquímicos	La agricultura tradicional prevalece
Utilización de sellos ambientales	Con normas ISO, pero no existe un plan de ajustarse a los sellos internacionales que sus clientes externos requieren.

7. CONCLUSIONES

Este caso genera muchas enseñanzas respecto a la utilización del triple bottom line, si bien la empresa tiene la mejor de las predisposiciones, todavía falta por aplicar y aprender, por lo que existen muchas áreas de mejora en cada una de las capas económica, social, y ambiental, pero que en el tiempo pueden llegar a ser adoptadas de manera eficiente y rentable.

A continuación, se destaca aquello en lo cual existe una convergencia y las acciones que se deben de tomar como una propuesta de mejora. Vale resaltar que dentro de la capa social, es donde existe mucha mayor convergencia entre lo teórico y lo que se demuestra del caso, muy posiblemente por el mismo espíritu pastoral que caracteriza al grupo. Así, tememos que convergen los temas relacionados con:

- La búsqueda del bienestar de la población, sus afiliados y stakeholders en general.
- La inclusión social pues e pudo observar e identificar en las entrevistas que tanto las oportunidades, como la dignidad de las personas, están por encima de todo.
- Se trabaja fuertemente sobre la capacitación de la población haciendo énfasis en las nuevas generaciones
- Se trabaja fuertemente para desarraigar los problemas de género, propios de la cultura indígena que predomina en la zona.

Así mismo, se sugieren puntos de mejora tanto desde la capa económica como desde la ambiental

- Desde la teoría, se busca generar la mejor de las rentabilidades con una capa económica que sea coherente y lógica, por lo que es necesario revisar todo el modelo de negocios desde esta perspectiva clave y necesaria en la perdurabilidad organizacional.
- Desde la capa ambiental, es necesario generar capacitaciones, charlas con técnicos agrícolas y ,ambientales, para rediseñar los procesos de una agropecuaria de subsistencia a una de tecnología que minimice efectos en las personas y el medio ambiente en el que se desarrollan las actividades productivas.

Finalmente se han podido atender tanto al objetivo general planteado, porque se realizó un análisis global de Producoop y desde el objetivo específico se identificaron aquellas prácticas de la gestión del día a día, lo que permitió como segundo punto validar la aplicación del triple bottom line, lo que se tradujo a un análisis crítico de la empresa desde la teoría de la triple capa.

De esta manera, con los puntos de mejora antes mencionados, se puede consolidar una organización que sea lo suficientemente rentable y lo adecuadamente ambiental al poder minimizar los impactos que sus actividades de producción generan y propiciar un ambiente adecuado que socialmente brinde estabilidad a sus colaboradores, donde prime el compromiso hacia el colaborador interno, externo y hacia una comunidad que aun padece situaciones culturales, sobre todo en la mujer, que no pueden ser permitidas en el siglo XXI, todo lo antes mencionado soportado por lo que las buenas prácticas empresariales destacan.

8. REFERENCIAS

Akroush, M. (2012). An empirical model of new product development process: Phases, antecedents, and consequences. *International Journal of Business Innovation and Research*, *6*(1), 47-75. https://doi.org/10.1504/IJBIR.2012.044257

Balcázar, P., González Arratia, N., Gurrola, G. y Moysen, A. (2013). *Investigación cualitativa* (2ª Ed). Universidad Autónoma del Estado de México.

Chabowski, B., Mena, J. y González-Padrón, T. (2011). La estructura de la investigación de sostenibilidad en marketing, 1958-2008: una base para futuras oportunidades de investigación. *Publicación oficial de la Academia de Ciencias del Marketing,* 39, 55–70.

Coraggio, J. (2013). *Economía social y solidaria: el trabajo antes que el capital.* Abya Yala y Flacso.

Correia, M. (2019). Sustainability: An Overview of the Triple Bottom Line and Sustainability Implementation. *International Journal of Strategic Engineering Northampton, 2(1), 29-38,*

Elkington, J. (1994): Towards the Sustainable Corporation: Win-Win-Win Business Strategies for Sustainable Development. *California Management Review, 36*(2), 90-100.

García, M. (2015). La Cuenta del Triple Resultado o Triple Bottom Line. *Revista de Contabilidad y Dirección* 20, 65-77.

Guerra, P. (2003). Economía de la Solidaridad: Construcción de un camino a veinte años de las primeras elaboraciones. *Historia Económica, 3*(1), 1-11.

Guba, E. G., y Lincoln, Y. S. (1994). Competing paradigms in qualitative research. En N. K. Denzin & Y. S. Lincoln (Eds.), *Handbook of qualitative research* (pp. 105-117). SAGE.

Hernández, R; Fernández, C. y Baptista, P. (2010). *Metodología de la Investigación* (5ª ed.). Mc Graw Hill.

Hernández, R; Fernández, C. y Baptista, P. (2010). *Metodología de la Investigación* (6ª ed.). Mc Graw Hill.

Jácome, H. (2015). Avances y desafíos de la economía popular y solidaria en el Ecuador. La experiencia de la Superintendencia de Economía Popular y Solidaria En J. Ron. *Economía Solidaria: experiencias y Conceptos.* (pp. 19-34). Superintendencia de Economía Popular y Solidaria.

Kvale, S. (2007). *Doing interviews.* (1ª Ed.). SAGE.

Mogalakwe, M. (2006). The use of documentary research methods in social research. *African Sociological Review, 10*(1). 221-230.

Monzón, J. y Chaves, R. (2012). *La economía social en la Unión Europea.* Bélgica: Comité Económico y Social Europeo. https://tinyurl.com/y6o62snn

Obando, D. (2009). Economía solidaria: ¿en función de un desarrollo alternativo o de un neocapitalismo? https://tinyurl.com/y637c2pp
Osterwalder, A. y Pigneur, Y. (2009). *Business Model Canva* (1ª Edic.). Explane.
Prahalad C. y Hamel, G. (1990). The core competence of the corporations, *Harvard Business Review*, 7, 9-91.
Rivera, H. A. (2012). Perdurabilidad Empresarial: conceptos, estudios y hallazgos. *Cuadernos de administración, 28*(47), 103-113.
Roitman, R. (2016). *¿De qué hablamos cuando hablamos de economía social?* Marcos Mattar Ediciones.
Ruiz, M. y Lemaître, A. (2016) Economía solidaria en el Ecuador: institucionalización y tipos de organizaciones. *Ciências Sociais Unisinos, 52*(3), 282-298.
Stake, R. (1999). Investigación con estudio de casos (2ª ed.). Ediciones Morata.

ASPECTOS DE PROTECCIÓN LABORAL APLICABLES A LAS POLÍTICAS DE COMPLIANCE EMPRESARIAL EN VENEZUELA

Liliana Vaudo Godina[1]

El presente texto nace en el marco del proyecto de investigación La autorregulación normativa empresarial. Responsabilidad social, manejo de riesgos y prevención de sanciones

1. INTRODUCCIÓN

Las empresas venezolanas, siguen el mismo patrón organizacional de la economía global, exigiendo desarrollar, implementar y vigilar las políticas de *compliance* para la gestión de un buen gobierno corporativo destinado al logro de la sostenibilidad económica, permitiendo la incorporación de los trabajadores en la toma de decisiones que atiendan sus necesidades y las de sus familias, así como a garantizar su seguridad dentro del ambiente laboral.

Se busca con este trabajo, evaluar cuáles normas y prácticas de gestión de riesgos y ética deben incluir los códigos de cumplimiento para garantizar la tutela de los derechos humanos de los trabajadores en sus relaciones con sus patronos, gerentes y usuarios, así como su seguridad dentro de los espacios empresariales y el modo en que esto aporta a la buena imagen corporativa a partir de prácticas que fomenten el desarrollo sostenible.

A partir del análisis documental de disposiciones del ordenamiento jurídico venezolano e internacional, se buscará ver de qué manera aporta a las buenas prácticas empresariales, la inclusión de elementos sociales que coadyuvan al objetivo económico de desarrollo humano, la responsabilidad, la corresponsabilidad, la protección del ambiente y la solidaridad para un nuevo modelo de gestión de riesgos y de confianza organizacional.

En este sentido, surgen como preguntas de investigación, las siguientes: Pregunta 1 ¿Qué aspectos debe incluir una empresa en sus normas de cumplimiento en atención al ámbito laboral? Pregunta 2 ¿Cómo integrar los criterios sociales, ambientales y de buen gobierno corporativo en las políticas de cumplimiento empresarial?

2. OBJETIVOS

Como objetivo general se persigue determinar las políticas que debe implementar una empresa venezolana, a fin de incorporar los criterios sociales, ambientales y de gobernanza corporativa vinculadas a la seguridad laboral. Por otra parte, serían objetivos específicos:

---

1. Universidad Metropolitana (Venezuela).

1. Establecer la importancia que tiene la política de responsabilidad social empresarial destinada a incorporar los criterios sociales, ambientales y de buen gobierno a la gestión empresarial con el fin de proteger al sector laboral en Venezuela.
2. Analizar la normativa venezolana destinada a crear un ambiente laboral saludable, fundamentado en prácticas comerciales honrosas y apegadas a los estándares internacionales.
3. Evaluar el modo de integrar los criterios de sostenibilidad al manejo de riesgos a cargo de órganos de cumplimiento y vigilancia dentro de la organización para garantizar la seguridad e integridad de los trabajadores.

3. METODOLOGÍA

El método de investigación empleado es de carácter documental en un nivel descriptivo y analítico, debido a que los datos arrojados de la lectura de textos, normas legales y sub legales del ordenamiento jurídico venezolano, normas emanadas de organismos internacionales, prensa digital, informes generados de la evaluación de cámaras empresariales, estándares de cumplimiento nacional e internacional, de cuyo análisis adquiere relevancia la prevención de ilícitos, la capacidad de gestión de riesgos, la eventual responsabilidad y la integración de criterios sociales, ambientales y de gobernanza en el diseño de las políticas.

Asimismo, Tancara indica que el tipo de análisis predominante en estas evaluaciones es el cualitativo, sobre fuentes bibliográficas teóricas (1988, pp. 6-9), que como señala Hurtado, permiten extraer criterios que apoyan los objetivos planteados buscando identificar las características del evento en estudio para encontrar pautas de la relación interna en un evento, y llegar a un conocimiento más profundo del mismo. (Hurtado, 2007, p. 6).

4. DESARROLLO

4.1. Importancia del compliance corporativo en la prevención de riesgos laborales y su conocimiento y comprensión por los trabajadores

Para poder determinar la importancia del *compliance* en la gestión de riesgos laborales, se puede recurrir a algunas definiciones como la de Rodríguez, quien fundado en los estándares internacionales emanados de la Organización Internacional de Estandarización (ISO), en las Normas 19600 y 37301, indica que el cumplimiento normativo también denominado *compliance* no es más que "la observancia de todas las obligaciones que la organización debe cumplir" (2021, p. 23); en tanto que, según Kuhlen, el cumplimiento normativo, está conformado por " medidas de prevención a través de las cuales las empresas pretenden asegurar tanto el cumplimiento de las normas aplicables a la misma y a sus trabajadores, como la denuncia y eventual sanción de estas" (2013, p. 52)

En el trabajo elaborado por Vaudo (2022, diciembre 2) debe atenderse a los impactos que genera la empresa especialmente sobre el entorno que puedan afectar a la comunidad y por ende al propio trabajador y a su familia y asegurar su sustento y el de sus generaciones futuras; pero también al impacto social que vincula aspectos tales como:

- El trato a los trabajadores y su acceso a los bienes y servicios

- El pago de sueldos dignos que permitan al trabajador u a su familia poder crecer económicamente
- La inclusión
- La no esclavitud laboral
- Prevención del acoso laboral y el acoso sexual
- La resolución constructiva de cualquier conflicto que surja en el seno de la organización

Pero también hay elementos de buen gobierno corporativo que van referidos a todo lo atinente a las políticas laborales de becas, bonificaciones, campamentos recreativos, actividades de formación y crecimiento para los trabajadores y la empresa.

Todos estos aspectos que formaban parte del ámbito de autorregulación que se conoce como Responsabilidad Social Empresarial (RSE) hoy se incorporan a las políticas de *compliance.* Al respecto, Méndez toma la definición del Consejo Económico Mundial (OCDE) e indica que la responsabilidad social empresarial consiste en "un compromiso continuo de actuar éticamente y de contribuir al crecimiento económico, al mismo tiempo que mejora la calidad de vida de la fuerza laboral y de sus familias, como de la comunidad local y de la sociedad general" (Méndez, 2004, p. 175). Con ellas la sociedad mercantil va elaborando su normativa con base a sus aspiraciones respecto a los valores, principios y conductas que deben ser observadas por todos los *stakeholders* dentro de ésta y que van a modelar su esquema negocial. Ello lleva a concluir que el incumplimiento o traspaso de los límites que genere compromisos institucionales podrá significar además el despido del trabajador con las consecuencias legales correspondientes en materia de responsabilidad civil, administrativa y penal a que hubiere lugar.

4.1.1. Políticas de cumplimiento organizacional que atienden al ámbito laboral

Las políticas de cumplimiento están recogidas en una serie de manuales vinculadas con el ámbito regulatorio y el procedimental, que incluye la elaboración e implementación de medidas de prevención y precaución, destinadas a integrar buenas prácticas dentro de las organizaciones e ir incorporando aquellos cambios que las lleven a lograr un desarrollo sostenible, logrando impedir la generación de riesgos o mitigarlos en caso de generarse. En estas normas se incluirán los protocolos procedimentales, los programas de auditoría y los protocolos para la toma de decisiones.

Los manuales de cumplimiento y ética organizacional, deben elaborarse para ser conocidos y consultados tanto por los socios, administradores, gerentes en general y de seguridad laboral, trabajadores debiendo los Gerentes y el Oficial de Cumplimiento, apoyados por un abogado de la consultoría legal, los responsables de recoger las inquietudes de todos los que laboran en la empresa, las recomendaciones de los entes administrativos como el Instituto Nacional de Prevención, Salud y Seguridad Laboral (INPSASEL), y los conocimientos técnicos requeridos con el objetivo de elaborar, divulgar y realizar los cambios requeridos al contenido de la normativa interna de cumplimiento, así como sobre los procedimientos a seguir en su implementación y el procesamiento de las denuncias que reciban de manera prudente a través de un canal digital que permita proteger la integridad del denunciante. La función de este órgano está enmarcada en velar por el cumplimiento de la normativa en la materia a fin de garantizar un ambiente de trabajo adecuado para el desarrollo del trabajo y la tutela de la salud física y mental del trabajador.

No puede dejarse por fuera las políticas y procedimientos aplicables en el ámbito ético sancionatorio y de la normativa laboral vigente, ya que los trabajadores y todos dentro de la empresa tienen el deber de ajustarse a los manuales de conducta exigida a todo trabajador, tanto en sus deberes de realizar sus labores, utilizar adecuadamente sus equipos de trabajo, debido respeto para con sus compañeros, empleadores, gerentes y usuarios. Estas exigencias deben incorporarse en un Código de Ética y procedimientos sancionatorios administrativos, que incluyan la tutela de los derechos humanos, que permitan también, tutelar la reputación de la organización y las marcas que representa. Este respeto se extiende a todas las personas bajo supervisión, debiendo ser multiplicador de los conocimientos adquiridos sobre buenas prácticas empresariales en los adiestramientos que deba impartir.

De este modo se podrá establecer un mejor vínculo entre el trabajador, la visión, la misión, los valores y principios organizacionales y una mayor fidelidad de los trabajadores que se identifican como parte de la empresa, generando igualmente una mejor comunicación con los gerentes y empleadores. En tal sentido, señala Vaudo que una empresa éticamente reconocida es preferida por su reputación y prestigio al garantizar que los procesos productivos se desarrollan respetando la sana competencia y la valoración de los principios económicos contenidos en la Constitución (2022, julio, p. 166).

Además de estas normas, también debe explicarse a los trabajadores el alcance del contrato de trabajo, lo que se espera de él, sus derechos y obligaciones. En caso de presentarse conflictos de intereses como la multiplicidad de lugares de trabajo con intereses contrapuestos o por motivos personales, por amistad y razones familiares, en los cuales el trabajador pueda utilizar los conocimientos o información sobre la empresa en perjuicio de ésta, el trabajador que genere un perjuicio que atente de algún modo contra la reputación y productividad de la organización, además de las sanciones disciplinarias a que haya lugar, no podrá continuar prestando servicios en ella, ya que constituiría una violación de la fidelidad y los valores éticos empresariales.

Las normas de cumplimiento organizacional son obligatorias para todos los grupos vinculados, siempre que no contengan disposiciones contrarias al orden público, debido a que proviene de características particulares basadas en las exigencias empresariales tanto en materia de operatividad como en el ámbito de responsabilidad social. Es aquí donde vemos que las exigencias sobre este último particular tienen alcance hasta el entorno familiar al recibir un salario justo, un trato respetuoso, beneficios como el descanso, la recreación, planes familiares, seguros de vida y salud, becas para los trabajadores y sus hijos, útiles escolares, bonos de alimentación y primas por desempeño, entre otras políticas que se extienden más allá de la jornada laboral y generan bienestar social.

También deben gestionarse políticas vinculadas a la tutela de los derechos humanos, debiendo respetar el derecho a acceder y formarse dentro de la institución, dando un trato justo e igualitario a todos sus empleados; eso incluye el otorgamiento de compensaciones por mejor desempeño o actividades adicionales, formación para aspirar a un mejor cargo y todas las oportunidades de crecimiento. Otro aspecto que debe atenderse es el derecho a ser contratados sin ningún tipo de discriminación por motivos raciales, de género, creencias, edad, dando igualmente oportunidad a las personas con algún impedimento o limitación de tipo físico o intelectual, siendo que, en este último supuesto, se debe ubicar a las personas en actividades que comprendan y sobre las cuales tengan habilidades.

4.1.2. Prohibición de acoso en todas sus modalidades

Una pluralidad de cuerpos normativos regula en Venezuela el tema del hostigamiento, violencia o acoso dentro de las empresas, desde el artículo 87 de la Constitución (1999) que establece el derecho y el deber de trabajar, debiendo el Estado garantizar la adopción de medidas para que todos puedan realizar trabajos dignos. Por otra parte, la Ley Orgánica del Trabajo, los Trabajadores y las Trabajadoras (2012) prohíbe toda forma de acoso (artículos 156 y 166) y castiga con despido a cualquier trabajador o supervisor que incurra en acoso (art. 79 y 80) al establecerlas como causas justificadas para proceder a su retiro, ya que la Ley de Prevención, Condiciones y Medio Ambiente de Trabajo (2007, art. 56) considera que esta conducta se opone al derecho a realizar las labores en un ambiente laboral sano.

Para la Organización Internacional del Trabajo, con base en su Convenio sobre la Violencia y el Acoso (2019, Nro 190 artículo 1), el alcance del acoso sexual o de género, atiende a " un conjunto de comportamientos y prácticas inaceptables, o de amenazas de tales comportamientos y prácticas, ya sea que se manifiesten una sola vez o de manera repetida, que tengan por objeto, que causen o sean susceptibles de causar, un daño físico, psicológico, sexual o económico, e incluye la violencia y el acoso por razón de género"

La Ley Orgánica del Trabajo, los Trabajadores y las Trabajadoras, clasifica el acoso en dos modalidades: Laboral y Sexual. En su artículo 164 establece que constituye acoso laboral toda conducta de hostigamiento recurrente, efectuada por el patrono, sus representantes o cualquier otro trabajador que pueda atentar contra la integridad o dignidad del trabajador, afectando sus labores o su salud; en tanto que, en su artículo 165, establece como acoso sexual cualquier conducta no deseada ni solicitada, ejercida por el patrono o sus representante con el fin de afectar la estabilidad del trabajador, otorgar, mantener o quitar algún beneficio laboral. Estas figuras las recoge además la Ley sobre el Derecho de la Mujer a una vida libre de violencia (2021, artículo 19), agregando la amenaza de causar daño a la trabajadora valiéndose de su superioridad laboral o quebrantar su derecho a igual salario. Para estos casos establece pena de prisión según la gravedad de los supuestos, cuyo límite inferior es de ocho meses en tanto que la de mayor cuantía puede llegar a siete años (artículos 54 y 62).

En materia jurisprudencial, se puede citar la sentencia de la Sala de Casación Social del Tribunal Supremo de Justicia[2] mediante la cual define el acoso laboral como:

"aquella situación en la que una persona o un grupo de personas ejercen violencia psicológica extrema de forma sistemática (al menos una vez por semana), durante un tiempo prolongado (más de 6 meses) sobre otra persona en el lugar de trabajo, el cual genera respuesta de estrés que desencadena en (...) depresión mayor con síntomas de ansiedad generalizada, que le ocasionan al trabajador una discapacidad parcial permanente, con limitación para actividades en el trabajo donde existan condiciones como las ampliamente descritas.

Para prevenir cualquier situación de acoso, deben elaborarse, darse a conocer e implementarse políticas destinadas a investigar las denuncias que formulen las víctimas a los supervisores de seguridad laboral con el fin de imponer las sanciones que correspondan a los infractores. Debe existir campañas que incluyan protocolos de prevención de cualquier forma de acoso o discriminación, estableciendo un protocolo de procedimiento y protección de la víctima, garantizando la confidencialidad y el apoyo

2. *SCS/TSJ/ 5 de julio de 2019/Caso: Banco Provincial, S.A*

social y psicológico que pueda ser requerido por el trabajador o la trabajadora, a fin de garantizarle un ambiente de sana convivencia.

4.1.3.-Políticas de Prevención de Legitimación de Capitales

En toda empresa debe existir un sistema integral de Administración de Riesgo para prevenir las conductas de Legitimación de Capitales, de Financiamiento a la Proliferación de Armas de Destrucción Masiva y de Financiamiento del Terrorismo. Este sistema de gestión deberá regular, prevenir y detectar cualquier operación sospechosa y proceder a su investigación, debiendo tanto los accionistas, administradores, empleadores, supervisores, oficiales de cumplimiento y los propios trabajadores denunciar cualquier actividad, atendiendo a lo estipulado en la Norma ISO 37002 (2021), emanada de la Organización Internacional de Estandarización relacionada con el establecimiento de canales de denuncia digital que garanticen la protección de la identidad del denunciante para garantizar que no sufra alguna forma de hostigamiento.

Los trabajadores estarían obligados a informar a la brevedad a su supervisor inmediato y éste al Comité de *Compliance* y prestar apoyo a las autoridades competentes, suministrando todos los datos e información que estos requieran. En todo caso la empresa, trátese o no de materias expresamente reguladas conforme a las recomendaciones del Grupo de Acción Financiera (GAFI), deberá elaborar estos manuales toda vez que cualquier actividad puede ser desviada para servir de fachada a la perpetración de estos ilícitos.

4.2. Modo de proceder frente a la producción de accidentes laborales

El objeto de la Ley de Prevención, Condiciones y Medio Ambiente de Trabajo (2007) es garantizar que los trabajadores cumplan sus labores en ambientes seguros para su salud e integridad, persiguiendo que las empresas cuenten con mecanismos de control de riesgos a fin de prevenir la producción de accidentes que puedan ocasionar daños físicos o psicológicos en el trabajador, de manera temporal o permanente, e incluso su muerte. Es por ello que define un accidente de trabajo como un suceso que produce en el trabajador una lesión funcional o corporal, ya sea de manera permanente o temporal, inmediata o posterior, pudiendo producir la muerte (2007, artículo 69).

La característica que define este accidente es que debe ser resultado de una acción determinada o sobrevenida en el curso del trabajo, por el hecho del trabajo o con ocasión del trabajo. De este puede derivar una enfermedad ocupacional, que es un estado patológico contraído o agravado con ocasión del trabajo o exposición al medio en el que el trabajador realiza sus labores, extendiéndose al trayecto recorrido entre la residencia y el lugar de trabajo (2007, artículo 70). Así lo ha establecido la Sala de Casación Social del Tribunal Supremo de Justicia cuando refiere que el empleador responde incluso por las lesiones o muerte que pueda sufrir en el traslado desde o hasta su lugar de trabajo (6 de mayo de 2004)[3]

Pero no bastará con la prevención de accidentes que puedan derivar en lesiones o muerte del trabajador, sino que dicha prevención se va a extender al cumplimiento de una serie de circunstancias alineadas a la no infracción de exigencias cuyo incumplimiento conlleva además sanciones de naturaleza administrativa que ameriten multa aun cuando no se reporten daños, como por ejemplo: no cumplir con las horas de descanso ni vacaciones o no proveer al trabajador de los equipos indispensables para realizar sus labores.

---

3. Sentencia de la Sala de Casación Social del Tribunal Supremo de Justicia, caso Cervecería Regional.

Es así como la Ley de Prevención, Condiciones y Medio Ambiente de Trabajo (2007, artículo 131) contiene sanciones penales, indicando que si la lesión o muerte del trabajador deriva de la inobservancia normativa que en sí misma constituya una falta grave o muy grave, el empleador o sus representantes deberán responder con penas de prisión de hasta 10 años, según el resultado muerte o lesión y en estos últimos casos, dependerá de la temporalidad o permanencia de los daños ocasionados a la salud. Igualmente castiga al representante que no reporte ante el Instituto Nacional de Prevención, Salud y Seguridad Laboral (Inpsasel), la ocurrencia de algún accidente laboral o en caso de reportarlo, no indique la verdadera gravedad del accidente, todo ello de conformidad con las disposiciones Novena y Décima de la Ley.

4.3. Integrar criterios sociales, ambientales y de buen gobierno corporativo

La transversalidad de los objetivos de desarrollo sostenible (Naciones Unidas, 2015) en el ámbito de empresarial involucra nuevos requerimientos que requieren la resiliencia de las organizaciones y sus trabajadores a los cambios operativos y relacionales con los trabajadores, generando exigencias de constante formación y adiestramiento, liderazgo, motivación, identificación, respeto al prójimo y sensibilidad para el logro del bienestar común.

Los criterios sociales, ambientales y de gobernanza, como lo señala Vaudo (2022, diciembre) constituyen:

...mecanismos de prevención de conductas que puedan causar daño o poner en peligro bienes jurídicos, que a la larga impidan ese desarrollo sostenible de las generaciones futuras, haciendo énfasis en aquellos hechos que puedan configurar la perpetración de conductas sancionadas como ilícitos e incluso delitos, especialmente en el ordenamiento jurídico venezolano (p. 66).

Al incorporar la responsabilidad social empresarial (RSE) a las políticas de cumplimiento organizacional, se da un paso adelante en el compromiso con la corresponsabilidad, siendo que para Guédez (2006, C. 1) no se puede separar esta responsabilidad de todos aquellos aspectos éticos que lo vinculan con la sociedad, con sus trabajadores y con el entorno, para el desarrollo de una economía sostenible.

Cuando la empresa y sus trabajadores se ajustan a estos requerimientos se obtiene la experticia que le va a permitir al trabajador cumplir de mejor manera con su trabajo y a los órganos de gerencia y cumplimiento diseñar e implementar las políticas de *compliance* destinadas a prevenir que una incorrecta gestión pueda desencadenar responsabilidad empresarial de distinta índole, derivada de hechos ilícitos que causen lesiones o la muerte del trabajador, un perjuicio a su integridad o al bienestar de su familia o algún perjuicio al entorno laboral o de la comunidad.

En este orden de ideas, destacan las metas contenidas en el Objetivo 8, vinculado al trabajo decente y al crecimiento económico, cuyas metas plantean el impulso hacia la elevación de la productividad económica por medio de la diversificación, la modernización tecnológica y la innovación; la promoción de políticas para la creación de puestos de trabajo decentes, el emprendimiento y la innovación; y el Objetivo 16 que busca fomentar la paz y la justicia, promoviendo proyectos normativos desde el ámbito privado que promuevan el respeto y la tutela de los derechos humanos. Con este análisis se da respuesta a la pregunta de investigación formulado sobre: ¿Cómo integrar los criterios sociales, ambientales y de buen gobierno corporativo en las políticas de cumplimiento empresarial?

5. RESULTADOS

Como ha podido evidenciarse de la revisión documental realizada, tanto de obras académicas como de la normativa nacional e internacional vinculada con la seguridad, salud y bienestar laboral; en toda empresa es esencial integrar criterios de sostenibilidad ambientales, en el sentido de garantizar al trabajador poder desempeñar sus labores en un ambiente saludable, como sociales respecto a los beneficios para el trabajador y su familia que le permitan desarrollarse tanto personal como profesional y económicamente.

A esto se añade el desempeño ético organizacional y el cumplimiento por parte del empleador de todas las políticas de responsabilidad social que determinen el posicionamiento de la organización y la buena reputación organizacional, pautas que permiten establecer que se está frente a un buen gobierno corporativo.

Es fundamental, en consecuencia, contar con manuales que recojan todas las políticas elaboradas con base en la debida diligencia y la correcta gestión de riesgos, permitiendo unir esfuerzos compartidos entre los encargados de velar por la salud y seguridad laboral como por parte de los entes de *compliance* que deben diseñarlas, implementarlas y velar por su correcta aplicación. Éstos asumen la responsabilidad de contrarrestar los posibles daños que pueda ocasionar la conducta derivada de la inobservancia del deber de cuidado, respondiendo la organización y sus representantes, el consejo de administración, el gerente de seguridad laboral o delegados de prevención que se designen conforme a la Ley de Prevención, Condiciones y Medio Ambiente de Trabajo (2007, artículo 41) y oficiales de cumplimiento según la naturaleza del riesgo, frente a cualquier consecuencia que genere implicaciones de carácter civil, penal o administrativo.

Para que estos esfuerzos se logren es importante que los trabajadores puedan opinar, sean escuchados y atendidas sus inquietudes; asimismo, que reciban permanente adiestramiento. De igual manera, debe elegirse a personas idóneas por su profesionalismo, conocimientos y experiencia para asumir los diferentes roles de gestión de riesgos.

6. DISCUSIÓN

De manera muy breve, a partir del análisis en su mayoría normativo, se pudo ver que la Constitución venezolana contempla el deber de garantizar al trabajador un ambiente sano para desempeñar sus labores, considerando al trabajo como un hecho social (1999, artículo 87). Asimismo, se analizó como el Decreto con Rango, Valor y Fuerza de Ley del Trabajo, Los Trabajadores y Las Trabajadoras, desarrolla estos derechos mediante normas sustantivas, estableciendo como proteger al trabajo como hecho social y garantizar los derechos de los trabajadores como protagonistas de los procesos de educación y trabajo a fin de alcanzar los fines del estado democrático (2012, artículo 1). Esta ley prohíbe de manera expresa toda forma de acoso tanto laboral como sexual (2012, artículos 156 y 166) implementando la sanción de despido (2012, artículos 79 y 80) en consonancia con lo estipulado por la Organización Internacional del Trabajo con base en su Convenio sobre la Violencia y el Acoso (2019, Nro 190 artículo 1).

De igual manera, el legislador venezolano dictó la Ley de Prevención, Condiciones y Medio Ambiente de Trabajo, que persigue garantizar a los trabajadores "condiciones de seguridad, salud y bienestar en un ambiente de trabajo adecuando y propicio para el ejercicio pleno de sus facultades físicas y mentales" (2007, artículo 1). Esta ley castiga como ilícitos graves o muy graves, aquellas conductas que violen las exigencias de tutela de los trabajadores en su ambiente de trabajo o en el trayecto a éste, pudiendo mencionar algunos supuestos tales como: no dotar a los trabajadores de equipos idóneos; no brindarles el adiestramiento permanente; so informarles los riesgos que implica la labor a desempeñar; no registrar o someter a consideración del órgano contralor aquellos proyectos de alto riesgo se lleven a cabo; no mantener los sistemas de emergencia; o, no auxiliar al trabajador frente a la ocurrencia de un accidente laboral (2007, artículos 119 y 120).

Estos aspectos van de la mano con la protección del entorno, ya que, para realizar cualquier actividad productiva se requiere llevar a cabo los correspondientes estudios de impacto ambiental que puedan determinar los riesgos que debe asumir la empresa y el modo de contrarrestar cualquier daño.

Para ello toda organización debe implementar normas que van más allá de las exigencias legales y que conforme al principio de corresponsabilidad, integren los criterios de responsabilidad social empresarial, para lo cual tomamos la definición del Consejo Económico Mundial (OCDE) que indica que consiste en "un compromiso continuo de actuar éticamente y de contribuir al crecimiento económico, al mismo tiempo que mejora la calidad de vida de la fuerza laboral y de sus familias, como de la comunidad local y de la sociedad general" (Méndez, 2004, p.175).

A este criterio se suma el deber de contar con normas de carácter ético aplicables a toda la organización, que sean conocidas, aceptadas y cumplidas, que aunado a otro tipo de exigencias destinadas a prevenir conductas de corrupción o legitimación de capitales -aún si no estuvieran expresamente prohibidas- conforman ese parámetro de autorregulación y responsabilidad social empresarial, criterio respaldado por Guédez, quien manifiesta que no se puede separar esta responsabilidad de todos aquellos aspectos éticos que lo vinculan con la sociedad, con sus trabajadores y con el entorno, para el desarrollo de una economía sostenible (2006, C. 1).

Dentro de estos beneficios, se puede citar como ejemplo lo que señala Bograd, quien refiere que ante la compleja situación económica que presenta Venezuela, los empleadores " buscan formas alternativas para remunerar o beneficiar a sus trabajadores "(2022, p. 174), que si bien pudiera cuestionarse si estos beneficios o pagos son o no de carácter salarial, tales como bonificaciones, salario emocional, planes de acciones, permiten mejorar el bienestar social de los trabajadores y sus familias; dando así respuesta a la pregunta de investigación: ¿Qué aspectos debe incluir una empresa en sus normas de cumplimiento en atención al ámbito laboral?

Lo importante, en consecuencia, es sumar beneficios que permitan diseñar políticas integradoras de criterios ambientales y sociales, que sumados a una buena gobernanza organizacional, impacte de manera positiva en el bienestar de los trabajadores, que suman al logro de empresas sostenibles y rentables.

7. CONCLUSIONES

Mediante las normas de cumplimiento organizacional se pretende lograr mejores condiciones sociales para los trabajadores por lo que Venezuela no puede permanecer al margen de las buenas prácticas empresariales. Se pudo ver cómo existe una amplia normativa desde el punto de vista laboral, tanto nacional como internacional, que abarca aspectos tanto del ámbito de la seguridad y salud laboral como la protección de los derechos de los trabajadores y de sus grupos familiares para convertirlo en mecanismo de satisfacción de necesidades, del logro de bienestar humano y crecimiento económico y personal.

Ante las expectativas de protección de los trabajadores, los patronos incorporan nuevos beneficios que les permitan paliar necesidades que van más allá del salario y las exigencias básicas, empleando otros mecanismos de satisfacción como bonificaciones, becas, apoyos familiares, políticas de responsabilidad social en general, que a la larga van a impactar positivamente en la imagen organizacional y por ende en su productividad, derivada de la fidelidad y permanencia de las personas en sus puestos de trabajo, evitando prácticas corruptivas.

Es imprescindible sumar experiencias positivas a través de la implementación y revisión permanente de las políticas de *compliance* por parte de los órganos de cumplimiento, garantizando además mejoras en las condiciones dentro del ambiente laboral, las relaciones interpersonales, el respeto e incorporación del personal sin distinciones motivadas por razones de género, creencias, condición ni raza, buscando mecanismos sostenibles tanto en la generación de recursos como en la integración de criterios de buena gobernanza que permitan a la empresa proyectar sus actividades hacia el futuro.

Pero a estas condiciones de salud laboral debe sumarse la implementación de políticas de protección ambiental, para garantizar el acceso a recursos, tanto para las comunidades como para la propia subsistencia de la empresa, evitando generar escases a las generaciones futuras, en sintonía con las metas vinculadas con los objetivos de desarrollo sostenible, relacionados con la protección de la salud, el entorno y el desarrollo humano a través del desempeño laboral.

8. REFERENCIAS

Bograd, Yeoshua (2022) *Beneficios laborales e instrumentos financieros.* Revista Venezolana de Derecho Mercantil, N° 9. Pp. 173-193. http:// www.sovedem.com/_files/ugd/de10 16_016e21d2864346e8bf566af07ce6533f.pdf

Código Penal y legislación complementaria. (2010). Boletín Oficial del Estado, Agencia Estatal. Madrid. En: www.boe.es

Constitución de la República Bolivariana de Venezuela ´ Gaceta Oficial N° 36.860 del 30/12/1999.

Decreto con rango, valor y fuerza de Ley de Instituciones del sector Gaceta Oficial N° 40.557, del 08/12/2014.

Decreto con Rango, Valor y Fuerza de Ley contra la Corrupción del 19 de noviembre de 2014, Gaceta Oficial Extraordinaria N° 6.155.

Decreto 8.938 con Rango, Valor y Fuerza de Ley del Trabajo, Los Trabajadores y las Trabajadoras. (2012) Gaceta Oficial N° 6.076 Extraordinario del 7 de mayo de 2012.

Fernández, Gerardo.(2021). *Derecho del Complimiento Normativo y Análisis Regulatorio de la Empresa.* .Academia de Ciencias Políticas y Sociales, Serie Estudios, Nro 142.

Grupo de Acción Financiera Internacional (2012) *40 Recomendaciones del GAFI.* http:// www.Cfatf-gafic.org

Guédez, Víctor (2006) *Ética y práctica de la Responsabilidad Social empresarial. Un aporte de la empresa al capital social.* Editorial Planeta Venezolana. Venezuela.

Heine, Günter. (1996) *La responsabilidad penal de las empresas: evolución internacional y consecuencias nacionales Anuario de la Universidad de Fribourg.* https://perso.unifr.ch/derechopenal/assets/files/anuario/an_1996_04.pdf

Hurtado, J. (2007). *El proyecto de Investigación.* (5ta ed.). Caracas: SYPAL -Quirós http:// es.calameo.com/read/006205653257b9f45c09d

Kunhlen, L. (2013). *Compliance y teoría del derecho penal.* Marcial Pons, Madrid.

Ley Especial contra los delitos informáticos. Gaceta Oficial N° 37.313, del 30/10/2001.

Ley Orgánica de Prevención, Condiciones y Medio Ambiente de Trabajo. .Gaceta Oficial 38.236. Del 26/07/2005

Ley Orgánica contra la delincuencia organizada y el financiamiento de terrorismo Gaceta Oficial 39.912 del 30/04/2012.

Ley *Penal del Ambiente* Del 02/05/2012. Gaceta Oficial 39.913.

Méndez, Charo. (2004) *Responsabilidad Social de Empresarios y Empresas en Venezuela durante el Siglo XX.´*. Caracas: Strategos Consultores.

Olaya Lavigne, Cristina y Sánchez Rodríguez, Ana Luisa (2017): *Compliance. Guía Práctica de identificación, análisis y evaluación de riesgos,* Thomson Aranzadi, Cizur Menor.

Organización de Naciones Unidas. (2015). *Objetivos de Desarrollo Sostenible.* https://www.un.org/sustainabledevelopment/es/development-agenda/

Organización Internacional de Normalización. (2018.) ISO 19011. *Directrices para la auditoría de los sistemas de gestión.´*. http://cmdcertification.com

Organización Internacional de Normalización (2021) Norma ISO 37002 Sistemas de Gestión de canales de denuncia. https://www.iso.org/home.htm

Organización Internacional de Normalización Norma ISO 27001 sobre la Seguridad de la Información.. https://www.iso.org/standard/82875.htm

Rodríguez, Alejandro (2021). *Criminal Compliance. Cumplimiento normativo penal y derecho penal económico.* Ediciones Paredes, Caracas, Venezuela.

Roxin, Claus (1997) *Derecho Penal. Parte General.* Tomo 1. Editorial Civitas, Madrid.

Sanclemente-Arciniegas, Javier (2020) *Compliance, empresas y corrupción, una mirada internacional* Universidad de Colombia. Derecho PUCP. Nro 85. https://doi.org/10.18800/derechopucp.202002.001

Tancara, C (1988) *La investigación documental en la investigación científica.* Centro Nacional de Documentación científica y Tecnológica.La Paz, pp. 6-9.

Vaudo, Liliana (2022) *Good Corporate Governance Standards Prevention through compliance and self-regulation ´Normas de Buen gobierno corporativo. Prevenir con Compliance y Autorregulación".* Revista International Visual Culture Review. Nro 9. https://doi.org/10.37467/revvisual.v9.3770

Vaudo, Liliana (2022). *Compliance corporativo como política de prevención de actos que perjudican la reputación organizacional.* Revista N° 8 de la Sociedad Venezolana de Derecho Mercantil, Sovedem, ps: 163-182. http://www.sovedem.com/_files/ugd/de1016_016e21d2864346e8bf566af07ce6533f.pdf

Villegas, Jesús (2022) *Derechos del cumplimiento normativo y análisis regulatorio de la empresa.* Academia de Ciencias Políticas y Sociales. Caracas.

CIENCIAS SOCIALES EN ABIERTO

Editada por
David Caldevilla Domínguez y Almudena Barrientos-Báez

Vol. 1 Almudena Barrientos-Báez / David Caldevilla Domínguez / Javier Sierra Sánchez (eds.): Inteligencia Artificial ¿amiga o enemiga?. 2024.

Vol. 2 Ana Tomás López / Sara Navarro Lalanda / Paola Eunice Rivera Salas (eds.): Las artes como expresión vital. 2024.

Vol. 3 Carmen Paradinas Márquez / Juan Andrés Rodríguez Lora / Daniel Becerra Fernández (eds.): Empresa, empresariedad y comunicación mercantil. 2024.

www.peterlang.com

www.ingramcontent.com/pod-product-compliance
Ingram Content Group UK Ltd.
Pitfield, Milton Keynes, MK11 3LW, UK
UKHW041829290926
8980IPUK00002B/152

9 783631 915899